U0136056

臺灣史研究叢書 21

明清福建臺灣史第三卷：

晚明臺灣海峽史

徐曉望著

蘭臺出版社

作者簡介

　　徐曉望，上海人，中國經濟史博士。原福建社會科學院歷史研究所所長、二級研究員、國務院特殊津貼專家、福建省優秀專家、福建省文化名家。歷任中國漢民族研究分會副會長、中國宗教協會常務理事、廈門大學宗教研究所兼職教授、福建師範大學社會歷史學院兼職教授、福建歷史學會副會長、福建媽祖文化研究會副會長。出版專著 32 部，發表論文 300 多篇，共計 1200 多萬字。主要著作有：《福建民間信仰源流》、《福建文明史》、《閩國史》、《媽祖的子民——閩臺海洋文化研究》、《閩南史研究》、五卷本《福建通史》、《大航海時代的臺灣海峽與周邊世界》、《媽祖信仰史研究》、《21 世紀的文化使命》、《中國福建海上絲綢之路發展史》、《閩北文化述論》、《澳門媽祖文化研究》（合著）。曾獲福建社會科學優秀成果一等獎、二等獎、三等獎。

明清福建臺灣史序

鄭學檬

　　徐曉望研究員曾隨廈門大學傅衣凌教授攻讀碩士學位，係名門弟子。畢業後入福建社會科學院歷史研究所從事明清經濟史、福建地方史研究。「蕭條高寄，不與時務經懷」；專心治史，如松柏「經霜而茂」，在福建史、臺灣史研究方面碩果累累。多年之後，再入廈大歷史系，攻讀專門史（中國經濟史）方向博士學位，並於 2003 年完成博士論文，其論文主旨〈明末清初海峽兩岸的市場關係〉問題，我們曾進行過深入探討。

　　明清時期，中國東南沿海閩浙粵地區，是東西方國際貿易的聚焦點，中國的商品，吸引著歐洲殖民勢力，先後有葡萄牙、西班牙、荷蘭、英格蘭的等歐洲強國的商業貿易集團聞風而致，貿易、掠奪不一而足。從辯證角度看，禍福相依，歐洲葡、西、荷、英殖民勢力東來，也促使白銀、黃金、鴉片等舶來品傾銷華夏，從而改變了中國的歷史的發展方向。臺灣海峽在這一時代變革過程中因為其區域優勢和海峽西岸的發達的商品生產產業鏈，而一躍成為國際貿易的聚焦點、亞洲發展至關重要的區域。它是聯繫東北亞市場與東南亞市場的關鍵通道，為世人所矚目。國外學者，如美國加州學派之「大分流」說，即與此議題而發。

　　中國歷史學家一般以積極的態度看明清時代中國的變化，不過，論證

各有不同。徐曉望這本書，以當年博士論文為基礎寫成，以時代變革為背景，論述當時經濟關係諸問題。他認為，其一，明清時期東亞的發展與環球國際貿易市場初成有很大關係；其二，明清國際貿易市場初成不僅有西力東漸的影響，也有福建等中國商人開拓亞洲市場的成就；其三，早期世界市場的中心是在東亞的環中國海區域，西方殖民主義者主要通過介入中國與日本及東南亞的貿易來獲得自身發展的動力；其四，歐洲的成功在於壟斷環球貿易的主要利潤，當這一原始積累的資本形成對英國工業的貫注，便導致工業革命的產生。這些觀點反映了徐曉望對明清世界史的若干思考，雖非「璞玉渾金」，亦可稱百流一源，燦然成章，自有特點。我一向主張要從世界史的高度來看區域史研究，徐曉望的《明清福建臺灣史》能夠從這一角度展開研究，就使他對福建臺灣史的研究具備超越地方史的特性。

徐曉望在福建史學界以勤奮聞名。他的五卷本《明清福建臺灣史》約有 200 萬字，共有 7200 多個注解，平均每本書有 1400 多個注解，其中一些史料來自稀見的明清著作，這是作者多年努力的積累。這套書涉獵較廣，多處研究頗具新意。例如作者在第三卷《晚明臺灣海峽史》中，考察了晚明臺灣的移民史、海盜史及福建官府與臺灣原住民的關係，這些領域的相關研究較少，所以，徐曉望的嘗試值得關注。

總的來說，徐曉望關於明清福建臺灣史的系列研究史料豐富，論述自成系統，是一套值得一看的著作。

鄭學檬 2023.8.28

緒論：晚明中國海上力量和臺灣海峽爭霸

　　明朝的海洋力量主要體現於官府的閩粵水師以及在野的海寇武裝。晚明海寇的活動則是一個起伏不定的變數，它來自民間的海洋力量，不幸它的發展不受主體的主要方面控制，因此，它帶來的危害相當大。晚明的海洋史，多數情況下是官府與海寇鬥爭的歷史，而臺灣海峽及南海北部是海寇活動的舞臺，海寇們的活動導致官府對海疆的重視，進一步加強了對臺灣的管理。此外，來自外海的各種勢力進入臺灣海峽爭霸，從而構成了波瀾壯闊的晚明海洋史。

一、晚明中國邊海經濟的歷史定位

　　大航海時代世界經濟的原動力在於歐洲與中國沿海港市向海洋擴張的內在需求。而其根基是兩地的邊海經濟。

　　我想在比較中國與歐洲各自優勢的基點上把握晚明東南經濟科技的地位，並在這一基礎上討論閩粵東部的海洋力量和海洋發展。

　　從地域的角度來看，晚明海洋力量主要集中在福建與廣東，而閩粵周邊的江西、浙江、廣西以及南直隸所轄的蘇州南部，都可看成閩粵二省的內腹。人們習慣上稱這一區域為東南諸省。也就是說晚明國家海洋力量主要體現於東南諸省。如前所述，晚明東南諸省的科學技術、經濟貿易都達到一定的水準，它和同時代的亞歐國家相比如何？

　　中國東南邊海數省的經濟十分強大。對歐洲人而言，東方這個被馬可波羅稱之為天堂的國家，物質文化水準確實具有獨特的魅力，她能夠生產世界上最好的衣料絲綢及棉布，最美的容器瓷器，最富有營養的食物稻米，最有利於身體的飲料茶葉，因此，中國是一個值得貿易的國家。倘若研究當時中國領先世界的商品，會發現大都來自東南數省。絲綢來自江浙，瓷器來自江西和福建，茶葉來自福建，鐵鍋和黑白糖來自福建和廣東。其他各省對於外貿的貢獻很少，所以，明代的外貿主要是東南諸省的對外貿易，而不是全國性的對外貿易。陸上的邊疆貿易數量是很少的。明代外貿的格局，影響了各省的發展。其實，從南宋、元朝開始，東南諸省就成為中國經濟的火車頭。最先進的發展大都出現於東南諸省，而後帶動全國。這種狀況以明清時代最為明顯。

　　換一個角度看問題，明清中國各區域的發展，取決於它在國際市場的地位。東南諸省對外貿易的位置較好，所以，經濟發展最快，內地諸省對外聯繫不如東南諸省，因此，它的發展也不如東南諸省。那麼，如何解釋東南諸省中江浙的發展最好？這是因為，當時對外貿易中，主要貿易利潤來自江南的絲綢。與絲綢相比，不論是江西的瓷器還是福建的黑白糖，其利潤都只是絲織業的一個零頭。所以，對外貿易的最大利潤，最終流入江浙區域。清代，武夷茶的利潤主要由廣東出口，利潤主要流入廣東十三行，儘管十三行商人多為福建人，但從區域來看，清代廣東的發展遠遠超過福建。清代前期的廣東可以和江浙兩省相比，是因為廣東的茶葉利潤不亞於江浙的生絲和綠茶出口。

　　由此來看，我認識到：晚明中國經濟的大發展，實際上是由於中國捲入了世界市場，因歐洲國家東向發展及亞洲國家的西向發展，雙方經濟力量的碰撞，導致世界市場的建立。在環球國際市場初成之時，國際市場上最熱的商品是產自中國的絲綢、瓷器、黑白糖、茶葉，東南亞的香料，印度的棉布，國際市場對中國商品的需求，導致中國東南諸省經濟的擴張，企業化生產流行。可見，晚明東南諸省的經濟發展，捲入世界市場是一個重要因素。

　　換一個角度說，迄至明代中葉中國經濟的發展已經遇到瓶頸。這一瓶頸表現在：其一，國內市場有限，商品流通有限，因而小商品生產發展有限。

地商人直接接觸，而是通過華人的商業網絡採購各類商品。這就給華商的買進賣出提供了機會。如實地說，他們實際上掌握了環中國海區域低層的商業網絡，形成強大的勢力。海外的白銀經他們之手進入中國，中國商品經他們之手流向海外。閩粵海商居間貿易，迅速成長，晚明已經成長為與晉商、徽商鼎足而立的三大商團之一。

萬曆以後福建海上貿易的變化。明末東亞海上形勢發生變化，其中西班牙人進入菲律賓的馬尼拉，並將美洲白銀直接帶入東方，直接改變了東方的經濟形勢。隨著福建商人開闢了漳州月港到馬尼拉的貿易線路，大量的美洲白銀直接進入福建，再轉運到全國各地。這刺激了福建經濟的發展，也使中國進入了白銀時代。不過，那一時代的海上貿易不是平靜的，臺灣海峽一直有倭寇與海寇的活動。

在新的貿易形勢下，中國各地針對海外貿易的政策也有所變化。對倭寇的活動，沿海各地有不同的思考。浙江人認為倭寇主要是沿海民眾通倭造成的，從此在沿海厲行海禁，因此，浙江沿海的對外貿易衰退。福建境內，省城的士大夫也認為不該再與日本貿易，海禁要嚴。但在漳泉沿海，民眾卻有不同的考慮，他們認為當地民眾離開對外貿易便無法生活，要求朝廷同意他們出海貿易。明朝經過倭寇事件之後，也發現必須調整對海外貿易的政策，在福建巡撫塗澤民的要求下，朝廷允許海澄縣民眾出海貿易。但明朝這一政策並不意味著全面開放。其一，全國沿海，只有海澄實行這一政策。其二，只允許當地商人到海外貿易，而不允許海外商人到本地貿易。明朝害怕外來商人對中國的物產產生出嫉妒之心，從而再一次引發倭寇事件，因而採取了「准出不准進」的政策。這一政策是明代前期海禁政策的延續，但又有所調整，是新形式的海禁。不過，它的實施，卻給福建商人造成巨大的商機。

其時中國的對外貿易主要集中在東南沿海的浙江、福建、廣東三省。在廣東，因為有了葡萄牙人占據的澳門，廣東商品可以通過澳門出境，廣東人對海外貿易沒有其他的要求；在浙江，當時在浙江沿海經營海外貿易的主要是福建商人，因此，浙江人情願不要海外貿易，還是保太平為好。這種形勢造成了福建人在對外貿易中獨盛的局面。由海澄發出的商船每年都有上百艘，前往東南亞各港，帶回無數白銀與香料。

　　明末東亞的國際形勢又有三大變化，其一是西班牙人東來，在馬尼拉建立殖民地。他們從美洲運來無數的白銀，並運走中國生產的絲綢、瓷器、白糖等商品。漳州開往馬尼拉的商船，無不裝滿白銀回國。其二是荷蘭人來到東方，他們占據巴達維亞（即雅加達），力圖打開對中國貿易。但他們不像西班牙人擁有美洲的白銀，也不像葡萄牙人擁有中國領土上的一塊殖民地，因此，他們對中國的貿易展開較慢，但對中國更具危險性。在日本方面，倭寇騷擾中國的活動雖然停止，但隨後發生的日本侵略朝鮮，使中日關係降到冰點，明朝對日本的制裁是實行更為嚴厲的海禁，以致福建商人幾十年未到日本貿易。迄至萬曆三十六年（1608 年）以後，才有一些福建商人偷偷地到日本做生意。日本人為了吸引福建商人，給予許多優惠的條件，此後去日本貿易的福建商人越來越多，明朝對日本的制裁流於形式。

　　晚明國際形勢的變化，從總體上來說對中國有利，但也給福建帶來了許多問題。在對西班牙關係方面，雖然從馬尼拉運來無數白銀，但西班牙人對到當地貿易的福建商人日益增多抱有憂慮。後來發現的史料證明：當時的西班牙人占據美洲之後，甚至有人主張入侵中國，像在秘魯和墨西哥那樣，推翻原有的政權，建立在亞洲的西班牙帝國。當時中國人對此是不瞭解的。西班牙人為了限制馬尼拉福建人的增長，多次屠殺當地的福建商人。至於荷蘭殖民者，他們覺得巴達維亞不是一個良好的對中國貿易場所，來到當地的福建商人較少，況且運來的絲綢、瓷器不多，不能滿足他們的貿易要求。其時，荷蘭是一個海上強國，與西班牙及葡萄牙都有矛盾，因此，荷蘭人想奪取澳門，取代葡萄牙人對中國的貿易。在澳門失敗後，荷蘭人又將侵略的矛頭對準臺灣海峽，力圖控制福建商人的對外貿易。在這一背景下，荷蘭人入侵澎湖，侵占臺灣，騷擾福建沿海，力圖謀得直接貿易權。這一時代，日本也發生了巨大的變化。日本東南的大名，力圖向海洋發展。明神宗萬曆三十七年（1609 年），日本的薩摩藩在政治上控制了琉球國，其後，他們又進一步南下，覬覦臺灣。

　　面對這一形勢，福建官府的應對笨拙。當西班牙人屠殺福建商民信息傳來，他們只是發出恐嚇信了事；得知日本對臺灣的野心之後，本來民間已經有在臺灣建置郡縣制度的提議，他們卻未能及時採納。後來荷蘭人展

開入侵臺灣海峽的行動，他們又不能給予有力的回擊。當荷蘭人入侵澎湖的事件發生時，福建水師不斷增援澎湖島，在兵力已經占絕對優勢的背景下，他們對自己缺乏信心，竟然唆使荷蘭人去臺灣定居，以至留下了近40年的後患。荷蘭人占據臺灣之後，力圖壟斷中國的對外貿易，形成了對福建商船極大的威脅。荷蘭人不斷襲擊福建港口，要求開放對荷蘭的貿易，福建官府卻重新實行海禁，結果又引發了海盜活動。

明末海盜的領袖是鄭芝龍。這個讀過書的海盜，原是廈門商人李旦派到臺灣的翻譯。在荷蘭人的支持下，他參與了在馬尼拉海域劫持福建商船的活動。其後，他脫離荷蘭人，在福建沿海活動。由於官府的海禁導致沿海民眾沒有出路，大批破產漁民與農民加入海盜隊伍，鄭芝龍的部下很快發展成一支數萬人的武裝。但鄭芝龍畢竟是一個讀過書的人，他知道海盜是一個沒有前途的行業，因此，他帶領海盜投降明朝，成為福建水師的首領，並且屢經周折平定東南海域的海盜，成為南中國海的霸主。荷蘭人與鄭芝龍之間，有合作，有鬥爭，當荷蘭人對鄭芝龍控制對荷貿易不滿時，他們發動了對廈門港的襲擊，燒毀數十艘福建水師的船隻。而鄭芝龍也在金門的料羅灣之戰中，大敗荷蘭水師。此後，雙方達成協議：福建方面撤銷對臺灣的貿易禁令，荷蘭船隻也不再襲擊福建商船。鄭芝龍因此成為中國海商的代表人物，他向海商徵稅，並保護他們的海上利益，完成了福建官府本應承擔的歷史使命。

總的來說，明末的臺灣海峽是東亞政治的焦點之一，商業、戰爭、外交相互纏繞的複雜形勢，使東亞的海洋政治進入了以武力捍衛自身權利的階段。在海洋上，沒有武力，便沒有貿易自由，這種從西方傳來的「強者邏輯」已經取代了以往的自由貿易。令人惋惜的是：福建的官府無力承擔這一使命，在經歷了多次災難之後，福建商人終於找到了自己的政治代表——鄭芝龍。鄭芝龍在晚明的崛起，凝聚了中國海商的力量，從此成為東亞海上一股不可小看的勢力。

明代晚期是福建經濟的特殊時代。在中國諸省中，對外貿易較發達的區域是東南諸省，而在東南諸省中，契入海洋經濟最深的是福建省。承宋元以來的傳統，福建商人全面捲入了晚明的海洋經濟浪潮，他們到日本、馬尼拉、澳門以及東南亞諸國貿易，將日本和美洲生產的白銀帶入中國，

是晚明東亞貿易圈不可缺少的一環。明末東亞的海洋形勢從合作轉向鬥爭，隨著西班牙、荷蘭等歐洲國家進入臺灣海峽及南海周邊港口，東亞也進入了各海洋集團相互鬥爭的時代。其中荷蘭人對中國的侵略，閩粵海商集團的反抗成為這一時代鬥爭的焦點。

華商在海外的發展在明代末年遇到了問題。這就是來自歐洲軍事集團的壓迫。歐洲諸國在東南亞建立殖民地之初，策略性地招徠華商，繁榮當地經濟。不過，一旦華人商團發展到足以威脅他們地位的程度，歐洲殖民者便會找機會打擊華商。例如明末發生於馬尼拉、巴達維亞對華商的大屠殺。在這些事件中，明朝無力保護自己的臣民，讓沿海民眾失望。他們需要自己的武裝，來保護自己的利益。於是，明末出現了林道乾、林鳳以及鄭芝龍父子的海寇商人集團，這些集團的活動，是中國海商力量的武裝體現。從地理位置來說，福建省海洋力量的發展，必定向周邊海洋世界開拓，於是，臺灣島進入福建海洋商人的視野。明末的臺灣海峽歷史是圍繞著臺灣展開的。

二、晚明閩粵水師在東亞海洋史上的地位

大航海時代環球貿易體系初步成立，各個海洋國家以海洋力量為基礎，謀取自己的海洋地位。嘉靖年間的抗倭戰爭表明，水師是明朝在東亞的最大優勢，也是抗倭戰爭最終取勝的原因。其後，隆慶與萬曆年間，閩粵水師將海寇打得到處流竄，也是因為水師的力量強大。

（一）造船業和航海術

相對陸地而言，海洋是人類活動的另一個天地。遼闊的海洋占有地球表面百分之七十的空間，一個民族走向海洋，意味著他到更大的空間爭取生存的權利。所以，一個國家和民族的發展，如果說它起源於陸地的話，一定要走向海洋才能獲得向未來發展的高度。船舶是人類駛向海洋的基本工具，沒有船舶，人類就無法征服海洋，而有了海上適航的船舶，並且有了一個海口，任何國家就可以和世界上大多數民族通商，從而在環球商業的基礎面占得一席地位。

　　造船業和航海術是各國海洋力量的直接體現。歐洲的造船術和航海術在許多領域已經領先中國，這是可以肯定的。不過，在工業革命之前，這些領先還不是絕對的。比方說，在十七世紀，歐洲人還沒有六分儀、八分儀之類的導航儀器，他們和東方的船長一樣，可以定位自己的緯度，但對經度無法定位。基本導航只能使用指南針。然而，西方人的海圖繪製和印刷十分漂亮，大量海圖的刊行，使歐洲普通知識階層都能瞭解海洋，他們進入航海領域要容易些。相對而言，中國的海圖大都很簡陋，像塞爾登東西洋航海圖那樣的精品，只是少數人收藏的，並未刊行使大眾瞭解海外世界。多數中國海圖只有簡單的線條，而且是船長們口耳相傳的秘本。所以，中國的船隻大都在中國海航行，不能像歐洲船那樣航行世界。至於船隻，歐洲人船隻有自己的特點，他們輕便的三角帆轉向十分方便，因而可以逆風航行。相對而言，中國用竹葦編製的帆篷太重，升降不易。所以，當時的船長相互轉告：一旦遇上西洋海盜，只能順風逃離，逆行速度肯定比不上西洋船。此外，西洋船舵的安置也有特點。西洋船可用船隻前方的大盤轉運沉重的舵，只要少數人就可以操作了。而過去中國船隻的舵由一根長棍控制，大船的舵要靠許多人力協力搬轉。明代末年的記載表明，東南數省很多地方造船都引入了西洋舵，這使船隻的轉向容易一些。

　　就木船製造而言，中西差距其實不大。不過，由於東方人工便宜，造船成本較低，這是中國各地擁有大量船隻的原因。按照俞大猷的計算，當時三百兩銀子便可在閩江口造一艘水師使用的大船。其後白銀貶值，萬曆末年漳州月港一帶的民用船舶製造，一般較為實用的大船，也不過要數千兩銀子而已。晚明中國的水上力量強大。西班牙傳教士看到：

> 一件讓所有去過這個國家的人感到十分震驚的是，在沿海能看見無數的船舸。澳門來的一些人曾打賭說，僅廣州河裡的船隻就比整個西班牙所有沿海的船還多。一個十分可靠的，曾在中華帝國逗留過的人對我親口說，在沿海五省，任何一個省很容易徵集一千艘戰船，並能馬上投入戰鬥。而在整個西班牙也只能徵集十艘而已。[1]

　　在這一背景下，明朝官府雖然效率低下，一旦認真起來，隨時可以組

1　〔西班牙〕胡安・岡比薩斯・德・門多薩，《中華大帝國史》孫家堃譯本，中華書局 2009 年，第 254 頁。

織成一支強大的水師。這是東南的福建、浙江、廣東三省組織水師的背景。

人們很少注意到的是：明朝曾經積極仿製葡萄牙人的「蜈蚣船」，「蜈蚣船，象形也。其制始於東南夷，以駕佛郎機銃。銃之重者千斤，小者六百五十斤。其法流入中國，可駕諸火攻之具。凡海舟無風不可動，惟蜈蚣船底尖面闊，兩旁列楫數十，其行如飛」。[2] 然而，明朝擔任研製蜈蚣船研究的龍江船廠後來發現：所謂蜈蚣船，就是多槳快船，中國早就有了，不過，以蜈蚣船配之大炮，就是一種新概念了。在佛郎機的刺激下，明朝很快在戰船上裝上新式大炮。嘉靖十三年，陳侃出使琉球，他的使船上便裝了兩門佛郎機。[3] 俞大猷曾對浙福軍門王忬說：「蓋海上之戰無他術，大船勝小船，大銃勝小銃，多船勝寡船，多銃勝寡銃而已。」[4]「（廣船）所恃者，有發炮佛郎機，中敵必碎。以火毬之類，從高擲下，敵舟必焚。福船亦然。」[5] 明軍的仿製給葡萄牙人很大的震動。葡萄牙人記載：「對中國人來說——巴羅斯說——在海戰的器械方面，他們並不羨慕歐洲的海戰器械；當我們到達那裡時，他們已經有了火炮；在看到我們的火炮的式樣後，他們改進了自己的火炮，因為他們是優秀的鑄造家。」[6] 當時中國戰艦都配備了大炮，不過也有些問題。宋應昌的〈議題水戰陸戰疏〉說：「若虎蹲、滅虜大將軍等砲，非遇急則不敢用，何也？以其氣力重大，雖能碎彼船，恐於我船亦不免有傷。」[7] 儘管如此，明軍還是積極配備火炮。明末周之夔論大福船的裝備時說：「福船每隻，佛狼機六座，鳥銃十門，噴筒百箇，火砲二十筒，藥弩十張，粗火藥四百觔，鳥銃藥百觔，弩藥一瓶，大小鉛彈二百觔，火箭二百支，火繩三十根，諸他器稱是。」[8] 其中佛郎機六座，

2　嵇璜、曹仁虎等編，《續文獻通考》卷一三二，〈兵考‧舟師水戰〉，文淵閣四庫全書本，第 22 頁。

3　陳侃，《使琉球錄》，錄自《中國邊疆研究資料文庫‧海疆文獻初編‧沿海形勢及海防》第三輯，北京，智慧財產權出版社 2011 年，第 190 頁。

4　俞大猷，《正氣堂全集》卷五，〈議以福建樓船擊倭〉，廖淵泉、張吉昌點校，福州，福建人民出版社 2007 年，第 160 頁。

5　嵇璜、曹仁虎等編，《續文獻通考》卷一三二，〈兵考‧舟師水戰〉，第 21 頁。

6　〔葡〕雅依梅‧科科爾特桑（Cortesão, J.），《葡萄牙的發現》，鄧蘭珍譯，北京，中國對外翻譯出版公司 1996 年，第 1192 頁。

7　宋應昌，〈議題水戰陸戰疏〉，陳子龍等選輯《明經世文編》卷四○一，《宋經略奏議》，北京，中華書局 1987 年，第 4349 頁。

8　周之夔，《棄草集‧文集》卷三，〈水戰火攻策〉，崇禎刻本，揚州古籍刻印社 1997 年影印本，第 573 頁。

就是指模仿葡萄牙人的火炮了。他如鳥銃十門，則是指十支火槍。必須說的是，其時日本人製造的火炮不多，但對鳥銃之類的火槍精益求精。為什麼日本鑄槍枝多而少鑄炮？應是日本工匠的鑄造術還不及中國，所以，明代的日本人很少鑄炮。海戰使用火槍的機會較少，主要由炮戰決定勝負，所以，閩粵水師配備最先進的火炮，是其制勝的重要原因。

晚明中國造船術的更新，使之居於亞洲領先的位置。早在嘉靖年間，俞大猷就發現與倭寇作戰，中國船有優勢。他大力主張發展水師，在海上殲敵。嘉靖三十七年五月，一股倭寇在晉江出海。「參將尹鳳引舟師擊之，沈其舟七，斬首六十餘級，生擒七人，餘眾遁去。鳳追擊至東洛外洋，復敗之，銃傷及溺死者甚眾。」[9] 許多戰例使當時的學者認識到：與倭寇作戰最好是在海上。同安大儒林希元說：

> 今閩廣浙直無處無倭，雖聞有撲滅之處，然隨撲隨滅，終不能使之
> 斷絕。其撲滅之處，皆得之於水，蓋彼舟小於我，自來捕賊者皆捕
> 於海，則無不粉碎，故倭賊所至，則焚舟登陸而不待舟。殺掠既飽，
> 然後尋舟以去。亦有尋舟不得而巢穴於此者。賊既登岸，則無如之
> 何。故將兵者皆伺之於海，以大船衝之，則無不破碎，然不能禦之
> 於陸以救生民之難。[10]

總的來說，配備葡萄牙火炮的閩浙水師在火力上要超過倭寇。加上船隻、人員素質的優勢，閩浙水師的實力遠超日本。當時人比較中日軍隊各自的特點，都認為：明軍的水師勝於日本，而日本的陸軍勝於中國。萬曆二十五年九月壬辰，大學士沈一貫疏陳戰守事宜：「臣生長海上，頗知倭情。倭長于陸，吾長于水，與倭戰于水，則得籌在吾，其勝十九；與倭戰于陸，則勝負尚未可知。蓋我舡大而倭舡小，我能搶風使帆，而彼非正風不能使帆，我火器多而彼火器寡，我能以舡為家，而彼特以舡為寓，此長短難易之別也」。[11]

9　鄭若曾、胡宗憲，《籌海圖編》卷四，〈福建倭變記〉，北京，中華書局 2007 年點校本，第 271 頁。

10　林希元，《同安林次崖先生文集》卷十二，〈談兵〉，乾隆十八年詒燕堂刻本，四庫全書存目叢書・集部，第 75 冊，第 4—5 頁。

11　張惟賢等修，《明神宗實錄》卷三一四，萬曆二十五年九月壬辰。史語所影印本。

　　明代晚期，日本曾經入侵朝鮮，遭到朝鮮和明朝軍隊的反擊，退回日本本土。在這場戰鬥中，廣東水師起了重要作用。其後，日本西南軍閥也曾派出水軍想掠取臺灣等地，但都失敗了。總之，明代中國的水上優勢，是中國在東亞環中國海區域發展的基本保證。

（二）閩粵水師的整頓

　　閩粵水師能夠多次大敗嶺南海寇，和當時的閩粵水師力量有關。關於閩浙水師的整頓，我已經在本書第二卷進行了概述，此處就將重點轉向隆慶和萬曆年間的廣東水師吧。從隆慶到萬曆年間，閩粵兩省的水師得到官府的重視，糧餉充足，戰鬥力強。以福建的戚繼光部下來說，他們有閒之時，以踢足球為樂，這說明他們的體力是很好的。與戚繼光所部相比，福建水師也很強大，看俞大猷的文集，可知水師有一種觀點：與海寇戰鬥都是水師打的，調來的浙兵其實沒有起作用。這從一個側面反映了福建水師的戰力。

　　除了福建水師外，要對廣東水師的重新崛起作一評價。廣東水師以新莞疍家人為主體，他們裝備了廣式大烏船，戰鬥力很強。據廣東的史料，東莞的豪門家養多條大烏船，平時做海南島的生意，兩地往來之際，可以賺很多錢。這類大烏船以熱帶雨林的鐵力木製成，非常結實。天順年間，海寇商人嚴啟盛在香山島一帶活動，多次擊敗廣東官軍，後來，官軍調來大船，將嚴啟盛的船隻撞碎，才獲得勝利。以後廣東官軍知道了大船的重要性，每每製造大船，從而獲得了廣海制海權。廣東官府與東莞豪家長期合作，官府允許他們做海上生意，一旦發生海寇，官府便調東莞烏船出擊，通常能很快擊破海寇。

　　然而，這種合作模式到了嘉靖大倭寇之時出了問題。江浙一帶因缺乏水師，倭寇橫行，江浙官府便從廣東調發大烏船到江浙沿海作戰。沒料到這場戰爭一打就是十幾年，廣東大烏船大都消耗於戰鬥中。俞大猷說：

> 照得二十載前，本鎮叨任都司，見廣之東莞縣有烏尾船二百餘隻，新會縣有橫江船一百餘隻。其船各係富家主造，其駕船之人名曰後生，各係主者厚養壯夫，每船各四五十人。南至瓊州，載白藤、檳榔椰等貨。東至潮州載鹽，皆得十倍之利。各船隸名於官，每年輪

十隻東守柘林，又十隻西守龍門。如海上有賊竊發，勢大，則共調船百隻上下；勢小，則共調船五十隻上下，隨其所往，無不搏滅。而廣東之海向無大警者，此也。不意十五年前，浙直倭熾。總督軍門胡議調廣船一百隻，皆選其巨者前去剿倭，經三四載，不得畢事，各船因皆損壞于彼，而一隻不返廣東，船勢從此弱矣。……自此而海上之事益多。……近日海寇橫行，廣船屢出屢敗。人但知二十年前廣船廣兵之強，不知十五年後廣船廣兵之弱。[12]

所以，嘉靖末年，倭寇從福建南下進入廣東，民間已經罕有大烏船了。這讓廣東官府措手不及，這也是倭寇、海寇一時橫行廣東的原因。水師是廣東官府控制海域的力量，一旦水師削弱，嶺南的海寇便趨向於倡狂。雪上加霜的是：嘉靖四十三年，還發生了廣東水師兵變。先是，潮州一帶，倭寇橫行，有人主張在潮州柘林港駐紮一支水師，便可扼制倭寇的行動。然而，當時的柘林已經是「敵後」，陷入倭寇與海寇的戰略包圍，官府的糧餉供應經常斷頓，長期吃不飽飯的士兵終於發火了。他們殺死長官，乘船到廣州向官府控訴，廣東大震。然而，這時來自柘林的士兵犯了一個大錯，他們見官府害怕自己，便有侵犯百姓的行動。這使他們被人們看成叛兵、強盜。於是，官府調來新的東莞兵圍剿，平定柘林士兵的叛亂。[13]

柘林水兵叛亂，極大打擊了廣東水師。但是，平定海寇，還得依靠水師。俞大猷和戚繼光相繼任廣東總兵之後，都想重建廣東水師。嘉靖四十五年，朝廷令福建總兵戚繼光兼任惠潮總兵，戚繼光進入廣東之後，非常重視水師和水寨建設，他建議官方：

復舟師。臣惟芟草必除其根，治水當從其源；漢臣諸葛亮先定南中而後北向，用是道也。故欲求內治之安，必先除海上之盜；猶蜀之南中，水艸之根源矣。廣東舊設水寨，沿海衛、所官軍坐駕鷹船，備非不周、法非不善；邇因柘林水兵之變，遂議罷之：是因噎而廢食也。或謂選編海上商、漁船隻分為二班，一班殺賊、一班生理；不為無見。但此船自駕、必挾己貲，遇賊則利害切身，人各為戰；

12　俞大猷，《正氣堂全集‧洗海近事》卷上，〈呈總督軍門張（隆慶二年七月初九日）〉，廖淵泉、張吉昌點校，福州，福建人民出版社 2007 年，第 813 頁。

13　郭棐，萬曆《粵大記》卷三，〈海島澄波〉，萬曆二十三年成書，黃國聲、鄧貴忠點校，廣州：中山大學出版社 1998 年重印本，第 55 頁。

故戰無不利。一屬于官，于己無復利害；兼之粵中調用水陸兵，則功既不賞、敗亦無罰，皆由官司無有主兵，勢不可行。相沿已久，傚傚日甚；惟張虛聲以費官帑，誰肯捐軀不測以圖實效哉。欲用此輩，必須設有巨艦、握有重兵，必得質直有幹、廉靜無求者駕馭之，然後彼為我用。假令孤立無威而盡置反側于左右，驅之蹈重淵、臨鋒鏑，雖馭不失其道、食不違其時，抑且不能矣；況未必然耶。又照烏尾船雖大，外少墻壁、內多柵蓋，櫓人難立，火攻易燃；必須用福建白艚，相兼互進（世傳海戰無他法，大船勝小船耳。然往來接濟，又不可純用鉅舟也）；此南澳已試之明效也。……西路即坐潮州橋稅，先儘水兵工食、船隻器具每年額費之數支給；其支糧規則，以照閩例。如遇賊眾船少，在閩則調刷月港等處船以益之，在廣則調刷烏汀等處船以益之；事畢即散。如此，則我之節制舟師居什之七、借用船隻居什之三，我重彼輕，然後可責其用命。仍定信地，在閩則舟駐玄鍾，北至浯嶼為界；在廣則舟駐柘林，上至惠州盤圓港為界。廣東南頭船隻，仍舊專備省城；東接盤圓港，西量移上西海地方。如此，則海防豫修而疆事克舉矣。[14]

儘管戚繼光的建議很好，但因北方戰場的需要，戚繼光不久被調到北方長城防線，南方人事更換，最終還是由俞大猷繼任總兵。俞大猷同樣重視水師，他覺得廣東水師一向依仗東莞的民間船舶，使廣東水師帶有一種業餘性。「廣中原無水寨兵船，又道里邈遠，一公文來往，非四五十日不能到。而東莞民間烏船，時出海南各處買賣。官取數十之船，非月餘不能集。船集而後募兵，兵集而後修整楫棹，又非三二十日不能完美。」[15]因此，廣東必須建立一支職業水師，仿造福建的辦法，在廣東各地設立水寨，駐紮水師。廣東在明初也有衛所軍隊，主要是陸軍，現在要以水師為主。「故今之制兵，水兵常居十七，陸兵常居十三。」[16]俞大猷在廣東，一面招安海寇，一面造船，力圖在海寇大造反之前，組成新銳的廣東水師。然而，廣東官府對俞大猷有一種莫名的畏懼，生怕俞大猷與海寇勾結造反。所以，

14　戚繼光，〈經略廣東條陳戡定機宜疏〉，陳子龍等選輯，《明經世文編》卷三四六，《戚少保文集》，北京，中華書局 1987 年，第 3734 頁。

15　俞大猷，〈正氣堂全集〉，《正氣堂集》卷十六，〈前會剿議〉，第 407 頁。

16　俞大猷，《正氣堂全集》卷十六，〈懇乞天恩亟賜大舉以靖大患以光中興大業疏〉，第 398 頁。

他們對俞大猷的限制頗多。凡俞大猷招安的山海強盜，大都無法安居，而是命運多舛，最後死於非命。所以，廣東海寇對俞大猷漸有成見。以曾一本來說，俞大猷也曾想招安其人，但在招安過程中，曾一本發現官府還在謀算他，於是，曾一本突然造反，率海寇襲擊廣州灣，一直打到廣州城外，大肆擄掠一番，而後退回潮州一帶，讓俞大猷大失面子。這是隆慶三年的事。

這次襲擊中，在廣州灣製造的廣東水師船隻大都被焚毀。於是，俞大猷便建議到福建造船，而後從北南下，與福建水師共同攻擊嶺南海寇。黃佐卿說：「是時兩省用兵，閩獨累甚，轉輸供應，耗費不貲。且一時製造巨船一百二十隻，又為廣東造福船八十隻，窮山巨木，斬伐無遺。大姓墓材，合圍以上亦盡濯濯。騷動襁袑，甚于倭後之時云。」[17]好在這次閩粵兩省的付出是有收穫的，裝備新船的閩粵水師合力大敗曾一本。其後，廣東剩餘的海寇如林道乾、朱良寶、魏朝義、莫應敷等人大都接受官府的招安，安定了數年。在這期間，廣東水師重建很成功，他們在廣東境內擁有多座水寨，每座水寨都擁有數千水師，實力強大，已經是海寇無法對抗的力量。關於當時閩粵水師的船隻，俞大猷有一番論述：

> 海上戰船，在山東不得知。在南直隸，則有沙船。駕船之兵，則江北等處鹽徒也。此方江海相交，淺沙甚多。沙船不甚大而底平，故南直隸多用之。在浙江，則有蒼山船。駕船之兵，則台州等處之漁民也。此船大者可載七八百石，小者可載三四百石，故浙江多用之。在廣東，則有東莞之烏尾，可載三四千石。新會之橫江，可載七八百、一二千石。駕船之兵，則二縣之商徒，名曰後生者也，故廣東多用之。在福建，則有白艚船。駕船之兵，則福清縣之鹽民、漳泉之商民也。此船大者可載二三千石，中者可載七八百、一千石，下者可載五六百石，故福建多用之。沙船頗少，蒼山船雖不甚小，亦不甚大。烏尾、橫江雖大中兼用，其制度不善，以與大勢海寇從事，每不能支。唯福建之白艚，上有戰樓，傍有遮垛，可戰可守。駕船之兵，養以厚糧，人人樂戰。故南直隸、浙江，昔年多造此船，

17　黃佐卿，《倭患考原》，清抄本，濟南，齊魯書社 1987 年，《四庫全書存目叢書》第 52 冊，第 510 頁。

相兼以滅倭，見今亦相兼用之以防守。[18]

可見，當時的大船，還是以廣東的大烏船最大。萬曆援朝抗倭期間，廣東水師北上朝鮮作戰，對擊敗日本水師起了重要作用。福建的大福船受廣船的影響，越造越大。明末廈門的池顯方說：「一禁大船。舊例商船過五百石者有禁，今載至二千石矣；闊逾丈者有禁，今樹雙桅矣。」[19]

（三）閩粵水師裝備的改良

廣東所造福船即為廣東總兵俞大猷向福建訂製的船舶。俞大猷和戚繼光都很重視大福船，是因為這種船隻很適合大洋作戰。

> 蓋福船之制高大，可容百人。其底尖，其上闊，其首昂而張，其尾高聳，設柁樓三重於上，傍皆設板，禍以茅竹，堅立如垣。其帆桅二道，中為四層，最下一層不可居，惟實土石，以防輕飄之患。第二層乃兵士寢息之所，地板隱之，須從上躡梯而下。第三層左右各設大門，中置水櫃，乃揚帆炊爨之處也。其前後各設木碇，繫以綜纜，下碇起碇，皆於此用力。最上一層如露臺，須從第三層穴梯而上，兩傍板翼如欄，人倚之，以攻敵。矢石火砲，皆俯瞰而發。敵舟小者，相遇即犁沈之。而敵又難於仰攻，此其制，誠盡善而盡美矣。[20]

除了大福船之外，閩粵水師還裝備了其他船隻。周之夔的〈水戰火攻策〉說：

> 今海中所用之舟，則福船、中哨船、八槳船、喇叭唬、白艚、漁網船諸類是也。然船號忌雜，則令繁而士難辨，是故福船主外洋攻打，中哨船主哨探攻戰及襲擊內港；八槳船主撈級出哨，亦助擊內港；喇叭唬聽臨時調撥；白艚、漁網聽隨地聯絡，而製度定矣。[21]

關於大福船的組織法，戚繼光說：

> 兵船束伍法。每福船一隻，捕盜一名，舵工二名，繚手二名，扳招

18　俞大猷，《正氣堂全集・續集》卷一，〈又與劉凝齋書〉，第536—537頁。

19　池顯方，《晃巖集》卷二一，〈熊中丞〉，廈門大學出版社2009年，第406頁。

20　鄭若曾，《江南經略》卷八上，〈福船論〉，第13頁。

21　周之夔，《棄草集・文集》卷三，〈水戰火攻策〉，第569頁。

一名，上斗一名，椗手二名。上用甲長五名，每甲兵十名。第一甲佛狼機，甲長專管放佛狼機，賊近管放火磚、烟罐等器。[22]

周之夔說得更為詳細些：

隊長專司一隊，捕盜專管一船，舵工專舵，椗手專椗，繚手專帆檣，繩索主持調篰，斗手專上斗用鏢，神器手專發砲，掌號手專發號，守艙專艙門、關防、槓具諸械，而職掌專矣。船之大小、多寡，分派均勻，擇最堅大者為中軍，司餘分為中司、左司、右司，每司分二哨，共六哨。船多則加前司、後司，又分二哨，共十哨，大小相兼。十船以下，五船以上，為一綜，哨官領之。兩哨為一司，分總領之。三司、二司，則為一部主將領之，而部伍齊矣。[23]

以上各職掌都要盡力向前。明代的軍法嚴厲，若有畏敵不前，不盡力者，「各有常刑，而法令嚴矣」。

就戰法而言，嘉靖年間，閩粵水師的作戰方法還是以近戰為主，遇到倭寇小船，順風碾壓，鬥船力，不鬥人力。若是遇到稍小的敵船，則以近戰火攻。但到了隆慶、萬曆年間，明軍開始注重火炮的配置。《明史 · 兵制 · 兵船》記載：

廣東船，鐵栗木為之，視福船尤巨而堅。其利用者二，可發佛郎機，可擲火球。大福船亦然，能容百人，底尖上闊，首昂尾高，舵樓三重，帆桅二旁護以板，上設木女牆及炮床。中為四層，最下實土石。次寢息所次左右六門中置水櫃，揚帆炊 皆在是。最上如露臺，穴梯而登，旁設翼板，可憑以戰。矢石火器，皆俯發。可順風行。

可見，由於廣東船與大福船高大結實，才可配置後坐力強大的佛郎機炮。不過，海軍所用火器自有特色。周之夔說：「夫神機、虎蹲、連珠、三眼，厥器維陸，今海船所用之藥，則鳥嘴銃、佛狼機、大噴筒、大蜂窠、火磚、火罐、火飛抓、加火桶、紅夷銃諸類是也。」[24] 戚繼光的《紀效新書》：

福船應備器械數目，大發貢一門，大佛狼機六座，碗口銃三箇，噴

22　戚繼光，《紀效新書》卷十八，〈水兵篇第十八〉，文淵閣四庫全書，第 13 頁。
23　周之夔，《棄草集 · 文集》卷三，〈水戰火攻策〉，第 569 頁。
24　周之夔，《棄草集 · 文集》卷三，〈水戰火攻策〉，第 570 頁。

筒六十箇，鳥嘴銃十把，烟罐一百箇，弩箭五百枝，藥弩十張，粗
火藥四百斤，鳥銃火藥一百斤，弩藥一瓶，大小鉛彈三百斤，火箭
三百枝，火磚一百塊，火砲二十個，鈎鐮十把，砍刀十把，過船釘
鎗二十根，標鎗一百枝，藤牌二十面，寧波弓五張，鐵箭三百枝，
灰罐一百箇，大旗一面，大篷一扇，小篷一扇，大櫓二張，舵二門，
椗四門，大索六根，小索四根，扳舵索一根，繚後手索二根，椗繳
四根，絞椗索四根，鐵鍋四口，花碗八十箇，鐵鍬四把，鐵鋸四把，
鐵鑽四把，鐵鑿四把，鐵斧四把，薄刀二把，銅鑼一面，大更皷一
面，小皷四面，大桅旗一頂，正方旗五頂，水桶四擔，燈籠十盞，
木梆鐵鐸一副備用，大小松杉木十株，火繩六十根，繩十根，鐵蒺
藜一千箇，捕盜自備，用釘四十斤，油五十斤，麻六十斤，灰三擔，
各兵自備，用篾盔一頂隨身釘鎗一根，腰刀一把。[25]

　　明代前期的水戰，已經出現了火箭之類的武器：「壞船之法，自來不
過數端。如鐵鎖錐綆、火箭、紙碾、油荻、灰、豆之類，大率如此。」[26] 不
過，這類火箭，應是在箭枝上綁上燃火物，點燃後射出。這種火箭，與隋
唐時代的火箭沒有什麼區別吧？引入佛郎機等火器之後，水戰便以火器為
主。「海上兵勢不相及，火器最急，弓弩次之，石子又次之，如鐵蒺藜、
泥罐之類，皆不可少。」[27] 裝備大型火砲之後，肯定提高了軍隊的戰鬥力。

　　明軍還保有水軍傳統技術和戰術。例如：火罐、石灰的近戰打擊技術，
火船攻擊術的使用。「以火毬之類，從高擲下，敵舟必焚。」[28] 可見威力不
小。尤其是火船攻擊術，極大地震懾了荷蘭軍隊。廈門守衛戰中，火船攻
擊失利，但荷蘭人也不敢在廈門港久駐。金門料羅灣大捷，勝在火船攻擊
成功。通常在海戰中，遠端交戰是用火砲，近程交戰，中國傳統戰術會多
一些。

　　其施放又有遲速遠近之不齊。是故佛狼機紅夷銃大砲，用以碎敵船，
　　火箭蜂窠用以燒帆，遠則用飛天噴筒，近則用火飛抓、火磚，火罐

25　戚繼光，《紀效新書》卷十八，〈水兵篇第十八〉，第 13 頁。
26　祝允明，《懷星堂集》卷十三，〈上俞都憲論備賊事宜狀（正德七年閏五月二十六
　　日）〉，文淵閣四庫全書本，第 2 頁。
27　張岳，《小山類稿》卷七，〈與福建按院何古林〉，文淵閣四庫全書本，第 14 頁。
28　嵇璜、曹仁虎等編，《續文獻通考》卷一三二，〈兵考‧舟師水戰〉，第 21 頁。

用以拋擲，最迫則用埋火藥桶。扼要則用水底鳴雷，而神器具矣。[29]

收復臺灣的戰鬥中，明鄭水師擊沉荷蘭軍艦埃克多號，應是近戰投擲火罐的成功。

總的來說，隆慶和萬曆年間，明朝中樞對福建廣東的水師十分看重，給予足夠的財政支持。因此，閩粵水師的裝備更新，擁有強大的戰力。這是閩粵官軍最終打敗海寇的原因。失利的海寇不得不離開東南近海，向遠海發展。例如，臺灣島成為海寇們看重的地方。然而，不論海寇躲在天涯海角，閩粵水師都會加力追上去。這是林道乾、林鳳逃到東南亞仍然無法安寧的原因。不過，當時閩粵水師有個戰區劃分，東洋水域，屬於福建水師的戰區，西洋之域，則由廣東水師負責。因臺灣島離福建較近，到臺灣海域作戰的水師多來自福建。

萬曆初年，閩粵海寇的活動擴展到南洋，其中林鳳的海寇隊伍襲擊馬尼拉的西班牙人，林道乾的隊伍進入柬埔寨和暹羅邊境，參與兩國之間的政治。而由福建與廣東出發的水師也曾訪問菲律賓、暹羅、柬埔寨。在支援朝鮮抗擊日本侵略的戰爭中，北上的廣東水師與朝鮮水師合作，重創對手。可見，當時的明朝水師具有國際影響力。

閩粵水師的問題在於：到了萬曆末年，水師的常年經費無法保證，許多士兵逃亡。閩粵水師因而大幅度縮編，兩省各剩幾千人的水師隊伍，裝備老舊，戰力下降。所以，明末的閩粵水師屢屢敗於新出現的海寇，海上出現完全不同的局面。

應當說，鄭芝龍降明使明朝的水師重新獲得戰力。和以往海寇不同的是：鄭芝龍海寇隊伍的擴張是在天啟七年（1627 年），僅僅過了兩年，鄭芝龍就被官府招安，成為福建的遊擊將軍。所以，鄭芝龍的大批部下都是從造反的農民和漁民轉化過來的，他們再次回鄉轉化為農民、漁民並非十分困難。至於那些曾經和鄭芝龍長期在臺灣為寇的少數同夥，大都無法接受官府的管束，他們隨鄭芝龍投降後，又重新率部離開。在海上遇到困難後，再次接受招安，再次叛離，終於全部被鄭芝龍打敗。鄭芝龍系統的福建水師採用荷蘭人的大炮裝備船隊，同時保留了使用火罐、水雷、火船、

29　周之夔，《棄草集・文集》卷三，〈水戰火攻策〉，第 571 頁。

鑿船底的傳統打法，因而養成強勁的戰力。崇禎年間，在天下大亂的背景下，鄭芝龍對外打敗荷蘭艦隊，對內掃蕩劉香等海寇隊伍，完成了海上力量的統一。當然，鄭芝龍擊敗荷蘭艦隊，並非火炮使用上超過了荷蘭人，而是一些傳統戰法發揮了作用。例如，在金門海戰中，鄭芝龍以接舷戰投擲火罐的戰術，焚毀多隻荷蘭戰艦，從而嚇得其他荷蘭船遠遠逃走。實際上，福建水師的損失也許遠遠超過荷蘭艦隊，但廈門、金門一帶的福建大船成百上千，損失是微不足道的。而遠征的荷蘭艦隊最多的時候也只有十幾艘戰艦，哪怕只有幾艘被擊沉，都是難以承受的損失。所以，金門海戰，實際上是福建水師在以多打少的情況下戰勝了荷蘭艦隊。因此，這場戰役不是說中國水師超過了荷蘭的海上力量，而是說明近海作戰，福建官軍在全民皆兵的背景下，也可以較大的優勢擊敗敵人。這樣，福建水師與占據臺灣的荷蘭艦隊打成平手，從而平分臺灣海峽的霸權，也完成了在中國近海保護中國商船的目的，使他們可以繼續與海外諸國貿易。

三、晚明海寇的構成及其活動特點

海盜是一股邪惡的海洋力量，以殺人劫貨為其行為特徵。不過，在海洋歷史上，也有一些海盜打著「劫富濟貧」的旗號，他們的部下多為遇到災荒而破產的農民和漁民，他們由於無法生存才加入搶劫為生的海上隊伍，若有機會返回日常生活，他們是很樂意的。事實上，閩粵歷史上也有多股海盜接受招安。有的還成為閩粵官軍，為國家利益作戰。所以，海盜史是一個複雜的問題，不可一言以概之。

（一）晚明閩粵海寇的構成

凡是臨海的國家和區域，幾乎都遭受過海盜的侵擾。同樣，凡是海洋國家，在其歷史的某一階段，都會有海盜產生。海盜這股邪惡的海洋力量，曾經是各國海洋秩序的破壞者，給各個國家帶來巨大的災難。然而，作為一股強勢的海洋力量，海盜往往是海上探險的先鋒。例如，英國海盜德雷克發現了南極洲與南美洲之間的海峽，因而有了著名的德雷克海峽，它溝通太平洋和大西洋，水道寬闊，在航海上的意義勝過極難航行的麥哲倫海峽。可見，德雷克是一個對世界航海史有卓越貢獻的海盜。在中國歷史上，

正是晚明海寇不斷襲擊澎湖群島和臺灣西部沿海，導致明代的福建水師將澎湖當作水軍基地，並出沒於臺灣沿海，與島上的番族建立了關係。其後，雖然經歷了荷蘭人竊據臺灣的事件，但是，大陸民眾在臺灣已經紮根，中國不可失去臺灣成為閩粵浙三省士大夫共同的觀點。最後，由來自明末海盜隊伍的鄭成功部隊收復臺灣，再由清朝接管臺灣，中國對臺灣的統治得到鞏固。可見，在臺灣開拓的歷史上，海盜歷史是一個重要的組成部分。對海洋史的研究，海盜史是一個不可缺少的主題。

中國海盜的一個重要特點是與海商階層有密切的關係。在明朝實行海禁的前提下，要下海貿易，只有以海盜的形式打破海禁。閩粵兩省交界區域天高皇帝遠，很早就形成了海商結合海寇的謀生方式。從明代中葉開始，閩粵交界處的山海武裝不斷出擊福建和江西，目的是掠奪財富。其中從海道北上的海寇，在正德、嘉靖年間逐漸形成了強大的力量。他們北上福建與浙江，雇傭日本打手，形成了轟動一時的倭寇。實際上，倭寇的主要首腦都是中國之人，有些直接是由富商轉化而來的。倭寇活動最盛時，南直隸及浙江、福建兩省到處都有倭寇在活動，無數城鎮被攻克，人民財產遭受巨大的損失。不過，倭寇活動最盛之際，倭寇內部也發生了分裂，王直、徐海等海寇頭目發現直接捲入倭寇活動的日本勢力增強，因而更多地讓他們直接面對明朝官軍的圍剿，導致大量日本系倭寇被明朝官軍殲滅。那些作為倭寇後臺的幕後操作者對王直和徐海產生不滿，許多日本人直接向王直等人尋問這些被殲滅的日本人的下落。王直和徐海感到極大的壓力，因而向明朝方面尋找出路。於是，負責剿倭的胡宗憲利用這一點，先後誘殺徐海和王直，大股倭寇解體南下。他們雖然給福建、廣東兩省帶來巨大的災難，但是，隨著明朝水陸兩軍的加強，倭寇最終滅亡只是時間問題了。

在給倭寇沉重打擊之後，明朝開始政策的轉換，允許海澄縣月港對外通商，就是其中一個。自從隆慶年間開禁之後，月港一帶的漳泉海商大舉南下東南亞諸港，重建和加強了當地的華商網絡，於是，中國商品暢銷於東南亞各地，來自東南亞的香料和白銀，也使閩粵金融業獲得巨大的發展。可是，這一政策未能推廣到廣東，所以，在倭寇活動日趨削弱的背景下，隆慶萬曆年間閩粵之間的海寇活動卻越來越猖獗。

隆慶萬曆年間的海寇，基本參加者來自閩粵交界處諸港。其首領中，

吳平為漳州詔安人，張璉、林道乾、林鳳為潮州人，此外林鳳的海盜隊伍的骨幹來自廣東珠海一帶，原來都是竊珠賊。他們能夠長期活動，是由於朝廷對海疆島嶼控制不嚴，例如，沒有在重要的南澳島駐兵，使南澳島成為閩粵海寇的補給中心。不管海寇在海上遭受多大的挫折，回到南澳，就可出售劫來的財物和商品，並得到食物和器械的補充。所以，嶺南的海寇問題長期無法解決。一直到明軍在南澳島駐兵，才將海寇的補給線切斷，此後廣東的海寇活動逐漸衰落。

晚明嶺南海寇集團的發展，與廣東方面錯誤的海洋政策有關。隆慶萬曆年間，月港通商使來自福建的海寇大都轉化為海商，而廣東潮州境內，民眾有航海的傳統，卻未能像漳州、泉州民眾那樣獲得出海貿易的權利，於是，海上掠奪成為一種謀生方式。從嘉靖末年的張璉、吳平到隆慶年間的曾一本、林道乾、諸良寶，再到萬曆初年的林道乾、林鳳海寇集團，大都以潮州的海口為基地，不斷襲擊閩粵間的港口，或是進行海上掠奪戰。南澳駐軍來自福建漳州，由一名副總兵率領。其後南澳歸福建管轄多年，成為月港的支港，由月港出發到馬尼拉的海船，多在南澳經停，而後遠航菲律賓。

其時，閩粵之交的南澳島成為海寇主要補給基地，遠洋的海寇只要回到南澳，就可獲得補充。南澳島也日本商船南下的主要停靠站之一，萬曆三年以前，從日本下南洋的商船，常在南澳停泊。嘉靖末年倭寇被戚繼光擊敗南下，主要是逃向南澳島，其目的是向日本商船靠攏，其核心人物可以乘日本船隻回歸日本。一直到萬曆三年，明朝決策在南澳島駐軍，萬曆四年官軍在南澳島駐紮，這才控制了這個海上要塞。其時，南澳駐軍來自福建漳州，由一名副總兵率領。其後南澳歸福建管轄多年，成為月港的支港，由月港出發到馬尼拉的海船，多在南澳經停，而後遠航菲律賓。

隆慶萬曆年間的南澳還是國際貿易的一個重要港市，常有日本船隻南下，停泊於南澳。迄至隆慶萬曆年間，仍然有不少日本船隻出沒於南澳及周邊港口，因此，也有不少日本浪人加入閩粵邊境一帶的海寇集團。隆慶萬曆年間的海寇集團，往往是中國海盜及倭寇的聯軍，通常由中國海盜任海寇的首領，並由他們出面雇傭數十或數百日本浪人打先鋒，因此，隆萬年間的海寇，常被稱為「倭寇」，他們之中確實有倭寇的成分。這些海寇

主要活動在福建、廣東、浙江三省的海域，且對東南亞都有一定的威懾能力。萬曆年間的海寇隊伍不僅在閩粵沿海活動，還向外海島嶼發展。例如張璉最終在舊港一帶謀生，成為市舶長。林道乾率隊進入柬埔寨、泰國邊境區域；林鳳進襲馬尼拉，而後避居西番，終老海外。他們的活動，是中國人海外發展的一個側面。

明代的海寇是貫穿明代歷史始終的一個問題。中國歷史上沒有一個朝代有如此規模巨大的海寇團體，不論是明代前期還是中期和晚期，都有規模可觀的海寇在活動，並且對海洋史產生巨大的影響。在本書中，第一卷論述了明代前期的海寇活動，第二卷論述了嘉靖年間的倭寇活動，第三卷除對外貿易外，著重分析隆慶至明末的海寇活動。隆慶以後，東南海寇主要活動於閩粵海域，所以不像浙閩倭寇那樣影響巨大。目前相關研究大都集中於地方史的著作。然而，超出地方史的角度看隆慶萬曆年間的海寇活動，可能會有一些新的意義。

隆慶萬曆年間的海寇是一股強大的海洋力量。諸如吳平、曾一本、林道乾、林鳳都曾經擁有一支數百艘船舶和成千上萬的徒眾。他們以海上行動為主，或以海上島嶼為巢穴。例如吳平占據南澳島對抗閩粵官軍，林道乾和林鳳先後以臺灣為其巢穴。而其行動範圍雖然以嶺南沿海為主，但也時常襲擊福建沿海，有些盜船還到過浙江近海，這就給東亞海域通道臺灣海峽造成巨大的威脅。在明朝水師逐漸強大的背景下，這些海寇的活動重點從近海轉向遠海，澎湖群島和臺灣南部，都被當作海盜的巢穴。閩粵水師為了清剿這些海盜，不得不出兵澎湖和臺灣沿海，這是明朝經營臺灣的重要原因之一。

強悍的海盜還向東南亞發展，不論是暹羅、柬埔寨、菲律賓還是越南，都曾感受到嶺南海寇的影響。荷蘭人曾與海寇結盟，唆使海寇襲擊從漳州到馬尼拉的海船。他們也遭受過來自海盜的打擊，劉香曾經襲擊臺灣安平的熱蘭遮城堡。在東南亞，更有林道乾在大泥國的經營。

（二）嘉靖末年及隆慶、萬曆初年的主要海寇

如本書第一卷所述，在嶺南潮州、惠州一帶，從明代初年就有海寇活動。嘉靖年間情況發生變化，來自嶺南的海寇北上襲擊浙江及南直隸所轄

蘇州、松江二府的沿海，寧波海外的雙嶼港是其據點。其時，嶺南海寇多在浙直活動，他們的家鄉是相對平靜的。不過，到了嘉靖末年，嶺南的治安急劇惡化。嘉靖三十三年廣東有何亞八之變，何亞八率領的海寇一度和王直合作，襲擊閩粵沿海的村莊，後被廣東集中力量消滅。嘉靖三十七年，多路倭寇入侵廣東潮州，抄掠各鄉。本地海寇張璉、許朝光、吳平等團夥趁機而起，他們與倭寇合作，劫掠多地。其中張璉所部多次襲擊浙江與福建，在閩浙被稱為倭寇。嘉靖四十一年，廣東官軍剿滅張璉團夥。其後，戚繼光率官軍進入廣東，南澳島一戰，福建和廣東官軍合作，殲滅了吳平海寇的主力。然而，嶺南隨後又出現了曾一本、林道乾、諸良寶、林鳳等大股海寇，其中以曾一本最強。

　　隆慶年間曾一本海寇最強時，擁有數百條船，上萬名海盜。他曾襲擊廣州城外的官軍，猖獗一時。不過，這一時期侵襲閩浙的倭寇活動已經進入末期，明朝可以集中力量圍剿嶺南的海寇。曾一本所部最後被廣東官軍消滅。萬曆元年，廣東集中力量消滅了潮州、惠州境內的山盜，開始合力對付廣東的海寇。萬曆二年，失去船舶的諸良寶在其水寨被殲滅，而林道乾和林鳳逃到遠海。他們各自擁有數千人的部下和數百條船隻，縱橫於臺灣海峽及廣東沿海，每年冬季順風北上臺灣海峽，每年春季，又順風南下粵海。在閩粵水師的壓力下，他們向外海逃竄，先後來到澎湖和臺灣南部，這就促使官方考慮澎湖與臺灣的治安問題。福建官軍多次到澎湖及臺灣沿海作戰，並在澎湖駐軍。其時，明朝中樞是張居正當政時期，在張居正的指揮下，閩粵水師獲得了多次勝利。海寇頭目林鳳不得不逃往「西番」，不知所終。而林道乾也率領他的部下來到馬來半島的大泥定居。迨至萬曆初年，閩粵沿海出現了難得的和平局面。

　　從萬曆初年到萬曆中期，是閩粵水師最強大的時候。萬曆二十年爆發日本侵略朝鮮的「壬辰之役」，時有倭寇將再次大舉入侵東南沿海的消息傳來。東南諸省的官府不敢大意，各省都加強水師建設，展開巡邏。朝鮮戰爭末期，明朝徵調部分廣東水師北上，在朝鮮沿海大敗日本水軍。其時，福建官府還準備了一支數百艘船隻組成的水師，準備直搗日本本土。後因形勢變化而終止。不過，到了萬曆後期，明朝的官僚機構通病又發作了，朝廷撥下的經費被各級長官克扣，戰船腐朽，士兵逃亡。閩粵水師戰力急劇下降。萬曆三十

年，名將沈有容尚可組織一支水師進抵臺灣的大員港，消滅橫行於當地的海寇。迄至萬曆末年，袁進和李忠率領的海盜再次以臺灣為巢穴，襲擊過往船隻。袁進被招安之後，福建官府在其海盜隊伍中精選數百人，由沈有容及袁進率領北上作戰。他們隸屬於山東巡撫管轄，在與後金作戰中取得可觀的戰績。袁進後來官至「大都督」，這是十分難得的。

袁進離開臺灣後，他的巢穴被後繼海寇侵占。天啟元年是顏思齊進入了臺灣，天啟四年又有鄭芝龍加入。由於明末福建沿海大饑，無數飢民加入鄭芝龍的海寇隊伍。鄭芝龍多次大敗閩粵官軍，明朝不得已又使出招安的手法。鄭芝龍被招安，意味著中國朝野海洋勢力的統一。鄭芝龍憑藉這一力量消滅了閩粵沿海的大股海寇，並在金門料羅灣戰役中擊敗荷蘭艦隊。這反映了中國海洋力量的深厚潛力。不過，儘管明末中國的海洋力量強大，但這股力量並沒有向海外擴張的想法。

四、閩粵人對臺灣的開拓及荷蘭殖民者到來

臺灣海峽是聯絡東北亞和東南亞的黃金水道，不過，迄至明末，臺灣海峽的主要經濟力量都偏向海峽西岸。西岸的漳州府、泉州府、潮州府和福州府、興化府都是海洋文化發達的區域，晚明由這裡出發的海船北可到日本，南可到東南亞諸港，因而形成了赫赫有名的閩潮海商集團，他們控制了東南亞的中下層商業網絡，並在東北亞的日本、琉球擁有商業據點。不過，一直到宋元時期，閩粵二省與臺灣的貿易都是零星的商品，明代前期也是如此。當時臺灣的番族主要是依賴大自然的物產生活，對商品的需求量很少。西岸漢人對臺灣關係的發展，主要是在晚明時期。因臺灣商品經濟有一定發展，嶺南海盜開始襲擊臺灣，並以臺灣為巢穴，襲擊東南諸省的海疆。因晚明臺灣有所發展，荷蘭才到臺灣來建立據點，從而給臺灣海峽帶來更大規模的風暴。

（一）華人在臺灣的開發和海寇活動

明代中葉以後，開始有福建與廣東的民眾到臺灣謀生，他們大都是漁民和小商人，或是在臺灣沿海捕魚，或是將大陸的一些小商品出售給當地的番眾。臺灣引起他們注意的是各類魚和鹿肉、鹿角。臺灣擁有許多鹿群，

當地人以捕鹿為生。由於鹿的數量極多，臺灣番眾獵得鹿之後，只吃鹿腸，將鹿肉、鹿皮拋棄。但對一向珍視鹿肉、鹿角的閩粵民眾而言，鹿皮可以作手工業原料，鹿肉可以供食用。因此，對臺灣的貿易逐漸發展起來，商人帶去各類小商品，從臺灣帶來鹿肉、鹿皮、鹿茸、鹿角以及烏魚子、魚乾等商品。不過，這類貿易規模有限。

晚明東亞的貿易形勢發生巨大的變化，促進了臺灣的對外聯繫。其時，閩潮商人的海外貿易有三個方向，其一為與日本、琉球的貿易；其二為與菲律賓及香料群島的貿易；其三是傳統的西洋貿易，包括暹羅、柬埔寨、麻六甲等地。和傳統貿易相比，晚明貿易熱點日本、菲律賓和香料群島都位於閩粵的東面方向，例如，從漳州月港到菲律賓群島的馬尼拉港，自元朝以來的傳統航線是先到澎湖群島，再到臺灣南部的港口，然後從臺灣南下馬尼拉港。這樣，臺灣南部便成了必經之地。至於到日本貿易，官府是嚴格禁止的。漳州商人為了繞開官府的禁令，大都申請到臺灣的北港、雞籠等地貿易。由於福建水師的巡邏很少到臺灣海面，因此，漳州商人到了臺灣之後，便有了天高任鳥飛，海闊憑魚躍的境界。他們往往從臺灣北上，或是沿著琉球群島構成的島鏈一直到日本，或是北航浙江東部的雙嶼港，從這裡再次出發到日本去。由於這些原因，臺灣漸漸成為東亞貿易的一個熱點，它以往世外桃源的生活注定要被終結，無可挽回地捲入東亞世界的發展浪潮。

嘉靖年間，中國東南沿海出現了倭寇活動。倭寇的構成主要是中國東南諸省的海盜和少數日本浪人。倭寇的船隻從日本東南的島嶼出發，隨風飄到臺灣海面，經常停住澎湖等島嶼，然後看風向決定去哪個地方搶劫。「犯福建則自彭湖島分綜，或之泉州等處，或之梅花所、長樂縣等處。」[30] 所以，臺灣海面的島嶼漸漸被海盜倭寇所熟悉。嘉靖末年，閩粵官府加強了對海盜倭寇的打擊，原來在沿海活動的海寇便向遠海逃竄，因而來到澎湖、臺灣等島嶼。崇禎十三年吏科都給事中王家彥在奏疏中說：「閩省海壖，地如巾帨。民耕無所，且沙磧相薄耕亦弗收。加以年荒賦急，窮民緣是走

30　謝杰，《虔臺倭纂》卷上，〈倭原一〉，明萬曆刊本，鄭振鐸，《玄覽堂叢書續集》第十七冊，國立中央圖書館民國三十六年刊線裝本，第4頁。

海如鶩，長子孫于唐市，指窟穴于臺灣，橫海鷗張。」[31]閩粵官軍也跟蹤而
來，經常出現於臺灣、澎湖。需要說明的是：由於廣東省管轄的海面十分
寬廣，當年還包括海南島，廣東水師無法兼顧所有的海域，因此，赴臺灣
作戰的水師多來自福建。對於福建水師的進入，臺灣番眾是歡迎的，因為
可以幫他們打擊騷擾臺灣的海寇。這樣，福建官府的管理權便伸展到了臺
灣的一些區域。

　　從臺灣歷史上的一些名字可以看到閩粵民眾對臺灣認識的擴展。明代
初年，人們稱臺灣為小琉球，卻稱沖繩島為大琉球，這是因為，琉球群島
的中山國向明朝進貢，而臺灣島上的番眾可能是因為只吃鹿腸這種食品的
緣故，無法離開臺灣，也無法接受來自大陸的邀請。因他們不到大陸進貢，
所以被官府貶低了，臺灣島因而被稱為小琉球。實際上，臺灣島要比沖繩
群島大得很多。小琉球這一稱呼的存在，也反映了當時官府對海外世界的
茫然吧。

　　隨著明代中後期到臺灣的漁民多了起來，臺灣沿海的一些港口被外人
所認識。其中漢人經常往來的港口有北臺灣的雞籠、淡水以及南臺灣的北
港。雞籠港即為今日臺灣的基隆市，它是臺灣最北部的大港；淡水港在臺
北市淡水河的下游入海口，由於大量淡水注入附近的海洋，因而這裡有淡
水洋之稱。當時的臺灣還有東番之名，其為東部番人居住的地方。這個名
字表明閩粵一帶民眾對生活在臺灣的番人有了初步認識。不過，當時漢人
對臺灣的認識還是很模糊的，臺灣是一個大島，還是由幾個島嶼構成的？
都沒有確定的解釋。有些人以為臺灣是由雞籠、淡水、北港等幾個島嶼構
成的，反映於當時的地圖，就是將臺灣畫成幾個島嶼。至於東番之名，在
當時人的眼中是南部的島嶼吧？這也是模糊認定。

　　東番的主要港口是位於臺灣南部的北港。北港的本意是指今臺南市內
的一個海灣，這個海灣，昔稱臺江內海，後來漸漸淤沒，成為陸地。臺江
內海周邊有魍港、新港、大員港、安平港，總體上被稱為北港。這一系列
港口中，最早出名的是魍港，關於魍港具體在什麼地方？臺灣學術界是有
爭議的。本書揭示的明代史料證明：魍港在貫穿臺南市的新港河（鹽水溪）

31　孫承澤，《春明夢餘錄》卷四十二，〈兵部一〉，文淵閣四庫全書本，第 36 頁。

下游，早期的新港河是在臺江內海注入大海。由於臺江內海是淡水與海水交匯之地，各種水生物眾多，很早就成為烏魚的產地。在臺灣海峽捕魚的福建漁民很早就因追蹤烏魚而進入臺江內海，他們在魍港與番族的西拉雅人做買賣，這使魍港成為臺灣最早與漢人往來的港口之一。其後，魍港因遭到海盜倭寇的侵襲而廢除，西拉雅人退到魍港上游的一個地方貿易，這個地方相對魍港而言被稱為新港，該地名直到今的臺南市仍然保留。新港之後，臺南市赤嵌附近的海港興起，一度成為海寇的駐地。荷蘭人進駐北港之後，在臺江內海西部築造熱蘭遮城，該城後來被稱為安平堡，這就是屬於北港的一系列支海港口。

明代後期，漳州人開始稱臺灣內海為大灣，這是很形象的稱呼，那裡確實是一個大海灣。不過，荷蘭人在安平港築造熱蘭遮城之後，大灣的外圍出現了一座高臺，閩粵民眾因而稱之為臺灣，新名詞只是大灣的一音之轉，很形象地描述了當地的地貌，所以，這個新詞很快在漢人中流行開來。晚明泉州籍著名大臣何喬遠便在其奏疏中多次提到臺灣。不過，當時人所說的臺灣，只是指今臺南市西部的臺灣內海和周邊港市，因此，在何喬遠的文章中，臺灣經常與雞籠、淡水並列，它只是某個港口之名，並非泛指全島。清朝統一臺灣之初，臺灣島設立三縣，北部是諸羅縣，南部是鳳山縣，中部才是臺灣縣，這都說明臺灣之名原來只屬於很小的一塊地區。它能成為全島的代名詞，應與早期臺灣在全島的領袖地位有關。臺灣的農耕文化，應是在臺南紮根，而後向全島傳播。

對於臺灣的開發，以往研究大都從顏振泉和鄭芝龍開始。實際上，此前嘉靖、隆慶、萬曆年間，已經有漁民和海盜來到臺灣。其中留下名字的多為林道乾、林鳳之類的大海盜。對晚明嶺南海寇的研究使我們知道：林道乾、林鳳之後的海盜，大都會以臺灣為巢穴，進可襲擊海峽過往船隻，退可在臺灣內海休整，這使東南治安產生巨大問題。自萬曆末年明朝官府招安袁進等海寇之後，又有顏思齊、鄭芝龍相繼起事，多次擊敗閩粵水師。好在鄭芝龍覺得在海上沒有前途，選擇向明朝官府投降，並轉化為明朝水師將領，明朝因而有了一支相對可靠的武裝，從而穩定了東南的局勢。明末，由於隆武政權在福建建立，更給予鄭芝龍等人進入中央政權的機會。然而，這些來自海上的人物，與南方士大夫階層無法融洽地在一個王朝共

事，最終因對立而分手。這對東南海上力量是重大的打擊。這也是中國歷史最值得思考的一個問題。

（二）荷蘭人侵占臺灣產生的問題

由於明朝開國之初就制訂了以海禁為主的政策，在海洋政策方面一直顯得落伍。一直到明末，官府常用海禁來對付海上問題，其實，它產生的副作用往往大過正面效果。

明末導致朝廷重新實行海禁的是荷蘭殖民者的入侵。而荷蘭人的入侵，又與明朝僵化的海禁政策有關。經過倭寇活動之後，明朝海禁政策有所調整，在全面禁止各口岸對外通商的背景下，明朝允許月港商人對外通商，但不允許外商進入月港貿易。此外，明朝在廣東開放澳門，允許海外商人進入澳門貿易，又不允許廣東商人出外貿易。這一政策後來產生的問題在於：澳門本來是明朝對所有外國人開放的港口，但在明末已經被葡萄牙人獨占。葡萄牙人可以允許東南亞國家的船隻進入澳門，但不允許荷蘭等競爭國家的船隻進入澳門。事實上，荷蘭人經常在海上搶劫葡萄牙船隻，他們被葡萄牙人看成海盜，是有幾分道理。不過，荷蘭人在廣東碰壁後，就到臺灣海峽來碰運氣。他們向福建官府提出：要像葡萄牙人一樣在福建的澎湖租借一個港口做生意。因明朝官府發現澳門已經成為一個問題，堅決不許，其後，荷蘭人在臺灣海峽採取搗亂的政策，他們大舉襲擊閩商的船隻，企圖切斷閩商與西班牙人之間的貿易。最後雙方摩擦發展，導致戰爭的發生。這是明末臺灣海峽十分混亂的原因。

晚明的國際貿易中心向臺灣海峽轉移，相伴而來的是東亞海盜活動也向臺灣海峽轉移。從嘉靖年間的倭寇活動到隆慶萬曆年間的海寇活動，都是從外省沿海趨向臺灣海峽。這是因為，臺灣海峽的臺灣島和澎湖群島具有控制東亞樞紐的良好條件，海寇以臺灣、澎湖為巢穴，可以襲擊大陸的東南諸省最富庶地區。荷蘭人來到澎湖和臺灣，則是看中它作為東亞樞紐的位置，荷蘭占據此地之後，可以發展對華貿易和對日本貿易，還可以打擊閩商對西班牙貿易，荷蘭人的企圖是通過控制閩商對外貿易管道，掌控中國的出口商品，從而稱霸東亞。然而，荷蘭人以武力至上的政策嚴重打擊了閩商的利益，迫使他們起來反抗。於是，從海寇中成長起來的鄭芝龍

武裝成為閩商手中的利劍，在明朝官府的合力支持下，鄭芝龍終於在金門大敗荷蘭艦隊，從而獲得了臺灣海峽至少一半以上的控制權。閩商因而能夠在東亞繼續發展自己的貿易。其後，雖說閩商與菲律賓的貿易減少了，但閩商與東南亞西部及日本的貿易仍在進行。迨至鄭成功成為統帥，更將荷蘭殖民驅逐出臺灣，奪回臺灣海峽控制權。中國海上力量由此達到一個歷史的高峰。

　　從明代的海洋史來看，明代前期是中國海洋力量領導東亞的時期。其時鄭和下西洋的船隊，將中國力量推送到印度洋西部。迨至嘉靖年間，日本的海洋力量崛起，白銀和倭寇體現了日本海洋力量的潛力。然而，由於明朝強大的水師和商品及商人的力量，東亞仍然是以中國力量為尊。從嘉靖末年到萬曆中期，葡萄牙和西班牙相繼在東亞站穩了腳跟，開始介入東亞貿易。其中，葡萄牙人控制了日本與澳門之間的貿易，西班牙人經營菲律賓到美洲之間的貿易，葡萄牙人還控制了從東洋香料群島到歐洲的貿易線路。在與葡萄牙人及西班牙人的貿易中，華商也獲得較大的利益。不過，這一力量均勢的時代，隨著荷蘭人與英國人的到來而被打破。荷蘭人和英國於 17 世紀初來到東亞，他們合夥打擊西班牙人的海上力量。荷蘭人的特點是發現了從非洲好望角直接到爪哇島的航線，並從爪哇島向東發展，擊敗葡萄牙人和西班牙人，控制了香料群島。其後，他們將發展對華貿易和對日本貿易當作下一個目標，因而從爪哇島北上，控制臺灣島之後，達到荷蘭人勢力的頂點。不過，荷蘭人低估了中國海上力量的潛力，在濫用武力之後，終於遭到驅逐。而荷蘭人的世界霸權也從頂峰滑落，自此走向低谷。在擊敗荷蘭人之後，中國古代的海上力量也達到了頂峰，其後，由於清朝保守的海洋政策，中國海洋力量逐步下滑，迨至清末，中國遭到多次來自海上的侵略，這都是中國海洋力量滑落的後果。

　　本卷的研究以晚明閩粵海寇歷史為線索，它一方面是全書設計的結果，另一方面，也是我對這段歷史長期研究的結晶。在臺灣學術界，早期臺灣史研究一度是學術界的重點，臺灣史研究開山者方豪、曹永和等人都對臺灣早期歷史進行了很好的研究。相關學術史研究，我已經在第一卷的緒論中進行了論述。不過，進入 21 世紀之後，臺灣歷史學家的研究重點逐漸轉向日據時期臺灣史的研究，對早期臺灣史的研究漸漸少了。但在國際學術

界，對早期臺灣史的爭議仍然存在。這就使我感到繼續研究明代臺灣歷史的重要性。

　　我在進入臺灣史研究之前，一直在做福建史，且以明清福建史為重點。然而，由於我很早就擔任福建社會科學院歷史研究所副所長、所長的職務，總會有涉及臺灣史的課題找到我，也就不得不做一些，取得一些邊緣性的成果。真正開始做臺灣史研究是在 2000 年跟隨鄭學檬老師做博士學位的時候。我的博士論文題目是〈16 — 17 世紀環臺灣海峽區域市場研究〉，2003 年通過博士學位。這篇博士論文著重於晚明福建、臺灣的經濟史，深入進去，卻發現早期臺灣史有許多問題未解決，譬如在荷蘭人之前，福建官府是否管理臺灣的部分區域？也在研究中發現了一些讓我感興趣的人物：例如萬曆後期進入臺灣的海盜袁進、李忠，在臺灣赤嵌設立防禦工事的趙秉鑑。應當說，臺灣學者很早就取得相當的成果。例如，方豪發現了陳第的〈東番記〉，曹永和很早就在著作中提到了袁進、李忠；而張增信的〈明季東南海寇巢外的風氣 1567—1644〉（《中國海洋發展史論文集》第 3 輯。臺北：中研院，1988 年。）一文，以及他的《明季東南中國的海上活動》（臺北：中國學術著作獎助委員會，1988 年。）一書，對明代後期活動在臺灣海峽的海寇有整體研究。陳宗仁發表了〈北港與「Pacan」地名考釋：兼論十六世紀、十七世紀之際臺灣西南海域貿易情勢的變遷〉（《漢學研究》第二十一卷第二期，總第 43 號，臺北，2003 年），而後又有專著《雞籠山與淡水洋——東亞與臺灣早期史研究》（臺北，聯經出版公司 2005 年）。在大陸學界，鄭廣南的《中國海盜史》也提到了袁進和李忠，張崇根發現了周嬰根據陳第原著改寫的〈東番記〉，這都是晚明臺灣史的成果。我有幸在 1998 年和 2000 年到日本諸大圖書館閱讀中文古籍，看到了曹學佺的《曹能始先生石倉全集》一百卷和何喬遠的《鏡山全集》，憑藉以上中文古籍，我開始了袁進、李忠、趙秉鑑的系列研究，於 2005 年撰寫〈晚明臺灣北港的事變與福建官府〉[32] 及〈論福建省統轄臺灣之始〉[33]。以後綜

32　徐曉望，〈晚明臺灣北港的事變與福建官府〉，臺北，《臺灣源流》2005 年冬季刊。

33　徐曉望，〈福建省統轄臺灣之始〉，本篇為作者參加 2005 年學術會議的文章，後發表於福建省炎黃文化研究會等編，《臺灣建省與抗日戰爭研究——紀念抗日勝利 60 周年暨臺灣建省 120 周年學術研討會論文集》，廈門：鷺江出版社 2008 年。收入《早期臺灣史考證》，福州，海風出版社 2014 年。

合這些成果於 2006 年出版了專著《早期臺灣海峽史研究》（福州，海風出版社 2006 年）一書，較詳細地闡述了明代福建官民與臺灣的關係。陳小沖於 2006 年在《臺灣研究集刊》2006 年第 1 期發表了〈張燮《霏雲居續集》涉臺史料鉤沉〉，我們共同的觀點是：趙秉鑑在臺灣赤嵌築城，表明明代晚期福建官府的管理權已經伸展到臺灣南部。對臺灣的北港和海寇活動，我也感到興趣，發表了〈晚明在臺灣活動的閩粵海盜〉（北京，《臺灣研究》2003 年第 3 期），〈論晚明對臺灣、澎湖的管理及設置郡縣的計畫〉（北京，《中國邊疆史地研究》，2004 年第 3 期）和〈論明代北港的崛起〉（《臺灣研究》2006 年 2 期）。其後又有〈臺灣光復與釣魚島列嶼的法理回歸〉（《東南學術》2011 年，第 2 期）以及〈論鄭成功復臺之際臺灣的法律地位〉（《福建論壇》2012 年第 10 期）等論文刊出。以上論文後來彙成了《臺灣早期史考證》（福州，海風出版社 2014 年）。

　　從 2012 年開始，我擔任了「閩臺商緣」的國家級重點課題。2015 年出版了《商海泛舟——閩臺商緣》（社會科學文獻出版社 2015 年），這是一部長達 36.8 萬字的專著，我將其當作閩臺商業史來寫作，其中明代部分也有一定分量。

　　近年我開始了《大航海時代的臺灣海峽與周邊世界》四卷本的寫作，對臺灣史的研究更進一步。其中林道乾、林鳳等海寇開發臺灣的歷史引起我的注意，因而有〈論明萬曆二年福建水師的臺灣新港之戰〉（《福建論壇》2019 年）和〈早期臺灣秘史：論晚明海寇林道乾在臺灣的活動〉（臺北，人文及社會科學集刊第 33 卷第一期）二文，在這兩篇論文中，我考證了萬曆二年福建官軍深入鹽水河新港的事件。它表明早在萬曆初年，福建官軍已經和臺灣番民部落建立了關係，雙方聯合作戰，關係非同一般。近兩年來我的參會論文有：徐曉望：〈晚明海寇袁進在臺灣海峽的活動〉，徐曉望：〈明代入臺將領趙秉鑑冤案考〉，徐曉望：〈論明代福建官府與臺灣少數民族的關係〉等。

　　我對早期臺灣史研究的體會是：不能將其當作單純的臺灣歷史來研究，而要將其當作中國東南區域海洋歷史的一部分來對待。宋元及明代前期中國海洋史的發展，迄至明代後期，已經形成具有相當規模的海洋開發史浪潮，它必然將臺灣開發納入自己的進程。遺憾的是，學界對荷蘭占據臺灣

之前晚明臺灣史的研究相對薄弱，於是產生了許多誤解。20 多年前，我曾聽說個別年輕的荷蘭學者甚至提出是荷蘭人最先發現了臺灣，有發現權。儘管他冒失的主張受到大家的冷落，但是，這個問題必須有一個學術的解決。大約 20 年前我開始對臺灣問題進行有系統的研究，早期的雄心壯志是將臺灣史梳理一遍，至少是寫到清代末期。然而，踏進這一領域後，便覺得僅是早期臺灣歷史便有許多懸而未決的問題，於是，我將很多力量投入這一領域。研究明史的人知道，因清朝將明末許多書籍列為禁書，導致許多晚明的書籍毀棄，能夠流傳於世的，大都成了孤本。因此，查閱明代孤本史籍十分不易，尤其是那些流失於海外的著作。不過，從另一方面來說，對這些孤本的探索，往往會有一些令人驚喜的發現。我有幸較早接觸這些孤本，從中收集有關臺灣早期史的記載，因而能夠對明代臺灣史發表一些意見。其後陸續撰成系列論文發表，而後形成我的兩本書：《早期臺灣海峽史研究》[34] 和《早期臺灣史考證》[35]，其中《早期臺灣史考證》是我的論文集，收集我的 20 來篇有關臺灣史的論文；《早期臺灣海峽史研究》則是本世紀初期我研究明代臺灣史的專著，發表於 2006 年。這兩本書奠定了我有關早期臺灣歷史的基本觀點。不過，隨著時間的推移，對新史料的開拓，也使我掌握過去許多無法知道的細節，從區域布局而言，除了福建海洋史之外，我對明代嶺南海洋史也有了更多的理解。從閩粵海洋史的高度去看臺灣早期史，這不僅使我對臺灣海峽早期歷史有了較完整的理解，還使我對臺灣早期史有較深的體會。晚明臺灣歷史的展開，與臺灣豐富的物產有關，閩粵沿海人口增長和自然環境的破壞，使其急需糧食、肉類和能源，而這時候的臺灣，有鹿肉、魚乾、木柴，可以補充閩粵兩省的肉類及能源的消費。臺灣肥沃的土地還是發展水稻種植業的最佳開發對象。因此，隨著閩粵沿海城市化的發展，必然將臺灣納入閩粵經濟圈之中。這是閩粵沿海城市海洋輻射力的體現。另一方面，晚明臺灣海峽動盪，實與海寇的歷史有很深的關係。隨著閩粵水師對海寇的圍剿展開，無法抵禦的海寇便向遠海尋找出路，臺灣成了他們的巢穴。晚明閩粵沿海的海寇，大都以臺灣為老巢，進而襲擊閩粵沿海，退而據守臺灣。從萬曆末年的袁進開始，直

34　徐曉望，《早期臺灣海峽史研究》，福州，海風出版社 2006 年。
35　徐曉望，《早期臺灣史考證》，福州，海風出版社 2014 年。

到天啟初年的顏思齊和鄭芝龍，這些大股海寇一直與臺灣保持密切的關係。閩粵水師為了清剿這些海寇，也來到臺灣，甚至在臺灣築城。福建官府主動聯絡臺灣的少數民族，共同對付進入臺灣的海寇，已經將臺灣少數民族當作自己的管理對象。總之，在荷蘭人抵達臺灣之前，來自福建的民眾經常出入臺灣南部的北港，他們向當地少數民族購取鹿肉，砍伐木柴，捕魚捉蟹。臺灣漸漸被納入閩粵臺經濟圈。來自閩粵的海寇出沒於臺灣，建立巢穴。福建官府指揮的福建水師也經常來到臺灣，清剿海寇，保護臺灣少數民族。可以說，福建官府的管轄已經伸展到臺灣，而且明朝廷已經有了在臺灣設立郡縣的計畫。可見，有荷蘭人進入臺灣之前，福建官府已經有效管理臺灣。

明代的中國其實擁有發展強大的海洋力量的潛力，它的初步發揮，已經使中國在東亞占據獨特的地位。可惜的是：晚明的中國陷入很深的社會矛盾，海洋力量自相消耗，在對外競爭方面無法凝聚成一股力量，而且缺少對外競爭的意識。儘管如此，明代的海洋力量在東亞世界的表現還是相當突出的。

晚明中國海洋力量發展也是曲折的，這一點表現在明朝一度失去對琉球及臺灣的控制，而後又因為中國海洋力量的發展，琉球回歸明朝進貢國地位，臺灣成了中國海洋力量直接管制的地方。總之，中國海洋力量在臺灣海峽及東亞海域發展的影響是巨大的。

明代的海洋力量主要由四個方面構成，其一，國家的科技、金融力量；其二，邊海經濟及其向海洋輻射的能力。其三，常備水師的戰防能力。其四，海寇等民間武裝的活動能力。

在結尾處我想著重說一說明代的水師和海寇這兩個對立的群體。

明代水師其實具有強大的實力，但明代後期的海洋戰略就是保護本土海岸線的安全，並不在意征服海外國家，因此，明代水師的發展常是被動的。一般地說，明朝總是在遇到事情之後才想到要整頓海洋力量。不過，經歷一段時間整頓後，明朝官方的水師力量總能壓倒海寇，並打敗外來侵略者。所以，明代的水師並非一個不變的恆量，而是常有起伏，時高時低。

明代的海寇等民間武裝是海洋政治中一個變幻莫測的因素。在回應民

間經濟向海外發展要求的基礎上，這股勢力聚集起相當強大的海洋力量，其基本力量不亞於英國的德雷克等世界性海盜的實力，某種程度上更為強盛。令人惋惜的是，這些民間海洋力量多數時間成為官府的反面，並在破壞經濟秩序的背景下發展，從而成為國家進步的反面。不過，歷史上也曾出現過官府與民間海洋力量合作轉捩點。其一，嘉靖大倭寇之後，隨著國家海洋政策的調整，福建海澄月港獲得了對外通商的機會，這對晚明經濟大繁榮起到重要作用。其二，明末海寇鄭芝龍被朝廷招安，他的部下成為臺灣海峽穩定的力量。明朝憑藉這股力量打敗企圖稱霸臺灣海峽的荷蘭勢力，並保持臺灣海峽通道的安全。所以，促進海寇力量的轉化是明代官府的重要勝利。由於海寇在歷史上亦正亦邪的作用，研究明代海洋力量，必然會以這股力量為重要對象。事實上，目前的海洋史研究，大都圍繞著官府與海寇的關係展開。然而，因篇幅的關係，以往的明代海洋史著作對晚明海寇活動缺少整體的論述。我在本卷主要以海洋力量發展史為基本線索，研究嘉靖大倭寇之後，從嶺南海盜林道乾到明末鄭芝龍等海洋力量的發展。換句話說，這是明代晚期海洋巨寇的歷史。這些海洋巨寇的活動舞臺是臺灣海峽和嶺南及浙東的沿海，甚至涉及南洋和北洋的海外國家，因此，從區域研究來說，本卷主要研究以臺灣海峽為中心的海域以及周邊世界。儘管前人在個別問題上已經做出相當深入的研究，也有人勾勒出晚明海寇史的主要線索，但我覺得更為詳細地研究這一時代的海洋力量發展史，有助於說明以臺灣海峽為核心的東亞歷史變化，解析中國民間海洋力量的歷史地位。當然，其中的關鍵是我能否發現足以改變歷史評價的新史料，開拓新領域，以及統括中國海洋史、東亞海洋史、東南亞海洋史的理論能力。這一挑戰是巨大的，也是我努力去做的。

第一章　閩商與東南亞歐洲殖民者的貿易

　　明代中後期，歐洲殖民主義者相繼來到中國沿海，環球貿易體系建立。這使東亞的貿易格局發生很大的變化。在中國、日本、葡萄牙、西班牙、荷蘭諸國的競爭中，福建海商依靠祖國的支持，逐漸成長起來，成為可以和西方殖民主義者相抗衡的力量。他們在抗擊西方的入侵、保衛中國海疆安全方面發揮了重要的作用。

第一節　閩商與澳門葡萄牙人的貿易

　　嘉靖中葉，閩浙一帶嚴禁葡萄牙人的私人貿易。後來，倭寇襲擊閩浙沿海，貿易無法正常展開，葡萄牙人便重新回歸廣東沿海，在澳門港發展貿易。然而，在澳門港內，與葡萄牙貿易的是以閩人為主的商人集團。

一、回到廣東貿易的葡萄牙人

　　葡萄牙人早在正德年間就在廣東沿海貿易，後來，因為葡萄牙人販賣人口等惡習激怒了當地人，導致嘉靖初年廣東的海禁，牽累了其他東南亞國家一起失去在廣東沿海貿易的機會。然而，將海外番船全部驅離後，廣東方面很快感到經濟上的問題：番船不來了，海外商品也進不來了，許多產業無法繼續。官府的政策不得不發生變化。葡萄牙人也很快有所感覺。1527 年（嘉靖六年）1 月 16 日，一個名為卡爾沃（Diogo Calvo）葡萄牙籍

的囚徒致函葡王說：

> 殿下可以放心地知道，因為（中國）國王派人告訴我的不過5年不
> 許販貨，5年已過去。我的一個到過暹羅的親戚對我說，華人渴望
> 從我們處得到胡椒，烏木，木香，香物，象牙及藏紅花。現在這些
> 東西貴重如金。[1]

廣東官府的正式態度可見之於嘉靖八年提督兩廣侍郎（明史作巡撫）
林富的奏疏。他在奏疏中指出：被廣東驅逐的佛郎機船隻都跑到漳州一帶
貿易了，漳州不是通商港口。「是廣東不當阻而阻，漳州當禁而不禁也。
請令廣東番舶例許通市者毋得禁絕，漳州則驅之，毋得停舶。從之」。[2] 按，
此處容易搞錯的一個問題是，林富的奏疏僅是允許東南亞的番夷入廣州外
海貿易，其中不包括葡萄牙人。林富籌劃這一方案時，徵詢了廣東才子黃
佐的意見，並由黃佐為其起草奏疏。《明史 · 佛郎機》記載林富的奏議：

> 粵中公私諸費多資商稅，番舶不至，則公私皆窘。今許佛郎機互市
> 有四利：祖宗時諸番常貢外，原有抽分之法，稍取其餘，足供御用，
> 利一；兩粵比歲用兵，庫藏耗竭，籍以充軍餉備不虞，利二；粵西
> 素仰給粵東，小有徵發，即措辦不前。若番舶流通，則上下交濟，
> 利三；小民以懋遷為生，持一錢之貨，即得輾轉販易衣食其中，利
> 四。助國裕民，兩有所賴。此因民之利而利之，非開利孔為民梯禍
> 也。從之。

要說明的是，林富奏議原文中有沒有「今許佛郎機互市有四利」這句
話。如果有的話，佛郎機再次到廣東貿易，是獲得朝廷允許的。但這並非
林富的原意。廣東學者發現，黃佐所著《泰泉集》中有一篇：〈代巡撫上
市舶書〉，這篇文章表明，林富和黃佐實際意思是：安南、暹羅等國原來
就是明朝的進貢國，不可像佛郎機一樣，一概拒之，應當允許他們繼續進
貢貿易。這都說明《明史 · 佛郎機》記載林富的奏議允許佛郎機人重歸廣
東是不對的。實際上林富是主張允許其他國家的番船前來廣州進行貿易，

1　白樂嘉，〈西方先驅及其發現澳門〉，澳門，澳門官印局，1949 年，第 185 頁。
　轉引自金國平、吳志良，《1541 年別琭佛哩時代定製瓷之圖飾、產地及定製途徑
　考》，澳門基金會 2011 年。
2　《明世宗實錄》卷一〇六，嘉靖八年十月己巳，臺北，中研院影印本，第 5 頁。

但佛郎機人不在其中。再看《明世宗實錄》的記載：

> 佛郎機火者亞三等既誅，廣州有司乃併絕安南、滿剌加，諸番舶皆
> 潛泊漳州，私與為市。至是，（嘉靖八年，1529 年）提督兩廣侍郎
> 林富疏陳其事，下兵部議。言：安南、滿剌加自昔內屬，例得通市，
> 載在《祖訓》、《會典》。佛郎機正德中始入，而亞三等以不法誅，
> 故驅絕之，豈得以此盡絕番舶？且廣東設市舶司，而漳州無之，是
> 廣東不當阻而阻，漳州當禁而不禁也。請令廣東番舶例許通市者*毋*
> *得禁絕，漳州則驅之，毋得停舶*。從之。[3]

總結這些材料可知，當時朝廷的意思是：對佛郎機人還是要禁止的，
但對其他番國要恢復廣東市舶司的傳統政策，允許這些國家進貢和貿易。

林富嘉靖八年的奏疏改變了廣東方面嚴禁海上貿易的政策，開始允許
傳統進貢國前來貿易。然而，廣東方面的開禁也遭到了其他人的反對。黎
民表為嘉靖時期的舉人，他的詩批評嘉靖皇帝：「買香南海千餘日，昔日
十家空九室。惡風巨舶不復來，官府懸金費要質。已聞關門開斥堠，復見
宮中祠太乙。君王蚤晚罷輪臺，江湖私願從茲畢。」在他看來，對外貿易
會引發問題。「四方郡國皆太平，唯有粵南多戰爭。攻城劫藏無虛日，曠
野蕭蕭聞哭聲。我軍纜出又獻捷，椎牛釃酒蕰冠纓。沙場本是征人死，何
用防秋苦募兵。」[4] 總之，嘉靖八年之後，因皇帝對海外物品的需要，廣州
的對外貿易逐漸恢復。此時廣州主要貿易對象是南海國家的船隻。但是，
廣州貿易重開後，對葡萄牙人的防範不再嚴厲，嘉靖十二年（1533 年），
有些葡萄牙人重新來到珠江口的大嶼山東涌港貿易。[5] 熊明遇說：「後佛郎
機雖絕貢，往往附他番舶至廣買賣，廣人能識之。」[6]

不過，這些人應當是零星的。此時葡萄牙人及東南亞海船都到漳州和
浙江的雙嶼港貿易[7]，廣東官府想讓他們全體轉回來，也要有個過程。據嚴

3　《明世宗實錄》卷一○六，嘉靖八年十月己巳，第 5 頁。

4　黎民表，《瑤石山人稿》卷三，〈僕窮居方丈之室〉，文淵閣四庫全書本，第 10 頁。

5　金國平、吳志良，《1541 年別琭佛哩時代定製瓷之圖飾、產地及定製途徑考》，
　　澳門基金會 2011 年。

6　熊明遇，《文直行書》卷十三，〈佛郎機〉，第 20 頁。

7　湯開建認為，佛郎機等夷商從濠鏡澳轉移到浙江寧波雙嶼港貿易，是因為當時的雙
　　嶼港沒有稅收。見湯開建，〈澳門開埠時間考〉，《暨南學報》1998 年第 2 期。

從簡的《殊域周咨錄》一書，嘉靖十四年林富在其奏疏中說：「見今番舶之在漳閩。」[8] 說明當時漳州才是對外貿易中心。在這一背景下，廣東方面不開出一些好的條件，很難吸引夷船到廣東貿易。

大約在嘉靖十九年以後，浙江雙嶼港熱鬧起來了，漳州一帶的海上貿易不是轉移到廣東，而是轉移到寧波附近的雙嶼港。浙江是當時最富的省分，葡萄牙人最看重的生絲便出自浙江的湖州，貿易重心轉移到浙江沿海，肯定能取得更為便宜的商品。廣東方面能做的是：放鬆對沿海島嶼的管制，允許夷船停泊、貿易。這樣，廣東沿海的走私活動再次多了起來。其時，葡萄牙人主要活動的地方是澳門西南側的上川島。此地常有葡萄牙船隻出沒。[9] 然而，當時上川島對葡萄牙人重要性遠不及浙江雙嶼港及漳州月港。看來在倭寇大舉入侵的嘉靖三十一年以前，當地沒有太多的貿易，估計每年約有兩三條來自東南亞商船訪問此地，其中也許包括葡萄牙人的船隻。廣東要恢復此前的貿易規模，不是那麼容易的。

海上貿易重點再次轉到廣東，是在閩浙海禁嚴厲之後。因有倭寇入侵的問題，嘉靖二十六年，明朝派出朱紈到浙江、福建執行海禁政策。葡萄牙人在閩浙的兩個重要貿易據點：雙嶼港和浯嶼，都被明軍攻占。葡萄牙人在閩浙，只剩下漳州走馬溪一帶的貿易。嘉靖二十八年，朱紈、柯喬、盧鏜指揮的明朝水軍在漳州詔安的走馬溪大敗葡萄牙人，葡萄牙人不得不離開閩浙海面，返回廣東尋找機會。嘉靖三十一年，倭寇大舉襲擊浙江與福建的沿海，閩浙對外貿易難以舉行，於是，對外貿易中心再次轉到廣東。霍與瑕說：「近日閩浙有倭寇之擾，海防峻密，凡番夷市易，皆趨廣州，番舡到岸，非經抽分，不得發賣。」[10] 這條史料說明，由於嘉靖後期閩浙兩省出現了倭寇活動，影響了當地的貿易，因而，中國對外貿易重心向南轉移。大約在隆慶年間，廣東人龐尚鵬說：「每年夏秋間，夷舶乘風而至。往止二三艘而止，近增至二十餘艘，或倍增焉。」[11] 這裡的夷船，並非只是

又見氏著，《明代澳門史論稿》，黑龍江教育出版社 2012 年，第 210 頁。

8　嚴從簡，《殊域周咨錄》卷九，〈佛郎機〉，北京，中華書局 1993 年，第 324 頁。

9　鄭永常，《來自海洋的挑戰——明代海貿政策演變研究》，第 195 頁。

10　霍與瑕，〈上潘大巡廣州事宜〉，《明經世文編》卷三六八，《霍勉齋集》，第 3976 頁。

11　龐尚鵬，《百可亭摘稿》卷一，〈陳末議以保海隅萬世治安事〉，萬曆二十七龐英山刻本，第 64—65 頁。四庫全書存目叢書集部 129 冊，第 130—131 頁。

葡萄牙人，而是包括葡萄牙人來自東南亞的各國船隻。它說明嘉靖末年至隆慶年間，中國對外貿易重心重又回到廣東。在這一背景下，早在嘉靖末年，葡萄牙人便將活動的重點轉向廣東。

二、葡萄牙人盤踞澳門

以上史料表明，汪柏與葡萄牙人索薩的協定，主要內容是允許葡萄牙回歸廣東貿易，但是，許多文獻記載，澳門正是在他的手裡租給了葡萄牙人。如前所述，汪柏是與葡萄牙人談判時的廣東海道副使，這是一個主管海上事務的職務。廣東海道副使是廣東按察使司的官職，汪柏任按察使司副職時，正職是丁以忠。《廣東通志》記載，丁以忠是在嘉靖三十四年任廣東布政使，那麼，他擔任廣東按察使的時候，應是在嘉靖三十四年之前。《廣東通志・丁以忠傳》記載：「時佛郎機違禁潛住南澳，海道副使汪栢（柏）受賄從臾之。謂遠人可招徠。以忠曰，此必為東粵他日憂，力爭弗得。尋擢右布政使。」[12] 丁以忠於嘉靖三十四年升職後不久，汪柏也被調到浙江任官，一年後，即嘉靖三十六年，汪柏返任廣東按察使。這一事實反映了明朝中樞對汪柏的肯定。

按，汪柏允許南海番商進入廣州貿易之後，就產生了一個讓番商居住在什麼地方的問題。按照宋元年度，番商可以居住在廣州周邊的港灣內，有的就上岸蓋房居住了。明代初年嚴禁番商上岸居住，但這一政策無法長久延續。事實上，正德年間，廣州周邊港灣已經有番商居住，這類房屋不多，所以，租金十分昂貴。明朝官府對番商有很深的疑慮，時當倭寇侵掠閩浙的時候，在官府看來，閩浙倭寇猖獗，正是由與番商貿易的海商帶來的。出於這一因素，明朝官府對番商十分警惕，至嘉靖三十八年的時候，取消了番商進入廣州周邊居住的許可。不過，此前葡萄牙人已經在澳門居住。

既然官府不允許番商進入廣州城附近，那麼，只有讓他們居住於較遠的海口了。澳門不失為一個好的選擇。王士性的《廣志繹》說：「香山嶴乃諸番旅泊之處，海岸去邑二百里，陸行而至，爪哇、渤泥、暹羅、真臘、三佛齊諸國俱有之。其初止舟居，以貨久不脫，稍有一二登陸而拓架者，

12　郝玉麟等，乾隆《廣東通志》卷四十，〈名宦志・丁以忠傳〉，第 39 頁。

諸番遂漸效之。今則高居大廈，不減城市，聚落萬頭。」[13] 王臨亨的《粵劍編》說：

> 西洋之人往來中國者，向以香山澳中為艤舟之所。入市畢，則驅之以去。日久法弛，其人漸蟻聚蜂結，巢穴澳中矣。當事者利其入市，不能盡法繩之，姑從其便，而嚴通澳之令，俾中國不得輸之米穀種種，蓋欲坐而困之，令自不能久居耳。然夷人金錢甚夥，一往而利數十倍，法雖嚴，不能禁也。今聚澳中者，聞可萬家，已十餘萬眾矣。此亦南北一癰也，未審潰時何如耳。[14]

蔡汝賢也有類似說法：

> 粵有香山濠鏡澳，向為諸夷貿易之所，來則察，去則卻，無虞也。嘉靖間，海道利其餉，自浪白外洋議移入內。歷年來漸成雄窟，列廛市販，不下十餘國，夷人出沒無常，莫可究詰。閩粵無籍，又竄入其中，累然為人一大贅疣也。[15]

這都說明當時的澳門是海外國家商人共同居住之所。這些居所漸漸從臨時走向永久。萬曆年間編成的《廣東通志》說：

> 夷船停泊，皆擇海濱地之灣環者為澳。先年率無定居，若新寧則廣海、望峒，香山則浪白、濠鏡澳、十字門，東莞則虎頭門、屯門、雞棲。嘉靖三十二年，舶夷趨濠鏡者，託言舟觸風濤縫裂，水濕貢物，願賄借地晾曬，海道副使汪柏徇賄許之。時僅蓬纍數十間。後工商伴奸利者，始漸運磚瓦木石為屋，若聚落然。自是諸澳俱廢，濠鏡獨為舶藪。[16]

清初的《廣東新語》也有類似的說法：

> 凡番船停泊，必以海濱之灣環者為澳。澳者，舶口也。香山故有澳，名曰浪白，廣百餘里，諸番互市其中。嘉靖間，諸番以浪白遼遠，

13　王士性，《廣志繹》卷四，〈江南諸省〉，第 100 頁。

14　王臨亨，《粵劍編》卷三，〈志外夷〉，第 91—92 頁。

15　蔡汝賢，《東夷圖說》，〈總說〉。轉引自湯開建，〈新見澳門史料兩題研究〉，澳門文化局編，《文化雜誌》2000 年春夏合刊，第 75 頁。

16　陳大科、戴耀修，郭棐等纂，萬曆《廣東通志》卷六九，〈外志・番夷〉，上圖本，第 210 頁。

重賄當事求蠔鏡為澳。蠔鏡在虎跳門外，去香山東南百二十里，有南北二灣，海水環之，番人於二灣中聚眾築城，自是新寧之廣海、望峒、奇潭，香山之浪白、十字門，東莞之虎頭門、屯門、雞棲諸澳悉廢，而蠔鏡獨為舶藪。[17]

《粵劍編》記載：

西洋之人往來中國者，向以香山澳中為艤舟之所，入市畢，則驅之以去。日久法弛，其人漸蟻聚蜂結，巢穴澳中矣。當事者利其入市，不能盡法繩之，姑從其便，而嚴通澳之令。[18]

嘉靖四十四年在任兩廣總督的吳桂芳說：

馴至近年，各國夷人據霸香山濠鏡澳恭常都地方，私創茅屋營房，擅立禮拜番寺，或去或住，至長子孫。當其互市之初，番舶數少，法令惟新，各夷遵守抽盤，中國頗資其利。比至事久人玩，抽盤抗拒，年甚一年，而所以資之利者，日已薄矣。況非我族類，不下萬人，據澳為家，已踰二十載。雖有互市之羈縻，而識者憂其為廣城肘腋之隱禍久矣。今當各夷勢轉桀驁之時，有此奉貢之請，據其所執告，謂為滿刺（剌）加國所遣。[19]

以上分析告訴我們，就在那個時候，來自東南亞的「各國夷人據霸香山濠鏡澳」。他們先是搭棚遮蔽貨物，後來將草棚改為房子，漸漸成為永久居住的狀態。事實上，這有個演變過程，早期番商到廣東沿海，並非專門居住澳門。黃佐說：「布政司案，查得遞年暹羅並該國管下甘蒲沰、六坤州與滿剌加、順塔、占城各國夷船，或灣泊新寧廣海、望峒，或新會奇潭，香山浪白、蠔鏡、十字門，或東莞雞棲、屯門、虎頭門等處海澳，灣泊不一。」[20] 其中蠔鏡與十字門，今屬澳門。可見，當時澳門只是夷船選擇的港口之一。戴裔煊提出：嘉靖三十四年（1553年），廣東的市舶司移至濠境（即澳門），對前來貿易的商船收稅，嘉靖三十六年，葡萄牙人通過繳納

17　屈大均，《廣東新語》卷二，〈地語・澳門〉，中華書局1985年，第36頁。
18　王臨亨，《粵劍編》卷三，〈志外夷〉，第93頁。
19　吳桂芳，〈議阻澳夷進貢疏〉，《明經世文編》卷三四二，《吳司馬奏議》，第3668—3669頁。
20　黃佐，嘉靖《廣東通志》卷六六，〈外志〉，嘉靖四十年刊本，第70—71頁。

地租的方式，獲得了澳門的管理權。並在此地建立城寨、港口。[21] 明朝對此十分後悔：隆慶三年十月辛酉，工科給事中陳吾德條陳廣中善從事宜：「一禁私番。言滿伽剌（剌）等國番商素號獷悍，往因餌其微利，遂開濠境諸澳以處之，致趨者如市。民夷襍居，禍起不測。今即不能盡絕，莫若禁民毋私通，而又嚴飭保甲之法以稽之。遇抽稅時，第令交於澳上，毋令得至省城。違者坐以法。」[22] 但是，由於葡萄牙資產雄厚，可以出高價購買走私商人運來的商品，所以，明朝官府無法真正斷絕澳門的食物來源。葡萄牙人在澳門仍有發展。龐尚鵬說：

> 每年夏秋間，夷舶乘風而至。往止二三艘而止，近增至二十餘艘，或倍增焉。往年俱泊浪白等澳，限隔海洋，水土甚惡，難於久駐。守澳官權令搭蓬棲息，迨舶出洋即撤去。近數年來，始入蠔鏡澳築室，以便交易。不踰年，多至數百區，今殆千區以上。日與華人相接濟，歲規厚利，所獲不貲。故舉國而來，負老攜幼，更相接踵。今築室又不知其幾許，而夷眾殆萬人矣。詭形異服，瀰滿山海，劍芒耀日，火炮震天。喜則人而怒則獸。其素性然也。[23]

如上所述，剛開始澳門並非專門的葡萄牙人居住之處，而是東南亞諸國商人都可居住的地方，那麼，它後來為什麼成為葡萄牙人專利的地方？這是因為，在當時的南海番商中，葡萄牙人占據絕對優勢，其他國家商船都無法與其競爭。熊明遇說：「今香山澳夷皆海外人，長子孫。西南民航海大舶，率倚為居停主。」[24] 葡萄牙人入居澳門引起明朝官員的不安：

> 廣東軍餉資番舶，開海市，華夷交易，夷利貨物，無他志，固不為害。乃今數千夷團聚一澳，雄然巨鎮，役使華人夷奴子女。守澳武職及抽分官但以美言獎誘之，使不為異，非能以力鈐束之也。蓋海市當就船上交易，貨完即行，明年又至可也。舍船而屋居岸上，夷性變詐，叛賊亡人各相煽惑，知中國短長，一水竟達城下，其勢何

21　戴裔煊，《明代嘉隆年間的倭寇海盜與中國資本主義的萌芽》，北京，中國社會科學出版社 1982 年。

22　《明穆宗實錄》卷三八，隆慶三年十月辛酉。

23　龐尚鵬，《百可亭摘稿》卷一，〈陳末議以保海隅萬世治安事〉，萬曆二十七龐英山刻本，第 64—65 頁。四庫全書存目叢書集部 129 冊，第 130—131 頁。

24　熊明遇，《文直行書》卷十三，〈佛郎機〉，第 20—21 頁。

可久哉！此肉食者謀之。[25]

又有廣東官員說：

> 香山濠鎮澳佛朗機也。始則以舶互市，繼則列廛而居。生齒日蕃。
> 根蒂日固，諸島藉為利穴，亡命恃為逋逃藪，而隱禍已胚胎矣。[26]

葡萄牙文獻記載，1556 年的澳門有葡萄牙人近 300 人，1562 年澳門的
葡萄牙已經達到 800 人，1569 年之時，澳門的基督徒達到 5000 至 6000 人。[27]
早在嘉靖三十六年，葡萄牙人代表索薩就自稱可以管轄十七艘到廣州貿易
的船隻。[28] 當時到廣東貿易的東南亞商船，通常一個國家只有一二艘，他們
的實力無法和葡萄牙人對峙，所以只能讓葡萄牙人占先了。總之，由於葡
萄牙人實力雄厚，他們反客為主，漸漸成為澳門最有勢力的外籍商人。不
過，澳門仍然有來自東南亞各國的商人，例如暹羅人，「況香山濠鏡澳為
諸夷之窟宅，屯聚不下萬眾。而暹羅之人，居其中，更雜以倭奴。無事則
每歲以夷船載貨納餉，而聽其與華人相貿易。」[29] 但是，這時他們在澳門的
地位已經比不上葡萄牙人。

葡萄牙人占據澳門之後，逐漸形成了葡人居住區與華人居住區之分。
《廣東新語》描述澳門葡萄牙人的居所：

> 自香山城南以往二十里，一嶺如蓮莖。踰嶺而南，至澳門則為蓮葉。
> 嶺甚危峻，稍不戒，顛墜崖下。既踰嶺，遙見海天無際，島嶼浮青，
> 有白屋數十百間在煙霧中，斯則澳夷所居矣。六十里至關，關外有
> 番百餘家，一寨在前，山巔有參將府，握其吭，與澳對峙。澳南而
> 寨北，設此以禦澳奸，亦所以防外寇也。初至一所曰青洲，林木芊
> 鬱，桄榔、檳榔之中為樓榭，差有異致。又十里至澳。澳有南臺、
> 北臺，臺者，山也。以相對，故謂澳門。番人列置大銅銃以守。其

25　葉權，《賢博編‧遊嶺南記》，第 44 頁。

26　許弘綱，《群玉山房疏草》卷下，〈總督‧更置山海將領稿〉，康熙四十一年許
　　氏百城樓刻本，第 110—111 頁。

27　原出施白蒂，《澳門編年史》。轉引自湯開建，〈新見澳門史料兩題研究〉，澳門
　　文化局編，《文化雜誌》2000 年春夏合刊，第 81 頁。

28　金國平編譯，《西方澳門史料選萃》，第 221 頁。

29　筻繼良、柯仲炯纂修，萬曆《鉛書》卷八，〈說苑‧事語‧費方伯上書止暹羅兵〉，
　　第 64 頁。

居率為三層樓，依山高下，樓有方者、圓者、三角者，六角、八角者，肖諸花果形者，一一不同，爭以巧麗相尚。己居樓上，而居唐人其下，不以為嫌。山頂有一臺，磴道橫貫，常登以望舶。其麓有東望洋寺、西望洋寺。中一寺曰三巴，高十餘丈，若石樓，雕鏤奢麗。奉耶穌為天主居之，僧號法王者司其教。[30]

明代葡萄牙區的人口逐步上升。羅利洛說：「1601 年，澳門的人口包括 600 名有家室的葡萄牙人，還有其他商人。1622—1624 年期間總數為600—840 人，有家室的葡萄牙人的、混血兒、華人基督徒及 10000 華人。1640 年，有家室的葡萄牙人為 600 名，同時有 600 名可服兵役的本地人，還有 500 名有家室的士兵，5000 名奴隸和 20000 名華人。至 1644 年，人口總數增至 40000 人。」[31] 以上四萬人應是定居人口，若加上臨時來澳門做生意的商客，澳門人就更多了。明萬曆年間有人說：「廣之粟，澳夷十餘萬皆仰給焉。」[32] 此外，以上事實也表明，澳門的華人一直占據多數，正宗的葡萄牙人多數時間不滿千人。

明代中國在澳門的主權。如上所述，明代葡萄牙人占據澳門進行貿易，是在廣東官府默許下進行的，中國對澳門的主權從未動搖。葡萄牙學者認為，至少從 1584 年（萬曆十二年）開始，葡萄牙人就向廣東官府繳納 500兩白銀作為地租，以得到當年葡萄牙人在澳門貿易的許可。中國方面的一些史料說，這 500 兩白銀的年租最早是葡萄牙人向汪柏行賄的錢，後來公開化了，成為葡萄牙人繳納的地租。關於汪柏是否納賄，學術界一直有爭議。但地租的存在，也說明中國對澳門的主權。事實上，廣東官府在澳門設立保甲制：

近者督撫蕭、陳相繼至，始將諸夷議立保甲，聽海防同知與市舶提舉約束。陳督撫又奏：將其聚廬，中有大街，中貫四維，各樹高柵，榜以「畏威懷德」四字，分左右定其門籍。以〈旅獒〉「明王慎德，四夷咸賓，無有遠邇，畢獻方物，服食器用」二十字，分東西為號，

30　屈大均，《廣東新語》卷二，〈地語‧澳門〉。中華書局 1985 年，第 36—37 頁。

31　〔葡萄牙〕羅利洛（Rui Lourido），《16—18 世紀的澳門貿易與社會》，吳志良、金國平、湯開建合編，《澳門史新論》第二冊，第 403—404 頁。這份材料還說，18 世紀初澳門人口為 2 萬人，1866 年上升至 56252 人。

32　王臨亨，《粵劍編》卷二，〈志土風〉，第 75 頁。

東十號，西十號，使互相維繫譏察，毋得容奸。諸夷亦唯唯聽命。[33]

另一個證據是：廣東官府一直在澳門徵稅。萬曆年間霍與瑕說：「澳門番舶，外國寶貝山積，皆縣官司其權課。」[34] 崇禎年間李侍問的〈罷采珠池鹽鐵澳稅疏〉說：「看得香山澳稅隸於市舶司」。他又說：

> （香山澳稅）見在之額實二萬二千也。雖有定額，原無定徵，皆取諸丈抽彝船與夫彝商、唐商之互市者。一一按例徵抽，自澳而入，自省而出，皆經香山縣覆盤。又報司道而稽核之連年，歲額每苦不足。……萬曆二十六年，額係二萬六千兩。比緣歲輸不足，減去四千，皆取諸到澳之彝船、唐商。……香山澳稅，初定二萬六千，後徵不足，議去四千，見在歲額二萬二千。察所抽者，皆於到澳之番舶、貿易之彝商，並唐商之下澳者。[35]

抽稅經常是主權的體現，從廣東官員在澳門抽稅權來看，當時的澳門直接隸屬於廣東官府管轄。其時，葡萄牙人為了保住在澳門的特權想盡辦法。一些西班牙代理商在澳門和廣州看到，葡萄牙人為了在當地繼續貿易，對廣州官府俯首貼耳，「因此在官員召見他們時，他們是『跪著』說話的，有時還必須『光著頭，在太陽下等待六個鐘頭』。」菲律賓總督在 1584 年說澳門的葡萄牙人，「忍受中國人的『萬般無理的要求』，像『黑奴』一樣順從。」不過，葡萄牙人也承認，只有這樣，他們才能在澳門居住下去，才能和中國做生意。[36] 實際上，廣東方面的一些官員，還想增加澳門的稅收。蔡復一為陳榮選寫傳時說到，陳榮選曾在香山任職：「既治廣，攝香山篆。司權貴人膏視澳稅，浮增其額，臺使者姑柔之。公獨力爭，得量減，是以治最有聲。」[37] 這些都說明，明朝對澳門的統治權沒有動搖。[38]

33　陳大科、戴耀修，郭棐等纂，萬曆《廣東通志》卷六九，〈外志・番夷〉，第210頁。

34　霍與瑕，《霍勉齋集》卷十一，〈賀香山塗父母太夫人六十一序〉。引自：袁海燕、唐元平編，《廣東海上絲綢之路史料彙編・明代卷》，第90頁。

35　李待問，〈罷采珠池鹽鐵澳稅疏〉，金烈、張嗣衍修，沈廷芳纂，乾隆《廣州府志》卷五三，〈藝文志五〉，乾隆二十四年刻本，第13—14頁。

36　〔葡萄牙〕洛瑞羅，〈葡萄牙人尋找中國：從麻六甲到澳門〉，吳志良、金國平、湯開建合編，《澳門史新編》第一冊，第27頁。

37　蔡復一，〈陳鰲海（榮選）先生傳〉，《遯庵蔡先生文集》第三冊，第253頁。

38　黃啟臣，〈澳門主權問題的歷史審視〉，澳門文化局編，《文化雜誌》2000年春夏合刊。

三、閩商與澳門葡萄牙人的關係

崇禎年間葡萄牙人委黎多的〈報效始末疏〉回顧葡萄牙人抵達澳門的
歷史：

> 迨至嘉靖三十六年（1557 年），歷歲既久，廣東撫按鄉紳悉知多等
> 心跡，因阿媽等賊竊據香山縣濠鏡嶴，出沒海洋，鄉村震恐，遂宣
> 調多等，搗賊巢穴，始准僑寓濠鏡。比作外藩子民，授廛資糧。雖
> 海際窮嶠，長不過五里，闊僅里餘，祖骸孫喘，咸沐皇恩。[39]

這段文字中，最引人注目的是「阿媽等賊」這句話，以意料之，這應
是一夥信奉「阿媽」的福建海盜[40]。文中明確指出：濠鏡澳原被「阿媽賊」
盤踞，後來才被葡萄牙人「奪取」。考慮到天順年間漳州海盜嚴啟盛就到
達了香山外海，應當承認：濠鏡澳自天順二年（1458 年）以來一直是福建
海盜控制的地方，他們在這裡一面與官軍作戰，一面與東南亞番船貿易，
將濠鏡澳發展為一個重要的港口，直到葡萄牙人的進入。

其次，自宋元以來，福建的航海者就以敬奉媽祖出名，不論是水師還
是海盜，都在船上供奉媽祖的香火，並在所到之處搭蓋媽祖的廟宇。很顯
然，在葡萄牙人抵達濠鏡澳之前，當地就有了媽祖的廟宇，所以，當地的
海盜才會被稱之為「阿媽賊」。「阿媽」一詞在粵語中又可作「亞媽」，
明代有兩本萬曆年間的著作將澳門稱之為「亞媽港」。其一，在萬曆十九
年出版的《全海圖注》的一幅澳門地圖上，澳門的內側為「濠鏡澳」，外
側為「亞馬港」，明代的媽閣廟正位於「亞馬港」岸上。其二，在明代萬
曆二十三年成書的《粵大記》一書中，澳門的港口被稱為「亞媽港」，閩
粵語中，「亞馬」與「阿媽」同音，所謂「亞馬港」，即為「阿媽港」，
特指澳門媽閣廟面臨的一片水域。[41] 這都說明亞馬港的命名與信仰「娘媽
（天妃）」的福建人有關。

在澳門有一個家喻戶曉的傳說：當年葡萄牙人第一次航海來到澳門時，

39　〔葡萄牙〕委黎多，〈報效始末疏〉（崇禎元年稿），原載韓霖，《守圉全書》卷
三，〈制器篇〉，崇禎八年刊本。轉引自湯開建，《委多黎〈報效始末疏〉箋正》，
廣東人民出版社 2004 年，第 2 頁。

40　湯開建，《委多黎〈報效始末疏〉箋正》，第 50 頁。

41　郭棐，萬曆《粵大記》卷三二，〈政事類‧海防‧廣東沿海圖〉，第 917 頁。

已見澳門半島港灣裡有一座娘媽廟，看廟的是一個福建人，葡萄牙人問此地何名？這位看廟人用福建話回答：「阿媽角」。「角」在閩南話中的意思即為「海岬」，「阿媽角」之意為有娘媽廟的海岬。閩南話「角」的讀音類似普通話的「告」。

於是，葡萄牙人將澳門稱為「阿媽角」、「阿媽港」，即「AMACAN」。以後才精簡為「MACAU」或是「MACAO」，類似閩南語「媽角」（或是媽閣、媽港）的發音。所以有「澳門是世界上唯一以媽祖命名的城市」的說法。[43] 以上史料表明，福建商人在澳門附近海域經營貿易的歷史可追溯到明代早期。

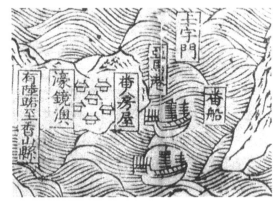

圖 1-1　　萬曆十九年《全海圖注》上的澳門[42]，左側是濠鏡澳，右側是亞馬港。

和葡萄牙人一起來到廣東海面的閩浙商人繼續與他們合作。例如林弘仲。朱紈在嘉靖二十八年奏疏中提到過林弘仲：「福建都司署都指揮僉事盧鐺呈稱會同巡海道副使柯喬訪得長嶼等處慣通番國，林恭、林幹才、林三田、林弘仲……鄭總管即板尾三等，各號為喇噠、總管、柁工、水梢等項名色，勾引夷船、賊船，前來大擔嶼、舊浯嶼作耗。」[44] 此處的長嶼即為漳州龍溪縣海滄鎮附近的一個村落，此處民眾下海為生的不少，林弘仲即為海滄長嶼村人。以上史料表明，嘉靖二十八年時，林弘仲是葡萄牙人的合作者之一。其人日後定居澳門。隆慶二年廣東官員張瀚的《臺省疏稿》也提到其人：「隨據總兵官俞大猷揭帖：開稱香山澳商自請欲助兵滅賊，及查見造并未完大福船共有一十九隻，加以冬仔及近刷橫江船，整理亦頗有勢。福兵已點選二千三百名，澳商亦集二千名，本職親督前去追賊，收

42　轉引自孫靖國，〈明代海防地圖──全海圖注〉，北京：《地圖》，2013 年第 2 期，第 130─131 頁。

43　金國平、吳志良，〈澳門與媽祖信仰早期在西方世界的傳播──澳門的葡語名稱再考〉，氏著，《早期澳門史論》，廣州：廣東人民出版社 2007 年，第 321─353 頁。

44　朱紈，《甓餘雜集》卷五，〈申論議處夷賊以明典刑以消禍患事〉，第 61 頁。

功可望。」[45] 由此可知，當時澳門的閩商集約了 2000 餘人的軍隊和 19 隻大福船協助廣東官府作戰。俞大猷的〈海戰軍令〉中提到林弘仲，「把總林弘仲等四隻，前月寫右字，後月寫中字」。可見，林弘仲和其同夥有船四隻。[46] 他們在戰役中有一定的功勞。張瀚又說：「總兵官俞大猷、郭成手本開報，頭目林弘仲、何中行等部領兵夫夾剿前賊，生擒賊徒二十五名，斬獲賊級四十八顆，及總兵官郭成家兵林得成等斬獲賊級一顆，共一百二十八名顆。」[47] 可見，當時在澳門的閩商不可小視。

澳門在嘉靖後期及隆慶、萬曆年間獲得較大的發展。「滿伽剌（剌）等國番商，素號獷悍。往因餌其微利，遂開濠境諸澳以處之，致趨者如市，民夷襍居。」[48] 在澳門街上，雲集來自各地的商人，其中以福建人為多。明代嘉隆年間的名臣廣東人龐尚鵬說澳門：

> 其通事多漳、泉、寧、紹及東莞、新會人為之，椎髻環耳，效番衣服聲音[49]。

這段話表明在澳門開港之初，福建的漳州人、泉州人，浙江的寧波人、紹興人，都在澳門十分活躍，他們穿上有異於內地的奇裝異服，且能用「番語」與葡萄牙人經商。值得注意的是：在這四地人員中，漳州人排在第一位，泉州人排在第二位，可見他們在澳門商界的地位之高。

由於地利與人緣的關係，明末福建人「走澳經商」成為普遍現象。在《盟水齋存牘》中有「走澳奸徒王懷東等」一案，文中點明「王懷東以閩棍通夷，為粵東之禍」。結果，王懷東等六人中，二人受杖，四人被判徒刑[50]。在福建方志內，我們可以看到福建商人在澳門經商的例子：福清縣施作岐之父，在澳門經商數十年不歸，最後「在粵亡其貲，死於澳中」[51]。有名的福建南

45　張瀚，《臺省疏稿》卷五，〈查參失事將官疏〉，萬曆二年吳道明刻本，續修四庫全書第 478 冊，第 45 頁。

46　俞大猷，《正氣堂全集‧洗海近事》卷下，〈海戰軍令〉，第 867 頁。

47　張瀚，《臺省疏稿》卷六，〈海上擒獲捷音疏〉，第 2 頁。

48　《明穆宗實錄》卷三八，隆慶三年十月辛酉。

49　龐尚鵬，〈題為陳末議以保海隅萬世治安事〉，陳子龍等編，《明經世文編》卷三五七，第 3835 頁。

50　顏俊彥，《盟水齋存牘》讞略二卷，〈走澳奸徒王懷東等〉，北京，中國政法大學出版社 2002 年，第 76 頁。

51　饒安鼎、邵應龍修，林昂、李修卿纂，乾隆《福清縣志》卷一五，〈孝友傳〉，福

安人鄭芝龍，早年就是在澳門給葡萄牙人做翻譯的。郭尚賓說：

> 閩廣亡命之徒，因之為利，遂乘以肆奸。見有夷人之糧米牲菜等物，
> 盡仰於廣州，則不特官澳運濟，而私澳之販米於夷者更多焉。有見
> 廣州之刀環硝磺銃彈等物，盡中於夷用，則不特私買往販，而投入
> 為夷人製造者更多焉。[52]

閩商在澳門與葡萄牙人的關係不錯。廣州的外貿市場對葡萄牙人關閉
之後，葡萄牙人雇傭福建商人為代理人，前往廣州購貨，這些人被稱之為
「閩攬」。廣東文獻記載這些「閩攬」的活動頗為出格，「其閩船四隻突
入裏海者，據番禺報，水客船戶，各有姓名，並無違禁貨物，已經海道發
市舶照例輸餉」[53]。「審看得郭玉興、高廷芳、陳仰昆、包徐良四船，滿載
番貨，排列刀銃，聚集千人，突入省地，通國驚惶。詢之父老，此粵中從
來未有之創見也」。「蒙察院梁批：郭玉興等，藉閩引以通番，販番貨以
闖粵，此走死如鶩之巨奸也。」[54]「總之，閩攬之不利於粵，自有大緣因，
而非其目前之謂也。粵之欲去閩攬，自有大主持，而非其數人之謂也。」[55]
這都表明：在葡萄牙人租借澳門之後，閩人長袖善舞，在澳門的事業更有
發展，並形成了一定規模的閩商集團。

明末天啟崇禎年間，因荷蘭人入侵福建沿海，月港對外貿易關閉。赴
澳門貿易的閩商就更多了，其中不少人與海盜有來往。陳仁錫說：「市舶絕
而香山之澳市仍開，私禁嚴而諸番之貿遷難禁，市舶與澳夷市，而澳夷薦
處為之居停。不逞之徒，倚為外府。則閩之二萬稅金其崇也。利其稅，不
得不與之市，停壓寄泊，違抗而不可問矣。莫若亟捐此稅勿與市而澳夷可驅
也。」[56]可見，在福建對外貿易政策驟變的背景下，大量閩商重赴澳門。

明末福建人旅居澳門的數量可觀，《崇禎長編》記載：崇禎三年（1630
年），禮科給事中盧兆龍言：「閩之奸徒聚食於澳，教誘生事者不下二三

清縣方志委點校本。第 587 頁。

52　郭尚賓，《郭給諫疏稿》卷一，〈防澳防黎疏〉，叢書集成初編 0908 冊。

53　顏俊彥，《盟水齋存牘》讞略一卷，〈詐財姚升等〉，北京，中國政法大學出版社
　　2002 年，第 72 頁。

54　顏俊彥，《盟水齋存牘》讞略二卷，〈閩商闖入郭玉興等〉，第 78、80 頁。

55　顏俊彥，《盟水齋存牘》讞略二卷，〈奸攬謝玉宇等〉，第 74 頁。

56　陳仁錫，《無夢園初集》漫二，〈紀閩海舶稅〉，明崇禎六年張一鳴刊本，第 89 頁。

萬人。」[57] 此處對閩人頗有貶語，但也說明當時寓居澳門的閩人不少。那麼，此時澳門有多少人呢？據西方的史料，崇禎三年「在澳門居住的葡萄牙人不足千人，澳門全部人口大約 11000（人）」[58]，可見，如果盧兆龍對閩人在澳門數量估計可靠，那麼，他們的數量超過了本地人。另一種可能是：盧兆龍為了達到他文章的效果，誇張了在澳門的閩人數量，不管怎麼說，明末閩人在澳門華人中占很大比例，這一點是不可否認的。他們在澳門從事各種營生，據荷蘭人著的《巴達維亞城日誌》，1640 年，因澳門貿易異常不振，鄭芝龍乃將在廣東澳門之織工 150 家族召回安海城外，使就所業[59]。

　　晚明的澳門是南海重要貿易港口，葡萄牙人從日本運來大量的白銀，換取由廣州出口的各種中國商品。他們又將這些商品轉銷印度和歐洲，因而促進了澳門的繁榮。長期與葡萄牙人合作的福建商人因而雲集澳門，在澳門形成了很大的勢力。從華商的角度看，明代後期的澳門，實際上也是中國商品輸出的重要港口之一。它是華人商業網絡上的一個貿易港。

第二節　閩商與馬尼拉西班牙人的貿易

　　隆慶萬曆年間馬尼拉港的開拓，是世界貿易史上的重要事件，它接通了美洲到亞洲的貿易線路。從此以後，美洲的白銀源源不斷地經馬尼拉流入中國，對東亞歷史的影響巨大。

一、隆慶萬曆年間馬尼拉市場的開拓

　　回顧歷史，華人與東洋諸國的貿易歷史悠久，宋元時期已經有福建商船出沒於東洋諸國。鄭和航海時期的福建市舶司，曾經著力發展對東洋國家的貿易，後來建立朝貢關係。然而，自永樂、宣德之後，明朝的使者就很少出現在東洋諸島，但是，每年總有幾條來自漳州的商船到東洋貿易。

57　《崇禎長編》卷三四，崇禎三年五月丙午。

58　〔英〕庫珀（Michael Cooper），《通辞ロドリゲス 南蛮の冒險者と大航海時代の日本・中國》，松本たま（松本玉）譯本，原書房 1991 年，第 17 章，第 328 頁。

59　轉引自楊緒賢，〈鄭成功與荷蘭之關係〉，載鄭成功研究學術討論會學術組編，《臺灣鄭成功研究論文選》，福建人民出版社 1982 年，第 311 頁。

在呂宋本島，也常有華人進出。1526 年安德列斯說：「人們告訴我們，為貿易的目的，每年有兩艘帆船從中國來到棉蘭老。棉蘭老之北是宿務。據土著人說，它也產金。中國人為了金，每年都來宿務貿易。」[60]

> 1545 年 6 月，有一艘中國式帆船離開了渤泥，船上有一個名叫費達爾格（Pero Fidalgo）的葡萄牙人。由於管見，他們駛向北部。在北緯 9 度或 10 度至 22 度處遇到一個人們稱之為呂宋的島嶼，他們之所以如此稱呼是因為當地島民的名字就叫呂宋。可能還有其他的居民和港口，但現在還不清楚。島的走向是東北—南方，位於棉蘭老島和中國之間。據說該島長 250 里格，樹木繁茂，它距中國很近，那裡的人用兩個金比索換一個銀比索。[61]

按，這個葡萄牙人跟中國人走一趟呂宋後，便能瞭解這麼多情報，說明當時中國人對呂宋是相當熟悉的。

西班牙人從美洲跨越太平洋到東南亞的菲律賓尋找貿易機會，動了葡萄牙人的禁臠。得知西班牙總督黎牙實比在呂宋群島的行動後，勃然大怒，一度考慮派出艦隊到呂宋與西班牙人作戰，但因葡萄牙與西班牙是鄰國，雙方關係密切，作戰之類的事要從長考慮，最後此事無果而終。儘管如此，葡萄牙人極力反對西班牙人到中國貿易，他們占領的澳門本是廣東官府接待外客的地方，葡萄牙人卻不許西班牙人進入。其時，明朝實行海禁政策，除了澳門外，中國其他港口都不肯對海外國家開放。即使是月港，也只允許當地商人出境貿易，不許外國商人進入。在這一背景下，西班牙人苦於找不到貿易對象。西班牙總督黎牙實比早在 1565 年就抵達菲律賓了，為了找到有中國人貿易的港口，他曾率隊進攻北婆羅洲的渤泥，但遇到當地人堅決的抵抗，加上遇到瘟疫，他們的行動無果而終。1570 年，黎牙實比率艦隊北上馬尼拉，還是為了尋找貿易對象。經過五年曲折後，他在遇到中國人出事商船時，使出懷柔之計，也就不奇怪了。

其時，正值月港通商不久。漳州海商獲得出海的權利，也在尋找對外貿易的市場。馬尼拉總督黎牙實比下令拯救失事中國船隻的事蹟，在福建

60　黃滋生、何思兵，《菲律賓華僑史》，廣東高等教育出版社 2016 年，第 31 頁。

61　〔葡〕加爾西亞（José Manuel Garcia），〈澳門與菲律賓之歷史關係〉，吳志良、金國平、湯開建合編，《澳門史新編》第二冊，第 531 頁。

引起轟動。當時東洋海上貿易的秩序很亂，許多失事的水手被擄後成為奴隸，這是福建人對外貿易最大的隱憂。西班牙人將這些差點被迫為奴的福建水手救出，可知其引起福建民眾的感激之情。而後，福建與呂宋港口馬尼拉之間的貿易興起，漳泉商人競相到馬尼拉貿易。1571 年有位西班牙人說：

> 中國人用中式帆船載運來各式花色的緞布，多種厚薄塔夫綢、軟真絲、大疋生絲、鐵，高級瓷質杯、盤、碗、碟。亦帶來大量水銀，從中國商人當時的報價看來，他們先前似乎已經向某位西班牙人打聽過水銀在新西班牙每擔的價格行情，由此可知這些中國商人的確非常精明幹練，對貿易往來要求相當嚴謹苛刻，但這並不是為了要爾虞我詐、相互欺騙，只不過中因為他們確實擁有高超的手腕與靈活的頭腦罷了。在瞭解西班牙人質樸的天性之後，中國商人將貨品以高出以往行情許多的高價賣給西班牙人，但先行者卻以他們只是貪圖商業利潤，而且他們帶來了更多的商人來此交易為由，所以，並不考慮讓他們放棄使用狡詐的慣用伎倆，也不准許西班牙人對他們侮辱或嘲諷。因此，中國商人總是滿心歡喜地回到中國，而且各種大小中式帆船與舢舨則每年持續載運可觀數量的珍寶財物絡繹不絕地來到馬尼拉。[62]

以上史料表明，其實西班牙人總督黎牙實比也知道福建商人有意抬高售價，但是，為了吸引中國商人前來貿易，故意裝著不知道。西班牙人進入呂宋之後，「殺王兄弟，逐呂宋民入山中，凡中國以貨來者，皆主之」。[63] 按，西班牙人能以高價吸引中國商人前來貿易，和美洲銀礦的開發有關。黎牙實比在美洲銀礦大開發之時抵達呂宋，他的艦隊應帶著豐厚的白銀，所以可用高價購買中國商品。這些商品在呂宋看似高價，但在美洲就未必了。黎牙實比從美洲帶來的各種商品，價格更是翻了幾倍。因此，他們用一二倍的價格購買中國商品，還是相當合算的。不過，大量中國商品的到來，也衝擊了菲律賓的市場。

62　李毓中編注，《臺灣與西班牙關係史料彙編I》，第 123—124 頁。

63　何喬遠，《名山藏》卷一○七，〈王享記三〉，第 3018 頁。

二、馬尼拉與月港的貿易

明代晚期，菲律賓的手工業和農業遠不如中國。西班牙人要在馬尼拉生存，就要向華商採購各類生活用品。其中食品、日用品有：

麵粉、餅乾、糖、冰糖、牛油、鹹豬肉、火腿、米粉、其他鹹肉、甜橙、梨子、花生、荔枝、桂圓乾、葡萄乾、栗子、棗子、橘子、胡桃、鳳梨、無花果、石榴、蜜餞、小麥、茶葉、白酒、生薑、桃子、柿子、西瓜、香蕉、普通米麵等。

瓷杯、瓷盤等各色瓷器、陶缸、瓦器、寫字桌、錫壺、釉陶、雨傘、白色和各種顏色的紙張、墨水、臉盆、鐵鍋、平底鍋、銅壺、銅壺、各種針線、紙傘、漁網、繩索、明礬、屏風、小箱子、盆子、床、椅子、各式油漆好的凳子、石磨、銅盆、鐵盤、套盤、青面石器、石條、方磚、花磚、臺階石、大石板等。

麝香、安息香、雄黃、桂皮、白羔仔、珍珠、寶石、象牙製品、漆器、木雕、黃金、青玉、水晶等。

生鐵、銅、錫銀水、火藥、鋼、鉛、炮、青銅、硝石、鐵釘等。[64]

西班牙人高價收購中國商品的政策在福建引起轟動。中國人剛到呂宋時，貿易利潤極高，「一柑中口售一銀錢，他物類此，不可枚數。尋晚末，我人奸詭，夷亦自開慧識，無此狼藉。」[65]《閩書》記載：「比歲人民往往入番，商呂宋國矣。其稅則在漳之海澄，海防同知掌之。民初販呂宋，得利數倍，其後四方賈客叢集，不得厚利，然往者不絕也。」[66]明代泉州籍的內閣大學士李廷機說：「而所通乃呂宋諸番，每以賤惡什物貿易其銀錢，滿載而歸，往往致富。」[67]何喬遠則說得更為生動：「東洋則呂宋，其夷佛郎機（西班牙）也。其國有銀山出銀，夷人鑄作銀錢獨盛。我中國人若往販大西洋（此處指暹羅、柬埔寨諸國），則以其所產貨物相抵，若販呂宋，

64　錢江，〈1570—1760年中國和呂宋貿易的發展及貿易額的估算〉，《中國社會經濟史研究》，1986年第3期。

65　何喬遠，《鏡山全集》卷二四，〈開洋海議〉（崇禎二年在南都作），第687頁。

66　何喬遠，《閩書》卷三九，〈版籍志・市舶稅課〉，第976—977頁。

67　李廷機，《李文節集》卷十四，〈報徐石樓〉，明人文集叢刊本，臺灣，文海出版社1970年，第1304頁。

則單是得其銀錢而已。是兩夷人者皆好服用中國綾緞雜繒。其土不蠶，惟藉中國之絲為用。湖絲到彼，亦自能織精好段匹。氍氌如花、如鱗，服之，以為華好。是以中國湖絲百斤，值銀百兩者，至彼悉得價，可二三百兩；而江西之瓷器，臣福建之糖品、果品諸物，皆所嗜好。」[68] 晚明在馬尼拉貿易的商人，除了漳州人之外，泉州人也很多。李光縉說：「安平人多行賈，周流四方。兄伯十二，遂從人入粵。趫少有誠壹輻輳之術。粵人賈者附之。纖贏薄貸，用是致資。時為下賈。已，徙南澳與夷人市，能夷言，收息倍於他氏，以故益饒，為中賈。呂宋澳開，募中國人市，鮮應者，兄伯遂身之大海外而趨利，其後安平效之，為上賈。」[69] 這一段文字很實在地描寫了一個安平商人發財的經歷。去呂宋貿易很快在安海形成一股風氣：「自呂宋交易之路通，浮大海趨利，十家而九。」[70] 許多泉州商人在菲律賓發了財，如陳斗巖：「處士行賈，北走齊吳，南走粵，呂宋洋開，鬻財呂宋。轉販所至，人多重之。倚為祭酒。竟以致垺於內家。內家用是亦益饒。」[71] 李光縉讚其大哥：「吾兄弟一匹夫挾漢薄物而歲取其王面錢以歸也。當是之時，中國之人新與夷交，語言不通，嗜好不同，而譯者用事。兄伯身所之夷與語輒習之，見其國王，王以為異，人是以徵貴賤，不復問譯而取信于兄伯，兄伯不之詒也，遂為雇行中祭酒大夫也。」[72] 金門島的許元「性賭蕩，田宅廢盡，遂遠遊呂宋，越二年而訃聞。」[73] 泉州石獅的《容卿蔡氏族譜》記載，蔡氏最早去呂宋貿易的蔡正曉出生於嘉靖癸亥年（1563 年），如果其人 20 歲出外貿易，他是在萬曆前期到呂宋貿易。蔡正曉是容卿蔡氏的第八世，其後九世、十世、十一世共四代人，計晚明石獅容卿蔡氏共有 26 人到呂宋經商，並死於當地。[74] 「據一份可能是寫於 1575 年的文獻記載，每年從中國大陸滿載貨物到馬尼拉城的船隻有 12 艘或 15 艘。」[75] 陳台民的《中菲關

68　何喬遠，《鏡山全集》卷二三，〈請開海事疏〉，第 675 頁。

69　李光縉，《景璧集》卷三，〈寓西兄伯壽序〉，第 512—513 頁。

70　李光縉，《景璧集》卷十四，〈二烈傳〉，第 2398 頁。

71　李光縉，《景璧集》卷十四，〈處士陳斗巖公傳〉，第 2258 頁。

72　李光縉，《景璧集》卷三，〈寓西兄伯壽序〉，第 513—514 頁。

73　洪受，《滄海紀遺》，〈人才之紀第三〉，第 117 頁。

74　莊為璣、鄭山玉等，《泉州譜牒華僑史料與研究》，中國華僑出版社 1998 年，第 507—510 頁。

75　黃滋生、何思兵，《菲律賓華僑史》，廣東高等教育出版社 2016 年，第 40 頁。

係與菲律賓華僑》[76] 一書統計了晚明赴馬尼拉的商船數量：

表 1-1　1570—1603 年中國赴菲商船數 [77]

單位：艘

年分	船數	年分	船數
1570（隆慶四年）	9	1588（萬曆十六年）	46
1573（隆慶六年）	8	1589（萬曆十七年）	11—12
1575（萬曆二年）	12—15	1591（萬曆十九年）	21
1577（萬曆四年）	9	1592（萬曆二十年）	22—28
1578（萬曆五年）	9	1596（萬曆二十年）	40
1580（萬曆七年）	19	1597（萬曆二十五年）	14
1581（萬曆九年）	9	1599（萬曆二十七年）	19 或 30—50
1582（萬曆十年）	24	1600（萬曆二十八年）	25（40）
1584（萬曆十二年）	25—30	1601（萬曆二十九年）	29
1586（萬曆十四年）	25—40	1602（萬曆三十年）	18
1587（萬曆十五年）	30	1603（萬曆三十一年）	16

資料來源：Pin-tsun Chang, *Chinese Marime Trade: The Case of Sixteenth-Century Fu-Chien*, 367, Table 22.

以上數字表明，馬尼拉開放之初，中國前去貿易的商船約十來艘，反映當時中國商人對馬尼拉尚抱有疑慮的態度，但在萬曆十年以後，長年穩定在 20 ～ 30 艘之間，個別年分超過 40 艘，最高為 46 艘。

從 1570 年到 1603 年共有 33 年，表格表明，早期去馬尼拉貿易的中國商船不多，大約在 10 艘以內，後期增多，每年都有 30 ～ 40 艘。在以上可統計的 22 年裡，共有 427 艘中國商船到馬尼拉貿易，平均每年有 19.4 艘，接近年均 20 艘了。

1604 年的大屠殺事件後，赴馬尼拉貿易的商船一度陷於低潮，然而，為時不久，因生活所迫，又有許多船隻從漳州月港到馬尼拉貿易。

76　陳台民，《中菲關係與菲律賓華僑》，香港，朝陽出版社 1985 年，第 150 頁。
77　按，該表轉引自黃滋生、何思兵，《菲律賓華僑史》，第 55 頁。

表 1-2　1604 年至 1639 年到馬尼拉貿易的中國商船數（艘）[78]

年代（西元、中國紀年）	船數	年代	船數	年代	船數
1604（萬曆三十二年）	15	1612（萬曆四十年）	46	1632（崇禎五年）	18
1605（萬曆三十三年）	18	1620（泰昌元年）	23	1633（崇禎六年）	31
1606（萬曆三十四年）	26	1621（天啟元年）	30—40	1634（崇禎七年）	29
1607（萬曆三十五年）	39	1627（天啟七年）	22	1635（崇禎八年）	43
1608（萬曆三十六年）	39	1628（崇禎元年）	10	1636（崇禎九年）	31
1609（萬曆三十七年）	41	1629（崇禎二年）	4	1637（崇禎十年）	51
1610（萬曆三十八年）	41	1630（崇禎三年）	21	1638（崇禎十一年）	17
1611（萬曆三十九年）	21	1631（崇禎四年）	30	1639（崇禎十二年）	34

資料來源：Pin-tsun Chang, *Chinese Marime Trade*, 364, Table 22.

　　在上可統計的 24 年裡，共有 685 艘！平均每年 28.5 艘。就具體情況而言，頭八年數量穩定，共計 240 艘，平均每年 30 艘，最後八年數量大，共計 254 艘，平均每年 32 艘！中間諸年較少是受到荷蘭人打擊的緣故。天啟二年（1622 年），荷蘭艦隊占領澎湖群島，開始了持續二年多的澎湖危機。天啟四年，荷蘭人占據臺灣的北港，封鎖漳州月港到馬尼拉的航線，能越過封鎖線抵達馬尼拉的中國商船十分少，以上表格中，天啟二年至天啟六年的五年時間裡，西班牙人不統計到馬尼拉的中國商船，應是受阻於荷蘭及海盜的襲擊。實際上，因海盜太多，明朝在這幾年內實行了海禁，福建官府在這幾年內停發去馬尼拉貿易的憑證，如何喬遠在崇禎二年說：「凡洋稅，於海澄縣給引發船，此故事也。自海寇為梗，人多不往呂宋興販。顧興販在也。緣呂宋酋長因我貨不往彼，來就雞籠淡水築城貿易，而紅夷亦住臺灣，與我私互市。」[79] 在前後七八年的時間內，除了天啟七年有 22 隻商船到馬尼拉之外，一直到崇禎二年，去馬尼拉貿易的商船都很少。但是，從崇禎三年開始，去馬尼拉的船隻又增多了。這是由於，明代後期官府無理由的海禁政策開始管不住沿海的海商。多數商人不再答理官府的海禁，他們避開駐紮月港的官府機構，向廈門水師長官鄭芝龍購買出航權，從而獲得赴馬尼拉貿易的權利。

　　就月港和馬尼拉貿易的總體趨勢來看，大約萬曆十年以後，去馬尼拉

78　黃滋生、何思兵，《菲律賓華僑史》，第 119 頁。

79　何喬遠，《鏡山全集》卷二四，〈海上小議〉（崇禎二年），第 686 頁。

貿易的中國商船平均每年有 30 艘以上，好的年分有 40 艘。

　　西班牙人開放的政策與美洲白銀大量湧入東方有關。十六世紀中葉，西班牙人在墨西哥、秘魯發現了特大銀礦。位於墨西哥的銀礦是：1530 年發現的蘇特庇克、朱姆派克銀礦，1540 年的薩卡特卡斯（Zacatecas），1550 年的瓜那華托（Guanajuato），1552 年的帕丘卡，1558 年的索姆博雷特，1567 年的桑塔巴伐拉，1592 年的聖路易波托西等銀礦；位於秘魯（含玻利維亞等地）的銀礦有：1538 年發現的波爾戈，1545 年發現的波多西（Potosi，今屬玻利維亞），1606 年發現的奧魯洛等銀礦。[80] 除了奧魯洛銀礦之外，其他大銀礦都發現於中國的嘉靖年間。早期美洲的銀礦含銀量高，秘魯的銀礦含銀量達 50% 左右。加上使用奴隸勞動，早期美洲白銀的生產成本極為低廉。[81] 這些銀礦產量巨大。以秘魯的波多西銀礦（今位於玻利維亞高原）來說，該礦於 1545 年發現，1571 年引入以汞置換銀的技術，產量逐年上升，銀礦產量就此翻了兩番。每星期可產銀 25000—40000 銀圓。每年平均生產 523.2 萬銀圓。西班牙運到世界各地的白銀，有 70% 來自波多西。在波多西的銀山之下，興起一個又一個繁榮的小鎮，小鎮聚起上萬工人，美洲因而欣欣向榮。1560 年前後，波多西的城鎮人口已經達到 12 萬人。計有 80 座教堂。[82]

　　由於源源不斷的白銀流向市場，美洲物價很高，很需要出售白銀，換取可用的物質商品。將這些白銀帶到東方採購，能夠獲得很大的利益。黃滋生、何思兵分析：1560 年白銀兌黃金的比率，在歐洲是 11：1，在墨西哥是 13：1，在西班牙是 12.5—14：1，而中國是 4：1，在 1580—1630 年間，也只是在 5.5：1 和 8：1 之間浮動。換句話說，西班牙人在與中國商人的交易中，每杜卡特的白銀所買到的東西比在歐洲、墨西哥要多得多。[83] 這種形勢迫使西班牙人在東方大肆採購商品，因而刺激了更多的中國帆船到馬尼拉貿易。

80　陸國俊、金計初主編，《拉丁美洲資本主義發展》，人民出版社 1997 年，第 4 頁。
81　全漢昇，〈明清間美洲白銀的輸入中國〉，引自全漢昇，《中國經濟史論叢》，香港，新亞研究所 1972 年。
82　〔美〕尤金‧賴斯、安東尼‧格拉夫頓，《現代歐洲史‧早期現代歐洲的建立 1460—1559》，北京，中信出版社 2016 年，第 57 頁。
83　黃滋生、何思兵，《菲律賓華僑史》，第 38 頁。

　　其時，中國帆船在馬尼拉進出口貿易中所占比例很高。葡萄牙人估計，「1611—1615 年是中國—馬尼拉貿易（除開澳門）的高峰期，華人納稅額為 64432 比索，相當於馬尼拉關稅總額的 91.4%」。[84] 大致說來，明末對馬尼拉的貿易是中國對外貿易中最有利的一部分。明朝兵部說：「若呂宋諸國，即成祖時三寶下西洋處也。倭在東，絕不相蒙。其島眇小，無逆形，閩歲給文往者船凡四十艘，輸軍餉四萬兩。而地方收其利，不必與倭並論也。」[85] 按，兵部對呂宋的方位認識有誤，但是，福建商船在呂宋貿易得利，官府看得很清楚。2007 年，廣東潮州漁民在南澳縣三點金海域發現一艘沉船，消息傳出後，中華人民共和國國家文物局組織了一支水下考古隊發掘這艘沉船，並稱之為「南澳一號」。「南澳一號」長約 27 米、寬 7.8 米，共有二十五個倉位。船上還載有四門火炮。該船約下沉於明代萬曆初期，極有可能是從漳州月港駛向馬尼拉的商船。考古人員共從「南澳一號」打撈出水各種文物三萬件，主要是產自漳州諸窯的青花瓷器，其中有大盤、大碗、缽、罐以及杯、盞、瓶等。此外還有鐵鍋、陶罐、錫器、銅錢、銅板等，估計該船所載瓷器會有六萬件以上！船上器物應當還有絲綢之類的產品，但是，絲綢是有機質，自然無法抵禦歲月的侵蝕。

三、馬尼拉與美洲市場的關係

　　西班牙人占領馬尼拉之後，開闢了由墨西哥到菲律賓的太平洋航線，每年都有幾艘船往來於太平洋航線。當時西班牙人與福建人的關係不錯，有許多福建人受雇於西班牙船隻，由馬尼拉到墨西哥的阿卡普爾科港。迄至十七世紀初，在墨西哥的中國人（福建人與在菲律賓的福建移民以及部分菲律賓人），達 5 萬至 10 萬人。他們的職業有裁縫、鞋匠、肉販、刺繡工、書記。[86]

　　中國人的到來，也改變了墨西哥人的消費觀。西班牙人到菲律賓之後，發現東方市場上的絲綢和棉布，其時，東南亞的紡織品市場由中國與印度

84　〔葡〕魯伊・羅里多，〈葡萄牙人與絲綢之路：明朝末年的澳門與馬尼拉〉，《文化雜誌》2002 年秋季刊，第 93 頁。

85　《明神宗實錄》卷四九八，萬曆四十年八月丁卯，第 118 冊，第 9385—9389 頁。

86　李伯重，《火槍與帳簿——早期經濟全球化時代的中國與東亞世界》，生活、讀書、新知三聯書店 2017 年，第 55 頁。

瓜分，中國出產絲綢，印度出產彩色棉布，他如以青白為主的棉布也有來
自中國的，西班牙人一開始進口紡織品以棉布為多，大約一艘船舶會運絲
綢數百匹、棉布上萬匹，磁器數萬個。但是，墨西哥天氣炎熱，更適應絲
綢織品，按照墨西哥的民間傳說，有一天，一位中國姑娘來到墨西哥，她
的絲綢衣料飄逸優美，引起墨西哥人的轟動，競相仿效。此後，絲綢衣衫
在墨西哥流行開來。不僅殖民者以穿著絲織品為榮，甚至有些受重視的奴
隸也用絲織品製衣。西班牙在美洲的殖民地大都處於炎熱地區，因此，爽
滑的絲織品受到消費者的厚愛。為了紀念位對美洲服飾影響巨大的中國姑
娘，人們為其在墨西哥的市中心立了一座中國姑娘的青銅像，據說，此像
至今仍然保留。按，在明朝萬曆年間會有一位中國姑娘遠到萬里之外的墨
西哥嗎？許多中國人質疑這點。然而，據當時的西班牙文獻記載，在西班
牙人殖民地馬尼拉，確實有許多中國人居住，而且有許多中國人隨著西班
牙大帆船到墨西哥觀光，或是從事生意。其中是不是有位中國姑娘在家人
的伴隨下來到墨西哥？這不是不可能的事。另一種可能是，一位在馬尼拉
定居多年的西班牙籍女子抵達墨西哥，由於她的衣飾受到中國人的影響，
具有濃郁的東方風格。她在墨西哥人看來，就是「中國姑娘」了。不管怎樣，
這位中國姑娘的絲綢服飾引起墨西哥人的羨慕，錢江曾系統地從西文資料
中爬梳西班牙人貿易資料，由西班牙人從呂宋販運美洲的紡織品的種類繁
多：

> 細絲、粗絲、面紗、絲縷、花緞、錦緞、白綢、印花絹、線絹、刺
> 繡品、素色與繡有各種圖案的天鵝絨、浮花錦緞、線緞、男女絲襪、
> 花邊綢、彩綢、金銀線、波文絹、雙線線絹、絲麻混紡品、繡花天
> 鵝絨被單和掛氈、絲織床帷、花邊、嵌金銀錢的絲料、綾、絲織臺
> 布和椅墊、各色花緞陽傘、絲麻混紡陽傘、絲織馬飾物與衣上飾品、
> 各色棉布、夏布、頭巾長袍、披肩、手絹、棉被單、座墊、麻手絹、
> 白色、藏青與黑色的亞麻布料、毛毯、薄毛呢、地毯、長襪布等。[87]

按，其時歐洲人尚未引進棉紡織業，雖有絲織業，但品種不如中國繁
多，也不如中國絲織品精美。所以，他們看到中國以絲織品為主的各類紡

87　錢江，〈1570—1760 年中國和呂宋貿易的發展及貿易額的估算〉，《中國社會經
　　濟史研究》，1986 年第 3 期。

織品，愛不釋手，大量採購。當時中國與美洲之間經馬尼拉港的絲綢貿易非常興盛。可見，絲織品為中國打開廣闊的美洲絲綢市場。因此，當時中國與美洲之間經馬尼拉港的絲綢貿易非常興盛。

　　除了絲綢，中國瓷器是那一時期最好的容器，每一個國家都從中國進口磁器。近百年來，在菲律賓群島周邊發現多處西班牙沉船，例如皇家艦長號、皇家艦長暗沙二號沉船、聖安東尼奧、聖達戈、維達號沉船，蘇祿海格里芬號沉船，潘達南島沉船，這些沉船都載有大量的瓷器。[88] 這樣，在橫跨太平洋的航線上，形成中國與墨西哥的物資與文化交流，中國的絲綢、瓷器運到北美，而墨西哥的白銀流入菲律賓與中國，菲律賓的馬尼拉因而成為東亞與美洲交往的樞紐。從漳州月港到馬尼拉的商船非常之多。

　　中國與西班牙的貿易與日本的貿易不同。日本人雖然喜歡中國的絲綢，但也喜歡中國的其他商品，例如紅糖、瓷器。日本人對於中國商品，根本沒有抵抗力，所有中國商品在日本都會售出高價。一般地說，日本人接受的中國絲織品約占日本人消費的中國商品的 60—70％，其他紅糖、棉布的消費數量也很高。對美洲人而言，紅糖是美洲許多地方生產的商品，棉布尚不時興。所以，當時輸往美洲的商品只有生絲和絲織品。1588 年，在一艘英國人攔截的西班牙商船之上，發現了大量的絲織品，這使英國女王伊莉莎白的印象深刻。商人估計，這批貨物在馬尼拉約值 100 萬銀圓，在墨西哥約值 200 萬銀圓。可見，當時一艘西班牙帆船貿易值便可到達 200 萬銀圓以上。有一位名叫特謝拉的葡萄牙商人在 1600 年前後完成了環球旅行。特謝拉離開馬尼拉港時，所載貨物達 40 萬杜卡托金幣。[89]40 萬杜卡托金幣可折換 4.8 萬盎司黃金，當時歐洲和美洲的金銀比價懸殊，以 1：16 計算，4.8 萬盎司黃金可折算 76.8 萬盎司白銀，約值 80 萬兩白銀吧。到了墨西哥，相當數量的商品價格還可翻一番至兩番。

　　明末，從中國輸往美洲的絲綢越來越多。全漢昇說：「在 1636 年以前，每艘船從菲律賓回航美洲，載有三百至五百箱絲織品，但到了 1636 年，有

88　孟原召，《閩南地區宋至清代製瓷手工業遺存研究》，北京，文物出版社 2017 年，第 238—239 頁。

89　〔葡〕加爾西亞，〈澳門與菲律賓之歷史關係〉，吳志良、金國平、湯開建合編，《澳門史新編》第二冊，第 544 頁。

一艘船上的絲織品超過一千箱，另一艘多至一千二百箱。」每箱的容量約為 322 匹絲織品，重約 250 磅。[90] 明代中國的絲織品，一匹絲綢約長一丈二至一丈四，可以給人做一套絲綢衣服。按照廣州澳門的批發價，普通絲綢每匹 1.1—1.4 兩，到了馬尼拉應可漲價一至二倍，算一倍半，即為 3.125 兩，西班牙大船載絲綢的大箱一箱可載 322 匹，總值為：1006.25 兩銀，這樣，400 箱價值為 402500 兩，1100 箱為 1106875 兩白銀。運到美洲，總價還可以漲兩倍，即為 330 萬兩銀。如果西班牙每年有這樣的兩艘船做馬尼拉與美洲之間的生意，那麼，他們每次約支付 220 萬兩白銀，在美洲售出 660 萬兩白銀。其貿易額之大驚人。

雙方貿易導致巨額白銀流入中國。全漢昇估計，明神宗萬曆十三年（1585 年）以前，每年約為 30 萬比索（即銀圓），1586 年為 50 萬比索，1590 年為 100 萬比索，1602 年為 200 萬比索。萬曆二十八年（1600 年）以後，西班牙人每年要運白銀 200 萬～ 300 萬兩白銀到馬尼拉貿易，主要用來採購中國的產品。[91] 按，全漢昇先生的估計是根據海關資料，實際上，當時的商人沒有人會老老實實地繳稅。通常的習慣是收買稅史，隱匿一半或是三分之二的貨物，以降低成本。所以，從美洲真實輸往馬尼拉的白銀要多得多，這些白銀大都用來支付中國絲綢、瓷器之類的商品，導致大量白銀進入中國。1638 年，一個西班牙軍官感慨地說：「中國皇帝能夠用來自秘魯的白銀條來建築一座宮殿。」[92]

十六世紀末，重金主義開始在歐洲流行開來。一些西班牙籍的神父開始宣傳美洲白銀流向中國太多不利於西班牙的觀點。因此，國王有了限制美洲與馬尼拉貿易的想法。1593 年，西班牙規定，從美洲赴菲律賓的船舶，每年限制兩艘，每艘船的載重量不可超過 300 噸。但這一規定從未落實，明末，從美洲赴馬尼拉的船隻，常在 3 艘以上。官方的限制無法執行。這是明末美洲輸往馬尼拉的白銀數額巨大的原因之一。

總之，晚明的馬尼拉作為聯通美洲與亞洲貿易的一個港口，在歷史上

90　全漢昇，《明清經濟史研究》，臺北聯經出版公司 2002 年，第 23 頁。

91　全漢昇，〈明清間美洲白銀的輸入中國〉，引自全漢昇，《中國經濟史論叢》，香港，新亞研究所 1972 年，第 438 頁。

92　全漢昇，《明清經濟史研究》，臺北聯經出版公司 2002 年，第 21 頁。

具有極為重要的意義。事實上，沒有馬尼拉港口的貿易，就沒有美洲與亞洲的直接交通，那麼，當時的環球貿易就會缺少一個重要環節。事實上，所謂的環球貿易體系就不存在。

第三節　閩商與巴達維亞荷蘭人的貿易

　　荷蘭人是繼葡萄牙、西班牙之後來到東方的第三個殖民大國。早期荷蘭人主要在爪哇的萬丹貿易，而後建立了殖民地巴達維亞。在巴達維亞城內，華商的力量頗大。

一、荷蘭人的崛起

　　荷蘭人是繼葡萄牙人與西班牙人之後來到東南亞的第三個歐洲殖民主義者。荷蘭原來是西班牙屬地尼德蘭，尼德蘭位於歐洲大河的下游，原是一片沼澤，後來形成一片陸地，來自法國、德國的多條河流由尼德蘭入海。在尼德蘭的外海，有英倫三島及冰島等島嶼，尼德蘭的左面是法國的海岸，尼德蘭的右側是波羅的海，可以聯絡漢堡及波羅的海沿岸國家。因此，尼德蘭的水陸交通發達，號稱歐洲的心臟。在尼德蘭有兩座對外貿易的港口，其一為後來屬於比利時的安特衛普，另一座是後來屬於荷蘭阿姆鹿特丹，這兩座城市是歐洲對外貿易的主要港口，來自大西洋的商品大都運到安特衛普和阿姆鹿特丹，然後再向歐洲內陸轉運，所以，這兩座城市成為歐洲陸海運輸的樞紐。後來，尼德蘭革命勝利後分為兩個國家，靠海的城市大都加入荷蘭，併入比利時的城市，除了沿海的安特衛普之外，多為布魯塞爾之類的內陸城市。

　　荷蘭人生活於海邊，可發展農業的田地很少，多數人以漁業為生。荷蘭漁民在大西洋上捕撈海魚，而後製成醃魚，銷售於內陸國家。隨著歐洲城市的發展，工商業發達，荷蘭人中間一部分人改營商業，於是形成了海上運輸業。荷蘭的海上實力雄厚，十七世紀初的荷蘭，號稱有 25 萬人從事與海洋有關的漁業和運輸業，實力遠遠超過其他國家。有這樣一種說法：十七世紀上半葉，荷蘭擁有 16000 艘船隻，總噸位占歐洲的五分之四，是為英國的四至五倍，法國的七倍。或者說，荷蘭船隻的總噸位與英國、法

國、葡萄牙、西班牙四國之和相當。[93] 這兩種說法似有矛盾，因為，若荷蘭的海上力量占歐洲的五分之四，應當比英國、法國、葡萄牙、西班牙加起來還多，二者不等值！比較可靠的可見胡克（Hooker . M. T.）的《荷蘭史》，不計漁業，1643 年，荷蘭商船計有 3400 艘，總載貨量達 400 萬噸。[94] 所以，歐洲人稱荷蘭人為「海上馬車夫」。

尼德蘭原為西班牙國王的屬地，十六世紀的西班牙稱雄於世界，並得到歐洲神聖羅馬帝國皇帝的支援。這種狀況的出現與歐洲最著名的王族哈布斯堡家族有關。在西班牙人稱雄於世界的那個時代，神聖羅馬帝國的皇帝大都出自哈布斯堡家族，該家族通過聯姻的方式，控制了西班牙、奧地利、匈牙利、波希米亞、尼德蘭等國家和地區。其時，尼德蘭直接受西班牙的管轄，當地民眾覺得西班牙經常忽略他們的利益，因而有了獨立運動。1572 年至 1573 年，一支來自西班牙的雇傭軍進入尼德蘭，鎮壓獨立運動，僅荷蘭屬地便有 18000 人被判死刑加財產沒收。許多貴族、富豪僅一次審判就被處死。這次大屠殺極大地震撼了荷蘭人，同時也使荷蘭人的獨立運動不可逆轉。荷蘭人組成號稱「乞丐軍」的海上游擊隊，不斷襲擊西班牙人的船隻。另一方面，由於哈布斯堡家族家大業大，到處都是仇敵。西班牙在荷蘭的直屬軍隊，很快被調到地中海，參加對土耳其海軍的戰鬥。荷蘭人的獨立運動重新崛起。

荷蘭的商船在大西洋各地航行，將各地販來的貨物運到荷蘭的阿母斯特丹等地出售，然後轉運歐洲內陸諸國。當荷蘭成為西班牙殖民地之時，荷蘭商人曾在西班牙管轄的拉丁美洲港口貿易，然而，好景不長，西班牙人覺得好處都被荷蘭人賺走了，便讓美洲的港口拒絕荷蘭商船停靠，這就激怒了荷蘭商人。1579 年，荷蘭聯省共和國宣告脫離宗主國西班牙獨立，西班牙出兵鎮壓，荷蘭起兵反抗。荷蘭的土地多來自圍墾的海邊低地，在最危險的時候，荷蘭人炸堤放水，淹沒城市周邊的土地，使西班牙軍隊無法進攻。《荷蘭史》記載，自 1575 年之後，便很少有敵對的大軍踏上荷蘭本土。在安全的環境裡，荷蘭獲得大發展。十七世紀初，荷蘭人為了發展

93　〔荷蘭〕約翰 · 赫伊津哈（Johan Huizinga），《17 世紀的荷蘭文明》，廣州，花城出版社 2010 年，第 2 頁。

94　〔荷蘭〕馬丁 · T · 胡克（Hooker . M. T.），《荷蘭史》黃毅翔譯本，上海東方出版社 2009 年，第 93 頁。

阿姆斯特丹，切斷安特衛普上游的水路，迫使歐洲與海洋有關的主要商業轉到阿姆斯特丹。不過，荷蘭人在政治上的獨立，並不影響其經濟層面。荷蘭人雖然反對西班牙，卻不反對西班牙人往荷蘭運輸白銀，西班牙人在荷蘭的財產一直受到保護。這樣，阿姆斯特丹漸漸成為歐洲的金融業首都，創辦了許多銀行和公司。著名的「聯合東印度公司」便在阿姆斯特丹發展起來。荷蘭的公司面向歐洲發行股票，來自歐洲各地的資金使荷蘭的股票價格長年增長。各銀行資金充足，1648 年在荷蘭的一家銀行即擁有 3 億現金，銀行的利率僅 2% 至 3%。[95]

　　荷蘭人擁有強大的海上力量和充足的資金，這個國家全力投入環球貿易，切實改變了環球貿易體系。他們將反西班牙的運動從荷蘭擴及世界，荷蘭船隻在太平洋、大西洋、印度洋到處搶劫西班牙大帆船，也使西班牙人對荷蘭人深惡痛絕，嚴禁荷蘭船隻到西班牙屬地貿易。其時，西班牙的屬地遍及歐洲、美洲及亞洲東部，國王對荷蘭人的禁止當然沉重打擊了荷蘭人的貿易。西班牙國王腓力蒲賽斯二世於 1580 年兼領葡萄牙，馬上將西班牙對荷蘭人及英國人禁止擴及葡萄牙。西班牙人以為這樣可以斷絕荷蘭人的貿易，畢竟，當時地中海沿海國家都位於伊比利亞半島的內側，非經西葡二國同意，其他國家無法進入地中海。因西班牙和葡萄牙擁有地中海之外來自東方的商品，歐洲各國商人想得到東方產品，都要到西班牙和葡萄牙的港口貿易，西班牙國王腓力蒲賽斯二世兼併葡萄牙之後，荷蘭與英國面臨無法得到東方商品的窘境。當然，荷蘭人和英國人不會坐以待斃。

　　此後，荷蘭人將反抗西班牙的鬥爭擴大到全世界的海上鬥爭，荷蘭的船隻在世界範圍之內追逐西班牙的船隻，搶占西班牙人的殖民地，成為新的殖民主義者。因葡萄牙已被西班牙吞併，拒絕荷蘭人的商船，荷蘭人也會搶劫葡萄牙人的船隻，這使葡萄牙蒙受極大的損失。除了搶劫外，荷蘭人跟蹤葡萄牙人的船隻也來到了東方。1596 年，荷蘭人來到爪哇的萬丹港。1602 年，英國人的艦隊也來到萬丹港。此後，荷蘭和英國都將萬丹當作遠東貿易的主要基地。

　　據歐洲人的記載，爪哇島的萬丹港所產胡椒大都運到中國出售，而蘇

95　馬克・T・胡克（Hooker），《荷蘭史》黃毅翔譯，第 93—94 頁。

門答臘島的亞齊港所產胡椒，大都供應印度以西的國家。

二、荷屬殖民地巴達維亞城的華商

荷蘭人在東方的經營漸漸獲得成果，1602 年，荷蘭成立了聯合東印度公司（VOC），這個公司每年會派出約 10—15 艘大船到東南亞各處採購胡椒、丁香、肉豆蔻等香料。[96] 在與葡萄牙人、西班牙人的香料戰爭，荷蘭人憑著更為強大的海上實力擊敗了兩個對手，控制了東南亞與歐洲之間的香料貿易。1619 年他們建立了今屬印尼的港口城市——巴達維亞（即雅加達），與馬尼拉、麻六甲鼎足而立。1641 年他們攻占葡萄牙人占領的麻六甲，控制太平洋與印度洋之間最重要的交通要道。荷蘭人為了與西班牙及葡萄牙人競爭，大力招攬福建商人前去貿易。何喬遠說：「至若紅毛番一種，其夷名加留巴（即巴達維亞），其國去呂宋稍遠，向歲羨佛郎機市我得利，強我人鬻販彼中，我人憚其險遠，而佛郎機亦惡其爭彼貨物，教我人絕之，而紅毛番始為難於海上矣。要其人獰頑，惟利是嗜，不畏死而已。而其信義專一之性，初未嘗負我錢物，且至其國者，大率一倍獲數十倍之利。曩雖被我大創，顧未嘗我怨，至今往來我近海不絕也。」[97] 後來，有許多華人到巴達維亞港居住。

巴達維亞建立時，已有華僑 400 人，其後陸續有華人到達。據荷蘭人的統計，從十七世紀的二十年代到三十年代，平均每年有五艘中國帆船開到巴達維亞，載有中國人一千多名，然而，其中僅有三分之一的人返回中國。[98] 其中不少人留在當地經商。這對巴達維亞的發展有很大的意義。巴達維亞原來是爪哇人的城市，多數人信仰伊斯蘭教。原來的城主被荷蘭人擊敗時，帶著部民退入內陸的深山。於是，在巴達維亞只剩下華人和荷蘭人。蘇爾夢等人認為：

> 從雅加達公館檔案用閩南語記載、公館首領基本上是閩南籍移民、當地華人廟宇大多數是閩南地方香火的分香等眾多因素來看，可以

96　鄭維中，《製作福爾摩沙——追尋西洋古畫中的臺灣身影》，臺北，大雁文化事業公司 2006 年，第 63 頁。

97　何喬遠，《鏡山全集》卷二十三，〈請開海禁疏〉，第 675 頁。

98　轉引自溫廣益，〈福建華僑出國的歷史和原因分析〉，載《中國社會經濟史研究》1984 年第 2 期，第 76 頁。

　　斷言這一地區的華人移民社會主體是閩南人社會。閩南人何時開始
移居到此，尚未發現明確記載，但至遲到 1619 年荷蘭殖民者決定
在那裡建立巴達維亞城時，已有幾百閩南人僑居當地。因此，東印
度公司總督昆（Jan Pieterszoon Coen）任命了來自同安的移民蘇鳴
崗為甲必丹，負責管理他的同鄉的經濟事務與日常生活，在農曆每
個月初一為荷蘭人收取人頭稅。一直到 1742 年，華人甲必丹和他
的副手「雷珍蘭」、秘書「朱葛礁」都是在甲必丹的家裡辦公。[99]

　　在巴達維亞的荷蘭人多為軍人和東印度公司的代表，他們甚至無以養
以養活自己。其時，是當地的華人發展起各種工商業，支撐了這座城市的
運轉。所以，荷蘭學者包樂史認為，巴達維亞實際上是荷蘭人與華人共建
的城市。這一評價是正確的。

　　荷蘭人在巴達維亞採取「以華制華」的策略，因當地閩僑較多，1619
年 10 月 11 日，荷蘭東印度公司指派福建同安人蘇鳴崗為第一任甲必丹，
其後又設立「雷珍蘭」，作為甲必丹的助手。歐洲漢學家 B · 胡丁克於
1917 年、1923 年寫的兩篇傳記，蘇鳴崗是荷蘭巴達維亞城總督燕 · 彼得
遜 · 庫恩的朋友。庫恩常在黃昏時分訪問蘇鳴崗家，蘇鳴崗為其出謀劃策，
成為荷蘭人在巴達維亞城的支柱。巴達維亞城原名雅加達，被荷蘭人攻克
之後，當地民眾退入內陸，雅加達幾乎成了空城。蘇鳴崗和其朋友楊昆等
人為恢復當地秩序出了大力。他們引入華人在巴達維亞城謀生，從而維持
了這座城市的運轉。[100] 巴達維亞建立時，已有華僑 400 人，其後，從月港
來的商船，每年都有五、六艘，其中不少人在當地經商，1626 年裡一年內，
到達巴城的新客就有 2000 餘名，1629 年，巴城的華僑已有 2000 人左右。[101]

　　明末政局動盪，來到巴達維亞的福建人就更多了。1626 年裡一年內，
到達巴城的新客就有 2000 餘名，1629 年，巴城的華僑已有 2000 人左右。[102]

99　袁冰凌、蘇爾夢〔法國〕，《雅加達華人公館》，來源：福州大學西觀藏書樓網站，
　　2008—07—3019：44：44。

100　〔荷蘭〕包樂史（L . Blussé），《巴達維亞華人與中荷貿易》，莊國土、吳龍、張
　　曉寧譯本，廣西人民出版社 1997 年，第 208 頁。

101　轉引自：李金明，〈明代後期私人海外貿易的發展與華僑出國高潮的形成〉，《華
　　僑史研究論文集》第一集，華僑大學華僑研究所，1986 年 8 月版，第 12 頁。

102　轉引自：李金明，〈明代後期私人海外貿易的發展與華僑出國高潮的形成〉，《華
　　僑史研究論文集》第一集，第 12 頁。

其時，荷蘭人對巴達維亞的華人徵收人頭稅，每人每月稅銀幣 1.5 里爾（real），這使許多華人離開巴達維亞城，到其他地方謀生。荷蘭的利邦上尉參加過巴達維亞的審訊，他說：「十日，我們前往市政法庭，審理一些市民之間的糾紛，因為市民不願繳某些稅，我們終於取得協議，十一日，我收到一個中國人繳納兩百里爾租稅。」他還記載了一個案件：「十二日，為了『摩洛』事件和其他三件事又開了庭。他們計畫逃到萬丹城敵方那裡，本來準備搭小船，但被抓到，於是關進監牢等候審判。二十五日，我們審判了前面提到的人，判他們抽籤，兩張籤寫了死刑，兩張空白。但巴達維亞中國人的甲必丹，極力向總督求情，讓他們獲得赦免。」[103] 這一案件反映荷蘭法庭的草率和嚴厲。後來，在華人甲必丹的要求下，1648 年荷蘭人將華人的人頭稅降低到 0.5 個里爾，當年巴達維亞城的華人從 8 月分的1335 人上升到 12 月的 3077 人。[104] 這些資料說明，明末的巴達維亞城附近，應有一萬到兩萬名華人。臺灣的鄭氏政權失敗後，許多人逃往海外，巴達維亞港的華僑人數激增，清初康熙皇帝在其詔書中說：「朕訪問海外有呂宋、噶喇吧兩處地方，噶喇吧乃紅毛泊船之所，呂宋乃西洋泊船之所，彼處藏匿盜賊甚多。」所謂盜賊，無非就是南明的遺民而已。[105]

　　楊昆原在萬丹城謀生，當荷蘭人攻克巴達維亞城並封鎖萬丹港之後，許多損失慘重的華人只好逃離萬丹港，抵達巴達維亞城。因蘇鳴崗的關係，他與荷蘭人建立了良好的關係，因而得從荷蘭人手中貸得一筆款，在城郊經營可哥園。其後，他得到為巴達維亞城提供木材的機會，在荷蘭與萬丹戰爭時期經營木材是十分危險的，楊昆熬過最困難時刻獲得成功。後來，他與蘇鳴崗合夥，承包巴達維亞城的賭稅，贏得荷蘭人的信任，再承包蘇門答臘進出口貨物樟腦、燕窩、犀角、鑽石、牛黃等商品的稅收，漸成為巴達維亞城最富的華人之一。他受荷蘭人的派遣，周旋於巴達維亞城及萬丹之間，展開了停戰的談判。楊昆後來往來於福建、臺灣及巴達維亞之間貿易，卻欠下大筆債務。在巴達維亞城，楊昆之後，又有林六哥、龔定等

103　艾利・利邦（Élie Ripon），《利邦上尉東印度航海歷險記——一個傭兵的日記1617—1627 年》，伊弗・紀侯編注，賴慧芸譯，第 146 頁。

104　〔荷蘭〕包樂史（L. Blussé），《巴達維亞華人與中荷貿易》，莊國土、吳龍、張曉寧譯本，第 73 頁。

105　《清聖祖實錄》卷二七〇，康熙五十五年丙申冬十月辛亥。

人在蘇鳴崗的領導下承包城市的各項稅收，楊昆與荷蘭人的關係不錯，因此，他回到巴達維亞城之後，還可獲得鑄幣、築城等有利業務，但也在甘蔗種植、開闢鹽田等事業中賠錢。1639 年楊昆去世，留下許多欠荷蘭人公共事業開支的債務。[106] 楊昆是一個典型的福建商人，他空手起家，在與荷蘭人的交往中建立了信用，而後獲得大筆貸款，用以經營各類業務。在政治上，他勸荷蘭人放棄襲擊福建商船的海盜掠奪，顯示了他對家鄉的關心。

　　彭慕蘭在其與史蒂夫・托皮克合作的《貿易打造的世界──社會文化與世界經濟》一書中，高度評價福建人在東南亞商業中的作用。「福建作為造船、漁業、貿易中心已有一千多年的歷史，即使福建的森林遭到毀滅性砍伐，導致造船業轉移到泰國等地，福建人仍是東南亞主要的船運業者和貿易商。在東南亞各個王國，福建人擔任收稅員、港務長、金融顧問等職務，後來在東南亞的歐洲人殖民地裡，還是福建人擔任這些職務。」[107] 從荷蘭人對巴達維亞經營中華人所起的作用，我們可知此評不虛。事實上，荷蘭學者包樂史研究巴達維亞成長的歷史，其結論是：巴達維亞是荷蘭人與華人共建的城市。

第四節　　大航海時代中西科技、金融比較大勢

　　明代中國的海洋力量主要集中於東南數省，要理解當時的海洋力量，就要深入研究明朝東南數省的實力。然而，如果要給明代東南區域發展一個整體評價，首先要解決兩個問題：其一，是明代科技的歷史定位問題，其二是明代經濟金融的歷史地位。學術界關於這兩個問題爭議很多。讚美者認為直到清代中葉，中國經濟還占有世界百分之三十到四十的比重！如果這一點成立，明代中國經濟金融以及科技領先世界是沒有問題的。然而，另一種說法是：中國經濟金融和科技早就落後於西方，至少在元代，西歐的義大利經濟金融和科技就超越中國了。兩種觀點分歧之大，在學術界很罕見。解決這一問題只有較為詳細地比較大航海時代中國與西歐的各個領

106　〔荷蘭〕包樂史，《巴達維亞華人與中荷貿易》，莊國土等譯，第 208─227 頁。

107　彭慕蘭（Kenneth Ponmeranz）、史蒂夫・托皮克（Steven Topik），《貿易打造的世界──社會文化與世界經濟》，黃中憲譯本，陝西師範大學出版社 2008 年，第 21 頁。

域。有了這個前提，方能把握好東南經濟的歷史定位，才能對當時中國在海洋史上的地位有恰當的評價。

一、晚明中國與歐洲經濟金融力量的比較

首先談一下元代中國與西歐相互比較的問題。這個問題的提出反映了經濟學家開闊的歷史視野。但要解決這個問題，需要經濟學家和歷史學家的合作，這也就是經濟史專家存在的意義吧。作為一個十分愛好世界史的經濟史專家，這個問題也引起我的濃厚興趣。我認為，要進行這一課題的比較，首先要確定比較的範圍。中國與歐洲的範圍大致相當，義大利作為歐洲最發達的區域，應當與元代中國最發達的區域比較，而不是與中國全國平均水準相比較，因為，不論歐洲還是中國，都有很不發達的區域，就歐洲而言，它的東歐部分也是相當落後的，甚至比中國落後區域更落後。如果說中世紀義大利是歐洲最發達的區域，它的比較對象應是元代中國最發達的區域，我想是江浙行省。義大利今天的面積約 30 多萬平方公里，元代的江浙行省含今日的浙江省、福建省以及江蘇省的江南部分，還有安徽省的東南部，江西省的東北部，大約也是 30 萬平方公里。其一，就海港城市比較而言，義大利的威尼斯、熱那亞此時還無法和江浙行省的泉州、寧波等海港相比；其二，就大城市而言，義大利的羅馬和佛羅倫斯也無法和江浙行省的杭州、金陵、福州相比。其三，就金融制度而言，雙方各有優勢，中國已經實行紙幣制度，這是中國的優勢。義大利的優勢在於：銀行制度正在孕育過程中。其四，在紡織業方面，江浙的優勢是絲綢業、製棉業，義大利民眾尚處於苧麻及皮毛階段，中國優勢明顯。其五，在燃料方面，中國使用木炭和煤炭，義大利還在用木材；其六，在鋼鐵冶煉方面，中國已經有連續出產生鐵和粗鋼的小高爐，義大利人的煉鐵爐還是斷續進行的。義大利嚴重落後。其七，在生活用器方面，中國人的瓷器向全世界出口，義大利的玻璃器亦有相當廣泛的歐洲市場，雙方實力相當。其八，在農業方面，義大利的主要農產品為小麥、橄欖油，中國江浙行省的水稻、小麥、大豆、菜油、桐油等農業產品十分優秀，雙方的農業因地制宜，難分高下。不過，江浙的水稻產量是世界最高的，水稻還是單位糧食產量最高的農作物。以上簡單的比較，已經可以證明元代江浙行省的經濟發展水準遠超義大利，這也是元代初義大利人馬可波羅到達中國之後，為中國經濟而感動

的原因。中國領先的原因在於：元代中國與世界交流已經有長遠的歷史，從印度引進棉花，向世界出口絲綢、瓷器、鐵器。與此同時的義大利，其視野一直在地中海的範圍，不太瞭解世界各地的物質文化發展，所以，當時歐洲的物質生產落後世界。

明代前期，大航海時代展開。首先，明朝的鄭和船隊向西洋挺進，到達印度洋北部的大部分港口，促進中國及東南亞的商品向西方出口，中國的絲綢、瓷器和東南亞的香料，引起地中海國家的強烈興趣，因而有了向東方發展的動力。其次，在鄭和航海八十年之後，葡萄牙的船隻開始出現在印度洋，西方和東方打通直接貿易，從此，歐洲開始了大規模向東方學習的過程。不過，全球貿易應當以麥哲倫的環球航行為標識。自從嘉靖元年（1522 年）麥哲倫船隊環球航行成功，環球貿易體系初步建立。從此，位於亞歐大陸西部的歐洲與亞歐大陸東部的中國之間建立了直接貿易關係，雙方文化傳播逐漸展開，往來於兩洋之間的歐洲傳教士逐步瞭解了中國與歐洲各自的內情，而明代的士大夫也很關注歐洲傳教士口中的另一個世界。

在我看來，一直到明代前期，中國經濟力量優於歐洲是肯定的，一直到明代滅亡之前，明朝的領先也是無可置疑。那麼，為什麼在清代初年這一優勢逐漸被歐洲的發展填平差距？關鍵之一在於國際市場的金融制度。

晚明中國的弱點在於金融制度。按照中國已經有的金融制度成就，中國本來不該對白銀有那麼強的依賴性。實際上，中國在宋元時期已經進入了紙幣時代，如果官府能夠好好地管理紙幣，中國根本不需要那麼多的銀子來運轉國內商業。但在朱元璋和朱棣的時代，官府發行大明鈔是沒有保證金的，就是說，老百姓手中的紙幣只能購物，無法向官府兌換金銀。而且明初官府發行紙幣沒有數量控制，來自官府的巨額紙幣流入全國市場，導致大明鈔的信用很快貶值。明成祖朱棣死後，老百姓便開始拒用紙幣，其後紙幣雖然沒有正式廢除，實際上無法在民間流通，不再是市場交換商品價值的媒介。於是，中國最先發明的紙幣制度在中國無法實行，明朝被迫改用白銀為基本貨幣。白銀和紙幣不同在於：它具有眾人認可的價值，可以在世界市場上流通。中國很早就是一個大量開發銀礦的國家，唐宋以來的中國是世界各地商人嚮往的地方，其中潛在的因素是中國為大陸最大

的白銀產地之一，到中國貿易可以獲得白銀。不過，這也造成中國生產的白銀向全世界散布，中國無法成為白銀最多的國家。晚明中國市場上的商品總額大增，中國已有的白銀數量無法承受大量商品流通的壓力，導致白銀市場價格上揚，海外白銀流入。這一趨勢對海外產銀國家是十分有利的，但未必有利於中國。就貨幣管理而言，白銀流通而且主要來自海外，這使官府無法控制市場上的貨幣供應量。由於海外白銀不斷流入中國市場，導致晚明以白銀計量的物價上漲。萬曆初年張居正實行一條鞭法的時代，官府每年總收入不過四百萬至六百萬兩白銀，但明軍東征西討，軍費基本夠用。而在明朝末年，官府增加遼餉後，年收入達兩千萬兩白銀，卻因物價上漲的因素不足使用。當然，更為重要的因素是明朝金融管理水準的低下。在 15—16 世紀，地中海城市發明的銀行制度、國債制度、期貨制度已經在歐洲推廣，銀行制度可以使社會上閒置的資金投入銀行，從而發揮資金的流通功能，國債制度可以有償方式取得富人的資金用以打仗養兵。相對而言，明代王府及富豪流行藏銀制度，巨富人家每每有窖藏銀子，而市場經常出現流通不足。假使明代末年已經有銀行制度，富人的窖藏白銀可以成為銀行的資本，從而使富人的閒置銀子成為流通媒介。沒有銀行制度，富人所藏白銀便退出流通領域，人們要使這些銀子重新進入流通領域，便要殺死富豪，挖掘他們的窖藏，這是明末流寇盛行殺富濟貧的原因，它是市場運轉的需要。再以國債制度而言，明末若有這一制度，崇禎皇帝便可以有償方式向北京城富豪們借錢，而不是用刑罰逼迫他們無償捐助。以歐洲為例，實行國債制度的英國與拿破崙時代強大的法國打了十多年戰爭，就是憑著國債制度籌錢。英國的富人都樂於借債給國家，因為，世界上哪裡還會有比國家更可靠的借貸者呢？不過，銀行制度、國債制度實行的區域，一定要保證基本的法制，沒有法制，一切金融制度都是建立流砂之上，難以持久。明代的官僚制度並不具備法制的條件，這是明朝最終敗亡的一個原因吧。不過，儘管明朝滅亡了，但東南諸省的經濟只是受到破壞，這些省分很快在戰亂之後崛起，仍然雄踞東方。

　　相對中國，歐洲諸國雖然分裂，可能是由於剛剛處於自然資源開發的早期階段吧，歐洲的礦產豐富，尤其是金銀礦眾多，歐洲的人均金銀保存量遠超中國，在世界形成統一市場的背景下，它意味著歐洲人比中國人更

為富裕，這就確保歐洲人在世界上的金融優勢，儘管歐洲的文明史不如中國那樣長久綿遠，但歐洲人憑著較多的金銀藏量，可以過著比中國人更好的生活。不過，由於消費商品有限，未接觸世界的中世紀歐洲人，只能飲用白水，啃吃麵包和水煮肉類，過著簡單而自足的生活。葡萄牙人和西班牙人的東方冒險，使歐洲人知道了東方人高級的物資生活，於是展開了對東方商品和文化的追求。恰好歐洲人掌握較多的白銀，而中國和印度這些國家需要白銀，這使手中掌握大量白銀的歐洲人居於財富的頂端。歐洲人手中的白銀，若是在歐洲市場上花掉，其購買力有限，若是將這些白銀用在東方市場，便可獲得數倍的利潤。於是，歐洲人展開大規模的冒險，一批又一批西方人來到東方，他們將白銀留給東方，將中國商品運抵歐洲，兩面都可得到利潤，從而使歐洲走上了致富之路。相對而言，若中國在明朝仍然能夠保持紙幣制度的話，即使進行國際貿易，中國也不會需要那麼多的白銀，甚至可能將紙幣制度推廣到世界各國。總之，紙幣制度的崩潰，使中國在國際貿易中居於十分不利的地位。白銀大量的輸入，表面上一時繁榮了經濟，實際上是將貿易的主動權交給了掌控白銀的國家。從 17 世紀以後，擁有較多白銀的日本及歐洲強國，都踏上了蒸蒸日上的發展道路。

從總體而言，從 16 世紀到 17 世紀，都是歐洲人在經濟上趕超中國的歷史。在 16 世紀，歐洲人是盲目進口中國及其他國家的商品；17 世紀，歐洲國家漸漸感覺到白銀輸出過多帶來的問題，開始發展替代產業。於是工業發展，重金主義和重商主義流行，中國商品的輸出不再是通行無阻，而是受到無形的限制。十七世紀，歐洲的機械製造已經達到較高的水準，連徐光啟的《農政全書》也介紹了幾種西方很先進的水力機械。不過，中國的一些特產的生產技術是外人不知的。其次，中國的人工便宜是一向的特點，早在十七世紀就是這樣了。因此，在歐洲人尚未開展工業革命以前，歐洲許多民用工業不如東方。

迄至 18 世紀，以英國為代表的歐洲工業全面超越中國，在關鍵的機器製造、交通製造業等方面，歐洲的工業化使歐洲成為世界製造業的中心。在國際市場上，就連中國人最擅長的瓷器、白銅製造等行業也被歐洲產品奪去主要市場，留給中國的僅剩茶葉、蠶絲等特產製造業。所以，從總體形勢看，晚明所經歷的 16 世紀後期 50 年以及 17 世紀前期 50 年，正是中

國製造的鼎盛階段，這一時代來到中國的傳教士，每每對中國經濟讚不絕口，因而有了歐洲人全面學習中國人的文化浪潮。不過，當時的中國經濟，較為繁榮的是東南數省，所有外貿商品，幾乎都來自東南數省。其中，福建和廣東成為中國商品主要輸出口岸，海外流入的白銀主要經過閩粵二省進入江浙中心市場，再流向內地諸省。因此，晚明的閩粵二省在國內十分耀眼，具有獨特的地位。這給予中國海洋經濟很大的支援。

　　總體而言，晚明中國經濟在世界上排位前列的，當時的國民總產值實際上應不輸於歐洲。歐洲的強大只是因為它是擁有金銀較多的大陸，這些金銀一半來自本土，一半來自非洲和美洲。因中國與印度歡迎黃金和白銀，從而使歐洲自然成為富裕大陸。然而，當時歐洲人的生產力與中國半斤八兩，各有所長。17 世紀後半期到 18 世紀，歐洲人與全世界主要經濟體都建立了貿易關係，並憑藉世界霸權獲得世界各項貿易的主要利潤。到了 18 世紀後期，除了個別項目，歐洲人在經濟上已經擊敗所有與其競爭的國家，工業革命使歐洲經濟獨樹一幟，那時的歐洲已經不是其他國家所可以比擬的了。不過，前推晚明時期，歐洲經濟與中國還是旗鼓相當。

二、晚明東南諸省的科學技術

　　關於東南諸省的科學技術，我已經在拙著《大航海時代的臺灣海峽與周邊世界》的第三卷進行了盤點。大致而言，歐洲人的優勢在於軍火製造和航海技術，機械技術在突飛猛進中。當時的歐洲各國之間競爭激烈，戰爭不斷，各國都在走富國強兵之路，對軍隊傾注了最多的財力和物力，導致生產領域一切與戰爭直接有關的行業獲得最快的發展，因此歐洲製造槍炮和其他軍火的技術，都領先於世界各國。但在生產領域，歐洲的領先並非那麼顯著，在許多領域還落後於中國等東方國家。明末何喬遠評西班牙：「佛郎機夷雖名慧巧，顧百工技藝，皆不如我中國人。」[108] 實際上明代中國生產性的科技在多數領域位於世界一流，而且有幾項重要手工業產品是領先世界的。例如絲綢、茶葉、瓷器、黑白糖、中藥。還有一些領域是世界一流的，例如冶金、造紙、棉布生產、服裝、船舶製造等。事實上，除

108　何喬遠，《鏡山全集》卷二三，〈請開海事疏〉，陳節、張家壯點校本，福建人民出版社 2015 年，第 675 頁。

了槍炮製造術不如歐洲各國外，晚明在其他生產領域的技術優勢是同時代歐洲無法比擬的。[109] 因而在 16 世紀和 17 世紀，西方人全方位學習諸多領域的東方技術。在中國國內，手工業生產以東南數省最為發達。實際上，中國出口的商品大都來自東南數省，這表明了東南數省在中國的地位，也說明中國手工業諸項技術在世界上的地位。

另外一個要注意的方面是：明朝積極引進西方科學技術。徐光啟等人譯注西方的幾何學、數學、工程學等科學技術領域的精華，在軍火生產上，中國引進歐洲技術相當快。在肯定晚明生產領域的許多技術領先世界的基點上，不妨檢核晚明在軍火工業上的技術引進。

葡萄牙人的槍炮剛在中國沿海使用，很快引起明朝全方位的模仿。明代的佛郎機之稱，包括火炮、火槍、火罐等火器。在大炮仿製方面，葡萄牙人記載：「對中國人來說——巴羅斯說——在海戰的器械方面，他們並不羡慕歐洲的海戰器械；當我們到達那裡時，他們已經有了火炮；在看到我們的火炮的式樣後，他們改進了自己的火炮，因為他們是優秀的鑄造家。」[110] 由於中國有很強的鑄造技術，仿製葡萄牙器械成為較為容易的事。《明世宗實錄》嘉靖三年四月丁巳記載：「孝陵衛充淨軍南京內外守備魏國公徐鵬舉等疏請，廣東所得佛郎機銃法及匠作。兵部議佛郎機銃非蜈蚣船不能架，宜并行廣東取匠於南京造之。詔可。」[111] 於是，廣東官員何儒常被調到南京做官，主持仿製工作。「初，廣東巡檢何儒常招降佛郎機國番人，因得其蜈蚣船、銃等法，以功陞應天府上元縣主簿。令于操江衙門監造，以備江防。嘉靖十二年的《實錄》記載：「至是三年秩滿，吏部併錄其前功，詔陞順天府宛平縣縣丞。中國之有佛郎機諸火器蓋自儒始也。」[112] 仿造葡萄牙人的佛郎機銃方面，很快看到效果。嘉靖八年十二月，「都御史汪鋐奏，先在廣東親見佛朗機銃致遠克敵，屢奏奇功。請如式製

109　徐曉望，〈論明清時期中國手工業技術的進步〉，《東南學術》2009 年第 3 期，《經濟史》人大複印資料 2009 年 10 月，《明清史》人大複印資料 2010 年 1 月。

110　〔葡〕雅依梅・科爾特桑（Cortesão, J.），《葡萄牙的發現》，鄧蘭珍譯，北京，中國對外翻譯出版公司 1996 年，第 1192 頁。

111　張溶等修，《明世宗實錄》卷三十八，嘉靖三年四月丁巳，中研院影印本。

112　張溶等修，《明世宗實錄》卷一百五十四，嘉靖十二年九月丁卯。

造。兵部覆議，詔鑄造三百，分發各邊。」[113] 儘管明朝官僚機構的步伐很
慢，但是，隨著時間的進步，明朝工部仿製佛郎機的進步一點一點顯示出
來。《明世宗實錄》記載，嘉靖十一年二月丁未，「命工部增造佛朗機銃，
頒十二團營演習」。[114] 嘉靖十五年九月辛巳，「以銅鐵佛郎機銃二千五百
副分給陝西三邊」。[115] 嘉靖十六年五月，「總督三邊都御史劉天和、巡撫
延綏都御史張珩，各以虜酋吉囊聲勢異常，奏討馬上小銅佛郎機銃，並招
募新軍盔甲器械，詔給與之」。[116] 明朝嘉靖年間的北虜南倭是兩個大問題，
然而，北方蒙古遊騎南下，多次進抵北京城下，卻很少能攻城掠地，這與
明軍城寨配備大量佛郎機有關。遺憾的是，當時的邊兵文化水準較低，不
能充分發揮火槍及火炮的作用，《明史・外國傳》評論：「火礮之有佛郎
機自此始，然將士不善用，迄莫能制寇也。」總的來說，佛郎機炮的仿製，
給明朝邊軍提供了一種利器，嘉靖年間北邊各要塞得以擊敗南下的瓦剌等
游牧部落，主要是火炮的功勞。萬曆年間在朝鮮戰場，明朝的軍隊與日本
軍隊交手。兩軍各自的特點不同，日本軍隊精於用槍，他們仿製的葡萄牙
槍枝相當精美，可用於準確射擊。而明軍更多地使用火炮，一旦交戰，明
軍各式火炮輪番射擊，殺傷力很大，所以，日本軍基本上是固守據點，躲
在城牆之後，不願和明軍野戰。明軍大量仿製葡萄牙火炮，是因為明朝的
鑄造水準強於日本。各種式樣的火炮都能仿製出來。所以，只要經費能保
證，明朝軍隊的裝備是不亞於任何對手的。優秀的武器是明朝海洋力量的
後盾。

　　關於民眾模仿葡萄牙槍枝的研究。正德嘉靖年間葡萄牙人活動於廣東
福建沿海，很快引起閩粵民眾的興趣，他們的武器也引起民眾的注意。那
麼，中國民間是何時開始模仿製造葡萄牙槍枝的？傳統史料中有一些疑問。
例如，道光《福建通志》記載，早在正德初年，福建仙遊縣民兵在作戰中
已經運用了「佛郎機礮」之類的武器。廣東盜柳芳寇仙遊縣，被擊敗後逃
竄。仙遊民魏昇「遣子瑞周同鄉勇雷法英等十數人，埋佛郎機礮數百於樟
村東湖以待之。芳至中礮死，餘黨突走，煙火中，俱為鄉兵所擒。」這是

113　張溶等修，《明世宗實錄》卷之一百八，嘉靖八年十二月庚寅。
114　張溶等修，《明世宗實錄》卷一百三十五，嘉靖十一年二月丁未。
115　張溶等修，《明世宗實錄》卷一百九十一，嘉靖十五年九月辛巳。
116　張溶等修，《明世宗實錄》卷二百，嘉靖十六年五月戊子。

正德元年（1506年）的事。又一例：正德五年（1510年）九月，「汀漳盜
犯仙遊縣，……時賊初至，營壘未定，伐木為柵，昇同典史黃琯縱火焚其
柵，以佛郎機礮百餘攻之。風烈火熾，賊死者枕藉」。[117] 此處的問題在於：
正德元年，葡萄牙人剛剛繞過好望角，還未占領印度果阿城，當時的仙遊
人可能知道佛郎機人和佛郎機炮嗎？顯然是不可能的。一般認為，中國人
知道佛郎機炮，應是在 1517 年（正德十二年），葡萄牙人抵達廣州之後，
再往前推，也不可能早於 1511 年（正德六年），該年葡萄牙人剛到東方，
並於當年攻克馬來半島的麻六甲城，從而打通對華貿易，肯定有在當地通
商的華人看到了葡萄牙人的槍炮。

反過來研究道光《福建通志》的史料，可知魏昇及其部下使用的是一
種火藥罐，這種火藥罐可以投擲，也可用以當地雷，莆田民兵將其預先埋
藏，敵人來時再引爆，因而大量殺傷敵人。不過，火藥罐是宋朝以來的傳
統武器，只有中國有，其他國家不會使用。正德年間，葡萄牙人使用的武
器是火繩槍和銅鑄大炮，明朝引進的佛郎機，實際上就是火繩槍和大炮，
葡萄牙人尚未使用可投擲的火藥罐。所以，莆田民兵使用的火藥罐不可能
是從葡萄牙人那裡引進的。不過，明朝晚期的人，往往將火繩槍和大炮稱
為「佛郎機」，「佛郎機」已經成為一切火藥武器的代稱。戚繼光就對他
人說：「昔署衛印時，嘗發山東地窖，佛郎機乃成祖所蓄，年月鑄文可
稽。」[118] 若僅從表面理解這句話，會認為明成祖時代就有佛郎機了，實際
上戚繼光只是說，明成祖時中國已經有火繩槍了。在這段話中，戚繼光將
「佛郎機」當作火繩槍的代稱。晚明仙遊人回憶魏昇所部民兵以火藥罐攻
擊敵寇，將其稱為「佛郎機炮」，應當也是一種後人追述的流行稱呼，實
際上不對。

明朝很早就有火槍之類的武器。明成祖之時，北京成立神機營，以火
炮、火槍為主要武器。鄭若曾說：「今人胥言佛郎機鳥嘴銃傳自番舶，聞
之參將戚繼光云：昔署衛印時，嘗發山東地窖，佛郎機乃成祖所蓄，年月
鑄文可稽。」明代宗景泰年間：「寇騎薄都門，京軍隨駕而出者過半。司

117　陳壽祺等，道光《福建通志》卷二六七，〈明外紀〉，臺灣華文書局 1968 年影印
　　　本同治十年刊本，第 10 頁。
118　鄭若曾，《江南經略》卷八上，〈雜著・兵器總論〉，文淵閣四庫全書本，第 4 頁。

馬于謙以軍器局神鎗試之，火石所及，人輒成粉，一砲而敵死數萬，血湧如川，遂解圍去。可見兵器莫備於我朝。私習之禁莫嚴於我朝，承平久而民不習兵，亦莫如我朝也。」[119] 如戚繼光所說：因官府對先進武器的控制，明代中葉，許多先進火器都失傳了。那麼傳統火器與葡萄牙人槍炮有什麼區別？關鍵差別在於槍管的長度和槍托的設計。我在一次民間遊神活動中看到了明朝十分流行的三眼銃。它以一根鐵管為基礎，頂端焊接三根較短的槍管。它是明朝騎兵的基本武器。接敵時，陸續點燃三支槍管中的火藥，可以射擊三次，最多可以打死三名敵人。火藥都打完之後，槍身還可用作長矛，用以將敵人捅下馬。這類三眼銃，因槍管太短，無法向遠處射擊。葡萄牙人製造的火繩槍，槍管長約一米，後半部分是木製的槍托，將槍托抵於肩膀，便可瞄準射擊。槍管較長，可以加速子彈的初速度，因而射程較遠，可以在一百米之外打死敵人。所以說，這是一種先進武器。

　　葡萄牙人帶來新式火槍後，立刻引起軍界的注意，廣東官方很快就開始仿製葡萄牙人武器。後來用以武裝北方邊境的邊防軍。民眾仿製火槍開始也很早。正德十二年是葡萄牙人抵達廣州之年，該年便有江西的寧王朱宸濠「遣人往廣東，收買皮帳，製作皮甲，及私製鎗、刀、盔甲并佛郎機銃」。[120] 可見，當年就有寧王注意到這種武器。他會不會仿製葡萄牙火繩槍？還沒有看到進一步的史料，但不排除這種可能。正德十三年，有一隻葡萄牙人船隻進入福建的漳州港貿易，他們的裝備同樣引起福建人的注意。因此，葡萄牙機銃很快在閩粵民間流行。嘉靖十四年，江西寧王朱宸濠在江西南昌造反：莆田人林俊聽到消息，馬上將莆田民間使用的佛郎機模樣送給王守仁。林俊，字見素，是當時有名的高官。王守仁回憶：

> 見素林公聞寧濠之變，即夜使人範錫為佛郎機銃，并抄火藥方，手書勉予竭忠討賊。時六月毒暑，人多道暍死。公遣兩僕裹糧，從間道冒暑，晝夜行三千餘里，以遺予。至則濠已就擒七日。予發書為之感激涕下。蓋濠之擒以七月二十六，距其始事六月十四僅月有十二日耳。世之君子當其任能不畏難巧避者鮮矣，況已致其事而能

119　鄭若曾，《江南經略》卷八上，〈雜著・兵器總論〉，第4—5頁。
120　谷應泰，《明史紀事本末》卷四七，〈宸濠之叛〉，北京，中華書局1977年，第693頁。

急國患踰其家如公者乎。[121]

這件事在有關林俊的《編年紀略》中也有記載：

> 十四年己卯，推南禮部尚書。六月，寧庶人叛。三書速王陽明公守
> 仁討賊。製佛朗機銃，遣二僕間道以與陽明公。有書佛朗機遺事議。
> 借南日水軍勤王。[122]

按，南日島是莆田附近的一個島嶼，原來是福建水師駐紮的一個水寨，林俊想到調南日島水師去支援王陽明打擊寧王朱振寰軍隊，表明他這時住在莆田家中。他派人將莆田一帶出現的先進武器鑄成錫範，繞道千里，送給王陽明，是對王陽明真實的支援。這一故事說明早在葡萄牙人剛到中國海港，中國軍事家便注意到佛郎機這種武器，馬上加以仿製。應當說，中國仿製葡萄牙槍枝比日本更早。這個結論可能超出許多人的意料之外吧？

明朝工匠仿製的葡萄牙槍枝，被稱為鳥嘴銃。這種銃用火藥線點燃，可以瞄準：

> 唐順之疏曰：國初止有神機火鎗一種，而佛郎機、子母砲、快鎗、
> 鳥嘴銃皆後出，鳥嘴銃最猛利，以銅鐵為管，木橐承之。中貯鉛彈，
> 所擊人馬洞穿。其點放之法，一如弩牙發機。兩手握管，手不動，
> 而藥線燃。其管背施雌雄二臬，以目對臬，以臬對所欲擊之人，三
> 相直而後發。擬人眉鼻，無不著者。捷於神鎗，而準於快鎗。火技
> 至此而極。是倭夷用以肆機巧於中國，而中國習之者也。[123]

如其所云，中國民間的鳥嘴銃似受到日本仿製槍枝的影響。葉權的《賢博編》也說：「鳥嘴銃，即佛郎機之手照。日本國製稍短而後有關捩可開，佛郎機製，長而後閉。人持一支，如中國之帶弓矢。最貴重者，上錯黃金，可值銀百兩。乃以精鐵先鍊成莖，立而以長錐鑽之。其中光瑩，無毫髮阻礙，故發則中的。非若中國工人鹵莽，裹鐵心而合之，甚至三節接湊，然後鑽刲，其中即不圓淨，又忽斷裂，萬不及也。余親見佛郎機人投一小瓶

121　王守仁，《王文成全書》卷二四，〈書佛郎機遺事〉，文淵閣四庫全書本，第23頁。

122　林俊，《見素集》附錄上，佚名，《編年紀略》，文淵閣四庫全書本，第11頁。

123　嵇璜、曹仁虎等編，《續文獻通考》卷一三四，〈兵考・軍器〉，文淵閣四庫全書本，第34頁。

海中，波濤跳躍間，擊之，無不應手而碎。恃此為長技，故諸番舶惟佛郎機敢桀驚。」[124] 按，葉權批評當時的工匠不認真製造，生產的火槍往往容易出事故，而葡萄牙、日本的火槍製造較為精細，所以得到中國民間的仿製了。

實際上，明代初年中國就有了相當不錯的火槍。戚繼光說：「又於衛庫中見鳥嘴銃，皆倭變未作中國所故有者。」[125] 如前所述，中國官府仿製葡萄牙槍枝也很早。明朝嘉靖七年便開始試造鳥嘴槍：嘉靖七年用黃銅鑄造鳥嘴銃。然而，其時明朝工部所製東西，大都藏於工部倉庫，不讓民間製造。官方史書記載，邊將中曾有人想大批製造鳥嘴銃，被工部制止。工部的意思是：鳥嘴銃都集中在北京製造，以免這種技術被敵人學去。官府的壟斷抑制了鳥嘴銃在民間的傳播。當倭寇入侵事件發生後之後，東南諸省民間才大量仿製日本的鳥銃，這是因為，他們一直不知道中樞機構中的槍炮製造。這是可以理解的。總之，抗倭戰役之後，鳥嘴銃已經是民間常見的裝備。

葡萄牙槍枝的模仿過程反映了明朝官府學習歐洲科學的熱情遠超大家的估計。從科技而言，明代後期一百多年，西方的軍事科技領先中國，但中國已經迎頭趕上，明末中國的大炮鑄造和火藥槍製造術，都不亞於歐洲。此外，在多數民用產品領域，是中國領先歐洲，是歐洲在全面學習中國的各項民用技術，並且獲得巨大的成果。

此外要說到科學領域，明代科學成果其實不少，往往被忽略而已。以種痘術來說，宋真宗時期發明了人痘術防止天花，但危險性很大。經過數百年的改良，晚明江南的種痘術漸漸成熟，醫生懂得選用毒性較輕的痘苗用以種痘，成功率較高。於是有了汪機關於痘症的專著《痘症理辨》一卷，附方一卷。也有了專門的痘科醫生。例如：「宋光紳，號橫秋，業儒不遇。先世曰杏莊者，善小兒痘症。遊四方，遇異人授以祕書，醫由是顯。其書具在，光紳習焉。復擅長。一時人延之，風雨弗避，未嘗計利也。」[126] 這

124　葉權，《賢博編》，中華書局 1987 年，第 24 頁。

125　鄭若曾，《江南經略》卷八上，〈兵器總論〉，第 4 頁。

126　尹繼善、謝旻等，雍正《江西通志》卷一〇六，〈方技〉，文淵閣四庫全書本，第 39—40 頁。

類安全性較高的種痘術，實際上是醫學界重大發明。再以最為重要的數學
領域來說，明代中國最重要的發現是音樂十二律，這是數學和音樂的完美
結合。中國人自孔子時代就十分重視音樂，它是儒家六藝之一。宋代的理
學家發現：大自然有十分完美的韻律，它可以用數學體現，因而有了陳暘
的《樂書》以及蔡元定的《律呂新書》，二書對音樂和數學關係的探討，
已經有相當水準。迨於明代，朱載堉完成了《樂律全書》，該書提出了新
法樂律的理論體系，這是音樂十二平均律的最早闡釋。相對而言，同時代
歐洲人最大的發現是伽利略的實驗物理體系，從此奠定了西方科學的基礎。
不過伽利略真正做出成績已經是在 17 世紀。其時，歐洲的文藝復興正從義
大利轉向英國、法國，義大利和中國一樣，後繼乏力。17 世紀後期，中國
與義大利、西班牙、荷蘭諸國都開始落後，只是由於英國和法蘭西的工業、
科技興起有一個過程，才維持了東方和西方的平衡。迨至 18 世紀英國和法
國科學的興起，並影響到周邊國家，歐洲才從整體上超越了明清兩代的水
準。

　　所以，西方科技超過中國水準，應當定在 18 世紀為好。

　　那麼，為什麼中西方科技賽跑西方贏了、中國輸了？其根本原因在哪
裡？我們可以仔細觀察中國科學技術領先世界的地方：大都是技術性的。
我對中國古代技術史進行概括，得出的結論是：中國領先世界的主要技術
都是工匠的發明！而且大都是偶然性的，很少大量資金投入下、堅持多年
探索的發明。其實，在 17 世紀以前，世界大多數的發明都是工匠的成果，
很少知識分子的成果。但是，中國在明清時代始終停留在工匠文明時代，
而西方由於伽利略的實驗科學體系出現，科學家和優秀的工匠文明結合，
產生了科學催動技術的體系。要知道，工匠文明雖然積累了大量成就，但
其文明成就遲早會受到天花板的限制，明清時代的中國就是如此。只有科
學體系支持下的發明，才能不斷躍升，反過來促進科學的發展。明清時代
的中國缺少自然科學體系，所以，技術發明很難躍升。此外，在制度上，
西方世界的專利體系非常重要。有了這個體系，才會有許多人投入發明的
專門工作，甚至獲得大批資金的支持。中國人在明清時代是沒有什麼可說
的，近代的中國飽受戰亂影響，直到 21 世紀才真正重視發明，而且有了出
色的成就。

三、晚明東亞國際貿易網絡的新格局

以上史實表明：明代晚期東亞的國際市場發生巨大的變化。歐洲國家的商船來到東南亞，紛紛建立自己的殖民地。因歷史上的原因，他們之間矛盾很深，這就給閩商長袖善舞的機會。晚明的閩商不像歐洲國家殖民公司那麼顯著，但是，他們手中掌握了海外需求很大的中國的商品，因而在歐洲人的夾縫中會有機會。此外，日本市場的白銀上市，也給閩商很多機會。觀察這一時代的國際貿易，白銀、香料、絲綢、瓷器、蔗糖都是不可或缺的主角。不論是葡萄牙、西班牙、荷蘭、英國等歐洲國家的商人，都在做一件事：從中國獲得絲綢、瓷器、蔗糖等商品，將其出售於日本、美洲、歐洲等地。欲在中國外海港口獲得中國絲綢等商品，就要想方設法得到白銀和香料，只有白銀和香料才能換得中國的商品。老一代海外學者研究這一階段的東亞變局，認為是歐洲國家東進給東方帶來變化。但是，我們若是深入研究這一時代東亞的經濟互動，會發現，中國對白銀的渴望才是海上貿易興盛的根本原因。

如前所述，早在宋代，福建民間已經將白銀當作貯存手段，許多富裕人家都有藏銀。不過，從宋代到明代前期，中國先後發行了交子、大元鈔、大明鈔等貨幣，白銀一直居於次要地位。明代的大明鈔貶值十分厲害。據唐文基的研究，明代的寶鈔（即大明鈔）自洪武年間發行後，就有通貨膨脹的傾向。最初明朝規定金一兩兌寶鈔四貫，銀一兩兌寶鈔一貫，洪武後期，在浙江民間，鈔票一貫錢只能換一百二十五文銅錢，僅有原值的八分之一。迨至景泰、成化期間，寶鈔已經無法在民間使用。成化年間陸容說：「寶鈔今惟官府行之，然一貫僅直銀二釐，錢二文。」[127]官府用寶鈔支付一些官員的工資，讓文武官員十分頭痛。[128]在寶鈔退出流通領域的同時，民間開始使用白銀。但是，中國的白銀不多。中國至少在秦漢時期就在開發銀礦，然而，中國的銀礦歷來不太豐厚，經過唐宋元及明代前期的開發之後，本土可供開採的銀礦越來越少，傳統銀礦漸漸枯竭，市場上白銀的價格逐步上升。明中葉白銀的購買力是宋朝的兩倍。[129]明中葉一兩白銀可

127　陸容，《菽園雜記摘抄》卷五，《紀錄彙編》卷一八四。
128　唐文基，〈論明朝的寶鈔政策〉，《福建論壇》文史哲版 2000 年第 1 期，第 44—51 頁。
129　全漢昇，〈宋明間白銀購買力的變動及其原因〉，全漢昇，《中國經濟史研究》二，

購買四石稻米。這使中國不得不仰賴海外白銀。

　　恰在葡萄牙人抵達東方之後，日本發現了特大銀礦，或者說，中國最新的採銀方式傳到了日本，使日本得以開採巨額銀礦，源源不斷的白銀湧上日本市場，迫使日本人想盡辦法將白銀出售，以壓低國內的物價。於是，中日貿易乘時而起。這一時期的日本是中國的絕好市場，不論什麼中國商品拿到日本出售，都可賣出很高的價錢，尤其是絲綢可以換回巨額白銀，從而使國內市場的運作規模增大，出現了晚明中國經濟的大繁榮。對日本而言，白銀充斥，使他們可以購買中國絲綢之類的商品，改善本國的工商業，從而實現城市化。如果沒有中國這個對白銀似有無限吸引力的國家，那麼多的白銀，只能使日本貧富分化，產生激烈的階級鬥爭，最終毀了這個國家。所以說，晚明的中國與日本相互需要，相互貿易，實現了雙方經濟的騰飛。

　　晚明的中日貿易也吸引了歐洲國家的參與。明代中後期，歐洲的葡萄牙、西班牙、荷蘭、英國等國紛紛在東南亞建立了自己的殖民地。觀看這些歐洲殖民地的歷史，可知其運作的主要目的就是參與中國與日本的貿易，凡是得到這一貿易的，它的殖民地就繁榮，失去這一貿易，它的殖民地就暗淡無光。葡萄牙人在澳門，就是靠中國對日本貿易得到了繁榮，他們從中國運出絲綢、瓷器等商品，將其出售給日本人，然後從日本運回白銀，到澳門採購中國絲綢之類的商品。澳門是在中日貿易中成長為東方名城。明末澳門失去對日本貿易之後，葡萄牙人在澳門的日子十分難過。西班牙人也是如此，雖說西班牙擁有來自美洲的白銀，並在中國與美洲的貿易中獲利，但對日本貿易仍是他們的重點，失去日本市場之後，西班牙採購的中國絲綢之類的商品銷路減少，西班牙在呂宋馬尼拉的殖民地大大褪色。荷蘭人、英國人因其信奉基督教躲過了日本驅逐天主教的考驗，他們在明末清初取代葡萄牙和西班牙成為中國與日本之間的商業仲介，從中獲得巨大的利潤。可以說，中國絲綢之類的商品和日本市場是當時歐洲殖民地運營成功的前提。

　　中國對世界的拉動還表現於歐洲市場的開發。葡萄牙人遠航到中國貿

北京，中華書局 2011 年，第 104 頁。

易，主要是追求中國的絲綢和瓷器等商品。歐洲是一個潛力無限的市場。不管有多少中國絲綢之類的商品運到歐洲，都能以理想的價格售出。於是，夢想發財的歐洲冒險家湧向遠東，只要他們採購到中國的商品，並將其運送到歐洲，利潤是可以保證的。不過，在明代中晚期，中國通往歐洲的路線不好走。葡萄牙人的商船從澳門到麻六甲、果阿之後，要穿越印度洋，繞道南非好望角，進入大西洋北上，才有希望抵達葡萄牙的里斯本。而西班牙大船，多是從馬尼拉向東航行，抵達墨西哥或是秘魯的港口，再用驢子將貨物運到大西洋，然後從大西洋港口載運貨物，返回西班牙的塞維利亞港。因路途遙遠，當時中國與歐洲的聯繫非常不容易。葡萄牙人每年只能保證一至二艘大船從遠東航行到歐洲，其載貨量有限。所以，在葡萄牙人壟斷遠東與歐洲的貿易通道時期。中歐貿易並不多。迄至明末，荷蘭人、英國人抵達遠東，中國與歐洲的貿易才有一定規模。事實上，是歐洲殖民者在經營中日貿易中發了財，才有可能較大規模地經營中國與歐洲之間的貿易。

從經濟史的角度而言，晚明世界市場的建立是改變世界的頭號大事。歐洲許多學者認為，是歐洲人將中國捲入世界市場中。強調歐洲人對東方發展的作用。然而，我們分析東亞貿易的構成，可知中國與日本之間的貿易才是最重要的。這證明推動世界貿易運轉起來的第一股力量，其實來自中國與日本的貿易。由於中國市場對白銀的渴望，才使日本的白銀有了經濟意義，也使西班牙人有了常年橫渡太平洋的決心，建立了中國與美洲之間的市場聯繫。中日貿易實際上是大航海時代世界市場起動的原動力。

小結

1521 年麥哲倫率西班牙艦隊橫渡太平洋抵達菲律賓南部群島，這是西班牙人發現遠東之始。其時，西班牙人經營的重點還是在美洲，他們在美洲站穩腳跟後，逐步探航遠東，終於在 1571 年進入菲律賓群島的馬尼拉港，他們在馬尼拉港發現了許多華人在這裡經營，於是決定將馬尼拉港作為經營遠東的主要港口。1571 年相當於明朝的隆慶五年，此前四年，也就是隆慶元年明朝發生的重要事件是允許漳州商人可以從月港出海貿易。當時的漳州商人除了和澳門的葡萄牙人貿易之外，還與東南亞各地通商。他們很

快與馬尼拉的西班牙人接上關係，發展貿易。漳州商人送去各種生活用品，西班牙人送來美洲的白銀，這是美洲白銀流入中國的開端。儘管來自美洲的白銀數量上不如來自日本的白銀多，但對漳州商人來說，這是一筆大生意。漳州每年有幾十條商船到漳州貿易。漳州因而富裕起來。漳州與馬尼拉通商的建立，更為重大的意義在於：建立了美洲通向亞洲的貿易線路。西班牙人在美洲與歐洲之間還有一條貿易線路，將它和澳門葡萄牙經營的中國與歐洲貿易線路連在一起，就形成了環球貿易體系。

　　明朝對外開放的口岸不多，澳門是明代外來船隻等候進入廣州的一個休息港口，本來是對所有國家開放的。後來被葡萄牙人獨占。葡萄牙人允許東南亞國家的船隻到澳門貿易，但不許其他歐洲國家的船隻到澳門貿易，於是，澳門變成葡萄牙人獨占的地方。其他歐洲國家無法進入澳門，便在東南亞尋找貿易基地，於是，西班牙人占據馬尼拉，荷蘭人占據巴達維亞，都是為了發展與中國的貿易。這些初到東方的歐洲殖民者對華商十分客氣。因為，只有華商掌握著東亞的主要貿易商品——絲綢、瓷器、白糖甚至是香料，歐洲殖民者需要華商提供商品，不得不廣泛招攬華商前去他們的殖民者貿易。這一形勢決定了華商在東南亞的優越地位，這也是他們可以在歐洲人掌控的港口中維持商業網絡的原因。其實，歐洲殖民者之間矛盾很深，他們將歐洲舊有的矛盾帶到東方，以荷蘭、英國為一方，而以西班牙、葡萄牙為另一方，他們相互廝殺競爭，反而給華商提供了不少貿易機會。這一時期，閩商在南海的商業地位非常重要，不管哪一個歐洲殖民地，其成功的前提是能否吸引到福建商人，吸引到福建商人有多少？各港市興廢都與此有關。

　　此外，很少有人想到的是：歐洲人治理東南亞的港口，有一套法律制度。這套制度，在一定程度上保護了華人在當地的財產權，對許多華人來說，雖說歐洲殖民者的稅收相當沉重，但他們辛苦經商的成果得到保護，人身安全得到保障，付出這一代價還是值得的。對歐洲人而言，東南亞的土著不好合作，他們只聽自己領袖的話，歐洲人占領一個城市，土著往往在其領袖的率領下全部撤離。留下的空檔幸好有華人來填補。華人發展了當地的服務業、手工業，甚至是農業。凡是有華人的地方，這座城市便生氣勃勃，逐步發展。因此，荷蘭學者說巴達維亞城是荷蘭人與華人共建的。

這話並不誇張。實際上，在整個東南亞都是如此。多數城市是華人先到當地貿易，形成了市鎮街道，這些市鎮是華人與土著共有。而後有歐洲人入侵當地，土著隨其領袖退走，華人成為城市最多的人口。這些城市發展到一定的程度，再有大量土著進來謀生。東南亞近代城市的核心都有唐人街，其原因在此。換個角度說，華人是東南亞城市化的先驅和主力。

總之，在歐洲人統治下的殖民地港口，華人並非默默無聞之輩，他們是這些城市的主要建設者之一。使他們具有較高地位的，是因為他們可以帶來先進技術和商品。在瓷器、絲綢之外，華人的耕作技術也是歐洲人欣賞的。荷蘭人和西班牙人都在其殖民地招攬華人種植甘蔗、稻米，發展農業經濟。華人在當地的成功，也使他們得以保持與母國的關係。這是華人在歐洲人殖民南海諸港時期仍然維持南海商業網絡的原因。閩商的特殊地位使他們上下其手，在對外貿易中獲取大量的利益。然而，他們在各個歐洲殖民地的發展，也引起了歐洲殖民者的憂慮，雙方的衝突每每以華人遭受屠殺而告終。讓華商最為痛心的是：他們在海外的活動無法得到母國的有力支持，往往處於任人宰割的地位。儘管如此，晚明福建對外貿易仍有巨大的發展。與此同時，華人與歐洲殖民者的關係也走向了另一面。

第二章　晚明華商與南海港市的貿易

　　晚明歐洲殖民者入侵東南亞，占據了呂宋的馬尼拉、馬來亞的麻六甲、爪哇國的巴達維亞等港市，加上葡萄牙人租借澳門，形成了南海周邊的四大據點。明末荷蘭人和西班牙人還分別占領了臺灣的安平鎮和淡水、雞籠諸港。從某個角度看，這些港市分布於環南海區域及臺灣海峽周邊，大大改變了東南亞及南中國的貿易傳統。不過，由於明末歐洲人在東方的力量有限，東南亞的傳統港口城市仍有獨立的貿易系統，漳泉潮商人在這一帶港市都有影響。例如，在葡萄牙人占據麻六甲港之後的嘉靖六年（1527年），一個葡萄牙人說：「根據滿剌加要塞司令得到的情報，該年計有 30 條閩船前往巽他、北大年、淡目（Dema）、林加（Linga）及滿剌加。」[1] 這些區域與月港之間都存在著貿易。「蓋海外之夷，有大西洋、有東洋。大西洋則暹羅、柬埔寨、順化、哩摩諸國道，其國產蘇木、胡椒、犀牛、象齒、沉檀、片腦諸貨物，是皆我中國所需。……人若往販大西洋，則以其所產貨物相抵。」[2] 這種換物貿易，是宋元以來中國與東南亞的傳統貿易。此外，因日本商船無法到中國貿易，他們常將朱印船開到東南亞的城市，採購中國商品，這就刺激了越南會安等商港的興起，使晚明的南海商港平添一種新時代的景象。

1　佚名，《印度傳奇（*Lendas da Índia*）》，第 3 卷，第 487 頁。轉引自金國平、吳志良，《1541 年別琭佛哩時代定製瓷之圖飾、產地及定製途徑考》，澳門基金會 2011 年。
2　何喬遠，《鏡山全集》卷二三，〈請開海禁疏〉，第 675 頁。

　　近年有一幅明末華人繪製的《東西洋航海圖》引起廣泛的注意。這幅地圖作者是華人，主要用漢文標寫各港的名字。該圖用很細的線標識了從福建泉州、漳州之交金廈沿海出發到東南亞各個港口的航線。這幅海圖，西方學者因其收藏者稱之為塞爾登地圖，最早研究該圖的華人學者錢江稱之為《東西洋航海圖》。本書為了方便，就稱之為「塞爾登東西洋航海圖」吧。該圖反映了晚明華商在東南亞活動的情況。

圖 2-1　塞爾登東西洋航海圖上的東南亞

第一節　華人與東南亞海島的港市

　　《東西洋航海圖》記載海外諸島，其中對菲律賓群島和爪哇的島的記載最為詳細。如圖所載，晚明菲律賓群島沿岸的港市數量不少。晚明的華

商稱菲律賓到摩鹿加群島及汶萊的海面為「東洋」，這是華商主要貿易方向之一。除了呂宋主島之外，東洋其他國家有蘇祿、美洛居、汶萊等。

一、華人在東洋國家的活動

在晚明的菲律賓群島，除了後來被西班牙征服的呂宋馬尼拉港之外，尚有：蘇祿、貓里務及海外的美洛居等。明代前期，東洋的國家經常向明朝進貢。「正統以後，東南海上夷，以濤波難航，貢使漸稀。」[3] 然而，由於雙方有商業關係，會有一些來自福建的船隻到當地貿易。以菲律賓南部的貓里務來說：該國雖小，以富裕聞名。盛產珍珠與香料，每年總有幾條福建商船到達當地。1526 年安德列斯說：「人們告訴我們，為貿易的目的，每年有兩艘帆船從中國來到棉蘭老。棉蘭老之北是宿務。據土著人說，它也產金。中國人為了金，每年都來宿務貿易。」[4]《東西洋考》記載：「國於呂宋鄰壤，故與呂宋使者偕來。其後漸成沃土。俗亦近馴，故舶人為之語曰：『若要富，須往貓里務』。蓋小邦之善地也。」[5]

《明史・蘇祿國》記載：「萬曆時佛郎機屢攻之，城據山險，迄不能下。」按，由於歷史上葡萄牙和西班牙曾經合併，所以，明末有人將最早稱呼葡萄牙人的「佛郎機」之名給了西班牙。此處的佛郎機即為占據呂宋的西班牙。《東西洋考》記載：「今賈舶到者，言其城據巉巇之巔，雅稱天險，疑是峒王所都。佛郎機屢擁兵攻之，不能克。聚落不滿千家，山涂田瘠間植粟麥，民食沙糊魚蝦螺蛤。氣候半熱，男女短髮，纏皂縵，繫小印布。煮海為鹽，釀蔗為酒，編竹為布。時從鮫室中探珠滿袖，

圖 2-2　東西洋航海圖上的蘇祿

3　何喬遠，《名山藏》卷一○五，〈王享記〉，第 2933 頁。
4　黃滋生、何思兵，《菲律賓華僑史》，第 31 頁。
5　張燮，《東西洋考》卷五，〈東洋列國考〉，第 98 頁。

自成生涯云。」[6]蘇祿的珍珠有青白色的光，在中國市場上極受歡迎。《明史‧蘇祿國》：「土人以珠與華人市易，大者利數十倍。」黃省曾說：「珠徑寸者，價以千金。……余於《廣志》、《漢書》觀二寸珠事。及讀《列仙傳》云，高后時下書募三寸珠，有朱仲者獻焉，賜五百金；魯元公主復私以七百金從仲求得四寸珠，以為誣矣。今《星槎編》載蘇祿王所獻巨珠重幾八兩，迺始信之。宜乎金印之報錫也。雖然不寶遠物，則遠人格天朝之致，此亦有由矣。」[7]可見，蘇祿的珍珠一向受到華人的重視。

圖2-3　美洛居或云萬老居，應是西語的摩鹿加群島

美洛居，即為西方人心目中的香料聖地摩鹿加群島，該島位於菲律賓群島與印尼群島之間，盛產丁香等香料。何喬遠認為美洛居為「東海中蕃富之國也」。[8]《明史‧美洛居傳》：「美洛居，俗訛為米六合，居東海中。頗稱饒富。酋出，威儀甚備，所部合掌伏道旁。男子削髮女椎結。地有香，山雨後，香墮沿流滿地，居民拾取不竭。其酋委積充棟，以待商舶之售。東洋不產丁香，獨此地有之，可以辟邪。故華人多市易。」葡萄牙人抵達東方後，很快控制了摩鹿加群島，摩鹿加群島是丁香的產地，事實上，當時世界上能夠大量生產丁香的產地，只有摩鹿加群島。葡萄牙人在摩鹿加群島採購的丁香，可以在歐洲以數倍的價格出售。因此，葡萄牙人一直非常重視摩鹿加群島。西班牙國王菲力譜西斯二世於1580年兼任葡萄牙國王之後，西班牙人也想爭奪摩鹿加群島，不過一直沒能得逞。因其地多歐洲人，華商經常來到此地經商。

　　美洛居，俗訛為米六合，東海中稍蕃富之國也。酋出，威儀甚備，

6　張燮，《東西洋考》卷五，〈東洋列國考〉，第96—97頁。
7　黃省曾，《西洋朝貢典錄》，謝方校注本，北京，中華書局2000年，第47頁。
8　何喬遠，《名山藏》卷一○七，〈王享記三〉，第3026頁。

所部合掌伏道旁。男子削髮，女乃椎結腦後，嫁女多市中國盛酒器，圖飾其外。富家至數十百枚以示豪侈。

此地因產香料，因而成為歐洲群雄角逐之地。最早到來的是葡萄牙人，後來是西班牙人。十七世紀初期，荷蘭人也開始登陸摩鹿加群島，更加劇了當地的衝突。當時荷蘭人被華人稱之為「紅毛夷」，荷蘭人與盤踞呂宋的西班牙人、葡萄牙人為爭取此地而戰。一個荷蘭人說：「我們和西班牙人的戰爭持續不斷。在摩鹿加堡壘內，每天都有小戰事。」[9]其時，西班牙與葡萄牙合併為一個國家，因此，此處所說的西班牙人，其中應包括葡萄牙人。而在中文文獻中，人們稱之為「佛郎機」。其後，佛郎機漸成西班牙的專用稱呼，而葡萄牙再次獨立後，往往被稱為「大西洋國」。雙方爭奪中，荷蘭人漸漸占據優勢，但是，西班牙人多次襲擊摩鹿加群島。張燮說：

> 紅夷雖主美洛，每一二載，大眾輒返國。既去復來。呂宋王兵抵境外，值紅夷空國言返，斬關以入，遂殺美洛居酋，立所親信主之。紅夷繼至，復破呂宋酋，逐之去，更立美洛居酋子為嗣。自是每歲征鬭，遞為勝負。華人某者，流寓彼中，慧而點，有口辨，遊說兩國間，分萬老高山山半為界，山北屬和蘭，而山南屬佛郎機，各罷兵，並雄茲土。

不過，西班牙與荷蘭人的矛盾一直無法解決，所以，華商雖能調解兩方分地而居，仍然常被捲入衝突。

> 向時舟所攜貨有為紅毛夷所特需者，倘遇佛郎機，必怒，謂此舟非關我輩來，直是和蘭接濟，將貨掠去，且橫殺人，故必緘固甚密，不令得見。若紅毛人見有佛郎機所需貨，怒亦如之。解紛之後，稍息睚眥。然一淵兩蛟，商彼者亦難矣。[10]

西班牙人多次派兵南下，與荷蘭人爭奪摩鹿加群島（美洛居）的控制權。萬曆二十一年，西班牙人組織了一支遠征軍出發。由於人手不夠，在

9　〔瑞士〕艾利・利邦（Élie Ripon），《利邦上尉東印度航海歷險記——一個傭兵的日記1617—1627年》，伊弗・紀侯編注，賴慧芸譯，臺北市，遠流，曹永和文教基金會2012年，第88頁。

10　張燮，《東西洋考》卷五，〈東洋列國考〉，第101—102頁。

馬尼拉強徵了 250 名華人。西班牙軍官為了讓聽不懂西班牙語的華人聽令，每每鞭撻華人士兵，結果導致華人士兵發動起義，殺盡西班牙籍軍官。這一事件後，西班牙人再也無力派兵南下，摩鹿加群島最終落入荷蘭人手中。其後，荷蘭人控制了遠東的香料貿易。「馬魯古以（300 公斤值 100 個雷亞爾）出口將近 400 噸白丁香。」[11]

汶萊，又稱淳泥，位於北婆羅洲。《明史·婆羅傳》：「為王者閩人也，或言鄭和使婆羅，有閩人從之，因留居當地，其後人竟據其國。」「淳泥，本闍婆屬國也。所管有十四州，以板為城，城中居者萬餘人。其王所居屋，覆以貝多葉，民舍覆以草。在王左右者為大人。」[12]明代初年，淳泥脫離闍婆國的管轄，成為婆羅洲的大國，其時，婆羅洲的多數國家及蘇祿國南部的一些區域都歸汶萊管轄，號稱有十四州。在塞爾登所藏的《東西洋航海圖》上，婆羅洲唯一的港市即為汶萊。明初，淳泥是明朝的進貢國，雙方往來密切。明中葉以後，出現了貿易糾葛。《明史·淳泥傳》：「後因私攜賈客，多絕其貢。正德間佛郎機闌入流毒，概行屏絕。」《明史》將淳泥和大泥國混在一起，其實不對。大致而言，明葉以後，波羅洲分裂成多個國家和地區，具有正統地位的淳泥僅剩下汶萊所在地。

汶萊也遭受過西班牙人入侵。《東西洋考》記載：「俗傳今國王為閩人，隨鄭和征此，留鎮其地。故王府旁舊有中國碑。先年曾為佛郎機所逐，國人走山谷中，放藥水流出，毒死佛郎機無數。佛郎機遂奔呂宋。」[13]按，據西班牙的文獻，西班牙人占據菲律賓之後，確實考慮過征服近在咫尺的淳泥國。其時，淳泥國的船隻常到呂宋貿易，他們與西班牙人的船隻相遇，西班牙人記載和淳泥國人的談話：

> 摩爾人說過，他們從淳泥帶回了來自中國的鐵、錫、瓷器、當地的銅質鐘、安息香，印度的繪毯、煎鍋、鐵鍋，這種鐵像玻璃一樣易碎。……這位摩爾人告訴將軍說，當時在武端（Botuan）有兩艘呂

11　〔澳大利亞〕安東尼·瑞德（Anthony Reid），《東南亞的貿易時代：1450—1680 年》第二卷，《擴張與危機》（原版，耶魯大學出版社 1993 年），孫來臣、李塔娜、吳小安譯，北京，商務印書館 2013 年，第 37 頁。

12　乾隆帝等，《欽定續通典》，《續通典》卷一四八，〈淳泥〉，文淵閣四庫全書本，第 17 頁。

13　張燮，《東西洋考》卷五，〈東洋列國考〉，第 102—104 頁。

宋的帆船，倒賣黃金、蠟和奴隸，他們帶來的與淳泥的船帶來的貨物幾乎是一樣的，都是來自中國的產品；而且，由於他們帶來的都是中國貨，在這些島上，人們把淳泥的船稱為中國帆船，因此，來自呂宋的船也被叫作中國船。然而，事實上，中國帆船並不來這裡，國為他們的船非常大，無法在這些島之間航行；每年，他們都到淳泥和呂宋，在那裡，從那些中國船上購買他們帶到這個群島的貨物。摩爾人還說，呂宋島在淳泥的南面，淳泥人不到武端來，這與某場戰爭有關，過去，曾有一些淳泥人死在那個港口。[14]

其時，西班牙人一直想和中國做生意，當他們瞭解淳泥與中國之間存在著貿易之後，便有攻打淳泥的想法。1578 年 3 月至 5 月間，西班牙人的一支船隊來到淳泥。雖說他們作戰勝利，卻遇到了可怕的瘟疫，西班牙艦隊最後狼狽退出。寫作《南明行紀》的馬丁 · 德 · 拉達，便死於這場戰役的回程中。[15]

汶萊國出產真珠、玳瑁、瑪瑙、片腦、黃蠟等商品，福建商人經常到此地貿易。歐洲人看到，十六世紀時，「在文萊城，居有許多中國商人，這些商人從事和華商之間以及汶萊與北大年之間的商貨販運。」[16]「華船到，進王方物。其貿易則有大庫、二庫、大判、二判、秤官等，酋主其事。船既難出港，最宜蚤行。有時貿易未完，必先駕在港外。」[17] 總之，華商與汶萊國的聯繫一直保存下來。

二、爪哇萬丹港與蘇門答臘

爪哇和蘇門答臘（明代古文常寫作蘇門答剌）是今屬印尼的兩大島嶼。兩島位於南海與印度洋交通的樞紐，自古以來就有發達的港口和貿易，這兩島也是華商十分活躍的地方，即使在荷蘭殖民侵入兩島時期，華商也起了重要作用。

14　羅德里格斯（Manel Ollé Rodríguez），〈菲律賓在東亞的影響（1565—1593）〉，澳門文化局，《文化雜誌》2004 年秋季刊，第 11 頁。

15　羅德里格斯，〈菲律賓在東亞的影響（1565—1593）〉，澳門文化局，《文化雜誌》2004 年秋季刊，第 12 頁。

16　N. J. 賴安，〈十六世紀的馬來亞〉，廈門大學，《南洋問題資料譯叢》1983 年第 2 期。

17　張燮，《東西洋考》卷五，〈東洋列國考〉，第 102—104 頁。

　　晚明的爪哇是東南亞國際貿易要點之一。對爪哇萬丹及巴達維亞的研究，荷蘭人、英國人都頗有成績。安東尼‧瑞德（Anthony Reid）的《東南亞的貿易時代：1450—1680 年》一書彙集了西方學者的成果。東方學者的研究，曹永和首推岩生成一的研究。岩生成一寫過〈下港（Bantam）の支那町について〉[18]，還有生田滋的作品。[19] 由西方學者費慕倫著、印尼華人學者李平翻譯的《紅溪慘案始末》全面論述了晚明荷蘭人統治下的華人生活。此書由雅加達的「翡翠文化基金會」出版於 1961 年。全漢昇的《中國經濟史論叢》也將爪哇貿易作為一個重點。曹永和著有〈明末華人在爪哇萬丹的活動〉[20]，近來，錢江也發表了有關萬丹的研究。[21] 在巴達維亞研究方面，荷蘭學者包樂史（L.Blussé）著有：《巴達維亞華人與中荷貿易》[22]，包樂史與吳鳳斌的合著有：《十八世紀末吧達維亞唐人社會》。[23] 莊國土在《華僑華人與中國的關係》一書也探討了明代後期華人社會的商業網絡。[24]

　　明代後期，爪哇島諸城以下港最有名。該港又名萬丹（Banten），是晚明華商聚集的地方。明代前期，東南亞各國貿易中心是馬來亞的麻六甲港，自葡萄牙占據麻六甲之後，嚴控其他國船隻的進出。因此，從印度過來的南亞商人往往繞過麻六甲海峽，自蘇門答臘島的南面東駛，抵達爪哇島，尋覓合適的交易港口。爪哇島是荷屬東印度群島最富裕的島國，地面平坦，盛產稻米，該島的下港很快取代麻六甲成為東南亞貿易的核心港口。《名山藏》云：「其國四鄉，富饒澹溢。閩粵、西番人至，久賈，長子孫，地廣人稠，為東洋諸番冠。」[25] 安東尼‧瑞德引述有關萬丹市場的西文資料：「萬丹市場位於東城外，靠近海濱。1600 年前後該市場功能齊全，批發零

18　岩生成一，〈下港（Bantam）の支那町について〉，《東洋學報》第 31 卷，第 4 號。1948 年。

19　生田滋，〈東南亞貿易港的形態——以十七世紀初的萬丹港為中心〉，東京，《世界歷史》13，南亞世界的展開，1961 年。

20　曹永和，〈明末華人在爪哇萬丹的活動〉，《中國海洋發展史論文集》第二輯，臺灣，中研院中山人文社會科學研究所，1986 年。

21　錢江，〈胡椒、陶瓷、白銀與鉛幣：1570—1620 年中國商人在印尼爪哇的貿易活動〉，李慶新主編，《東亞海域交流與南中國海洋開發》，科學出版社 2017 年 3 月。

22　〔荷〕包樂史（L. Blussé），《巴達維亞華人與中荷貿易》，莊國土、吳龍、張曉寧譯，廣西人民出版社 1997 年。

23　包樂史、吳鳳斌，《十八世紀末吧達維亞唐人社會》，廈門大學出版社 2002 年。

24　莊國土，《華僑華人與中國的關係》，廣東高等教育出版社 2001 年。

25　何喬遠，《名山藏》卷一○七，〈王享記〉，第 3000 頁。

售都有，國外國內兼營，男女商販全來，日常食品和長途貨物齊全。『每天早上你都會看到各國商人，如葡萄牙人、阿拉伯人、土耳其人、中國人、羯陵伽人、勃固人、馬來人、孟加拉人、古吉拉特人、馬拉巴爾人、阿比西尼亞人，以及從印度各地來的商人在忙著做買賣。』當地婦女將胡椒和食品賣給外國買主，而外國商人則在自己的攤位上出售貨物。這裡什麼都賣：既賣日常食物，如稻米、蔬菜、水果、蔗糖、魚類和肉類，又賣家畜、布匹、胡椒、丁香、肉豆蔻、武器、工具和其他金屬製品。這個市場由港主來管理，他定期開庭審理貿易糾紛事件。」[26]

圖 2-4　爪哇島的西北部，有順塔和咬嚼吧，順塔即為萬丹吧

在萬丹外來商人中，中國商人不是特別富有，但人數眾多。「英國人最喜歡的一位中國商人，他們稱他為邱偉（Kewee），是該市信譽最好的人。他在 1615 年向英國人借貸 2000 個雷亞爾[27] 和 390 噸胡椒，由此足見他何等重要。荷蘭人最喜歡的中國商人名叫許心素（Sim Suan），他同樣向荷蘭人貸了許多款項，但他在萬丹有自己的商船和豪宅，足夠儲存荷蘭人的一部分貨物。」[28]

萬丹最重要的商品還是胡椒。萬丹是東南亞胡椒的主要貿易港，當時

26　〔澳〕安東尼・瑞德，《東南亞的貿易時代：1450—1680 年》第二卷，《擴張與危機》，第 128—129 頁。

27　雷亞爾（real），西班牙和荷蘭人的銀幣，一個雷亞爾含銀 0.025 公斤的白銀。

28　安東尼・瑞德（Anthony Reid），《東南亞的貿易時代：1450—1680 年》第二卷，《擴張與危機》，第 162 頁。

的閩商為了取得胡椒等香料，都到萬丹港貿易。該國重視華商，「華船將到，有酋來問船主。送橘一籠，小雨傘二柄。酋馳信報王。比到港，用果幣進。王立華人四人為財副，番財副二人，各書記。華人諳夷語者，為通事，船各一人。」[29]因華人常來此地貿易，閩粵人越聚越多。「新村舊名廝村，中華人客此成聚，遂名新村，約千餘家。村主粵人也，賈舶至此互市，百貨充溢。」[30]荷蘭人和英國人來到東方之後，因在麻六甲港受阻於葡萄牙人，他們也到下港貿易。《明史》卷三二四下港：「萬曆時紅毛番築土庫於大澗東，佛郎機築於大澗西，歲歲互市。中國商旅亦往來不絕。其國有新村，最號饒富，中華及諸番商舶輻輳其地。寶貨填溢。」

圖 2-5　以上是爪哇島的東部，此時貿易已經轉到西部，東部的港口似乎蕭條了。

　　華人很早就抵達萬丹港，一些華人領袖輔佐港口統治者發展商業，漸漸取得類似貴族的較高地位。有一段時間，一位名為林六哥（Lim Lacco）華人穆斯林成為港主的助手，主持萬丹的稅收業務。一個荷蘭人從他的角度觀察萬丹：「這位光下巴的華人掌握了這個國家的權力，他們貪婪地用高利貸剝削其他人，每件東西都從我們這邊（荷蘭人）運去，而他們則偽造商品，實行壟斷。」[31]當然，同樣的抱怨也許會出現在華人對巴達維亞荷蘭人的埋怨吧。萬丹盛產胡椒，1527 年，一個歐洲人發現，每年從漳州來到這裡的商船達 20 艘，裝載胡椒 177 萬公斤；1598 年，中國商船在這裡運走了 18000 袋胡椒，而同時荷蘭人在萬丹裝載胡椒不到 9000 袋。[32]荷蘭

29　張燮，《東西洋考》卷三，〈下港〉，第 48 頁。

30　張燮，《東西洋考》卷三，〈下港〉，第 48 頁。

31　〔荷蘭〕包樂史（L. Blussé），《巴達維亞華人與中荷貿易》，莊國土、吳龍、張曉寧譯本，廣西人民出版社 1997 年，第 44 頁。

32　曹永和，〈明末華人在爪哇萬丹的活動〉，《中國海洋發展史論文集》第二輯，第 228 頁。

人估計，每年到埠的中國帆船約載 80 噸至 100 噸的商品。[33] 中國商品中，以產於南京的絲綢最貴，1614 年 2 月，在一封信中，荷蘭人透露由華商帶來的絲綢達 300 擔之多。荷蘭人對中國的絲綢、瓷器等商品有深厚的興趣，他們從歐洲運來大量的白銀，採購中國商品。十七世紀前後的荷蘭是歐洲商業最興盛的國家，也是歐洲商業的中心，荷蘭人將世界各地的商品運到荷蘭阿姆斯特丹港，用以換取歐洲各地的商品，荷蘭人從中賺取大量的白銀，因此，荷蘭人有能力支付購買中國商品的巨額白銀。儘管這樣，荷蘭人也經常抱怨：他們帶到萬丹的白銀都被華商賺走了。

在與華商的貿易中，荷蘭人發現：他們無法像華人那樣深入爪哇的山區收購胡椒等商品。華人在爪哇以勤勞聞名，一個小商販拿著一條扁擔就敢深入爪哇的深山，從爪哇種植胡椒的農民手裡購得商品。一個小商販，一次僅能運來八袋胡椒，而華人付出的是幾天的艱苦勞動。因此，荷蘭人覺得：不如直接從這些小商人手中購取胡椒為好，哪怕忍受小商人的高價。旺盛的貿易使當地華人數量大增。除了商業之外，華人還在當地租種土地，耕種稻米，伐木、造船。其他行業還有：開設裁縫店、藥店、理髮店、金店、酒店。幾乎遍及各種行業。日本學者岩生成一估計：明末萬丹的華僑曾達到三、四千人。他們以磚石搭蓋房屋，形成了自己的市區，華商的房屋被認為是當地較好的。[34] 萬丹的貿易興盛於明末清初，迨至清代中葉，胡椒的價格下降，萬丹港的地位也下降了。

在爪哇國的下港或是萬丹，一直流行中國的鉛錢。《東西洋考》云：「貿易用銀錢，如本夷則用鉛錢。以一千為一貫，十貫為一包，鉛錢一包當銀錢一貫云。」「迨他國貨至，然後以銀鉛錢轉買貨物。」[35] 據荷蘭人所云，這些錢來自中國。「十七世紀前期，荷蘭和英國商人在西爪哇的萬丹受挫。因為他們發現，他們首先就必須將其攜來的珍貴的西班牙銀圓以極其不合理的匯率換成易碎的中國鉛錢。華人從福建進口這種現金，從而輕而易舉地壟斷市場。荷蘭東印度公司最終解決這一問題的辦法是進口鉛並雇傭華

33　錢江，〈胡椒、陶瓷、白銀與鉛幣：1570—1620 年中國商人在印尼爪哇的貿易活動〉，李慶新主編，《東亞海域交流與南中國海洋開發》，科學出版社 2017 年 3 月。

34　曹永和，〈明末華人在爪哇萬丹的活動〉，《中國海洋發展史論文集》第二輯，第234—237 頁。

35　張燮，《東西洋考》卷三，〈大泥〉，第 48 頁。

人工匠鑄錢。因此，公司才能為當地市場的需要提供自己的鉛錢。」[36] 按，明代發行的銅錢數量很少，不足民間使用。漳泉一帶流行的方式是偽造宋代的錢幣，供民眾使用。不過，民間私鑄銅錢也有品質的差異。銅錢是銅與鉛的合金鑄成，品質好的銅錢銅多鉛少，品質差的銅錢鉛多銅少，所以，所謂鉛錢，應為銅錢中的劣品。其時，在中國本土使用的銅錢多為銅鑄的，含少量的鉛，而少數品質差的鉛錢，竟流行於海外！總之，該地舊與中國有密切的貿易往來，金融制度也受到中國的影響，荷蘭人占據爪哇之後，漸漸將其納入荷蘭人的貿易體系。

圖 2-6　蘇門答臘島的西北部，這裡有通向印度古里的
航線，古里又可通向忽魯謨斯、阿丹等港口。

蘇門答臘。據《東西洋考》的記載，葡萄牙人占據麻六甲港之後，封

36　〔荷蘭〕包樂史，《巴達維亞華人與中荷貿易》，莊國土等譯，廣西人民出版社1997 年，第 27—28 頁。

鎖海道，不讓其他國家的船隻往來於麻六甲海峽，企圖獨占東方與印度之間的貿易。其結果是導致麻六甲的衰落，東南亞貿易中心轉到爪哇島的萬丹等港。其時，爪哇伊斯蘭教徒仍然會去印度及西亞貿易，他們大都走蘇門答臘島南面的航路，麻六甲航線的衰退，使葡萄牙有所更張，後來放鬆對麻六甲海峽的控制，不過，華商到蘇門答臘事例明顯減少了。塞爾登《東西洋航海圖》之上標明的航線穿越麻六甲海峽，而蘇門答臘島北岸諸港都很繁榮。

　　《明史》記載的蘇門答剌（今作蘇門答臘）國位於蘇門答剌島，明初，它曾是明朝的主要進貢國之一。後被爪哇國擊破。在明代多數時間裡，蘇門答臘有許多小國分立，各自有對外貿易的港口。在塞爾登收藏的《東西洋航海圖》上，蘇門答剌島朝北的港口有舊港、丁家宜，西北方向有亞齊等。舊港是蘇門答剌國舊有的國都，又名詹卑、占卑，塞爾登《東西洋航海圖》上有占卑之名。因貿易樞紐轉移，晚明舊港的貿易不如明代前期。「嘉靖末，廣東大盜張璉作亂，官軍已報克獲。萬曆五年，商人詣舊港者，見璉列肆為蕃舶長，漳泉人多附之，猶中國市舶官云。其地為諸蕃要會在爪哇之西，順風八晝夜可至，轄十五洲。土沃宜稼，語云：『一年種穀，三年生金』，言收穫盛而貿金多也。」[37] 按，張璉為著名的潮州海盜，他在舊港的活動，反映了潮州海商早在明代後期就在蘇門答臘有一定的影響。蘇門答臘島上的蘇門答臘國應當位於該島中西部，《名山藏》云：「其國風俗醇良，言語和媚。民居技藝與中土同。賄貨充牣。其地遼遠，至者倍利。其西海中有龍涎嶼焉，群龍交戲，遺涎其上，是名龍涎之香。」[38] 可見，舊港一帶的外貿雖然不如以往，但農業發達，經濟繁榮，對中國商品有一定的需求，中國商人不常到此地，但是，若能到此地貿易，每每獲利。

　　亞齊是蘇門答剌的新都，位於蘇門答剌的西北角。此地面臨印度洋和麻六甲海峽，是印度洋到南海的樞紐港。印度的船隻常到亞齊港貿易。1602 年，亞齊港停泊著 16—18 艘印度商船，一大半貨物來自古吉拉突邦。不過，此後受葡萄牙人壟斷貿易的影響，抵達亞齊的印度船隻越來越少。1608 年亞齊港的印度船隻有 8 艘，以後減少到年均三四艘。[39] 晚明亦有福

37　《明史》卷三二四，〈爪哇〉，第 8402—8409 頁。

38　何喬遠，《名山藏》卷一○七，〈王享記〉，第 2007 頁。

39　〔澳〕安東尼・瑞德，《東南亞的貿易時代：1450—1680 年》第二卷，《擴張與危機》，第 42 頁。

建商船來訪。《東西洋考》記載：「〈交易〉舶到，有把水瞭望報王，遣象來接。舶主隨之入見，進果幣于王，王為設食。貿易輸稅，號稱公平。此國遼遠，至者得利倍于他國。」[40]《明史・蘇門答剌傳》記載當地的貨物有：寶石、瑪瑙、水晶、石青、回回青、善馬、犀牛、龍涎香、沉香、速香、木香、丁香、降眞香、刀弓、錫、鎖服、胡椒、蘇木、硫黃之屬。從其特色商品來看，有許多印度洋西部的商品被運到當地港口，因此，亞齊港應為南海商人與印度洋商人交換商品的樞紐港之一。後來它成為穆斯林的主要貿易基地。來自印度次大陸的穆斯林商人彙聚此地，採購產自蘇門答臘島的胡椒。

　　東南亞的胡椒大都出產於爪哇、蘇門答臘等島嶼。東南亞以平均每擔9個雷亞爾的價格，每年出口6500噸胡椒。價值當地100萬個雷亞爾，或25噸白銀。[41]安東尼・瑞德統計，明末東南亞諸國運中國的香料2000噸左右，而運往歐洲的香料達6000噸。按，這一時代的歐洲人口與中國差不多，中國進口香料較少，應是中國南方已經在生產胡椒的緣故。東南亞生產的丁香、肉豆蔻也以向歐洲出口為主。1620年，歐洲購買了300噸丁香、200噸肉豆蔻，及80噸肉豆蔻衣。[42]

　　從亞齊往西，就進入緬甸、印度海面了。塞爾登《東西洋航海圖》留給緬甸、印度的版面很小，這表明明代後期的華人較少從海路到緬甸、印度去。華人熟悉的是亞齊以東的環南海區域。不過，在塞爾登《東西洋航海圖》穿越麻六甲道上，也有細線延伸至印度諸港，並標明了印度的古里港。左角文字注明：

> 古里往阿丹國去西北計用一百八十五更；
>
> 古里往法兒國去西北計用一百三十更；
>
> 古里往忽魯謨斯用乾針五更，用乾亥四十五更，用戌一百更，用辛

40　張燮，《東西洋考》卷四，〈啞齊〉，第 77 頁。

41　〔澳大利亞〕安東尼・瑞德（Anthony Reid），《東南亞的貿易時代：1450—1680 年》第一卷，《季風吹拂下的土地》（原版，耶魯大學出版社 1988 年），吳小安、孫來臣、李塔娜譯，北京，商務印書館 2013 年，第 37 頁。

42　安東尼・瑞德，《東南亞的貿易時代：1450—1680 年》第一卷，《季風吹拂下的土地》，吳小安、孫來臣、李塔娜譯，第 34 頁。

戌十五更，用子癸二十更，用辛酉五更，用亥十更，用乾亥三十，
用單子五更。

以上記載十分粗略。我們知道，鄭和七下西洋的時代，就是以古里為
印度洋轉駁碼頭，不論西去阿丹國，北上忽魯謨斯，都從古里出發。所以，
《東西洋航海圖》有關古里諸航線的記載，應當看作歷史記憶的再現，晚
明未必有中國船隻真的實踐這一航路。晚明中國與印度的貿易，多數是間
接的。先是葡萄牙人控制麻六甲之後，阻斷了中國船隻通過麻六甲直接到
印度的航路。其後中國與印度的貿易，大都由葡萄牙人掌控。當然，葡萄
牙人對麻六甲海峽的控制也不可能是徹底的。以麻六甲海峽南岸的舊港來
說，此地的舊港就有逃居南洋的海盜張璉任「市舶長」。華人在蘇門答臘
的城鎮中仍有相當勢力。所以，他們可以接力的形式將貨物從南海運到印
度洋邊上的亞齊港。事實上，葡萄牙人後來也放棄了對麻六甲海峽的封鎖，
只是東南亞的貿易中心已經轉到爪哇島，葡萄牙人從澳門到印度果阿的航
路常規化之後，中國船隻已經沒有必要直接到印度貿易，所以，中國與印
度的直接貿易基本被切斷了。1641 年，荷蘭人攻占麻六甲，切斷葡萄牙人
到印度的航線，華人在麻六甲海峽的間接貿易應當有所反彈吧。

第二節　華人與中南半島的港市

中南半島出名的國家有越南、老撾、柬埔寨、泰國及馬來亞諸國，晚
明與中國東南港市交往較多的是港市有泰國的大城、越南的會安以及馬來
半島的一些小國。

一、馬來亞半島的國家和城市

明代馬來半島最著名的城市是麻六甲，早在明代前期，當地就有許多
華人。麻六甲在明代中葉是東南亞航運中心，葡萄牙人占據麻六甲初期，
仍有來自四方的商人。

麻六甲城貿易十分繁榮，除了上面講的國家外，周邊其他國家的人
也來做生意。尤其是從印度、廣州和泉州以及其他地方經常開來的
很多大商船。日本人來此出售他們的白銀；暹羅人出售他們的珍稀

異寶；爪哇和柏古人出售他們的沉香木；交趾支那和中國出售他們的大量絲綢、藥材和香料；蘇門答臘和特拉博巴納出售從孟加拉和柯洛曼德爾帶來的大量黃金、手工製品和精美服裝。所有這些物品和其他東西使麻六甲變得十分豐饒、獨具特色，為此葡萄牙人占領並擴大了這座城市。他們每年也來這裡做生意。[43]

華人仍然是在麻六甲貿易的主要商團。葡萄牙人初到麻六甲，繪製了當地的地圖，這幅地圖上有：中國村、漳州門、中國溪。[44] 葡萄牙占據麻六甲之後，信奉伊斯蘭的當地人大都跟隨首領退入周邊山地，葡萄牙人在麻六甲，多依賴華人的手工業和貿易，所以，華人在麻六甲仍有一定地位。事實上，麻六甲的主要生意也是和來到當地的華人進行貿易。不過，由於葡萄牙人一度封鎖麻六甲，葡據時代的麻六甲漸漸失去了東南亞最大港的地位。晚明的漳州月港，每年頒發三份船引給去麻六甲貿易的華商。荷蘭人於 1641 年攻占麻六甲，其後任命福建漳州人鄭芳揚為甲必丹，繼他之後的甲必丹，也多為閩人。

在塞爾登收藏的《東西洋航海圖》上，馬來半島最南端有一個名為名為烏丁礁林的港市，按照《明史》的記載，烏丁礁林正名是柔佛，它是一個萬曆年間興起的強國，經常侵略周邊的彭亨、丁機宜等國家。柔佛國所在地，與麻六甲重合，事實上，它的國都原在麻六甲。麻六甲被葡萄牙人占據後，該國民眾退到山地。後來，麻六甲的王孫建立柔佛國，稱雄於馬來半島。丁機宜在蘇門答剌島，與柔佛隔海相望，仍然遭到襲擊。《東西洋考》第四卷記載：「柔佛地不產穀，土人時駕小舟載方物走他國易米」；但該地位置類似今日的新加坡，有來自四方的貨物。《明史》第三二五卷記載：柔佛有：犀、象、玳瑁、片腦、沒藥、血竭、錫、蠟、嘉文簟、木棉花、檳榔、海菜、窩燕、西國米、蚩、吉、柿之類的商品。「道逢賈舶，因就他處為市，亦有要之入彼國者。我舟至止，都有常輸貿易，只在舟中無復舖舍。」[45]

43　〔西班牙〕胡安・岡比薩斯・德・門多薩，《中華大帝國史》孫家堃譯本，上海，譯文出版社 2011 年，第 272 頁。

44　朱杰勤，《東南亞華僑史》，北京，中華書局 2008 年，第 22 頁。

45　《東西洋考》卷四，〈柔佛〉，第 82 頁。

柔佛的鄰國有大泥、彭亨等。《東西洋考》第四卷記載彭亨：「舟抵海岸，國有常獻。國王為築舖舍數間，商人隨意廣狹，輸其稅，而托宿焉。即就舖中以與國人為市。舖去舟亦不甚遠。舶上夜司更，在舖中臥者音響輒相聞。」可見，當時的彭亨還是一個生活簡單的村鎮。據說廣東大盜林道乾的侄子便在彭亨活動。有關浙江雙嶼港的文獻經常記載有來自彭亨的商船前來貿易，也許是葡萄牙人的偽託。

《東西洋考》記載大泥：「華人流寓甚多，趾相踵也。舶至，獻果幣如他國。初亦設食待我，後來此禮漸廢矣。貨賣彼國，不敢徵稅，惟與紅毛售貨，則湖絲百斤，稅紅毛五斤，華人銀錢三枚，他稅稱是。若華人買

圖2-7　東西洋航海圖上的麻六甲半島

彼國貨下船，則稅如故。」[46] 華人在當地政治上也有影響。「萬曆間國王病卒，無子，族眾爭立國中，相誅殺俱盡。乃立其女主為王。初漳人張某為哪嗹，哪嗹者，大酋之號也。國難既作，哪嗹避禍出奔。女主既立，乃遣人迎哪嗹，復其爵號。其女出入宮中，有心疾，一日向女主言，父欲反。女主大恐，急使人按哪嗹家。哪嗹自殺。已而國人訟哪嗹無反狀，女主尋悔之，絞殺其女，官其子為酋。」[47]「海澄人李錦及奸商潘秀、郭震久居大泥，與和蘭人習。」[48]

大泥在荷蘭人中又稱北大年。按照歐洲人的記載，葡萄牙人占據麻六甲之後，短短幾年，大泥便繁榮起來，「許多中國人、琉球人和爪哇人以

46　張燮，《東西洋考》卷三，〈大泥〉，第59頁。
47　張燮，《東西洋考》卷三，〈大泥〉，第57頁。
48　《明史》卷三二五，〈和蘭〉，第8435頁。

及附近島嶼的商船輻輳薈萃。」[49] 萬曆初年，林道乾率兩千左右的潮州人占據此地。在歐洲人看來，「北大年的確在下個世紀中變成了馬來半島主要的華人貿易集散地」。[50] 因此，荷蘭人和英國人都曾在大泥（北大年）設立商館。荷蘭人說：「人口占一半的華人牢牢控制地控制了手工藝品的銷售和海外貿易，並在北大年女王宮廷裡擔任重要官職。嫉妒的荷蘭人是這樣描述華人的：華人是一個勤勞的民族，但涉及賺錢藝術時，他們則是屬於冷酷的、無恥的一類人。華人每年乘東北季風搭中國帆船南下，帶來了絲織品，以供應絲織品的手段控制了荷蘭。」[51]

　　荷蘭人進占巴達維亞之後，經常派船到大泥做生意，與當地華人有貿易往來。荷蘭人到中國沿海要求進貢，便是以北大年的名義進貢。此事與當地華人有關。據荷蘭文獻記載，北大年的恩浦是一個華人基督徒。他在為自己謀利的同時，也為荷蘭人服務。按照荷蘭人的記載，恩浦在荷蘭人攻擊葡萄牙人占領的麻六甲之時，提供了糧食援助。為此，他的船隊遭到葡萄牙人襲擊，受到較大的損失。他還是 1604 年荷蘭人抵達澎湖的實際策劃者。在荷蘭人的強烈要求下，他接受了荷蘭人給的七十兩黃金，將荷蘭人帶到閩南的口岸，從而引發了第一次澎湖危機。不過，恩浦在北大年漸漸感到泰國王室的壓力，因而不願在那裡久留。1612 年，他帶著兩艘船東去望加錫、摩鹿加港口，尋找新的貿易機會。1614 年死於當地，留下 6000 元的財產給寡妻孤子。但其妻子很快嫁給了一個英國軍官，定居於爪哇的萬丹。他的兒子也是基督徒，以後不知所終。[52] 十七世紀後期，大泥內部動盪不安，1674 年及 1688 年，暹羅王朝兩度攻擊大泥，最終將其控制，而大泥的對外貿易一蹶不振。

49　〔澳〕安東尼・瑞德，《東南亞的貿易時代：1450—1680 年》第二卷，《擴張與危機》，第 294 頁。

50　〔澳〕安東尼・瑞德，《東南亞的貿易時代：1450—1680 年》第二卷，《擴張與危機》，第 295 頁。

51　〔荷蘭〕包樂史，《巴達維亞華人與中荷貿易》，莊國土等譯，第 191 頁。

52　〔荷蘭〕包樂史，《巴達維亞華人與中荷貿易》，莊國土等譯，第 190—201 頁。

二、泰國、柬埔寨和越南的港市

圖 2-8　東西航海圖上的暹羅灣

　　泰國是東南亞的大國之一，經濟較發達。鄭曉的《皇明四夷考》上卷云：「其國方千餘里，群山環繞，峭拔崎嶇。地下濕，土疏惡，氣候嵐熱不齊，自占城西南舟行七晝夜至其國。王宮壯麗，民樓居。其樓密聯檳榔片，藤繫之甚固，籍以藤席、竹簟，寢處于中。」黃衷的《海語》說：「其產多蘇方木、檳榔、椰子、菠蘿蜜、片腦、諸香、雜菓、象齒、犀角、金寶、玳瑁之屬。貿易用貝，故其民饒富。豪酋各據別島而居，奴团數百口，畜貲多至數十鉅萬，不蓋藏，不虞寇。西洋諸國異產奇貨輻輳。其地匠藝工緻，嵌寶指環持至中國，一枚值數十金。地廣而兵強，嘗併有占（城）、（真）臘而私其貢賦。」可見，明代的暹羅富強聞名。明末何喬遠說：「暹羅出犀角、象牙、蘇木、胡椒。」[53] 這都是中國市場歡迎的商品。17 世紀 30 年代，暹羅每年出口 2000 噸蘇木，主要銷往中國和日本。[54] 由於暹羅在東南亞的獨特地位，各地赴暹羅貿易的商船較多。就琉球《歷代寶案》記

53　何喬遠，《鏡山全集》卷二四，〈開洋海議〉（崇禎三年在南都作），第 689 頁。
54　〔澳〕安東尼‧瑞德，《東南亞的貿易時代：1450—1680 年》第二卷，《擴張與危機》，第 37 頁。

載的數字來看：從明朝洪熙元年（1425 年）到嘉靖年間（1522—1566 年）的一百四十二年裡，琉球派出 50 艘次商船到暹羅貿易。[55] 而萬曆年間月港每年批給到暹羅的船引有四份，只要 50 年，就會積累 100 艘次。

華人很早就到泰國活動。明代前期，泰國派遣到中國進貢的使者多為華裔。暹羅也是長期向中國進貢的國家之一。據《明史》的記載：晚明嘉靖年間暹羅進貢五次，分別是嘉靖五年、三十三年、三十七年、三十八年、三十九年；萬曆年間暹羅進貢六次，分別是萬曆元年、三年、二十年、三十九年、四十五年、四十七年；天啟年間進貢兩次，分別在天啟二年和三年；崇禎年間暹羅進貢四次，分別是崇禎七年、八年、九年、十六年。除了正式的貢臣外，暹羅賈客也到閩粵做生意。何喬遠曾在廣州水路上遇到暹羅賈客。暹羅客「持扇乞詩，書以予之。」何喬遠的詩詠道：「番使不須招，占風復乘潮。貢琛裳有譯，問賈爵毋刁。條脫金穿耳，花文罽繞腰。所憐歡翰墨，持贈泛簫韶。」[56]

由於中國與暹羅的關係良好，許多華人在暹羅謀生。晉江安海鎮的《霞亭東房顏氏族譜》記載：該族的顏嗣祥和顏賢良早在弘治、正德年間就在暹羅討生活，於嘉靖年間死於暹羅的顏氏家族成員還有顏森器、顏會、顏森禮、顏侃等人。[57] 這都說明泉州商人一直在泰國活動。泰國盛產明朝人喜歡的蘇木、象牙諸貨物，與中國往來貿易密切。中國商人帶去絲綢、瓷器，從泰國進口各種商品。明代前期的鄭和下西洋時代，中泰貿易達到一個高點。鄭和下西洋結束之後，泰國商人十分活躍，署名周致中的《異域志》說暹羅國：「國在海中，民多作商尚利」。他們航行東南亞各港，在各地建立貿易據點。暹羅商人也到中國沿海貿易，嘉靖元年不是進貢年，但是有「暹羅、占城船至廣東」貿易，「市舶中官熊宣與守臣議，稅其物供軍需」。[58] 嘉靖年間他們曾在浙江的雙嶼港貿易。龍思泰說：「在其繁榮與旺的日子裡，雙嶼成為中國人、暹羅人、婆羅洲人、琉球人等等的安全

---

55 謝必震，《中國與琉球》，廈門大學出版社 1996 年，第 225 頁。

56 何喬遠，《鏡山全集》卷四，〈暹羅賈客持扇乞詩〉，書以予之，第 146 頁。

57 晉江安海鎮，《霞亭東房顏氏族譜》，轉引自鄭山玉、李天錫、白曉東，〈泉州僑鄉族譜華僑出國史料剖析〉，莊為璣、鄭山玉等，《泉州譜牒華僑史料與研究》，第 1096 頁。

58 《明史》卷三二四，〈外國五〉，第 8389 頁。

地帶」。[59] 其中包括了暹羅。暹羅海盜也是在那個時候聞名一時，朱紈說到雙嶼港：「此皆內地叛賊，常年于南風迅發時月，糾引日本諸島、佛郎機、彭亨、暹羅諸夷，前來寧波雙嶼港內停泊，內地奸人，交通接濟，習以為常，因而四散流劫，年甚一年，日甚一日，沿海荼毒，不可勝言。」[60] 當然，這些海盜中也有不少華人。迄至嘉靖年間，中國海上力量大發展，《泉州府志》說：「時漳州月港家造過洋大船往來暹羅、佛狼機諸國，通易貨物，海道不靖」。[61] 謝肇淛：《五雜組》說華商到暹羅等國貿易，「彼此互市，若比鄰然」。[62]「言語大類廣東」。[63] 華商帶去的貨物是：「青白花磁器，印花布、色絹、色段、金、銀、銅、鐵、水銀、燒珠、雨傘之屬。」[64] 謝彬記載：「月港私造雙桅大船，不啻一二百艘，鼓泛洪波巨浪之中，遠者倭國，近者暹羅、彭亨諸夷，無所不至。」[65] 萬表說嘉靖年間的雙嶼港商人，「自後日本、暹邏諸國，無處不至。」[66] 諸如王直等海盜商人，主要航行於日本與暹羅之間。「嘉靖十九年，時海禁尚弛，直與葉宗滿等之廣東造巨艦，將帶硝黃、絲綿等違禁物，抵日本、暹羅、西洋等國往來互市者，五六年致富不貲，夷人大信服之。『稱為五峰船主』。」[67] 施堅雅引述凡·弗列（Van Vliet）話：「當時來自閩南的華人，每年都運載相當大批的各種中國貨物到該國（暹羅），然後運回大宗蘇木、鉛及其他貨物。」僑居泰國的華商很多。黃衷的《海語》記載，「有奶街為華人流寓者之居」。盧貝爾估計：「鑒於十七世紀時，暹羅周圍各口岸的華人居留地很多。有些又是人煙稠密的，所以我們可以估計，當時在首都大城以外的全國各地華僑人數至少會比大城本身多一倍，於是我們可以假定說在十七世紀後半期的暹羅，至少有華僑一萬人。」大城內受人尊敬的醫生及有些行業，多為華人。也有人仕至

59　〔瑞典〕龍思泰，《早期澳門史》，吳義雄等譯，第 5 頁。

60　朱紈，〈海洋賊船出沒事〉，《明經世文編》卷二○五，《朱中丞覽餘集》，第 2161 頁。

61　陽思謙等，萬曆《泉州府志》卷二四，第 36 頁。

62　謝肇淛，《五雜組》卷四，〈地部二〉，第 69 頁。

63　茅瑞徵，《皇明象胥錄》卷四，〈暹羅〉，商務印書館四部叢刊影印芝園藏板，第 15 頁。

64　嚴從簡，《殊域周咨錄》卷八，第 285 頁。

65　謝彬，〈剿撫事宜議〉，梁兆陽修，蔡國楨、張燮等纂，崇禎《海澄縣志》卷十九，〈藝文志〉，第 10 頁。

66　萬表，《海寇議前》第 1 頁。四庫全書存目叢書，子部三一，第 36 頁。

67　萬表，《海寇後編》第 1 頁。四庫全書存目叢書，子部三一，第 40 頁。

高官。泰國華人的數量增長很快，有人估計，十七世紀末曼谷的前身「暹羅尤地亞」已經有十萬華人。[68] 安東‧尼瑞德估計 17 世紀泰國最大的城市阿瑜陀耶會有 10 萬人。[69]

泰國是東南亞的大國，東南亞諸國之間的商業，往往有泰國商人參與。「嘉靖二年，福州府盤獲琉球夷人三十二名，譯稱往暹羅置貢儀，抵漳州外洋遭風。」[70] 泰國的商船行走於東南亞諸港。明末有這樣一件事：「中國帆船運往暹羅去的貨物已經供不應求，1643 年（崇禎七年），竟有一隻荷蘭商船從暹羅裝運了谷米和木材到爪哇來換取中國貨物。所要交換的貨物包括：三千到四千件粗陶器，兩千支金錢，六百口大鍋，兩千條毛毯，一百擔細瓷器，一百擔生鐵和二十斤絲線。」[71] 這些史料都表明泰國在東南亞舉足輕重的地位。

柬埔寨與暹羅相鄰，物產相似。福建巡撫許孚遠說：「若夷國之柬埔寨，多產鉛硝，暹羅亦有之。」[72] 茅瑞徵記載真臘：「產翠羽、諸香、佳樹、異魚。貿易以婦人。貴中國針、梳、鍋、蓆、磁、漆等器。」、「今真臘訛為柬埔寨，賈舶止抵海隅，籬木州以柴為城，華人率寓居，市道甚平。」[73]《東西洋考》記載：「船至籬木，以柴為城。酋長掌其疆政，果幣將之，遂成賈而徵償。夷性頗直，以所鑄官錢售我，我受其錢，他日轉售其方物以歸。市道甚平，不犯司疏之禁。間有鯁者，則熟地華人自為戎首也。」[74]1625 年前後，柬埔寨共有華人 3000 餘眾。面對西班牙人的入侵，他們奮起抵抗，戰傷達500 人。[75] 澳門葡籍學者塞亞布拉從西文資料中統計了明代後期各地到馬尼

---

68 施堅雅，〈古代的暹羅華僑〉，《南洋問題資料譯叢》1962 年第 2 期，轉引自張蓮英，〈明代中暹的貿易關係及華僑對暹羅經濟發展的作用〉，《中國社會經濟史研究》1982 年第 2 期，第 34—37 頁。

69 〔澳〕安東尼‧瑞德，《東南亞的貿易時代：1450—1680 年》第二卷，《擴張與危機》，第 101 頁。

70 茅瑞徵，《皇明象胥錄》卷一，〈琉球〉，第 19 頁。

71 田汝康，〈明十七世紀至十八世紀中葉中國帆船在東南亞洲運輸和商業上的地位〉，《歷史研究》1956 年第 8 期。

72 許孚遠，《敬和堂集》疏，〈疏通海禁疏〉，第 28—29 頁。

73 茅瑞徵，《皇明象胥錄》卷四，〈真臘〉，第 11—12 頁。

74 張燮，《東西洋考》，謝方點校本，卷三，〈柬埔寨〉，第 55 頁。

75 廖大珂、輝明，《閩商發展史（海外卷）》，蘇文菁總編，《閩商發展史》，廈門大學出版社 2016 年，第 76 頁。

拉的船隻，資料顯示，在 1620 年到 1644 年之間，可能來自柬埔寨的商船有 19 艘次。[76] 這說明柬埔寨商業頗盛。柬埔寨和暹羅每年向日本出口 30 萬張鹿皮。[77]

　　越南在明代前期有兩個國家，安南和占城。安南與中國交壤，占城位於越南中部，南與柬埔寨接壤。安南與占城之間常有交戰。明成祖時期曾將安南納入中國，其時，明朝與占城的關係較好。再後安南重獲獨立，稱雄於中南半島，占城與安南關係日益複雜。成化七年，安南軍隊攻占占城國領土，占城舊臣到中國要求明朝主持公道，成化皇帝下詔與安南交涉，要求返還占城的獨立地位。安南王雖然一時聽從明朝的建議，但占城內亂不已，王室多被安南俘虜，國勢不振。多年後，占城最終被安南國吞併。

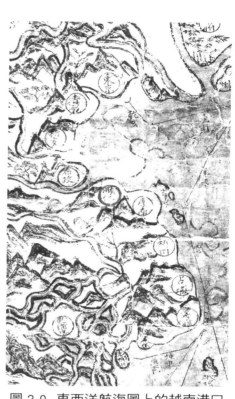

圖 2-9　東西洋航海圖上的越南港口

　　占城港為福建下西洋船隻必經之處，鄭和船隊曾經多次抵達占城。該地「產諸香、饒象牙、犀角。伽楠香惟此地有之。」[78] 但是，該國經商環境很差。《東西洋考》曰：「國人狠而狡，貿易往往不平，故往販者少。」[79] 該國最終滅亡有其原因吧。越南的南圻的主要港口是：原屬占城的潘郎和潘里。1622 年，荷蘭東印度公司的人員在潘郎看到來自漳州的中國商船，他們在潘郎港主要目的是採購黑檀木、犀角、象牙及其他地特產。[80]

76　〔澳門〕塞亞布拉（Leonor Diaz Seabra），〈16—17 世紀澳門、中國和日本的歷史關係〉，澳門文化局《文化雜誌》2004 年春季刊。

77　〔澳〕安東尼‧瑞德，《東南亞的貿易時代：1450—1680 年》第二卷，《擴張與危機》，第 37 頁。

78　茅瑞徵，《皇明象胥錄》卷四，〈占城〉，第 8 頁。

79　張燮，《東西洋考》，謝方點校本，卷二，〈占城〉，第 30 頁。

80　錢江，〈十七世紀至十九世紀初越南沿海的中國帆船貿易〉，第 4 頁。

　　明朝短暫統治安南之後，安南出現了延續三百六十年的黎朝。但是，黎朝強盛的時間不長，約在嘉靖年間，安南國出現了內亂，權臣莫登庸取代黎氏稱帝。但後黎朝的大將阮淦擁戴黎氏家族人的到南方稱帝，越南形成了南北朝狀態。然而，隨著雙方鬥爭的發展，莫氏王朝最終覆沒，而黎朝內部的權力也轉化為阮氏和鄭氏之爭。鄭氏占據北方主要地區，阮氏勢力在南方。一直到十八世紀西山起義後，越南才重歸統一。

　　如上所述，晚明的越南雖然在名義上統一了南北，實際上分據南北的割據政權仍然存在。不過，晚明東南亞商品經濟大潮也影響了越南。關於越南必須要說的是：在東南亞諸國中，該國商品經濟的發展總是落後其他國家一步，這是因為，越南除了南部的占城外，多數地方距離主要航道太遠，所以發展較慢。從總體而言，東南亞的海港主要分布在南海周邊，菲律賓群島的呂宋港（馬尼拉）是東亞與美洲交通的樞紐，印尼的爪哇和香料群島是歐洲商人往來的地方，馬來亞的麻六甲是東亞通向印度洋的主要通道，這些港口不僅是亞洲貿易樞紐，而且是世界各大洲之間的重要貿易樞紐，諸港地位是越南無法相比的。由於馬尼拉、麻六甲、爪哇諸港的優越地位，大部分出海的中國帆船都直奔以上各大港口，到越南的數量相形較少。雖說占城是中國船隻下南洋的必經之處，可是，占城始終是一個過路港口，沒有發展成東南亞諸國船隻必須要到的樞紐。所以，在東南亞，越南實際上處於一個邊緣地帶，商品經濟發展總是落後半拍。當地官員對商業不一定重視。由於明代前期明朝與安南關係很差，明代前期漂流到安南國的人待遇很糟。成化八年秋七月癸亥，「廣東守珠池奉御陳彝奏：南海縣民為風飄至安南國，被其國王編以為軍。其後逸歸。言中國人漂泊被留，及所為闇禁者，百餘人。」[81] 這些事例表明，當時的安南國，不太重視商業，所以對外態度不佳。

　　另一個導致越南相對落後的重要原因就是物產了。在鄭和下西洋的時代，中國從東南亞進口大量的香料和染料，其中產於印尼的有胡椒，產於泰國的有蘇木，而越南獨特的出口香料，主要是棋楠香，數量不多。其時，華商為了進口胡椒和蘇木必到暹羅、爪哇，越南諸港沒有這一效應。從整體而言，越南的物產和中國多有重複之處，在東南亞市場上往往相互影響。

81　《明憲宗實錄》卷一百六，成化八年秋七月癸亥。

例如，在鄭和下西洋之後到葡萄牙人抵達東亞之前，東南亞市場上的華商不是太多，在越南的華人引進中國的陶瓷技術，發展製陶業，並向東南亞各國出口。迄至晚明中國出口大發展，來自月港的磁器源源不斷地輸出東南亞國家，越南製瓷業的海外市場萎縮，當地的陶瓷業相對衰落。這都是十六世紀越南商品經濟相對落後的原因。

不過，到了晚明的萬曆年間，東南亞各地貿易興旺，商品經濟大潮逐步將越南捲入。進入安南的閩商越來越多。萬曆二十年閩人林章竟說：「臣鄉之人半其國。」[82] 從《東西洋航海圖》上可看到：越南從北到南出現了：東京（河內）、清化、新安、布政、順化、廣南、新州、占城、澳頭等港市。又據《東西洋考》的記載，晚明越南可以通商的海港有清化、新安、順化、廣南、新州、提夷諸港。[83] 明代後期，安南權臣鄭氏和阮氏角鬥，造成越南南北分立，為了加強自己，北鄭南阮各自在管轄範圍內開闢專營貿易碼頭。北越是在清化，南越的貿易碼頭是廣南府的會安。1637 年，一個東印度公司的英國人發現：在越南北部的舖憲港，集中了相當數量的中國商戶。舖憲港鎮的三條街多被中國商人占據。[84] 日本的船隻常到交趾貿易。明朝的情報說到：在薩摩州有「回集交趾船三隻」。[85] 萬曆三十九年，沈有容在溫州水師任上，「邏舟獲三艘，百餘人，交趾商，風所漂也」。[86] 原來，這是一支由越南人裴光袍率領的越南商隊。這說明交趾也有商人進行海上貿易。

晚明來越南貿易的閩商不少。他們駕駛著白艚、烏艚等大船到會安，帶來中國的絲綢、磁器等商品，載運大米回國。例如，萬曆五年（1577 年）三月，漳州海澄商人陳賓松等人發舶到越南中圻貿易，抵達順化港時，發現當地已經有十三艘同樣來自福建的商船載來銅、鐵、瓷器等商品。北貨過剩，陳賓松只好另雇小船轉到廣南的會安貿易。[87] 《東西洋考》記載安南國：「賈舶既到，司關者將幣報酋。舶主見酋行四拜禮，所貢方物具有成數。

82　林章，《林初文詩文全集》奏疏，〈破倭前疏〉，天啟四年刻本，第 5 頁。

83　張燮，《東西洋考》，謝方點校本，卷一，〈西洋列國考・交阯〉，第 9 頁。

84　錢江，〈十七世紀至十九世紀初越南沿海的中國帆船貿易〉，第 8 頁。

85　王在晉，《海防纂要》卷四，萬曆四十一年刻本，四庫禁燬書叢刊史部 17 冊，第 541 頁。

86　吳肅公，《街南續集》卷五，〈沈大將軍傳〉，康熙程士琦等刻本，第 22 頁。

87　侯繼高，《全浙兵制考》卷二，〈近報倭警〉，四庫全書存目叢書・子部，第 31 冊，第 177 頁。

酋為商人設食，乃給木牌於廛舍，聽民貿易。酋所須者，輦而去，徐給官價以償耳。」南越的商品經濟會比北越更為活躍一些：「廣南酋號令諸夷，埒于東京。新州、提夷皆屬焉。凡賈舶在新州提夷者，必走數日程詣廣南入貢。廣南酋亦遙給木牌，民過木牌，必致敬乃行，無敢譁者。」[88]

來到越南的華人多了，其中就有些人會在越南定居下來。泉州晉江安海的《霞亭東房顏氏族譜》記載：「顏璽，字道節，號酒泉，生正德乙亥年（1515 年）六月廿四，隆慶丁卯年九月卒占城。」[89] 同為安海的《存耕堂柯氏族譜》記載：「柯兆熠，字必榮，號湘予，乳名寅，京用公次子，生萬曆壬寅年（1602 年），卒順治辛卯年（1651 年）九月初七日。公三十歲（1631 年）往安南，遂家焉。葬安南清夏。」[90] 以上兩名安海商人在越南活動的時間都是在晚明，從他們死後葬於越南一事來看，他們實際上已經成為越南的僑民。以會安港來說，當地的福建人不少：「蓋會安各國客貨馬（碼）頭，沿河直街，長三四里，名大唐街。夾道行肆，比櫛而居，悉閩人，仍先朝服飾，婦人貿易，凡客此者，必娶一婦以便交易。」[91] 據說，會安的朱、丁、伍、莫等十大姓來自中國。明朝滅亡後，明遺民陸續南下海外，1679 年，有一支來自廣東西部的 3000 人的船隊來到越南避難，後定居於南圻。[92] 明末的越南經濟後發先至，漸成東南亞經濟實力較強的國家。

第三節　在東南亞活動的林道乾

林道乾是活動於嘉靖、隆慶、萬曆初年的著名海盜。他曾經活躍於南海和臺灣海峽。嘉靖四十五年，他率五十艘船搶劫福建的詔安縣，後在戚繼光的攻剿之下，東進臺灣南部的魍港，再後在北港的二鯤身突破明軍的

88　張燮，《東西洋考》，謝方點校本，卷一，〈西洋列國考・交阯〉，第 19—20 頁。
89　晉江安海鎮，《霞亭東房顏氏族譜》，轉引自鄭山玉、李天錫、白曉東，〈泉州僑鄉族譜華僑出國史料剖析〉，莊為璣、鄭山玉等，《泉州譜牒華僑史料與研究》，第 1096 頁。
90　晉江安海鎮，《存耕堂柯氏族譜》，轉引自莊為璣、鄭山玉等，《泉州譜牒華僑史料與研究》，第 694 頁。
91　（釋）大汕，《海外紀事》卷四，中華書局 1987 年，第 80 頁。
92　陳碧笙主編，吳文華、孫晉華、陳毅明著，《南洋華僑史》，第 139 頁。

包圍，南下占城。然後回到廣東沿海，在南海繞行一大圈。隆慶年間，林道乾在潮州接受官府招安，定居於潮州的河渡門港附近。萬曆初，明軍對潮州海寇山盜發起大規模的圍剿。萬曆元年二月，林道乾率部下海。他先到臺灣，後到南海的柬埔寨，最後定居馬來半島的大泥（今名北大年）。從萬曆元年到萬曆九年，林道乾的船隊航行於泰國、柬埔寨、占城、臺灣、廣東等地之間，對南海的歷史產生了一定影響。[93]

一、林道乾在東南亞的活動

隆慶年間，受到官府招安的林道乾與官府配合打敗了當時最大的海盜曾一本集團。明朝官府一度想順勢消滅林道乾，但因林道乾勢力強大而官軍在戰鬥中損失很大，不得不放棄這一計畫。迄至隆慶末年，廣東官府集約了一支強大的力量圍剿東部的海寇。林道乾見勢不妙，於萬曆元年二月親自向廣東參政陳奎辭行：「『極知制臺（指兩廣提督殷正茂）意不相容，抗非吾事，降亦不免。男子各自求生，豈必中土！遠托異國，不復還矣！』繳舊所給十七箚，逕出。」[94]可見，此時的林道乾已經有在海外度過一生的打算了。不過，這只是林道乾向官府辭行的時間，據《明實錄》的記載，明朝得知林道乾出海的消息是在萬曆元年五月。可見，林道乾正式出海應是在萬曆元年二月至五月之間的三四月間。然而，夏曆三四月間的南海風向轉變，西南季風來了。當時的帆船依賴風力行駛，無法頂風作長途航行，林道乾一時停留在廣東沿海。當時官府聽說這一消息，非常興奮，「今若此，殆天亡之矣」。[95]官方調福建水師南下，準備奇襲無法南逃的林道乾。然而，福建水師抵達潮州沿海之後，卻看不到林道乾船隊。原來，林道乾停泊的潮州南澳島一帶是南海的一個很大的買賣場所，各類消息傳播。林道乾應是在這裡得知福建水師前來襲擊的消息，於是，他與林鳳分兵二路，林鳳率領一支船隊於萬曆元年五月進入臺灣海峽的澎湖列島，而林道乾率隊向西航行，繞了一個大圈後率領船隊向南海東北的澎湖群島航行，讓福建水師撲個空。「往歲林道乾寇彭湖，海上騷然。」[96]王泊在萬曆元年任福建按察司僉事，其時「劇盜林道乾、郭東山等勾引倭夷，猖獗甚」。[97]其後，

93　有關林道乾在潮州和臺灣的事蹟，前人研究已經很多了，本書的敘述可參見本書第三卷的相關段落。

94　朱國楨，《皇明大事記》卷四一，〈蛋戶〉，明崇禎《皇明史概》本，第8—9頁。

95　張居正，《張太岳先生文集》卷二六，〈答兩廣殷石汀〉，萬曆四十年刻本，第4頁。

96　徐中行，《天目集》卷十一，〈送梁大夫參議貴州序〉，明刻本，第12頁。

97　胡應麟，《少室山房集》卷九十三，〈明奉政大夫雲南布政司參議東陽王公泊封宜

林道乾與林鳳發生衝突，林道乾無法在臺灣海峽停頓，秋天，臺灣海峽風向改變，他率部分船隊向南海逃去。約在萬曆元年末或是萬曆二年初抵達柬埔寨。

　　林道乾在柬埔寨遇到潮州老鄉楊四。「楊四，故我澄海人。幼小與其父楊君讚乘舟至柬埔。無何，讚物故。寨長老憐其少失父，孤，養以為己子。長立為把水使。」[98] 如其所云，當時楊四任柬埔寨的把水使，以意料之，這是一個主管海上貿易的官吏。在柬埔寨的華人能當上這個職務，說明華人在當地很有影響。瞿九思的《萬曆武功錄》還提到：當地有唐兵一百多人，還有陳國順等，看其名字，應當也是明朝的華僑。俞大猷在萬曆二年的信件中也提到林道乾：「海賊林道乾逃去西南番柬埔寨，上山居住，似無復回之理。」[99] 林道乾與楊四，臭味相投。「會邑中子道乾至，兩人遂相與為刎頸交。乾有妾曰楊氏，四遂冒以為女侄也。」[100] 因為楊四的關係，林道乾與柬埔寨上層打通關系。《萬曆武功錄》記載：「乾既行至甘埔寨，迺出橐中裝五百金、帛五十純，因陽四送奉寨主。迺以乾屬把水使翁十、蘇老、林十六等所部，而四亦得蒲履、絲綌諸物，費亡慮千金。」[101] 不過，林道乾在柬埔寨站住腳之後，開始大造船舶。萬曆二年十二月福建官方得到的消息是：「賊人林道乾於八九月以來打造大廣船十數隻，器械齊備，遣人各番招兵。」[102]「又報稱倭中逃回人口供稱，各倭為林老所招，明年有倭船三五百號來會，合林老打劫等情」。「為照道乾亡命之餘，而招兵除灶，亦欲何為？倭人乘時入犯，其為林賊所招與否不可知。總之，閩廣奸民投入各番島者，時時鼓煽夷民以圖內逞。故先事之防，不可勝之策。其在閩粵兩浙，誠不可一日忘寇者。海上風帆倏忽千里，若俟其既入內境，有所攻掠而後圖之，國家威眾損多矣。」[103] 可見，當時明朝閩粵諸省對林道乾尤為忌憚。

人徐氏墓誌銘〉，文淵閣四庫全書本，第7—8頁。

98　瞿九思，《萬曆武功錄》卷三，〈廣東・林道乾、諸良寶、林鳳列傳〉，萬曆刊本，第45頁。

99　俞大猷，《正氣堂全集・續集》卷一，〈與凌洋山書〉，第545頁。

100　瞿九思，《萬曆武功錄》卷三，〈廣東・林道乾、諸良寶、林鳳列傳〉，第45頁。

101　瞿九思，《萬曆武功錄》卷三，〈廣東・林道乾、諸良寶、林鳳列傳〉，第44—45頁。

102　劉堯誨，《督撫疏議》卷二，〈林賊遁番疏〉，萬曆刊本，第31頁。

103　劉堯誨，《督撫疏議》卷二，〈林賊遁番疏〉，第32頁。

　　林道乾的武裝不僅對閩粵沿海造成威脅，也對東南亞各國形成很大壓力。林道乾在大泥，最終捲入與暹羅的衝突。「初乾在柬埔，用楊四計策，乞寨主發唐兵一百人，番兵二千人，舳艫二十，大銅銃一門。令陳國順並攻暹羅，不克，還。暹羅探不及。」[104] 可見，林道乾在東南亞是可以和國王相抗的人物。不過，林道乾第一次到東南亞，是幫助柬埔寨對付暹羅。

　　得知林道乾進入柬埔寨。明朝便設法利用柬埔寨內部的某個家族誘殺林道乾。萬曆首輔張居正與福建巡撫劉堯誨的通信中說到設計誘捕林道乾一事：

> 林賊既已入彀，果不出閩人得之之料，喜甚，喜甚。但當其時即宜少出閩師以助之。夷情多變，死賊圍久，或生他計，諒此時成敗已決矣。傾耳以俟捷音。[105]

　　然而事情發展出乎張居正所料，林道乾竟然發現陰謀，從已經設定的網羅中逃脫。

> 林賊前以入彀，以閩廣兩處購之，彼此爭功，遂致敗謀。而閩人去者，皆被其荼毒，殊為可恨。[106]

　　其中廣人爭功是怎麼一回事？張居正說：「林賊前迬柬埔寨，曾屬劉凝齋賂寨目蘇姓者圖之，業已就矣，會廣人爭功，謀泄，賊逃而寨目被髡。」[107] 此文中的劉凝齋即為福建巡撫劉堯誨，由此可知，在張居正知道的背景下，劉堯誨曾經安排一次利用柬埔寨內部勢力謀算林道乾的行動。然而，當時主持廣東軍事的是兩廣提督殷正茂，他也派出了一支小隊伍到柬泰一帶對付林道乾。這反而暴露了明朝謀算林道乾的大計畫。「賊甚狡，而廣人貪功寡謀，向以敗亡餘卒數十百人直泊近澳，竟無有睥睨之者。」[108] 此事又見傳記：「道乾乘大船逃暹羅，將軍之子汝實尾其後，追之未獲。」[109] 大致而言，萬曆初年，福建巡撫是劉堯誨，而廣東提督是殷正茂。張居正

104　瞿九思，《萬曆武功錄》卷三，〈廣東・林道乾、諸良寶、林鳳列傳〉，第44—45頁。
105　張居正，《張太岳先生全集》卷二七，〈答閩撫劉凝齋（堯誨）〉，第9頁。
106　張居正，《張太岳先生文集》卷三十，〈答兩廣劉凝齋條經略海寇四事〉，第24頁。
107　張居正，《張太岳先生文集》卷三一，〈答福建巡撫耿楚侗（定向）〉，第20—21頁。
108　張居正，《張太岳先生文集》卷三二，〈答兩廣劉凝齋料擒海賊〉，第9—10頁。
109　德清，《憨山老人夢游集》卷十二，〈忠勇廟碑記〉，清初刊本，第36頁。

安排劉堯誨聯絡柬埔寨的官員，試圖誘擒林道乾，不料廣東一些散兵游勇也來到柬埔寨與暹羅邊境，渲染要捕捉林道乾，消息走漏，引起林道乾的警覺，得以逃出陷阱。不過，此事雖然未成，但劉堯誨成功地離間了林道乾與柬埔寨的關係。

　　林道乾與柬埔寨權貴鬧翻，轉而與暹羅發展關係。暹羅國這一段時間裡，曾被一個緬甸古國擊敗，緬軍進入暹羅的首都。暹羅好容易復國，又要面對林道乾這一支海上力量，不免頭痛。與之結好是很自然的想法。明朝發現這個問題，對暹羅的態度大有變化。先是，萬曆元年三月，兩廣提督侍郎殷正茂奏：「暹羅國王華招宋差夷使進貢方物，稱原給印信勘合因東牛國攻破城池燒毀，乞行補給。下禮部議。」[110] 可見，當時暹羅想到明朝修復關係，恢復進貢。但是，明朝廷對戰亂之後的暹羅持懷疑態度。一時擱置。迄至萬曆三年六月，明朝同意了重給暹羅進貢的憑證。「暹羅國奏：向為東蠻所侵，印信勘合業被燒燬，求乞更給，以便修貢。許之。」[111] 明朝對暹羅態度的變化，應是爭取暹羅使者答應配合明朝，共同對付海寇林道乾。暹羅是南海大國，明朝不能忽視這個重要的國家。

二、萬曆六年返回東南亞的林道乾

　　萬曆六年春，林道乾的船隊突然出現在廣東沿海的河渡門，這裡是他的老巢。《明神宗實錄》記載：「海賊林道乾……打暹羅國烏雅船不勝，賊眾殺死甚多，被番趕逐，乏銀乏人，議復回河渡門舊巢，取原埋銀物，議要打劫海門各所。候東風一轉，即欲駕回外夷。」[112] 萬曆六年七月，「乾自甘埔還潮故巢，居月餘，發囊所藏銀穴，募潮一百餘人，與俱南行」。萬曆六年前後，是福建、廣東水師相當強勁的時候，林道乾在潮州沿海無法多停留，只好返回大泥。在途中，他在海南島附近「遇閩中轉穀舳艫，乾乃略其金銀及男婦二百人而去。」[113]

　　萬曆六年重返東南亞的林道乾，其戰略目標是馬來半島的大泥。該地在馬來半島的北部，南接彭亨，北與柬埔寨和暹羅相鄰。塞爾登收藏的《東

110　《明神宗實錄》卷十一，萬曆元年三月甲申。
111　《明神宗實錄》卷三九，萬曆三年六月甲午。
112　《明神宗實錄》卷七九，萬曆六年九月己未，第3頁。
113　瞿九思，《萬曆武功錄》卷三，〈廣東・林道乾、諸良寶、林鳳列傳〉，第45頁。

西洋航海圖》，也將大泥繪製於泰國柬埔寨的交界處。大泥，又稱佛打泥，李大泥，即今日泰國的口岸北大年。[114] 晚明的大泥是一個獨立政權。《明史》卷三二三又載：萬曆初年的大盜林道乾「懼官軍追擊，揚帆直抵淳泥（實為大泥），攘其邊地以居，號道乾港。」《明史》中有些淳泥的資料實際上是屬於大泥的。《明史》記載：「嘉靖末閩粵海寇遺孽逋逃至此，積二千餘人。」此處來自閩粵的海寇，應為林道乾之流。據說林道乾在當地很受歡迎，後來成為大泥女王的女婿。

　　林道乾是一個海上探險家。「林道乾者，故揭陽縣吏，負罪竄海，有舟千艘，眾數萬餘。通安南、占城、舊港、三佛齊諸國。嘗佩列國相印。」[115] 郁永河說：「林道乾，明季海寇，哨聚在鄭芝龍、劉香老前；圖據閩粵不遂，又遍歷琉球、呂宋、暹羅、東京、交趾諸國，無隙可乘；因過大崑崙（山名，在東京正南三十里，與暹羅海港相近），見其風景特異，欲留居之。其山最高且廣，四面平壤沃土，五穀俱備，不種自生，中國菓木無不有，百卉爛熳，四時皆春，但苦空山無人。道乾率舟師登山結茅，自謂海外扶餘，足以據土立國。奈龍出無時，風雨倏至，屋宇人民，多為攝去；海舟又傾蕩不可泊，意其下必蛟龍窟宅，不可居，始棄去。復之大年（國名，在暹羅西南），攻得之。今大年王是其裔也。臺灣有老人，經隨道乾至大崑崙者，尚得詳言之。前鄭成功以臺灣小隘，有卜居大崑崙之志，咨訪水程風景甚悉；會病亡，不果行。」[116]

　　如果這段記載有幾分可靠，當時林道乾在南海周邊諸國是十分神氣的。他和暹羅、安南、占城、舊港、三佛齊諸國應是平等交往，所以，才會有林道乾身佩列國相印的說法流傳。《明神宗實錄》謂：「海賊林道乾者竊據海島中，出沒為患。將士不能窮追，而大泥、暹羅為之窟穴。既而逼脅大泥，侵暴暹羅。」[117] 看來都不是虛話。一個海盜有此成就，足以驕傲一世了。

114　陳佳榮，〈《明末疆里及漳泉航海通交圖》編繪時間、特色及海外交通地名略析〉，《海交史研究》2011 年第 2 期，第 66 頁。
115　宋林澄，《九籥集》卷七，〈叔父參知季鷹（堯武）公行略〉，萬曆刻本，第 4 頁。
116　郁永河，《裨海紀遊》，〈海上紀略・大崑崙〉，成文社中國方志叢書臺灣地區第 46 種，第 113 頁。
117　《明神宗實錄》卷九九，萬曆八年閏四月壬子。

　　由於林道乾出沒於南海，四處劫掠，朝廷震怒，調整福建與廣東的人事。從《明神宗實錄》的記載來看，耿定向於萬曆六年七月甲寅被任命為福建巡撫，年底，早已轉任江西巡撫的劉堯誨被調任兩廣總督。閩粵兩省官員全力對付林道乾。對於閩粵兩省官員的分工，張居正自有安排。他對兩廣總督劉堯誨說：

> 頃已將此事密付之呼帥，公舊在閩中首事，呼帥又意所推轂者，必為効死。今仍宜付之密圖。在廣人唯當多方設備張羅以待鳥而已。[118]

在張居正給兩廣總督劉堯誨的另一封信中，他說得更為詳細：

> 昨據閩中報，東埔寨主言林賊雖投入暹羅，尚往來攻彼寨。寨中蘇姓者，與之深仇，必欲擒之。此即公撫閩時用計購致者。昨已密屬耿楚侗及呼帥良朋，仍循公前口口蘇姓圖之。此賊若往東埔，公不必再遣間恐爭功漏泄如昔年之事。若在暹羅，則可用計亟圖以杜後患。[119]

> 聞林賊近已為暹羅招致，或可因而圖之。頃已寄語閩中當事者。言此賊在東埔則屬之閩人，廣中不必措。意在暹羅，則屬之廣人，閩中不必為謀，恐兩處爭功如昔年也。[120]

《明實錄》記載：

> 有通事言，彼國願往擒自効。總督兩廣劉堯誨議重至賞格，期於必獲，部覆為請，從之。[121]

　　然而，福建的使團再次遇到挫折。耿定向「知乾已復奔暹羅，乃使使者陳漢昇、陳廷案往東埔寨」。然而，他們一行人非常不順利，「為乾爪牙楊四所詗，得微告乾。乾遮殺漢昇，而以廷案等數十人皆分配諸番為奴。」[122]這夥出使暹羅的使團，首腦被殺，其他人被林道乾扣為奴隸，可說是倒楣到極點了。

　　福建使團的失利，給廣東方面官員一次機會。兩廣總督劉堯誨開始出

118　張居正，《張太岳先生文集》卷三十，〈答兩廣劉凝齋條經略海寇四事〉，第24頁。
119　張居正，《張太岳先生文集》卷三一，〈答兩廣劉凝齋〉，第24頁。
120　張居正，《張太岳先生文集》卷三一，〈答兩廣劉凝齋計處海賊〉，第27頁。
121　《明神宗實錄》卷九九，萬曆八年閏四月壬子。
122　瞿九思，《萬曆武功錄》卷三，〈廣東‧林道乾、諸良寶、林鳳列傳〉，第45頁。

手了。張居正在信中說：

> 承示林賊入暹羅，在廣中圖之為易。時閩人亦有獻結柬埔合縱之策者，僕已止之。專屬廣中，以便從事。但暹羅既被其迫挾而受之，則此賊尚彊，恐暹羅不能獨制林賊，亦必深防我圖之。閩使至，彼少泄其事，則謀敗矣。此中須別有奇策，乃可奏功。公言此賊決了在今歲，僕固未敢以為然也。[123]

那麼，劉堯誨的策劃如何？《萬曆武功錄》記載：

> 於是制置使（劉堯誨）以檄諭暹羅、安南，令部索乾及老賊老何鸞等。而安南都統使莫茂洽即使使搜甘埔寨。甘埔寨，迺真臘夷國也。使者言安南實無此寨。茂洽於是持斧行境上，捕獲偷盜廣東人吳成、謝六、趙亞三等，福建人李高等，凡二十人。婦女凡十四口。皆篋輿傳致制府，曰：臣國實無敢匿乾者。有則具以告。[124]

以上是安南國的回覆，而後暹羅國也有回應：

> 其後，庚辰八月，暹羅亦使使者握坤哪喇，請予制置使劉堯誨曰：乾今更名曰林浯梁，所居在臣國海澳中。專務剽略商賈。聲欲會大泥國，稱兵犯臣國。臣國請招徠乾，乾乃欲歃血為盟誓。誓無令漢使得執我也。於是，臣國不得已，佯與乾盟。今乾已行至頭關。敢聞。是時香山澳人吳章、佛郎機人沉馬囉嘆及船主囉嗚衝哎哋哎、通事蔡興全等二十餘人，並踵制府上謁：請自治裝往擊乾。於是制置使進暹羅使者庭中，問狀。因賞賜銀牌、花彩段如禮。曰與我師並擊如令。[125]

總的來說，萬曆六年之後的林道乾變得非常強大，他雖然寄身於暹羅，卻使暹羅、柬埔寨兩國都感到害怕。張居正考慮到，此時的林道乾之強，威脅到暹羅、柬埔寨兩國，決定派出使者遊說兩國，共同對付林道乾。福建使團失手後，廣東方面派出使者和艦隊到暹羅。「是時我伏波將軍提兵至北津港，生得乾軍師林俊夫及甘埔寨人亞馬必力等。具知狀。」萬曆八

123　張居正，《張太岳先生文集》卷三二，〈答兩廣劉凝齋〉，第 1 頁。
124　瞿九思，《萬曆武功錄》卷三，〈廣東・林道乾、諸良寶、林鳳列傳〉，第 44—45 頁。
125　瞿九思，《萬曆武功錄》卷三，〈廣東・林道乾、諸良寶、林鳳列傳〉，第 44—45 頁。

年閏四月壬子：「海賊林道乾者，竊據海島中，出沒為患。將士不能窮追。而大泥、暹羅為之窟穴。既而逼脅大泥，侵暴暹羅。有通事言，彼國願往擒自効。總督兩廣劉堯誨議重立賞格，期於必獲。部覆為請，從之。」[126] 可見，廣東方面的這次行動得到暹羅國的配合。「制置使復使使周宗睦、王文琳賞諭柬埔，令其與暹羅並攻。於是，暹羅番王授計郭六觀，令禽乾。」周宗睦出使期間，恰好遇到被迫為奴的福建使者陳廷寀等人。「是時廷寀等思欲歸，悲號無聊。俄見我使者至，如自天而下，皆大喜過望。於是，我使者出檄諭柬埔寨。」柬埔寨知道明朝方面的態度後，決定將楊四等人交給明朝，並送去福建方面的使者。「柬埔寨惡楊四及妻林負德，實叛己。迺因執楊四等及廷寀數十人，令使者浮喇節世哪、陳明齎金書一葉，象牙二百斤，蜂蠟二百斤，詣邊吏，並獻見。」《明神宗實錄》萬曆八年八月壬戌：「柬埔塞（寨）酋鄭青捕逆賊楊四并金書牙蠟來獻。四，連賊林道乾黨也。先是福建巡撫耿定向諜知道乾奔暹羅，諭塞酋計擒之。酋見諭，因執四并歸原兵陳廷寀等，而乞通貢於內。部臣謂俟獲道乾後再議。上是之。」[127]

有關耿定向的行狀寫道：

> 時逆賊林道乾橫行海外，島嶼星列，迄於日際，往往為其淵藪。四出剽閩廣間。勢張甚。先生為設方略，徧檄諸寨酋，并力擒之。初，我兵得銅銃一，為柬埔鎮器。相傳失之則災害立至。寨酋皇皇無所據。先生約獻賊腹心并我兵之陷沒者數百人，乃以歸之。寨酋爇香頂受，歡語如沸。旋遣使齎金書牙蠟來謝。誓與暹羅等國擒賊報效。且歲請貢以為常。[128]

按照以上說法，是福建巡撫耿定向掌握了柬埔寨的重器，所以柬埔寨向耿定向乞和，並答應與暹羅聯合，共同對付林道乾。其時，張居正多次設計圖謀林道乾，竟然無法成功。後來也有些灰心。他給兩廣總督劉堯誨回信：「公謂諸番之計不成，彼無所容，必復反於廣，反則擒之。僕固

126　《明神宗實錄》卷九九，萬曆八年閏四月壬子。
127　《明神宗實錄》卷一百三，萬曆八年八月壬戌。
128　焦竑，《焦氏澹園集》卷三三，〈天臺耿先生行狀〉，萬曆三十四刻本，第 10 頁。

未敢以為然也。」[129] 果不其然，張居正不久又有一封信：「近得閩中信，林賊去年十二月十五日，與暹羅相疑，掠其船五隻，復走入佛丑海嶼，在彼造船。此時柬埔寨與暹羅合謀圖之，欲擒此賊以獻，不知的否。果爾，公但以靜待之，不必又差人往圖，致生得失也。」[130] 可見，當時柬埔寨、暹羅兩國聯手對付林道乾，使林道乾感到很大的壓力。「暹羅番王授計郭六觀，令擒乾。乾覺，乃格殺番眾，略其舳艫往佛丑海嶼而去。竟莫知所終。」[131]

劉堯誨在任上一直想辦法對付林道乾：「靡一日忘情東粵，嘗不惜千金重購走人海上諸國，窮逋寇，嚴各寨兵哨，犂番舶假市為寇者，搜夷羅旁殘孽無遺。」[132] 如其所云，劉堯誨派人下南洋，聯絡柬埔寨、暹羅兩國對付林道乾，這使林道乾感到很大的壓力。相關敘述，已經在本書第二卷表達。「暹羅番王授計郭六觀，令禽乾。乾覺，迺格殺番眾，略其舳艫往佛丑海嶼而去。竟莫知所終。」[133] 這是說，林道乾發現泰國官方對付他的圖謀，便遠走佛丑嶼。關於這個「佛丑海嶼」是什麼地方？張增信先生認為，必須關注暹羅灣及馬來半島有「佛」字的地名，例如佛嶼或是柔佛。[134] 今觀《塞爾登東西洋航海圖》，在大泥之北有一個名為「佛頭凣」的地方，它緊鄰於大泥，而在《蒼梧總督軍門志》中，劉堯誨言及廣東海寇何亞八、鄭宗興等「潛從佛大泥糾同番舶前來廣東外洋」。[135] 所謂「佛大泥」，應當就是佛頭凣和大泥的合稱吧？陳佳榮指出：大泥，又稱佛打泥，孛大泥，即今日泰國的口岸北大年。[136] 林道乾為廣東潮州人，這裡流行閩南語，一說林道乾為泉州人。看來，他是流寓潮州的閩南人後裔，這類情況在潮州

129　張居正，《張太岳先生文集》卷三二，〈答兩廣劉凝齋料擒海賊〉，第 9—10 頁。

130　張居正，《張太岳先生文集》卷三二，〈答兩廣劉凝齋〉，第 23 頁。

131　瞿九思，《萬曆武功錄》卷三，〈廣東‧林道乾、諸良寶、林鳳列傳〉，第 46 頁。

132　趙志皋，《趙文懿公集》卷一，〈賀大司馬督府劉凝齋公十寨功成敘〉，明刊本，第 20 頁。

133　瞿九思，《萬曆武功錄》卷三，〈廣東‧林道乾、諸良寶、林鳳列傳〉，第 46 頁。

134　張增信，〈明季東南海寇巢外的風氣 1567—1644〉，臺北，中研院，張炎憲主編，《中國海洋發展史論文集》第 3 輯，1988 年，第 331 頁。

135　應檟、劉堯誨，《蒼梧總督軍門志》卷二一，第 3 頁。轉引自張增信，〈明季東南海寇巢外的風氣 1567—1644〉，臺北，中研院，張炎憲主編，《中國海洋發展史論文集》第 3 輯，1988 年，第 326 頁。

136　陳佳榮，〈《明末疆里及漳泉航海通交圖》編繪時間、特色及海外交通地名略析〉，《海交史研究》2011 年第 2 期，第 66 頁。

是很普遍的。潮州話是閩南語的一個旁枝，而閩南語屬於中古漢語。中古漢語的一個特點是只有 15 音，也就是說，他們只有 15 個聲母，而現代漢語是 21 個聲母，因此，有些音閩南人是發不出來的。現代漢語中的某種聲母，閩南人另有讀法。例如，「佛」和「北」的聲母，在閩南人看來是一樣的。因此，「佛大泥」由閩南人雅化後，就成了「北大年」。

圖 2-10　塞爾登明代東西洋航海圖上的大泥之北，有一個名為「佛頭凱」的地名。

總之，林道乾從泰國與柬埔寨爭議的邊界區域退走，他並未走遠，只是轉移到馬來半島上的港市：佛頭凱。佛頭凱緊鄰於當時還是獨立的大泥國。

傳統說法謂林道乾萬曆元年直接從廣東南下大泥，實際上，他應是先在泰柬邊境活動，深入干涉當地政治，在失敗後一度逃往臺灣南部。萬曆六年，林道乾再度來到泰國與柬埔寨邊境區域，遭到兩國聯合攻擊，林道乾這才南下大泥附近的佛頭凱。而後因緣際會，他得到大泥國王的賞識，大泥與佛頭凱結合，成為所謂的「佛大泥」，「佛大泥」一音之轉，就是北大年了。這是馬來半島北部北大年港崛起的原因。後人追述這段歷史，認為林道乾長期在大泥活動，其實沒有那麼簡單。

張居正和劉堯誨一直關注著林道乾。張居正在給劉堯誨新的一封信中說：「承示林賊復自暹羅逃去，據彼國報，雖已喪敗，然猶能據島造船為入倭之計。則其勢強也。瑗山去彼不百里，踪跡易知，將坐待而擒之乎，抑出奇以致之乎？去歲承教謂不出今年必縛此賊，在公必有勝籌，僕不敢遙度也。」[137] 可見，此時張居正對能否抓到林道乾也失去信心了。萬曆九年，劉堯誨被解職，以後林道乾一事便無人搭理了。

事實上，林道乾的船舶仍然出沒於南海。《陵水縣志‧兵防志》的記

載，萬曆九年，有一艘林道乾的大船在陵水縣登陸取水，與當地人發生衝突，被殺死一人。可見，自萬曆六年林道乾回到老家潮州之後，林道乾的海盜活動至少又延續了三年，一直到萬曆九年還給海南島的官吏造成威脅。其時海南島上返鄉隱居的海瑞也說：「林道乾所向無敵。」[138]

按，萬曆六年之後，林道乾應是在「佛丑嶼」避風頭，反正明朝不知道「佛丑嶼」在哪裡。一旦事情過去，明朝不再嚴追此事，他在海外就自由了。實際上「佛頭圯」就在大泥邊上。而後佛頭圯與大泥合併，成為佛大泥。明朝官府對其人鞭長莫及。萬曆前期，明朝當政的宰相是以能幹著稱的張居正，為了消滅林道乾，張居正先後起用了殷茂正、凌雲翼、劉堯誨等一干能員做廣東總督，他們手下的將領有俞大猷這樣著名的水師將領，然而經過十幾年的圍剿，林道乾仍然逍遙海外。許多將領因林道乾而受處分，高級官員被調離，最終一直到張居正死，也拿林道乾無可奈何。所以，連李贄這樣的退休官員都不得不對林道乾表示佩服。關於林道乾的結局，泰國華僑有許多傳說，相傳林道乾因試炮而死於大泥。康熙《潮陽縣志》記載萬曆十年之事，「時道乾亦老矣，竟死於海上焉」。[139] 林道乾死後，他的部下仍在泰國大泥生活。林道乾的妹妹每每勸告其人行善，當地華僑對林道乾妹妹評價很好，其妹死後，當地人為其立廟祭祀。每年都有神誕日遊神活動，延續至今。

第四節　中日商人在東南亞港市的競爭

日本無法直接得到中國的商品，除了想方設法吸引中國商人去長崎貿易之外，還派出船隻到東南亞諸港貿易。他們與中國商人形成競爭與合作的關係。

一、從日本駛向東南亞的「朱印船」

明朝萬曆年間，中國的東鄰日本發生了很大的變化。從織田信長、豐臣秀吉到德川家康，日本本州的軍閥，逐漸控制了中央政權，並將他們的

138　海瑞，《備忘集》卷三，〈贈文昌大尹羅近雲入覲序〉，文淵閣四庫全書本，第54頁。
139　臧憲祖纂修，康熙《潮陽縣志》卷三，〈紀事〉，康熙二十六年刊本，第15頁。

統治擴展到全國。具有分離傾向的九州諸侯與大名，漸漸接受德川慕府的統治。日本本州商人通過慕府的權力，將九州諸島納入本州商業資本的控制之下。達成這一目的後，日本商業資本開始向海外發展。其後，出現了「朱印船」制度。

日本人向東南亞的拓展，其實很早。早在倭寇時代，日本的船隻就到過閩粵邊境的南澳島，並以此為據點向東南亞發展。1571 年西班牙人入侵馬尼拉之時，就發現當地有 40 名中國人及 20 名日本人。（注，人數諸說不同）1574 年（萬曆二年）十一月，在閩粵一帶活動的海盜林鳳率其隊伍來到呂宋，猛襲馬尼拉的西班牙人，他手下的一名大將，即為日本人莊公。1582 年，在呂宋本島的北部暴發了卡加延之戰，西班牙人與 600 餘名日本海盜大戰。1591 年，不甘日本人吃虧的日本關白豐臣秀吉向呂宋派出使者，要求呂宋的西班牙人向其進貢。西班牙人對打開日本市場很有興趣，所以，含糊其詞地回答豐臣秀吉。其時，豐臣秀吉正在策劃侵略朝鮮，沒有深究西班牙人的態度。1593 年，豐臣秀吉還企圖吞併臺灣，派使者到臺灣致書高山族人。但因語言的關係，沒有人理會這些外來的日本人。

德川家康取代豐臣家人執政後，變換手法向東南亞發展。開創所謂的朱印船制度。這是由日本慕府頒布「異國渡海朱印狀」給想去海外的商人集團。持有這種「朱印狀」的船隻，可以到東南亞的安南、柬埔寨、呂宋、暹羅等地貿易。通過這一制度，日本幕府控制了西南諸港（九州）的對外貿易權。得到朱印狀的船隻，一開始有到日本貿易的中國商船，而後以日本商船為主。中國商船也能獲得「朱印狀」，是因為當時的東南亞是中國商人的天下，日本商船不懂東南亞的航路，所以要借助中國商船的力量。其後，日本人對東南亞商業略為熟悉後，「朱印狀」主要頒給日本商船，雖說這些商船仍然聘用福建水手導航，但船隻的航行多由日本商人控制。獲取朱印狀的主要是九州大名派出的商人，以及本州的商人集團。

表 3—6　日本朱印狀領取者分類：1606—1608 年 [140]

	日本商人	日本大名	外國商人	總計
西洋航渡朱印狀	3（15%）	11（55%）	6（30%）	20（100%）

140　該表引自中島樂章，〈日本「朱印船」時代的廣州、澳門貿易〉，郭陽譯，鄭德華、李慶新編，《海洋史研究》第三輯，第 74 頁。

東南亞島嶼	15（79%）	1（5%）	3（16%）	19（100%）
東南亞大陸	47（72%）	13（20%）	5（8%）	65（100%）
總計	65（63%）	25（24%）	14（13%）	104（100%）

該表說明，日本人對中南半島國家最為看重。一般認為朱印船制度始於德川家康時代的慶長九年（1604 年），也有人認為，早在豐臣秀吉時代就有了朱印船。江戶幕府之時，朱印船制度建立初期的六年中，幕府就給106 艘商船頒布了朱印狀。這反映了江戶幕府初期日本對外通商的積極性。中島樂章統計了朱印狀頒布前六年的情況。[141] 見下表：

表 3—7　日本頒布的朱印狀情況（1603—1608 年）

年代	西洋	呂宋	密西那	汶萊	安南	東京	占城	柬埔寨	暹羅	大泥	其他
1603 年	1								1		
1604 年	1	4			4	3	1	5	4	3	4
1605 年	8	4	1	1	3	2	1	5		2	
1606 年	1	3	1	1	2	1		4	4		1
1607 年	8	4			1		1	4	4		2
1608 年	1				1		1	1	1		
總計	20	15	2	2	11	6	5	19	14	5	7

按，鄭和時代的西洋是指漳州、淳泥一線以西的國家，包括印度洋周邊的港口。明末，中國仍有東西洋之分。只是因麻六甲海峽被葡萄牙人封鎖，晚明人所說的西洋，大致是南海西南部的國家和地區。日本朱印船南下多由福建水手引導，因此，該表格中的「西洋」應是遵循福建人的習慣，指澳門及南海西南部。值得注意的是，在今屬印尼的諸多島嶼中，日本朱印船所到的國家和港口，僅限於淳泥，其他港口及菲律賓南部港口，都不見日本船隻蹤影。這說明日本商船不像中國船那樣深入南洋各個中小港口。他們主要在各大港口活動，而其最大目的，也是為了與中國貿易。在西洋中，日本商船最感興趣的是暹羅、柬埔寨、越南等中南半島國家。《明實錄》偶有日本商船的記載：萬曆三十九年六月己卯，有日本三人航海過暹羅，

141　〔日〕中島樂章，〈日本「朱印船」時代的廣州、澳門貿易〉，郭陽譯，鄭德華、李慶新編，《海洋史研究》第三輯，第 65 頁。

風漂至南直柘林營，命安置延綏。[142] 而在東洋諸港中，汶萊和呂宋是大家熟悉的，但是，「密西那」指什麼地方不明。

　　日本遠洋船的船隻。熊明遇評論日本的船隻：「其舟則遜中國遠甚，以鐵片聯巨木。鑄中無油艌法，僅以草窒，費工多而形式庳，難仰攻。今若易然者，皆掠我商賈舟。而奸人鬻番，并船鬻之耳。」[143] 這句話說出了朱印船的秘密。日本商人的朱印船大小不一，多從福建商人手中購取，並由閩南水手駕駛。小的如島津氏在福州沿海購買的載重約為 480 石（72 噸）的中型帆船，最大的船見於記載的有載重 3200 石（480 噸）的大帆船。當時福建方面的記載是：許多商船到長崎、平戶之後，被日本人以數倍的價格購取，船上商人售盡貨物之後，帶上白銀，合乘一條中小船隻回國。

　　經過多年的採購，日本人組建了一支可以南下南海的商船隊。自慶長九年之後，到日本的鎖國時代 32 年裡，日本共有 356 艘船次持「朱印狀」出海貿易，平均每年有 11 艘次。設若每艘船載有二百人，日本計有六七萬商人水手到東南亞貿易。據說日本商人每年帶到東南亞的白銀會有 20 噸白銀，採購的商品數量也很大。暹羅和柬埔寨每年銷往日本的鹿皮約 30 萬張。[144] 萬曆年間的福建巡撫許孚遠說：「若夷國之柬埔寨，多產鉛硝，暹羅亦有之。倭奴每歲發船，至交趾、呂宋地方，買運而去。此又非禁令之所能及。」[145] 可見，日本頒布朱印船制度後，日本商船常在東南亞港口出沒，貿易量不小。不過，當時的日本船隻並非完全做貿易，他們之中的部分人以海盜為業。居住在馬尼拉的西班牙人便經常受到日本海盜的襲擊，有一支由佩尼亞羅薩率領的西班牙艦隊，曾在卡加延河擊敗七艘船隻組成的日本人艦隊，其中擊毀一隻日本船，至少殺死 200 多名日本人。[146] 總的來說，晚明的東南亞，日本商團是唯一可以和中國商團相比的對手，在許多港口的市區，通常會有一個唐人街，而其邊上，也會有一個日本町。

142　《明神宗實錄》卷四八四，萬曆三十九年六月己卯，第 9119 頁。

143　熊明遇，《文直行書》卷十三，〈日本〉，第 40 頁。

144　〔澳〕安東尼・瑞德，《東南亞的貿易時代：1450—1680 年》第二卷，《擴張與危機》，第 37 頁。

145　許孚遠，《敬和堂集》疏，〈疏通海禁疏〉，第 28—29 頁。

146　羅德里格斯（Manel Ollé Rodríguez），〈菲律賓在東亞的影響（1565—1593）〉，澳門文化局《文化雜誌》2004 年秋季刊，第 17 頁。

　　由福建的角度看，日本的船隻經常穿越臺灣海峽，因而福建水師從來不敢鬆弛。「萬曆十一年閏二月，春汛，有倭操舟十餘艘，從西南來，居二三日，有倭操舟二艘，從東北來。……橫海將軍以兵釁諸倭，諸倭望見海上舳艫如雲，旌旗耀日，皆大懼，懼誅，反風走外洋。復鼓行而去也。……父老傳以為，戰陣之具，鉦鼓之教，未有甚於此時者。」「閩無它患，患苦海。三四月東南風汛，諸倭往往自粵趨閩而入於海。所從來久遠。頃頗無恙。」[147]

　　不過，這一時期穿越臺灣海峽的「倭寇」，多為日本商人。那些試圖搶劫的日本浪人船隻，大都在海上就被中國水師攔截，還未登陸就被殲滅了。

二、東南亞的日本町

　　日本人在東南亞，往往依港口而居，形成了類似唐人街的「日本町」。東南亞的重要港市，都會有唐人街和日本町並立。

　　東南亞是中國的傳統市場，到東南亞貿易的中國商船當然比日本多。福建海澄月港每年發出的船引，在 100 艘到 120 艘之間。原則上，除了少數到臺灣的船之外，一百多艘商船都是到東南亞從事貿易的。因葡萄牙人和荷蘭人先後占據麻六甲，他們很難穿過麻六甲到印度洋活動，主要在南海周邊港市貿易。其中最為重要的是澳門、馬尼拉、巴達維亞。徐光啟說：「若呂宋者其大都會也。而我閩浙直商人，乃皆走呂宋諸國；倭所欲得于我者，悉轉市之呂宋諸國矣。倭去我浙直路最近，去閩稍倍之。呂宋者，在閩之南，路迂迴遠矣；而市物又少，價時時騰貴，湖絲有每斤價至五兩者。」[148] 其時，華商想得到白銀，日本人想得到中國的絲綢、瓷器，因此，唐人街的華人和日本町的日商之間相互貿易，互相促成生意。

　　對於東南亞港口中日之間的商品貿易，福建官員心裡十分清楚。在明朝官員與日本長崎的明石道友交涉時，明朝官員說：「旋又諭以上年琉球之報謂汝欲窺占東番北港，傳豈盡妄」？「懸示通倭禁例益嚴其實。每歲

147　瞿九思，《萬曆武功錄》卷二，〈福建・鎮海龍王宮諸倭列傳〉，明萬曆刊本，第4—5頁。

148　徐光啟，〈海防迂說〉，《明經世文編》卷四九一，《徐文定公集四》，第5438頁。

引販呂宋者一十六船，此等唐貨豈盡呂宋小夷自買而自用之乎？又各遠嶼窮棍挾微貲涉大洋走死鶩利于汝地者，弘綱闊目尚未盡絕，汝若戀住東番，則我寸板不許下海，寸絲難以過番。」[149] 中國與日本的貿易廣泛存在於東南亞港口。何喬遠說：

> 日本國法所禁，無人敢通，然悉奸闌出物，私往交趾諸處。日本轉手販鬻，實則與中國貿易矣。而其國有銀名長崎，別無它物。我人得其長崎銀以歸，將至中國，則鑿沉其舟，負銀而趨。而我給引被其混冒，我則不能周知。要之總有利存焉。[150]

越南南部的會安是中國與日本商人交換的主要碼頭。其時，因倭寇問題，中國嚴禁商人到日本貿易，日本商人為了尋找中國商品，不得不遠航東南亞諸國的港口，在呂宋的馬尼拉、暹羅的大城以及越南的會安諸港與華商貿易。其時，暹羅的港口在河道內腹，不易航行，馬尼拉在西班牙人控制之下，變故甚多。因而，越南的會安異軍突起，成為中日貿易的重要仲介港。據統計，在日本發出的 356 張朱印狀中，到越南沿岸貿易的有 130 艘，其中抵達會安、順化及周邊港口的有 93 艘。[151] 可見，廣南的會安是越南主要外貿港口。日本人評論：「國之總名稱交趾，由此國內廣南處來日本之船，稱為交趾船。」「此國中，唐人多居住。又福州、漳州之商船至此國，調配各物後，抵日本者謂之交趾船。居住之唐人，有受國王之命，訂做渡海日本商船者。」[152] 迄至明末，雖說日本不再發遣朱印船，但是，會安的華人仍然給日本輸送各種物產。在日本大名鼎鼎的「交趾瓷」，就是這樣來的。近年的考古研究發現：所謂交趾瓷，主要來自漳州府位於平和縣、南靖縣境內的磁窯，它由漳州商人運到越南，再轉運日本。除了磁器外，明末的越南也向日本及東南亞市場出口大量的生絲。過去以為這些品質不太多的生絲多是越南本地產品，現在看來，這和所謂「交趾瓷」一樣，其中亦不乏來自南中國的商品。

---

149 《明神宗實錄》卷五六○，萬曆四十五年八月癸巳朔。
150 何喬遠，《鏡山全集》卷二四，〈開洋海議〉（崇禎三年在南都作），第 689 頁。
151 岩生成一，《朱印船貿易史の研究》，吉川弘文館 1985 年修訂版，第 114—129 頁。
152 長崎西川求林齋編輯，《增補華夷通商考》第三卷，〈交趾〉。寶永五年刊本，日本三井文庫收藏。轉引自福建省博物館、日本茶道資料館等，《特別展：交趾香合——福建出土的遺物和日本的傳世品》，第 138、143 頁。

　　明末日本人在東南亞有很大發展，他們有時與華人合作對抗歐洲殖民者，有時也和歐洲殖民者合作，打擊華人。例如，萬曆三十一年馬尼拉大屠殺之時，日本人幫助西班牙人屠殺起義的華人。他們之間，也有相互合作。例如在越南，在暹羅，都有一些合作的例子。不過，日本人在東南亞的特色，還是白銀和武力的使用。來自日本的白銀是東南亞港市運轉的潤滑劑，日本民間武裝曾在暹羅介入當地政治，在泰國大城府活動的日本人山田長政以武力支持國王，後仕至宰相。

　　從發展趨勢來看，東南亞的華商和日商之間有衝突也有融合，因為，中日貿易是日本商人到東南亞貿易的主要理由。就衝突一面來說，在馬尼拉的日本人曾經協助西班牙人屠殺中國商人。而中國水師在臺灣海峽也常將日本商船當作倭寇攻擊。熊明遇坦率地說：「乃海上所斬捕稱倭者，率非亂倭，大都皆商倭，彼又貪漢物不已。恐自是利害之數，有非常法所能操馭者。度外事是有以賴名將哉，是在豪傑名將哉！」[153] 可見，當時福建官方很擔心這種形勢的發展。不過，明末形勢發生巨變。日本的江戶幕府十分警惕天主教在日本的傳播，後來決定以武力、酷刑迫使七十萬天主教徒改宗。為了斷絕國內天主教徒與海外的關係，1612 年江戶幕府宣布了「鎖國令」。1635 年，幕府又宣布禁止一切日本船隻及日本人航行到海外。這樣，曾經時常穿越臺灣海峽的日本朱印船漸漸消失了，中日矛盾得到緩和。而東南亞那些日本町，由於得不到本土的支持，隨著居人老去，漸漸消失於歷史的洪流中。其後，在東南亞港市廣做生意的外來亞洲人，就以華人為主了。

小結

　　中國與東南亞國的經濟貿易關係源遠流長，從塞爾登所藏《東西洋航海圖》中可以知道，晚明華商往來的主要東南亞港口，大都位於南海周邊區域。在利用季風航行的帆船時代，福建與廣東的港口是南海周邊諸港往來的樞紐，從月港、安海、廈門出發的船隻，順著季風，大約幾個月就可抵達南海任意一個港口。次年，這些船隻又可隨著相反方向的季風回到家

153　熊明遇，《文直行書》卷十三，〈日本〉，第 41 頁。

鄉。華商利用這一優越的條件，早在宋元時期就建立了遍及東南亞的商業網絡。明代前期，雖然有明朝的海禁，但閩粵民眾仍然出海貿易，維持了商業網絡。晚明，這一傳統商業網絡仍在延續。如本章所示，晚明的東南亞區域，不論是東洋還是西洋，到處都有華人在經商，或是從事某項手工業。由於華人是東南亞商業網絡的主要經營者，有發展經濟雄心的東南亞諸國君主都將吸引華人當作開發經濟的首要條件。暹羅實行這一政策獲得顯著的成功，明末，執掌越南政權的阮氏和鄭氏，分別在南越和北越實施這一策略。華人是東南亞諸國發展商品經濟的骨幹力量，由明中葉以後興起的東南亞城市，無不與華人有關。

晚明東西洋主要港市有：呂宋的馬尼拉，北婆羅洲的渤泥，爪哇的巴達維亞、萬丹，蘇門答臘的舊港、亞齊，還有婆羅洲東南的望加錫，安南的會安，以及南海北部閩粵二省之廣州的澳門及潮州的南澳，福建的月港、安海港、廈門，臺灣的北港，這些港市構成了環南海貿易圈。這些港口大都有閩商在活動，構成了遍及東南亞的商業網絡。歐洲人來到東南亞之後，分踞各港，但都離不開華商的合作，因此，晚明華人在南海的商業網絡仍在延續。

明朝末年，歐洲殖民者已經占據菲律賓的馬尼拉，印尼的巴達維亞，馬來亞的麻六甲，可以說已經控制了東南亞海島國家的主要港口。這種狀況大大妨礙了華商與日本商人在東南亞的貿易。於是，越南的會安諸港興起，成為中國與日本轉口貿易的主要港口，這是明末越南海洋經濟振興的背景。至於暹羅和柬埔寨一直保持與中國的貿易關係，經濟發展有一定的水準。

萬曆年間中國海洋力量十分強大，產生於嶺南的海寇向南海發展，於是發生了林道乾赴馬來半島的大泥以及林鳳襲擊馬尼拉的事件，震動東南亞國家。不過，當時中國的海洋力量是分裂的，來自嶺南的林道乾和林鳳兩股海寇是明朝水師圍剿的對象，因此，明朝官府試圖和安南、暹羅、柬埔寨等國聯合，消滅逃到海外的林道乾和林鳳。中國海洋力量的分裂，是其無法在東南亞產生更大影響的原因。17 世紀另一個問題是：日本的商業勢力伸入東南亞，東南亞諸國的碼頭，往往有唐人街和日本町之分，日本町大多比唐人街小，但有一定的影響。雙方長期競爭合作，使東南亞經濟

更加活躍，政治更加多變。不過，因日本統治者與西方殖民者的天主教派發生衝突，最終決定「閉關鎖國」，自動切斷了日本與東南亞的聯繫。海外的日本町逐漸消亡，唐人街減少了一個重要對手。這對華人的發展是有利的。

第三章　晚明中國與日本、琉球的關係

　　晚明中國與日本在經濟上相互依賴，而在政治上卻是相互對立。倭寇襲擊浙閩沿海的事件時常發生，閩浙水師也常攻擊路過臺灣海峽的日本船隻。不過，中國與日本之間的貿易仍在發展，這一階段的中日關係仍然是東亞外交最重要的事件。在中國與日本之間，琉球的地位十分重要。

圖 3-1　東西洋航海圖上的琉球國，明顯被放大了。

第一節　晚明福州與琉球的貿易

　　晚明琉球進貢都由福州的福建市舶司接待，福州與琉球的關係日益加深。琉球兩年一貢，除進貢北京的商品之外，還會帶來不少當地的土產，也會從福建採購各類商品轉售於日本等地。不過，琉球的對外貿易也有起落。

一、琉球與明朝貢賜關係的延續

　　晚明朝廷與琉球仍然保持良好關係，「諭定二年一貢，每船百人，多不過百五十人。貢道由福建閩縣。貢物：馬、刀、金銀酒海、金銀粉匣、瑪瑙、象牙、螺殼、海巴、擢子扇、泥金扇、生紅銅、錫、生熟夏布、牛皮、降香、木香、速香、檀香、黃熟香、丁香、蘇木、烏木、胡椒、硫黃、磨刀石、右象牙等物，進收硫黃、蘇木、胡椒運送南京該庫，馬就于福建發缺馬贏站走遞，磨刀石發福建官庫收貯。」[1]琉球使者頻繁地往來於兩地。見下表：

表 3—1　晚明琉球貢船數及搭乘人數 [2]（1522—1644 年）

年代	貢船數	搭乘人數
嘉靖	57 艘	7456 人
隆慶	10 艘	1159 人
萬曆	50 艘	4378 人
天啟	7 艘	644 人
崇禎	31 艘	2529 人
總計	155 艘	16166 人

　　以上總計晚明代 123 年間，琉球共派出 155 艘次的貢船，搭乘的人員共計 16166 人次。平均每年派出 1.26 次貢船。其密度雖然不如明代前期，但每年一艘以上，也是很可觀的。晚明琉球是兩年一貢，每次兩艘，有些特殊年分也會有琉球貢船到來，所以，平均數會超過兩年兩艘。

　　新的琉球國王繼位，都要向明朝請封。明朝每次都會派遣使者到琉球，現場封賜新國王。明代後期，派出的使者有嘉靖十三年的陳侃，四十年的郭汝霖，萬曆七年的蕭崇業和三十四年的夏子陽、王文邁，崇禎六年，又有杜三策出使。總之，雙方往來相當頻繁。

1　俞汝楫編，《禮部志稿》卷三十五，文淵閣四庫全書本，第 5 頁。
2　赤嶺誠紀，《大航海時代の琉球》，沖繩タイムス社，1988 年。

　　晚明琉球不斷受到日本薩摩藩的侵略。先是，因琉球向明朝進貢，在海外聲勢很大。日本與琉球之間的島國，紛紛加入琉球國麾下。在嘉靖前期，與九州隔海相望的種子島也歸琉球管轄。不過，嘉靖年間的薩摩藩逐漸發現海外利益龐大，開始向海外擴張。他們向日本與琉球之間的島鏈發動攻勢，不斷把這些孤立無援的小島收入麾下。萬曆年間進抵琉球主島附近。萬曆三十七年（1609 年），薩摩藩發兵琉球，將琉球國王俘至日本軟禁，多年後才將琉球國王放歸其國。此後，薩摩藩控制了琉球的政事。為了發展對華貿易，薩摩藩讓琉球王繼續向明朝進貢。因此，從法律上來看，琉球一直維持獨立的地位。薩摩藩之人還曾想冒充琉球使者。「王子，冒琉球貢。」[3] 卻被明朝官吏識破。其後，薩摩藩主要是通過琉球的貢使進口一些中國的商品。琉球與明朝恢復交通之後，常常提出購買生絲及絲綢的要求。福州人都知道，琉球本身並無大量消費絲綢的習慣，他們購買的絲綢實際上是為背後的日本鉅賈代辦的。這些事件讓福建、浙江官府日益警惕薩摩藩的行為。琉球王室也不甘心被當作附庸的地位，琉球國王回到琉球後，竭力發展與明朝的關係，他們雖然難以拒絕薩摩藩的商業要求，但在政治上更傾向於明朝，經常向明朝提供有關日本的情報。因此，明朝與琉球的關係得以維持。琉球進貢船仍然是兩年一貢，崇禎年間，明朝派出使者到琉球封賜新王。

　　琉球方面積極向中國的朝廷進貢，是深謀遠慮的行動。琉球國土極小，北鄰富有侵略性的日本，一直擔心日本會吞併她。琉球成為中國的貢屬國，便使日本不敢輕易吞併琉球，事實上，琉球的這一策略，使其保持了 200 年的國家獨立，即使被日本薩摩藩擊敗後，日本仍然不敢公然取消中山國，而琉球國的王室，也靠向中國進貢保持自己的地位一直到清末。

二、晚明琉球與福建的貿易往來

　　明代琉球進貢的存在，實際上是中國與日本仲介貿易的橋梁。其時，漳州商人經常到琉球貿易，其中不少貨物最終轉運日本。例如，嘉靖十四年，跟隨陳侃到琉球貿易的商人在琉球聽到日本的消息，就隨著日本商人到日本貿易，這是福建商人開拓日本市場的重要環節。福建泉州府安溪縣

3　茅瑞徵，《萬曆三大征考》，巴蜀書社中國野史集成本，第 646 頁。

的《尚卿福林吳氏族譜》記載本族的吳文英，嘉靖十四年三十歲時「往商日本無回」。[4] 可以證明這次探險並非順利。對琉球人來說，通過進貢貿易從中國得到的商品，大多出售於日本。所以，嘉靖年間的琉球實際上是中國日本貿易的一個管道。由於琉球在東亞貿易中的特殊地位，琉球國也將進貢當作一件大事。他們每年都會派出船隻到東南亞的麻六甲等地採購商品，然後到中國進貢。得到中國商品之後，琉球商人又會將中國商品出售於日本。這樣，琉球成了東亞的交通樞紐，海上走私商人會將各地的貨物都帶到琉球出售。「溫台漳泉濱海之民，居無陶穴環堵之庇，俯仰資無穰畝桑土之辦衣食，勢必賴樵漁于海以自活，故其人無不習于海。其富者滅膏壤名田以洩其厚藏，則腰重裝隨琉球、暹羅等國彝朝貢之使以為賈。來則挾彼國所多中國所鮮以為市，歸則載中國所多彼國所鮮以為市，展轉販易，募徒自護。」[5]

嘉靖年間，琉球到東南亞的商船漸漸減少。在麻六甲的葡萄牙人也感到奇怪：他們剛到麻六甲時便遇到了琉球商船，待他們完全掌握麻六甲之後，反而很難見到來自琉球的商船。琉球《歷代寶案》的記載也表明這一點。在正德年以前，琉球赴滿剌加的商船共有 13 艘次，其中正德年間即有 3 次。但是，嘉靖年間琉球赴滿剌加的商船數降為零。[6] 這應是大批漳州人、潮州人到東南亞貿易，他們不僅將南洋商品帶到中國，還將南洋商品帶到琉球，這樣，琉球的商人就沒有必要到遙遠的東南亞去做生意了。嘉靖年間出了一件漳州人和潮州人在琉球械鬥的重大事件。

嘉靖二十一年（1542 年），嚴嵩的〈琉球國解送通番人犯疏〉提到：「臣等看得奏內陳貴等七名，節年故違明禁，下海通番，貨賣得利。今次適遇潮陽海船二十一隻、稍水一千三百名，彼此爭利，互相殺傷，蓋禍患所繇起自陳貴，厥罪實深重矣。」[7] 這條史料表明，當年潮州商人到琉球貿易的船隻眾多，竟有 21 條船隻、1300 多名水手！然而，同年到琉球貿易的漳州商人更多，竟有 26 條船隻！其水手數量雖未統計，從他們敢於主動挑戰

---

4 莊為璣、鄭山玉等，《泉州譜牒華僑史料與研究》，第 71 頁。
5 陳昌積，〈送大中丞秋厓朱公序〉，黃宗羲編，《明文海》卷二九五，第 7 頁。
6 謝必震，《中國與琉球》，第 225 頁。
7 嚴嵩，〈琉球國解送通番人犯疏〉，《明經世文編》卷二一九，《南宮奏議》，第 2301 頁。

潮州商人來看，他們的數量應當更多些。由於漳潮商人過多，琉球有所畏懼，便趁著漳潮商人械鬥的機會，將其財產沒收，並將為首的七名人犯送返中國。其時，正是嚴嵩當政時期，所以，在其奏摺中記錄了這一事件。嚴嵩後來嚴厲譴責琉球方面的所作所為。按照當時的律令，當時出海貿易的人都得處死，這些犯人的命運可想而知。很顯然，這一事件妨礙了漳潮商人在琉球的生意，明代後期漳潮商人去琉球貿易的事例不算太多，因為，隨著日本市場的開拓，多數漳潮商人直接到日本貿易，琉球漸漸失去東亞貿易中樞的地位。當然，由於琉球在海外仍有一定地位，此地不會完全沒有閩粵商人，不論情況怎樣惡化，總會有少數商人到琉球貿易，帶來各地的商品，供給琉球的需要。琉球用以進貢明朝皇帝的商品，應當來自經常到琉球貿易的閩粵商人。

　　關於晚明年間琉球貿易的衰退，出使琉球的使者有直接的感受。萬曆後期準備出使琉球的謝杰總結嘉靖以來各使團的獲利情況：

> 洪武間，許過海五百人行李各百斤，與夷貿易；實以利噉之，亦以五萬斤實所載也，著為絜令。故甲午（嘉靖十三年陳侃）之使，因之得萬金。總計五百人人各二十金上下，多者至三四十金，少者亦得十金，七、八金，於時莫不洋洋得意。辛酉（嘉靖四十年郭汝霖）諸役冀仍如前，其往者率皆工巧精技；二使之警於倭而獲免者，未必非得人之效也。比所獲利，僅六千金。以五百人計之，人各十二金耳；多者可二十金，少者或五、六金。不無稍觖所望。是以己卯（萬曆七年蕭崇業）招募，僅得中才應役，不能如前之精工，然尤冀其如辛酉也。不意值夷貧甚，所獲……亦無不免大失所望。吾輩至捐廩助之，而後得全師以歸。蓋甲午之使（陳侃），番舶轉販於夷者無慮十餘國，夷利四倍。故我眾之利亦倍。辛酉之使（郭汝霖），番舶轉販於夷者僅三四國，夷利稍減；故我眾之利亦減。己卯之使（蕭崇業），通番禁弛，漳人自往販，番一舶不至，夷利頓絕；故我眾之利亦絕；勢使然也。[8]

　　按，明朝為了鼓勵熟練的水手、夥長參加出使琉球的使團，特地允許

8　謝杰，《日東交市記》，影印臺灣文獻叢刊本，錄自《中國邊疆研究資料文庫・海疆文獻初編・沿海形勢及海防》第三輯，第 18 冊，第 456 頁。

使船隨行人員攜帶商品到琉球貿易，人數限五百人，每人限一百斤貨物。這個制度一直到明代後期仍是如此。「從官以下，多負漢物與市。」[9]此處使團獲利「萬金」便是指使團隨行的使員、工役隨帶貨物所得到的利潤。

如上所述，嘉靖十三年（1534 年）陳侃使團隨行人員在琉球獲利最多，是因為當時的琉球是東亞貿易總心，有來自十多個國家的商船到當地貿易，陳侃使團使員工役帶來的商品可使琉球人獲利四倍，因而使團成員帶去的商品也能獲利兩倍；嘉靖四十年（1561 年）前後，與琉球貿易的商船不多了，只有來自三四個國家商船，琉球接納使團員役的商品，獲利水準下降，因此使團總獲利僅六千兩銀子；迄至萬曆七年（1579 年）的使琉球團隨行工役，總獲利僅剩三千兩銀子！為什麼無法獲利呢？謝杰也說明了原因：自隆慶年間月港通商之後，漳州商人出海貿易合法，各個港口都有商人前來貿易，琉球因而失去了東亞中樞港的地位，到此貿易的明朝使團也難以贏利了。晚明謝肇淛說：「琉球國小而貧弱，不能自立。」、「聞其國將請封，必儲蓄十餘年而後敢請。」[10]可見，晚明琉球的經濟大不如前。

嘉靖年間倭寇侵襲中國東南海疆的事件發生後，琉球在東亞的位置又發生微妙的變化。當時倭寇的領袖王直等人都以日本西南海上的五島為根據地，明朝為了防止倭寇入侵事件再次發生，便嚴禁東南沿海的對日本貿易。此後不要說日本商人無法到中國貿易，連閩粵一帶的海商也很少去日本貿易，總之，這一禁令在很長一段時間內使日本人無法直接得到中國的商品。此後，日本人只好求諸間接貿易。這樣，琉球在東亞的位置重新得到重視。琉球人將在中國得到的商品出售於日本，儘管數量有限，但不失為一條有利可圖的商道。萬曆三十四年夏子陽出使琉球前，發生了這樣一件事：「軍門聽用探倭把總許豫，名為探倭，實為通倭。先年勾引倭僧載回，經問大辟。去年六月，因桅木未得，夷官請給咨文回國馳報，並求夥舵護送，以便熟識山嶼。臣等以事理可從，許之。乃許豫潛將常販日本弟姪許美等及違禁貨物，賄夷官王立威搭船載去，見在日本可據。」[11]這件事情表

9　熊明遇，《文直行書》卷十三，〈東番〉，第 29 頁。

10　謝肇淛，《五雜組》，第 82、85 頁。

11　夏子陽，《使琉球錄》，錄自《中國邊疆研究資料文庫‧海疆文獻初編‧沿海形勢及海防》第三輯，第 18 冊，第 388 頁。

明，當時在琉球當官兵王立威，接受賄賂之後，幫助閩商許美將貨物運到日本銷售，其後，許美人在日本。可見，這是一項閩人經過琉球到日本貿易的事件。事實上，日本的薩摩大名在萬曆三十七年占領琉球之後，僅過幾年便許可琉球國王返回故土，就是看中了琉球國可以向中國進貢的權利。薩摩的島津氏利用與琉球國王的關係做中國與日本之間的仲介貿易，這是琉球能夠掙脫日本薩摩藩控制重建王國的重要原因。熊明遇指出：「（日本薩摩藩）就近又併琉球，而擄其王，旋又釋之。琉球故我之封貢海外藩，其立新王，我必遣給事行人賫璽書、置大舶，航海往返，費鉅萬，今廢置由倭。即琉球每歲有遣貢之舶，大抵奉日本之指云。」[12] 實際上，琉球國王不滿薩摩藩的干涉，繼續向中國進貢，有借中國之力擺脫薩摩藩的意思。因此，很多時候，琉球都會向明朝通報消息。不過，在經濟方面，琉球無法拒絕薩摩藩通過進貢貿易的要求。明末，從琉球來到福州的使團，每每付出數千兩白銀購買「白絲」，這類商品，其最終目的地應是日本。對於這點，在福州家居的周之夔看得很清楚：

> 民間樂生，伊始而無端，有奸人勾引小夷買絲一事。以跡觀之。若屬夷求市之常，而實非琉球物也。倭資本也，非琉球意也。倭脅使也。琉球介兩大之間，猶曰勢不得已，乃奸人馮季鼎輩，因以為利，夫小民通番緝獲，必殺身破家。今小夷挾倭以要我，而季鼎輩，又挾夷以為通番，窩主罪大罰漏，殊非法之平也。況祖制從無買絲之條，又蒙憲臺具題奉嚴旨申禁之下，而群奸公然誆夷銀四萬兩，日夜出絲，今廠中現有真倭，奸人導以行兇颺脫之術，琉球奉倭，而陽作恭順，哀請動曰：無絲歸國，必騈戮。果爾，亦桓宣武所謂自殺他家婢，何預卿事者。倘過信而狥之，或明知而縱之，此不首反居下，足反居上乎？試問琉球人民幾何財貨幾何？而歲歲買絲？試問琉球自國初附屬二百年，何以向不買絲而可立國，今不買絲而遂無衣？且天朝不許買絲，小夷何得戮使？亦狡甚矣。馮季鼎輩兜其銀，為之設策，絲可出，則享五倍之利。絲不可出，則曰銀已散，而官不肯奈何？況絲既禁矣，何價可評？五倍之利歸奸橐，又哄夷，評價五千金謂代打點衛門，饋送鄉紳。[13]

---

12 熊明遇，《文直行書》卷十三，〈日本〉，第 37 頁。

13 周之夔，《棄草集・二集》卷一，〈上沈雲升中丞公祖論夷絲書〉，第 1319—

　　如上所述，周之夔明確指出：琉球用來福州購絲的這筆銀子來自日本。其時，琉球人生活簡樸，一向不穿絲綢。明初朝廷賞給諸進貢國很多絲綢，只有琉球王拒絕，情願要鐵鍋、磁器這類東西。因此，琉球人從來不在福建採購生絲和絲綢。明末的十幾年裡，琉球人忽然樂衷於絲綢採購，其資本顯然來自日本。周之夔是個精明人物，一眼看穿琉球人資金的來源。不過，他也指出：琉球人有被日本人逼迫的苦衷。他和其他福州士大夫一樣，怕絲綢貿易引來倭寇再次入侵，所以主張官府為琉球人討欠款：「擒奸追銀給夷，早遣還國」。[14]

　　在琉球保留下來的幾份崇禎年間的文獻裡，也涉及了琉球商人在福州採購生絲的案件。例如，崇禎九年十月，琉球國王咨文福建省布政使司，要求福建省官員支持琉球官商討欠。其中林泰、何六等 31 個福州商人欠琉球商人的白銀達 4998 兩，折合白絲達 4594 斤。[15] 然而，這個案子還未結束，崇禎十一年，又發生了同類性質的案件。這一次，何榮、梁跡等福州商人共欠琉球官商 39876 兩白銀！[16] 對於這兩宗案件，福建布政使司終於做出了琉球國勝的判決。但福建的官員也覺得這種案子給自己帶來麻煩，對琉球做出以下規定：「以後該貢之年，除布帛器用外，不許市買白絲及違禁之物，永著為令。」[17] 不過，這一規定讓琉球方面很不爽，從崇禎十二年開始，琉球國王屢次要求福建官府開放在福州購買白絲之禁。他認為「香山澳夷（指澳門的葡萄牙人）」都有權採購生絲，為什麼琉球不可以呢？在他們的努力下，崇禎十三年，這條禁令應是廢除了。

　　總的來看，明末崇禎年間，琉球國官商在福州採購白絲明顯是為了供給日本的市場，琉球國王的資本，其中應有部分來自日本九州的薩摩藩。然而，由於福州有一些不道地的商人欺詐琉球商人，使這種貿易進行得不太順利。雖然日本人對其寄予很大希望，最終未能起很大作用。

　　1321 頁。

14　周之夔，《棄草集‧二集》卷一，〈上沈雲升中丞公祖論夷絲書〉，第 1323 頁。

15　沖繩縣立圖書館史料編集室，《歷代寶案》卷二十，沖繩縣教育委員會 1992 年，第 659 頁。

16　沖繩縣立圖書館史料編集室，《歷代寶案》卷二十，第 668 頁。

17　以上參見謝必震，《明清中琉航海貿易研究》北京，海洋出版社 2004 年，第 79—83 頁。

三、在琉球發展的華人三十六姓

　　明代的華商遍布亞洲東部各地，但留居琉球的人不是太多。萬曆三十四年到琉球出使的夏子陽說：「海島之國，惟琉球稱貧瘠；蓋地無物產，人鮮精能，商賈又復裹足不入其境，故一切海上奇詭靡麗之珍詘乏焉。其貢獻方物寥寥，固宜爾也。」[18] 如其所說，琉球對華人的吸引力似不如其他國家。但是，琉球位於東亞海道之上，亦有一定的魅力。《福建通志》記載：「洪永間二次賜琉球國閩人三十六姓，皆晉江、南安、龍溪、長樂人及福州河口人。張學禮使錄云：賜三十六姓，以教化三十六島。後多讀書國學及充歷年貢使，今諸姓凋謝，僅存蔡、鄭、梁、金、林五姓。萬曆三十四年續賜毛阮二姓，皆住於久米村。」[19] 可見，晚明在琉球生存下來的華人主要有七姓。晚明才到琉球的毛阮二姓是來自常與琉球貿易的那一群人中。晚明陸續有些華人移居琉球。[20] 萬曆中，「同安人陳甲者，商於琉球」。[21] 萬曆三十年浙江巡撫的一件案子中，有一名為林元的華人到琉球謀生。[22] 池宮正治編的〈嘉德堂規模帳〉記載明代入居琉球久米村的華人：

> 林姓，萬曆三年自當地入唐榮，今石原也。王阮二姓，萬曆十九年自唐渡來，今國場濱比嘉也。毛阮二姓，萬曆三十五年，奉命遷中山，今與世山神村也。蔡姓，萬曆三十八年，自當地入唐榮，今伊計也。梁姓，萬曆年間自當地入唐榮，今兼段也。陳姓，萬曆四十五年，自唐飄蕩到中山，今幸喜也。周姓，崇禎年間，自當地入唐榮，今阿嘉領也。[23]

　　其中毛阮二姓尤其值得注意。毛阮二姓的祖先阮國和毛國鼎祖居福州的河口。相傳毛氏祖先為漳州龍溪人。阮國和毛國鼎在福州時，與琉球館的琉球人常有來往。這在河口是一種常態。李廷機說時當時的琉球航線：

18　夏子陽，《使琉球錄》《中國邊疆研究資料文庫·海疆文獻初編·沿海形勢及海防》，第三輯，第441頁。

19　郝玉麟等，雍正《福建通志》卷六十四，〈外島〉，第4頁。

20　廖大珂、輝明，《閩商發展史（海外卷）》，蘇文菁總編，《閩商發展史》，第10—11頁。

21　金安清，《東倭考》，《倭變事略》上海書店出版社1982年，第205頁。

22　沖繩縣立圖書館史料編集室，《歷代寶案》卷七，第二冊，第230頁。

23　池宮正治編，〈嘉德堂規模帳〉，賴正維，《東海海域移民與漢文化的傳播——以琉球閩人三十六姓為中心》，社會科學文獻出版社2016年，第34頁。

「閩去琉球萬里，匝月始通以一舟，而數百命之安危隨之」[24]。由於海程遙遠，琉球人有時會迷航。萬曆二十四年（1596 年），福建巡撫命阮國和毛國鼎等人護送迷航的琉球人回國，阮國還在琉球娶了妻子。萬曆二十四年，再次發生琉球進貢船迷航之事，阮毛二人再次護送琉球使船回國。其後，阮毛二人在琉球取得通事的職位。萬曆三十四年，阮國成為琉球國的正議大夫，毛國鼎為都通事，二人率琉球使團到明朝進貢。毛阮二氏在琉球的獨特地位引起明朝的關注，最終認可他們在琉球的地位。毛氏家族後來成為琉球久米村的巨族。[25]

琉球到福州的進貢船以福州南部的河口為其停泊之地。於是，在福州河口形成了一批專門從事琉球貿易的居民。如陳侃所說：「閩縣河口之民約十之八，因夷人駐泊於其地，相與情稔，欲往為貿易耳。」[26]「福州城外海洲名河口，居十九姓，交往琉球國，諳其語性。」[27]他們的祖籍，也許閩南人更多。因為，早期福建市舶司一直長駐泉州，泉州派到琉球的夥長等人，應當都是閩南人，而且以擅長航海的龍溪人居多。[28]例如，在琉球相當出名的毛氏，原在河口一帶生活，而其祖先原為龍溪人。

在琉球久米村定居的華人，在琉球對明朝的外交方面具有相當的發言權。他們中的許多人被選為通事乃至使團領袖。例如曾任琉球中山王長史的蔡璟，他的後人中到明朝進貢的，還有嘉靖九年的使者蔡瀚，嘉靖二十一年長史兼通事蔡廷美，嘉靖三十九年的正議大夫蔡廷會；鄭氏中，嘉靖六年的長史鄭繩，萬曆二十八年的長史鄭通；他如嘉靖三十九年長史梁炫，萬曆二十三年使者于灝，萬曆四十年的柏壽、陳華等，也都是在琉球定居的華人吧。[29]

24　李廷機，〈乞罷使琉球疏〉，《明經世文編》卷四六○，《李文節公集》，第 5039 頁。
25　賴正維，《東海海域移民與漢文化的傳播——以琉球閩人三十六姓為中心》，第 143—145 頁。
26　陳侃，《使琉球錄》，錄自《中國邊疆研究資料文庫・海疆文獻初編・沿海形勢及海防》第三輯，第 202 頁。
27　陳全之，《蓬窗日錄》卷一，第 39 頁。
28　二十世紀三十年代，東恩納寬惇據琉球的《歷代寶案》做出統計，明清從事貢賜貿易的琉球三十六姓有蔡、鄭、梁等 27 姓。其中排前幾位的有：梁姓 160 人，蔡姓 150 人，鄭姓 114 人，林姓 90 人，陳姓 59 人，金姓 56 人，程姓 37 人。謝必震擴大搜索範圍，從明清文獻中輯出 41 姓閩人。
29　李國祥等重編，《明實錄類纂・福建臺灣》，第 236—248 頁。

第二節　晚明對日本貿易的低潮時期

　　明朝面對倭寇的入侵，十分警惕。即使在隆慶元年允許商人可以從漳州的月港到海外通商，仍然嚴禁他們到日本貿易。因此，隆慶及萬曆三十年以前，明朝對日本貿易處於低潮時期，只有少數閩粵商人仍在進行走私貿易。

一、晚明閩浙巡撫與重開中日貿易的交涉

　　嘉靖年間的倭寇使明朝下決心在沿海實行針對日本的海禁，這一政策自日本最後一次進貢的嘉靖二十七年之後，越來越嚴厲。隆慶時期，明朝允許漳州月港對外通商，但有約束。許孚遠的〈疏通海禁疏〉說：「隆慶初年，前任撫臣塗澤民用鑒前轍，為因勢利導之舉，請開市舶，易私販而為公販，議止通東西貳洋，不得往日本倭國，亦禁不得以硝黃銅鐵違禁之物夾帶出海。奉旨允行，幾三拾載。」[30] 在這兩條約束之下，月港商人只能到東南亞國家貿易。但是，對日本貿易是禁止的。隆慶萬曆時期管理月港的官員注意到：凡是去南洋的商船都是在秋冬季節乘東北風發船，而去日本的商船必須在春夏東南風季節出發，因此，他們嚴格控制商船出發的時間，並嚴格驗收商舶回航的期限。這就使月港的福建商船無法直航日本貿易。這樣，中國與日本之間的直接貿易大大減少。尤其是萬曆二十年（1592年）日本侵朝戰役發動後，明朝對日本的制裁更為嚴厲，福建巡撫許孚遠在〈疏通海禁疏〉一文中提到：「案先准兵部咨為申嚴海禁并禦倭未盡事宜以弭隱患事。內開凡有販番諸商告給文引者盡行禁絕，敢有故違者照例處以極刑，官司有擅給文引者指名參究等因，題奉聖旨是著該撫按官嚴加禁緝，犯者依律究治，欽此。」[31] 在這一嚴厲的措施施行之後，據日本方面的史料，從隆慶元年（1567 年）月港開港到萬曆三十五年（1607 年）的40 年間，只有很少的中國船到日本貿易。其中可尋的例子：萬曆十年，對馬島有「走番漳州人曾六哥」。萬曆十九年從日本出發的船中，「漳州客人振峰貨舩至呂宋國」，「漳州客人王環山船至漳州海澄起旱」，「漳州

30　許孚遠，《敬和堂集》疏卷，〈疏通海禁疏〉，第 26 頁。
31　許孚遠，《敬和堂集》疏卷，〈疏通海禁疏〉，第 19—21 頁。

客人林紹岐在彼販有白麵一船」，後至呂宋國。[32] 日本關白豐臣秀吉發起侵朝之役前，許多在日本謀生的漳州商人回國向明朝官府告急。明朝對日本的封鎖達到最嚴厲的階段。木宮泰彥據《外國入津記》云：「尤其在豐臣秀吉用兵朝以後，明朝的商船似乎一度完全絕跡，直到慶長五年（1600 年、萬曆二十八年）才開進長崎進行交易。」[33] 日本薩摩藩的島津義久於慶長十一年（1606 年、萬曆三十四年）致書琉球王尚寧的信中說：「中華與日本不通商舶者，三十餘年于今矣」。[34] 可見，當時明朝方面對日本的海禁，確實在一定程度上達到了制裁日本的目的。

應當說，明朝的對日制裁其實也傷到了中國商人的利益。當時的日本是白銀輸出國，本來是漳潮商人最早發現了日本的白銀市場，由於明朝對日本的制裁，福建商人失去了這一市場。其後，中國與日本的貿易主要是澳門的葡萄牙人居間進行。其他國家聞知葡萄牙商人在日本獲利，紛紛設法進入日本。西班牙商船到平戶是在日本的天正十二年（1584 年）六月；比葡萄牙人晚了四十多年，但因西班牙人財力雄厚，對日本貿易發展很快。西班牙和葡萄牙是鄰國，又同為天主教國家，他們在日本的傳教十分成功，日本西南大名中，有不少人信奉天主教，葡西二國因而深深地捲進日本政治，這給其未來受排斥打下伏筆。

荷蘭在爪哇島西部的萬丹經營東方貿易。1598 年，一艘荷蘭船因風暴走散，其後來到日本，在豐後入港，時為 1600 年。他們進入日本比葡萄牙人晚了 57 年，比西班牙人晚了 16 年。但荷蘭人是當時歐洲商業力量最強的國家，在荷蘭人手裡，遠東對歐洲的直接貿易有很大發展。荷蘭人於 1602 年成立東印度公司；平戶的荷蘭商館開設於日本的慶長十四年八月，即西曆 1609 年 9 月 20 日，當時荷蘭人的通商要求得到德川家康的批准。荷蘭人在平戶設立倉庫，常年駐有六名人員。荷蘭人在平戶，每年有八至十艘船前來日本貿易，運來日本的商品有：產自中國的生絲、絲綢，以及臺灣的鹿皮，爪哇島的水牛角、象牙等。荷蘭人從日本輸出的商品是：銀、

32　侯繼高，《全浙兵制》，天津圖書館手抄本，《四庫全書存目叢書》子部第 31 冊，第 175—177 頁。

33　木宮泰彥，《日中文化交流史》，胡錫年譯，第 624 頁。

34　轉引自：木宮正彥，《日中文化交流史》，胡錫年譯，第 624 頁。

銅、銅錢、米、樟腦、漆器等。後來，日本將歐洲來商集中於長崎，並且禁止信奉天主教的葡萄牙、西班牙兩國商人貿易，這給荷蘭人提供了機會。但因荷蘭人獲得中國商品有限，每年只有兩至三艘商船到長崎貿易。

英國船到平戶是日本的慶長十八年（1613 年），援引荷蘭之例，也設立平戶商館。然而，1619 年，在日本的荷英雙方衝突，後被平戶掌權者松浦氏制止。翌年，英荷雙方成立同盟，一度共同襲擊中國船隻。至元和九年（1623 年），英荷關係破裂，英國人離開日本。[35]

可見，當時歐洲殖民國家的商人都積極參加中國與日本之間的貿易，由於明朝對歐洲殖民者只開放了澳門港，而且澳門港已被葡萄牙人占據，所以，西班牙、荷蘭、英國等國家都無法直接得到中國商品，他們採購的中國商品，大都是東南亞港口獲得的，通常價格較高，品質較差。西荷等國對此不滿意，所以才會有侵略臺灣的行為。

明朝的制裁給日本帶來嚴重的經濟問題。當時的日本對中國商品的依賴已經相當深了。「大抵日本所須，皆產自中國，如室必布席，杭之長安織也；婦女須脂粉，扇漆諸工須金銀箔，悉武林造也。他如饒之磁器，湖之絲綿，漳之紗絹，松之綿布，尤為彼國所重。」[36] 大量的白銀湧入市場，日本國內各種中國商品的價格飛漲，社會動盪造成很大問題。對中國而言，此時雖有西班牙運來的美洲白銀，但失去日本市場也是很可惜的。在這一背景下，在東南亞設有殖民地的西班牙、葡萄牙諸國在仲介貿易中大賺其錢。他們從馬尼拉與澳門發船到日本的平戶及長崎貿易，明朝的情報：「薩摩州乃各處船隻慣泊之地，今從此發，有往呂宋船、回集交趾船三隻，東浦船一隻，暹羅船一隻，佛郎機船二隻，興販出沒，此為咽喉也。」[37] 此文中佛郎機應指葡萄牙人的船隻。葡萄牙商人從澳門採購中國的絲綢等商品，轉運到日本出售，從而大賺其錢。日本商人只好到東南亞的商埠轉運中國商品。徐光啟說：「自時厥後，倭自知釁重，無由得言貢市。我邊海亦真實戒嚴，無敢通倭者；即有之，亦眇小商販，不足給其國用。于是有西洋

35　外山幹夫，《松浦氏と平戶貿易》，第 115—120 頁。

36　姚士麟，《見只編》卷上，叢書集成初編本，第 50－51 頁。

37　王在晉，《海防纂要》卷四，萬曆四十一年刻本，四庫禁燬書叢刊史部 17 冊，第 541 頁。

番舶者，市我湖絲諸物，走諸國貿易；若呂宋者其大都會也。而我閩浙直商人，乃皆走呂宋諸國；倭所欲得于我者，悉轉市之呂宋諸國矣。倭去我浙直路最近，去閩稍倍之。呂宋者，在閩之南，路迂迴遠矣；而市物又少，價時時騰貴，湖絲有每斤價至五兩者。其人未能一日忘我貢市也。日本之賦民甚輕，其君長皆貿易取奇羨；前者貢而市與，不貢而私市與，絕市而我商人之負其貲也，君長皆與焉。故日本之市與否也，其君臣士民皆以為大利病。」[38]

　　而福建巡撫方面，為了打探日本消息，也曾派船到日本貿易，萬曆二十一年，福建巡撫許孚遠派人從廈門到日本：「其史世用貌頗魁梧，才亦倜儻，遂於貳拾壹年肆月內，密行泉州府同安縣選取海商許豫船隻，令世用扮作商人，同往日本薩摩州，陸月內開洋去後，今貳拾貳年三月初壹日，據許豫回報，舊年柒月初肆日，船收日本莊內國內浦港。」[39]史世用來到日本後，很快被日本人看穿，但日本人待他十分客氣，並向福建巡撫傳話，要求福建方面解除海禁派船去貿易。不過，其時，明朝與日本的朝鮮戰役打得正激烈，重開貿易根本不可能，一直到豐臣秀吉死後，日軍退回日本，日本方面才有了新的打算。明萬曆二十八年（1600 年），薩摩藩的島津氏受幕府委託，送明朝在日本人質——明將領茅國科返國，後在福州登岸，並受到福建巡撫的熱情接待。當時，福建巡撫對日本要求恢復通商的意願反應積極，據日方記載：次年福州方面派出二艘船去日本薩摩藩貿易，然而，半途卻遭一夥日本海盜的打劫，全部船員被殺死，財物被搶。後來，福建巡撫見二船久久不歸，派人通過琉球與薩摩藩交涉，島津隱瞞了真情，卻再三要求福建方面再派船去貿易。然而，這一事件在福建震動頗大，當時再赴日本的商人不多。

　　豐臣秀吉死後，德川家康成為日本掌實權的大臣，他通過十幾年的鬥爭和戰爭，最終消滅豐臣氏的政權，建立了德川幕府。面對國內各種勢力的反抗，又鑒於豐臣氏滅亡的教訓，德川家康不敢從事海外戰爭冒險。於是，他想通過琉球王國恢復對明朝的交往，重建對中國的直接貿易。據和慈毅《明清時期琉球日本關係史》一書的研究，德川家康想托琉球國致書

38　徐光啟，〈海防迂說〉，《明經世文編》卷四九一，《徐文定公集四》，第 5438 頁。
39　許孚遠，《敬和堂集》疏卷，〈請計處倭酋疏〉，第 70 頁。

中國，但琉球國未能滿足他的要求。其時，德川為了結好明朝，甚至不惜向明朝稱臣進貢。但是，他未能達到目的。[40]

日方見外交手段不起作用，便採取赤裸裸的武力威脅政策。萬曆四十一年（1613 年），德川家康再次通過琉球國王向中國致國書，要求恢復貿易，否則──「令日本西海道九國數萬之軍進寇於大明，大明數十州之鄰於日本者，必有近憂矣。是皆日本大樹將軍意。」[41]

如此無禮的文件，看來琉球國並未轉達中方，所以中方史籍中未記載明朝的反映，否則將是一場外交大風波。不過，琉球方面多次向中國報警，提醒福建、浙江方面加緊戰備。所以，萬曆末年雖無大的倭亂發生，實際上東南海疆的形勢並未因此而鬆動，就中國與日本的官方關係而言，一直很緊張。儘管這樣，民間往來還是不少。如謝肇淛所言：「今吳之蘇、松，浙之寧、紹、溫、台，閩之福、興、泉、漳，廣之惠、潮、瓊、崖，騶獠之徒，冒險射利，視海如陸，視日本如鄰室耳。往來貿易，彼此無間，我既明往，彼亦潛來。」[42] 當然，這種情況的形成是日積月累的結果。

明代末年，閩浙巡撫也會主動與日本方面聯繫。《浙江通志》記載：天啟元年，浙直總兵畢鳳翔齎書日本德川家光請禁海寇，不答；天啟四年，甲子，福建總督覆言之，長岐代官末次平藏答書，謂海賊非日本人。[43]。這些交涉大都沒有實質性效果。

二、隆慶萬曆年間私商的對日本貿易

日本侵朝戰爭之時，是明朝對日本封鎖最嚴屬的時候。萬曆後期，隨著倭寇活動減少，明朝對日本的海禁逐漸鬆動，明朝商人對日本的海上私人貿易又興盛起來。許孚遠於萬曆二十年出任福建巡撫，他在〈疏通海禁疏〉中說：

> 日本例不得往，無論已。凡走東西貳洋者，制其船隻之多寡，嚴其

40　和慈毅，《明清時期琉球日本關係史》，江蘇古籍出版社 2002 年。

41　木宮正彥，《日中文化交流史》，胡錫年譯本，第 625—626 頁。

42　謝肇淛，《五雜組》卷四，〈地部二〉，第 80 頁。

43　余紹宋纂，民國《重修浙江通志稿》，第 94 冊，〈軍事〉，浙江圖書館 1983 年謄印本，第 42 頁。

往來之程，限定其貿易之貨物，峻其夾帶之典刑，重官兵之督責，行保甲之連坐，慎出海之盤詰。禁番夷之留止，厚舉首之賞格，蠲反誣之罪累然，而市舶諸人，不帖然就約束而顧身家者，未之有也。臣又訪得，是中同安、海澄、龍溪、漳浦、詔安等處姦徒，每年於肆伍月間告給文引，駕使鳥船，稱往福寧卸載、北港捕魚及販雞籠、淡水者，往往私裝鉛硝等貨，潛去倭國。徂秋及冬，或來春方回。亦有藉言潮惠廣高等處糴買糧食，徑從大洋入倭。無販番之名，有通倭之實，此皆所應嚴禁，然禁之當有法，而絕之則難行，何者？彼其貿易往來，糴穀他處，以有餘濟不足，皆小民生養所需，不可因此而廢屢者也。不若明開市舶之禁，收其權而歸之，上有所予而有所奪，則民之冒死越販者，固將不禁而自止。臣聞諸先民有言，市通則寇轉而為商，市禁則商轉而為寇，禁商猶易，禁寇實難，此誠不可不亟為之慮。[44]

如許孚遠的說法，即使是在明朝與日本大戰期間，仍然有不少人以到臺灣北港捕魚及打柴的名義，偷跑到日本去貿易。當時的官員也感到無法禁止對日本貿易。洪朝選說：

然方今之所當慮者有二，其一，則漳人假以販易西洋為名，而貪圖回易於東之厚利，近便給引西洋者不之西，而之東。及其回也，有倭銀不可帶回者，則往彭湖以煎銷。或遂沉其舡，而用小舡以回家。夫使此輩其心徒止於回易東夷之禁，於國初明例甚嚴，尚且不可，今乃因之以勾引，使其親戚鄉里之在倭者，得以結集夥黨，而乘便以竊歸惡少無賴之在中華者，得以潛入火伍，而同時以打劫。故年年防汛之期，必有一二倭舡飄泊島嶼。至於去歲，遂有若干隻之船，竊據彭湖，旬月方去。及其捕獲，非漳人則福清與台（州）人也。豈可不為之慮哉？[45]

對這種情況，鄧鐘主張因勢利導：

私販日本一節，百法難防。不如因其勢而利導之，弛其禁而重其稅，

---

44 許孚遠，《敬和堂集》疏卷，〈疏通海禁疏〉，第 27 頁。

45 洪朝選，《洪芳洲先生讀禮稿》雜著，〈代本縣回勞軍門咨訪事宜〉，四庫未收書輯刊本，第 16—17 頁。

又嚴其勾引之罪。譏其違禁之物，如此則賦歸于官，而民亦何利而
為之？然日本欲求貢市，斷不可許。何也，過洋自我而往，貢市自
彼而來，自彼而來則有不測之變。自我而往，則操縱在我，而彼且
資中國之利，二者固大不侔也。若海禁愈嚴則獲利愈厚，而奸民愈
趨之，嗟乎利而亂之囮也。[46]

　　雖說鄧鐘開放對日本貿易是有限制的，僅讓中國商人到日本貿易，不
允許日本商人直接到中國貿易，可是，他的建議仍然無法得到朝廷的贊同。

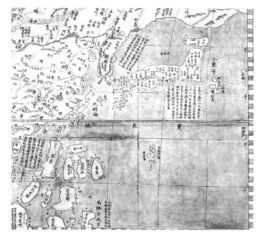

圖 3-2　利瑪竇世界地圖上的大明、朝鮮
與日本，錄自網上。

圖 3-3　日本招攬閩商的
旗書（錄於網上）

　　在日本方面，由於道路迂遠，物價上升，對日本人來說，到東南亞採
購中國商品十分不合算。因此，日本人迫切希望打開對中國的直接貿易。
因其對明朝官府恢復貿易的要求未能實現，以後一直將重點放在招攬外籍
商人之上。福建商人是他們籠絡的重點。在日本的廣島縣博物館存有一面
大名毛利輝元部下赤間關代官頒給晉江商人的船旗，它其實是一份「貿易
許可證」（見圖 3-3）。

　　以上圖 3-3 的文字是這樣的：

　　大明國泉州府晉江縣有商船隻候來年六月到此港口，看旗號比對，
　　一同齎來買賣。余事無紀。萬曆十二年十月吉日書。

　　　　　　　　　　　　　　　　　　　知證人王祿壽（花押）

46　謝杰，《虔臺倭纂》卷上，〈倭好〉，第 10 頁。

船主　蔡福寵（花押）

立字人李進口（花押）

　　這面船旗反映了日本地方諸侯對華貿易的期盼，也說明當時中國與日本的貿易並未徹底禁絕。張位的〈論東倭事情揭帖〉：「今閩越商船販海，未嘗禁絕，皆私行耳。非國家明與開市也。」[47] 這表明當時有人在中國與日本之間走私，他們主要是泉州人與漳州人，以上船主蔡福寵即為其中一位。《東西洋考》記載日本方面的態度：

> 自市舶罷而倭不能來，射利之徒，率多潛往，倭輒厚結之，欲以誘我。乃舶主之黠者，至冠進賢、衣綺繡，詭稱閩撫材官，與重申互市之約。彼雖在疑信，亦厚遣之。以庶幾幸而售耳，其意乃滋不可測矣。[48]

　　這條史料也說明日本方面對中國商人的招攬。不過，當時到日本的華商數量不多。宮本又次的《日本商業史》說：慶長三年（萬曆二十六年）抵達長崎的華商僅約三十人。事實上，也有些到日本貿易的華人定居於九州諸港。例如，萬曆二十三年，漳州人黃紅因打漁被擄至日本，幸遇同鄉為其捐銀五兩，才獲釋逃到琉球邊海。[49] 這說明在日本有漳州人定居。明代的《日本考》說：「國有三津，皆通海之江，集聚商舶貨物。西海道有坊津地方，有江通海，薩摩州所屬。花旭塔津有江通海，筑前州所屬。東道有洞津」。「三津乃人煙輳集之地，皆集各處通番商貨。我國海商聚住花旭塔津（博多）者多。此地有松林，方長十里，即我國百里之狀，名曰十里松……有一街名大唐街，而有唐人留戀於彼，生男育女者有之，昔雖唐人，今為倭也。……花旭塔津為中津，地方廣闊，人烟湊集，商賈等項，無物不備。」[50] 總的來說，嘉靖年間是華人到日本的一個高潮時期，後因倭寇問題，明朝厲行海禁，到日本的華人少了下來。一直萬曆三十年左右，去日本的華商數量有限。早期赴日本的華僑長久居住日本，漸成日本人了。

47　張位，〈論東倭事情揭帖〉，《明經世文編》卷四百八，《張洪陽文集》，第 4440 頁。

48　張燮，《東西洋考》卷六，〈外紀考‧日本〉，第 127 頁。

49　沖繩縣立圖書館史料編集室，《歷代寶案》卷七，第二冊，第 228 頁。

50　李言恭、郝杰編撰，《日本考》，中華書局 1983 年，第 88—89 頁。

第三節　明末對日本貿易的重興

　　萬曆三十一年前後，東亞貿易形勢發生巨大變化。過去，漳泉商人最嚮往的是到呂宋貿易，萬曆三十一年之後，赴呂宋貿易的漳泉商人改到日本貿易，導致明朝對日本貿易的重興。

一、明末對日本貿易的重興

　　1571 年，西班牙人占據呂宋的馬尼拉港之後，千方百計招攬華人前去貿易。迄至萬曆年間，在呂宋定居的華人將近三萬。西班牙人從美洲運來的白銀，除了自身在呂宋的消費外，大都流入中國。這是漳泉商人意氣昂揚的時代。然而，萬曆三十一年（1603 年），在馬尼拉發生了針對華商的大屠殺，來自漳州、泉州的華商被殺 25000 人以上。此後，漳州月港對馬尼拉的貿易一度停滯，儘管西班牙人竭力召回華人，但是，受大屠殺事件影響，赴呂宋貿易的商船數量大幅度減少。漳州月港及泉州安海的貿易船隻轉向日本港口。導致福建對日本的直接貿易興盛。不過，對於這種海上走私貿易，很難進行計量測算。「至於共得到白銀多少，卻無法估計，也無人做過研究。」[51] 周之夔分析：

> 今日寇患深矣，其始非有饑寒失業，迫使流亡也。生長海濱，袵席波濤，一二桀驁，智力自雄，既不能耕耘作苦，粗衣惡食，長貧賤而老子孫，而洋船違禁，以暹羅、占城、琉球、大西洋、咬吧為名，以日本為實者，絲寶盈衍而出，金錢捆載而歸。

> 始而通倭者有主萃，既而掠通倭者，又有主萃。則奸富遍國中也。[52]

　　可見，當時的民眾雖然行走於東南亞，然而，他們尤其重視對日本的貿易。據朝鮮方面的史料，萬曆三十五年，福建到日本貿易的船隻又多了起來，與朝鮮水師交戰的海寇也多了起來。便向明朝通報了「捕獲海賊事宜」。[53]

51　田培棟，〈明末白銀大量流入中國〉，氏著，《明史披揀集》，三秦出版社 2012 年，第 356 頁。

52　周之夔，《棄草集・文集》卷三，〈海寇策〉，第 592—593 頁。

53　《明神宗實錄》卷四百四十，萬曆三十五年十一月己酉。

　　萬曆三十五年（1607 年），有一艘泉州的商船開抵薩摩的港口，其船主為泉州人許麗寰。次年，許麗寰從久志浦回國，日本大名島津氏託人給許麗寰帶信：要求他明年一定再到薩摩貿易。中國對貿易的限制導致日本市場上中國商品價格的上揚，商人的貿易利潤也相當高。許麗寰帶回這一消息後，第二年，便有十艘中國商船冒禁來到日本的薩摩。以後，廣東商船也到長崎港來了。萬曆三十八年，德川幕府發給廣府船「朱印狀」[54]：

> 廣東府商船來到日本，雖任何郡縣島嶼、商主均可隨意交易。如奸謀之徒枉行不義，可據商主控訴，立處斬刑，日本人其各周知勿違。

> 時慶長十五年庚戌孟秋日

同年，來自南京一帶的商人周性如也得到了朱印狀：

> 應天府周性如商船駛來日本時，到處應予保護，迅速開入長崎。其一體周知。若背此旨及行不義，可處罪科。

> 慶長十五年庚戌十二月十六日

　　這些規定旨在保護外來的中國客商不在日本被侵犯。這些規定傳開後，保護了中國商人在日本的生活、生意不受侵擾。因而鼓舞了更多的商人前來貿易。朱印狀頒布的第二年，來自明朝和從東南亞回航的日本商船共有 26 船進入長崎港。[55] 宮本又次的《日本商業史》說：慶長三年（萬曆二十六年）抵達長崎的華商僅約三十人，經過十年以後，增至二三千人。初置唐通事。可見，到了萬曆後期，中日直接貿易已經恢復了。而且，當時赴日本的閩商往往得到日本地方長官的尊重。萬曆四十年，福州發生了一個通倭案件，「巡撫丁繼嗣斬通倭點賊蔡欽所於市。欽所，漳人，向與省會奸民陳思蘭結為死友，往來倭國。有林美丘如泰、陳良調、林啟文等互相販鬻市倭，各以雄貲，極購龍袍、錦綺，以媚其酋長。」[56] 這說明當時有不少福州人、漳州人在日本做生意，他們與日本九州的大名結下很深的關係。朱國禎也說到當時日本方面竭力吸引中國商人，「倭王見明人，即引入座。我姦民常假官，詐其金。留倭不歸者，往往作非，爭鬪賭盜無賴。

54　木宮正彥，《日中文化交流史》，胡錫年譯本，第 624—625 頁。

55　木宮正彥，《日中文化交流史》，胡錫年譯本，第 788 頁。

56　曹學佺，《曹能始先生石倉全集》，《湘西紀行》卷下，〈海防〉，第 44 頁。

有劉鳳歧者言：自（萬曆）三十六年至長崎島，明商不上二十人，今不及十年，且二三千人矣。合諸島計之，約有二三萬人。」萬曆四十四年，一個日本人對福建人董伯起說：「汝國人往我處，每年有三四十船。」[57] 萬曆末年的《漳州府志》記載：「沿海民大點猾及憑籍有勢力者，借東西由引，而潛通日本，時時有之。禁雖嚴，未斂戢」；[58]「但姦民有假給由引、私造大船，越販日本者矣，其去也，以一倍而博百倍之息，其來也，又以一倍而博百倍之息。愚民蹈利如鶩，其於凌風破浪，直偃息視之，違禁私通，日益月盛，有暗接婚姻，有私受夷職」。[59] 官府感到無法管理：「比歲海濱人視越販為常事，詭給沙埕引，無不詣山城君者。當事憂之，嚴為令，與民更始。有更犯者無赦。夫越販起於富人射利，其意原非勾賊。唯是輸其寶貨，露其情形，此其漸不可長者耳。禁越販，自是防倭急務。」[60] 同安人蔡獻臣說：「今則自邑治以迄海滋，傾貲借貸而販者比比。其所挾則蘇杭之幣、美好之需，百物雜技，無所不有。甚至作優人以悅異類。亦一舟之中，亦籠雞數千頭而去，皆前此未有也。彼之銀錢日來，而吾之用物幾盡矣。且借過洋販浙之名，而私通倭奴者，若履平地焉。守汛官兵啗其賂，而衛送出海者，聞亦有之。噫，商夷雖不可遽罷，而海上勾倭之禁，庸可弛乎？」[61] 萬曆末年福建僉事熊明遇說：「漳泉之人，視呂宋如衢戶，視日本如鄉里。」[62] 他們甚至直接往日本內地開。「船取兵庫山港，循本港直入日本國都。近漳人走倭精熟者，能不由譜取道甚徑也。」[63] 可見當時赴日本的漳泉商人相當多。也有些人遭到官府的懲罰：萬曆四十年（1612年）蔡獻臣誇獎廈門的呼鶴鳴把總：「越販外夷如凌秀、黃敬竹輩……君督捕捐貲，盡獲其人贓。」[64]

　　赴日本商船最早從福建的漳州、泉州港口出發，後來由福州等港口出

57　朱國禎，《湧幢小品》卷三十，〈倭官倭島〉，四庫全書存目叢書，子部，第106冊，第724頁。
58　袁業泗等修、劉庭蕙等纂，萬曆《漳州府志》卷九，〈洋稅考〉，第23、25頁。
59　袁業泗等修、劉庭蕙等纂，萬曆《漳州府志》卷九，〈洋稅考〉，第23頁。
60　袁業泗等修、劉庭蕙等纂，萬曆《漳州府志》卷十五，第8頁。
61　蔡獻臣，《清白堂稿》卷十七，〈同安縣志・風俗志〉，第21頁。
62　熊明遇，《文直行書》卷十三，〈島民〉，第19頁。
63　熊明遇，《文直行書》卷十三，〈日本〉，第38頁。
64　蔡獻臣，《清白堂稿》卷七，〈呼鶴鳴把總修船記〉，第34頁。

發，崇禎年間董應舉的〈嚴海禁疏〉說：「去今未五十年，民又生心，相率與倭為市……而省城通倭，其禍將益烈于前。臣聞諸鄉人，向時福郡無敢通倭者，即有之，陰從漳泉附船，不敢使人知。今乃從福海中開洋，不十日直抵倭之支島，如履平地。一人得利，踵者相屬。歲以夏出，以冬歸，倭浮其直以售吾貨，且留吾船倍售之。其意不可測也。」[65]

由於福建官府開始嚴查渡日商船，許多福建船跑到浙江、蘇州諸港。《明神宗實錄》萬曆四十年八月丁卯，兵部言：「至通倭，則南直隸縣太倉等處以貨相貿易，取道浙路而去。而通倭之人皆閩人也，合福、興、泉、漳共數萬計，無論不能禁。」[66] 漳州人林偕春的《兵防總論》說：「自銅山出口，上至崇明，自崇明東趨，橫抵日本，風迅船駛，才數日夕耳。一自西洋禁開，番舶歲出。奸習之民，往往有藉餉船而私至日本者。或始以日本，而終以西洋，莫可辨詰，邇稍有覺者，而復從姑息，將來無所畏懼，而勾引之患可慮也。」[67] 福建巡撫陳子貞在其〈海防條議〉中說：「近奸民以販日本之利倍於呂宋，夤緣所在官司，擅給票引，任意開洋，高桅巨舶，絡繹倭國，將來溝通接濟之害，殆不可言。」[68] 周之夔說：「洋船違禁，以暹羅、占城、琉球、大西洋、咬嚼吧為名，以日本為實者，絲寶盈衍而出，金錢捆載而歸，豔目薰心。」[69]「一夥豪右奸民，倚藉勢宦，結納遊總官兵，或假給東粵高州、閩省福州及蘇杭買貨文引，載貨物出外海，徑往交趾、日本、呂宋等夷，買賣覓利。中以硝磺器械違禁接濟更多。不但米粮飲食也。」[70]

明代後期的江南港口也有許多福建商人的船隻。其時，福建商人若要到日本貿易，往往是先到江浙港口採購商品，然後直接從江南遠航日本。浙江巡撫王在晉在《越鐫·通番》一文中說：「往時下海通販，惟閩有之。

65　董應舉，《崇相集》疏一，〈嚴海禁疏〉（萬曆四十年十月，吏部文選司員外董應舉題），崇禎刊本，四庫禁燬書叢刊集部，第 102 冊，第 10 頁。

66　《明神宗實錄》卷四九八，萬曆四十年八月丁卯，第 118 冊，第 9385—9389 頁。

67　林偕春，《兵防總論》，李猷明等，民國《東山縣志》卷八，〈政治志〉，原纂於民國三十一年，東山縣方志辦 1987 年，第 280 頁。

68　《明神宗實錄》卷四七六，萬曆三十八年十月，第 8987 頁。

69　周之夔，《棄草集·文集》卷三，〈海寇策〉，第 592 頁。

70　沈鈇，〈上南撫臺暨巡海公祖請建彭湖城堡置將屯兵永為重鎮書〉，顧炎武，《天下郡國利病書》第 26 冊，福建，第 31 頁。

浙不其然。閩人有海澄入倭之路，未嘗假道于浙，今不意閩之奸商，舍其
故道而從我之便道，浙人且響應焉。此釁一開，閩實嫁禍于我，而患不知
所底止矣。」[71] 王在晉在任時查獲了三項通倭大案：

> 嚴翠梧與脫逃方子定以閩人久居定海，糾合浙人薛三陽、李茂亭結
> 夥通番，造船下海。先是，子定于三十七年同唐天鯨催陳助我船，
> 由海澄月港通倭，被夷人搶奪貨物，遂以船戶出名具狀，稱倭為真
> 主大王，告追貨價，所得不貲。嚴翠梧、李茂亭聞之，有豔心焉。
> 有朱明陽者，買哨船增修轉賣，茂亭先期到杭收貨，同夥林義報關，
> 出洋而去。翠梧、三陽乃喚船匠胡山打劫繒船一隻，結通關霸，透
> 關下海等候。隨買杭城異貨，密僱船戶馬應龍、洪大卿、陸葉艤艖
> 船三隻，詐稱進香，乘夜偷關，駕至普陀，適逢潮阻，哨官陳勳等
> 駕船圍守，應龍等輒乘潮而遁。哨兵追之。乃索得段絹布疋等物，
> 縱之使行。而前船貨物已卸入三陽大船，洋洋赴大墺矣。于時子定
> 先往福建收買杉木至定海交卸，意欲緊隨三陽等同船販賣，遂將杉
> 船向大嵩港潛泊，而預遣楊二往蘇杭置買湖絲，又誘引鄭橋、林祿
> 買得氈毯，同來定海，見三陽船已先發，乃頓貨于子定家，尋船下
> 貨。時值軍令嚴行密訪漳泉流來奸徒，併將閩船盡收入關。子定通
> 番事情遂為黎知縣所偵緝，搜贓于高茂章園內，搜上年發去帳簿于
> 子定家中。其朝見倭王及本王娘、小王娘、王兒子、王媳婦、王姑
> 丈，把水、頭目、通事等禮儀單欵，及叩恩急捄便商……計定海打
> 造通番船有三，一船李茂亭為長，而發旗者之為士垣也；一船唐天
> 鯨為長，而發旗者之為薛三陽、董少也；一船方子定為長，而合本
> 者之為嚴翠梧也。[72]

> 又一起為福清人林清與長樂船戶王厚商造釣槽大船，請鄭松、王一
> 為把舵，鄭七、林成等為水手，金士山、黃承燦為銀匠。李明習海
> 道者也，為之鄉導；陳華諳倭語者也，為之通事。于是招來各販，
> 滿載登舟。有買紗羅、紬絹、布疋者，有買白糖、磁器、果品者，
> 有買香扇、梳篦、氈襪、針、紙等貨者。所得倭銀在船鎔化，有爐
> 冶焉、有風箱器具焉。六月初二日開洋。至五島，而投倭牙五官、

71　王在晉，《越鐫》卷二一，〈通番〉，第 495 頁。
72　王在晉，《越鐫》卷二一，〈通番〉，第 496 頁。

六官，聽其發賣。陳華齎送土儀，李明搬運貨物，同舟甚眾。此由長樂開船發行者也。[73]

又有閩人揭才甫者，久寓于杭，與杭人張玉宇善，出本販買紬絹等貨，同義男張明覓船戶施春凡與商夥陳振松等三十餘人，于七月初一日開洋，亦到五島，投牙一官、六官零賣。施春凡、陳振松等尚留在彼，而玉宇同林清等搭船先歸。此由寧波開船發行者也。林清王厚抽取商銀，除舵工水手分用外，清與厚共得銀二百七十九兩有奇，所得倭銀即令銀匠在船傾銷。計各商覓利，多至數倍，得意泛舟而歸。由十月初五日五島開洋，十二日飄至普陀相近，被官兵哨見追趕。……又搜獲銀共三千九百兩七錢，所證有倭語及通番帳目。其從倭而至無疑矣。[74]

這三項例子都是福建商人在江南港口運載貨物到日本去貿易，王在晉感慨地說：「聞閩中各路有三四十船下海，網巾雲履等物，靡所不售。」[75]「夫漳泉之通番也，其素所有事也。而今乃及福清；閩人之下海也，其素所習聞也，而今乃及寧波，寧海通販，于今創見，又轉而及于杭州，杭之置貨便于福，而寧之下海便于漳。」[76]「杭城之貨，專待閩商市井之牙勾同奸賈，捏名報稅，私漏出洋，此可不嚴入官之禁乎？」[77]王在晉很擔心浙江人也捲入對外貿易中，「以數十金之貨得數百金而歸，以百餘金之船，賣千金而返，此風一倡，聞腥逐羶，將通浙之人棄農而學商，棄故都而入海，官軍利其賄，惟恐商販之不通，倭夷利其貨，惟恐商船之不至，獲息滋多，則旋歸故里，可勾倭，而使入資斧；偶詘，則久戀夷邦，可導倭以行奸。」[78]總之，中日之間的走私貿易在萬曆三十五年前後開始恢復，許多福建商人來到日本貿易。他們一開始是由福建港口出發，後來改到江浙沿海港口出發。他們慣常的方法是：向本地縣級官府申請到江浙港口買賣糧食、布匹，船到江浙後，又悄悄地購買江浙的絲綢、江西的瓷器等商品，加上從福建帶來的紅白糖，滿載貨物的商船駛向日本，謀取厚利。他們中間有個別人

73　王在晉，《越鑴》卷二一，〈通番〉，第 497 頁。
74　王在晉，《越鑴》卷二一，〈通番〉，第 497 － 498 頁。
75　王在晉，《越鑴》卷二一，〈通番〉，第 501 頁。
76　王在晉，《越鑴》卷二一，〈通番〉，第 498 頁。
77　王在晉，《越鑴》卷二一，〈通番〉，第 500 頁。
78　王在晉，《越鑴》卷二一，〈通番〉，第 498 頁。

被官府抓到，就形成了王在晉所說的三起案子。

福建人渡海貿易的方式引起浙江、廣東沿海民眾的羨慕，他們紛紛學習福建人的方法，先向官府申請到福建等港口貿易的許可，出海後，偷偷跑到日本的港口貿易。萬曆四十年廣東巡按王以寧說：廣東商民「近通澳，遠通倭，莫可禁遏，有日異而歲不同者。蓋嗜利如飴，走死地如鶩。」[79] 萬曆四十一年的兩廣總督周嘉謨說：「近來閩粵奸徒以販海為業，違禁通倭，亦蹤跡不可究詰。近臣等緝得通倭真犯，有飽載而歸、真贓可據者，有滿貯倭貨、尚未下洋者。利之所在，此輩走死地如鶩。」[80] 這樣，明末赴日本貿易的商船，除了福建幫之外，增添了江浙幫和廣東幫。其時，日本對外主要貿易點是長崎與平戶。有不少人華人因而定居日本。「浙江、福建、廣東三省人民被擄日本，生長雜居，六十六州之中，十有其三。住居年久，熟諳倭情，多有歸國立功之志。」[81] 葡萄牙文獻也記載了在日本定居的閩人。「海澄、漳州等地打造大船。是這些船隻遠航日本，將貨物，甚至船隻賣給日人。從中國前往日本的船隻只有四五艘返回，其餘滯留東瀛。少數人隨船返回，多數人在當地成家立業。」[82] 迄至天啟五年（1625 年），福建巡撫南居益說：「聞閩越三吳之人住於倭島者，不知幾千百家，與倭婚媾，長子孫，名曰唐市。此數千百家之宗族、姻識，潛與之通者，實繁有徒。其往來之船名曰唐船，大都載漢物，以市於倭。」[83] 泉州府惠安縣黃氏家族的黃良珠，「生萬曆卅七年己酉（1609 年）十一月十五日。商遊日本國，籍長崎澳。」[84] 晉江縣的陳國俊於萬曆乙巳年（1605 年）出航，「泛舟東洋日本，家道正饒，溺海死焉」。又如晉江陳文靜「泛日本不歸」，萬曆辛亥年（1611 年）死葬日本，「有女婿日本王通事判官看守」。[85] 熊明遇承認，這種情況已經不可控制：「今閩中人視其國如歸市，羈旅所聚名唐街，

79　王以寧，《東粵疏草》卷五，〈條陳海防疏〉。

80　〔日〕中島樂章，〈日本「朱印船」時代的廣州、澳門貿易〉，郭陽譯，鄭德華、李慶新編，《海洋史研究》第三輯，社會科學文獻出版社 2012 年，第 81 頁。

81　王在晉，《海防纂要》卷四，萬曆四十一年刻本，四庫禁燬書叢刊史部 17 冊，第 541 頁。

82　金國平、貝武權主編，《雙嶼港史料選編‧葡西文卷》，第 280 頁。

83　《明熹宗實錄》卷五八，天啟五年四月戊寅，第 2661 頁。

84　莊為璣、鄭山玉等，《泉州譜牒華僑史料與研究》，第 1097 頁。

85　莊為璣、鄭山玉等，《泉州譜牒華僑史料與研究》，第 723 頁。

且長養以兒子，至紛不可治。駔與盜，往來如織。彼亦歲遣千人從外洋市我畜絲。而海禁愈厲，愈為奸人開戶。」[86]

明朝商人留日，形成了日本社會最早的華僑。這些華僑又以閩人為多，日本方面將中國的來船分為六個方面：南京、寧波、福州、廈門（含海澄）、安海、廣東，其中福建占了三個港口。明末清初寓居日本的中國人為了敬佛，在日本建造了三座佛寺，俗稱為漳州寺、福州寺、南京寺。從閩人在三大寺中占三分之二這一情況來看，當時留日華僑也以閩人為多。

由此可見，明末的朝廷雖然仍有海禁之名，實際上無法約束東南民眾，日本方面通過給予福建商人較好的待遇，使他們冒著風險到日本貿易，日本方面不再要到南洋購取中國商品，商品價格有所下降，中日直接貿易基本恢復。

不過，日本對華商的政策不僅有積極的一個方面，還有相對限制以讓日本獲得主要利潤的一個側面。劉序楓引用中村質的研究：日本幕府於慶長九年（1604 年）頒布了「絲割符」，讓日本國內直轄都市堺、京都、長崎名為「絲割符仲間」之有力商人，壟斷葡萄牙人載來的中國生絲，使生絲的交易價格統一，而生絲交易之主導權從此歸於日本。可見，這一政策最早是對付葡萄牙人的，最後也影響了華人。

日本在戰國時代，天主教勢力有很大發展，並成為西南地方勢力抗拒幕府管制的一支力量。豐臣秀吉和德川家康相繼打壓天主教和將天主教傳到日本的葡萄牙人和西班牙人。寬永十年（1633 年），日本德川幕府發布了 17 條禁令，其主要內容為：其一，限制日本人往來海外；其二，禁止天主教傳播，並禁止葡萄牙人、西班牙人來日做生意。此後葡萄牙人和西班牙人無法再到日本貿易，只好將相關貿易委託在澳門的福建商人，這更加促進了華商與日本的貿易；其三，貿易統制。這一政策對中國商人有利的一面是：中國商人不在禁止的外商之內，以後在日本經商的只有華人和荷蘭人；對華人不利的一面是：日本著力控制生絲的價格。規定在每年七月底生絲的價格決定之前，不允許進行其他的商品交易。另一方面，日本人又規定：包括中國船及所有外國船在日本的停留期不得超過九月二十日；

86　熊明遇，《文直行書》卷十三，〈日本〉，第 41 頁。

賣剩下的商品亦禁止寄存於寄宿的店主處。因此，為了儘早將商品出售，商人們不得不廉價銷售商品。在日本當地居住中國人的收入因此減少，來航商人及居留中國人均受到嚴重打擊。儘管如此，來自中國的船隻還是陸續到日本貿易。[87]

據岩生成一的研究，明末赴日本的中國帆船逐年增加。明朝滅亡前夕的崇禎十二年（1639年），抵達日本的明朝商船激增到93艘。見下表：

表3—2　明末赴日本貿易船數表（1611—1644年）

年代	船數
萬曆三十九年（1611年）	70艘
萬曆四十年（1612年）	30艘
萬曆四十一年（1613年）	20艘
萬曆四十二年（1613年）	60—70艘
天啟三年（1623年）	36艘
天啟四年（1624年）	38艘
天啟五年（1625年）	60艘
天啟七年（1627年）	27艘
崇禎四年（1631年）	60艘
崇禎五年（1632年）	4艘
崇禎七年（1634年）	36艘
崇禎八年（1635年）	40艘
崇禎十年（1637年）	64艘
崇禎十二年（1639年）	93艘
崇禎十三年（1640年）	74艘
崇禎十四年（1641年）	97艘
崇禎十五年（1642年）	34艘
崇禎十六年（1643年）	34艘
崇禎十七年（1644年）	54艘

看以上表格，令人遺憾的是：有些年分沒有統計資料，這主要是原始材料遺缺的緣故。[88] 從該表可以看到：當時抵達日本的商船，除了個別年分

87　劉序楓，〈明末清初的中日貿易與日本華僑社會〉，臺北，《人文及社會科學集刊》第十一卷第三期（1999年9月）第451頁。

88　岩生成一，〈近世日支貿易に関する數量的考察〉，《史學雜誌》，第62編，第11號。

之外，每年都有數十艘。在可統計的 20 年的數字中，其中有 16 年達 30 艘以上，有八年達每年 60 艘以上，當時日本人對中國人說：「汝國人往我處，每年有三四十船」。[89] 這一估計是實在的。由此可知，明末中國與日本之間的貿易是東亞海域貿易最為興盛的一條線路。

二、晚明日本市場上的中國商品

明代中後期，日本白銀的大量湧現，擴大了日本的市場。當時的日本處於手工業發展階段，對中國手工業商品需求量很大。萬曆末年熊明遇說：

> 至于食貨所仰需中國者，衣之類，吳絲、荅布、純綿、帛、絮、紬。錦繡袷、龍文衣被、紅線、香囊。器之類，針、釜、鐵鍊、磁器、木漆器、古文錢、小食筐筥。貨之類，白粉、水銀、藥物、氈毯、馬背氈。文之類，古書、古名字、名畫。食之類，醯醬。餘無所需。吳絲大售，擔至五十兩。其俗髡首裸裎，畏寒。冬月非上褚衣不煖。故純綿大售，擔至二百兩。紅線用飾甲冑，刀劍帶、畫書帶大售，擔至七十兩。香囊千枚七十兩，百針七兩，鐵釜具一兩。錢貴古，千文至四兩。開元、永樂二錢後，新錢不貴也。名畫貴，小五經貴書、禮，賤詩、易、春秋。四書貴論語、學、庸，賤孟子，外典貴，佛經賤，道經最貴，醫書，得即購之，毋問直。藥貴苓（甘草也）、芎（川芎也），大售，擔至五十兩，素木、鐵器及木器漆者、磁器，畫、丹青者，合其制則貴，不合不貴也。[90]

可見，當時日本從中國進口的商品中，絲綢排在第一位。其他各種百貨，進口的也不少。其中鐵針、鐵釜進口量不小，大家也許會奇怪。這是因為，鐵針和鐵釜的製造難度很大。鐵針就是老式縫衣針，幾十年前尚能見到。早先縫紉是女性的基本功，每名婦女都要有一枚好使用的鐵針，就像農民一定要有一柄鋤頭一樣。好的縫衣針材質十分關鍵，它不能太軟，因為軟了針尖就不會銳利，也不能太硬，太硬了，針體很脆，稍用力就會斷掉。不硬不軟，韌性剛好，這就很難製造了。至於鐵釜，它的難度在於大批量製造。中國鐵鍋大都是用融化的生鐵一次澆鑄而成，要求薄而不破，

89　前揭朱國禎書，第 725 頁。
90　熊明遇，《文直行書》卷十三，〈日本〉，第 40 頁。

成本降到最低。自唐宋一千年來，鐵鍋都是中國出口的大宗商品。它的出現，取代了許多國家的陶鼎、陶鍋之類的器皿。明清東亞國家的民眾，如果不用鐵鍋，大都用陶鼎，而陶鼎之類器物太容易破損，所以，鐵鍋是每個家庭必備的。

晚明日本人喜歡中國的磁器，但有其特殊要求。「磁器，擇花樣而用之。香鑪以小竹節為尚，碗碟以菊花稜為尚，碗亦以葵花稜為尚，制若非觚，雖官窯不喜也。」[91]

此外，那時的日本人可能還不知道棉花，冬天的厚衣服，都要用中國絲綿，這使他們進口大量中國絲綿。

和嘉靖年間的商品相比，我驚奇地發現：寧波草席不見了！寧波草席是用海邊灘地上的葦草製成，寧波出產最佳。日本周邊都是海洋，葦草之類的原料很多，只要輸入寧波的草席製造技術，日本人就可生產草席了。日本人家家戶戶都要用草席作墊，寧波草席是最佳物品，此時的日本已經學會編織草席了吧？所以不必進口寧波草席了。

明代的日本是個多銀的國家，所以能大量進口中國商品。其中，中國的絲綢在日本最受歡迎。西班牙人阿比拉‧希隆所著《日本王國記》說：「各式服料和數以千計的綢緞運來，年年銷售一空，不論男女，且無論少女，未婚的姑娘，抑或年齡已逾五旬的老婦，人人皆穿著各種色彩的衣裳。」為了滿足各個階層的消費，日本絲織業很發達，而其原料為來自中國的湖絲。阿比拉‧希隆估計，日本每年進口的生絲為30萬至35萬日斤。[92]這給中國絲織業提供了巨大的市場。關於明末中國對日本輸出生絲數量，岩生成一[93]和永積洋子[94]都有精當的研究。黃啟臣綜合二人成果列出以下統計表：

91　郭光復，《倭情考略》卷一，首都圖書館藏舊抄本，四庫全書存目書叢，子部，第31冊，第760頁。

92　速水融、宮本又郎，《經濟社會的成立——17—18世紀》，第136頁。

93　岩生成一，〈近世日支貿易に関する数量的考察〉，東京大學文學部，《史學雜誌》1953年第11期。

94　永積洋子，〈唐船輸出入品數量一覽1637—1883〉，第四部，A，《唐船輸入品年度目錄》，株式會社創文社1987年。

表 3—3　晚明日本輸入中國生絲數量統計表 [95]

年代	日本輸入中國生絲數量（日斤）	指數
萬曆六年（1578 年）	160000	100
萬曆八年（1580 年）	150000	94
萬曆二十八年（1600 年）	250000	156
天啟五年（1635 年）	400000	250
天啟七年（1627 年）	300000	187
崇禎三年（1630 年）	300000	187
崇禎六年（1633 年）	250000	156
崇禎七年（1634 年）	404000	252
崇禎八年（1635 年）	300000	187
崇禎九年（1636 年）	246000	154
崇禎十年（1637 年）	206639	129
崇禎十二年（1639 年）	60670	38
崇禎十三年（1640 年）	364428	228
崇禎十四年（1641 年）	113355	71
崇禎十五年（1642 年）	105500	66
崇禎十六年（1643 年）	119664	75
崇禎十七年（1644 年）	137431.5	86
合計	3867687.5	

　　以上統計表明，明末可統計的十七年裡，中國輸往日本的生絲約
3867687.5 日斤，平均每年達 227511.29 日斤，約為 2275 擔。雖說與阿比拉・
希隆的估計有所差距，數字也很可觀了。在中國輸入日本的商品中，以生
絲的價值最大。有時占中國出口商品價值的 70%。

　　此外，日本也需要中國的紅白糖、瓷器和陶器等商品。以福建的紅白
糖來說，這是一種現代十分普通的甜味劑，它是以甘蔗為原料，榨汁煮糖
而生成。福建出產的蔗糖有兩種，一種是紅糖，又名烏糖，另一種是以紅
糖為原料，進一步精煉的白糖，它的甜味比烏糖更純，顏色純潔，營養卻
不見得比烏糖豐富。在日本市場上，兩種糖類都有銷售，普通百姓更為信

95　黃啟臣，〈明中葉至清初的中日私商貿易〉，《黃啟臣文集——明清經濟及中外關
　　係》香港天馬圖書有限公司 2003 年，第 319—320 頁。黃啟臣、鄧開頌，〈明清時
　　期澳門對外貿易的興衰〉，《中國史研究》1984 年第 3 期。

任烏糖。由於甘蔗只生產在熱帶和亞熱帶地區，日本沒有類似的產品，向來從福建、臺灣進口。一直到今天，儘管各類甜味劑屢出不鮮，臺灣烏糖仍是日本市場上得到信任的糖品。

關於明末中國對日本輸出紅糖數量，岩生成一[96]對此有統計。黃啟臣據此列出一個表格[97]，可以在這表格基礎上估算兩國間的紅糖貿易值：

表 3—4　明末中國商船輸往日本的砂糖統計表

年代	中國輸日本砂糖	指數	估值
崇禎十年（1637）	1600000 斤	100	272000 兩
崇禎十二年（1639）	1144150 斤	72	194505.5 兩
崇禎十三年（1640）	1190607 斤	74	202403.2 兩
崇禎十四年（1641）	5726500 斤	358	973505 兩
崇禎十五年（1642）	432900 斤	27	73593 兩
			年均：343201 兩

明代最好的中國瓷器，先是閩浙之間的龍泉窯，後為江西景德鎮的青花瓷。二者先後是國際市場上暢銷的產品。對日本人來說，他們還喜歡一種傳說從交趾（安南）運入的商品，即為「交趾瓷」，或稱「汕頭器」，交趾瓷中有瓷器，也有陶器，其藝術風格得到日本人的歡迎因而暢銷一時。1583 年，一個葡萄牙人記載日本豐後大名大友對瓷茶具的愛好：

> 在我們看來十分可笑的是，毫無價值的一個茶壺，一個五德蓋托（日本茶道用具，原注），一個茶碗，或一個茶葉罐，竟然值 3000、4000 或 6000 達克特（ducat），甚至更高。豐後國王（大名）曾給我看過一個陶土的茶葉罐，狀如茄子。實際上，在我們看來，這個罐子除了放在鳥籠裡給鳥餵水之外，毫無用處，他們卻支付了白銀 9000 兩（tael），即大約 14000 達克特。要是我的話，最多只付一二個馬拉威第（maravedi）。[98]

96　岩生成一，〈近世日支貿易に関する数量的考察〉，東京大學文學部，《史學雜誌》1953 年第 11 期，第 31 頁。
97　黃啟臣，〈明中葉至清初的中日私商貿易〉，《黃啟臣文集——明清經濟及中外關係》，第 320 頁。
98　原出：〔日〕松田毅一等譯，《日本巡察記》，東京，平凡社 1973 年，第 23 頁。〔日〕松浦章，〈明末清初的澳日貿易〉，陳燕虹譯、孔穎校，《澳門研究》2016 年第 3 期，第 106 頁。

　　按，葡萄牙人不懂東方的茶道藝術，所以，他們不理解日本大名為何要用九千兩白銀去買一個造型類似茄子的茶碗。實際上，明代末年是中國茶具造型大發展的時代，仿生茶具是那一時代的特色，每一個獨特的造型，都是匠心獨運的結果。這裡的創意不是白銀數量可以衡量的。

　　日本在明末清初進口了大量的「交趾瓷」，從表面看，所謂交趾瓷，大都來自越南的港口會安，因而以「交趾」為名。其實，這些瓷器大都不是越南生產的，而是來自漳州。其時，明朝的海禁令使直接對日本貿易成為非法，因此，漳州商人將本地的瓷器運到越南的會安出售，而日本商人心照不宣地到越南會安採購中國瓷器，並將其命名為交趾瓷。近 30 年的考古證明，這種瓷器主要生於福建漳州的平和窯附近。

> 漳州窯的窯址遍布漳州大部分市縣，因其反映的窯業技術及產品風格基本一致而稱之。漳州窯的產品以青花瓷為主，兼燒白瓷、青瓷和醬、黑、黃、藍等單色釉瓷以五彩（又稱紅綠彩或彩繪）、素三彩瓷。主要品種有盤、碗、碟、爐、瓶、壺、罐、盒等，多用剖面呈「M」形匣缽裝燒、器底墊砂而成為「砂足器」，尤以青花和五彩的大盤及素三彩香盒最具特徵和代表性。1994 年底發掘了平和縣南勝、五寨的花仔樓、大壠、二壠窯址，1997 年發掘了田坑素三彩窯址，1998 年以發掘了洞口窯址，共計揭露窯爐遺跡 8 座，均為磚構橫室的單室窯或多室窯（階段窯）。經分析，漳州窯的青花和五彩瓷，即是明清時期外銷瓷中著名的「汕頭器（SWATOW）」，其五彩還被日本稱為「吳須赤繪」或「赤繪」。素三彩即被稱為「交趾三彩」或「華南三彩」，其各種動物、水禽造型的香盒在日本茶道中有著重要的地位。漳州窯的發現對明清時期我國外銷瓷以及海外交通、貿易史的研究有重要意義。[99]

　　總之，福建的紅白糖和漳州瓷在日本亦有很大的市場。

　　明崇禎十四年（1641 年），也是日本的寬永十八年，該年度抵達日本貿易的商船達 97 艘，創歷史最高紀錄。該年度的荷蘭人商館日記記載了中國到日本 97 艘商船所載貨物總量。其中屬於鄭芝龍的商船六艘，其所載絲

99　王振鏞、林公務、栗建安，〈五十年來福建省文物考古的主要收穫〉，孫海、藺新建，《中國考古集成華南卷》綜述一，第 37 頁。

絹類商品竟與其他 91 艘相當。

表 3—5　崇禎十四年（1641 年）日本長崎唐船商貨表[100]

商品種類	鄭芝龍六船載物	其他 91 船載物	估計唐船商貨總值	所占總值比例
生絲	30720 斤	96455 斤	187583 兩（每擔 147.5 兩）	19.3%
絲織品	90920 匹	44016 匹	371074 兩（每匹 2.5—3 兩）	39.2%
棉麻織品	40110 匹	198433 匹	124042 兩（每匹 0.52 兩）	12.8%
砂糖	39000 斤	5711500 斤	287528 兩銀（一擔五兩）	29.6%
礦物	11200 斤	52280 斤		
皮革	2050 枚	50900 枚		
蘇木	19500 斤	79200 斤		
藥材	6500 斤	73460 斤		
			總計 970227 兩	

　　以上僅據 97 艘中國船所載生絲、綢緞、棉麻織品、砂糖四項商品統計，明崇禎十四年中國出口日本的商品總值為 970227 兩白銀，接近一百萬兩！如果加上無法統計的其他商品價值，總量在一百萬以上是肯定的。其中絲綢類商品占了大多數，為總價值的 58.5％。砂糖所占比例越來越高，已經接近 30％ 了。

　　不過，從明朝船隻赴日本數量來講，97 艘商船輸往日本的商品價值僅為一百多萬兩，平均一艘船僅有一萬兩白銀！它說明明代的中國商船除了少數大商人掌握的船隻之外，多數為邊海小民偷渡船隻，它是民眾私下集資的結果，有多少銀子買多少商品，有些船僅僅置辦了數千兩銀子的貨，就到日本去貿易了。另一方面，也可看到中國鉅賈的實力，例如，崇禎十四年鄭芝龍的六艘船隻，所載商品價值為：生絲 30720 斤，價值 45312 兩，絲織品 90920 匹，價值 250030 兩，棉麻織品 40110 匹，價值 20857.2 兩，砂糖 39000 斤，價值 1950 兩，共計 318149.2 兩。平均每艘船商品值達 53025 兩。史稱鄭芝龍富可敵國不假，他一年輸出日本的商品價值便在 32 萬兩白銀以上，至少贏利二分之一。也就是說，他每年可在中日貿易中賺 16 萬兩白銀。從崇禎元年（1628 年）降明到清順治三年（1646 年）降清，前後 19 年裡，他從中國與日本的貿易中應可賺到 304 萬兩白銀。這是較為

100　參見：〔日〕山脇悌二郎，《長崎の唐人貿易》，東京，吉川弘文館 1964 年，第 30 頁。

保守的數字。

　　中國與日本之間貿易的發展，使日本對中國的輸出也在增長。萬曆末年熊明遇提到日本可輸出的商品有：「黃金、白金、琥珀、水晶、硫黃、白珠、青玉、蘇木、胡椒、細絹、毳段、細布、漆器、屏、扇、犀、象、刀劍、鎧甲、馬，而刀為最上。」[101] 其中真正的日本商品以礦物為主，製成品得到中國方面讚賞的，只有刀劍、漆器。至於胡椒和蘇木，看來是轉運南洋的商品。其時，中國也有大量的商船前往南洋貿易，在這一基礎上還會從日本進口一些蘇木和胡椒，說明當時的日本商人在東南亞的經營有一定的水準。

　　明末日本對外貿易的港口有平戶和長崎。田邊茂啟編纂的《長崎實錄大成》自序：「長崎一邑，西激（徼）瀕海之僻地也，曩昔惟有數家樵漁而自營生業耳，何得有官民集聚驛傳逢迎往復于郡國也乎？元龜（1570—1572）中，西洋商舶始進本港求通互市……（寬永）十八年（1641年）……又令唐船及和蘭船，限于本港為貿易，不得到他處，於是各地商賈輻湊（輳）本港事務日廣，人眾日繁，百事咸興，則始為通市豐麗之場也。」[102] 發表於1960的廖漢臣〈鄭芝龍考〉一文引用《長崎實紀》：「明嘉靖隆慶間，稀有小船，裝載絲、雜貨、藥材，來此交易。至萬曆崇禎間，明清兩朝動起干戈，人民塗炭，而為避兵亂，不僅是為經商，亦有唐人數輩攜帶家資財物前來，懇求居於長崎。慶長九年以還自唐諸地來舶顯增，乃設通事，寬永十二亥年下令唐船須往來於長崎一地，一律禁止停泊他地。」[103] 其後，原在平戶的荷蘭商館都被遷徙到長崎外港，福建商人經營的重點也轉向長崎。日本人知道荷蘭人一離開日本就會搶劫福建商船，每年東北風興起之時，都是讓中國商船先走三日，才允許荷蘭商船離開。

　　明代是中國對日本貿易是經濟史上的一個重要環節，日本的白銀流入中國，中國的絲綢、瓷器、蔗糖等商品進入日本市場，這是對中日雙方都

101　熊明遇，《文直行書》卷十三，〈日本〉，第39頁。

102　轉引自：黃玉齋，〈鄭成功時代與德川幕府〉，《臺灣文獻》第13卷，第1期。第129頁。

103　廖漢臣，〈鄭芝龍考〉，臺北，《臺灣文獻》第十卷，第四期，臺灣，成文出版社，1983年，第2146頁。

有利的。不過，中國與日本相愛相殺的歷史也在晚明這一階段體現出來。儘管有巨大利益的中日貿易，中國與日本仍然無法處理好雙方關係，倭寇事件造成中國東南沿海巨大的破壞，此後明朝對日本商人的制裁，也延續了數十年，日本對朝鮮的野心，最終受挫於明朝與朝鮮聯手抗倭的戰爭。

面對明朝的經濟制裁，日本商界的回應有兩個方面：其一，日本優待前去貿易的華商，吸引他們再來日本貿易。因此，萬曆三十五年之後，漸漸有來自福建的商人再次到日本的長崎、平戶貿易；其二，日本商人試圖通過琉球及東南亞國家的仲介貿易得到中國的商品。應當說，晚明中國與琉球貿易的重興與這一大形勢有關。然而，由於種種原因，琉球商人在福州的貿易受到很大制約，有時他們付出了錢，卻拿不到商品，不得不求訴福建行省官衙。這就抑制了明末中國與琉球貿易的規模，也使日本無法從琉球貿易中得到更多的中國商品。明末日本與中國的商品間接貿易延伸到東南亞港口，日本商人要在東南亞才能得到中國商品。另一方面，歐洲國家紛紛介入中日貿易。維持了雙方的交換。

明朝末年，日本出現了天主教問題。其時，羅馬天主教會乘葡萄牙人和西班牙在日本貿易的機會，將天主教傳播到日本，並且取得很大的成功。日本西南的九州一帶，有不少人信仰天主教，其中甚至有一些人是諸侯大名級別的。由於宗教的因素，這些教徒會將教會的利益放在第一位，這使日本高層發生恐慌。最終，日本德川幕府決策清除這些教徒，發布了禁教令。他們甚至出動軍隊，將所有的教徒殺死。為了斷絕天主教在日本的傳播，日本於崇禎七年前後禁絕葡萄牙、西班牙兩大天主教國家的商人到日本貿易。因此，明末在日本貿易的主要是荷蘭、英國等新教國家商人，而具有傳統信仰的中國商人在日本更加受到歡迎。這是華商大量進入日本的背景。

晚明中國的白銀輸入主要有兩個方向，其一是來自日本的白銀，其二是來自呂宋的馬尼拉白銀。從月港商人對外貿易的角度看，隆慶開海之後，他們主要貿易對象是呂宋，每年有三四十條船到馬尼拉貿易。但是，自萬曆三十一年西班牙人屠殺華商的事件發生後，月港商人赴馬尼拉貿易的船隻數量減少，而赴日本貿易的船隻數量大增。崇禎七年，日本實行禁止天主教的政策，葡西商人退出日本市場，他們在日本的地位基本被華人及荷

蘭商人取代。其後，葡西兩國之間關係調整，馬尼拉和澳門之間的貿易發展。中國商品通過這一貿易直接進入美洲市場，美洲的白銀也可從馬尼拉運到澳門再進入中國。1640 年之後，葡萄牙獨立，葡西兩國關係緊張，馬尼拉與澳門的貿易因而斷絕。這一事件導致美洲白銀對東方的輸入大減。有的學者指出：因市場上流通的美洲白銀數量減少，明朝因而陷入危機！但是，我們若考慮到日本因素，就可知道這一觀點的問題。因為，明末中國對日本的貿易大增，每年都有數十條大船到長崎貿易，從日本輸入白銀的增加，彌補了美洲白銀輸入的減少。因此，明末明朝國內市場上的白銀流通沒有大問題。明代的社會危機發生，另有原因。

　　站在更高的高度看，晚明是東北亞經濟圈形成的時代。此前，中國與東北亞國家已經存在了貿易，但貿易量較少，由於中國與朝鮮的貿易重心從海路轉到陸路，東北亞的海上貿易以中琉貿易為其軸心，中國與日本之間的貿易，除了朝貢貿易之外，海上私人貿易不大，國家相互依存關係不是那麼強烈。較有規模的中國對日本貿易，是在嘉靖年間興起的。就直接貿易而言，中日貿易有兩個高潮，其一是嘉靖年間，其二是明代末年。但在兩個貿易高潮的中間，中國與日本的間接貿易仍在發展，主要體現於葡萄牙、西班牙諸國對中日貿易的介入。所以，從總體而言，晚明中日貿易有極大的發展，從嘉靖年間到崇禎年間都沒有斷絕過。在長時期的貿易中，中國與日本形成了相互依賴的經濟關係，中國輸出絲綢、瓷器、黑白糖、寧波席等商品，日本向中輸出白銀。巨大的貿易使雙方獲利匪淺，不論是日本還是中國，都進入了早期城市化的時代，大批城鎮出現在兩國沿海、沿江的港口，出現了經濟繁榮的新時代。總之，從明代前期到明代晚期，東北亞的貿易軸心從中琉貿易轉到中國與日本的貿易。

　　晚明也是中日貿易成為東亞軸心的時代。在明代前期，東亞的貿易還是圍繞著中國與東南亞的貿易而旋轉。中國與日本的貿易迅速崛起，使之取代中國與東南亞的貿易，成為東亞貿易新的軸心。暹羅等東南亞國家，都派商船到日本和中國貿易，以取得日本的白銀和中國的商品，並在中國、東南亞、日本之間的三角貿易中獲利。中國與日本的商人，為了繞開明朝官府的海禁，也都在積極參加東南亞的貿易中尋找雙方交換商品的機會。晚明東南亞國家海港的興盛，與中日貿易有相當關係。越南的會安港是最

為著名的。會安在明末的崛起，與中日商人需要一個不受歐洲人控制的港口有關。明末清初，在會安港，來自中國漳州的瓷器被稱為「交趾瓷」，大搖大擺地進入日本市場。由此想來，由越南港口運到世界各地的生絲，也有很大比例來自中國南方吧？

晚明還是中日貿易成為世界貿易一個熱點的時代。從歐洲人的角度看晚明的國際貿易，主要是歐洲人與東方的貿易。這個貿易要比歐洲與美洲的貿易重要，也比亞洲與美洲的貿易重要。這是因為，在十七世紀以前，世界捲入商品經濟的人口不多，以美洲為例，每個歐洲人殖民的大港及其腹地，大約有幾十萬人，全美洲也不過幾百萬人。然而，東亞世界到處都是數百萬人口的國家，東亞最大的中國，更是一個擁有 1 億多人的國家，而且市場的開闢已經達到較高的水準。所以，十七世紀的環球貿易主要是具有 8000 萬人口的歐洲與擁有 1 億多人口的中國之間的貿易！然而，這一貿易也有一個發展過程。早期到東方的葡萄牙人最早關注的是東南亞的香料，而後才發現中國的絲綢、瓷器在歐洲特受歡迎。然而，由於路途遙遠，中國與歐洲貿易的數量不大。西班牙人到中國之後，主要發展中國與美洲的貿易，由美洲轉運到西班牙的商品數量有限。這是十六世紀的情況。到了十七世紀，荷蘭與英國都加入遠東的貿易，由於荷蘭的阿姆斯特丹成長為歐洲的經濟中心，荷蘭人大量運輸中國商品到荷蘭，出售給歐洲各國商人。但其貿易量也不是太大。十七世紀的環球貿易，堪稱魁首的還是中國與日本之間的貿易。這一貿易在明代晚期如此迅猛地發展，真是出乎所有人的意料之外。它很快超越了中國與印度的貿易以及中國與東南亞的貿易，成為東亞貿易的主導線索。事實上，不僅東南亞國家積極參與這一貿易，歐洲國家也將能否介入中日貿易看成在東方經營的關鍵。

小結

琉球人在嘉靖年間與中國之間還有旺盛的貿易，當時的琉球人遠航到東南亞採購明朝需要的奢侈品，在中國與琉球之間進行貿易。令人不解的是：僅在嘉靖後期，琉球便不再從事這類南海貿易。其中原因，應是漳潮商人的崛起。嘉靖年間，漳州和潮州商人積極到海外貿易，他們從南海販運各種商品到琉球和日本出售，所以，他們的船隻經常路過琉球。有一年，

漳州商幫的二十多條船的商人與潮州商幫在琉球大打出手，讓琉球人十分頭痛。不過，漳潮商人去日本的路上經常路過琉球，給琉球帶來各類南洋商品，對琉球人來說，就沒有必要遠航南洋獲取商品了。這是琉球人以後不再到南洋港口的原因。明末，日本人想利用琉球人的關係，到福州進貢，發展中國與日本的貿易，但因種種原因，這類貿易規模有限。

萬曆年間中國與日本的關係十分複雜，由於日本侵略朝鮮，明軍與日本軍在朝鮮打了一場大戰，日本軍隊被迫退回日本三島。萬曆後期，從九州南下的薩摩藩攻打琉球，引起明朝的警覺。在這種背景下，明朝不讓商人到日本貿易其實是合理的。不過，西方殖民者的入侵，使中國與日本兩國都感到需要警惕。在馬尼拉屠殺事件發生後，漳州商人赴馬尼拉的事例少了，他們更多地赴日本貿易，這就導致對日本貿易的重興，赴日本商人除了漳州人之外，還有福州商人和江浙商人。他們的活動使日本可以直接得到中國商品，因天主教傳播的關係，日本開始禁止天主教國家對日本的貿易，明末獲准在日本貿易的商人主要是中國人及荷蘭人。他們取代了一度控制中日貿易的葡萄牙人。這也說明，離開葡萄牙人，中國與日本的貿易還是可以進行的。

大致來說，從晚明嘉靖年間開始，中國與日本的貿易就是東亞貿易最重要的一環，而且是世界貿易最重要的一環，許多國家都以介入中日貿易為幸。不過，十七世紀末葉中日貿易的衰退，迄至十八世紀世界經濟中心從東亞轉向北大西洋，都意味著一個新時代的到來。

第四章　明代官民對臺灣的認識

　　明代福建沿海海洋經濟的成熟，產生了向海洋世界發展的趨動性。在世界貿易體系初步建立的條件下，臺灣的地位日益重要，閩商在臺灣海峽東岸建立貿易據點，從而導致臺灣南部北港崛起。臺灣北部的雞籠、淡水也成為閩商的貿易港口。所以，明代臺灣港口的開發，主要是東南海洋力量的作用。

第一節　中外海圖上的「小琉球」

　　隋唐宋元以來，中國東南海外的一座島嶼被稱為「流求」，它究竟是現在的沖繩還是臺灣？史學界爭論不已。實際上，當時的流求還沒有定稱，它只是泛指中國東南海上的一大片島嶼，包括臺灣、澎湖，也包括琉球群島。明代官府與民眾對臺灣的認識加深，不過，由於琉球之名完全被沖繩群島占用，民眾對臺灣的稱呼變化甚大。

一、中國古圖上的「小琉球」

　　古人對海外島嶼的探測不太準確，在唐宋時期的東海地圖上，有一個名為流求的島嶼，它是哪一個島？史學界歷來存在爭議，有的人說是今日的沖繩，多數人說是臺灣，也有人說：當年的海上探測技術很一般，所謂流求，也許就是指那一片海上的島嶼，並沒有明確的界定。

圖 4-1　東震旦地理圖。原出於南宋景定年間志磐所著《佛祖統
　　　　紀》，其圖東南海上有扶桑、日本、蝦蛦、流求諸島名。[1]

　　元代的朱思本《廣輿圖》是中國地圖中較為傑出的一部，後在明代多次重刻，不過，重刻者往往加上自己對地理的理解，因而反映了明朝學者的地理觀念。錢岱重繪的朱思本《廣輿圖》，刊刻於萬曆七年。圖上有大琉球、小琉球及彭湖島。反映了明代後期明人的觀點。此圖上的大小琉球一樣大，也和日本列島一樣大，看來只是起一個示意作用。

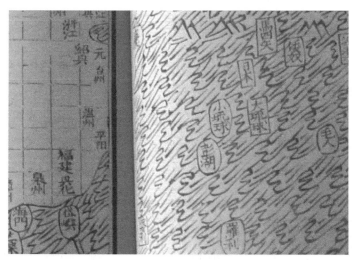

圖 4-2　明代錢岱重繪朱思本〈廣輿圖〉，此圖刊刻於萬曆七年。上海圖書館藏。

1　引自中國測繪研究院編纂，《中華古地圖珍品選集》，第 51 圖，哈爾濱地圖出版
　　社 1998 年。

　　然而，隨著人們對東南那片海域瞭解加深，人們漸漸知道，那片被稱為流求的島嶼，或南或北，對大陸人的態度不同。北面沖繩群島的小國，對大陸很感興趣，而南面臺灣島上的民眾，對外部世界不怎麼樣，過著自足自給的生活。一切想要他們離開臺灣島的建議，都會被拒絕。歷史上除了隋朝之外，元朝也曾派使者到瑠求，這個瑠求，即是古人所說的流求，或者專指臺灣，元朝邀請本地土著到中國來進貢，但被瑠求人拒絕。元朝為此大為生氣，一度派出軍隊征討瑠求。據《元史》的記載，元代所說的瑠求距離澎湖很近，在澎湖可以看到瑠求的山。那麼，元代的瑠求應當是臺灣。當然，也有學者認為元代的瑠求是沖繩群島。[2] 其實，若是將流求分為北部沖繩群島和南部的臺灣島的話，北部流求與南部流求對大陸態度的不同，與本土物產有關。南部流求即臺灣島，全島覆蓋著厚厚的火山灰，土壤肥沃，植物茂盛，鹿群漫山遍野，沿海港灣是烏魚等魚種的產卵之地，漁產極為豐富。與其相比，流求北部的沖繩諸島土壤十分貧瘠，海風迅烈，植物很難成長。生活在流求南北的民眾所過生活完全不同。在北部流求沖繩島嶼上的居民，雖能種植水稻為生，但因產量有限，每人每天只能吃一兩碗米飯，而南部臺灣島上的居民，以鹿肉為主食，他們的肉食多到過剩，因而，島上居民形成只吃鹿腸的習俗，很少吃其他食物。瞭解了他們的生活方式，就可知道他們對大陸態度不同的原因。對流求南部臺灣島上的居民來說，離開臺灣島之後，就沒有每天可食用的鹿腸了，怎麼過活？而流求北部沖繩諸島的民眾因土壤過於貧瘠則嚮往大陸的物產和文化，明朝送給他們的一些生活用品，例如瓷器、陶器、鐵鍋都能改善他們的生活，明朝送給海外來賓的時尚衣服和宴請時以肉食為主的大餐，更是令人懷念。因此，當明代初年明朝使者奔波於各個海島招人進貢時，北部流求沖繩諸島小國馬上答應前來進貢，並且三百年沿之不改，堪稱明朝最忠誠的朋友。而南部流求臺灣島的民眾則不然，他們無法離開家鄉的食物，當然不想到外界去向明朝進貢了。最終沖繩群島的島民頂著「流求」之名到中國進貢，明朝為了獎勵他們，還將傳統的「流求」之名改成更為可喜的「琉球」。明朝三百年，琉球一直向明朝進貢。

2　陳信雄，〈從臺海出水文物探索兩岸交通史——從文獻的疑竇談到出水文物的啟示〉，鄭永常主編，《海港、海難、海寇——海洋文化論集》，成功大學人文社會科學中心 2012 年。

不過，由於歷史上福建百姓將臺灣稱為流求，所以，琉球國的進貢，讓普通百姓將海外流求混為一談，他們多以為前來進貢的琉球就是來自於鄰近澎湖的臺灣島，清初的《淵鑑類函》薈集了許多明朝的史料：

> 又曰漳泉與福四州界內，彭湖諸島與琉球相對，亦素不通。天氣清明時，望之隱約，若煙若霧，其遠不知幾千里也。漢唐以來世所不載。元世祖至元二十八年，省都鎮撫張浩赴琉球國，禽生口一百三十餘。後嗣王尚圓、尚真、尚清分為三，曰中山王，曰山南王，曰山北王。明洪武初中山王遣子姪及其陪臣子弟入國學，上喜，禮遇獨優，賜閩人三十六姓善操舟者，令往來朝貢。自是三王嗣封，皆請於朝。[3]

光看這條史料，會以為琉球就是在臺灣島。這種觀點影響了當時的一些名士。例如晚明學者鄭曉論琉球：

> 其山川竈鼊嶼、彭湖島為大，或曰國西古米山有礁甚險，舟至輒敗，即落漈也。……蘇木、胡椒諸香非其產也。[4]

如其所言，鄭曉以為彭湖島在琉球，完全搞錯了。

不過，官府對二者的區別還是知道的。明代前期官方已經有了「大琉球」和「小琉球」的稱呼，以便區分沖繩群島和臺灣島。可是，大小琉球的稱呼更為混亂。這是因為，當時的人因為政治需要，將前來進貢的琉球國稱為大琉球，而將臺灣島稱為小琉球，這與兩島的實際面積相反。洪武二十五年五月發生了這樣一件事：

> 己丑，遣琉球國民才孤那等二十八人還國，人賜鈔五錠。初才孤那等駕舟河蘭埠採硫黃，於海洋遇大風，飄至小琉球界，取水，被殺者八人。餘得脫，又遇風飄至惠州海豐為邏卒所獲，言語不通，以為倭人，轉送至京。值其國遣使入貢，為白其事，遂皆遣還。[5]

明代臺灣島的開發相對落後，島上的偏僻地帶，一直有吃人生番部落

3　乾隆帝等，《御定淵鑑類函》卷二三一，〈邊塞部二〉，文淵閣四庫全書本，第54頁。
4　鄭曉，《吾學編》卷六七，〈皇明四夷考〉，明刊本，第26頁。
5　《明太祖實錄》卷二一七，洪武二十五年五月己丑。

存在。琉球國的居民因乘船失事漂到小琉球，被當地人殺死，這種事件在歷史上不止一次發生。這一事件也說明了明代初年，琉球與臺灣島已經有明確的區分。明朝人認為向自己進貢的東海北部小國是大琉球，對外界愛理不理的南部人居住的島嶼，被稱為小琉球。實際上，看過海圖的人都知道：臺灣島的面積要比北部琉球大得多，只有將臺灣稱為大琉球才符合真實情況。很顯然，臺灣被稱為小琉球，是明朝人「親親遠疏」觀念的反應。近來有人說，早在元代的地圖上就繪有大流求和小流求，其實，這些圖都是明朝人重繪的，所以會將自己的觀念強加給元朝人。就情理而言，元朝人應當沒有大小琉球的觀念，而且也不會將大琉球的名稱給予北部小島。

　　琉球國有大小之分的觀念，也出現於明代官方史籍。刊出於明洪武二十九年的《皇明祖訓》再次出現大小琉球稱呼，其中對小琉球的評價是：「小琉球國，不通往來，不曾朝貢。」[6] 很顯然，其中的小琉球國便是指臺灣了。又如託名周致中的《異域志》說：「大琉球國，在建安之東，去海五百里，其國多山洞。各部落酋長皆稱小王，至生分彼此不和。常入中國貢。王子及陪臣皆入太學讀書。」「小琉球國，與大琉球國同。其人巄俗，少入中國。」所謂小琉球國，就是臺灣了。後世的《禮部志稿》也說：「小琉球國不通往來，不曾朝貢。」[7] 然而，在福建民間，最初並未採用「大小琉球」之稱，人們仍稱臺灣為琉球，例如，明初閩縣詩人王恭在其〈送人遊鼓山〉一詩中詠及琉球：「靈源洞口白雲飛，君去凭高入翠微。閩越故城關外小，琉球孤嶼島邊微。天花寂寂逢僧宇，林吹飄飄颺客衣。若對鳳凰池上月，頓令心地亦忘機。」[8] 鼓山是福州東部的名山，鼓山頂上可以看到臺灣，是福建民間流傳已久的傳說。王恭是明初福州名詩人，他引用「鼓山望琉球」之諺，詩中的琉球顯然是指臺灣。直到明中葉弘治年間黃仲昭編纂《八閩通誌》，仍然承襲《三山志》的說法，言福清縣的大姨山，「每風色晴定，日未出之先，於山上東望，見一山如空青，微出海面，乃琉球國也」。[9] 其中在福建沿海可以望見的琉球國，肯定是臺灣。

6　李東陽等，弘治《明會典》卷九六，〈禮部〉，文淵閣四庫全書本，第 10 頁。
7　俞汝楫編，《禮部志稿》卷三十五，文淵閣四庫全書本，第 6 頁。
8　王恭，《草澤狂歌》卷四，文淵閣四庫全書本，第 27 頁。
9　黃仲昭，弘治《八閩通誌》卷五，〈地理志〉，福建人民出版社 1990 年，第 85 頁。

　　隨著中山國人以琉球之名到明朝進貢，並在福建登陸，福建民眾知道此「琉球」不是彼「琉球」，於是有了一個怎樣稱呼東海琉球的問題。明代正德十五年，福州太守葉溥和福州籍的名士共同編纂《福州府志》，就其所列參考書而言，本書參考了明朝弘治年間編纂的《一統志》，在官府正式文件的影響下，福建人對琉球國的解釋有所變動。正德《福州府志》在介紹了大琉球國之後，又有對「小琉球國」的記載：「不通往來，不曾朝貢。」[10]完全沿用《皇明祖訓》的說法。而後，臺灣的「小琉球」之名開始流行起來。正德嘉靖年間的大儒、晉江人蔡清在注釋《論語》時說：「小邾，小邾國也。與邾子益來朝之邾不同，故言小，以別之。猶言小琉球之類。」[11]蔡清講課的對象是泉州一帶的書生，他們應對小琉球很熟悉，所以，蔡清引用了「小琉球」之名來解釋歷史上的「小邾國」。這種觀念漸漸影響到全國。嘉靖年間的江浙名士鄭若曾說：「又有小琉球，近泉州，霽日登鼓山可望而見。入明未嘗朝貢。」[12]其中大小琉球區分很清楚。明末何喬遠《名山藏》記載：「高帝既平定天下，詔諭諸夷。諸夷君長，或使或身，悉隨使者來朝貢，則高麗、日本、大、小琉球、安南、真臘、暹邏、占城、蘇門荅剌、西洋、爪哇、彭亨、百花、三佛齊、浡泥，凡十五國臣服最先，而最恭順。高祖作祖訓，列諸不征。」[13]文中的「大小琉球」，將「大琉球」與「小琉球」並列。在相關史籍中，福建沿海可以看到琉球的傳說，也改成了可以看到「小琉球」，鄭曉的《吾學編》兩次提到小琉球：「大琉球，朝貢不時，王子及陪臣之子皆入大學讀書，禮待甚厚。小琉球，不通往來。」[14]「又有小琉球，近泉州，閩人言霽日登跋山可望而見。入國朝未嘗朝貢。」[15]

　　嘉靖三十四年（1555年）經臺灣、沖繩赴日本的鄭舜功在其《日本一鑑‧桴海圖經》一圖中記載了臺灣和沖繩群島，他稱沖繩群島為大琉球國，臺灣為「小東島」，其解說是：「小東島，即小琉球，彼云大惠國。」在

10　葉溥等，正德《福州府志》卷三，〈地理志〉，福州海風出版社2001年，第67頁。
11　蔡清，《四書蒙引》卷七，〈顏淵第十二〉，文淵閣四庫全書本，第61頁。
12　鄭若曾，《鄭開陽雜著》卷七，〈明撰琉球圖說〉，文淵閣四庫全書本，第4頁。
13　何喬遠，《名山藏》卷一〇五，〈王享記〉，福建人民出版社2010年，第2932頁。
14　鄭曉，《吾學編》卷六七，〈皇明四夷考〉，第1頁。
15　鄭曉，《吾學編》卷六七，〈皇明四夷考〉，第26頁。

其圖上，大琉球與小琉球都是群島，不分大小。[16] 這個稱呼在福州一帶流傳到明末。楊士聰的《玉堂薈記》記載福州邊海與澎湖列島很近：「福州海中，有彭湖島，相去三千里，晴日髣髴可見，有參將領兵駐其中。自福州順風而往，不半日至也。又有東島者，視彭湖為近，內惟產鹿，千百為群……其全體則鬻之福州人，今所鬻鹿脯鹿筋，皆東島物也。」[17]

　　嘉靖四十年（1561 年）鄭若曾繪《萬里海防圖》上的海上諸島中，「大琉球」的面積比「小琉球」略大一些。[18]

　　嘉靖四十一年，胡宗憲的幕僚鄭開陽編纂《籌海圖編》，搜集了大量史料，並繪製了海疆地圖。這幅地圖明確地將大小琉球分開，但令人好笑的是，他將位置於沖繩的「大琉球」畫得很大，位置於臺灣的「小琉球」畫得較小。實際上情況剛好相反。

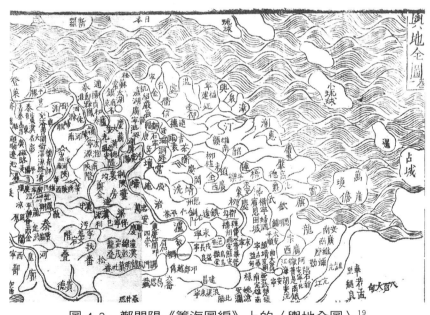

圖 4-3　鄭開陽《籌海圖編》上的〈輿地全圖〉[19]

16　轉引自鞠德源，《釣魚島正名：釣魚島列嶼的歷史主權及國際法淵源》，北京，崑崙出版社 2006 年，第 108 頁。

17　楊士聰，《玉堂薈記》卷上，上海古籍出版社 1995 年，第 60 頁。

18　轉引自鞠德源，《釣魚島正名：釣魚島列嶼的歷史主權及國際法淵源》，第 114—115 頁。

19　中國測繪研究院編纂，《中華古地圖珍品選集》，哈爾濱地圖出版社 1998 年，第 76 圖。

　　臺灣之「小琉球」的稱呼也在江南民間流行，《江南通志》上記載了這樣一條史料：「李遇文，字克顯，世襲宣州衛指揮，陞劉河遊擊。時小琉球三十六人風潮颺至，把總陳嘉謨欲指為倭，斬首報功。遇文召通事訊實，遂遣歸。」[20]

　　明朝人所說的小琉球，主要是指臺灣北部的雞籠淡水。茅瑞徵的《皇明象胥錄‧琉球》：「從長樂广（廣）石出海，隱隱一小山浮空，即所謂小琉球者也。去閩省東鄙臺、礵、東湧水程特數更。南為東番諸山，在彭湖東北。」

二、歐洲人地圖上的大小琉球

　　萬曆年間，西方傳教士進入中國，他們帶來了歐洲的繪圖知識與技巧，中國最早的全球圖開始繪製，利瑪竇《方輿勝略》一書中出現「西半球圖」上有大小琉球的繪製，但將大小琉球弄反了。福建對面的「小琉球」位於北方，而「大琉球」位於南方。這一錯誤一直延續到王在晉《海防纂要》中的「周天各國圖四分之一」中，大小琉球也是相反的。利瑪竇的《坤輿萬國全圖》繪成於萬曆三十年，其圖中只有「大琉球」，北

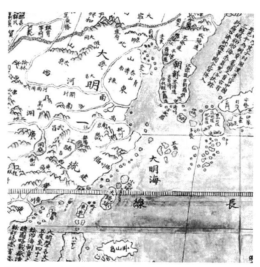

圖 4-4　在利瑪竇的世界地圖中，臺灣本島被標為「大琉球」[22]。

回歸線從「大琉球」中部穿過，此處的大琉球應是臺灣島。受利瑪竇的影響，於萬曆三十一年刊刻的《兩儀玄覽圖》中的大琉球，也應是臺灣。[21]

20　趙弘恩等，乾隆《江南通志》卷一百五十二，〈人物志‧武功〉，文淵閣四庫全書本，第9頁。

21　夏黎明總論、王存立、胡文青編著，《台灣的古地圖——明清時期》，臺灣，遠足文化有限公司2005年，第64～67頁。

22　這是公示於日本一個網站的利瑪竇《坤輿萬國全圖》。此圖為日本人所藏，所以有許多日文注釋。圖中不僅有大、小琉球，而且還有一個注明為「東寧」島嶼。按，東寧為鄭經時代對臺灣的稱呼，所以，此圖雖是利瑪竇原圖，但後人在圖上填了新字。當時地圖對琉球之名的混亂，由此可知。

　　在這一系列地圖中，臺灣有時被稱為「小琉球」，有時被稱為「大琉球」；沖繩同樣是無所適從，有時被稱為大琉球，有時又被稱為「小琉球」。由楊載造成的歷史錯位導致東亞地圖一片混亂，已經很難收拾。

　　歐洲人來到東方之後，開始繪製東方的地圖。大小琉球之名都出現在西方人的地圖上。亞伯拉罕・奧地利斯（Abraham Ortelius）繪製於1570年（或1584年）的東亞及東南亞的地圖上，中國東南的海上有一系列島嶼，其中最南部的島有 Lcquio mincr 之地名，而中上部的一個島上有 Lcquio maior 的地名，這顯然是「琉球」的譯音。

圖 4-5　亞伯拉漢・奧地利斯（Abraham Ortelius）：東亞及東南亞地圖。大約繪製於 1570 年（或是 1584 年），此圖上中國東南海域上，有兩個「Lcquio」，這顯然是「琉球」的譯音。

　　又，亞伯拉罕・奧地利斯繪製於 1584 年（或 1595 年）的中國地圖上，位於東南的海島有：「Lequeio Parur」之名；傑拉德・梅加度（Gerand Mercator）及祖迪士・漢調斯（Jodicus Hondius）繪製於 1606 年的中國地圖上，其東南部有 Lcquio minor 的島名。[23] 這些名字中都有大小琉球的音譯。同樣，他們也很難分清楚哪個是大琉球，哪個是小琉球？可見，當時的歐洲地理學家受中國地圖的影響，也搞不清楚為何會出現兩個琉球？見

23　中國第一歷史檔案館、澳門一國兩制研究中心，《澳門歷史地圖精選》，北京，華文出版社 2000 年，第 12—15 頁。

下圖。

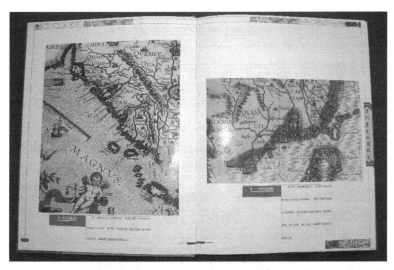

圖 4-6　1584 年及 1606 年歐洲人繪製的東亞地圖。以上兩幅
　　　　地圖摘自中國第一歷史檔案館、澳門一國兩制研究
　　　　中心的《澳門歷史地圖精選》。

圖 4-7　此圖為義大利耶穌會士畢方濟繪製於 1639 年的中華
　　　　地圖，圖中有兩個琉球，而沖繩群島被標明為大琉
　　　　球。[24]

24　本圖轉錄於徐雪姬、吳密察，《先民的足跡──古地圖話台灣滄桑史》，臺灣，南
　　天書局有限公司，第 40—41 頁。

圖 4-8　　義大利聖方濟會士溫貞左・克羅內立繪製於 1691
年的中國南部地圖，此圖上的臺灣被稱為「福爾摩
沙」，文中注明「福爾摩沙」又稱大琉球。[25]

　　總的來說，明朝的人將福建以東海上的島嶼含糊地稱為琉球，其中又
分大琉球和小琉球。其中小琉球是指臺灣島。受中國人的影響，歐洲人最
早的東方海圖上也有「琉球」的稱呼，他們可能知道臺灣的實際面積比沖
繩要大，所以，他們的地圖上，往往將大小琉球的稱呼顛倒過來，稱臺灣
為「大琉球」，稱沖繩群島為「小琉球」。迄至荷蘭人占據臺灣之後，葡
萄牙所取的「福爾摩沙」之名開始在歐洲地圖上流行。

第二節　臺灣的東番、雞籠、淡水之名

　　實際上，大小琉球都是官方地圖的說法。以漁民為主的福建、廣東百
姓，會給他們到過的臺灣諸港或島嶼取名，例如東番、北港、雞籠、大灣
及臺灣諸名。也有人將個別港名作為臺灣全島的代稱，在很長一段時間內，
臺灣島的名字是相當混亂的。

25　本圖錄自：徐雪姬、吳密察，《先民的足跡──古地圖話台灣滄桑史》，第86─
　　87頁。

一、臺灣的番眾及東番之名

　　萬曆元年，福建巡撫劉堯誨已經將臺灣稱為東番了。「今賊人林鳳與其徒竄居東番，逼近琉球，琉球居長頗有戒心，其勢不能久處。」[26] 此文中的東番與琉球並列，讓人懸想：劉堯誨心中的東番是不是在臺灣島的南部？而臺灣島的北部當時被稱為小琉球嗎？陳第的〈舟師客問〉也說到東番：「沈子（沈有容）嘗私募漁人，直至東番，圖其地里，乃知彭湖以東，上自魍港，下至加哩，往往有嶼可泊。」我們知道，魍港實際上是在臺灣的中南部，在安平港之北不遠的地方。陳第的記載表明，他與沈有容眼中的東番是在臺灣的南部！

　　萬曆三十年跟隨沈有容到東番巡行的陳第寫下了〈東番記〉一文，記載了臺灣少數民族的生活方式。

> 東番夷人不知所自始，居彭湖外海島中；起魍港、加老灣，歷大員、堯港、打狗嶼，小淡水、雙溪口、加哩林、沙巴里、大幫坑，皆其居也。斷續凡千餘里，種類甚蕃。別為社，社或千人，或五六百，無酋長，子女多者，眾雄之，聽其號令。性好勇，喜鬥，無事晝夜習走，足蹋皮厚數分，履荊棘如平地，速不後奔馬，能終日不息。縱之，度可數百里。鄰社有隙則興兵，期而後戰，疾力相殺傷，次日即解怨，往來如初，不相讐。[27]

　　後來，《明史》的作者根據〈東番記〉的記載描述了明代臺灣少數民族的生活方式。

> 雞籠山在彭湖嶼東北故名北港又名東番。去泉州甚邇，地多深山大澤，聚落星散，無君長。有十五社，社多者千人，少或五六百人，無徭賦，以子女多者為雄。聽其號令，雖居海中，酷畏海，不善操舟，老死不與鄰國往來。永樂時鄭和徧歷東西洋，靡不獻琛恐後，獨東番遠避不至。……俗尚勇，暇即習走，日可數百里，不讓奔馬，足皮厚數分，履荊棘如平地，男女椎結，裸逐無所避。女或結草裙蔽體，遇長老則背身而立，俟過乃行。男子穿耳，女子年十五，斷

26　劉堯誨，《督撫疏議》卷一，〈酌議兵食疏〉，萬曆刊本，第4—5頁。
27　陳第，〈東番記〉，沈有容，《閩海贈言》，第24—25頁。

唇旁齒以為飾，手足皆刺文，眾社畢賀，費不貲。貧者不任受賀，則不敢刺。四序以草青為歲首。土宜五穀，而不善水，田穀種落地則止殺，謂行好事，助天公乞飯食。既收穫，即標竹竿於道，謂之插，此時逢外人便殺矣。村落相仇，刻期而後戰。勇者數人前跳，被殺則立散。其勝者眾賀之曰壯士，能殺人也。其負者，家眾亦賀之曰，壯士，不畏死也。次日即和好如初。地多竹，大至數拱。長十丈，以竹搆屋，覆之以茅。廣且長，聚族而居。無曆日、文字。有大事集眾議之。善用鏢鎗，竹柄鐵鏃，銛甚，試鹿，鹿斃。試虎，虎亦斃。性既畏海，捕魚則於溪澗。冬月聚眾捕鹿，鏢發輒中，積如丘山。獨不食雞雉，但取其毛，以為飾。中多大溪流，入海，水澹，故其外名淡水洋。嘉靖末，倭寇擾閩，大將戚繼光敗之。倭遁居於此，其黨林道乾從之。已道乾懼為倭所併，又懼官軍追擊，揚帆直抵浡泥，攘其邊地以居，號道乾港。而雞籠遭倭焚掠，國遂殘破。初悉居海濱，既遭倭難，稍稍避居山後。忽中國漁舟從魍港飄至，遂往來通販以為常。至萬曆末，紅毛番泊舟於此，因事耕鑿，設闤闠，稱臺灣焉。[28]

　　如上所見，臺灣人的生活方式十分獨特，他們主食鹿身上的東西。由於臺灣的鹿非常之多，他們捕鹿為生，很少下海捕魚，乃至《明史》對他們有「畏海」的評價。臺灣少數民族不太喜歡與外人往來有其特殊的原因。臺灣是一個富裕的大島，物產豐富，明中葉以前的臺灣，雖然被視為「原始社會」，但臺灣人的生活水平較高，他們以鹿肉為食，會種小米等糧食作物，會榨糖、會曬鹽，自給自足。就其食物構成來講，他們的生活水準其實遠高於大陸普通民眾。儘管自唐宋以來一直有漢人涉足臺灣，出售大陸的商品，對臺灣少數民族來說，他們只需要少量的鐵器、陶器，漢人的銅錢被他們當作掛在身上的裝飾。因其無求於外，臺灣番族大都不願與海外來往，原因在此。

　　但是，到了嘉靖、萬曆年間，他們已經守不住孤獨了，倭寇、海寇頻頻騷擾臺灣諸港。為了追蹤倭寇海寇，福建水師也常訪問臺灣。歷史發展的大趨勢，必將他們捲入漩渦。如前所述，萬曆二年的新港之戰中，福建

28　張廷玉等，《明史》卷三二三，〈雞籠傳〉，第 8377—8379 頁。

官府與當地番眾建立了關係。這種關係延續很久，萬曆三十年沈有容殲滅倭寇之後，率水師在臺灣的大員港登陸。這一仗震動了臺灣的平埔族。「閩海盡頭別種番，此曹久此棲遊魂。……將軍殺賊賊血湧，番種遙觀皆神竦。」[29]「夷目大彌勒輩率數十人叩謁」，[30]「東番夷酋扶老攜幼，競以壺漿生鹿來犒王師，咸以手加額，德我軍之掃蕩安輯之也。」[31]東番為什麼這麼歡迎明軍呢？這是因為，假倭寇在臺灣的活動，嚴重傷害了東番的番眾。「東番之夷，射生箐棘中，盜亦時時賊殺之，而夷人以為苦。」沈有容大敗盤踞東番的倭寇，「東番之人快於夷」[32]，這是說：東番之人為明軍擊敗倭寇而高興。

東番包括現名安平港的北港和臺灣南端加哩林諸港。這些港口位於臺灣的南部。

二、臺灣北部的港口：雞籠、淡水

明代中後期，閩人對臺灣的認識大有進步。對臺灣北部港口雞籠和淡水的記錄也多了起來。當時閩浙士大夫已經有了保護雞籠、淡水的共識。覺得一定要保護雞籠和淡水，以免被其他人占領。

雞籠、淡水之名的出現。明代初年實行海禁政策，澎湖群島的居民被撤退到泉州安置，對臺灣更是置而不論。但是，明朝赴琉球的使船以及琉球的貢船，都要經過臺灣周邊。尤其是在明代前期，福建市舶司設於泉州，從福建出發的使者多從泉州出海，抵達臺灣周邊後，再向琉球方向駛去。因此，當時福建人對臺灣附近海面是瞭解的。

明成化年間，福建市舶司從泉州遷到福州。其後，從福建出發的使者多從閩江口的梅花嶼出海，首先抵達臺灣東部的淡水洋和雞籠，再經過彭佳嶼、釣魚臺列嶼北上琉球。這都使閩人對臺灣北部的航路越來越熟悉：「水道順風，自雞籠、淡水至福州港口，五更可達。」[33]這樣，閩人對臺灣

29　何喬遠，《鏡山全集》卷七，〈沈士弘將軍捕倭詩〉，第234頁。

30　陳第，〈東番記〉，沈有容，《閩海贈言》卷二，錄自臺灣文獻史料叢刊第154冊，第27頁。

31　屠隆，〈平東番記〉，沈有容輯，《閩海贈言》卷二，第22頁。

32　何喬遠，《鏡山全集》卷四三，〈贈沈將軍捕倭序〉，第1156—1157頁。

33　張廷玉等，《明史》卷三二三，〈雞籠傳〉，第8377頁。

北部的雞籠港和淡水港逐漸熟悉起來。曹永和認為，臺灣北部出產的硫黃及黃金吸引了福建沿海商人去販購。他對有關雞籠、淡水的史料進行了考證。[34]

　　目前所知明代早期的地圖大都不夠詳細，多數情況下，只在福建以東的海面上繪製幾個島嶼，含糊地稱之為「琉球」，有時沒有大小琉球之分，更罕見臺灣具體港口的記載。以嘉靖初期的《海語》、《殊域周咨錄》二書來說，都沒有雞籠山的記載。嘉靖十三年陳侃出使琉球，他寫的《使琉球錄》僅載「小琉球山」，沒有雞籠山，也沒有淡水。不過，這次出使，使閩人對東方航線明顯更熟悉了。嘉靖十六年（1537 年），漳州詔安人吳樸的《渡海方程》一書出版。此書今佚，但同為嘉靖年間的《籌海圖編》（嘉靖四十一年，1562 年）及《鄭開陽雜著》（1562 年）都有引用。郭汝霖刊於嘉靖四十年的《重編使琉球錄》內容大多重錄陳侃的文字，文中說到出使琉球的航路：「隱隱見一小山乃小琉球也。」後文沒有提到雞籠山。[35]目前知道最早出現臺灣「雞籠山」的文獻是鄭舜功的《日本一鑑》，鄭舜功於嘉靖三十五年赴日本豐後搜集情報，在談到福建到琉球的航線時，提到了「小東之域，有雞籠山，山乃石峰，特高於眾中，有淡水出焉」。[36]此後的文獻，例如嘉靖四十一年發表的《籌海圖編》第一卷「福建七」目下，有定海所周邊的島嶼，其中有雞籠山。[37]第二卷的「使倭針經圖說」中記載：「小琉球套北過船見雞籠嶼及梅花瓶、彭嘉山。」[38]可見，在嘉靖中後期，閩人已經瞭解小琉球的雞籠山了。由於雞籠山在福建至琉球及日本的航線上具有導航作用，閩人對雞籠山越來越熟悉。萬曆年間的兩部《使琉球錄》，都有雞籠山的記載。當時的海船，應是將雞籠山當作航海線上的可視導引點。「彰化縣大雞籠山，在雞籠港之東，一望巍然。為全臺郡邑

34　曹永和，〈早期臺灣的開發和經營〉，氏著，《臺灣早期歷史研究》，臺灣聯經公司 1979 年，第 137 頁。

35　郭汝霖，《重編使琉球錄》，日本沖繩縣宜野灣市，榕樹書林 2000 年，第 256 頁。

36　鄭舜功，《日本一鑑・窮河話海》，鄭樑生編，《明代倭寇史料》，第七冊，標點民國二十八年刊本，臺北，文史哲出版社 2005 年。又見陳宗仁，《雞籠山與淡水洋——東亞與臺灣早期史研究》，第 66 頁。

37　鄭若曾、胡宗憲，《籌海圖編》卷一，第 39 頁。

38　鄭若曾、胡宗憲，《籌海圖編》卷二上，第 159 頁。

祖山。往來日本洋船，皆以此山為指南焉。」[39] 明代海圖上出現該山，應有同樣作用。

　　晚明出使琉球的使者多從閩江口的梅花嶼出海，他們的船舶首先抵達臺灣東部的雞籠山，再經過彭佳嶼、釣魚臺列嶼北上琉球。這都使閩人對臺灣北部的航路越來越熟悉。不過，雞籠與淡水兩個港口中，以雞籠更為有名。萬曆七年蕭繼業的《使琉球錄》附有〈琉球過海圖〉，該圖在「小琉球山」之北繪有一座海上孤嶼——「雞籠嶼」。萬曆後期夏子陽《使琉球錄》附載的〈琉球過海圖〉上，同樣附有雞籠嶼，但沒有「淡水」之名。可見，淡水地名的出現，比之雞籠山會略遲一些。應是在嘉靖到萬曆初的這些年間，閩人有了臺灣北部「雞籠山」的地名，而後知道了淡水。臺北的淡水河是臺灣最大的河流之一，從其入海口上溯數十公里，既為臺北市前身艋舺所在地。因此，淡水成為臺灣北部對外貿易的重要港口。清初到達淡水、雞籠的郁永河說：「至八里分社，有江水為阻，即淡水也。深山溪澗，皆由此出。水廣五六里，港口中流有雞心礁，海舶畏之。」[40]「蓋淡水者，臺灣西北隅盡處也。高山嵯峨，俯瞰大海，與閩之福州府閩安鎮東西相望，隔海遙峙，計水程七八更耳。山下臨江陴睨為淡水城，亦前紅毛為守港口設者。」[41] 以上是淡水港的地理情況。

　　萬曆後期的福建巡撫黃承玄說：「往年平酋作難，有謀犯雞籠、淡水之耗，當事者始建議戍之。」[42] 當時福州的水手經常到雞籠淡水一帶。萬曆四十五年之時，董應舉說：

> 禦倭必海，水兵為便。水兵伎倆真偽，只看使船。自五虎門抵定海掠海而過，能行走自如，其技十五，掠竿塘、橫山而目不瞬者，技十八。乘風而直抵東湧之外洋望雞籠淡水島嶼如指諸掌者，惟老漁能之。此選兵法也，麾下材官能此者，百不得一。[43]

　　細細體會這段話，說明福建沿海的水手對雞籠淡水諸港越來越熟悉了。

39　郝玉麟等，雍正《福建通志》卷四，〈山川〉，第 72 頁。

40　郁永河，《裨海紀遊》卷上，臺灣文獻叢刊第 44 種，第 22—23 頁。

41　郁永河，《裨海紀遊》卷上，第 29 頁。

42　黃承玄，〈條議海防事宜疏〉，《明經世文編》卷四七九，第 5271 頁。

43　董應舉，《崇相集》，議二，〈與韓海道議選水將海操〉，崇禎刻本，四庫禁燬書叢刊集部第 102 冊，第 55 頁。

對臺北諸港的商業因之發展。「萬曆初巡撫劉堯海（誨）請舶稅充餉，歲以六千兩為額。于時凡販東西洋、雞籠、淡水諸番，及廣東高雷州北港諸處，商漁船給引，名曰引稅。」[44]如果這段記載可靠，那麼，早在萬曆初年月港就給去雞籠、淡水的商船頒發船引。許孚遠於萬曆二十年出任福建巡撫，他在〈疏通海禁疏〉說到雞籠和淡水：「是中同安、海澄、龍溪、漳浦、詔安等處姦徒，每年於肆伍月間告給文引，駕使鳥船，稱往福寧卸載、北港捕魚及販雞籠、淡水者，往往私裝鉛硝等貨，潛去倭國。」[45]其時，「東西洋每引稅銀三兩，雞籠、淡水稅銀一兩，其後加增東西洋稅銀六兩，雞籠、淡水二兩」。[46]萬曆二十五年十一月庚戌，朝廷討論海澄的引船管理：「撫按金學曾等條議……一議引數。東西洋引及雞籠、淡水、占坡、高州等處共引一百十七張。」[47]這說明雞籠、淡水已經是閩人與臺灣少數民族貿易的重要港口。

　　淡水、雞籠二港位於臺灣北部，隔海與福州相望。基隆港附近有一個名為小琉球的島嶼，這一帶的土著擅長經商。翁佳音認為：北臺灣的凱達格蘭族（馬賽人，荷文：Bassayer）是一個具有商業性格的民族[48]，尤其是居住在雞籠（基隆）的金包里人。「他們曾航行於海上，懂得交易，而且幹過海寇。」清初郁永河的《渡海輿記》說：「金包里，是淡水小社，亦產硫。人性差巧，知會計，社人不能欺。」這條史料證明金包里擅長計算，具有商業民族的性格。他們懂得北臺灣的七八種語言，可以和各民族交流。西班牙人到來之後，他們很快就學會的西班牙語。「各族群交易時，從荷蘭資料得知，金包里人常到噶瑪蘭交易鹿皮與米，而宜蘭與花蓮方面的原住民，則從金包里人取得鹽漬魚、印花布、醬油，以及銅製手環之類。這些貨物，是漢人到雞籠賣給金包里人，金包里人再乘艋舺，沿著海岸航行到後山與原住民交易。」翁佳音因此斷定，金包里人壟斷了北臺灣少數民

44　姜宸英，《湛園集》卷四，〈論日本貢市入寇始末〉，文淵閣四庫全書本，第39頁。

45　許孚遠，《敬和堂集》疏卷，〈疏通海禁疏〉，日本東京尊經閣文庫藏明刊本，第27頁。

46　張燮，《東西洋考》卷七，〈餉稅考〉，第132頁。

47　張惟賢等修，《明神宗實錄》卷三一六，萬曆二十五年十一月庚戌，第5899頁。

48　翁佳音，〈近代初期北部臺灣的商業與原住民〉，原刊中研院臺灣史研究所籌備處：《臺灣商業傳統論文集》，1999年，第45—80頁。又：《荷蘭時代——臺灣史的連續性問題》，臺灣：稻鄉出版社2008年，第43—76頁。

族各族之間的交易。[49]1584 年，西班牙人的船隻在一個漳州水手帶領下路過臺灣北部的海面，他向西班牙人介紹：「這群島有很多良港，住民與呂宋群島的 Bisaya 人在臉上及身體描畫，並穿著風格特殊的衣服，產金，住民載著鍍金的皮革及金粉到中國及日本。我相信這位夥長所說，因為他對我說的其他事情也很實在。」[50]可見，小額貿易一直存在於臺灣北部的少數民族之間。事實上，北臺灣的少數民族與大陸一直有商業聯繫，因此，在十三行文化遺址發現過唐宋時代的大陸器物。明代前期福州與北臺灣的貿易僅是歷史的延續。

　　明代福建商人對雞籠、淡水的認識。明代士大夫對臺灣的記錄以張燮的《東西洋考》最有影響力，張燮交好的福建士大夫，例如何喬遠、曹學佺等人都受到他的影響。《東西洋考》總體水準很高，但也有些錯誤。他錯了，別人受其影響的人也會錯。例如何喬遠對雞籠淡水的看法。他的《名山藏》云：「又有雞籠淡水夷，在泉州彭湖嶼東北，名北港，又名東番。」[51]比之《東西洋考》相關文字，便可知道，何喬遠對「北港」的觀點來自張燮。何喬遠和張燮都是有影響的學者，看到何喬遠及張燮相關文字，我們也可知道為什麼《明史》將臺灣稱為雞籠？這都是張、何二人的觀點。其實，都弄錯了。北港不是雞籠淡水的代稱。

　　萬曆年間，浙閩巡撫非常注意臺灣北部的狀況。萬曆四十四年十一月癸酉兵部疏言：「浙地濱海，所在防倭，溫、台、寧三區俱屬要衝。雞籠、淡水二島正對南麂，尤當日夕戒嚴者，第自麥頭園入犯之後已踰七載，地方苟幸無事，武備漸懈弛。今倭船分犯。」[52]同時期福建巡撫黃承玄說：「雞籠、淡水（臺灣北部），俗呼小琉球焉；去我臺、礵、東湧（皆為海中島嶼）等地，不過數更水程。」[53]《明史》記載：「水道順風，自雞籠淡

49　翁佳音，《荷蘭時代——臺灣史的連續性問題》，臺灣：稻鄉出版社 2008 年，第66—71 頁。

50　陳宗仁，《雞籠山與淡水洋——東亞與臺灣早期史研究》，臺北，聯經出版公司 2005 年，第 140 頁。

51　何喬遠，《名山藏》卷一〇七，〈王享記〉，福建人民出版社 2010 年，第 3026 頁。

52　張惟賢等修，《明神宗實錄》卷五五一，萬曆四十四年十一月癸酉。

53　黃承玄，〈題琉球咨報倭情疏〉，《明經世文編選錄》，《臺灣文獻史料叢刊》第 3 輯，第 53 冊，第 226—227 頁。

水至福州港口，五更可達。」[54] 其中東湧島就在福州的閩江口岸。明末兵部的職方主事陳組綬說：「淡水」[55] 一帶，自白狗山對過迤南至彭湖相望，有四府之寬。」[56] 就陳組綬的知識來說，他很清楚地知道，淡水港在福建沿海島嶼「白狗山」的對面。按白狗山，又名白犬島，這是一座位於閩江口的小島，福州一帶的漁船出海，常在白犬島停泊汲水。此地到臺灣淡水港，只有 100 多公里的水程。

　　明末崇禎年間，兵部官員陳祖綬等人繪製的東海地圖上，分別有「澹水」、「雞籠」、「北港」、「彭湖」等名，不過，彭湖和北港被畫在一個島上，而雞籠、澹水所在之島與北港並不相連。看來當時人尚未考察過臺灣全島，所以不知北港、雞籠、淡水是在一個島上。這是中國地圖的局限性。

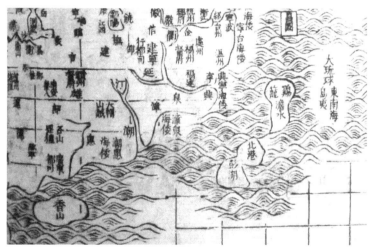

圖 4-9　　這是陳組綬《皇明職方兩京十三省地圖表》中的「皇明一統總圖二」中的臺灣，它被分為三個部分：彭湖、北港、雞籠和淡水。[57]

54　張廷玉等，《明史》卷三二三，〈雞籠傳〉，第 8377 頁。
55　在陳組綬的《皇明職方兩京十三省地圖表》所載地圖中，臺灣北部的淡水港，有時寫作「湛水」，今統一為淡水。
56　陳組綬，《皇明職方兩京十三省地圖表》卷下，崇禎九年刊本，鄭振鐸編，《玄覽堂叢書三集》第十一冊，國立中央圖書館 1948 年，第 41 頁。
57　陳組綬，《皇明職方兩京十三省地圖表》卷上，〈京省〉，第 8 頁。

第三節　從「北港」、「福爾摩沙」到「臺灣」的定名

臺灣除了東番、雞籠等名字外，還被稱為北港，荷蘭人曾以北港為臺灣全島之名。除此之外，「福爾摩沙」是葡萄牙人給臺灣取的名字，明末該島最終定名為「臺灣」。

一、明代臺灣的北港之名

荷蘭人占據臺灣之後，最初稱臺灣為「北港」。即 Pacan，又作：Packan；這是大約 1622 年至 1625 年前後的事。

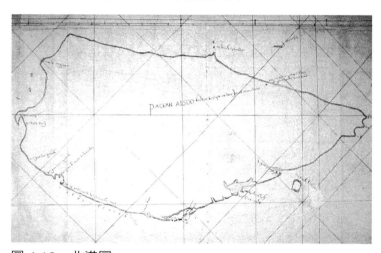

圖 4-10　北港圖

雅各 ・ 埃斯布蘭 ・ 諾得洛斯作，約 1625 年繪製。本圖原藏荷蘭海牙國家檔案館。文中的臺灣島被標為 Packan，是為北港的諧音。[58]

關於「Pacan」之名的來源，有人提出它是來自於土著語中的「八嵌」或是「北嵌」。[59]由漢人書寫 Pecan 這詞，就成了「北港」。荷蘭人的「Pacan」應為漢語「北港」的譯名，所以，「Pacan」即為北港，原是臺灣的一個港口。羅得里格斯研究荷蘭人的史料後說：「在荷蘭人抵達臺灣時，當地的南方土著人僅有五萬人左右，分別居住在一百多個村落。當然，這裡說的

58　轉引自石守謙等，《福爾摩沙──17 世紀的臺灣 ・ 荷蘭與東亞》，臺北，故宮博物院 2003 年，第 39 頁。

59　徐雪姬、吳密察，《先民的足跡──古地圖話台灣滄桑史》，第 40—41 頁。

是臺灣西南部地區。根據荷蘭人的資料，這些臺灣南方土著人稱臺灣為笨港或『北港』。」[60]那是 1622 年，即天啟二年。後來，荷蘭人一度將「北港」作為整個臺灣島的稱呼。

其實，在荷蘭人抵達臺灣之前，漢人中已經有北港這一稱呼。這就涉及著名的塞爾登收藏的《明代東西洋圖》：

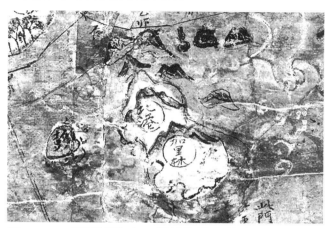

圖 4-11　　塞爾登藏東西洋航海圖上的臺灣，南部的
　　　　　北港、加里林畫得較細。

該圖在臺灣部分標明了「北港」和「加里林」兩個地名。對於塞爾登收藏的《明代東西洋航海圖》，陳佳榮稱之為：《明末疆里及漳泉航海通交圖》，認為該圖繪製的時間約在天啟四年（1624 年）之前。[61]郭育林和劉義傑認為，該圖的繪製「不會早於明嘉靖末的 1566 年，也不會晚至萬曆中葉的 1602 年。」[62]錢江認為，這幅圖是隱居於菲律賓的一位中國學者製作，時間在 1604 年前後，即明萬曆三十二年左右。

關於「北港」地名的出現，《清一統志》說：「赤嵌城，在臺灣縣南。向為番地。明嘉靖四十二年，流寇林道乾據為巢穴，始名北港。」[63]在本書中，我的考證是：林道乾到臺灣實為嘉靖四十五年。那麼，北港之名是林

60　羅得里格斯，〈臺灣的中國人、荷蘭人和西班牙人（1624—1684）〉，澳門，《文化雜誌》，2007 年秋季刊，第 182 頁。

61　陳佳榮，〈《明末疆里及漳泉航海通交圖》編繪時間、特色及海外交通地名略析〉，《海交史研究》2011 年第 2 期。

62　郭育林、劉義傑，〈東西洋航海圖成圖時間初探〉，《海交史研究》2011 年第 2 期。

63　和珅等，《清一統志》卷三三五，〈臺灣府〉，第 15 頁。

道乾造成的嗎？不能排除這個可能，但至今沒有直接的證據。萬曆初年福建巡撫劉堯誨提到的臺灣地名，主要是魍港和新港，在其著作中沒有北港之名。據陳佳榮先生的考證，漢籍中「北港」之名最早出現在許孚遠《敬和堂集》的兩篇奏疏上。即萬曆二十年的〈海禁條約行分守漳南道〉及萬曆二十一年的〈疏通海禁疏〉。[64] 在晚明的史籍中，出現北港一名的古籍除了《敬和堂集》外，還有：《東西洋考》、《順風相送》、《止止齋集》、《露書》、《盟鷗堂集》等書。這些書籍多發表於荷蘭人占據臺灣之前，例如，萬曆四十三年任福建巡撫的黃承玄曾說：「至於瀕海之民，以漁為業；其採捕於彭湖、北港之間者，歲無慮數十百艘。」[65] 荷蘭人是在天啟年間才進入臺灣，很顯然，北港之稱在荷蘭人占據臺灣之前就已經存在。

　　那麼，明代北港是臺灣的那一個港口？學術界存在三種不同的看法，其一，認為北港是臺灣北部的一個港口，有可能是淡水或是雞籠。這一觀點始於明代學者張燮的《東西洋考》，其文曰：「雞籠山、淡水洋，在彭湖嶼之東北，故名北港、又名東番云」。《明史》繼承了這一說法：「雞籠山在彭湖嶼東北，故名北港，又名東番，去泉州甚邇。」[66] 張燮的《東西洋考》是明代中外交通史名著，《明史》的作者在敘述中外交通史之時，採納了張燮的許多觀點，大都被證明是正確的。不過，張燮畢竟沒有親歷臺灣，所以，他對臺灣北港的方位並不清楚。其後，清代的《清文獻通考》、日本川口長孺的《臺灣鄭氏紀事》都沿用了這一說法。但是，北港是明代臺灣商業最繁榮的港口，而雞籠偏在臺灣北部，其商業一向不甚發達，不大可能成為臺灣最大的港口，而且，在明人的文獻中，常將北港與雞籠、淡水並提。在萬曆年間再版的《廣輿圖》中，雞籠、澹水、北港、澎湖等地名並列，非常清楚地說明北港不是雞籠、淡水，而是臺灣島上的另一個港口。又如《明神宗實錄》記載福建巡按李凌雲於萬曆四十五年八月派官員質問日本的使者：「因問其何故侵擾雞籠、淡水？何故謀據北港？」[67] 明

64　陳佳榮，〈《明末疆里及漳泉航海通交圖》編繪時間、特色及海外交通地名略析〉，《海交史研究》2011 年第 2 期。

65　黃承玄，〈條議海防事宜書〉，《明經世文編選錄》，臺灣文獻叢刊第 53 冊，第 206 頁。

66　《明史》卷三二三，〈雞籠傳〉，第 8376 頁。

67　張惟賢等修，《明神宗實錄》卷五六○，萬曆四十五年八月癸巳，第 1 頁。

代後期的臺灣地圖，將北港畫在澎湖之北，與雞籠、淡水等地鼎足而立，可見，北港肯定不是雞籠與淡水，所以，學者對臺灣史進行較深入研究後，大都拋棄了這一說法。

其二，認為明代臺灣的北港是魍港。張燮《東西洋考・東番考》記載：「雞籠山、淡水洋，在彭湖嶼之東北，故名北港、又名東番云。」《明史・雞籠傳》記載：「雞籠山在彭湖嶼東北，故名北港，又名東番，去泉州甚邇。」這些史料都說北港在澎湖的東北，在排除雞籠與淡水為北港之後，一些臺灣學者提出臺灣中部的魍港即為北港，因為，只有魍港符合張燮《東西洋考》的說法，位於澎湖的東北。連橫的《連雅堂文集》第三卷〈臺灣史蹟志〉說：「北港在嘉義西北，後隸雲林。濱海而居。宋代互市則至於此。讀史方輿紀略曰：澎湖為漳、泉門戶，而北港則澎湖唇齒，失北港則唇亡齒寒，不特澎湖可慮，則漳泉亦可憂。北港在澎湖東南，亦謂之臺灣。臺灣縣志曰：荷蘭入北港，築城以居，因稱臺灣。是宋明之時，華人且以北港為臺灣也。北港一名魍港。福建通志曰：萬曆元年冬，廣東海寇林鳳犯福建，總兵胡守仁擊走之。時寇盜略盡，惟鳳遁錢澳求撫，廣督雲翼不許，遂自澎湖奔東番魍港，為守仁所敗，追至淡水洋，沉其舟。鳳復入潮州。」《臺灣通史・開闢紀》說：「歷更五代，終及南宋，中原板蕩，戰爭未息，漳、泉邊民漸來臺灣，而以北港為互市之口；故臺灣舊誌有『臺灣一名北港』之語。北港在雲林縣西，亦謂之『魍港』。」此文中魍港在雲林的觀點，是將今日雲林縣的笨港當作魍港所在地。但雲林的笨港，又名北港，是清代中期才出現的名字，這是臺灣學者今日的共識。臺灣學者因《臺灣通史》有較多的錯誤，對其批判多於讚賞，不過，連橫對北港的認識，卻影響了當代的學者。曹永和先生概述：

> 又《明史》文中所謂魍港，究是何地？查魍港之名，見於《東西洋考》，是臺灣地名。據伊能嘉矩之說，魍港即蚊港，即塭港，係一音之轉，是在八漿溪出海處。約在今新虎尾溪口之蚊港莊附近。據和田清，則謂按當時的開發程度，或尚不及新虎尾溪一帶，故認為魍港是現今的鹽水港北的蚊港口。要之，二氏所云，都是在臺灣南部。[68]

68 曹永和，〈明代臺灣漁業誌略〉，氏著，《臺灣早期歷史研究》，第163頁。

　　臺南名為塭港的地方其實不少，究竟哪一處是魍港，一直存在爭議。陳宗仁根據荷蘭人地圖研究，提出：「北港應即魍港，清代改稱蚊港。其地為八掌溪口，後成為全臺灣的稱呼。」[69] 這一觀點類似於伊能嘉矩，但補充了新的資料，也有其理論依據，因為，明代後期的臺灣地圖，將北港畫在澎湖之東北部，從方位上看，如果明末的臺灣地圖符合實際，它只能是魍港了。然而這一觀點的問題在於：史冊上記載北港是臺灣南部的貿易中心，而八掌溪的蚊港一直是一個邊遠小港，其港口容量使其無法成為臺灣最大的港口、停泊較大的船，因而也不可能成為當時臺灣的貿易中心。

　　其三，認為北港即為明清之際「臺江內海」所在地區。例如，和田清提出：魍港是現今的鹽水港北的蚊港口。該港在明代「臺江內海」的範疇內。該地有熱蘭遮城、赤嵌城等古蹟，一向為臺灣商業最發達的區域，稱其為北港有其道理。2004 年，我在訪問臺北中研院時，曾向曹永和先生請教：明代臺灣的北港是什麼地方？曹先生說，他曾和日本的一些學者討論過這個問題，認為北港即為清代的安平港及其內腹的「臺江內海」。曹先生是研究荷據臺灣史的權威，他的意見值得重視。[70]

　　我傾向於曹永和先生的觀點。我認為，明人對臺灣的認識有一個發展過程，因多數人未到臺灣，所以，他們對北港方位的記載是錯誤的。而後隨著明代學者、官員對臺灣認識的加深，才明確指出北港在後日的安平港位置上。明代福建的官府人員中，親自辦理勸荷蘭人到臺灣一事的總兵俞咨皋，應是對澎湖、北港一帶的地理最熟悉的，他雖然沒有直接的史料留下來，但一些與其有關的史料影響了後人，清代地理學大師顧祖禹在其《讀史方輿紀要・福建》中說：「總兵俞咨皋者，用間移紅夷於北港，乃得復彭湖」；「北港蓋在彭湖之東南，亦謂之臺灣。天啟以後，皆為紅夷所據。」朱景英在《海東札記》稱讚顧祖禹：「惟顧宛溪謂北港在澎湖東南，亦謂之臺灣，或不誣歟！」可見，在明清學者中，已經有人正確地認識到：明代的北港是在澎湖的東南，就是被人們稱為「臺江內海」的地方，臺江內

69　陳宗仁，〈北港與「Pacan」地名考釋：兼論 16 世紀、17 世紀之際臺灣西南海域貿易情勢的變遷〉，《漢學研究》第二十一卷第二期，總第 43 號，臺北，2003 年，第 262 頁。

70　又見曹永和，《臺灣早期歷史研究》，臺灣聯經公司 1979 年，第 164 頁。

海周邊又有不少港口，其中有魍港、新港、赤嵌港，以及後日被稱為安平港的大員港！北港是大概念，它最早是臺江內海的魍港，而後轉移到新港、赤嵌港、大員港。從荷蘭人據台的歷史來看，他們所占據的大員港，應當就屬於北港，所以，荷蘭人所畫的臺灣地圖才會將臺灣稱為北港（Pacan）。北港這一地名原為臺灣南部的一個港口，這個名稱起源於當地人，德國士兵司馬爾卡頓於 1648 年抵達臺灣，他的《東印度驚奇旅行記》說：「福爾摩沙島，當地人叫北港（Pecan），漢人稱之為大琉球。」[71] 是在荷蘭人占據臺灣後，北港才漸漸成為全臺灣的地名。

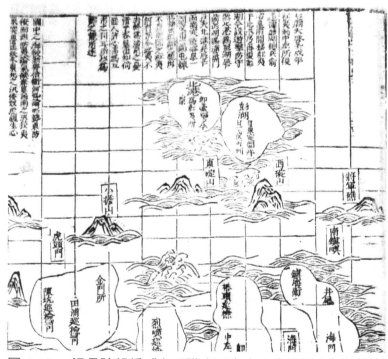

圖 4-12　這是陳組綬《皇明職方兩京十三省地圖表》的澎湖與北港。

在陳組綬的地圖中，北港至少出現了三次，但其形狀都不同。此圖中，彭湖島的東北側有一個島被稱為北港，作者是將北港當作整個臺灣的稱呼吧？中國古書處理史料有一個原則：即「以疑傳疑」。假使無法辨別多種史料的真偽，不妨將幾種材料都保存下來。此處便應用了這一原則。

71　鄭維中，《製作福爾摩莎——追尋西洋古畫中的臺灣身影》，臺北，大雁文化事業公司 2006 年，第 127 頁。

二、北港與支港魍港、新港、大員港的關係

晚明臺灣南部的魍港是最早與閩粵人貿易的港口，其後新港、北港相繼崛起，現在我們知道，這三個港口都在臺灣南部，具體位置有爭議，三港之間的關係值得研究。

晚明魍港是著名的港口。萬曆元年俞大猷追擊林鳳到臺灣沿海。俞大猷的上司命令他放棄其他海寇不管，猛追林鳳。瞿九思說：「樓船將軍俞大猷常提兵問諸海島，鳳遂鼓行而去魍港也。鳳度其下水淺，戰艦不得入，於是盡棄其烏船勿問，而以輕艇恣往來自便矣。」[72] 可見，當時的魍港已經出名了。劉良弼記載：「又據巡海興泉二道呈報，拿獲賊徒葉明嘉等供稱：林鳳將大烏尾船八隻鑿沉，駕小船八十二隻，於六月二十八九日陸續開避芒港去訖。」[73] 可見，劉良弼所說的芒港就是魍港。萬曆二年，福建官員在審俘中得到口供：「海賊林鳳等於六月初八日自彭湖逃往東番魍港」。[74] 廣東方面的情報是：「我橫海將軍度鳳勢不東走彭湖魍港，或走浙海耳。」[75] 福建方面的情報：「各賊商說，此時暫往小東魍港避兵，劫取米糧。」[76] 陳第的〈舟師客問〉：「沈子嘗私募漁人，直至東番，圖其地里，乃知彭湖以東，上自魍港，下至加哩，往往有嶼可泊。」在這裡，陳第將魍港列入臺灣的重要港口，它應是臺灣最早與漢人貿易的港口之一。

關於魍港的位置，學術界一向有爭議。曹永和先生概述：

> 又《明史》文中所謂魍港，究是何地？查魍港之名，見於《東西洋考》，是臺灣地名。據伊能嘉矩之說，魍港即蚊港，即塭港，係一音之轉，是在八漿溪出海處。約在今新虎尾溪口之蚊港莊附近。據和田清，則謂按當時的開發程度，或尚不及新虎尾溪一帶，故認為魍港是現今的鹽水港北的蚊港口。要之，二氏所云，都是在臺灣南部。[77]

以上兩種觀點在臺灣影響很大，我更傾向於和田清。近年才受到重視

72　瞿九思，《萬曆武功錄》卷三，〈廣東・林道乾、諸良寶、林鳳列傳〉，第53頁。
73　劉良弼，《刻中丞肖巖劉公遺稿》卷八，〈題為海賊內犯查參失事官員事〉，第71頁。
74　劉堯誨，《督撫疏議》卷二，〈報剿海賊林鳳疏〉，第1頁。
75　瞿九思，《萬曆武功錄》卷三，〈廣東・林道乾、諸良寶、林鳳列傳〉，第53—55頁。
76　劉堯誨，《督撫疏議》卷一，〈報海賊逃遁疏〉，第46頁。
77　曹永和，〈明代臺灣漁業誌略〉，氏著《臺灣早期歷史研究》，第163頁。

的劉堯誨《督撫疏議》一書展現了新的證據：

> 六月初十日，有廣東賊船六七十號到魍港地方內，將賊船十餘隻哨守港門，其餘俱駕入四十里地名新港，劫取米糧。連與番人格鬥三日，彼此殺傷數多。番人因無鳥銃火器，不能勝賊。[78]

此處的「廣東賊船六七十號」後來被證明就是嶺南海寇林鳳的船，這些文字不是重點。關鍵在於：林鳳等海寇的船隻到了魍港之後，除了少數船隻留在魍港防守之外，其他船隻「俱駕入四十里地名新港，劫取米糧」。琢磨這句話，表明新港就在魍港的上游！而且，新港是一條大河，可以通行船隻，很顯然，這不可能是水流不大的八掌溪！實際上，新港的地名至今仍然保留，它位於臺南市的北側，又稱鹽水溪，歷史上新港是一條大河，下游河段可以行駛船隻。它是臺灣少數民族西拉雅人新港社的活動地盤。

確定了歷史上的新港就是今天臺灣臺南市的新港，我們就可知道：明朝文獻中的魍港其實不是臺灣中部的笨港，也不是在八掌溪的下游，而是位於臺江內海新港溪的下游。新港溪今名鹽水溪，如前所述，和田清曾考證鹽水溪下游的塩港就是明代的魍港。就地理來說，魍港與新港相通聯。陳第評說東番：「始皆聚居瀕海，嘉靖末，遭倭焚掠，迺避居山。倭鳥銃長技，東番獨恃鏢，故弗格。居山後，始通中國。」[79] 按，史書上記載嘉靖末年侵襲臺灣的正是林道乾所部海寇。對這段話，我的理解是：西拉雅人原來生活於魍港，福建商人常來貿易。但在嘉靖末年，魍港遭到林道乾武裝的侵襲。林道乾雇傭的倭寇會使用火槍，而西拉雅人只有弓箭，無法抵擋，不得已內遷到魍港的山後，也就是魍港的上游。此地不同於魍港，所以被稱為「新港」。《明史・雞籠傳》記載雞籠的歷史實際上屬於臺南的西拉雅人：「雞籠遭倭焚掠，國遂殘破。初悉居海濱，既遭倭難，稍稍避居山後。忽中國漁舟從魍港飄至，遂往來通販以為常。」[80] 可見，西拉雅人退據新港數年後有來自閩粵的漁船抵達臺江內海捕魚，他們進入魍港，上溯新港，並與遷居新港的西拉雅人貿易，於是，西拉雅人與漢人的關係重又建立。這就將《明史・雞籠傳》有關記載落到實處了。

78　劉堯誨，《督撫疏議》卷二，〈報剿海賊林鳳疏〉，第 1 頁。
79　陳第，〈東番記〉，沈有容，《閩海贈言》，第 26 頁。
80　張廷玉等編，《明史》卷三二三，〈雞籠傳〉，第 8377 頁。

　　確定了林道乾於嘉靖末年襲擊臺灣，是攻擊臺灣南部的魍港，再來處理魍港和北港的關係。如上所述，嘉靖末年林道乾襲擊的應是魍港，而《潮州府志》卻說：「嘉靖四十五年……道乾不樂居北港，遂恣殺土番，取膏血造船，從安平鎮二鯤身遁往占城。」[81] 這樣看來，北港似乎就是魍港。不過，因以往學術界對魍港的定位不同，北港具體位置在何處？也是有爭議的。由於在荷蘭人的地圖上的八掌溪發現了「蚊港」的譯名，有一段時間，臺灣許多學者贊成伊能嘉矩之說：「北港應即魍港，清代改稱蚊港。其地為八掌溪口，後成為全臺灣的稱呼。」[82] 我曾就這個問題請教過曹永和先生，他認為北港就是臺南市的港口。這一觀點也寫入他的論文：〈明代臺灣漁業誌略〉[83]。我的理解是：北港就是臺南市附近「臺江內海」的港口。[84] 那麼，怎樣處理魍港與北港的關係？看到劉堯誨的〈報剿海賊林鳳疏〉之後，我們可以確認劉堯誨口中的魍港應是臺南新港溪進入「臺江內海」的入海口處，屬於「臺江內海」的一個小港口。北港與魍港是大概念與小概念的關係。北港是大概念，魍港是小概念。

　　也就是說，明代北港是「臺江內海」周邊港口的統稱，這一帶的港口有魍港、新港、大員港、安平港，應當都是北港的支港。早期北港的核心就是魍港，它位於新港溪進入臺江內海的出海口，今已淤塞，變為臺南市區的一片陸地。新港位於魍港的上游，一度取代魍港成為西拉雅人活動的中心。而赤嵌港位於臺南市的赤嵌樓附近，清代的《一統志》介紹臺南的赤嵌城：

> 古蹟。赤嵌城，在臺灣縣南。向為番地。明嘉靖四十二年，流寇林道乾據為巢穴，始名北港。[85]

81　周碩勳，乾隆《潮州府志》卷三八，〈征撫〉，第 37—38 頁。
82　陳宗仁，〈北港與「Pacan」地名考釋：兼論十六世紀、十七世紀之際臺灣西南海域貿易情勢的變遷〉。《漢學研究》第二十一卷第二期，總第 43 號，臺北，2003 年，第 262 頁。
83　曹永和，〈明代臺灣漁業誌略〉，氏著，《臺灣早期歷史研究》，第 164 頁。
84　徐曉望，〈晚明臺灣北港的事變與福建官府〉，臺北，臺灣各姓淵源研究學會編，《臺灣源流》，2005 年冬季刊，第 33 卷；徐曉望，〈論明代北港的崛起〉，北京，《臺灣研究》2006 年 2 期。
85　和珅等，乾隆《清一統志》卷三三五，〈臺灣府〉，第 15 頁。

在明代歐洲人的地圖上，也可看到赤嵌。

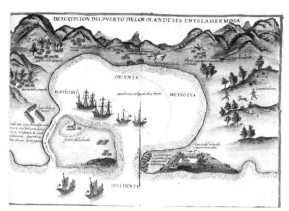

圖 4-13　　　1626 年的「臺江內海」圖，由西班牙畫家根據一個澳門華人口述繪製。[85]

如圖所示，這個內海面積約有數十平方公里，後人稱之為「臺江內海」，在河沙填沒內海之前，魍港和赤嵌是臺江內海的兩個港口。赤嵌所在地，應為「臺江內海」上方小城所在地，赤嵌的海邊，即為赤嵌港，後來是臺南市的核心之地。按照《清一統志》的說法，該港是由林道乾開發的，後來被稱為北港。如上所述，林道乾於嘉靖末年曾經襲擊

魍港，後來安平一帶的二鯤身造船，而後突破明軍的包圍，直下占城，完成了一次驚人的海上冒險。[87] 當嘉靖末年林道乾與明軍對峙之時，雙方關注的都是「臺江內海」北側的魍港，而林道乾卻在臺灣內海南側的二鯤身突破包圍圈，此地離赤嵌港不遠，它成為海寇的一個巢穴是可以理解的。此外林鳳的歷史可以參考。據劉堯誨《督撫疏議》的記載，萬曆二年，福建官軍深入新港，也只消滅了海寇林鳳的幾隻船，並未重創林鳳主力，這表明林鳳主力另有地方隱藏主力船隊。萬曆三年，福建官府聽說逃亡的漁民說，林鳳從呂宋北上，再次襲擊魍港和新港，然而，福建官軍的前哨深入新港，卻找不到林鳳的船隊。後來請教當地人，因雙方有合作關係，西拉雅人將官兵帶到一個地方，發現了林鳳的大批船隻！官軍因而制定了作戰計畫。這個地方，有可能就是赤嵌港了。因為，雖說「臺江內海」很大，可以停泊船隻的港口並不很多，安平港一帶位於外側，過於暴露，在官軍對魍港和新港已經很瞭解的背景下，只有赤嵌港是一個較好的選擇。當然，隨著赤嵌港的出名，它不再隱蔽在深港之內。萬曆三年或四年以後，林道乾回歸臺灣北港，應當也是以赤嵌港為主要基地，所以《清一統志》才會說林道乾是北港的開創者。

86　陳宗仁，〈1626 年的大員港灣：一位澳門華人 Salvador Diaz 的觀察〉，戴文峰主編，《南瀛歷史、社會與文化》，臺南縣政府，2010 年，第 28—29 頁。
87　周碩勳，乾隆《潮州府志》卷三八，〈征撫〉，第 37—38 頁。

　　大員港。萬曆三十年（1602 年）十二月，福建浯銅遊把總沈有容率十
多隻戰船赴東番擊倭，「倭破，收泊大員。夷目大彌勒輩率數十人叩謁，
獻鹿餽酒，喜為除害也。」[88] 這是大員港見諸史料最早的記載。那麼，大員
港在什麼地方？上引西班牙畫家所繪北港圖，左下方有個島嶼，它的左邊
是「北線尾」航道，右側隔著一條航道與荷蘭人的城堡相望。該島的北側
停著四艘船舶，其中兩艘是荷蘭式的船舶，另外兩艘是華人的帆船。在該
島的北部，有一座西式建築，西班牙文注解是：「荷蘭人的商館」，他處
還有標明：館內有 8 名荷蘭人。關於北港的總體解釋是：「這裡總數有兩
百二十名荷蘭人，在城堡有一百名，在那牧場的堡壘有十名（在赤嵌），
有商館有八名，其餘在那些船上。另有五千名華人，口百六十名日本人。」[89]
讓我好奇的是：此處在荷蘭人占領之際，已經有了五千名華人，那麼：他
們主要住在哪裡？可見以下地圖：

圖 4-14　荷蘭人與鄭成功作戰圖

　　鄭成功與荷蘭人交戰是在 1661 年 3 月，這幅圖表明：在荷蘭人的城下
有一個華人市鎮，此地即為「大員」。那麼，此前三十八年，亦即 1624 年，
華人是住在荷蘭人城堡下的大員嗎？西班牙畫家所繪北港圖沒有畫出來，
早期的荷蘭人城堡前一片荒蕪。荷蘭人的商館建在與荷蘭人城堡有一定距
離的荒島上。我認為，荷蘭人的商館一定是建立在大員港的核心處，因為
這裡有商船，華人的定據點也是在這裡。早期的華人肯定是圍繞著港口居

88　陳第，〈東番記〉，沈有容編，《閩海贈言》，第 27 頁。
89　陳宗仁，〈1626 年的大員港灣：一位澳門華人 Salvador Diaz 的觀察〉，戴文峰主編，
　　《南瀛歷史、社會與文化》，臺南縣政府，2010 年，第 8 頁。

住，荷蘭商館建立處，就是大員的華人市鎮。那是在北線尾附近，其東面就是「臺江內海」，許多商船停泊於此。從總體而言，大員港也是北港的一個支港。

如前所述，萬曆三年至萬曆六年，林道乾占據了「臺江內海」諸港，這個因素一度影響了北港的發展。我注意到，在海澄通商的臺灣港口中，最早沒有北港！海澄的引稅始設於萬曆初。張燮說：「萬曆三年，中丞劉堯誨請稅舶以充兵餉，歲額六千。同知沈植條海禁便宜十七事，著為令。於是商引俱海防官管給，每引徵稅有差，名曰引稅。東西洋每引稅銀三兩，雞籠、淡水稅銀一兩，其後加增東西洋稅銀六兩，雞籠、淡水二兩。」按，萬曆三年林道乾出沒於北港一帶，海澄沒有給北港船引是合理的。研究這條記載可知，在設置引稅之初，臺灣港口進入福建海防官視野的，只是雞籠、淡水二個臺灣北部的港口。雖然魍港和新港已經很有名，官府卻沒有頒給船引！其後，海澄稅收進一步調整：「雞籠、淡水地近船小，每船面闊一尺，徵水餉五錢，陸餉亦如東西二洋之例。」[90] 仍然沒有列入北港。應是林道乾和其海寇的存在，讓海澄縣不敢輕易給北港頒發船引。不過，萬曆二十年之後，北港終於成為官府的納稅對象。許孚遠於萬曆二十年出任福建巡撫，他在萬曆二十年的〈海禁條約行分守漳南道〉一文中說：「又有小番，名雞籠、淡水，地鄰北港捕魚之處……北港船引，一例原無限數。」[91] 其人萬曆二十一年的〈疏通海禁疏〉又說：「是中同安、海澄、龍溪、漳浦、詔安等處奸徒，每年於肆伍月間告給文引，駕使鳥船，稱往福寧卸載、北港捕魚及販雞籠、淡水者，往往私裝鉛硝等貨，潛去倭國。」[92] 其後，北港的發展加快，漸漸成為臺灣對外貿易的主要港口。[93] 乃至荷蘭人選擇臺灣的港口，也將北港當作主要考察對象，最終決定在北港的外側修建熱蘭遮城。

三、明末臺灣島的其他名字

總的來說，明代臺灣曾有「小琉球」、「東番」、「北港」諸名，其

---

90 張燮，《東西洋考》卷七，〈餉稅考〉，第 132 頁。
91 許孚遠，《敬和堂集》卷七，〈海禁條約行分守漳南道〉，第 11 頁。
92 許孚遠，《敬和堂集》疏卷，〈疏通海禁疏〉，第 27 頁。
93 徐曉望，〈論明代北港的崛起〉，北京，《臺灣研究》2006 年 2 期。

中小琉球之名使之容易和沖繩群島弄錯。新名字的出現，使臺灣不易和其他地區混淆。北港之稱還影響了荷蘭人的地圖。不過，占據臺灣的荷蘭人最終採用「福爾摩沙」之名稱呼臺灣，福建民間也出現了「臺灣」之名，從而結束了這一歷史地理的混亂。琉球作為臺灣的正名，逐漸湮沒於歷史的塵埃中。

　　歐洲人「福爾摩沙」之名的由來。通常認為，歐洲人中是葡萄牙人最早知道了「小琉球」島。早年葡萄牙人跟隨漳州人到日本去貿易，而漳州人為了避開官軍的阻擾，駛出廈門港之後，他們會向東南方行駛，路過澎湖一直到臺灣南部的北港，再從北港北上浙江寧波的雙嶼港。這條線路基本沿著臺灣岸線航行，所以，葡萄牙人會瞭解臺灣，不過，當時葡萄牙人隨漳州人稱呼臺灣為小琉球。[94]

　　明萬曆十年（1582 年）往來於日本與澳門之間的一艘葡萄牙船在臺灣附近觸礁，遇難的船員被迫在翠綠的臺灣島上生活了三個月，而後造船離開。他們稱這座島為福摩沙（Formosa），意為美麗之島，可見，這座島給他們良好的印象。西班牙人敘述這一事件，則將 Formosa 譯為 Hermosa，李毓中譯稱為：「艾爾摩莎」[95] 荷蘭人抵達臺灣的北港之後，最初用漢人對該港的稱呼來命名臺灣島。其後，荷蘭人知道了葡萄牙人曾經稱臺灣為 Formosa，便採用了葡萄牙人的命名。將臺灣稱之為福摩莎（Formosa）。所以，在 1640 年約翰・芬伯翁繪製的澎湖列島及臺灣島圖上，臺灣已經被稱為 Formosa 了。

　　荷蘭人占據臺灣前後，臺灣的漢名除了前述琉球、北港之外，一度起用「大灣」之名。明代的《順風相送》一書記載從日本松浦港到呂宋的航路，途中要經過「北港、沙馬頭、大灣山」，[96] 在嘉靖年間的北港應是魍港的別名。蔡獻臣說：「數十年來，紅毛曾入求市矣。誘之果何人也。今且聽指揮城大灣，我民自往市耳，夷固無事入也。」[97] 如其所說，荷蘭人建城的地

94　鄭維中，《製作福爾摩沙——追尋西洋古畫中的臺灣身影》，臺北，大雁文化事業公司 2006 年，第 55 頁。

95　李毓中譯著，《臺灣與西班牙關係史料彙編》第一冊，1565—1619，第 239、241 頁。

96　向達注釋本，《兩種海道針經》，北京，中華書局 2000 年，第 91 頁。

97　蔡獻臣，《清白堂稿》卷十，〈同紳販洋議答署府姜節推公〉，福建省圖書館 1980 年抄明崇禎刊本，第 64—65 頁。

方即為「大灣」，這是天啟年間的事。我認為萬曆年間臺江內海諸港的總
名即為「北港」，大灣就是其中的一個支港了，它應是大員港的另一個名
字。

圖 4-15　　1640 年約翰‧芬伯翁繪製的澎湖列島及臺灣島圖，本圖
原藏荷蘭海牙國家檔案館。

其時臺灣的經濟中心是在臺南的北港，這一帶的臺江內海是一個巨大
海灣，所以，當時閩南人又將北港一帶的海灣稱為「大灣」。陳仁錫說：「白
沙湖則有楊祿，大灣港則有鄭芝龍，鰲海鷺門之畔。」[98] 可見，鄭芝龍一度
盤踞大灣之內。官府文件說：「紅夷盤踞北港大灣，離福州海面三百里，
築城建臺。」[99] 可見，北港應是臺江內海諸港的大名字，而大灣應是指荷蘭
人占據的七鯤身沙島上築起的城堡和市鎮。

大灣一音之轉，便成了「臺灣」。臺灣之名的出現，是在荷蘭人盤踞
臺灣之後。清代郭起元追溯：「萬曆末，荷蘭國人擊倭去，佔居耕鑿，更
名臺灣。」[100] 這也是說臺灣之名起於荷蘭人據臺之後，不過，臺灣一詞是

---

[98]　陳仁錫，《無夢園初集》漫二，〈紀三省海寇〉，明崇禎六年張一鳴刊本，第
　　　69—70 頁。

[99]　委黎多，〈報效始末疏〉，轉引自湯開建，《委黎多〈報效始末疏〉箋正》，廣東
　　　人民出版社 2004 年，第 3 頁。

[100]　郭起元，《介石堂集古文》卷九，〈跋臺灣詩文後〉，乾隆刻本，第 12 頁。

漢人的稱呼，而不是荷蘭人取的名字。最早「臺灣」一詞是指荷蘭所建的熱蘭遮之城，以及周邊的市鎮。「萬曆末，荷蘭國人擊倭去，佔居耕鑿，更名臺灣。荷蘭一名紅毛。」[101] 明末陳仁錫在談到海上防禦時說：「一曰嚴禁臺灣之勾引。是閩粵浙之備禦第一要著也。夫臺灣在北港海島間。」[102] 可見，當時的臺灣是北港之內的小地名。何喬遠在崇禎三年的奏疏中稱：「小販則令給引於雞籠、淡水。在紅夷者，則給引於臺灣」。[103] 此時的臺灣還是荷蘭人占據地盤的小地名。清抄本孫承澤的《山書》第八卷云：「臺灣者，在彭湖島外，水路距漳泉約兩日夜。」這裡的臺灣就是指臺灣全島了。孫承澤又有《春明夢餘錄》一書輯錄了崇禎年間三位大臣有關臺灣的奏摺。崇禎八年給事中何楷說：「賊窟為何？臺灣是也。臺灣在彭湖島外，水路距漳泉約兩日夜。」崇禎十三年，吏科都給事中王家彥在奏疏中說到臺灣：「窮民緣是走海如鶩，長子孫于唐市，指窟穴于臺灣。」同年，給事中傅元初有〈論開洋禁疏〉：「海濱之民，惟利是視，走死地如鶩。往往至島外區脫之地曰臺灣者，與紅毛番為市，紅毛業據之以為窟穴。自臺灣兩日夜可至漳泉內港，而呂宋佛郎機之夷見我禁海，亦時時私至雞籠淡水之地，與奸民闌出者市貨，其地一日可至臺灣。」[104] 以上臺灣之稱，大都是指臺灣南部荷蘭人所占據的地盤，而臺灣北部則被稱為雞籠、淡水，其時多數時間在西班牙人控制之下。其後，隨著荷蘭在臺灣占據地盤擴大到全島，臺灣之名漸成全島的稱呼。總結一下，荷蘭人占據臺南大員港前後，由於臺南北港的繁榮，當地圍繞著北港的商業興起。北港所在的「臺江內海」除了赤嵌為中心的北港外，還有魍港、新港，於是，閩南人便稱此地為「大灣」，這個名字將「臺江內海」諸港都概括進來了。荷蘭人抵達臺江內海之後，選擇海口處一鯤身的小山上築堡，形成了一個高臺。《臺灣志略》云：「荷蘭據臺灣，築城於一鯤身之上，曰臺灣城，臺灣之名於是始。」[105] 從地形看，荷蘭人的高臺城堡之下，漸漸形成了一個華人的市鎮，該鎮在大灣和荷蘭高堡的中間，於是被稱為「臺灣」。崇禎年間，明朝閩

101　郭起元，《介石堂集古文》卷九，〈跋臺灣詩文後〉，乾隆刻本，第 12 頁。
102　陳仁錫，《無夢園初集》漫二，〈備禦〉，第 64 頁。
103　何喬遠，《鏡山全集》卷二四，〈開洋海議〉（崇禎三年在南都作），第 689 頁。
104　孫承澤，《春明夢餘錄》卷四二，〈閩省海賊〉，文淵閣四庫全書本，第 35—40 頁。
105　李元春，《臺灣志略》卷一，〈地志〉，臺灣文獻叢刊第 18 種，第 2 頁。

南籍的官員開始將荷蘭人占據的臺南一帶稱之為臺灣，而臺灣島的北部仍由西班牙人占據，它的古名是雞籠淡水。鄭成功收復臺灣之後，雞籠淡水降為地方之名，其時臺灣之名成為全島之名。清朝占據全島之後，在臺灣島成立一府三縣，一府是臺灣府，三縣之一為臺灣縣。可見，清初臺灣即是全島之名，亦即臺灣府，也是臺灣縣之名。

第四節　晚明臺灣北港的崛起[106]

北港是「臺江內海」的總名字，它的範圍內又有魍港、新港、赤嵌、大員（臺員）諸港，它是明代臺灣最有名的港口[107]。誰是北港的最早開發者？有人認為：是荷蘭人建立熱蘭遮城後，才有了大員港；也有人以為：是日本商人在臺灣的鹿皮貿易造就了北港。其實，福建漁民才是北港最早的發現者。北港最早是一個漁港，而後成為貿易港口。在北港的發展史上，閩粵移民起了極為重要的作用。即使爾後荷蘭人占據了北港，但福建商人仍在北港占有重要地位。

一、是誰最早開發了北港？

荷蘭人占據臺灣之後，將臺灣稱為「北港」，即 Pacan，又作：Packan；以後才將其改稱福摩莎（Formosa）。這一事實反映了北港是臺灣早期的重要地名。很顯然，北港原是臺灣的一個古港，而後被當作臺灣島的共稱。在晚明的史籍中，出現北港一名的古籍有：《東西洋考》、《敬和堂集》、《順風相送》、《止止齋集》、《露書》等書。那麼，明代北港是臺灣的那一個港口？如前所述，我認為明代的北港就是臺灣內海諸港的總名。

不過，關於北港的發展史還存在不少問題。有一些荷蘭學者提出：是

106　徐曉望，〈論明代北港的崛起〉，《臺灣研究》2006 年 2 期。此文收入拙著《早期臺灣史考證》，福州，海風出版社 2014 年。

107　按，臺灣歷史上的北港有兩個，其一為明代的北港，其二為清代的北港。清代的北港位於雲林縣境內，現名笨港，它與明代的北港無關。關於明代北港位於臺灣何地，臺灣學者中有爭議，有人認為北港就是八掌溪出海處的魍港，也有人認為：北港是大員。今取後說。因為，北港是臺灣南部的貿易中心，歷史上只有大員能夠扮演這一角色，而魍港一直是一個邊遠小港。

荷蘭人開發了北港，荷蘭人於 1623 年盤踞臺灣北港之後，逐步將其建設為重要港口，臺灣從此發展起來。[108] 而另有一些日本學者認為：日本人對北港的開發起了重要作用，日本海船下南洋的航路原來靠近中國東南大陸，但在倭寇活動之後，日本南下的海船經常被明朝官軍當作倭寇打擊，因此，日本船隻開始探航臺灣海峽東側的航道，其後，日本人發現北港的鹿皮可在日本售出高價，於是，日本船隻經常到北港貿易，北港從此興盛起來。可以作為證明的是，明代後期的《順風相送》一書，便載有從日本松浦港到呂宋的航路，其間路過臺灣的雞籠港與北港。日本方面的航海圖也有類似記載。

以上這些論點無意中忽略了閩南人在臺灣發現史上的作用，這是一個極大的缺陷。因為，東亞的航海文化一向以福建人為其巨擘，其時從中國、南洋到日本的航路，大多由福建人控制，即使是從日本港口出發的船隻，也多由閩南人駕駛。所以，所謂日本松浦至呂宋的航路，多半是福建的閩南水手開闢的。

最早使閩南人注意到北港的原因是：在歷史上，大員港是一個很好的漁場。

北港現屬臺灣的臺南市，而臺南市在歷史上是臺灣海峽著名的漁港，以盛產烏魚聞名。每年秋季，烏魚從浙江海面向南洄游，在臺南的港口產卵，當地漁民在港口內外捕獲大量烏魚，並用烏魚的卵製作大量的烏魚子出售，這是當地漁業的主要項目。據中國與荷蘭文獻記載，明代福建漁民到北港捕魚，主要目的就是捕撈烏魚等魚類。當時北港海魚之豐饒，出乎人們想像之外。明代姚旅的《露書》說：「鹿筋、烏魚子、鰻魚脬，最佳味。而海澄最多，皆來自北港番。」[109] 以上史料說明海澄的烏魚子、鰻魚脬都是從北港捕獲而來的。

明代萬曆二十年任福建巡撫的許孚遠在其《敬和堂集》中也提到北港。他說：「同安、海澄、龍溪、漳浦、詔安等處奸徒，每年於肆伍月間告給文引，駕使鳥船，稱往福寧卸載、北港捕魚，及販雞籠、淡水者，往往私

108　事實上，清代的臺灣府志也採用這一說法。蔣毓英，康熙二十四年《臺灣府志》卷一，〈沿革志〉，陳碧笙校注本，廈門大學出版社 1985 年，第 1 頁。

109　姚旅，《露書》卷十，〈錯篇〉，福建人民出版社 2008 年，第 246 頁。

裝鉛硝等貨，潛去倭國，徂秋及冬，或來春方回。」[110]「又有小番，名雞籠、淡水，地鄰北港捕魚之處……北港船引，一例原無限數。」[111]

可見，北港原是作為一個捕魚的港口而出名的，海澄港每年都為去北港捕魚的漁民頒發船引，這些漁民主要來自同安、海澄、龍溪、漳浦、詔安諸縣。顯見，去北港捕魚的漁民主要來自漳州所轄各縣，其次為來自泉州的同安漁民。當時的廈門、金門都只是同安縣的港口，所謂同安漁民，應以金廈二島的漁民為多。那麼，漳廈漁民是什麼時候發現了北港漁場？若能確定這一點，就可知道明代北港的開發時間。在歷史上，福建航海業是很發達的，考古資料證明，早在宋元時期，澎湖海面就是福建漁民最重要的漁場，而澎湖漁場離北港只有一日的水程，常在澎湖捕魚，不可能沒到過北港；此外，元代的《島夷誌略》等書也記載了小琉球（臺灣古名）：「地產沙金、黃荳、黍子、硫黃、黃蠟、鹿、豹、麂皮。」[112] 這些物產與明代臺灣島物產大致相同。

明朝實行海禁，對福建漁業是個很大的打擊，但隨著時間的推移，這種情況漸有變化。王忬說：「國初立法，寸板片帆，不許下海，百八十年來，海濱之民，生齒蕃息，全靠漁樵為活。」[113] 為了追捕魚群，漁民往往出海數月方歸。其時，閩浙一帶最重視的魚有黃魚、烏魚、帶魚等魚種。鄭若曾說：「諸魚之尾，皆與燕同。而黃魚尾獨總稟天地之純陽也。烏魚之朝鬥者，稟天地之純陰也。」[114] 在鄭若曾看來，黃魚和烏魚一陽一陰，構成兩極。烏魚的重要性於此可見。據明代中葉正德年間的《漳州府志》記載，漳州沿海的龍溪、漳浦二縣漁民所捕魚類中，就有了烏魚。[115] 烏魚是一種洄游的魚類，每年春夏之季，都要到臺灣南部的臺江內海港產卵。閩浙漁民捕撈烏魚，遲早會進入臺灣海域的臺江港（在臺南市老城區與安平鎮之間，原有一片海域，被稱為臺江港，與福州臺江港同名，後人稱之為臺江

110　許孚遠，《敬和堂集》卷四，〈疏通海禁疏〉，第 27 頁。

111　許孚遠，《敬和堂集》卷七，〈海禁條約行分守漳南道〉，第 11 頁。

112　汪大淵，《島夷誌略》，〈琉球〉，北京，中華書局 1981 年校釋本，第 16—17 頁。

113　王忬，〈條處海防事宜仰祈速賜施行疏〉，《明經世文編》卷二八三，《王司馬奏疏》，第 2997 頁。

114　鄭若曾，《江南經略》卷八，〈黃魚船議二〉，第 22—23 頁。

115　陳洪謨修、周瑛纂，正德《漳州府志》卷十，〈諸課雜志〉，廈門大學出版社 2012 年影印本，第 606 頁。

內海）！曹永和先生推測：「自嘉靖末年以來，最遲是萬曆初年以來，大陸上已有許多商船和漁船，進入臺灣本島，南起北港，而北部一直到淡水、雞籠。」[116] 我在熊明遇的文集中看到這樣一條史料：「而泉之勢家，奸民，亦有瓜分北港課漁者矣。甚哉，海水之為利害也。」[117] 明末姚旅的《露書》說：「鹿筋、烏魚子、鰻魚脬，最佳味。而海澄最多。皆來自北港番。北港番者，去海澄七日程。其地廣而人稀，饒鹿與魚。……又烏魚、帶魚之類，皆咬尾逐隊，千百為群。取者必徐舉，聽其去半後取，不然則決網斷繩而去。」[118] 以上史料說明，海澄的烏魚子、鰻魚脬等著名魚貨是從北港捕獲而來的。除了烏魚之外，被福建漁民看中的還有臺江內海的帶魚。「帶魚，身薄而長，其形如帶。銳口尖尾，只一脊骨，而無鰭無鱗。入夜爛然有光，大者長五六尺。」屠本畯說：「按帶，冬月最盛。一釣則群帶銜尾而升，故市者獨多。」[119] 釣帶魚是閩人獨有的技術。明代浙江官員曾經發現：「台（浙江台州）之大陳山、昌之韭山、寧之普陀山等處出產帶魚，獨閩之莆田、福清縣人善釣。每至八、九月，聯船入釣，動經數百，蟻結蜂聚，正月方歸。官軍不敢問。」崇禎元年（1628 年）十二月，舟山的洋面「有船一椶，約八十餘隻……係閩中釣帶魚船隻。」[120] 這樣看來，當年到臺灣沿海釣帶魚的也是福建漁民。從正德年間的《漳州府志》已經記載烏魚一事來看，當時的漳州漁民可能進入了臺灣南部的臺江內海了。

漳州的漁船多發於海澄港，萬曆年間在海澄批出的出海船引中，就有北港捕魚的船引。這說明當時的福建人已經很熟悉從閩南港口到北港的水路，陳第的〈東番記〉說：「異哉東番！從烈嶼（在金門附近）諸澳乘北風航海，一晝夜至彭湖，又一晝夜至加老灣，近矣。」[121] 按，加老灣即為北港的一個邊緣港口，可見，當時的福建漁民從金門、廈門到北港，只要兩天左右。黃承玄曾說：「至於瀕海之民，以漁為業；其採捕於彭湖、北

116　曹永和，〈明代臺灣漁業誌略〉，《臺灣早期歷史研究》，第 165 頁。

117　熊明遇，《文直行書》卷十三，〈東番〉，熊人霖順治五年刊《文直行書詩文》本，第 24 頁。

118　姚旅，《露書》卷十，〈錯篇〉，第 246 頁。

119　屠本畯，《閩中海錯疏》，商務印書館《萬有文庫》第二集，第 12 頁。

120　〈浙江巡撫張延登題本〉，崇禎二年四月二十四日，錄自中央研究院歷史語言研究所編，《明清史料乙編》，第七本，上海，商務印書館，第 618—619 頁。

121　陳第，〈東番記〉，沈有容，《閩海贈言》，第 26—27 頁。

港之間者，歲無慮數十百艘。」周嬰的〈東番記〉記載：「泉漳間民漁其海者什七，薪其嶺者什三。」[122] 福建漁民因而對北港十分熟悉，陳第的〈舟師客問〉：「沈子嘗私募漁人，直至東番，圖其地里，乃知彭湖以東，上自魍港，下至加哩，往往有嶼可泊；隆冬北風，易作易息。我師過彭，則視風進止矣。且漁人而漁，商人而商，未聞以冬而廢業者，又何疑於航海之師也。」[123] 可見，沈有容瞭解北港的港口，主要是仰仗福建漁民。

　　從福建漁業發展史看，至少在明代中葉福建漁民就有可能發現了北港漁場。其後，福建漁民經常到北港一帶打漁、貿易。以廈門外側的烈嶼來說：「在金門之西，中左之東，周二十里。居民三千餘家。南有城仔角，西有青崎，東有湖下諸澳環之。在在可登。地皆斥鹵，島民航海為生，遠出彭湖東番，走死地如鶩。城仔角可泊北風船四十餘。」[124] 這些記載反映了廈門外島與臺灣的聯繫。

二、從鹿肉、鹿皮貿易開始的北港貿易

　　北港吸引福建人的第二個原因是當地的鹿肉貿易。早期的臺灣盛產鹿類動物，而臺灣土著以捕鹿聞名於世：「山最宜鹿……千百為群……冬，鹿群出，則約百十人即之。窮追既及，合圍衷之，鏢發命中，獲若丘陵」。由於鹿太多的緣故，少數民族只吃鹿的內臟：「其俗得鹿，只取其腸，洗淨繞臂，沿途生啖之。餘盡棄去。」[125] 這樣，福建人就能以很低的價格購買鹿肉。「居常禁私捕，冬鹿群出，則約社中人即之，鏢發如雨，獲若丘陵。皮角筋骨如山，而中國人以故衣、粗磁貿其皮角與其餘肉，閩中郡亦無不厭若鹿者矣。」[126]「漳泉之惠民，充龍、烈嶼諸澳，往往譯其語，與貿易。以瑪瑙、磁器、布、鹽、銅簪環之類，易其鹿脯皮角。」[127] 臺灣的少數民族是很好的獵手，擅長捕獵。一個荷蘭人說：「他們拿著小標槍獵鹿，標槍的矛頭可拆解，有倒鉤及粗重、銳利的權柄，包著獸皮，鹿被刺中之後，

122　周嬰，《遠遊篇》，〈東番記〉，福建師範大學藏手抄本，第 37 頁。
123　陳第，〈舟師客問〉，沈有容，《閩海贈言》，第 29—30 頁。
124　杜臻，《粵閩巡視紀略》卷四，第 42—43 頁。
125　姚旅，《露書》卷十，〈錯篇〉，福建人民出版社 2008 年，第 246 頁。
126　熊明遇，《文直行書》卷十三，〈東番〉，第 25 頁。
127　陳第，〈東番記〉，沈有容，《閩海贈言》，第 26—27 頁。

會往樹木裡逃，鉤上吊著鈴，會鉤住樹梢，鹿就跑不遠了。獵人聽到鈴聲，便可以循著找到獵物捕殺、剝皮，取下鹿皮，肉切塊，在太陽下晒乾，或吃掉。皮也晒乾，成打出售，這可是這地方最大宗的買賣。因為我算算，一年下來，我們交換的數量，是九百一十件，還不包括賣給中國人的，數量更大。日本也有大量需求，如燙金鹿皮在日本能賣到高價。」[128]

中國人一向缺乏肉食，所以，古代中國人往往被視為以素食為主的民族。雖說福建沿海民眾以海魚為食，但對他們來說，來自動物的肉類也是十分難得的。由此可知，當時從北港購得的鹿肉在海澄一定能售出好價錢：「閩中郡亦無不厭若鹿者矣。」[129] 更不用說鹿茸之類的珍貴商品。其時，臺灣的鹿肉不僅賣到廈門，明末也賣到了福州。《玉堂薈記》記載：「又有東島者，視彭湖為近，內惟產鹿，千百為群，島人捕得，取其腸胃，連糞食之，以為至美。其全體則鬻之福州人。今所鬻鹿脯鹿筋，皆東島物也。」[130]

明末的中國人缺乏肉食，來自臺灣的鹿肉很受歡迎。鹿肉銷售多了，官府就要抽稅了。在張燮的《東西洋考》一書中，鹿脯與鹿皮被列為徵稅項目，說明海澄港曾經進口不少鹿肉與鹿皮。自從福建商人到北港採購當地的鹿皮與鹿肉之後，北港就不再是純粹的漁港，而是一個商業港口。該地彙集了來自臺灣南部的魚乾與鹿製品，而福建商人用各種小商品換取臺灣的土產。去臺灣謀生的人越來越多。例如晉江《永寧霽霞高氏族譜》記載的高公題：「生萬曆丁亥（萬曆十五年，1587年），卒壬辰（萬曆二十年，1592年），葬臺灣演武場」。[131] 又如晉江《安海金墩黃氏族譜》記載：「微熺，生萬曆三十年（1602年），葬臺灣」。他若在青年時代進入臺灣，應為崇禎年間。可見，繼嘉靖年間之後，又有一些福建人於萬曆、天啟、崇禎年間進入臺灣。「荷蘭的資料顯示，在荷蘭人抵達臺灣的時候（1623—1624

---

128 艾利・利邦（Élie Ripon），《利邦上尉東印度航海歷險記——一個傭兵的日記1617—1627年》，伊弗・紀侯編注，賴慧芸譯，臺北市，遠流，曹永和文教基金會2012年，第124頁。

129 熊明遇，《文直行書》卷十三，〈東番〉，第25頁。

130 楊士聰，《玉堂薈記》卷上，第60頁。

131 莊為璣、王連茂編，《閩臺關係族譜資料選編》，福建人民出版社1984年，第383頁、第384頁。

年），在臺灣島各海岸居住的中國人只有一千至一千五百人左右，儘管這些中國人數量少，卻相對穩定，他們在臺灣島或農或漁，還有的在西南沿海地區從事海寇和貿易活動。」[132] 據施琅所說：「臺灣原屬化外，土番雜處，未入版圖。然其時中國之民潛往生聚，已不下萬人。」[133] 於是，臺灣的北港逐漸發展成一個重要港口。以上論述表明，北港最早是一個向福建出售鹿肉及漁產品的港口。也就是說，北港最早是在與大陸貿易中發展起來的。

　　來到北港的閩南商人很容易發現：這裡出產的鹿皮在日本很好賣，因此，他們開始採購大量的鹿皮到日本出售。我們知道，福建商人對日本直接貿易在嘉靖年間一度很盛，其後，由於明朝的禁令，對日本的直接貿易停頓。這一時期，除了澳門的葡萄牙人可以去日本直接貿易外，日本市場上一度罕有福建商人直接貿易。不過，隨著朝鮮戰事的結束，明朝海禁鬆弛，福建商人開始出現在日本的港口。他們之中有些人是以北港捕魚的藉口北航日本松浦：「往往私裝鉛硝等貨，潛去倭國，徂秋及冬，或來春方回」。[134] 松浦港的興起是在嘉靖年間，即為著名的平戶港。由於其主人是姓松浦的日本大名，所以，又有松浦港的別名。「薩摩州乃各處船隻慣泊之地，今從此發，有往呂宋船、回集交趾船三隻，東浦船一隻，暹羅船一隻，佛郎機船二隻，興販出沒，此為咽喉也。」[135]「浙江、福建、廣東三省人民被擄日本，生長雜居，六十六州之中，十有其三。住居年久，熟諳倭情，多有歸國立功之志。」[136]

　　由於福建商人從臺灣北航日本松浦港，南下呂宋的馬尼拉，於是，一條經過臺灣的新航線形成了，明代的《順風相送》一書記載從日本松浦港到呂宋的航路，途中要經過「北港沙馬頭大灣山」，[137] 其中的北港、沙馬頭、大灣都是臺灣的地名。這表明有一條從日本松浦港經臺灣到呂宋的航路。《順風相送》一書以閩南的海澄港為始發港，記載了海澄之外的廣大水程。

132　羅得里格斯，〈臺灣的中國人、荷蘭人和西班牙人（1624—1684）〉，澳門，《文化雜誌》，2007 年秋季刊，第 182 頁。

133　趙爾巽等，《清史稿》卷二百六十，〈施琅傳〉，北京，中華書局 1977 年，第 9866 頁。

134　許孚遠，《敬和堂集》卷四，〈疏通海禁疏〉，第 27 頁。

135　王在晉，《海防纂要》卷四，萬曆四十一年刻本，四庫禁燬書叢刊史部 17 冊，第 541 頁。

136　王在晉，《海防纂要》卷四，第 541 頁。

137　向達注釋本，《兩種海道針經》，北京，中華書局 2000 年，第 91 頁。

這說明當時的閩南商人活動之廣。不過，關於《順風相送》的創作年代一直有爭議，有人將其定為明代前期鄭和遠航的航線圖。其實，《順風相送》一書也許最早是鄭和時代水手的航路圖，但隨著《順風相送》在民間的傳播，當中增添了不少後世的史料。以日本松浦港而言，它的命名與松浦家族有關。而松浦家族介入對外貿易是在明代後期，所以，明代早期不可能有松浦港之名。

到了萬曆年間，福建商人到北港，已經不單是為了在當地貿易，而是要購得鹿皮，以便在日本賣高價。這樣，北港漸漸演化為中日之間仲介貿易的港口。北港鹿皮出名後，經營中日貿易的華商也聞風而來，他們手下多雇用日本浪人。而這些浪人可能轉化為倭寇。萬曆四十七年（1619年）至萬曆四十八年任福建右布政使的沈演在其〈答海澄〉一文中說：「大患乃在林錦吾北港之互市，引倭入近地，奸民日往如鶩，安能無生得失，明明汪五峰故事。倭之市雖不可絕，而接濟之奸安得不嚴禁……其患或在數年之後，不意目前。遂爾猖獗……倭銀若至北港，雖日殺數人，接濟終不能杜，何者，利重也。……倭之欲市，誠不可絕，然渠何必北港，使斷此一路，倭市在洋船而不在接濟，無論餉食日增而海上永無患矣。……如所謂林心橫諸人皆林錦吾下小頭領，其作此無賴，錦吾亦未必知，就中何法禁弭，移檄北港詰問，似可行。」[138] 沈演的史料表明，在他當福建布政使的時候，被招安的北港海寇林錦吾等人往來於日本北港之間，進行貿易，日本白銀因而進入北港市場。由於日本的白銀較為便宜，所以，福建沿海商民紛紛到北港與日本商人直接貿易。其時，由於明朝禁止商人與日本直接貿易，以往日本人採購中國商品，要遠到東南亞的會安、馬尼拉等港口。北港的興起，使他們多了一個選擇，來自日本的商船可以直接到北港採購中國的商品，不必遠航馬尼拉。對福建商人來說，既然日本商船常到北港來，他們也可以在這裡直接出售中國商品，購入日本白銀。於是，北港逐漸成為對日本貿易的中轉站。這一時期北港的商品貿易早已超出魚乾與鹿皮的範疇，在日本市場上可售得高價的生絲、綢緞、紅白糖、瓷器等，都進入了北港。

138　沈演，《止止齋集》卷五六，〈答海澄〉，崇禎六年刊本，第32頁。

　　其實，早期經營北港與日本貿易的商船多為在日本定居的華人，當時日本人稱之為唐人。松浦藩的肥前守隆信在 1622 年有一封給唐人甲必丹的信，信中囑託他在高砂（即臺灣的日本名稱）採購中國商品，其文曰：

再者，請勿將此信示與他人。此外，製作茶袋用的碎綢緞亦請想辦法攜來。珊瑚珠、墜子、帶插等東西，都是很稀有的，故若能找來這些東西，我想仔細看看而選做禮物。即使不做禮物想也可在此地出售，因此請你費心或是到別的船上去尋覓。還有請為奉行諸公的孩子們帶一引起他們可以帶著玩耍的一些簡單玩具。關於你的事，我也將盡力而為。

我想為你說項以便你能自行申請，從事「高砂口」買賣，請慎重期待。注意，請勿將此信給其他商人、侍從人員或其他人看。謹此。

六月七日的來函已拜讀過了。聞悉你平安自高砂歸朝，可喜可賀。

一、御朱印之事已知悉。我已即刻向奉行諸公報告，我想大概會成功。

二、據說你為我訂購了陶器，感謝你。我向將軍說，購來的東西抵達你那裡之後會全數由你那裡直接奉上。大炊殿那裡，可以不必由你給他。大人說，若領給朱印狀的話，應會直接給我等，但不知道是在贈禮前或贈禮後，是故，麻煩你先給我。（這是）目前的備忘錄。為了設法能面見大人，若有碗、盤、水壺、酒壺、油壺及其他新奇的用具，請大量採購來，路途中之費用請勿掛心。

三、在相心曲砂口的買賣你自己就可以取得御朱印狀，但為什麼要給我呢？這實在是關係到你的大事，我自己會用心照應。

四、麻煩你，若有讓元老們覺得新奇的東西，或是會唐樂者、會管弦樂者，請帶四、五人前來，不必太多。我想如此一來，對你是有裨益的。將軍大人、大納言大人或許也會前來觀賞。若能做到這些，我想對你是不會有害的。

五、聽說最近突然又要發御朱印狀，因此為慎重起見，請秘密地通知唐船。其他船上若有新奇之物，也請購入後攜來。切記，切記。

謹上

七月廿四日　肥前守隆信（劃（花）押）

唐人 甲必丹。[139]

　　從以上這封信來看，日本方面經常給去高砂貿易的唐人船隻頒發朱印狀，並委託船主採購中國商品，以便討好德川信忠將軍以及大納言德川家康。當時徐光啟分析德川家康與薩摩藩的關係：

> 或曰彼既虞內難、何能舉雞籠淡水乎？曰此無難也。羸然孤島，我復置之度外，彼委諸薩摩足辦矣。安見薩摩之不為彼內虞乎？則交易一事六十六洲所同欲也，市同利，不市同害。縱使內相攜，安得不自為計乎？然則南與北彼將安出？曰彼中百貨取資于我最多者無若絲，次則瓷，最急者無如藥。通國所用展轉灌輸，即南北竝通不厭多也。昨私市大行，亦嘗以此辭于朝鮮，求從對馬通市釜山矣。無已則寧從于南。資貨所出，皆在南方。道里且近雞籠淡水，又獲勝算。故兩求不可得必將先聲于北，以牽制我，而收實于南也。[140]

　　為此，徐光啟提出派兵先守雞籠、淡水的計畫。但在當時有難處。

　　據岩生成一考證，在 1614 年至 1625 年之間，在日本政府的許可下，日本的華人甲必丹及其弟華宇共有 23 條船去南方貿易，他們都得到日本官方頒發的朱印狀。岩生成一製表如下[141]：

表 4—1　日本平戶港出發經到臺灣的華人船舶

船主	出航及歸航日	前往之目的地	船數
華宇船	1614 年 2 月 29 日	往交趾	1
華宇船	1615 年 2 月 13 日去	往交趾	1
	1615 年 7 月 21 日歸	自交趾歸	
華宇船	1616 年 2 月 28 日去	往東京灣	1
甲必丹船	1617 年 7 月 7 日歸	自高砂返航	1
甲必丹船	1617 年 8 月 31 日歸	自東京灣返航	1
華宇船	1617 年	前往高砂	1
甲必丹船	1618 年 2 月 5 日去	前往高砂	3
	1618 年 7 月 27 日歸	自高砂返航	
甲必丹船	1618 年 2 月 5 日去	前往東京灣	1
華宇船	1618 年 2 月 15 日去	前往東京灣	1

139　轉引自：岩生成一，〈明末僑寓日本支那人甲必丹李旦考〉，《松浦家舊記》卷一，許賢瑤譯，《荷蘭時代臺灣史論文集》，第 72—73 頁。

140　徐光啟，〈海防迂說〉，載《明經世文編》卷四九一，第 5442 頁。

141　同上，第 76 頁。

甲必丹船	1621 年 1 月 20 日去	前往東京灣	1
	1621 年 7 月 6 日歸	自東京灣返航	
甲必丹船	1621 年 3 月 18 日去	前往高砂	1
甲必丹船	1621 年 3 月 18 日去	前往呂宋	2
甲必丹船	1622 年 7 月 15 日歸	自高砂返航	1
甲必丹船	1623 年 9 月 17 日歸	自呂宋返航	1
甲必丹船	1623 年 4 月 22 日	抵高砂	1
	1623 年 7 月 24 日	自高砂出發	
甲必丹船	1624 年 1 月 3 日	前往高砂	1
甲必丹船	1625 年 7 月 17 日	自高砂返航	1
甲必丹船	1625 年 3 月 20 日	抵呂宋高砂	2

　　從以上表格來看，萬曆後期，在日本的華人經常往還於日本與高砂之間，至少萬曆四十五年（1617 年），就有一條船從高砂返回日本。其後 8 年間，計有 11 條船往來於日本與高砂之間，荷蘭方面的史料也證實了這一點。荷蘭人於 1622 年 7 月 29 日到大員勘察，他們記載：「日本人每年有兩、三艘船前來貿易。據中國人說此地多鹿皮，日本人向原住民購買。中國人每年也有三四艘船載著絲織品與日本人貿易。」[142] 張增信發現，在日本的英國商人理查・科克斯於 1618 年記載了臺灣島上中日之間的走私貿易：

> 最近兩三年，中國人開始與某一個被他們稱為高砂、而在我們海圖上稱作福爾摩沙的中國近海島嶼進行貿易。當地僅容小船經由澎湖群島進入，而且只與中國人進行交易。該島距離中國大陸約三十里格，以致於每次季風來臨時，中國人利用小船從事二到三次的航行。安德瑞・狄提士與他的弟弟甲必丹華，無疑是在當地進行私自貿易中最大的冒險投機者。去年（1617 年），他們派了兩支小的平底駁船，載了超過半數以上可能是在交趾或萬丹所嘗付的生絲進入。理由是去年他們收入豐富，而且他們只要花少量的錢購入當地土產帶回大陸，就能很快淨賺超過等值的二分之一。他們說當地都是野蠻的土著，還不懂得使用銀錢。[143]

　　這是荷蘭人入住北港之前當地的貿易情況。可見，當時北港的貿易已經初具規模，但主要是華人在經營福建、臺灣、日本之間的三角貿易。

142　村上直次郎譯注，中村孝志校注，《バタヴィア城日誌》第 1 冊，〈序說〉，第 14 頁。
143　張增信，〈明季東南海寇巢外的風氣 1567—1644〉，張炎憲主編，《中國海洋發展史論文集》第三輯，第 334—335 頁。

小結

　　明朝是東亞形勢大動盪的時代，而且，這些形勢的變化無不與臺灣海峽有關。因明代中國經濟的再次崛起，它對白銀的渴望引發了白銀產地日本與中國的貿易，明朝的海禁政策成為雙方往來的障礙，於是，在海上航行的福建商人通過走私將兩國之間的貿易發展起來。中日貿易又引發了歐洲商人前來參與，尤其是西班牙人從美洲帶來大量的白銀，對東方白銀時代的發展有重要作用。不論是中日貿易還是中國與東南亞歐洲殖民者之間的貿易，福建商人都占有重要地位。他們在東洋水域的貿易，使自己的船隻多次穿越臺灣近海，於是，臺灣的開發提到了議事日程上來。

　　臺灣原來的名字是琉球，但這並不是一個獨占的名字。事實上，中國古代的東海圖，經常在東海遠處的海上畫上一座島嶼，名之為流求，其實，東海的東部，並非只有一座臺灣島，還有臺灣北部的沖繩群島，這些島嶼共用一個「流求」之名吧！臺灣有些學者認為，連呂宋群島北部的島嶼，也有可能屬於「琉球」的範圍。然而，明代前期，沖繩群島的中山國頂著琉球之名向明朝進貢，從而獨占了琉球之名。民間習慣上將與沖繩並列的臺灣島稱之為小琉球，以和沖繩群島作區別。然而，臺灣島的實際面積大過沖繩群島，於是，哪個是大琉球，哪個是小琉球，確實不易區別。福建漁民的對策是不去分別大小琉球，只用他們到過的港口之名，因而出現了東番、雞籠、淡水、北港等名字。這些港口之名的出現，也說明當時福建漁民已經進入了臺灣諸港，與當地人發展貿易或是從事漁業。諸港中，影響最大的是位於臺南的北港。北港的發展有其經濟上的原因。

　　明代福建商人在開拓北港方面起了重要作用。北港是烏魚產卵之地，每年春夏之間，在臺灣海峽洄游的烏魚都會進入「臺江內海」產卵，這就吸引了海峽西岸的漁民跟蹤烏魚到了臺江內海。所以，福建漁民進入臺江內海最早是為了捕魚，而後進入岸上，與當地西拉雅人貿易，採購當地人不要的鹿肉、鹿角。於是，他們將北港出產的烏魚子、鹿肉之類的物產運回月港出售，給北港帶去各類日用商品。其後，漳泉一帶的商人也開始參與閩臺之間的貿易，因福建沿海一帶十分缺乏能源，福建商人甚至從臺灣運來柴火以作燃料。閩臺之間的經濟關係日益密切，生意越做越大。其時，到臺灣北港貿易的商人還偷偷地到日本貿易，他們先是將臺灣北港的鹿皮

出售於日本平戶等港，而後是將絲綢之類的商品帶到臺灣北港。久而久之，臺灣北港成為中國與日本貿易的一個重要中轉港。於是，日本商人南下臺灣，尋找與中國船隻的貿易機會，這使北港的地位日益重要。

　　荷蘭人占據北港之後，一開始將北港用之為全島的稱呼，後來改用福爾摩沙（Formosa），西班牙人則稱之為艾爾摩莎（Hermosa）。在閩南人那裡，開始將臺灣稱之為「大灣」，而後改為臺灣。崇禎年間的明朝官員們皆用臺灣這一稱呼。臺灣最早指荷蘭人占據的臺灣南部區域，與其並稱的是臺灣北部西班牙人占據的雞籠淡水。鄭成功與荷蘭人隔著臺灣海峽對峙時期，臺灣是漢人對臺灣全島的稱呼。清朝在臺灣設立臺灣府、臺灣縣，臺灣之名漸漸固定下來了。明代臺灣地名的變化，反映了臺灣海峽西岸漢人對臺灣的經營過程。

第五章　海洋巨寇林道乾、林鳳的活動

　　晚明海寇活動十分活躍，在明朝閩粵官軍的打擊下，這些海寇探索遠海，逐漸來到了臺灣島活動，福建官軍也隨之而到臺灣島。他們的活動對早期臺灣史影響頗大。

第一節　東洋海路上的臺灣及相關研究

　　由本章開始，我將研究晚明海寇與臺灣的關係，主要研究對象有林道乾、林鳳、袁進、鄭芝龍等人。同時也會將與其同時的福建水師當作研究重點之一。嘉靖、萬曆年間海寇的活動將明朝水師引入臺灣水域，從而展開了臺灣早期歷史。

一、東洋海路上的臺灣

　　臺灣島與福建省相鄰，水程不過一百多公里，它的工農業經濟發展較遲。一般認為是在明代末年臺灣的工農業才初具規模。此前的福建商人往來於東洋的日本、琉球、呂宋群島，去臺灣經商的人卻不多。一般認為，其實早在唐宋元之際，臺灣與大陸的貿易已經展開了。在臺灣、澎湖沿海發現了相關遺存。「中國陶瓷年代最早的是五代晚期，歷宋元明清，每一時期皆見文物遺留。」[1]然而，總體而言，唐宋時代去臺灣貿易的閩粵商人

1　陳信雄，〈從臺海出水文物探索兩岸交通史──從文獻的疑實談到出水文物的啟

很少，這是因為，早期的臺灣莽莽蓁蓁，資源雖然豐富，但物產與閩粵二省相差無幾，因而閩粵商人對臺灣的興趣不是很大。甚至有人提出：當時的中國船舶只是路過臺灣沿海港口，而不是上岸貿易。這種提法好像太絕對。我認為，就元代汪大淵的《島夷誌略》來看，當時還是有人登上臺灣島貿易的。不過，明初的海禁與遷海政策，使臺灣與大陸的關係削弱。明代中葉，海禁鬆弛，臺灣豐富的資源開始吸引閩粵人民前去開發。福建漁民會到臺灣附近海域捕魚，福建巡撫南居益指出：「捕魚酢蜢，不可以數計。雖日禁其雙桅巨艦，編甲連坐，不許出洋遠涉，而東番諸島乃其從來採捕之所。」[2] 也有小商人前來臺灣貿易。

從貿易的角度而言，明代前期中國商人的主要貿易對象是「西洋」國家，因此，鄭和到海外貿易，最早被稱為「下西洋」，這是因為，當時與中國貿易的占城、安南、麻六甲及印度、波斯，都位於渤泥以西，這些區域，被當時的福建人稱為「西洋」。其時，和西洋相對的「東洋」，日本除外，大都是琉球、蘇祿之類的小國。雖說東洋的蘇祿盛產珍珠，總體而言，可與中國貿易的東西並不太多。因此，鄭和船隊集中力量下西洋，而明朝對東洋的貿易，多由福建市舶司負責，這是我在《大海時代的臺灣海峽與周邊世界》第一卷提出的觀點。當時的東洋航路十分冷落，福建商人常去的地方，僅是向明朝進貢的琉球，去日本貿易是被禁止的。

明代中葉以後，東洋的形勢發展巨變。在臺灣的北面，日本經濟蓬勃發展，銀礦的開採使這個國家的商人有巨額資本採購中國商品，漳州和潮州商人紛紛前去貿易，使中國與日本之間產生了規模宏大的商品交換潮流。在臺灣的南面，西班牙人進入菲律賓之後，帶來了巨額美洲白銀，漳泉商人每年都有幾十條船到馬尼拉貿易。這樣，明代後期的東洋貿易超越了傳統的西洋貿易，東洋的地位日益重要。位於東洋航路樞紐的臺灣，西距漳泉僅有一百多公里，向北是日本，向南是菲律賓，閩粵商人在這條商品上往來頻繁，不時路過臺灣，於是他們的行蹤在臺灣出現，已經是必然的趨勢。事實上，臺灣附近的海港已經成為東亞貿易的樞紐，來往於東北亞和

　　示），鄭永常主編，《海港、海難、海寇——海洋文化論集》，成功大學人文社會科學中心 2012 年。

2　傅冠等修，《明熹宗實錄》卷五八，天啟五年四月戊寅，第 2661 頁。

東南亞的商船，經常划過臺灣海面，有些船隻會到臺灣的港口取水。臺灣在東亞航線上的地位日益重要。《明史・雞籠傳》記載：「其地，北自雞籠，南至浪嶠，可一千餘里。東自多羅滿，西至王城，可九百餘里。水道，順風，自雞籠淡水至福州港口，五更可達。自臺灣港至彭湖嶼，四更可達。自彭湖至金門，七更可達。東北至日本，七十更可達。南至呂宋，六十更可達。蓋海道不可以里計，舟人分一晝夜為十更，故以更計道里云。」「去泉州甚邇」。[3] 於是，福建沿海民眾看中了臺灣的資源。晚明的福建沿海，原始森林被破壞，土壤沙化，不僅缺乏糧食，而且缺乏燃料。泉州、漳州等城市，所需要的燃料都要從上游運來，價格昂貴。於是，便有人到臺灣去打柴，運到福建出售。其時，月港發出的船引中，便有到臺灣雞籠、淡水、北港諸地的。有一些漳州商船為了到明朝禁止的日本貿易，他們向官府領取去北港、雞籠貿易的許可，到了臺灣之後，又向日本駛去。這樣，逐漸形成了通過臺灣海面的走私貿易，這是福建商人開發臺灣的重要背景。[4]

圖 5-1　崇禎年間兵部官員陳組綬《皇明職方兩京十三省地圖表》上的福建地圖[5]。

3　張廷玉等，《明史》卷三二三，〈雞籠傳〉，北京，中華書局 1974 年標點本，第 8377—8379 頁。

4　徐曉望，〈晚明日本市場的開拓和限制〉，《中共福建省委黨校學報》2010 年 6 期。

5　陳組綬，《皇明職方兩京十三省地圖表》卷上，崇禎九年刊本，鄭振鐸編，《玄覽堂叢書三集》第十一冊，國立中央圖書館 1948 年，京省，第 88 頁。

二、對晚明臺灣史及海寇林道乾、林鳳進襲臺灣的研究

臺灣學術界很早就展開了晚明臺灣史的研究，方豪先生發現了陳第所著〈東番記〉，極大推進了臺灣學界有關晚明臺灣史的研究。方豪先生的相關著作發表於《臺灣早期史綱》[6] 一書，該書成為中國學者研究晚明臺灣史的奠基性作品。曹永和先生以荷蘭史料為根據研究臺灣史的主要論文，他對晚明臺灣近海的捕魚業等問題都有相當深入的研究。近年，臺灣翻譯出版了大量的荷蘭文、西班牙文、葡萄牙文有關早期臺灣的資料，例如江樹生翻譯《熱蘭遮城日誌》，程紹剛翻譯荷蘭檔案在臺灣出版[7]，都促進了晚明臺灣史研究。新一代臺灣學者崛起，翁佳音、江樹生對荷蘭史料的進一步發掘[8]，鮑曉鷗對西班牙文史料的探索[9]，陳宗仁對明代臺灣港口與商業的研究[10]，方真真利用西班牙文史料研究了華人與呂宋貿易的關係[11]，李毓中探討西班牙收藏的中國地圖，都有新的突破。大陸學者中，張崇根《臺灣歷史與高山族文化》[12] 和《臺灣四百年前史》[13]，對晚明臺灣史有所探討。徐曉望的研究著重臺灣早期史，代表性著作有：〈16—17世紀環臺灣海峽區域市場研究〉（2003年廈門大學歷史系博士論文），《早期臺灣海峽史研究》（海風出版社2006年），他的《早期臺灣海峽史考證》（海風出版社2012年）收錄了近20年來個人在《臺灣研究》等刊物發表的論文。徐曉望的特點是發掘明清之際較為罕見的學者文集，從稀見漢文中發掘相關史料。

在臺灣史研究領域，對臺灣漢人歷史的研究，多數情況下是從顏思齊和鄭芝龍開始的。不少著作稱顏思齊或鄭芝龍為開台始祖。他們約在天啟元年（1621年）帶領一批閩南人進入臺灣，而後開創了閩南人在臺灣的歷

6　方豪，《臺灣早期史綱》，臺灣學生書局1994年。

7　程紹剛譯註，《荷蘭人在福爾摩沙》，臺北，聯經出版事業公司2000年。

8　翁佳音，《荷蘭時代——臺灣史的連續性問題》，臺灣，稻鄉出版社2008年。

9　鮑曉鷗著、那瓜（NaKao Eki）譯，《西班牙人的臺灣體驗1626—1642》，臺北南天書局有限公司2008年。

10　陳宗仁，《雞籠山與淡水洋——東亞與臺灣早期史研究》，臺北，聯經出版公司2005年。

11　方真真，《華人與呂宋貿易（1657）史料分析與譯著》，第一冊，臺北，清華大學出版社2012年。

12　張崇根，〈臺灣歷史與高山族文化〉，西寧，青海人民出版社1992年。

13　張崇根，《臺灣四百年前史》，北京，九州出版社2005年。

史。歷來史學家對這一問題亦有不同看法，因此，有必要考察林道乾入臺前後漢人在臺灣的活動。他們是否深入臺灣腹地，還是只在臺灣沿海活動沒有上岸？他們與臺南新港的西拉雅人的關係如何？解決這些問題可以使早期臺灣史的研究推進一大步，但因入清以來大量晚明史料流失，對這段歷史的研究困難很大。不過，隨著 20 世紀末期古籍重版潮流的出現，大量孤本明代古籍重新問世，海外學人記載明朝的相關著作也被翻譯為中文，給推進這一研究提供了必備的條件，所以，我們有必要重新審定這一時代的史料，爭取做出新的突破。

　　林道乾是晚明海寇的著名人物，廣東地方史和華僑史學界很早就對林道乾展開研究。但是，這些研究主要集中於林道乾在廣東地方的活動，以及他在華僑史上的地位。對於林道乾在臺灣的活動，相關研究較少。臺灣史研究開山大師方豪[14]和曹永和[15]都曾在著作中論及林道乾，可能是因為材料的關係吧，他們的研究沒有展開。張增信的〈明季東南海寇巢外的風氣1567—1644〉一文，以較大的篇幅分析了林道乾、鄭芝龍等海寇的特點，也涉及了林道乾於嘉靖四十二年到臺灣的傳說，但本文的重點也不是臺灣。[16]此外，林仁川[17]與雪珥[18]也展開了對林道乾海寇集團涉台行動的研究，近年發表的潮汕史相關著作，也多有涉及林道乾在臺灣的活動。最近湯開建考證了萬曆初年林鳳在臺灣沿海的行動[19]，很有參考價值，但其重點是在林鳳。從臺灣方志多處記載林道乾的傳說來看，林道乾對臺灣的影響比林鳳更大，因而有必要研究林道乾在臺灣的史跡。

14　方豪，《臺灣早期史綱》，臺灣學生書局 1994 年。

15　曹永和，《臺灣早期歷史研究》，臺灣聯經公司 1979 年。

16　張增信，〈明季東南海寇巢外的風氣 1567—1644〉，臺北，中研院，張炎憲主編，《中國海洋發展史論文集》第 3 輯。

17　林仁川，《明末清初私人海上貿易》，上海華東師範大學出版社 1987 年，第108、111 頁。

18　〔澳大利亞〕雪珥，《大國海盜》第三章，〈遍下西洋，跨國通緝林道乾〉，山西人民出版社 2011 年，第 53—76 頁。

19　湯開建，〈明隆萬之際粵東巨盜林鳳事蹟詳考——以劉堯誨《督撫疏議》中林鳳史料為中心〉，《歷史研究》2012 年第 6 期。

第二節　嘉靖末年海寇林道乾進襲臺灣

　　清代史籍將林道乾和林鳳當作最早到臺灣活動的漢人，但是，對其事蹟語焉不詳。臺灣方志也僅留下二林在臺灣各地的傳說。近年學者已經展開了相關研究，頗有進展。此處主要結合有關林道乾、林鳳在臺灣的有關史料，評析二林在臺灣的活動。

一、明代中晚期在臺灣活動的福建漁民與商人

　　據《島夷誌略》等書的記載，早在宋元之際，臺灣與大陸的貿易就十分盛行，明初的海禁與遷海政策，使臺灣與大陸的關係削弱。但時有海寇在臺灣、澎湖海面活動。明代中葉費宏的《太保費文憲公摘稿》說：

> 琉球、日本諸海國，去閩僅數千里，而彭湖、鼀鼊、高華諸嶼，隱然可數於烟波浩淼之間。奇貨珍材以售於華人，獲輒數倍。故濱海冒禁之民，往往通賈胡，駕巨舶，倚風濤，旁午出沒，或乘以鼓行攻劫，而下郡輒騷動無寧居。[20]

　　推敲費宏這段話，其時有人從事日本、琉球與中國之間的海上貿易並兼行劫掠。琉球是一個小國，它主要依賴與明朝貿易來發展自己，當地人不太可能從事劫掠。事實上，在琉球經商的主要是福建人與潮州人，嚴嵩的〈琉球國解送通番人犯疏〉提到，當時有福建商人陳貴等率 26 艘船到琉球貿易，而與來自潮陽的「海船二十一隻，稍水一千三百名，彼此爭利，互相殺傷」。[21]當時的海商亦商亦盜，他們之間為了爭奪利益而發生衝突，並不奇怪。所以，當時在海上從事劫掠的主要是閩粵海寇商人。費宏的這段話還表明，當時的海寇商人的一個重要活動場所是在彭湖、鼀鼊、高華諸嶼。其中「彭湖」即為「澎湖」，這是沒有疑義的。而鼀鼊、高華二島是指什麼島嶼？則有待研究。這二島的名字始見於《隋書》，《隋書》流求國傳記載陳棱等人出兵流求的航行路線都有涉及鼀鼊、高華諸嶼，但其文中沒有澎湖，實際上，《隋書》中的「鼀鼊、高華諸嶼」很可能是指是

20　費宏，《太保費文憲公摘稿》卷九，〈送福建按察司副使陸公君美序〉，《續修四庫全書》第 1331 冊，第 435 頁。

21　嚴嵩，〈琉球國解送通番人犯疏〉，《明經世文編》卷二一九，《南宮奏議》，第 2301 頁。

澎湖及其周邊的島嶼，而費宏這段話將澎湖與龜鼊、高華諸嶼分開來說，則反映了明人理解中的「龜鼊、高華諸嶼」與隋代不同，從地理方位看，費宏認為龜鼊、高華諸嶼在澎湖附近，其中應有一部分是指臺灣島。費宏的記載表明：在費宏生活的時期，已經有華人登陸臺灣島，並在那裡與琉球人及日本人做生意。他們主要是福建漳州人與廣東潮州人。

那麼，費宏是在什麼時代說了這一段話？按，前引這一段話出自費宏送陸君美任福建按察副使的序中，而陸君美任福建按察副使，是在正德年間。據《閩書》的記載，他是正德年間第一任福建按察副使。[22]因此，費宏送陸君美任福建按察副使，應是在弘治末期，或是正德初期。陸君美入閩以後，曾在治理海疆秩序方面大展手腳，他的傳記記載：「陸俑。俑字君美，鄞人。弘治六年（1493 年）進士，巡按福建，銳於經略，陞本省按察副使，巡視海道。時海寇充斥，編戶焚蕩，俑演水戰火攻法拒擊之。設畫樹防，什伍海艘，程出入，時往來，立賞格，嚴哨探，定保甲，邊徼肅然。」[23]可見，早在明正德年間，臺灣海峽的海寇問題已經相當嚴重，福建方面被迫加強了海防，而為了加強海防，則有必要關心當時華人在臺灣、澎湖這類附島的活動。費宏與陸君美討論在臺灣、澎湖的閩粵商寇活動，其原因在此。

嘉靖年間，漁民及海寇經常來到澎湖。嘉靖間名人張時徹說：「海濱之民，不業他技，生則習游善泅。貧者操尋之艇，出沒波濤，逐魚鹽什一之利；其富者腰重鏹操奇贏，學弄文身雕題之舌，把臂出肺腑，博市象犀、珠貝、玳瑁、文黼諸珍異可貴之物，以弋厚息，率能奸闌出入，埋挾往來。比其狎也，宮于近島，糾盤日夥，而客主之勢易矣。益又誘之攻剽，日治巨艦利器，乘風駕濤，瞬息而馳千里。烽未及然而賊已飽噬揚帆矣。哨守督備之官，又甘其薰心之貨，而陰弛譏捕之禁，彭湖、月港之間，其可問乎？」[24]可見，當時的月港之民，經常來到澎湖，其中有一些人是海寇。

嘉靖年間閩粵民眾進入澎湖，而離澎湖不遠，就是臺灣本島了。臺灣

22　何喬遠，《閩書》卷四八，福建人民出版社 1995 年點校本，第 1219 頁。

23　何喬遠，《閩書》卷四五，第 1140 頁。

24　張時徹，《芝園集》卷三一，〈贈函峰阮公晉副都御史撫鎮福建序〉，明嘉靖二十三年鄒守愚刻本，濟南，齊魯書社 1987 年四庫存目叢書集部，第 81 冊，第 168—169 頁。

本島是一個富饒的區域，島上盛產鹿皮、鹿肉，沿海是烏魚的漁場。「漳泉之民，充龍、烈嶼諸澳，往往譯其語，與貿易。以瑪瑙、瓷器、布、鹽、銅簪、環之類，易其鹿脯、皮、角。」[25] 因此，在臺灣海峽活動的福建漁民逐漸與少數民族建立關係。[26] 而登臺謀生的福建移民越來越多。例如泉州晉江的《安平顏氏族譜》記載：「龍源，字日盤，正璧長子。生嘉靖甲午，卒失考，葬臺灣。配鄭氏，子一」。嘉靖甲午年即是嘉靖十三年，即西元 1534 年，如果他在 20 歲左右去臺灣冒險，那應是在嘉靖三十三年，即 1554 年。其時，「倭寇」林鳳尚未進入臺灣；又如漳州詔安縣的《秀篆游氏族譜》記載，該族第二世的五十六公是在明朝嘉靖年間遷徙到臺灣，「現子孫在臺灣諸羅縣荷包蓮者尚有數百丁」；再如《惠安東園莊氏族譜》記載：「莊詩公，生嘉靖壬寅（嘉靖二十一年，1542 年），卒崇禎甲申（崇禎十七年，1644 年）。少遭兵變，與兄赴臺灣謀生」。他若也是 20 歲左右赴臺灣，應為嘉靖四十一年上下，此時正為倭寇在福建活動的高潮，其時已經有福建人到臺灣做生意了。[27]《東西洋考》記載當地的番人：「厥初朋聚濱海，嘉靖末遭倭焚掠，稍稍避居山後。忽中國漁者從魍港飄至，遂往以為常。」[28] 可見，在嘉靖末年前後，東番與福建邊海漁民及小商人的貿易，已經是很平常的事了。

在福建史料中，常可見到閩商到臺灣貿易的例子。萬曆二年六月林鳳船隊進入東番之後，「六月二十六日有烏嶼澳漁民劉以道、郭大原等六人自魍港逃回」。[29] 劉以道會講「番語」，他在番地的活動應當已經有數年之久。又如「烏嶼寮商民郭召、郭時等近日各駕海船前往小東夷地經紀。至六月初九日回至大礁頭海洋，遇見大夥賊船往東行使。召等警避。」[30] 此處的「烏嶼寮」應當是臺灣海峽中部著名的「烏坵嶼」吧。明代該嶼應屬於莆田縣管轄。而「小東夷地」當然是指臺灣。在《日本一鑑》中，多次將

25　何喬遠，《閩書》卷一四六，〈島夷志・東番夷人〉，第4361頁。

26　徐曉望，〈論明代北港的崛起〉，《臺灣研究》2006年2期。此文收入拙著《早期臺灣史考證》，福州，海風出版社2014年。

27　莊為璣、王連茂編，《閩臺關係族譜資料選編》，福建人民出版社1984年，第155頁、376頁、第386頁。

28　張燮，《東西洋考》卷五，〈東番考〉，謝方點校，中華書局2000年，第106頁。

29　劉堯誨，《督撫疏議》卷二，〈報剿海賊林鳳疏〉，萬曆刊本，第1頁。

30　劉堯誨，《督撫疏議》卷一，〈報海賊逃遁疏〉，第45頁。

臺灣島稱為「小東島」。萬曆三年九月十九日，在臺灣新港捕魚的漁民黃仕忠告訴官軍呼良朋，海寇林鳳又到了臺灣新港。[31] 總之，在嘉靖末年至萬曆初年，已經有來自閩粵沿海的漁民和商人到臺灣謀生。當時福建漁民在臺灣南部活動最多的地方是魍港和其上游新港。

新港現為臺南市區，此地原為臺灣平埔族「西拉雅」人的居住地。新港媽祖廟是臺南市有名的廟宇之一。2004 年我到該廟去看過，當時帶路的學生告訴我，該廟自稱是臺灣最早的媽祖廟。由於臺灣有多間廟宇總是自稱是臺灣最早的媽祖廟，因此，當時這一消息未能引起我過多的注意。現在想來，新港媽祖廟自稱是最早的媽祖廟宇，應是有明代的相關文物發現。這是明代漢人進入臺灣的證明。

二、關於林道乾歷史的回顧

關於林道乾，各種記載不少。乾隆《潮州府志》記載：「林道乾，惠來人 [32]，少為縣史，機變險詐，智慮超於諸寇。性嗜殺，所過無不殘滅。舟泊處，海水盡赤，積屍如山。潮汐為之不至。」[33]《萬曆武功錄》記載林道乾：「林道乾者，澄海人也。嘉靖末常公行南海上，專以剽略為務。」[34] 如其所云，林道乾原來是廣東潮州人，或說是澄海人，或說是惠來人。他是嘉靖末年起於海上，曾經是「倭寇」的一部分。林井丹先生說：

> 海寇林道乾、曾一本、吳平輩，乘倭嘯聚，初不過數十人，尋入倭中為別哨，遂肆剽劫。及倭滅，而吳平統有其眾，流毒沿海；道乾、一本亦各樹黨援，與平為犄角，以抗王師。後平竄海外，莫知所往。黨羽潰散，於是道乾、一本復糾合之。林曾兩賊，其燄大熾，勢不相下，互相雄長，為嶺東連年大患。潮郡半為賊有，生民塗炭極矣。[35]

可見，林道乾是原為倭寇中的一支分隊。他曾在南澳島駐紮。文獻記

31　劉堯誨，〈飛報追剿海寇大捷疏〉，《督撫疏議》卷三，第 6 頁。前揭湯開建文，
　　第 62—63 頁。
32　按，對林道乾籍貫的記載有多種，《萬曆武功錄》謂其澄海人。
33　周碩勳，乾隆《潮州府志》卷三八，〈征撫〉，第 37—38 頁。
34　瞿九思，《萬曆武功錄》卷三，〈廣東‧林道乾、諸良寶、林鳳列傳〉，明萬曆刊本，
　　第 43 頁。
35　林大春，〈上谷中丞書〉，周碩勳，乾隆《潮州府志》卷四十，〈藝文志〉，第 53 頁。

載：

> 南澳……太子樓在鎮城之東，有後宅城。閩人傳海寇林道乾和人血築之。[36]

林道乾和吳平是合夥關係。《南澳志》說：「林道乾、諸良寶，皆潮州人。道乾為府吏，弄法投吳平為賊，擄掠村落。吳平破，走入海，與曾一本聲援相應。」[37] 據其所言，林道乾最早是加入吳平的團夥才開始發跡的。他的隊伍最早只有幾十人而已。吳平於嘉靖四十三年十一月向廣東官府乞降，而後被安排在詔安的梅嶺。他在這裡招降納叛，海寇隊伍發展到上萬人。嘉靖四十四年，吳平被戚繼光、俞大猷擊敗，轉移至南澳島。嘉靖四十四年冬，閩粵官軍圍剿南澳島，吳平徹底失敗，而後林道乾、曾一本等人獨立活動。從其過程來看，林道乾應是在嘉靖四十三年左右加入吳平海寇團夥，他有一支相對獨立的隊伍。不過，那時他的隊伍不過幾十人。

吳平失敗後，潮州海寇大都匯入曾一本、林道乾、諸良寶等人的旗下，成為一股很大的勢力。嶺南民眾飽受荼毒：

> 訪得嶺南之寇，其嘯聚成群者不可勝紀，而所向無前，諸將莫敢攖其鋒者，惟曾一本、林道乾二寇而已。破軍殺將，掠地攻城，稱雄海上，今已多年……況曾賊之在海上，糧餉有限，使吾接濟之禁嚴，則人多而食有不繼，人少而力不能支。[38]

吳平被消滅之後，曾一本、林道乾輩能夠重起海上，與嘉靖末年廣東潮州的大災有關係。林熙春云：「潮郡素產米穀，丙寅（嘉靖四十五年，1566 年）丁卯（隆慶元年），價忽騰踊，維時飢民嘯聚，至數千。曾一本、林道乾輩因而稱亂，至動四省之兵討而後定。」[39]

36　杜臻，《粵閩巡視紀略》卷四，第 12 頁。

37　齊翀，乾隆《南澳志》卷八，〈海防志〉，第 36 頁。

38　劉燾，〈總督閩廣初上本兵剿撫曾林二寇書〉，《明經世文編》卷三〇八，《劉帶川書稿》，第 3248 頁。

39　林熙春，〈救荒議〉，周碩勳，乾隆《潮州府志》卷四十，第 24 頁。

三、嘉靖末年林道乾進襲臺灣

　　晚明海寇林道乾是最早進入臺灣的漢人，這是最早一部《臺灣府志》就有的觀點。[40] 如前所述，林道乾部曾經是「倭寇」中的一支小隊。嘉靖末年，嶺南的大股倭寇被殲，林道乾出沒於閩粵沿海，有時會到近在咫尺的臺灣、澎湖。高拱乾的《臺灣府志》卷一封域志記載：「嘉靖四十二年，流寇林道乾擾亂沿海，都督俞大猷征之，追及澎湖，道乾遁入臺。」[41] 如果以上記載可靠，林道乾早在嘉靖四十二年便抵達臺灣海邊的港口。而俞大猷率水師追蹤到此地。

　　然而，這一事件發生的年代有點可疑。據俞大猷行狀，嘉靖四十二年是俞大猷最為繁忙的一年，他先是出任福建總兵官，和戚繼光等人聯手消滅攻占興化城的倭寇。十月轉任廣東的總兵官，負責圍剿潮州、惠州山區的山盜海寇。當時，林道乾還是無名之輩。俞大猷主要對手是擁眾兩萬海寇的吳平及藍松三、余大春、李春文、劉萬清、蘇阿普等山寇。俞大猷迫在眉睫的事是平定潮州境內大股海寇、倭寇、山盜。在這種背景下，俞大猷不可能有空去澎湖、臺灣清剿海寇林道乾。所以，有關嘉靖四十二年俞大猷進入澎湖、臺灣的記載，恐有錯誤。此前已經有多家學者論證。

　　考《臺灣府志》有關林道乾入臺的記載，應是出自王士禎的《香祖筆記》一書。該書云：

> 臺灣古荒服，在福建東南大海中，西界於漳，南鄰於粵，北與閩安相直。其水道則東連日本，南鄰琉球、暹羅、呂宋、荷蘭諸國。其沿革莫得而詳也。明嘉靖四十二年，流寇林道乾作亂，都督俞大猷勦之，追及澎湖。道乾遁入臺灣，大猷不敢偪，留偏師駐澎湖島，時哨鹿耳門外，徐俟其敝。道乾遁往占城。道乾既去，澎湖駐師亦罷。[42]

　　按，王士禎清初為刑部尚書，以博學著稱，且對臺灣有研究，以他在官場的地位，他寫的東西當然會影響清代初年的臺灣方志。但在這個問題上，王士禎可能有失誤。

40　蔣毓英，康熙《臺灣府志》卷一，〈沿革〉，廈門大學出版社 1985 年，第 1 頁。
41　高拱乾纂修，康熙《臺灣府志》卷一，〈封域志〉，康熙三十五年刊本，第 1 頁。
42　王士禎，《香祖筆記》卷一，文淵閣四庫全書本，第 21 頁。

　　從史實來看，林道乾長期是小股海上流寇，他是在嘉靖四十五年才出名的。林熙春云：「潮郡素產米穀，丙寅（嘉靖四十五年，1566年）丁卯（隆慶元年），價忽騰踊，維時飢民嘯聚，至數千。曾一本、林道乾輩因而稱亂，至動四省之兵討而後定。」[43] 可見，嘉靖四十五年潮州發生饑荒，這是一個關鍵時期，林道乾率飢民四處搶劫，因而成名。康熙《詔安縣志》載有林道乾攻擊詔安一事。

> （嘉靖）四十五年三月，吳平夥黨林道乾等船五十餘隻，自走馬溪登岸，攻陷五都山南村土圍，又攻廁下村土圍，焚殺不計。本年，吳平夥黨曾一本等船百餘隻，自泊浦澳，登岸劫擄港口等村。[44]

　　這條史料讓人注意的是：林道乾自此發展成一個擁有50艘船的大海寇，並率隊攻擊福建省的詔安縣，其目的應是搶糧食。林道乾的行動引來官軍圍剿。按照《潮州府志》說法：

> 林道乾……嘉靖四十五年三月，攻詔安山南、廁下等村，都督俞大猷逐之。遁入北港。（北港在澎湖嶼東北，萬曆末年始通商賈，稱臺灣。）大兵不敢進，留偏師駐澎湖守之。道乾不樂居北港，遂恣殺土番，取膏血造船，從安平鎮二鯤身遁往占城。復回潮州，擄掠如故。[45]

　　《潮州府志》的這段記載表明林道乾有可能是在嘉靖四十五年離開詔安後襲擊臺灣，其後，明軍跟蹤林道乾來到臺灣的北港。該說大抵可以證明林道乾初次侵襲臺灣應當是在嘉靖四十五年。這裡的問題是：據《明實錄》的記載，明朝於嘉靖四十五年正月庚辰「革惠潮總兵俞大猷職閒住」。[46]那麼，他還可能率廣東兵去打林道乾嗎？張增信認為，這是不可能的。我同意這一觀點。又據萬曆《漳州府志》記載：

> 四十五年五月，吳平夥黨林道乾等船自走馬溪登岸散劫詔安等地方。十月內，總兵戚繼光督閩廣兵剿滅之。[47]

43　林熙春，〈救荒議〉，周碩勳，乾隆《潮州府志》卷四十，第24頁。

44　秦炯，康熙《詔安縣志》卷七，〈武備〉，第32頁。

45　周碩勳，乾隆《潮州府志》卷三八，〈征撫〉，第37—38頁。

46　張溶等修，《明世宗實錄》卷五五四，嘉靖四十五年正月庚辰，第3頁。

47　袁業泗修、劉庭蕙纂，萬曆《漳州府志》卷三二，〈兵亂〉，第19頁。

按，嘉靖四十五年林道乾攻擊詔安縣，一直在當地活動到十月分，才在戚繼光的攻擊下逃走。這說明在嘉靖四十五年正月就被免職的惠潮總兵俞大猷不可能率隊攻擊詔安的林道乾！《明史‧雞籠傳》述及林道乾在臺灣的活動：「嘉靖末，倭寇擾閩，大將戚繼光敗之。倭遁居於此，其黨林道乾從之。」[48] 可見，當時追擊林道乾到臺灣的應是戚繼光的部下。

第三節　從東南亞回歸的林道乾

林道乾從臺灣二鯤身突圍之後，在南海上兜了一圈，而後又回到嶺南沿海，主要在廣東活動。

一、林道乾從東南亞回歸

嘉靖四十五年林道乾從臺灣北港突圍後，南下占城沿海。而後逐漸北上，襲擊廣東沿海。《明穆宗實錄》記載：「隆慶元年八月戊子，……巡撫廣東都御史李佑奏：嘉靖四十五年六月以來海寇林道乾、梁有川等聚眾三千餘人，駕巨艦出入雷瓊諸處。總兵湯克寬等前後與戰，計斬三百餘人，俘獲稱是。功宜褒錄。」[49] 這樣，林道乾率部在南海上繞了一圈，先是北上福建詔安，而後東去臺灣的北港，再從北港南下越南南部的占城港。然後逐步北上廣東沿海。隆慶元年，林道乾在雷州、瓊州一帶失敗後，又返回潮州，《明穆宗實錄》記載，隆慶元年七月，林道乾率兩百人突襲潮州的碣石衛，救回被俘的同黨張佬等人。[50] 此後，林道乾在潮州活動多年。

林道乾攻克溪東寨之戰。據《澄海縣志》的記載，林道乾於隆慶元年十二月開始攻擊溪東寨。當時林道乾在海上兜了一大圈回來，骨幹很少。王天性的〈夷寇論考〉說：「林道乾起白哨，僅二百餘徒，方其寇溪東也，溪東人戰寨內。」[51] 但是，林道乾會向周邊的官府行賄，使他們擁兵自重，任其所為。林道乾於次年三月攻克溪東寨。[52] 林道乾能攻下溪東寨的原因在

48　張廷玉等編，《明史》卷三二三，〈雞籠傳〉，第 8377 頁。

49　張溶等修，《明穆宗實錄》卷十一，隆慶元年八月戊子。

50　張溶等修，《明穆宗實錄》卷十四，隆慶元年十一月丁丑。

51　王天性，〈夷寇論考〉，吳穎，順治《潮州府志》卷十二，第 1721 頁。

52　李書吉等修、蔡繼紳等纂，嘉慶《澄海縣志》卷二二，〈海防〉，嘉慶二十年刊本，第 7 頁。

於以錢招兵。林大春〈諭城守書〉說：「巨寇林道乾等懸賞招眾，得十人者予三金，人各一金，即以統之。以故聞風響應，遠近無賴相繼入賊者不止數百千人。」[53]「故附之者日眾，為海濱巨寇。連年剝惠來龍溪，都無噍類。」[54]

隨著林道乾海寇隊伍的擴大，形成了一支可與曾一本抗衡的力量。然而，其時閩粵水師最大的對手還是曾一本，廣東官府不得不招安林道乾，以便集中力量圍剿曾一本。如前所述，在曾一本滅亡之後，官府曾經考慮將林道乾所部殲滅，但因水師在作戰中損失太大，暫時按下消滅林道乾的計畫。

二、與曾一本對抗的林道乾

與曾一本齊名的海寇林道乾與曾一本勢不兩立。在閩粵官府與曾一本的戰鬥中，林道乾協助官府攻擊曾一本。在兩廣任職的張瀚記載：「又以其間招撫道乾，令直搗其巢穴。」[55]郭孝任廣東惠潮兵備道時：「嶺表盜賊充斥，巨寇曾一本、林道乾為之魁。巨艦乘風出沒波濤間。孝至，大修戰具，遣人諭以禍福，道乾倒戈降，而一本獨頑梗不受撫。」[56]《潮陽縣志》記載：「道乾為盜已久，殺掠特甚。隆慶二年，知縣陳王道總兵郭成以其難制，撫之。安置於招收之下尾。官為治宇，給犒賞，而彼之橫肆自若也。」[57]這段引文中所說的招收鄉下尾村位於潮陽縣海邊。《潮陽縣志》又載：「埗頭、下尾俱有寨。下尾，一名華美，即今撫民林道乾安插之所。初，隆慶二年，道乾以知縣陳王道、總兵郭成之招，因住於此，遇有他盜竊發，聽明文片調，截殺立功。」[58]可見，林道乾是在隆慶二年接受招安的，但其人仍在燒殺擄搶，官府因要對付曾一本，只好隱忍林道乾的所作所為。

隆慶三年二月初七，俞大猷在給郭寶山的信中說：「林道乾，願翁推

---

53 林大春，〈諭城守書〉，周碩勳，乾隆《潮州府志》卷四十，〈藝文志〉，第55頁。

54 周碩勳，乾隆《潮州府志》卷三八，〈征撫〉，第37—38頁。

55 張瀚，《松窗夢語》卷一，〈宦遊紀〉，北京，中華書局1985年，第19頁。

56 李衛等，雍正《浙江通志》卷一七一，〈郭孝傳〉，文淵閣四庫全書本，第23頁。

57 臧憲祖纂修，康熙《潮陽縣志》卷三，〈紀事〉，康熙二十六年刊本，第15頁。

58 黃龍修、林大春纂，隆慶《潮陽縣志》卷六，上海書店1963年影印天一閣館藏明代方志選刊本，第17頁。

誠撫之，終始保全之。山海賊尚多，豈能盡用殺伐？撫一夥，為他夥之望。以後有願撫者撫之，不服者剿之，庶地方有寧期。況林道乾累有大功，見今又欲助官兵立功，其志可知。」[59]當時的廣東潮州，境內有幾股受官府招安而又四處劫掠的強盜。「有朱良寶、魏朝義、莫應敷者，亦糾黨人入海行刦，與道乾相應，時因地方多事，兵力難分，勉為招撫。既就撫，道乾居招收都，良寶踞南洋寨，朝義踞大家井，應敷踞東湖寨，殺掠如故。」[60]這讓官府十分頭痛。官府所能做的僅是聯合一部分民間武裝，打擊另一部分民間武裝。瞿九思評曰：「余觀惠潮之所為撫民、新民、峒民，皆峒賊也。迺用以破諸峒，奇哉！」[61]「隆慶中，橫海將軍郭成常調乾及莫應敷征曾一本。乾劍斬辛繼新老來獻。於是，軍中之事，悉以咨乾矣。」[62]可見，當時廣東總兵郭成對林道乾是十分信任的。

隆慶二年八月，曾一本部進犯廣東的古溪、龍溪等地。廣東官員張瀚「督率撫民林道乾部兵，於隆慶二年八月初肆四日駕舡八十隻，至磊口遇賊，爭鋒大戰，曾賊敗走退遁溪東。被道乾追獲哨船一隻，前後生擒賊人四名，斬首十三顆，餘眾落水。」[63]時任廣東總督的張瀚在奏疏讚賞林道乾。可見，當時大敵在前，廣東官府主要對手是曾一本，因此，他們對從海寇陣營中分化出來的林道乾相當重視。其目的當然是利用林道乾圍攻曾一本。

隆慶年間的廣東官軍得到林道乾的幫助，得以夾擊曾一本海寇。廣東惠潮兵備道郭孝：「大修戰具……而一本獨頑梗不受撫。因檄閩廣兵，剋日大舉。孝親執枹鼓，立矢石間，士氣百倍，遂大破之。一本遁去。」[64]「撫民林道乾督前船徑往揭陽截剿。初十日夜亥時，據林道乾本鎮標下千戶王進報稱，截殺曾賊獲船二十八隻，擒斬首從二百餘名顆，溺死千餘人。」[65]可見，當時林道乾為殲滅曾一本海寇出了力。這也使他有了誇耀的資本。

59　俞大猷，《正氣堂全集》，《洗海近事》卷下，〈書與郭寶山〉，第 861 頁。
60　周碩勳，乾隆《潮州府志》卷三八，〈征撫〉，第 37—38 頁。
61　瞿九思，《萬曆武功錄》卷三，〈廣東・山海黃高輝許俊美列傳〉，第 42 頁。
62　瞿九思，《萬曆武功錄》卷三，〈廣東・林道乾、諸良寶、林鳳列傳〉，第 43 頁。
63　張瀚，《臺省疏稿》卷六，〈請行閩省併力夾勦海賊疏〉，續修四庫全書第 478 冊，萬曆二年吳道明刻本，第 37 頁。
64　李衛等，雍正《浙江通志》卷一七一，〈郭孝傳〉，文淵閣四庫全書本，第 23 頁。
65　張瀚，《臺省疏稿》卷七，〈擒斬海洋巨寇大捷疏〉，第 2 頁。

「隆慶中，總兵郭成調乾征一本，有功，雄踞禦貨，日益甚。」[66]

消滅曾一本之後，怎樣處理林道乾？「（隆慶三年七月）甲午，廣東巡按御史楊標言：海賊曾一本雖已會師夾剿，而他寇尚多，如林道乾最號點狡，及林容、程老、王老等，皆四出鹵掠。宜乘勝蕩平，勿貽將來之患。兵部覆如標言，上然之。」[67]實際上，廣東官府在隆慶三年消滅曾一本之後，確實考慮對付林道乾。但是，當時林道乾實力雄厚。「郭寶山說，林道乾有眾五千人，有白船一百隻，有大船六隻。」[68]而剿滅曾一本的主力福建水師在大戰之後，亟待補充士兵和武器。俞大猷說：「我福兵數次大戰之後，皆是惰歸之意，又鏢鎗俱已用盡，火藥、硝、磺近解無多。又此兵一出，賊必遠遁，下入交趾，上往福浙。俱要窮追，往還必經三四箇月。為今之計，各兵工食銀，俱應暫給，至八月終止。」[69]鑒於這種情況，俞大猷認為應當繼續招安林道乾。「其林道乾，招撫在先，本院督臨在後，止見屢立軍功，已該本部題明，林道乾果無異志，即當待以赤心。俟立有奇功，另行題請。見今功級數多，既生擒曾一本以伸威，似宜未滅林道乾以示信。行令散其黨與，以為自全之計，似亦相應。」[70]可見，當時的形勢迫使官府不能馬上與林道乾作戰。隆慶三年六月癸酉總督兩廣福建都御史劉燾在上疏中談到林道乾：「撫賊林道乾，叛服不常，固有養虎貽害之憂，然業已听撫，又立功海上，宜察其果無異志，即當推心置腹，勿使自疑。此三種者皆可以計定，而不可以兵刦者也。」[71]同時期，也有些官員主張消滅林道乾。例如，隆慶三年十月辛酉，工科給事中陳吾德條陳廣中善從事宜：「言嶺表撫勦失策，曾酋餘黨既未盡殄，而撫民林道乾猶據下澮，宜令當事者悉心圖之，務絕禍本。」[72]儘管這樣，但對廣東官府來說，林道乾還是有用的。其後，廣東官軍大敗山寇林樟等人，林道乾也出了力。隆慶三年十二月庚子：「至是總督劉燾奏捷，具言撫民林道乾等寔用命，宜許贖罪。上既賞成等，而

66 朱國楨，《皇明大事記》卷四一，〈蛋戶〉，明崇禎《皇明史概》本，第 8 頁。

67 張溶等修，《明穆宗實錄》卷三五，隆慶三年七月甲午。

68 俞大猷，《正氣堂全集》，《洗海近事》卷下，〈書與廣東巡撫熊〉，第 896 頁。

69 俞大猷，《正氣堂全集》，《洗海近事》卷下，〈書與廣東巡撫熊〉及二道，第 899 頁。

70 俞大猷，《正氣堂全集》，《洗海近事》卷下，〈書與廣東巡撫熊〉，第 901 頁。

71 張溶等修，《明穆宗實錄》卷三三，隆慶三年六月癸酉朔。

72 張溶等修，《明穆宗實錄》卷三八，隆慶三年十月辛酉。

命御史勘道乾功狀以聞。」[73] 連皇帝都關注林道乾的功勞！這樣，林道乾被廣東官府保了下來。

三、林道乾與官府矛盾的發展

應當說，林道乾受官府招撫之後，經常為官府效力。曾一本死後，廣東沿海除了林道乾還有其他海盜。隆慶五年，「六月，廣賊楊老等大舡三十餘隻，來泊南澳月餘，謀犯閩地。僉事梁士楚督同海防同知羅拱辰統發兵舡追殺之」。[74] 大約是在隆慶六年，「是時撫民林道乾亦提桴鼓踵軍門上謁，願盡力。而會海賊張朝偉起，道乾擊破舟一十餘艘。斬首三百餘級。」[75] 不過，儘管林道乾對官府表示合作，但是，他在地方的行為卻讓人無法接受。朱國楨指出：「林道乾者，澄海人。剽略海上，與諸良寶來降，凡三千人。給田千畝，自耕而食。」[76] 林道乾招安後，被安插於潮陽縣的下尾都，仍然出兵四掠，「朝剗一邨，暮洗一寨」，他甚至恐嚇縣令要攻打縣城。「道乾以外寇居內地，聯絡山賊，與曾酋狼狽相倚。蒇爾潮陽亡可翹足待也。」[77]「乾為人有風望，智力無二。好割據一方自雄。所至輒不忍貪淫之性，掘人墳墓，淫人妻小，蠶食人田土，常擅山海之禁以為利。里中皆畏乾，莫敢有後言。後言唯恐乾使使者偵伺，聞必怒。寧捐棄田產，無寧值乾怒矣。」[78] 當時人們對林道乾敢怒不敢言，尹瑾說：林道乾降明後，「據險聚黨負固不散。陽稱効順，陰出剗掠。即如林道乾，向已就撫，據河渡門，聚黨數千，集船數十。遇烏艚販鹽，則每船取銀四五十兩，名為買水。遇白艚捕魚，則每船納銀七八兩，名為扣稅。百姓以其既撫而畏禍不敢言，官司以其既招而隱忍不宜發。猶癰疽積毒，久則必潰」。[79]「鄭氏，（海陽縣）廩生戴邦玉妻。食貧，治女工以佐舅氏，甚謹。隆慶二年，海寇林道乾掠南郊，鄭時歸寧，將還家，舟發而寇舟奄至。鄭度不免，遂縊

73　張溶等修，《明穆宗實錄》卷四十，隆慶二年十二月庚子。

74　顧炎武，《天下郡國利病書》第二十六冊，福建，第 134 頁。

75　瞿九思，《萬曆武功錄》卷三，〈廣東・山海黃高輝許俊美列傳〉，第 41 頁。

76　朱國楨，《皇明大事記》卷四一，〈蛋戶〉，第 8 頁。

77　林大春，〈上谷中丞書〉，周碩勳，乾隆《潮州府志》卷四十，〈藝文志〉，第 54 頁。

78　瞿九思，《萬曆武功錄》卷三，〈廣東・林道乾、諸良寶、林鳳列傳〉，第 43 頁。

79　尹瑾，〈條議海防要務〉，郝玉麟等，乾隆《廣東通志》卷六十，〈藝文志二〉，文淵閣四庫全書本，第 195 頁。

負其嬰兒，投韓江死。」[80]「陳添桂，海陽諸生莊莅之僕也。巨寇林道乾聚萬眾寇海上。東溝寨破，莊生舉家伏重垣中。賊獲添桂，詰主所在。添桂紿以先避。賊怒斷其左首（手），不吐，復斷右足，亦不吐。遂斷其首去。莊出，撫屍慟哭，殮屍如禮。」[81]可見，林道乾的民怨較深。

> （滅曾一本之後）及稱曾賊就擒，即報盡絕。至今遺下許瑞二千餘人，尚費處分。數月以來，山海倭夷四起，殺擄數萬。將來事勢，且不可知等因。奉聖旨：兵部知道，欽此。又接到廣東和平縣民何友益等奏為剿除山寇急救地方大變事。大略謂廣東遠在嶺海外，久因上下欺瞞，養寇流毒。自嘉靖三十七八等年至今，惠潮百姓十去七八。見在山寇，江漢曾㨿、曾廷鳳等，各分勦寨，動以數萬計。皆向日報捷招安之所留也。今和平新反逆賊徐仁器等，僭號虎王，糾集流徒，各稱將帥。去年攻破土城，殺死把總余大邦、生員徐星、民葉彬等二千餘命。今正月內又殺死壽官、黃約等三百餘命。海寇許瑞、林道乾等數萬，充滿海島，必與山寇通同。將使惠潮人民，掃蕩殆盡。乞行真勦、真招等因。奉聖旨：兵部知道，欽此。[82]

這條記載暴露隆慶四年廣東惠州、潮州二郡的山寇活動十分猖獗，而海寇許瑞、林道乾部經招安後似乎比較「安靜」，所以，廣東官府只能集中力量圍剿山寇，一時無法顧及海寇。廣東地方官對此情況很清楚。

從表面看，直到隆慶六年夏天，官府與林道乾之間還處於招撫時期，雙方保持平衡。該年七月俞大猷還說：「若林道乾、朱良寶等，兩廣軍門撫之，出於誠心。」[83]實際上，林道乾等人的存在，一直是個威脅。讓廣東官府更不能容忍的是，林道乾一直在招降納叛，羽翼漸豐。「乾自謂不能居人下，居恒欲收招海上精兵，發動舉事。於是四方亡命並亡抵乾。乾乃深溝高壘，日夜以絲綿為甲，治戰艦，使使者飛芻輓粟至海上。乾於是志在海島矣。」[84]這些情況上報到執政的張居正那裡，張居正認為：「如林道

80　郝玉麟等，乾隆《廣東通志》卷四十九，〈列女志〉，第 61 頁。

81　和珅等，乾隆《清一統志》卷三四四，〈潮州府〉，第 44 頁。

82　溫純，《溫恭毅集》卷一，〈看詳章奏廣賊滋蔓奏詞各異功罪欠明懇乞聖明大奮乾斷正法紀破欺罔以亟救遠方生靈疏〉，文淵閣四庫全書本，第 34 頁。

83　俞大猷，《正氣堂全集‧近稿與議稿》，隆慶六年七月初一日，第 493 頁。

84　瞿九思，《萬曆武功錄》卷三，〈廣東‧林道乾、諸良寶、林鳳列傳〉，第 43 頁。

乾輩，既為良民，便當遵守吾約束，渙其群黨，釐其宿弊。如懷疑貳，即可名之為賊，因而除之。」[85] 明朝廷已經有除掉林道乾之意，廣東官府也在積極部署：「當事知其不可，會議擒之」。[86]

隆慶六年十一月，提督兩廣軍務的殷正茂集中四萬大軍圍剿粵東的強盜與倭寇。《明史・殷正茂傳》記載：「當是時群盜惠州藍一清、賴元爵，潮州林道乾、林鳳、諸良寶，瓊州李茂，處處屯結，廣中日告警。倭又數為害。正茂議守巡官畫地分守，而徙瀕海謫戍之民於雲南川湖，絕倭嚮導。乃令總兵官張元勳參政江一麟等先後殺倭千餘，以次盡平諸盜。」這一次，廣東官軍進展順利：「於隆慶六年十有二月，師會于惠陽，分道並進，直搗藍賴等巢。所向披靡，破竹之勢，若振藁然。……是役也，從征壯士僅二萬，軍興需僅七萬，乃三閱月，所俘馘共一萬二千有奇。兩廣用兵以來所未嘗有之殊捷也。」[88]

圖 5-2　廣東潮州沿海海寇的「水寨」

圖中有許朝光寨、莫應敷寨、朱（諸）良寶寨。[89]

官軍平定惠州境內的山盜海寇之後，下一個目標就是潮州境內的幾大海寇，如林道乾、諸良寶、林鳳、魏朝義、莫應敷諸人。廣東海寇畏懼官軍的實力，紛紛出逃。據《萬曆武功錄》的記載，隆慶年間林道乾的主要盟友是諸良寶。諸良寶也是海寇，他和林道乾一起受撫，駐紮南洋寨。「受

85　張居正，《張太岳先生文集》卷二一，〈答兩廣總督熊近湖論廣寇〉，萬曆四十年唐國達刻本，第 29 頁。

86　臧憲祖纂修，康熙《潮陽縣志》卷三，〈紀事〉，第 15 頁。

87　郭棐，萬曆《粵大記》，卷三二，〈海防〉，第 923 頁。

88　陳一松，〈奉賀督府右御史大夫石汀殷公平寇序〉，馮奉初輯，《潮州耆舊集》卷十九，〈陳侍郎玉簡山堂集〉，第 260 頁。

我冠帶，得食膏腴田千百畝」。[89] 萬曆元年三月，林道乾察覺形勢不妙，「遂遠逃入於海」。而諸良寶也離開老巢，《明史‧張元勳傳》記載：「潮州賊林道乾之黨諸良寶既撫復叛，襲殺官軍，掠六百人入海。」其後，林鳳西進，諸良寶「與林鳳合兵為寇亂」。在潮頭市之戰中，諸良寶、林鳳被擊敗，「良寶遂西遯，而林鳳亦垂頭走八閩矣」。[90] 諸良寶與林鳳分手之後，諸良寶突襲陽江縣，戰敗，他的十一艘戰船被民間武裝焚毀，海上力量基本消滅，只好從陸上返回老巢南洋寨。萬曆元年下半年，廣東官軍在殷正茂率領下發動圍剿諸良寶的戰役。然而，這場戰役並不好打。《明史‧張元勳傳》記載：「諸良寶……乃據潮故巢，居高山巔不出。戰官軍營於泥中，副將李誠立挑戰，墜馬傷足，死者二百人。賊出掠而敗，走巢固守。元勳積草土與賊壘平，用火攻之，斬首千一百餘級。時萬曆二年三月也。捷聞，進世廕一級。遺孽魏朝義等四巢亦降。尋與胡宗仁共平良寶黨林鳳，惠潮遂無賊。」經數月艱苦的戰鬥，廣東官軍終於殲滅諸良寶全軍。時為萬曆二年。[91] 該戰結束後，「魏朝義、莫應敷因之皆相率毀巢散黨，投官請命。二院會議釋之」。[92] 按，諸良寶所部被全殲，極大震撼了潮州民間的反政府武裝，此時恰逢金淛調任廣東惠潮道，金淛趁勢招安：「比至，移檄群盜，令其悔禍。於是，蛇江盜魏朝義焚寨降，散其黨千餘人。軆船衣甲兵器悉入於官。而莫應敷、黃瑋、劉興策俱就撫。所收船隻、衣甲、兵器稱是。」[93] 於是，潮州陸地的民間武裝被官府平定，只剩下海上橫行的林道乾和林鳳了。

按照官府的記載，當時廣東軍隊在消滅諸良寶之時，也「消滅了」林道乾。

> 萬曆元年癸酉，總督殷正茂蕩平山寇，乘勝擣之，道乾勢促，奔投倭寨，良寶西走陽江，為舟師所襲，仍奔南陽，深溝高壘，以抗王師。總兵張勳，斬木列柵，環匝賊巢，造戰車敵樓，取柴草實其溝

89 瞿九思，《萬曆武功錄》卷三，〈廣東‧林道乾、諸良寶、林鳳列傳〉，第46—48頁。

90 瞿九思，《萬曆武功錄》卷三，〈廣東‧林道乾、諸良寶、林鳳列傳〉，第46—48頁。

91 李書吉等修、蔡繼紳等纂，嘉慶《澄海縣志》卷二二，〈海防〉，嘉慶二十年刊本，第9頁。

92 郭棐，萬曆《粵大記》卷三，〈海島澄波〉，第60頁。

93 王崇炳，《金華獻徵略》卷九，〈金淛傳〉，雍正金律刻本，第14頁。

塹，密於三月初十日大舉，破其巢，斬首千二百五十級，良寶自焚
死，道乾赴水死，俱磔其屍。餘黨分別勦撫，朝義、應敷聞之，俱
相繼乞降。[94]

　　按，以上記載有個錯誤是：廣東官軍消滅諸良寶是在萬曆二年三月，
而不是萬曆元年。其時，林道乾早已遠循海外，並沒有和諸良寶死在一起。
不過，從另一個角度來講，萬曆元年到萬曆二年廣東官軍的行動，消滅了
大部在潮州活動的倭寇與山盜，剩下少部分海寇也將活動重點轉到海洋上。
潮州本土一度獲得平靜，經濟文化開始大發展。

第四節　萬曆元年海寇林鳳、林道乾在臺灣海峽

　　自嘉靖末年林道乾進襲臺灣之後，臺灣海峽漸成海寇活動之地。有些
海寇以澎湖為巢穴，他們進一步向東，就進入了臺灣。「南越之寇，往歲
突入彭湖，據三十六島於琉球尾閭之區，逐而遠之，是虎逸而歸之柙也。」[95]
隆慶年間福建巡撫塗澤民曾說到曾一本及其他海寇可能襲擊小琉球：「小
琉球可濟水米，夷人不從，彼惟自去自來，此策之中者也。」[96] 事實上，萬
曆初年，林鳳等海寇在臺灣的活動十分猖獗，對臺灣番眾形成威脅。

一、關於萬曆元年林道乾的動向

　　嘉靖四十五年林道乾襲擊東番事件發生之後，又過了六七年，俞大猷
調任福建總兵，曾與林鳳、林道乾在臺灣海峽作戰。

　　這裡要回溯林道乾進襲臺灣之後的歷史。對林道乾的研究已經很多了。
大致而言，林道乾於嘉靖四十五年（1566 年）進入臺灣後，曾經被明軍封
鎖在港內。數月後，林道乾秘密在北港的二鯤身造船下海，突出重圍，南
下占城。然而，他在占城也未能久居。隆慶元年（1567 年），林道乾重新
出現在廣東沿海，並在攻占潮州的溪東寨後大發展。廣東官軍為了對付更
為強大的海寇曾一本，便招安林道乾，讓其人率部駐於潮陽縣的河渡門港

94　周碩勳，乾隆《潮州府志》卷三八，〈征撫〉，第 37—38 頁。

95　徐中行，《天目先生集》卷十一，〈送鄧公參南越藩政序〉，第 11 頁。

96　塗澤民，〈與俞李二總兵書──捕勦機宜〉，《明經世文編》卷三五三，第 3803 頁。

口。隆慶三年，林道乾與官軍合作擊敗曾一本海寇團夥，得到官府的嘉賞。
然而，林道乾在河渡門招降納叛，四處搶劫，又被官府視為威脅。萬曆元
年（1573 年）在張居正的主持下，廣東提督殷正茂調集大軍，準備圍剿潮
州境內的海寇山盜。一直觀察官府動向的林道乾馬上感到風雨將來的壓力。
於是，他選擇主動向廣東參政陳奎辭行。《萬曆武功錄》述及林道乾的動態：

> 乾有侄，曰茂，先在彭亨國為督夷使，迺以尺一牘約乾。乾竟瞑目
> 張膽，請于參政陳奎曰：「極知制置使意，業已遠託異域，不復還
> 矣！往所給一十七劄，今封還。」它一切寨眾，請以屬林德。無何，
> 寨民許老等，殺德欲反。是歲癸酉二月二十五日也。乾既行至甘浦
> 寨，迺出橐中裝五百金、帛五十純，因陽四送奉寨主。迺以乾屬把
> 水使翁十、蘇老、林十六等所部，而四亦得蒲履、給絺諸物，費亡
> 慮千金。[97]

這裡有個問題：林道乾是在萬曆元年二月二十五日抵達柬埔寨還是在
當日向廣東參政陳日奎辭行？反復琢磨這段記載，「癸酉（萬曆元年）二
月二十五日」應當是林道乾向廣東參政陳奎辭行的日子，而不是林道乾抵
達柬埔寨的日子。對這一點，朱國楨的《皇明大事記》的理解是正確的：

> 乾有侄，曰茂，先在彭亨國為督夷使，密約乾。于萬曆癸酉（元年，
> 1573 年）二月，乾謁參政陳奎曰：「極知制臺意不相容抗，非吾事，
> 降亦不免。男子各自求生，豈必中土！遠托異國，不復還矣！」繳
> 舊所給十七劄，徑出。[98]

確定癸酉二月二十五日只是林道乾向陳奎辭行的日子，就可知道，林
道乾不是在萬曆元年二月二十五日就抵達柬埔寨了，而是在這個日子準備
出海，真正付之行動，只怕還要十幾二十天，這就到了三月分。事實上，
他離開老巢潮州河渡門之後，一時並未遠離閩粵沿海。福建監察御史劉良
弼的〈海洋賊情疏〉云：「本年三月內，該臣巡歷漳泉地方，據巡海團練
等道報稱：廣東撫賊林道乾下海，投西洋去訖。」劉良弼對這消息將信將疑：
「盜賊之性，變詐無常，而聚散之機，窺伺靡測，大抵泊彭湖者意多觀望，

---

97 瞿九思，《萬曆武功錄》卷三，〈廣東‧林道乾、諸良寶、林鳳列傳〉，第43—44頁。
98 朱國楨，《皇明大事記》卷四一，〈蛋戶〉，明崇禎《皇明史概》本，第8—9頁。

以肆為避實擊虛之謀。在外洋者，利在窺機，以逞其跳樑踟躕之性。林道乾雖稱投往西洋，焉知不匿形於彭湖？」其實，林道乾確實沒有一下就到南洋去，他在閩粵沿海徘徊多時。張居正在給兩廣總督殷正茂的信中說：「辱示知林賊勢孤，遠遁求活計，當不日可擒。」[99]「林賊既失巢穴，飄泊海上，必不能久。宜與閩中約會圖之。」[100] 不過，由於當時廣東軍隊主要圍剿南洋寨的諸良寶，所以，廣東官員覺得還是以招安之名緩解林道乾的壓力為好。郭應聘在給殷正茂的信中說：

> 林道乾挾眾出海，無非逃生之計。恐目前只流突閩廣海澳，設法招之，未必遽投異域。但此黨甚悍，非他寇比。為今計可防而未可圖也。門下所示，蓋洞燭之矣。倘在近島，即設法招之，亦無不可。不則果投異域，又將有勾引之患，閩廣之憂方大矣。[101]

後來，張居正得到更為詳細的情報：「頃得閩臺劉凝齋（福建巡撫劉堯誨）書，言林賊遁出海洋，為西南風阻，泊廣中，向僕固患其出海難制，今若此，殆天亡之矣。閩師既過境，計今想已成擒了。」[102] 按，閩粵一帶，秋冬盛行東北風，春夏盛行西南風，或是東南風，林道乾向陳奎辭行的夏曆二月二十五日，恰是東南沿海東北風轉弱，西南風趨盛的時期。古代帆船航行主要靠風帆，逆風航行非常困難，從閩粵沿海港口到泰國、柬埔寨，通常要等到九月至下年一月的東北風季節。林道乾於夏曆二月底向陳奎辭行，待大隊人馬集中，只怕就到了西南風盛行的三月。此時的林道乾船隊很難向東南亞航行，他應當是停泊在廣東沿海一帶。《萬曆武功錄》記載：「（官軍）大軍期以四月望出征矣，當是時，道乾使使者鄭美捕伏海口，訶我師，而會何騰輝亦艤舟來鏖戰，我師疾鬥，生得美等六人。」[103] 可見，四月分林道乾還在廣東沿海，才會派出間諜船窺視官軍行動，結果這艘間諜船被俘。得知林道乾還在廣東沿海，張居正才會安排福建水師南下，與廣東夾擊林道乾。張居正對福建巡撫劉堯誨的評價很高，在給廣東提督殷

99　張居正，《張太岳先生文集》卷二五，萬曆四十年唐國達刻本，第 15 頁。
100　張居正，《張太岳先生文集》卷二五，第 19 頁。
101　郭應聘，《郭襄靖公遺集》卷二四，〈又東石汀〉，萬曆郭良翰刻本，第 13 頁。
102　張居正，《張太岳先生文集》卷二六，〈答兩廣殷石汀〉，第 4 頁。
103　瞿九思，《萬曆武功錄》卷三，〈廣東・林道乾、諸良寶、林鳳列傳〉，第 47 頁。

正茂的信中提到：「閩撫劉君有智計，勇於任事，必能助公共擒此賊也。」[104]
但不知為何閩師出擊後撲個空，應是林道乾知道福建水師來襲後，便率著
整個船隊向外海駛去。這對閩粵官軍來說，是一個出乎意料的行動。

二、林鳳與林道乾在臺灣海峽的作戰

其實，最先抵達澎湖的是林鳳。俞大猷說：「照得賊首林鳳，雖稱閩
人，其徒黨則多雷、廉、瓊人，向在此三府海洋，往來偷珠，熟於彼方水勢，
而在山又有熟人接濟。」[105] 其時，在俞大猷看來，林鳳是區域性小賊。隆
慶末年至萬曆初年的潮州海寇，以林道乾的資格最老，諸良寶、莫應敷次
之，林鳳是排在最後的。隆慶六年時，林鳳的力量還很小。廣東巡按御史
楊一桂說：「鳳黨不過五六百人，非有大聲勢難以撲滅。」[106] 俞大猷說林
鳳的船隻有「白艚等船三十八隻，烏船五隻」[107]，這些力量與林道乾對抗
是不夠的。所以，廣東海面諸雄以林道乾勢大，群寇奉其為首。其時林鳳
名義上還是林道乾的部下。萬曆元年，當閩粵軍隊前來圍剿南澳之時，林
道乾所部分成兩支：「林賊分艚遠遁，廣兵西追，閩兵東扼，計當為釜魚矣。
乃近報閩師已收還西防，夾剿之功，又恐難必。」[108] 按，在張居正著作中，
以「林賊」稱呼林道乾，以「鳳賊」稱呼林鳳，區分很清楚，所以，這裡
的林賊肯定是指林道乾。萬曆元年林道乾的分兵，兩人行動十分詭異。如
前所述，林鳳先是和諸良寶共同西行，戰敗之後，回軍襲擊福建海域。而
林道乾也適時離開南澳島，避開閩粵水師的夾擊。這樣，廣東海寇就分成
了兩支。劉堯誨云：「賊人林鳳等向為道乾部落，各以知力互相羈縻，此
其志亦欲為道乾耳。故道乾既遁，乃率眾入閩，棲泊於彭湖之間，觀釁而
動。」[109]「劇賊林鳳、林道乾者，皆曾一本餘黨，各擁眾數千，流劫海上，
猖獗多年。」[110] 福建分守建寧道右參議徐時可說：「看得海賊林道乾等逃

104　張居正，《張太岳先生文集》卷二五，第 19 頁。

105　俞大猷，《正氣堂全集‧近稿與議稿》，〈鎮閩議稿〉，隆慶六年七月初一日，
　　　第 493 頁。

106　張惟賢等修，《明神宗實錄》卷四，隆慶六年八月庚辰，第 22 頁。

107　俞大猷，《正氣堂全集‧近稿與議稿》隆慶六年七月初一日，第 493 頁。

108　張居正，《張太岳先生文集》卷二六，〈答殷石汀〉，第 6 頁。

109　劉堯誨，《督撫疏議》卷一，〈海賊突犯查參失事人員疏〉，第 11 頁。

110　謝杰，《虔臺倭纂》卷下，〈倭續二〉，第 41 頁。

入閩海，竊據彭湖為患。」[111] 這都說明萬曆元年林道乾和林鳳進入福建，先後占據了澎湖列島。

從俞大猷的書信來看，隆慶萬曆之際俞大猷接手福建總兵後，發現福建方面海陸軍的構成有些問題。當時福建省每年會到浙江募集浙兵三營，他們原為戚繼光的部下，作戰勇猛。不過，他們都是陸軍，不能下海作戰。當時福建省的官庫收入有限，陸軍多了，就無力擴大水師了。按俞大猷的想法，此時應當多募集一些水師。尤其是漳州龍溪一帶的水手，一次從中招募二萬人左右都沒有問題。事實上，當時的廣東官府經常到福建募集水兵，有一次募集了兩千人。不過，雖然俞大猷的意見提了，但福建官方一時無法做出改變。於是，俞大猷只好率領數量有限的福建水師與林道乾、林鳳作戰，有點捉襟見肘。後來出了問題。

劉良弼為南昌人，他於萬曆元年任巡按福建監察御史。五月十一日，他接到俞大猷的手本說：「林鳳一夥大小五十餘船，逃向彭湖避兵，雖未內犯，亦當早議撲滅等因。又該臣通行鎮道計議，相機剿滅。續據鎮道議稱，林鳳先據險要，必須水陸並進夾擊。復添兵船，增修器械，約在六月二十七日督率舟師出海進剿。」[112] 按，萬曆元年之時，福建總兵官為俞大猷。其時俞大猷已經七十四五歲，動作有些遲緩。六月底，俞大猷率軍進剿彭湖的林鳳之後，他的後路卻遭到了另一海寇的襲擊，福建沿海因而損失很大。福建巡撫劉堯誨評論：

> 當時惟應聯率伍寨舟師各據，按兵清野，絕其接濟，賊人不能耕海而食，久之，其勢自孤。乃欲調集各路水陸之精銳，謀往襲之，徘徊海上，情見勢屈，故賊人乘我之敝以起，遽舍彭湖而徑趨福寧，此所謂攻其所不守也。首犯萬安所，而百戶侯煒遂委巨艦以資敵人。再入芙蓉海洋，而哨官鮑尚忠又以偏師而陷於虎口。既而往 泊於羅浮之間，時劉國賓領兵在松山。[113]

按，這股襲擊福清萬安所的海寇，劉堯誨認為他們來自彭湖，其實，

111　劉堯誨，《督撫疏議》卷一，〈海賊突犯查參失事人員疏〉，第 9 頁。
112　劉良弼，《刻中丞肖巖劉公遺稿》卷八，〈題為海賊內犯查參失事官員事〉，明刊本，第 69 頁。
113　劉堯誨，《督撫疏議》卷一，〈海賊突犯查參失事人員疏〉，第 11 頁。

他們是從廣東進入福建沿海。位於福建與廣東交界處的銅山寨水師發現：萬曆元年六月二十二日，「有南船三十餘隻北上」。「不知是否的係彭湖或係甘山外洋之賊。」[114] 其時海上的大股海寇只剩林道乾和林鳳。「劇賊林鳳、林道乾者，皆曾一本餘黨，各率眾數千，流劫海上，猖獗多年。」[115] 既然林鳳已經離開澎湖趨向臺灣，這股新來的海寇應為再次從廣東北上的林道乾。萬曆元年四月分，林道乾與林鳳分手之後，本來是趨向嶺南西部海域，沿嶺南西部海岸線抵達越南之後轉向南方。所以，林道乾向西航行，若是繼續前行，必然要轉向南方。但四月至六月是海上刮南風的季節，林道乾所乘帆船肯定無法繼續向南航行，在廣東官軍的攻擊下，他只能掉頭向東，最後乘風北上，繼林鳳之後進入臺灣海峽。

　　不久，福建沿海發生了多起海寇侵襲的事件。福清萬安所報稱：「六月二十六日，廣賊三十餘船突入本所古龍港。」、「六月三十日賊船三十六隻在芙蓉海洋行使。」連江縣上報：「本（七）月十六日，本縣鑑江堡被賊攻破。」「本（七）月十日賊眾打破北僻塘頭堡。」福寧州上報：「七月二十日，賊到松山港，烽火寨把總劉國賓及哨官錢明戰死。」[116] 可見，這股海寇連續襲擊了福州府和福寧州的海面。對這股海寇，有的文獻記載為林鳳，有的文獻記載為林道乾，還有些文獻記載為「漳泉賊」[117]，還有些文獻乾脆以「南寇」稱之。其時漳泉一帶的水師強大，海寇難有活動空間，所以，這股海寇，更有可能是二林的部下。例如：曹學佺的《倭患始末》記載：「（萬曆元年）六月，鳳賊突至福清萬安所，奪兵船五隻，又至烽火寨汛地，破鑑江、塘頭二堡。」[118] 而《福寧府志》記載：「萬曆元年六月三十日，南賊屠塘頭堡。」、「是年七月，……二十日，南賊航海至松山，官兵敗績，把總劉國賓死之。」[119] 又有人說：「時劇盜林道乾、郭東山等勾引倭夷，猖獗甚。」[120] 俞大猷身為福建總兵官，對此事負有責任。

114 劉良弼，《刻中丞肖巖劉公遺稿》，卷四，〈題為海洋賊情事〉，第 21 頁。
115 謝杰，《虔臺倭纂》卷下，〈倭績二〉，第 41 頁。
116 劉堯誨，《督撫疏議》卷一，〈海賊突犯查參失事人員疏〉，第 10 頁。
117 陳壽祺等，道光《福建通志》卷二六七，〈明外紀〉，第 35 頁。
118 曹學佺，《曹能始先生石倉全集》，《湘西紀行》卷下，〈倭患始末〉，第 43 頁。
119 李拔，乾隆《福寧府志》卷四三，〈祥異〉，寧德地區方志編纂委員會，1991 年點校本，第 1360 頁。
120 胡應麟，《少室山房集》卷九十三，〈明奉政大夫雲南布政司參議東陽王公泊封宜

何喬遠記載：「時方議攻賊彭湖，忽有新倭自漳泉趨福寧。大猷遣兵追之將及，副使鄧之屏促向彭湖。新倭猝入烽火寨，殺把總去。御史論劾大猷，大猷竟不言之屏之短，坐免官。時萬曆元年也。」[121]

實際上，當這股海寇襲擊福建沿海之際，林鳳正逃往臺灣的魍港。劉良弼記載：「又據巡海興泉二道呈報，拿獲賊徒葉明嘉等供稱：林鳳將大烏尾船八隻鑿沉，駕小船八十二隻，於六月二十八九日陸續開遁芒港去訖。」[122] 可見，林鳳沒有參加襲擊福建沿海的戰鬥，而是直接向臺灣芒港進發。文中所謂的「芒港」，應當就是林鳳其後數年時常往來的臺灣魍港。關於明代的魍港所在地，臺灣史學界有爭議，或以為它在臺灣中部的北港附近，或以為它在臺南縣境內的八掌港口，今名「蚊港」。但從明代史料看，實際上它位於今臺南市內的新港河口。此地當年是熱帶雨林瘴癘之地。其時，福建總兵俞大猷負責對海寇作戰。俞大猷的上司命令他放棄其他海寇不管，猛追林鳳。瞿九思說：「樓船將軍俞大酋常提兵問諸海島，鳳遂鼓行而去魍港也。鳳度其下水淺，戰艦不得入，於是盡棄其烏舫勿問，而以輕艇恣往來自便矣。」[123] 可見，俞大猷無法剿滅林鳳等人，是因為林鳳拋棄了大船，以小船載人，往來於魍港的淺灘，讓俞大猷一時無計可施。而其上司見俞大猷一時無功，如劉良弼之輩便上疏彈劾俞大猷，導致俞大猷被罷免。[124]

如果說林鳳是帶著主要力量換乘八十二隻小船到臺灣的魍港，那麼，萬曆元年襲擊福建沿海的可能是林道乾的部下了。不過，以當時官府也弄不清林道乾與林鳳之分，所以，有時塘報是林道乾，有時是林鳳。曹學佺的《石倉全集》記載：「萬曆元年，潮寇林道乾勾倭突犯漳泉海洋，竄據彭湖，尋投東番。其黨林鳳最黠，代領倭眾四出殺掠，屢挫官兵。」[125]「往歲林道乾寇彭湖，海上騷然。」[126] 王泊在萬曆元年任福建按察司僉事，其

人徐氏墓誌銘〉，第7頁。

121　何喬遠，《俞大猷傳》，錄自俞大猷，《正氣堂全集》，第40頁。
122　劉良弼，《刻中丞肖巖劉公遺稿》卷八，〈題為海賊內犯查參失事官員事〉，明刊本，第71頁。
123　瞿九思，《萬曆武功錄》卷三，〈廣東‧林道乾、諸良寶、林鳳列傳〉，第53頁。
124　劉良弼，《刻中丞肖巖劉公遺稿》卷八，〈題為海賊內犯查參失事官員事〉，第78頁。
125　曹學佺，《曹能始先生石倉全集》，《湘西紀行》卷下，〈倭患始末〉，第43頁。
126　徐中行，《天目先生集》卷十一，〈送梁大夫參議貴州序〉，第12頁。

時「劇盜林道乾、郭東山等勾引倭夷，猖獗甚」。[127]同治年間的《淡水廳志》回顧：「澎湖亦為林道乾、曾一本、林鳳之巢穴。」[128]不過林道乾在澎湖的時間不長，所以，有些史料敘及萬曆初年占據澎湖的海寇，有時會漏掉林道乾，而以林鳳為主。「彭湖在漳……嘉靖以來，曾一本、林鳳□往嘯聚，其間數為邊患。」[129]不過，林鳳羽毛豐滿後，很快與林道乾鬧翻。雙方火併，林道乾大敗。[130]這一事件可能發生於澎湖，也有可能發生於東番。一個歐洲人記載林鳳：「在他殺人越貨之時，遇到了一個和他一樣的海寇，此人名叫林道乾，中國人。他的所有船隻均停泊於一個港口。由於他放鬆了警惕，林鳳趁機利用自己的士兵士氣正旺之時，向林發動進攻。儘管林道乾有六十艘大小利艦，精兵強將，還是抵擋不過。最終被林鳳打敗，五十五艘船隻被劫。不得已，他帶著剩下的五艘船大敗而逃。林鳳此時有九十五艘利艦和很多膽大妄為之徒。」[131]

以林道乾與林鳳的衝突為前提，我們再來看《明史》記載林道乾在東番的情況：「道乾懼為倭所併，又懼官軍追擊，揚帆直抵浡泥（大泥），攘其邊地以居，號道乾港」。[132]《明史》認為以上史實發生於嘉靖四十二年，其實不太可能。若將其事移植萬曆元年，前後史實便十分清晰了。這股讓林道乾害怕的「倭寇」，應當是萬曆元年與林道乾先後逃往臺灣海峽的林鳳！林鳳與林道乾原來是同夥，旁人還以為林鳳是林道乾的部下，實際上，兩人各自心懷鬼胎。最終林鳳突然襲擊林道乾的隊伍，林道乾出其不意被打敗，只剩下五艘船還在身邊。陰曆八九月間，臺灣海峽的風向開始轉變，林道乾失敗後，應是率領剩下的五隻船遠航柬埔寨，這是萬曆元年下半年的事。[133]其時林鳳部下有不少倭寇，因而《明史》才會說林道乾因畏懼倭寇而逃向東南亞。

127 胡應麟，《少室山房集》卷九十三，〈明奉政大夫雲南布政司參議東陽王公洎封宜人徐氏墓誌銘〉，第 7 頁。

128 陳培桂，同治《淡水廳志》卷十六，〈志餘 · 紀地〉，同治刊本，第 7 頁。

129 袁業泗修、劉庭蕙纂，《漳州府志》卷三二，〈兵亂〉，第 1028 頁。

130 張增信，〈明季東南海寇巢外的風氣 1567—1644〉，臺北，中研院，張炎憲主編，《中國海洋發展史論文集》第 3 輯，第 327 頁。

131 〔西班牙〕胡安 · 岡薩雷斯 · 德 · 門多薩（J. G. de Mendoza），《中華大帝國史》，孫家堃譯，北京，中華書局 2009 年，第 114 頁。

132 張廷玉等，《明史》卷三二三，〈雞籠傳〉，第 8377 頁。

133 瞿九思，《萬曆武功錄》卷三，〈廣東 · 林道乾、諸良寶、林鳳列傳〉，第 43—44 頁。

　　林道乾和林鳳叛入海上之後，開始招誘倭寇。通常史學家認為，自戚繼光平倭之後，來自日本的倭寇就少了。實際上，倭寇的海上襲擊一直未停過。萬曆初年，浙江水師多次與犯境倭船作戰。萬曆二年的鹿頭外洋之捷，擊沉倭船二隻；萬曆二年四月，南麂東洛外洋之捷，擊沉三隻；同年，浪岡陳錢海洋之捷，擊沉二隻；萬曆三年，漁山海洋之捷，沉一隻。應當說，被擊沉的倭船隻是少數，此外會有不少倭船穿過臺灣海峽到南海一帶搶劫。在廣東做官的郭應聘曾寫信給福建巡撫劉堯誨等人：「頃聞島夷果為廣酋所誘，復寇海上。粵中已屢告警，閩南數郡，恐不能不厪門下之憂。」[134]後來福建巡撫劉堯誨得到情報：「又報稱倭中逃回人口供稱，各倭為林老所招，明年有倭船三五百號來會，合林老打劫等情。」[135]於是，有不少日本船隻出沒臺灣海峽，其中有一些倭寇。萬曆二年十二月十二日，「據福建布政司分守福建寧道左參政宋豫卿呈：據南日水寨把總方策報稱：本月初六日，有倭船一十五隻自東駕泊外洋葫蘆嶼，即督發哨官丁子和等各兵船出追。於初七日直遁極東外洋去訖。又據塘報，李捨等報稱：倭船十隻於本月初七日為風漂泊至海壇山外，登山放火，因虜獲漁人，報說大兵將到，隨即開洋向西南入廣東去訖」。[136]這事說明，萬曆初年，日本尚有不少浪人航行海上，試圖加入廣東的某位大佬手下，為其當雇傭兵。當年十二月，廣東方面報告：有倭寇船隻二十餘艘，載倭寇一千餘人屯住邊海，進犯廣東的雙魚所。[137]後被廣東水師張元勳擊敗。剩下的一些殘倭，是有可能加入林鳳隊伍的。有關劉堯誨的傳記也說，劉堯誨的部下曾經俘虜「倭朵麻哩諸眾」。[138]

　　就廣東的史料而言，潮州邊海有南澳島，一直到萬曆三年，都有來自日本的船隻出沒。林國顯與倭寇保持關係，應能從南澳等地招募倭寇。林鳳繼承林國顯的事業，他的部下自然會有倭寇。如中村孝志所說：「尤其是林鳳一夥當中，據傳有由部將（Sioco）所率領的六百名日本人。」[139]林

134　郭應聘，《郭襄靖公遺集》卷二六，〈東劉凝齋中丞、萬合溪方伯〉，萬曆郭良翰刻本，第 1 頁。
135　劉堯誨，《督撫疏議》卷二，〈林賊遁番疏〉，第 31—32 頁。
136　劉堯誨，《督撫疏議》卷二，〈林賊遁番疏〉，第 32 頁。
137　瞿九思，《萬曆武功錄》卷三，〈惠潮廣丹俄諸倭列傳〉，第 101 頁。
138　張聲遠纂修，康熙《臨武縣志》卷十一，〈劉堯誨傳〉，康熙二十七年刻本，第 14 頁。
139　中村孝志，《圍繞臺灣的日蘭關係》，許賢瑤譯，《荷蘭時代臺灣史論文集》，第

鳳得到倭寇的加強，戰力提升，所以能擊敗林道乾，相繼奪取澎湖群島和林道乾的東番地盤。張增信據外文資料，推測林道乾團夥與林鳳在澎湖一帶大戰，林鳳取勝之後，隊伍發展到 95 艘海船。[140] 林道乾無法在東番站住腳，只好逃往東南亞的柬埔寨。

以上史料說明，林鳳、林道乾於萬曆元年先後來到澎湖和東番，但因雙方發生火拼，林道乾失敗只好離開東番，駛向柬埔寨。

林鳳擊敗林道乾之後，成為臺灣海峽最大股的海寇。福建官府曾想招降林鳳，但是，秋冬之際，林鳳還是返回了廣東，住進林道乾的老巢：潮陽縣河渡門。

小結

嶺南海寇的產生與倭寇主力南下有關。倭寇在江浙、福建失敗後，在戚家軍的打擊下不斷南逃，其中有一部分較早進入嶺南的潮州境內，從而引發了潮州一帶的海寇活動。嘉靖末年，浙江、福建境內的倭寇大都被消滅，倭寇活動的重點轉移到廣東潮州境內。其時，閩粵交界處的南澳島是海寇與倭寇的活動中心，常年有來自日本的船隻在南澳登陸活動，因而有一部分倭寇來到南澳，加入廣東的海寇隊伍。因此說，從嘉靖末年到隆慶年間，再到萬曆初年，前後十餘年間，倭寇的主要活動是在廣東潮州。不過，這時期的廣東倭寇也和閩浙時期一樣，多數是閩粵各地的海盜，真正的倭寇只占少數。後來，倭寇的直系隊伍都被消滅，民間自起的海上武裝取而代之，發展為強大的嶺南海寇。海寇與倭寇不同的作戰方式在於：倭寇的主要活動在陸地，他們乘船到某個地方，都會破釜沉舟，以陸地搶劫為主。而嶺南海寇的活動則是以島嶼和海洋為主，經常在海上大規模機動。海盜們春夏間乘南風北上福建、浙江，冬季乘北風南下，相次搶劫福建與廣東。於是，南澳、臺灣和澎湖群島相繼成為他們的巢穴。嶺南著名巨寇有吳平、曾一本、林道乾、林鳳等人，他們都擁有一支巨大的船隊，並且與閩粵內地的山寇相呼應，對閩粵二省的安全形成巨大的威脅。

---

206 頁。

140　張增信，〈明季東南海寇巢外的風氣 1567—1644〉，臺北，中研院，張炎憲主編，《中國海洋發展史論文集》第 3 輯，第 332 頁。

　　自嘉靖末年嚴嵩死亡之後，明朝的內閣經歷了徐階、高拱、張居正等名臣。他們精幹的作風，加強了閩粵官軍的實力。這一時期的明朝水師，不僅裝備了從葡萄牙引入的佛郎機炮和鳥嘴銃，還發展了傳統武器：火箭蜂窠、飛天噴筒，火飛抓、火磚，火罐、火藥桶等等，不一而足。因此，隆慶及萬曆前期的閩粵水師力量強大。儘管此時海寇的活動越來越猖獗，曾一本的海寇隊伍竟然打到廣州城下，但廣東與福建的水師獲得越來越多的勝利，迫使嶺南海寇向更遠的海洋深處逃跑。於是，臺灣海峽的澎湖群島和臺灣島，以及南海都成了嶺南海寇探索的地方。其中較為著名的是林道乾在馬來半島的大泥（北大年）扎根，林鳳襲擊呂宋的西班牙人據點。林道乾在大泥和林鳳襲擊呂宋兩件事情在南洋鬧得沸沸揚揚，因而給歷史留下深刻的印記。實際上，除了襲擊南洋之外，他們還都在臺灣海峽探索，對澎湖群島和臺灣島發生興趣。傳統史籍也將他們當作開拓臺灣的重要力量。由於他們的活動對閩粵邊海安全形成威脅，閩粵水師也跟蹤海寇來到澎湖和臺灣，後來他們發現，如果不能控制澎湖與臺灣，閩粵海面很難安寧。因此，不論福建還是浙江、廣東，都出現了加強對澎湖臺灣的管理的呼聲。這就促成了福建官府在澎湖及臺灣的行動。可見，就臺灣開發史而言，要弄清楚晚明閩粵海寇為什麼登陸臺灣島和澎湖群島，都要對晚明閩粵海寇活動有一個瞭解，這是我寫本章嶺南海寇史的原因。

第六章 福建官軍與海寇林道乾、林鳳的末路

　　萬曆初年的海寇大都以臺灣為巢穴，他們在臺灣的所做所為，極大傷害了臺灣少數民族。不過，在閩粵水師的圍剿下，林鳳最終失敗，而林道乾雖然重返臺灣，也未能在臺灣站住腳。

第一節　萬曆二年深入臺灣新港的福建官軍

　　萬曆二年，由於嶺南海寇林鳳再次進入臺灣的港口，福建水師追蹤而來，深入臺南的新港，與當地西拉雅人合作，進行了一次具有深刻意義的作戰。

一、萬曆二年海寇林鳳的活動

　　萬曆二年，在廣東福建沿海活動的海寇林鳳，再次進入臺灣海峽。先是，萬曆元年曾經進入臺灣南部的海寇林鳳於當年秋冬之時回航廣東潮州海面，以接受招安的名義在潮州河渡門過冬。廣東官軍因要對付困守南洋寨的海寇諸良寶，放鬆了對林鳳的打擊。萬曆二年三月，廣東官軍終於消滅了頑抗到底的諸良寶，這才有可能轉身對付林鳳。林鳳查覺情況不妙，便率眾離開潮州河渡門巢穴。其時主持兵部的是名將譚綸，在譚綸的協調下，兩廣都督殷正茂和福建巡撫劉堯誨調集閩粵水師圍剿林鳳。「是時大將軍張元勳監軍副使陳烈，堅壁備潮州。潮州，閩門戶也。而閩亦以大將

軍胡守仁提兵一萬人，乘福艙等舩一百五十艘，行詣潮。於南澳、柘林、玄鍾間問鳳乎？鳳迺遠逸至香山。」[1] 廣東水師追來後，林鳳與其部下南下海南島。海南《瓊州府志》記載：

> （萬曆）二年四月，指揮牛啟督修白沙兵船。適參將白某追賊林鳳西下，調海南北寨兵夾擊，賊遂乘虛突入白沙，牛啟被掠。五月，林鳳駕巨艦一百二十只泊清瀾港，以名刺投縣云：欲來市買瓜菜，千戶丁其運忿怒攻之，會大雨，堞壞，賊遂登城，殺百戶蔚章，裂其屍。軍民鹽蛋被殺掠者二千二百人。越三日，援兵至，始遁去。[2]

其後，林鳳圍繞著海南島與廣東水師打游擊仗。他專門在淺海行走，使官軍無法跟蹤。「及其散也，乃以斷檣殘櫓及所虜老稚遺數船以償追者，苟有以藉手矣。即攘旅而遯。是以常年奏捷而常年報警，兩省兵端終無可戢也。」[3] 林鳳行蹤不定，極其狡猾，大致上繞海南島一圈，又將廣東官軍帶到海南島的東北部，此地離臺灣海峽不遠了。

萬曆二年夏天，海上風向轉為南風，人們估計林鳳可能會趁南風北上。「時副使金渝聞諸往來者，言曰：風（鳳）且欲東走海，出彭湖」。「我橫海將軍（廣東水師將領張元勳）度鳳勢不東走彭湖魍港，或走浙海耳。居無何，鳳果涉閩海，至彭湖。張元勳追至金門所而還。時六月十九矣。」[4] 按，金門所已經是福建水師的地盤，所以，廣東水師到這裡就不再前進了，而後，福建水師接力追蹤林鳳。「逋賊林鳳鳴擁其黨萬人東走福建，總兵胡守仁追逐之。」[5] 謝杰評論：「守仁曾出戚總兵繼光麾下，其用兵多得戚氏家法，號稱一時名將。」[6]

萬曆二年林鳳的船隊先到了澎湖。「隨據澳民戴宗興等稟稱：五月三十日午，時有賊船大小百餘隻，突到彭湖地方，宗興等在彼捕魚，被趕

1　瞿九思，《萬曆武功錄》卷三，〈廣東‧林道乾、諸良寶、林鳳列傳〉，第53—55頁。

2　明宜修、張岳崧纂，道光《瓊州府志》卷十九，〈海黎志‧海寇〉，民國十二年鉛印本，第6頁。

3　劉堯誨，〈謹陳善之後之策以戢兵端疏〉，《劉堯誨先生全集》卷二，〈撫閩疏〉，四庫全書存目叢書，第128冊，第393頁。

4　瞿九思，《萬曆武功錄》卷三，〈廣東‧林道乾、諸良寶、林鳳列傳〉，第53—55頁。

5　張惟賢等修，《明神宗實錄》卷二六，萬曆二年六月戊申。

6　謝杰，《虔臺倭纂》卷下，〈倭績二〉，第42頁。

走回等情。本月初九日，又據該參報稱，五月二十八日有賊哨二船乘夜潛泊內澳，被把總沈秉信伏路鄉兵追捕，當獲賊人二名，供係泉州府人，向在廣東，被林鳳虜去。今給標令上岸買米，運至彭湖，數日即欲魍港夷域去等因。」[7]福建巡撫得到的情報是：「海賊林鳳等於六月初八日自彭湖逃往東番魍港」。[8]應當說，是福建水師的壓力使其無法在福建沿海站住腳跟。「海賊林鳳等三四千人自廣海遁入彭湖，謀為久住之計，乃不數日而逃之東夷者，以絕其接濟，及賊中奸細悉為我兵所得，故不能久也。及審據被擄生員楊應元等供稱：各賊商說，此時暫往小東魍港避兵，劫取米糧，伺七八月北風一動，便復歸廣東原巢等語。」[9]六月二十二日，有「向在東番捕魚貿易」的烏嶼漁民劉以道逃離臺灣，官府從他們提供的情報中知道：「六月初十日，有廣東賊船六七十號到魍港地方內，將賊船十餘隻哨守港門，其餘俱駕入四十里地名新港，劫取米糧。連與番人格鬥三日，彼此殺傷多數。番人因無鳥銃火器，不能勝賊。」[10]這段文字使我們知道，當時臺南的「番眾」並非完全以獵鹿為生，他們也生產糧食，所以林鳳會到此地搶糧。因海寇的入侵，東番的番眾受到很大的打擊，事實上，他們已經無法獨善其身了。

二、福建水師進入臺灣新港的戰鬥

福建巡撫劉堯誨得知林鳳與東番的番眾發生衝突，決定聯合番眾，共同對付林鳳。「密行興泉道即謀諸劉以道等往諭番人，謀為內應。該道遵行。間因招到漁民劉以道等六人，各給與安家銀三兩，另收買布貨，附劉以道運去彼中，給賞番人。告以我兵即日前來剿賊，要得汝等為內應。又令哨官蔡復春選領精悍水兵一百五十名，駕民船五隻與俱去。至七月初十日密到新港登岸，投見番人，一一諭知。各番無不喜。雖堅不欲受布貨，期在共滅此賊。因與之約師期，既定矣。」[11]福建官軍與新港番眾的聯合，很快見效。

7　劉堯誨，《督撫疏議》卷一，〈飛報海洋賊船疏〉，第 43 頁。
8　劉堯誨，《督撫疏議》卷二，〈報剿海賊林鳳疏〉，第 1 頁。
9　劉堯誨，《督撫疏議》卷一，〈報海賊逃遁疏〉，第 46 頁。
10　劉堯誨，《督撫疏議》卷二，〈報剿海賊林鳳疏〉，第 1 頁。
11　劉堯誨，《督撫疏議》卷二，〈報剿海賊林鳳疏〉，第 1—2 頁。

十四日乃從新港出海回報，間遇有賊哨三船，追入港內，初不知為兵也，乃揚帆前進，迫近我船。蔡復春等船兵一時火器齊發，賊哨人船同時俱燼。當有逃水賊人陳五、楊阿太、洪進等悉為我兵擒獲。

林鳳等賊業已登岸，柵營而處矣。忽聞港內銃炮聲，驚駭，即發十船入港探望，因見劉以道等兵船在彼，乃四百圍擊之。以道等密遣登岸當領番兵三百餘人，鼓噪前來。賊人遂解圍去報知林鳳。以番人與我兵既合，各賊隨即開駕出彭湖，所劫米糧固不暇收載矣。劉以道等將所獲賊人陳五等四名從間道載回，報知興泉道，連人解送到臣。又先該臣差千戶馬雲鵬齎捧旗牌，與同總兵官胡守仁督領參將呼良朋、把總李佐、陳孔成、張宣、金文秀、翁思誨、塗禮、葉國良等，並廣東都司金丹等兵船一百餘號於七月二十一日，自泉州中左所井尾外洋開往彭湖，徑入新港夷地，乃賊人已遁去十日。賊過彭湖，又獲遇銅山哨船，探知參總呼良朋等發兵的日，度其所獲米糧不足以供賊眾，隨將被擄男婦逐登岸，乃以輕舟四五十號直走西洋呂宋等國。[12]

　　以上記載表明：萬曆二年夏天明軍的前鋒深入東番的新港，在這裡與林鳳海盜大戰。明軍前鋒首先以突襲的方式燒毀林鳳三艘海盜船，而後與林鳳部海寇大戰，因得到當地番眾的支持，得以擊敗林鳳。林鳳得知明軍大部隊即使來到，便率領部下遠航集中於澎湖島，而後南下，襲擊菲律賓的馬尼拉。明軍前鋒作戰勝利後，閩粵軍隊的主力都到了新港，駐停一段時間後又返回福建，完成了剿滅新港海寇的戰鬥。

　　明軍使用火攻的戰術，與明軍的新發明有關。葉向高寫的秦經國將軍傳說：「今上（指萬曆皇帝登基之初）初年，巨寇林鳳復騷閩廣，公以偏師督五寨。賊諜知將軍將，遂宵遁。將軍追及之，下令所部寧死戰，毋死法。有退縮者，將軍手劍斬之。眾殊死鬥，以所創火罌擲賊舟，賊披靡斬首百餘級，論功授銅山寨把總。」[13] 從以上劉堯誨所載入臺的幾個把總的名字來看，其中沒有秦經國，這說明秦經國立功提升把總之戰，應是發生在入臺戰役中，或是其後。他有可能是明軍前鋒船的基層領導之一。秦經國是福

12　劉堯誨，《督撫疏議》卷二，〈報剿海賊林鳳疏〉，第 3 頁。
13　葉向高，《蒼霞續草》卷十五，〈秦（經國）將軍傳〉，第 30—31 頁。

清鎮東衛人。

　　萬曆二年在東番追擊海寇的福建官軍。福建水師進入東番之戰，是由福建巡撫劉堯誨指揮的。劉堯誨說：「萬曆二年正月內臣移鎮漳州府，料理銅山一帶海上兵事，因調到水陸土客官兵一十二營。」[14] 其時，在福建作戰的客兵主要是戚繼光原來的部下，而水師來自福建省各地，應以漳州水師為主。在進入臺灣新港的福建官軍中，戚繼光的部下以福建總兵胡守仁為首，他的名字有時被寫成胡宗仁。而其閩籍副帥是福清籍戰將呼良朋。《明神宗實錄》記載：「福建海賊林鳳自彭湖逃往東番魍港，總兵胡宗仁、參將呼良朋追擊之。」[15]

　　萬曆初年福建總兵官為胡守仁。胡守仁，字子安，浙江觀海衛人，嘉靖四十二年以把總身分隨戚繼光入閩[16]，在平定倭寇的戰鬥中立下戰功。他是戚繼光部下不可多得的文武雙全的軍官。戚繼光所著《紀效新書》、《練兵實錄》二書，最早都是由胡守仁記錄的。[17] 戚繼光奉命北調後，胡守仁留在福建，先後擔任副總兵官、總兵。胡守仁的任職，表明當時戚家軍還是福建官軍的主力，這支有抗倭傳統的軍隊，具有強大的戰力。《浙江通志》記載胡守仁的戰功：「海寇林鳳糾黨剽掠，巢澎湖島，守仁率把總王漢等剪除之。」[18] 這是萬曆元年的事。萬曆二年，福建官軍深入臺灣新港，胡守仁是最高指揮；在福建做官的汪道昆有一番話：「新港之師，吾黨莫不多將軍能任事矣。」[19]

　　據福建巡撫劉堯誨的記載，萬曆二年進入臺灣魍港的福建官軍十二營中，還有來自廣東的把總金丹所部。按，據浙江方面的史料，「金丹，《萬曆秀水縣志》嘉善人，居秀水。少為諸生，喜談淮陰、睢陽事，龍韜虎鈐，無所不窺，尤精著數。會倭寇內犯，制府檄為間諜，嘗從戚繼光行間，多

14　劉堯誨，〈謹陳善之後之策以戢兵端疏〉，《劉堯誨先生全集》卷二，〈撫閩疏〉，四庫全書存目叢書第 128 冊，第 392 頁。

15　張惟賢等修，《明神宗實錄》卷三十，萬曆二年十月辛酉。

16　郝玉麟等，雍正《福建通志》卷六十五，〈雜紀‧祥異〉，文淵閣四庫全書本，第 12 頁。

17　李衛等，雍正《浙江通志》卷一七二，〈胡守仁傳〉，第 33 頁。

18　李衛等，雍正《浙江通志》卷一七二，〈胡守仁傳〉，第 33 頁。

19　汪道昆，《太函集》卷九八，〈胡總戎〉，萬曆刻本，第 19 頁。

所俘獲，累功官至參將。已而家居，人不知其為故帥云」。[20] 可見，金丹原來是跟隨戚繼光抗倭軍官。嘉靖末年，戚繼光先任福建總兵，後調任廣東總兵，金丹應是跟隨戚繼光來到廣東。萬曆二年，廣東官軍圍攻南洋寨的諸良寶被擊敗，官府只好另派廣東總兵張元勳前去統率官軍。張元勳為了打敗垂死掙扎的諸良寶「請益浙兵」，其中浙兵，看來就是戚繼光的部下。浙兵的戰力果然非凡，於三月分全殲諸良寶所部。該仗勝利後，廣東的浙兵空閒出來。閩粵官軍進入臺灣新港一仗，金丹也是參加者。他的行動表明廣東戚繼光的老部下也參加了進入臺灣新港的戰鬥。

　　福建水師將領呼良朋。萬曆初年的戚家軍以陸軍為主，但這一時期的福建水師多為福建當地人。作為胡守仁的主要助手的是率領福建水師的福建南路參將呼良朋。莊廷鑨的《明史鈔略》載有呼良朋傳：「巨寇林鳳據彭湖，出沒濱海，患苦諸郡邑無已時。奉命會剿，良朋先登深入，以功賜白金文綺，頃之，進副總粵東兵。」[21] 可見，這場戰鬥中呼良朋的作用不小。又如郭正域為呼良朋寫的墓誌銘：「巨寇林鳳據彭湖，出沒海濱驛騷，諸郡邑奉命會勦，公先登，深入有功。」[22] 以上兩篇文字一說呼良朋「先登」，又一說呼良朋「深入有功」，這說明與林鳳交戰的前鋒五船，實際上是呼良朋的部下，而且呼良朋還深入臺南的新港一帶。

　　呼良朋為福建福清鎮東衛人，「歷任福建守備，遊擊、參將等官」。[23] 隆慶六年，呼良朋調任漳州鎮海衛主官——南路參將。[24] 關於南路參將，萬曆《漳州府志》記載：「漳初未有大帥建牙者，嘉靖二十八年，以軍興設參將一人，三十五年益以水陸參將二人，三十八年請分福建為三路，三將軍主之。其駐漳者為南路，所轄自詔安廣東界，北達祥芝，蓋鎮漳而兼控泉矣。」[25] 由此可知，晚明福建官軍的南路參將雖然駐在漳州府城，但其管轄範圍從福建廣東交界處一直延伸到晉江半島的祥芝港。可見，漳州府及泉州府的主要水師都由南路參將管理。這樣看來，由呼良朋率領的福建水

20　李衛等，雍正《浙江通志》卷一七一，第 32—33 頁。
21　莊廷鑨，《明史鈔略》，〈思皇帝下・呼良朋傳〉。
22　郭正域，《合併黃離草》卷二四，〈都督僉事益齋呼公墓誌銘〉，第 88 頁。
23　項篤壽，《小司馬奏草》卷五，明刻本，第 9 頁。
24　袁業泗修、劉庭蕙纂，萬曆《漳州府志》卷十五，〈兵防志〉，第 14 頁下。
25　袁業泗修、劉庭蕙纂，萬曆《漳州府志》卷十五，〈兵防志〉，第 5 頁上。

師主力中，也包括漳州及泉州衛所的軍人。例如漳州銅山所千戶陳震，「會剿海寇林鳳，有功，擢閩撫中軍」。[26] 又如把總李佐：「李佐，龍溪人。隆慶間以武舉會試中式。」[27] 李佐最後官至延平衛指揮使司指揮使，在《福建通志》中留下名字。這些史料證明，萬曆二年進入臺灣南部新港作戰的明軍有不少漳州人。

泉州兵也在這次戰鬥中出了力。萬曆初陸子韶任泉州同知後，「至即勾校戎籍，汰其罷弱千餘人。既按視海上，謂料羅澳當泉上游，為立水寨，選勁卒戍之，諸島嶼悉列巨艦為衛，倭嘗一入，先生率舟師趨赴，賊竟宵遁。已而颶風暴作，他郡舟漂沒，而泉舟獨以堅完得不敗。頃之，閩廣大帥檄先生會討林鳳。鳳故劇寇，憑惠潮山洞為孽。先生從諸將後邀之，殲其眾幾盡。鳳僅以五舟颺去」。[28] 如其所記，當時的泉州兵經歷一番整頓，士卒精幹，船舶堅固，是一支可靠的力量。泉州兵參加了閩軍與林鳳的多次作戰。

由於呼良朋原為福清鎮東衛人，所以，他的部下也有一些來自福清的人。例如，福清人林芳聲曾為呼良朋的部下，林章說：「臣族林芳聲嘗追巨寇林鳳於東藩。」[29] 這可證明福清人林芳聲等也有參加這次戰鬥。

總之，上述材料已經證明福州府、泉州府和漳州府的衛所軍人都參加了這次進入臺灣新港的遠征。加上興化府烏嶼的漁民劉以道，沿海四個府的衛所都有人參加進入臺灣新港的軍事行動。

福建的文官也為迎戰林鳳海寇而出力。其時，陸相儒為福建海道副使，後死於任上。徐中行為其寫的傳記云：「時閩海未弭，公督飭簡戎，擇將領，飭邊防，而粵盜林鳳不敢窺。乙亥（萬曆三年）夏，島夷將入犯，公遣材官逆于海，有斬獲功。」[30] 可見，在驅逐海寇林鳳這一點上，陸相儒是福建巡撫劉堯誨很好的助手。

26　袁業泗修、劉庭蕙纂，萬曆《漳州府志》卷十五，〈兵防志〉，第 45 頁上。
27　郝玉麟等，雍正《福建通志》卷二十四，第 93 頁。
28　趙用賢，《松石齋集》卷一四，明刊本，第 12 頁。
29　林章，《林初文詩文全集》奏疏，〈破倭前疏〉，天啟四年刻本，第 5 頁。
30　徐中行，《天目先生集》卷十六，〈明故中憲大夫福建按察司副使雨樓陸公墓志銘〉，第 7 頁。

三、萬曆二年福建水師進入臺灣新港的歷史意義

萬曆二年夏秋之際，福建巡撫劉堯誨親赴漳州，指揮福建水師圍剿海寇林鳳的戰役。七月初十，水師前鋒進入臺灣新港，而後主力陸續來到，並於八月初九日退出臺灣新港，返回廈門港。這是一次文獻未嘗詳細記載的重要軍事行動。

第一，福建水師深入臺灣新港剿寇，宣示了中國對臺灣的主權。福建巡撫劉堯誨評論福建官軍的行動：

> 今總兵官胡守仁率領參總等人員於八月初九日自新港復回中左所，所領兵船百十俱收泊無恙。因得面諭諸番：以後賊人復來，即彼此並力攻剿，而番人無不聽命服役者。竊計閩海遠近無容賊之所也。為照東番魍港即古之噠哩嘛國，去彭湖千餘里。而彭湖去漳泉幾二千里。從來中國之兵不能至。今總兵官胡守仁以水兵三千人渡海而北，直抵窮番，雖不及與賊人遇，而其志亦壯矣。哨官蔡復春等提孤兵深入賊壘，又有所擒獲，此其功尤奇也。[31]

按，求諸歷史，三國時期東吳將軍諸葛直等人率兵抵達夷洲，隋代陳稜的大軍進入流求，這都被當作大陸軍隊進入臺灣的例子。不過，即使從隋代算起，到福建總兵官胡守仁再次進入臺灣，其間已經相隔九百多年了。因此說，雖說劉堯誨「從來中國之兵不能至」這句話不能成立，但唐宋元以來九百年間，確實沒有一支來自大陸的軍隊深入臺灣腹地四十多里。因此，萬曆二年，胡守仁、呼良朋率軍110艘艦船組成的水師進入臺灣新港，並在新港前後駐紮一個月左右，達成清剿海寇的任務之後返回中左所（即廈門港），證實了臺灣是中國的領土。

按，清代修成的臺灣方志未曾記載明萬曆二年明軍的這次行動。明代國史的記載也十分簡陋。例如談遷的《國榷》云：萬曆二年十月「辛酉，福建海寇林鳳自彭湖走魍港，總兵胡守仁追擊之，傳諭番人夾攻，鳳遁」。[32]又如《明神宗實錄》記載：「福建海賊林鳳自彭湖逃往東番魍港，總兵胡宗仁、參將呼良朋追擊之。傳諭番人夾攻，賊船煨燼，鳳等逃散。巡撫劉

31　劉堯誨，《督撫疏議》卷二，〈報剿海賊林鳳疏〉，第3—4頁。

32　談遷，《國榷》卷五三，萬曆二年十月辛酉，浙江古籍社2012年，第10292頁。

第六章　福建官軍與海寇林道乾、林鳳的末路　265

堯誨請賞賚有差。部覆從之。」[33] 這些文字對福建官軍進入東番魍港未有深刻的認識。乃至許多清代臺灣方志對於明代臺灣的從屬不是很清楚。甚至有些方志錯誤地認為此地原屬荷蘭，後被鄭成功奪取。實際上，早在萬曆年間，明朝的官軍便承擔起清剿臺灣海寇的任務，這是對國家義務的承擔。

　　萬曆二年福建官軍進入臺灣新港的作戰，其將領福建總兵胡守仁、南路參將呼良朋以及興化府烏嶼人劉以道等人建立了卓越的功勞。他們應是福建開發臺灣歷史上的重要人物，不可忽略，以後要加強研究。

　　第二，福建官府與臺灣番眾關係的正式建立。如第一節所述，明代福建民眾與臺灣的關係，萌發於明代中葉，嘉靖年間已經有一定的深度。因閩粵海寇襲擊臺灣的魍港及新港地區，福建官軍為追剿海寇進入東番，從而建立了雙方的合作關係，實際上產生了福建官府對番眾的管理權。《閩書》有劉堯誨的傳記：「寇林鳳劫掠濱海郡邑，堯誨設方略，合番漢兵攻之。遂有東番魍港、呂宋國玳瑁港二捷。」[34] 尤其值得注意的是：福建官府是以番眾保護者的身分與東番建立關係的，這與歐洲人殖民美洲的歷史進程完全不同。福建官軍出兵臺灣，不僅是為了保護福建沿海的安全，同時也是為了保護臺灣番眾的安全。其時進入東番的林道乾、林鳳等大股海寇，都是殺人不眨眼的海盜，他們不僅劫掠閩粵二省的百姓，在臺灣對番眾，同樣濫施暴力。因此，林道乾、林鳳等人進入臺灣，在臺灣活動的福建民眾紛紛逃回，而番眾也因海寇的襲擊遭受重要損失。福建官軍到東番剿除海寇，受到東番的歡迎。此後福建省與東番的關係長期延續下去：《東西洋考》論東番：「其地去漳最近，故倭每委涎，閩中偵探之使，亦歲一再往。」[35] 可見，當時派人到東番觀察情況，已經成為福建省的固定任務。萬曆三十年，沈有容率福建水師再次來到東番平定「倭寇」，「東番夷酋扶老攜幼，競以壺漿生鹿來犒王師，咸以手加額，德我軍之掃蕩安輯之也」。[36]「夷目大彌勒輩率數十人叩謁」。[37] 可見，當時福建官府與東番的關係是牢固的、

33　張惟賢等修，《明神宗實錄》卷三十，萬曆二年十月辛酉。
34　何喬遠，《閩書》卷四五，〈文蒞志‧劉堯誨傳〉，第 1127 頁。
35　張燮，《東西洋考》卷五，〈東番考〉，第 106 頁。
36　屠隆，〈平東番記〉，沈有容輯，《閩海贈言》卷二，錄自臺灣文獻史料叢刊第154 冊，第 22 頁。
37　陳第，〈東番記〉，沈有容，《閩海贈言》卷二，第 27 頁。

長久的。

　　第三，萬曆初年的事件也說明，臺灣是與大陸共命運的整體。來自閩粵之間的海寇頻頻襲擊臺灣沿海，說明臺灣已經不是世外桃源，當地番眾無力對抗「武裝到牙齒」的海寇，只有和福建官軍聯合，才能擊退海寇。事實上，福建官軍才是清除臺灣海峽海寇的主要力量，沒有福建水師，臺灣番眾是無法擊敗海盜的。由於這一原因，福建官府的管理權伸展到臺灣。不過，福建官軍與海寇的鬥爭並未結束。萬曆初年正是福建水師最強盛之時，因而能夠打敗林鳳這種擁有數千海盜的大股海寇。迄至明代末年，福建水師的力量下降，民間海上武裝的力量上升，臺灣便被鄭芝龍等海寇占領，又被荷蘭殖民者侵占。一直到鄭成功強大水師的出現，才擊敗荷蘭殖民者，收復臺灣。

第二節　林鳳襲擊菲律賓及其失敗

　　關於林鳳襲擊菲律賓馬尼拉的戰鬥，許多華僑史著作都有論述[38]，近年湯開建的論文對這一事件的分析也很詳細。[39] 可以說，以往的研究已經達到很高的水準，但也有一些小問題，或許沒有人注意到。

一、林鳳襲擊菲律賓的戰鬥

　　如前所記，萬曆二年夏福建水師前鋒進入臺灣新港是在七月初十，並於八月初九日退出新港，返回廈門港。返回途中，福建水師路過澎湖島，發現被海寇拋棄的被擄平民近千人，已經死亡。是不是此後林鳳便南下菲律賓呢？不是的。林鳳是擅長海上游擊戰的大海寇，他躲過福建水師的打擊之後，重新返回臺灣海面，與當地少數民族部落交戰。福建官府不斷獲得消息，有一條情報顯示：「海賊林鳳於十一月初二日自新港開去打劫麻荳番，被栖林等番夾攻，殺賊五百餘人。于初七日開遁，往南去迄。」[40] 按照西班牙人的記載，林鳳在臺灣外海捕獲一艘從馬尼拉做生意之後回國的

38　陳荊和，《十六世紀之菲律賓華僑》，香港：新亞研究所東南亞研究室，1963 年。

39　湯開建，〈明隆萬之際粵東巨盜林鳳事蹟詳考——以劉堯誨《督撫疏議》中林鳳史料為中心〉，《歷史研究》2012 年第 6 期。

40　劉堯誨，《督撫疏議》卷二，〈林賊遁番疏〉，第 31 頁。

商船，從被俘水手的口供中，林鳳知道了馬尼拉鎮的西班牙人僅 70 多人，其他人大都分散於別的島嶼。於是，林鳳決定襲擊馬尼拉。這時的林鳳還有 62 艘船隻，兩千餘名戰士和海員，另外攜帶 500 餘名婦女。[41]

西曆 1574 年 11 月 23 日，林鳳南下的部隊在呂宋海面與一艘西班牙人的船隻相遇。這艘船上的 25 名西班牙士兵被殲滅，但是，他們的行蹤也驚動了附近的西班牙人，他們糾合了 54 名戰士前往馬尼拉增援。11 月 30 日，林鳳的前鋒 400 人對馬尼拉鎮發動進攻，初戰獲勝，殺死守軍長官戈依蒂等人。但其餘西班牙士兵被驚醒，持槍作戰。林鳳的前鋒傷亡頗大，只好退出，回報林鳳。12 月 30 日，林鳳集中全力再次進攻馬尼拉，然而，此時返回馬尼拉的西班牙人大有增加，他們堅守堡壘，以槍射擊。林鳳的前鋒由日本刀手莊公等人擔任，他們衝進馬尼拉鎮的街道，遭西班牙槍手四面射擊，全部戰死。[42]

按，歐洲的 16 世紀類似中國的戰國時代，連綿不斷的戰爭使歐洲人的戰爭藝術有很大發展，尤其是堡壘的修築很有心得。通常由歐洲人修築的城堡，都有堅實的城牆和彎曲的過道，配上火炮和鳥銃，守軍雖然人數不多，但可抵禦外敵很久。例如，葡萄牙人修築的麻六甲城，曾遭荷蘭人圍攻一年多才被攻克。歐洲工程師可以計算出：攻克一座堅實的堡壘要多少人，多少時間，通常沒有幾個月，是打不下一座堡壘的。林鳳、莊公等人不知道歐洲人所建堡壘的秘密，折損於堅壘之下，實是不可避免的。

林鳳無法攻下馬尼拉，只好退到呂宋島北部的玳瑁港，在這裡築寨自守。明朝的史冊說林鳳自稱大王，有糾合土著再次內侵大陸之意。西班牙人見林鳳就在距馬尼拉僅 40 里格的地方占領一片土地，感到威脅很大。便於 1575 年（萬曆三年）3 月 23 日出兵討伐林鳳，計有西班牙士兵 250 人，番兵 2500 人。3 月 30 日，西班牙軍隊來到玳瑁港河口。他們分兵兩路，一路乘船沿河上溯，一路從陸路進攻。結果，林鳳的部下沒有防備，船隊盡被焚毀。好在多數人及時退入堡壘，施放火炮還擊，堵住了西班牙人的

41　李毓中編注，《臺灣與西班牙關係史料彙編 I》，陳柏蓉協譯，南投市，臺灣文獻館 2008 年，第 153—154 頁。

42　〔西班牙〕門多薩（J. G. de Mendoza），《中華大帝國史》，何高濟譯，北京，中華書局 1998 年，第 163—164 頁。

進攻勢頭。於是，西班牙人駐紮在林鳳寨的外圍，企圖將林鳳困死。正在這時，福建巡撫劉堯誨派出的浯嶼寨哨官王望高乘一艘戰船抵達了玳瑁港。

原來福建巡撫劉堯誨得知林鳳船隊向南進發的消息，便派出水師哨船打探消息。哨官王望高的戰船抵達呂宋島附近，得知林鳳被西班牙軍隊圍困於玳瑁港的消息之後，極為興奮，他與西班牙軍隊首領聯絡，要求他們俘虜林鳳後，一定要將林鳳交給福建省方面。而西班牙人也順勢提出和明朝建立外交的請求，雙方一拍即合。不過，因林鳳被困寨中，西班牙人發動多次進攻，卻無法攻克寨堡，一時拿林鳳無可奈何。王望高便帶著好消息及俘虜返回福建，向上司報告情況。

由於當時福建官府與西班牙人之間沒有其他的消息勾通管道，王望高虛構了一些情節。按照王望高的說法，他到玳瑁港之後，不僅和西班牙人發展關係，還鼓動當地的番兵和他一起攻擊林鳳的寨堡，俘獲不少林鳳的部下。曹學佺記載：「獲賊總黃德、許元二首級，奪回婦女三十八口，及鳳謀主林逢春回閩，呂宋國遣僧入貢方物，巡撫具題。」[43] 對王望高說出來的情節，福建劉堯誨是全部採納了，並向上報功。後來明朝廷評功，也將林鳳在呂宋的失敗，記功勞於福建方面。但就情理而言，王望高未必有鼓動數千士兵為其作戰的能耐，當時對林鳳作戰，顯然是西班牙人自行組織的。王望高應是將西班牙人攻擊林鳳的戰果記到自己的名下，不過，由於西班牙人送給他不少俘虜的林鳳部下，使其可以向官府展示俘獲的敵人，證明自己的功勞。西班牙人這樣做，是為了和福建官府搞好關係，以便打開與中國貿易的道路。其時，福建巡撫劉堯誨確實有向西班牙人開放通商的計畫。然而，出乎福建官府與西班牙人意料的是：過了一段時間，林鳳突出重圍！又返回閩粵海面！

二、林鳳在嶺南沿海的失敗

林鳳被圍於異國的山寨，幾乎相當於絕境。但是，林鳳和其部下並未氣餒。他們在被圍的幾個月內，伐木造船，重建一支船隊。「被擄許三供稱：林鳳在玳瑁港收整，止有大船一隻，約載六七百擔，餘者細小，僅容

---

43 曹學佺，《曹能始先生石倉全集》，《湘西紀行》卷下，〈倭患始末〉，第43—44頁。

一二百擔。」[44] 按，這個時代福建海洋上真正的大船多在三四千石以上，與其相比，林鳳的六七百擔的船隻是非常小的。而且林鳳的三十餘船「皆茅篷竹桅」，可見簡陋之甚。看來林鳳在玳瑁港被圍的背景下，只能因陋就簡，他們造出這類船隻已經不容易了。萬曆三年六月的一個風雨之夜，林鳳趁西班牙人警戒放鬆，率部順流而下，突出重圍。此時的林鳳海寇，多次大敗之後，所剩無幾，因此，他脫離玳瑁港之後，急需搶得一批真正可用的大船。於是，林鳳率其船隊北上。他在臺灣新港奪得多艘福建漁民的漁船，聲勢復振。劉堯誨說：

> 本年九月十九日據參將呼良朋及浯嶼寨把總李佐報稱：近有新港漁民黃仕忠等各報稱：不知是何賊人，三十餘船自南駕來，皆茅篷竹桅，潛伏草澳，一入港內，便搶擄漁船，仕忠等只得連夜逃歸等因。飛報前來隨該臣嚴行巡海。興泉兵備道即選差輕快哨船機勇把總前去哨探。間隨據把總陳孔成據稱：成等前去新港哨探，四望俱無船隻，因將所帶有綿布多送番人，方密引到賊人船澳。計賊船三十四隻，其桅篷等件悉皆改易。密探番人方說：知委是上年林鳳一夥舊賊，備報到臣。該臣看得：此賊必不能久於新港，亦欲速回潮廣，以乞招為名而緩我師耳。待其爪牙即成，將搏噬復逞。隨即會行總兵官胡守仁馳往泉州中左所，督行參將呼良朋，整搠銅山浯嶼二寨遊兵船決機進剿，以副旨。續據興泉巡海二道又報，探得前賊三十餘船，於九月二十四日自新港乘風由甘山外洋駕遁廣潮去訖。[45]

當林鳳去向不明時，福建巡撫劉堯誨曾想招撫林鳳，在福建做官的汪道昆曾對胡宗仁說：「兩廣軍門報至，謂林鳳已泊彭湖，而將軍軍浯嶼，招撫之計，劉開府必有成算。此將軍勳業之資也。」[46] 這是說，劉堯誨必定會籌措招撫林鳳的辦法。然而，這次林鳳等人並未在彭湖屯據很久，便向廣東逃竄。於是，劉堯誨讓福建水師深入廣東，追擊林鳳。《虔臺倭纂》說林鳳：「至是從大洋突入廣澳，（廣東）提督凌雲翼檄總兵張元勳、監軍副使趙可懷追剿之。劉巡撫亦令福建總兵胡守仁率兵與之合，追至碣石，

44　劉堯誨，《督撫疏議》卷三，〈飛報追剿海寇大捷疏〉，第5頁。

45　劉堯誨，《督撫疏議》卷三，〈飛報追剿海寇大捷疏〉，第6—7頁。

46　汪道昆，《太函集》卷九八，〈胡總戎〉，萬曆刻本，第19頁。

獲賊徒男婦八十餘人。復追至淡水洋，賊舡飄避，兵隨擊之，沉其艘二十餘隻。鳳走避外夷。」[47] 此處要注意的是：閩粵軍隊是在潮州碣石港附近的海面大敗林鳳船隊，而後福建水師追擊，在廣東的淡水洋再次擊敗林鳳。此處淡水洋屬於廣東潮州，應是在韓江出海口一帶。以往有些學者看到這條史料，以為胡宗仁是在臺灣淡水洋擊敗林鳳，那是對史料的誤讀。

潮州海域之戰，閩粵官軍大敗林鳳。這一仗雖是閩粵兩軍協同作戰，閩軍顯然出力更大。「本年十月二十一日，據福建南路參將呼良朋報稱：遵奉軍今聽總兵官胡守仁統督師於十月初三日由浯嶼水寨開洋追剿鳳賊。初七日追過廣東潮州海門所赤沙澳，與廣潮參將吳京領船合綜。初九日至碣石田尾澳，瞭見賊船大小四十餘隻，各船拼力追至淡水外洋，賊船四散飄遁，我兵船晝夜艙綜。至十二日共焚犁衝沉大小賊船二十餘隻，生擒賊徒斬獲賊級器械等項。」[48] 大勝之後，閩軍本想乘勝追擊，眼看林鳳就要滅亡了。但廣東方面卻在招安林鳳的部下，這是朝廷政策的一大轉彎，讓劉堯誨十分意外。據廣東方面的報告，萬曆三年十一月丙辰，「海寇林鳳劫柘林靖海碣石等處，廣東按臣馬應夢以聞」。[49] 其時在朝執政的張居正還是以圍剿為上策。萬曆三年十一月辛酉，「兵部議在廣猺獞之役所宜暫停，而併力于鳳。在閩亦宜搜剿窟宅，以絕禍本。議行閩廣督撫鎮巡等官嚴督所在水兵同心戮力，務使片帆不遺，方許收兵。無更言招撫以蹈覆轍。奉旨是」。[50]

由於閩粵水師已經建立了對林鳳所部的絕對優勢，劉堯誨等正想趁勢全面消滅林鳳海寇。恰在這時，廣東方面的官員金淛提出招安林鳳，並且很快得手，林鳳部下大都接受招安。按，林鳳於萬曆二年離開潮州時，隨其入海的海賊數量很多。官府材料稱：「其逋賊林鳳鳴擁其黨萬人」。[51] 但經過兩年的海上游擊戰，在其攻擊馬尼拉之前，只剩下兩千多人了。再後經歷玳瑁港之圍，最後能剩千餘人回到家鄉，已是很不容易。那些隨林鳳出海冒險的人眾，不但沒有發財，還遭受巨大的損失，眾人的悔恨可想而

47　謝杰，《虔臺倭纂》卷下，〈倭續二〉，第 42 頁。
48　劉堯誨，《督撫疏議》卷三，〈飛報追剿海寇大捷疏〉，第 4 頁。
49　張惟賢等修，《明神宗實錄》卷四四，萬曆三年十一月丙辰。
50　張惟賢等修，《明神宗實錄》卷四四，萬曆三年十一月辛酉。
51　張惟賢等修，《明神宗實錄》卷二六，萬曆二年六月戊申。

知。因此，當官府招安之令下來，林鳳餘眾大都潰散回家。《明史‧凌雲翼傳》記載：「參政金淛諭降其黨馬志善、李成等，鳳夜遁。」《金華獻徵略》云：「及其兵備惠潮，符檄遙傳，群盜望風披靡。投戈解甲，面縛軍門。俯首請降者，接踵而至，數日之間，餘黨解散，巢穴為空。」[52] 消息傳到頂層，張居正決定支持金淛的招安，當時林鳳生死未卜，張居正在給福建巡撫劉堯誨的信中解釋原因，並說：「近據閩廣所報，賊形皆潰亂棄竄之狀，鳳賊似不在其中，斃於呂宋之說，恐不虛也。果爾，皆閩人之功，若非遣諜行間，彼番人安肯殲之乎？」[53] 可見，在這批接受廣東官府招安的人群中，沒有林鳳，張居正懷疑林鳳已經在呂宋的戰鬥中被殺了。這可算作福建方面的功勞。實際上，林鳳罪大，不敢投降官府，他見部下散去，無法在閩粵沿海立足，再次謀劃下南洋。「鳳亦慨然曰：道乾吾師也。遂遠遁。」[54]《明神宗實錄》記載林鳳投降前後的事：「先是連寇林鳳率黨回潮，先犯潮州之海門港、踏頭埔，繼犯惠之碣石、東海滘。時閩帥胡守仁統師追剿，而廣兵之在海豐諸處者亦有擒捕。賊見兩省舟師盛集，潮州道金淛又推誠諭撫，遂分際散泊，束身待招。鳳知眾心已散，己罪不赦，掣舡夜遁。撫散過馬志善、李成等一千七百十二名。收回被虜男婦六百八十八名口，舡隻器械火藥稱是。」[55] 部下解體後，林鳳逃亡。「總督兩廣侍郎凌雲翼以廣賊林鳳棄眾投番」。[56] 可見，後來官府是知道林鳳逃往外地消息的。不過，朝廷為了安撫福建官兵，在一番討論後，福建水師的戰功得到廣東方面的承認。萬曆三年十二月己卯，「提督兩廣凌雲翼奏稱：海賊林鳳流突廣福，總兵胡守仁追至淡水洋，衝沉賊船二十餘隻」。[57] 這是將剿滅林鳳的首功讓給福建方面了。這其後林鳳海寇隊伍解體，林鳳率數船逃往西番。

　　林鳳此次逃亡，有沒有回到臺灣，不見記載。回溯萬曆三年林鳳率部進入臺灣之時，明朝官員說林鳳：「今以九月中來彭湖，復詣魍港也。」[58] 其後林鳳率部向西進入廣東，「海寇林鳳復犯閩不利，更入廣，而留船於

52　王崇炳，《金華獻徵略》卷九，〈金淛傳〉，第 15 頁。
53　張居正，《張太岳先生文集》卷二七，〈答閩撫劉凝齋〉，第 16 頁。
54　瞿九思，《萬曆武功錄》卷三，〈廣東‧林道乾、諸良寶、林鳳列傳〉，第 57 頁。
55　張惟賢等修，《明神宗實錄》卷五七，萬曆四年十二月乙亥。
56　張惟賢等修，《明神宗實錄》卷四八，萬曆四年三月癸丑。
57　張惟賢等修，《明神宗實錄》卷四五，萬曆三年十二月己卯。
58　瞿九思，《萬曆武功錄》卷三，〈廣東‧林道乾、諸良寶、林鳳列傳〉，第 57 頁。

魍港為窟宅」。[59] 可見，當時林鳳是將臺灣魍港當作自己巢穴的。史載此後的林鳳遠走西番，不知所蹤。應當說，萬曆四年以後，林鳳不再控制臺灣的魍港。

林鳳雖然遠赴海外，實際上，他與留在潮州的部下還時有聯繫。林鳳走後，他留在潮州的殘部曾經傳消息給朝廷，為林鳳乞免。「林鳳有死罪，顧年老污穢，不足以當斧鉞。今復走西番，願寬假須臾，毋死。實無他腸。」[60] 可見，林鳳最終老死海外，但具體地點不明。[61] 或以為萬曆十七年林鳳尚在海南島一帶活動，那是誤讀史料了。

以上有關林鳳的史料表明，林鳳經常活動於臺灣魍港，他選擇魍港的原因應是魍港水淺，明朝水師的大船不能深入，林鳳的船隻都是平底小船，可在淺水出沒，因此，明朝水師大軍對其人無可奈何。從萬曆元年到萬曆四年前後，林鳳在魍港至少活動了四年。萬曆年間魍港成為閩粵人在臺灣活動的一個中心，與林鳳是有關係的。

第三節　萬曆三年林道乾在臺灣的活動

從萬曆元年到萬曆三年，林鳳所部海寇多次進出臺灣沿海，而林道乾所部海寇被林鳳擊敗，遠遁南洋。然而，萬曆三年出現了一個轉折，在南洋得到恢復的林道乾再次北上，他應當是進入臺灣南部的新港一帶，在這裡生活了一段時間。

一、萬曆三年捲土重來的林道乾

萬曆元年，林道乾與林鳳各奔前程，各自際遇不同。林鳳擊敗林道乾之後得到閩粵官府的賞識，一時都想招降林鳳，爭相派出使者與林鳳聯絡。然而，林鳳更懷念家鄉，於萬曆元年九月返回廣東，襲占林道乾老巢河渡門。此時廣東官軍正在集中全力與占據南洋寨的諸良寶作戰，因而招撫林

59　張惟賢等修，《明神宗實錄》卷四四，萬曆二年十一月辛酉。
60　瞿九思，《萬曆武功錄》卷三，〈廣東·林道乾、諸良寶、林鳳列傳〉，第57頁。
61　按《明神宗實錄》言及萬曆十七年的海南島海寇時，曾提到林鳳。或謂林鳳在萬曆十七年之時尚在海南，但仔細分析相關史料，實際上這段文字只是回顧萬曆初年瓊州海寇與林鳳協同作戰之事。所以，不能證明萬曆十七年林鳳尚在海南。

鳳，林鳳在河渡門屯駐半年左右，竟沒有官軍前來圍剿。可是，到了萬曆二年三月，廣東的情況大變。諸良寶堅守大半年之後，他所盤踞的南洋寨終於被攻克，諸良寶全軍覆沒，廣東官軍終於可以騰出手來圍剿林鳳。林鳳見形勢不妙，率隊前往海南島，明軍追擊，緊咬不放。林鳳圍繞海南島轉了一圈，又向臺灣沿海逃去。萬曆二年夏天，林鳳進入臺灣的魍港一帶，在這裡被明軍擊敗。逃脫的林鳳又集全力駛向菲律賓，強襲馬尼拉，與西班牙人大戰一番後，轉移到玳瑁港，被西班牙軍隊堵在港內。萬曆三年春，林鳳率隊突破包圍北上臺灣，襲擊在臺灣捕魚的漁船。得手之後，林鳳又率部下遠航廣東近海。[62]福建巡撫劉堯誨派總兵胡守仁追擊，在廣東沿海的淡水洋大敗林鳳。其時，林鳳部轉戰臺灣海峽及南海，大部喪生，僅剩千餘人返回家鄉。這些人一旦踏上家鄉的土地，就不再願意跟隨林鳳流浪海上。在廣東官府的招安之下，林鳳部下大部解體，林鳳僅率少數人遠航不知名的「西番」，終老於海外。總之，在萬曆三年下半年，林鳳海寇覆沒於廣東潮州沿海。

　　逃往南洋的林道乾命運不同。萬曆元年九月前後，林道乾只帶了少數人船前往柬埔寨。他們剛到柬埔寨之時，情況較為狼狽，《萬曆武功錄》記載林道乾通過行賄柬埔寨把水使楊四等人獲得立足之地。然而，到了萬曆二年，林道乾便開始大力招兵買馬。明朝的福建巡撫劉堯誨探知消息：「賊人林道乾於八九月以來打造大廣船十數隻，器械齊備。遣人各番招兵。」、「為照道乾亡命之餘，而招兵除寵，亦欲何為？」[63]這讓閩粵官府十分擔心。林道乾歷來以擅長招兵聞名。隆慶元年，林道乾經過長途航海返回潮州，他在攻打溪東寨之初，僅有兩百餘名部下。其後通過揮撒白銀招兵：「巨寇林道乾等懸賞招眾，得十人者予三金，人各一金，即以統之。以故聞風響應，遠近無賴相繼入賊者不止數百千人。」[64]萬曆二年林道乾在柬埔寨招兵，應有在潮州溪東寨招兵的同樣效果，有不少來自東南亞各個港口的閩粵民眾加入林道乾的隊伍，甚至連日本的浪人也來投靠。這樣，林道乾很快恢復實力。事實上，此後的林道乾一度想聯合柬埔寨攻擊暹羅，

62　湯開建，〈明隆萬之際粵東巨盜林鳳事蹟詳考——以劉堯誨《督撫疏議》中林鳳史料為中心〉，《歷史研究》2012 年第 6 期。

63　劉堯誨，《督撫疏議》卷二，〈林賊遁番疏〉，第 31—32 頁。

64　林大春，〈諭城守書〉，周碩勳，乾隆《潮州府志》卷四十，〈藝文志〉，第 55 頁。

而後又與暹羅結成同盟。宋楙澄的《九籥集》云：「林道乾者，故揭陽縣吏，負罪竄海，有舟千艘，眾數萬餘。通安南、占城、舊港、三佛齊諸國。嘗佩列國相印。」[65] 郁永河說：「林道乾，明季海寇，哨聚在鄭芝龍、劉香老前；圖據閩粵不遂，又遍歷琉球、呂宋、暹羅、東京、交趾諸國，無隙可乘。」[66] 可見，當時林道乾縱橫海上，一度不可阻擋。張居正視林道乾為海上勁敵，讓福建巡撫劉堯誨和廣東提督殷正茂設法離間林道乾與柬埔寨、暹羅的關係，迫使林道乾遠遁。近讀宋楙澄的《九籥集》，其中有一段關於林道乾的有趣記載：

> 相小琉球三年，將謀奪其國。國人不從，乃復航海。戊寅（萬曆六年）春率舟師四百，突至碣石。碣石者，惠之邊衛也。[67]

按，關於明代的「小琉球」是什麼地方，臺灣學者的研究成果很多，除了向明朝進貢的琉球本土外，中國東南以及呂宋的許多島嶼，似乎都符合「小琉球」的條件。不過，琉球本島及呂宋的史料至今未看到林道乾襲擊當地的記載，所以，就一般情況而言，「小琉球」應是指臺灣本島及其周邊，具體所指，仍要研究。當時的臺灣沒有國家組織，所謂林道乾「相小琉球三年」從何而來？實際上，臺灣島上有些部落被人稱為「邦國」。嘉靖年間赴日本的鄭舜功在其《日本一鑑・桴海圖經》稱臺灣為「小東島」，其解說是：「小東島，即小琉球，彼云大惠國。」這是說小琉球島上有一「大惠國」。劉堯誨的《督撫疏議》也提到了新港附近的一個「邦國」：「東番魍港即古之噠哩嘛國，去彭湖千餘里。」[68] 按，劉堯誨「古之噠哩嘛國」之稱究竟出何典？待考；但是，它位於明代東番的魍港則是明確的。明代的東番就是指臺灣南部，魍港位於臺灣南部也是學界的共識，所以，林道乾自稱為小琉球之相，應當就是指這個噠哩嘛國。關於明代的魍港具體在什麼地方，學術界爭論已久，我的觀點是：魍港位於今臺南市區，它的上游就是新港。有關考證且留在後文詳細敘述。由於魍港距離新港很近，那麼，它的地望應是在臺灣西南部新港西拉雅人活動的區域。不

65　宋楙澄，《九籥集》卷七，〈叔父參知季鷹（堯武）公行略〉，萬曆刻本，第4頁。
66　郁永河，《裨海紀遊》，〈海上紀略・大崑崙〉，成文社中國方志叢書臺灣地區第46種，第113頁。
67　宋楙澄，《九籥集》卷七，〈叔父參知季鷹（堯武）公行略〉，第4—5頁。
68　劉堯誨，《督撫疏議》卷二，〈報剿海賊林鳳疏〉，第3頁下。

過，明代新港西拉雅人會有「邦國」組織嗎？這是一個疑問。因為，萬曆三十年陳第在大員考察當地民俗後，在其〈東番記〉中明確指出：當地人以子女多者為雄長，並無固定的上層組織。[69]所以，這個問題有待深入研究，姑且置之不論。明朝開國時，為了招攬海外諸番前來進貢，將許多處在部落時代的民族稱為邦國，於是有了萬邦來朝的繁榮景象。處於臺灣南部的噠哩嘛國，應當就是這種級別的邦國吧。實際上，她應當就是臺南西拉雅人的新港社。不過，明朝進貢國中從未有「噠哩嘛國」之名。

如前所述，東番的新港原為林鳳的地盤，或是林鳳從林道乾手中奪得的地盤。萬曆元年末，在林鳳的逼迫下，林道乾棄臺灣逃到柬埔寨，後在柬埔寨與暹羅的邊境發展。由於張居正的作用，林道乾被迫離開柬埔寨和暹羅。朱國楨的《皇明大事記》概述這段歷史：「（林道乾）既行至甘浦寨。制臺檄安南、暹羅，索乾及老賊何鸞等。報曰：乾今更名林浯梁，在臣海澳中，聲欲會大泥國來攻。不得已，與為盟而去。今已行至頭關矣。頭關者，閩海之大洋也。」[70]萬曆三年二月己亥，「巡撫福建劉堯誨以海寇林道乾警報聞」。[71]不過，萬曆三年林道乾雖然到了福建海面，卻沒有攻擊福建沿海港口的記載，他應是轉向臺南的「臺江內海」，與西拉雅人的新港社發展關係。力圖控制新港西拉雅人，因而他對外自稱是噠哩嘛國相。這才會有《九篇集》林道乾「相小琉球三年」的記載。就明代的史料而言，萬曆四年和萬曆五年，林道乾究竟在哪裡？在做什麼，其實沒有詳細的記載。如果說此時的林道乾一度進入臺灣，是可以接受的。當然，狡兔三窟的林道乾也不會專守於臺灣，他會往來於臺灣及暹羅、柬埔寨之間，因而在東南亞產生巨大的影響。萬曆六年，林道乾突然離開小琉球「率舟師四百，突至碣石。碣石者，惠之邊衛也。」[72]在廣東惠州停留一段後，林道乾直入潮州老巢河渡門，從而引起廣東官場轟動。關於這段歷史，且留後文敘述。

看來，關於林道乾南下，我們不要輕率地說他到了大泥。實際上，他是先到柬埔寨，站穩腳根後，一度聯柬埔寨與暹羅作戰，後又與暹羅聯合，

69　陳第，〈東番記〉，沈有容，《閩海贈言》，第 24 頁。
70　朱國楨，《皇明大事記》卷四一，〈蛋戶〉，明崇禎《皇明史概》本，第 7—8 頁。
71　張惟賢等修，《明神宗實錄》卷之三十五，萬曆三年二月己亥，第 17 頁。
72　宋林澄，《九篇集》卷七，〈叔父參知季鷹（堯武）公行略〉，第 4—5 頁。

最終在明朝壓力下，他離開暹羅和柬埔寨的邊境南下。這時候，他才到了大泥港附近的佛頭凱。此地最後與大泥聯為一體，所以，人們會說林道乾的根據地是在大泥。此地今名北大年。經林道乾開發之後，成為當地重要的港口，可與泰國、柬埔寨及馬來半島諸國通商。因此，荷蘭人後在大泥建立商館。

二、臺灣有關林道乾傳說的研究

　　萬曆十年以前，林道乾漂泊於海上，他未必不會再次來到臺灣。林道乾在臺灣有自己的巢穴。清代的《一統志》介紹臺南的赤嵌城：

> 古蹟。赤嵌城，在臺灣縣南。向為番地。明嘉靖四十二年，流寇林道乾據為巢穴，始名北港。[73]

　　按照清代《一統志》的解釋，赤嵌寨最早是林道乾的巢穴，這座城是否林道乾最先築造，則是有疑問的。不過，林道乾最早在當地居住，則是可以理解的。該圖上方房子較多的地方，就是新港所在地了。新港原來是一條河，今名鹽水河。在劉堯誨、林鳳的時代，新港河下游常被稱為魍港。來自閩粵的漁船只有進入臺江內海之後，才能進入魍港。魍港的上游是新港，最早應為西拉雅人居住地。福建漳泉漁民常到此地捕魚打柴，有些人得到西拉雅人許可，定居於此地。臺灣考古發現，此地有大量明代閩粵人定居的遺跡，因而臺灣許多學者認為此地為漢人入臺最早的居住地。得知考古信息後，該地的媽祖廟，即永安宮便自稱為「臺江首廟」了。[74] 新港的閩粵人遺跡應當與萬曆初年的海寇有關。事實上，新港附近有一處地名為「木柵」，它應是林道乾、林鳳時代海寇的駐地。

　　萬曆年間新港社西拉雅人的中心，漸漸從新港轉向赤嵌港。這一轉變與林道乾有關。《潮州府志》謂：「林道乾……遁入北港。北港在澎湖嶼東北，萬曆末年始通商賈，稱臺灣。」[75] 北港與臺灣之名起源有關。單就臺灣之名而言，清初是指臺灣府城駐地的赤嵌。蔡世遠說到臺灣：「臺灣居

73　和珅等，乾隆《清一統志》卷三三五，〈臺灣府〉，第 15 頁。

74　朱浤源，〈「臺江首廟」是臺南市臺江的首間廟宇？〉，澳門媽祖文化研究中心編，《媽祖信仰與華人的海洋世界》，第 215 頁。

75　周碩勳，乾隆《潮州府志》卷三八，〈征撫〉，第 37—38 頁。

海外，在南紀之曲……自鷺門、金門迤邐以達澎湖，可六百餘里。又東至臺之鹿耳門，旁夾以七鯤身、北線尾，水淺沙膠，紆折難入。明嘉靖末海寇林道乾據之。」[76] 文臣在給乾隆皇帝詩作注時說：：「臺灣……明末流寇林道乾始遁居。」[77] 其時，漳浦人蔡世遠、蔡新相繼在內閣做官，乾隆帝有關臺灣的知識，應當來自蔡世遠、蔡新等閩南籍的顧問，不可輕視。這些史料都證明：赤嵌最早是林道乾的駐地。迨至萬曆中後期，閩粵民眾在臺灣的主要居住地從新港轉向赤嵌一帶的所謂「北港」。[78]

萬曆三年末林鳳失敗後，林道乾仍然在南海及臺灣海峽活動多年。從《九籥集》說林道乾曾任「相小琉球國三年」來看，林道乾在赤嵌建立了自己的巢穴，並以此為據點，設法控制「噠哩嘛國」的番眾，最終未能成功，只好一走了之。不管怎麼說，林道乾與東番的關係是相當長的。從嘉靖四十五年第一次襲擊東番，到萬曆六年離開臺灣（1578 年），可證明林道乾與臺灣的關係就有 13 年，不排除此前此後，林道乾還到過臺灣。

認定林道乾在臺灣至少 13 年以上，再看臺灣各地的有關林道乾的傳說，或許會有新的看法。

臺灣地方志載有不少林道乾在當地的傳說。蔣毓英《臺灣府志》記載：「嘉靖四十二年（1563 年），流寇林道乾橫行海洋，專殺土番，取膏血造船，擾害濱海。都督俞大猷征之，道乾遁去占城，今有其遺種。」[79] 類似的記載亦見於高拱乾的《臺灣府志》第一卷封域志。

彰化縣也有林道乾在當地活動的傳說。例如：「半線山，在彰化縣東。舊志在廢半線司東。美田疇，利畜牧，產栗木，可造舟楫。明末海寇林道乾竄此。」[80] 黃叔璥說：「崩山番，皆留半髮。傳說明時林道乾在彭湖，往來海濱。見土番則削去半髮，以為碇繩。番畏之。每先自削，以草縛其餘。」[81]

76　蔡世遠，《二希堂文集》卷三，〈送黃侍御巡按臺灣序〉，文淵閣四庫全書本，第11—12 頁。

77　乾隆帝，《御製詩五集》，卷七七，〈古今體三十三首，癸丑〉，文淵閣四庫全書本，第 39 頁。

78　徐曉望，〈論明代北港的崛起〉，北京，《臺灣研究》2006 年 2 期。

79　蔣毓英，康熙《臺灣府志》卷一，〈沿革〉，第 1 頁。

80　和珅等，乾隆《清一統志》卷三三五，第 8 頁。

81　黃叔璥，《臺海使槎錄》卷六，〈北路諸羅番七〉，文淵閣四庫全書本，第 20 頁。

陳文達的《鳳山縣志》云：

> 嘉靖四十二年，流寇林道乾沿海作亂，都督俞大猷追殺之，逃居打
> 鼓山。斯時荊棘盈郊、居民鮮少，鹿豕猿獐之屬出沒靡定，雕題黑
> 齒之輩蹤跡莫稽；既非族類，安能久留，遂遁去。[82]

《鳳山縣采訪冊》云：

> 前明嘉靖末，流寇林道乾掠海上，都督俞大猷逐之，道乾遁附倭，
> 艤舟打鼓山下，始通中國。尋道乾懼為倭所併，遁占城。[83]

在高雄打狗港也有林道乾之妹在當地埋金的傳說。方志又載：

> 虎仔山，在鳳山縣西南七里海濱，亦曰打鼓山，俗呼為拘狗山。舊
> 志，北去府治百里，下為打狗仔港，冬產青魚。通志，山特峙海濱，
> 舊有番人居之。明嘉靖間流寇林道乾為俞大猷所逐，遁入於此。後
> 從海道逃入占城。其遺種尚有存者。今水師營壘尚在。[84]

甚至開發較遲的宜蘭縣蘇澳港也有林道乾的傳說：

> 相傳自明嘉靖四十二年間，林道乾寇海，曾踞數月。以夥伴病損過
> 多，始行徙去。[85]

　　這些故事反映了當地的民間歷史。臺灣許多地方都有關於林道乾的傳
說，結合林道乾在臺灣北港活動的史實，表明林道乾和其手下在臺灣的前
後十三年裡，曾經詳細考察過臺灣各個主要港口！他的目的，當然是想在
臺灣建立一個根據地，後因種種條件不具備，只好另尋安身之地。總之，
萬曆六年之前，林道乾可能多次來到臺灣，並考察多個港口。但因夥伴病
亡太多，不得已放棄在臺灣駐紮的打算。

　　在早期臺灣史研究中，可以證明林道乾和林鳳相繼到了臺灣，林鳳在

82　陳文達等編纂，康熙《鳳山縣志》卷一，〈封域志〉，康熙五十九年始刊，成文社
　　中國方志叢書臺灣地區第 13 種，第 2 頁。

83　盧德嘉纂輯，《鳳山縣采訪冊》卷首，〈建置沿革〉。光緒二十年修成本。成文社
　　中國方志叢書臺灣地區第 33 種，第 71 頁。

84　和珅等，乾隆《清一統志》卷三三五，〈臺灣府〉，第 6 頁。

85　陳淑均纂，咸豐《續修臺灣府志噶瑪蘭廳志》卷二上，〈海防〉，咸豐二年刊本，
　　第 28 頁。

新港河（今名鹽水溪）附近往來三四年，他對臺灣的影響不小。讓人疑惑的是：在臺灣只有林道乾的傳說，卻沒有林鳳的故事，這是為什麼？我想這與先入之見有關。林道乾至少在嘉靖四十五年已經進入臺灣活動，林鳳進入臺灣則是在萬曆元年。由於林道乾給臺灣人留下的印象太深，而臺灣人對先後進入臺灣的兩股大海寇難以區別，所以，他們的活動大都以林道乾的名字留下來了。

第四節　萬曆六年捲土重來的林道乾

林道乾逃到柬埔寨之後，並非長期定居當地。事實上，他經常往來於暹羅、占城、廣東、福建、臺灣海面。「時逆賊林道乾橫行海外，島嶼星列，迄於日際，往往為其淵藪。四出剽閩廣間。勢張甚。」[86] 可見，林道乾是一個不折不扣的「南海王」。閩粵官府對他十分畏懼。約在萬曆六年，林道乾的海上武裝直入潮州口岸。

一、林道乾進入惠州與潮州沿海

華亭的宋堯武於萬曆二年任惠州知府，他經歷了林道乾襲擊惠州的事件。據他所說，林道乾於「戊寅（萬曆六年）春率舟師四百，突至碣石。」[87]，這裡是知府宋堯武的管轄範圍之內。因以往林道乾與廣東官府往來密切，宋堯武大膽地登上林道乾的船：

> 公即舟諭之曰：汝等一時陷溺，若舍舊圖新，非止免禍為福，此其時也。道乾恐人心動搖，乃仰天而言曰：某偷生海隅，思少年見侮於鄉里，此來欲圖一逞。今明公以德言綏我，逆之不祥。顧語健兒：檢部中惠州女子十八人，并前後招安告身若干通，皆委之泥沙而去。以明無意故國也。順風揚帆，管弦嘈雜，度不絕者久之。道乾雖波濤戈戟，時若焦勞而酣謔嘯歌，竟復彌日。左右諸女郎皆能校讐書史，舟中女樂數部，身為顧曲周郎，亦一時盜俠之雄也。[88]

可見，林道乾有相當的文化修養。他在海上的生活水準，類似廣東有

86　焦竑，《焦氏澹園集》卷三三，〈天臺耿先生行狀〉，萬曆三十四刻本，第 10 頁。
87　宋林澄，《九籥集》卷七，〈叔父參知季鷹（堯武）公行略〉，萬曆刻本，第 4—5 頁。
88　宋林澄，《九籥集》卷七，〈叔父參知季鷹（堯武）公行略〉，第 5 頁。

錢、有功名的縉紳，而且，他對待明朝的官員彬彬有禮。因此，明朝官員私下對林道乾十分羨慕。

　　林道乾春天到過惠州，夏天直入潮州老巢河渡門。「萬曆六年夏六月，有海上逋寇百數十人者，反自外夷，至於海口。」[89] 按，林道乾在惠州之時尚有四百條船，為何深入潮州老巢河渡之際只有一百來人？看來他只有一兩條船。其原因是林道乾此來只是為了挖掘他藏在河渡門老巢的珠寶，所以只帶來少數心腹。不過，讓人更不理解的是：林道乾到惠州之時，何以會有四百條船？無論如何，他在海外聚集四百條船都是不可思議的。我想，這是因為林道乾一直和廣東民間武裝保持關係的緣故。廣東民間的海上武裝一向強悍，不過，到了萬曆四年，魏朝義、莫應敷等人早已向官府投降，林鳳於萬曆三年戰敗後，也已經逃往「西番」，不知所蹤。在這背景下，林道乾成為廣東民間海上武裝仰望的海外高人。他離開廣東五年後突然返回廣東海岸，自然引起較大的震動，各地海上武裝紛紛前來相聚，與其商談、貿易。這才是林道乾能夠突然聚集四百條船的原因。其時，林道乾與其他海上武裝有兩種選擇：一條路是發動大規模的叛亂，另一條路是偃旗息鼓，各自做生意。萬曆六年前後，廣東和平局面已經有三四年了，大股叛亂武裝都被消滅，此時為廣東經濟大發展時期。看來林道乾等人覺得造反不是時候，各地武裝紛紛返回，分道揚鑣。林道乾的骨幹力量不大。「然特二三船，易滅之也。水師為所愚，得賂而縱之。不逾月，招集多人。」[90]

　　可見，林道乾是以招降為名騙過於南澳守將，他率領百來人的心腹深入潮州老巢河渡門，在這裡挖寶招兵。看來當時各地的官員都收到他的好處，尤其是水師，對林道乾視而不見。史料記載：

　　萬曆六年夏六月，有海上逋寇百數十人者，反自外夷，至於海口，權領潮州參將遊擊將軍金丹將兵禦之，賊乃遁去。先是，南澳副將新立，方調集海兵屯海上，而會賊猝至，將軍乃從中計曰：「賊來宜與兵遇，彼兵必扼其衝，而我固守以防奔突，可成擒矣。」乃諜之水兵，固無戰意。又賊佯告招，彼兵輒以安撫為辭。於是，賊竟

89　林大春，〈新建海門蓮花營碑〉，馮奉初輯，《潮州者舊集》卷二十，〈林提學井丹集〉，第 270 頁。

90　臧憲祖纂修，康熙《潮陽縣志》卷三，〈紀事〉，康熙二十六年刊本，第 15 頁。

揚帆去，或以讓將軍。將軍歎曰：「嗟呼！使丹得隸水兵者，詎能令賊生還耶？」蓋是時將軍所部者陸兵也。[91]

事實上，林道乾六月進入河渡門，在這裡挖寶一月後離去。朝廷直到九月才得到消息。《明神宗實錄》萬曆六年九月己未條記載：「海賊林道乾駕船泊潮陽河渡門港。令賊徒具狀告報，及被擄逃回之人稱，擄去于萬曆六年，打暹羅國烏雅船不勝，賊眾殺死甚多，被番趕逐，乏銀乏人，議復回河渡門舊巢，取原埋銀物。議要打劫海門各所，候東風一轉，即欲駕回外夷。」[92] 可見，廣東官府有意減輕中樞對林道乾事件的關心，一是推遲上報，二是讓俘虜告知上方，他們不過是回到老巢掘寶，很快就離開，無意搗蛋。

實際上，林道乾回到潮州，引起潮州輿論轟動。林大春的〈與謝鳳池書〉：「聞林道乾具狀乞撫，此賊以懼誅叛入外夷，近又還故國，自知無所逃於天地之間，冀延旦夕之命。」[93] 林道乾所在的河渡門，周邊都是明軍軍寨，外人以為林道乾肯定無法逃脫被殲滅的命運。想不到的是：林道乾在廣東一帶有廣泛的人事關係，因此，聽說林道乾艦隊來臨，閩粵官軍紛紛迴避。林道乾在河渡門滯留一個月之久，而後安然外逃。袁中道說：「渠昔在海上橫行，各郡縣人不敢問。直到家中，官兵圍之，渠與眾人飲酒高會，不顧。一夜，遂失所在。彼其視朝廷大小官員如一群小兒，任其播弄，聽其出入，亦大膽矣。」[94]

二、官府對林道乾復歸河渡門事件的追究

林道乾離開，廣東海面終於平息。但是，廣東官府對當時的水師將領產生懷疑。項篤壽在其奏疏中說：「各題稱叛賊林道乾前自外番突入河渡門，乃潮、漳副總兵晏繼芳、柘林守備周汝敬、汛地晏繼芳指以福建警報，回顧南澳，擁眾株守，一兵不發。周汝敬初守磊口門，聞林賊告招，遂將

91　林大春，〈新建海門蓮花營碑〉，馮奉初輯，《潮州耆舊集》卷二十，〈林提學井丹集〉，第 270 頁。

92　張惟賢等修，《明神宗實錄》卷七九，萬曆六年九月己未，第 3 頁。

93　林大春，〈與謝鳳池書〉，周碩勳，乾隆《潮州府志》卷四十，〈藝文志〉，第 55—56 頁。

94　袁中道，《珂雪齋集・三・外集》卷十五，〈柞林紀譚〉，萬曆四十六刻本，第 8 頁。

兵船遠移海門馬耳澳，致賊遯去。若非受賄賣放，即係怯懦自全。」[95] 結果，負有責任的晏繼芳和周汝敬在萬曆六年十月初八日都被革職。其時執政的張居正談到此事，十分憤怒：「廣中防禦山盜，已略備，惟海防甚疏。林道乾以喪敗群寇條泊河渡，使該道有人，武備稍預，縛而致之，易耳。乃竟無一兵一船。使之從容揚帆而去，可恨，可恨。」[96] 實際上，這次林道乾回到廣東，四方海寇前來匯合，他的隊伍發展很快，形成了一支四百艘的船隊。倉卒之間，閩粵水師未能集中，確實無法與林道乾作戰。林道乾自動退出廣東沿海，應當是最好的結局。不過，在張居正及廣東官府眼裡，這個海寇在廣東沿海竟然有這麼大的號召力，隨時能給廣東官府造成麻煩，這是必須除掉的。此後，張居正更換了廣東與福建的地方官，由耿定向任福建巡撫，調原福建巡撫劉堯誨任兩廣總督。劉堯誨至任後嚴厲整頓廣東官場。在張居正的壓力下，幾名水師軍官因林道乾逃走受處分。劉堯誨對文官也很嚴厲。「督師兩廣，諸將士以縱賊林道乾伏法。堯誨言：法不及文僚，非所以示公。竟按海防官，不少貸。於是流賊相繼輸款。」[97]

林道乾抵達泰國與柬埔寨邊境後，仍然插手兩國政治。而張居正也試圖通過外交手段將其擒獲，未獲成功。林道乾後來轉移到馬來半島的大泥。時而派船襲擊南海航路上的閩粵商船。閩粵兩省一點不敢放鬆警備。在福建方面，吏部曾想調分巡興泉道副使喬懋敬、漳州府同知沈植到他省任職，都遭到福建巡撫耿定向的拒絕。福建巡撫耿定向認為，這兩人各自負責泉州和漳州的防務，對福建防務十分重要。耿定向說：

> 林鳳、林道乾諸酋素稱劇寇，皆遠避外番，相戒不敢犯閩。而沿海姦民帖然安堵，不敢倡亂勾引者，多二臣力也。近年海氣雖稱寧謐，但今歲春夏雨澤愆期，佈種稍後。漳泉之間，穀價騰湧，民情憂惶，兼以連界廣潮地方，亢旱尤甚，近報彼中流賊數十潛突詔安檺仔林，倏聚倏散。及報林道乾船迫暹邏，向往未定。乘風內犯，亦未可知。

95 項篤壽，《小司馬奏草》卷五，〈題為參究欺玩將領以飭法紀以慎海防事〉，明刻本，第 31 頁。

96 張居正，《張太岳先生文集》卷三十，〈答兩廣劉凝齋條經略海寇四事〉，第 24 頁。

97 夏力恕等纂修，雍正《湖廣通志》卷五十，〈鄉賢志‧劉堯誨〉，文淵閣四庫全書本，第 14 頁。

　　則所藉二臣以脩內攘外救荒弭寇，誠不容以一日緩。[98]

　　可見，當林道乾艦隊進出暹羅之時，閩粵方面就感到緊張了。事實上，林道乾時常襲擊沿海。前述萬曆六年林道乾在海南島附近劫奪一艘福建商船，便是一例。林道乾在海上游擊，閩粵沿海都感到了所轄港口受到威脅，尤其是海南島的地方官。瓊州府人海瑞於萬曆三年辭職歸鄉，萬曆十三年復出。鄉居期間，他與海南的官員時有來往，也常給縣令們寫一些文章。海瑞在這不多的幾篇文章裡，竟然三次提到林道乾。例如，海瑞評文昌縣的羅近云：

　　君無所不盡之心，戰守得地。林道乾所向無敵，視之若無有焉。遠近恃為無恐，一邑安堵。[99]

　　注意，海瑞談到林道乾之時，用了「所向無敵」一詞！

　　海瑞與陵水縣令的交往更多些，有兩封信提到縣令吳秋塘：

　　錫崖公謂林道乾突至，公應之裕如。以事有條理致許。即此而觀，寧非胸中之區畫素定，故應之也。[100]

　　洋賊林道乾揚帆擄掠，非犯則無敵者哉。防禦有嚴，士氣百倍，打水六七人先試，而侯眾突擒其一。道乾反以畏途視陵，轉洋他去。[101]

　　此事又見《陵水縣志‧兵防志》的記載，「萬曆九年，巨寇林道乾駕一艘突至陵水，令七賊先登取水。督率鄉兵擒其一，道乾遁去」。[102] 其實，這不過是一艘林道乾的大船在陵水縣登陸取水，與當地人發生衝突，被殺死一人。可見，自萬曆六年林道乾回到老家潮州之後，林道乾的海寇活動至少又延續了三年，一直到萬曆九年還給海南島的官吏造成威脅。由此我們也可知道，為什麼語出驚人的李贄會讚賞林道乾的「才華」：

　　向在黃安時，吳少虞大頭巾曾戲余曰：「公可識林道乾否？」蓋道

98　耿定向，《耿天臺先生文集》卷二，〈保留賢能疏〉，萬曆二十六年刻本，第27—28頁。

99　海瑞，《備忘集》卷三，〈贈文昌大尹羅近雲入觀序〉，文淵閣四庫全書本，第54頁。

100　海瑞，《備忘集》卷三，〈復陵水大尹吳秋塘〉，第45頁。

101　海瑞，《備忘集》卷三，〈贈大尹吳秋塘德政序〉，第36—37頁。

102　高首標纂修，康熙《陵水縣志》卷，〈兵防志〉，康熙十二年原刊，第35頁。

乾居閩、廣之間，故凡戲閩人者，必曰林道乾云。余謂「爾此言是罵我耶，是贊我耶？若說是贊，則彼為巨盜，我為清官，我知爾這大頭巾決不會如此稱贊人矣。若說是罵，則余是何人，敢望道乾之萬一乎？」夫道乾橫行海上，三十餘年矣。自浙江、南直隸以及廣東、福建數省近海之處，皆號稱財賦之產、人物奧區者，連年遭其荼毒，攻城陷邑，殺戮官吏，朝廷為之旰食。除正刑都總統諸文武大吏外，其發遣囚繫，逮至道路而死者，又不知其幾也，而林道乾固橫行自若也。[103]

在官民之間有不少關於林道乾的流言：「或言林道乾今王東南海島中。」[104] 可見他在海外的威風。林道乾的老巢在廣東潮陽縣招收鄉下尾村的河渡門，而《潮陽縣志・紀事》萬曆十年云：「時道乾亦老矣，竟死於海上焉。」總之，萬曆十年以後，就不見林道乾的記載了。[105] 大泥，今名北大年。據當地華僑傳言，萬曆十年，林道乾因試炮死於當地。同年，大臣張居正亦於當年亡故。

從總體而言，萬曆六年林道乾對潮州的襲擊雖然影響很大，但造成的危害不大。以後林道乾主要在海上游擊，主要目標是海上商船，偶爾襲擊廣東沿海。實際上，萬曆四年（1576 年）以後，閩粵海寇的活動就減弱了，這主要是閩粵官軍長期駐紮南澳島的緣故。

小結

嘉靖年間東南沿海的倭寇活動十分猖獗，他們占據閩浙粵三省的沿海島嶼為巢穴，不斷襲擊東南三省的村鎮，有時攻克縣城、府城，造成極大的危害。然而，隨著閩粵水師的加強，這些海寇的活動被逼向遠海，如林道乾、林鳳等人，都到過臺灣，並試圖在臺灣設立山寨，或是水寨。由於臺灣特殊的地位，占據臺灣的海寇讓福建省如同骨梗在喉，不去不快。因此，每當此類事件發生，福建官府都要派出水師前去攻擊臺灣的海寇。嘉靖末期的林道乾和萬曆初年的林鳳，都遭到福建水師的打擊。萬曆二年夏，

103　李贄，《李贄文集・焚書》卷四，〈雜述〉，北京燕山出版社 1998 年，第 191 頁。
104　顧炎武，《天下郡國利病書》第二十六冊，〈福建〉，第 136 頁。
105　臧憲祖纂修，康熙《潮陽縣志》卷三，〈紀事〉，第 15 頁。

福建水師深入臺灣的新港河，在此擊敗林鳳的部眾。它反映了福建官軍已經在臺灣島上用兵。這是臺灣史上的重要事件，只是以往被人忽略而已。另外要注意的是福建官府在與林道乾、林鳳的作戰過程中建立了與東番的關係。由於東番族眾遭到倭寇的傷害，所以，他們歡迎福建官軍打擊臺灣島的「倭寇」。以後福建官府經常「號令」東番配合明軍戰鬥。在官府看來，其後福建官府的直接管轄權也伸展到臺灣南部，這是臺灣史的重要變化。

通過對福建水師進入臺灣南部新港事件的考證，使我們知道臺灣歷史上著名的魍港，其實是在臺南市新港河的下游入海口，臺南少數民族原來在魍港活動，而後因遭到海寇襲擊，被迫轉移到上游的新港，這件事被記入《明史・雞籠傳》，這樣，我們終於落實了《明史・雞籠傳》的相關記載。這應是臺灣早期史研究的突破吧。

在明朝水師的壓力下，林鳳和林道乾逃離臺灣海峽，於是形成了林鳳襲擊馬尼拉和林道乾占領馬來半島佛頭訖的事件。其時，閩粵水師的戰力強大，張居正盛怒下，閩粵高官派人出使海外，協調與各國的立場，共同對付嶺南外逃的海寇。這一事件，讓人遺憾的是中國海洋力量的分裂，在野的海上力量肆意橫行南海，他們與歐洲殖民者爭霸，也襲擊路過的商船，他們的行徑很難以是非評論。試想，他們在與歐洲殖民者的抗衡中，如果獲勝將是什麼局面？很可能是反將歐洲殖民者在東南亞的政策施之於歐洲人自身吧？與此同時的歐洲，各國的海盜有轉化為海軍上將的，例如英國的德雷克，從而助長了本國海洋力量的發展。黃仁宇的《萬曆十五年》為此感嘆再三。以此為鑒，人們設想，如果萬曆初年的嶺南海寇力量與明朝官府合作，那會造成中國在南海的影響大增。然而，歷史的現實是：這兩股力量是相互敵消的，因此，明朝雖然擁有雄厚的海上力量，卻無助於中國人在南方的發展。過了這個時代，明朝的海上力量消減，南海歐洲人的力量便反作用於中國了。

歷史不容假設，但令人遐想。不管怎麼說，各個國家都是按照自己的發展規律選擇發展道路，並接受它的結果。明朝中樞歷來忽視東南的海上力量，最終讓這股力量走向官府的反面，這是傳統海禁政策的反作用力，也是官僚機構對世界變化不太敏感的後果。如果明朝像宋元兩代一樣善待海洋力量，又會發生什麼結果？那麼，中國的海洋力量不會遭受自身力量

的限制，他們有可能在南洋自由成長，讓中國海洋資本在南洋諸國歷史中發揮更大作用。假使明代中葉中國的海洋力量能夠守住麻六甲海峽的話，歐洲人無法殖民南海國家，中國會以一個更好的位置進入大航海時代。然而，歷史無法改變。

必須看到，儘管明代晚期中國海洋力量有相當的潛力，那股在野的海洋力量與歐洲人相比，還是有不一樣的。嘉靖、隆慶、萬曆初年中國在野的海洋力量，其主要目的還是掠奪陸地上的財富，並非完全靠打劫海上商船而獲得補給。眾多海寇中，只有林道乾與歐洲海盜較為相似，他的活動區域不光是在閩粵沿海，他的早年便到臺灣冒險，並從臺灣向南航行，到過崑崙島、占城等地，並從占城回航廣東。萬曆元年，他率一部分人離開廣東，抵達臺灣，再到東南亞海域，定居佛大泥，並不時在東南亞各國周轉。按照李贄的說法，林道乾「自浙江、南直隸以及廣東、福建數省近海之處，皆號稱財賦之產、人物奧區者，連年遭其荼毒」。在中國歷史上，從來沒有一個海盜的活動範圍如此廣泛。然而，這和歐洲海盜以五洲四大洋為其活動舞臺，還是有差距的。其中原因，在於林道乾的文化背景不是全球，只能是中國與東南亞。

不過，儘管官府與民間的海上力量相互抵消，但在臺灣海峽兩股力量相互競爭之時，不論是東南民間力量還是官府力量，都形成了開發臺灣之勢。本卷的第五、第六章，敘述了從嘉靖末年到萬曆初年嶺南海寇的產生、活動和消亡。他們在閩粵沿海一帶的活動遭到官軍的鎮壓，於是，嶺南海寇跑到澎湖、臺灣等島嶼活動，而福建水師跟蹤而來，雙方在臺灣沿海作戰。為消滅海寇，福建水師一度深入臺灣南部的新港河，和當地少數民族聯合作戰。這一切都表明臺灣的開發進入了一個新階段。

第七章　萬曆後期的臺灣危機及海寇重起

　　萬曆年間的臺灣海峽常有倭寇襲擊閩粵島嶼、港口的事件發生，但其襲擊的重點逐漸轉向南部的廣東和海峽中部的澎湖群島，臺灣也受到影響。明朝東南諸省的對策是加強水師力量，多次出兵澎湖和東番，於是，福建官府與臺灣番眾的關係大有發展。

第一節　萬曆後期臺灣海峽海寇活動的背景

　　萬曆年間倭寇活動趨緩，但日本船舶經常穿過臺灣海峽，雙方衝突多次發生。明朝官員仍然將防止日本南下當作戰略問題考慮。除此之外，閩粵海寇的活動漸漸趨向臺灣、澎湖，明朝官員開始思考怎樣保護臺灣。同時，閩粵移民在臺灣的開發已經有一定水準。

一、援朝抗倭戰爭期間的臺灣海峽形勢

　　嘉靖隆慶年間，由於倭寇入侵中國的東南沿海，中日關係十分緊張。大規模倭寇活動結束後，仍然有小規模的戰事發生於臺灣海峽。尤其是萬曆二十年豐臣秀吉令日本軍隊侵略朝鮮，引發了明朝援朝抗倭的戰爭。其時，閩浙一帶的海防十分嚴謹。雙方因貿易、海寇等問題也曾進行交涉，這些交涉大都落在閩浙巡撫身上。

　　經過嘉靖和隆慶年間的多次作戰後，猖獗一時的倭寇活動被壓至廣東

潮州境內，萬曆年間，廣東潮州海寇及倭寇的活動仍然延續了十多年。在這段時間內，常有倭寇海船穿過臺灣海峽到廣東沿海及南海活動。除了倭寇活動外，這時的日本也開始重視對南方的貿易，獲得日本幕府允許的朱印船以貿易為主，有機會的時候也會搶劫，閩浙漁船經常被來自日本的朱印船洗劫，因此，閩浙水師遇到穿越臺灣海峽的日本朱印船，多會發動攻擊。雙方船隻相遇，經常打得不可開交，這些事件多以「倭寇入侵」之名上報。《福建通志》記載：萬曆元年八月，「倭犯澎湖東澳」。[1]《明神宗實錄》等書有關臺海倭寇的記載如下[2]：

> 萬曆三年（1575 年）十一月……庚戌，……兵部覆巡按御史孫鑕查該本年五月海壇外洋擒倭功次。

> 萬曆八年五月……己卯，……閩浙廣三省，多倭奴出沒海上；雖時有斬獲，而浙之南麂諸洋與廣之抱虎諸處，尚有屯泊者。因飭兩廣總督劉堯誨、浙江福建巡撫吳善言、耿定向各嚴督將領防剿之。

> 萬曆十年八月……戊申，……倭寇……意在窺犯興化、漳南地方；又有夥船出沒東湧、澎湖，欲圖聯勢劫掠，實係內地奸徒勾引。

> 萬曆十二年正月……己丑，……福建巡按史龔一清查覈過南澳、銅山功，官兵衝沉倭舡四隻，生擒倭賊二十八名、斬首十二級，奪回被擄者六十餘名。

> 萬曆十三年三月……丁丑，……錄福建十二年春汛斬獲功……是役也，獲生倭深酉夢等十有九人。

> 萬曆十四年，倭謀寇福建不果。倭將大舉入寇，慮琉球洩其謀，令毋入貢。時同安人陳甲行商琉球，歸上其事於巡撫趙彥魯。倭聞有備，乃寢。[3]

> 萬曆十六年戊子，倭犯浙江，其時疆吏懲嘉靖之禍，海防頗飭，賊來輒失利，無所獲。[4]

1　陳壽祺等，道光《福建通志》卷二六七，〈外紀〉，第 36 頁。
2　此處以《明神宗實錄》的記載為主，凡引他書者，另外注明。
3　陳壽祺等，道光《福建通志》卷二六七，〈明外紀〉，第 36 頁。
4　余紹宋纂，民國《重修浙江通志稿》，第 94 冊，〈軍事〉，浙江圖書館 1983 年謄印本，第 42 頁。

萬曆十七年二月……丁未，……先是，有倭船三突至浙江外洋，官
兵亟擊之，沉其船，斬首四十八級，生擒者六。

萬曆十七年四月……丙申，福建巡撫周寀言：漳州沿海居民往販各
番，大者勾引倭夷窺伺沿海，小者導引各番劫掠商船。

這一階段的倭寇之亂是繼承嘉靖、隆慶倭亂的餘波。除了從事貿易的
船隻，還真有些日本海寇船到中國搶劫。由於中國方面禦倭能力的加強，
萬曆初年的倭寇活動從大陸退至海上，相對而言，已不能造成大害。

萬曆二十年之後，倭寇入侵東南的事件較少，這與當時日本侵略矛頭
指向朝鮮有關。早在萬曆十八年，福建與浙江二省即得到琉球方面的預報：
日本各島造了很多船，似有重大圖謀。迄至萬曆二十年（1592 年），日本
大舉入侵朝鮮，而明軍亦進入朝鮮半島抗日，於是爆發了著名的「壬辰之
役」。經過六年的戰爭與和談，中朝終於挫敗了日軍的侵略。

在戰爭期間，日本曾打算大舉入寇福建、浙江等地，中方史料揭示：「關
白（即豐臣秀吉）時，倭將欽門墩統舟二百欲襲雞籠，據彭湖，窺我閩粵。」[5]
萬曆二十一年（1593 年），日本執政的關白豐臣秀吉突然派手下原田喜右
衛門攜帶其手令，企圖招諭臺灣土著，將臺灣吞併，最後未能成功。[6] 可見，
當時的形勢相當緊張。不過，由於日軍在朝鮮遭到重創，根本無力南下福
建等地，所以，福建沿海反而相對平靜。

援朝抗倭戰役打到萬曆二十六年（1598 年）大致結束，我們注意到：
在雙方決戰的露梁海戰役中，明朝派出了廣東水師與朝鮮水師聯合，硬撼
日本水師，雙方傷亡慘重。其時，明朝手裡還有一支與廣東水師力量相當
的福建水師，為何不調到朝鮮前線參加雙方的決戰？這是因為，鑒於朝鮮
半島的戰爭日趨激烈，明朝一度考慮東征日本！徐光啟後來透露了當時的
謀劃：

謀倭者何也？彼中各島互相雄長，無數十年長守之國。大抵兵革不
息，民生無聊，比鄰之邦，互相猜貳，人人刀俎，人人魚肉也。即

5　徐學聚，〈初報紅毛番疏〉，《明經世文編》卷四三三，《徐中丞奏疏》，第 4726 頁。
6　岩生成一，〈豐臣秀吉の臺灣島招諭計畫〉，《臺北帝國大學文政學部史學科研究
　　年報》第 7 輯，1942 年。

　　如往日薩摩一州，秀吉既刼義久，而強使弘恒，其君臣父子，積不能平。許儀後嘗輸情于撫公金省吾學曾矣，其言曰：秀吉空國而出，內虛于家。薩摩之兵，雖盡從弘恒，收合餘眾尚可得四萬人，糧食器械備具而獨無船也。閩中若多備船隻，加以精兵二三萬，來至薩摩，合力而往，襲破山城，必取秀吉之首。省吾曾以聞于閣部，而蘭溪塞耳不敢聞也。清正嘗輸情于東征將士，請合兵以誅行長，還向山城數月，而秀吉之首可致麾下。正且能為皇上盡滅北虜，而舉日本一國，長為外藩。此數語書一赫蹠呈于經畧，而桐岡咋舌不敢言也。[7]

　　事實上，福建省確實有出征日本的計畫。《福建通志》記載：「先是，日本封事壞，巡撫金學曾欲用奇搗其穴，起有容守浯嶼、銅山。」[8]福建水師將領對東征日本頗為積極：「（陳）震身長八尺，慷慨談兵，有封狼居胥意。」「東征事起，閩海戒嚴。中丞金學曾延（陳）震置幕下。震力疾經營，造巨艦百四十餘，以備衝突。諸所籌海上便宜要害甚具。」[9]這條史料披露：在巡撫金學曾的籌劃下，福建竟造了140艘巨艦！如果每艘巨艦載150人，整個艦隊可達19000人！這可是鄭和之後明朝最大的艦隊！後來，征東戰役雖未舉行，福建水師仍然保持相當的實力。其時，日本為了保持侵略朝鮮的兵力，吸收了大量日本武士加入侵略隊伍，浪跡海上的倭寇反而少了。由此故，在日本侵朝戰爭最激烈的年代，東南反而較為平靜。一時中方著作中，罕見倭寇騷擾東南的記載。一直到援朝戰爭接近尾聲，倭寇在臺灣海峽的活動才多了起來。

二、萬曆後期的日本朱印船及雙方衝突

　　豐臣秀吉死亡之後，侵略朝鮮的日本兵退回本島，日本德川幕府對明朝的政策改變，他們很想再次向明朝進貢。但是，日本方面的船隻經常與閩浙水師發生衝突。《福建通志》記載：「（萬曆）二十九年，……倭突至崳山，殺守澳哨官，進泊松山三日，福寧戒嚴。次日，浙人毛國科偕倭

7　徐光啟，〈海防迂說〉，陳子龍等，《明經世文編》卷四九一，第5442頁。
8　陳壽祺等，道光《福建通志》卷二六七，〈明外紀〉，第36頁。
9　袁業泗修、劉庭蕙纂，萬曆《漳州府志》卷十五，〈兵防志〉，第45頁。

奴來駕，言齎日本國王檄，求貢市。」[10]按，《福建通志》這段記載與《明實錄》有衝突之處。據《明神宗實錄》，萬曆二十八年六月戊戌，浙江巡撫上疏：有一隻海船來自日本，船上載有浙江派出調查日本的間諜千總毛國科。他到日本之後，被日本發現身分。於是，執政的德川家康「令倭酋覓船送歸及先年被虜人口，并將賊首季州等十一人綁送，與科帶回正罪。」明朝令「福建巡撫查審歸結。其被虜民兵各取原籍親鄰里甲保結收管」。[11]明官府為何下令此事由福建巡撫審查？應是日本送來的民眾多為福建人的緣故。然而，對原浙江千總毛國科的審查，卻有了意外的發現。原來，毛國科身上還帶有日本方面想恢復進貢通商的文件。[12]不過，毛國科所帶文件沒有印章，並非正式文件。這是怎麼回事？如果不是正式文件，日本方面為何讓幾個日本人陪毛國科送來？考其緣由，這次日方恢復與中國邦交的行動，應屬於試探性質，或者是下層日本大名的自發行動，因此，他們不會有正式文件。然而，此時中國與日本之間的戰爭結束未久，明朝無法馬上接受日本的進貢。並且，明朝官府也發現：毛國科的文件有問題，所以，沒有對日本方面做出回答。

　　萬曆年間的中國與日本關係頗有相愛相殺的味道。日本需要中國的商品，中國需要日本的白銀，然而，雙方的關係卻無法定位。為了保護朝鮮，中國與日本在朝鮮半島打了一仗，在東亞海域，中國戰船經常與日本船隻作戰。「當時水兵戰而勝者什之九，陸兵戰而勝者什之一。」[13]這說明明朝水軍和日本陸軍各有優勢。萬曆二十八年（1600 年），德川家康經關原之役切實掌握日本大權之後，更鼓勵西南大名向南方發展，日本頒發了去南方貿易的許可證，讓商船去南海貿易。自此以後，日本每年都有 20 艘商船到東南亞貿易（即朱印船）；岩生成一認為：「從這時以後，日本人的南方進出愈趨活躍，越過臺灣，並時常以和平的商船渡航到遙遠的呂宋島、越南方面從事貿易。」[14]由於日本德川幕府逐漸控制了西南九州島的大

10　陳壽祺等，道光《福建通志》卷二六七，〈明外紀〉，第 36 頁。

11　張惟賢等修，《明神宗實錄》卷三四八，萬曆二十八年六月戊戌。

12　張惟賢等修，《明神宗實錄》卷三五四，萬曆二十八年十二月甲戌。

13　瞿九思，《萬曆武功錄》卷三，〈惠潮廣丹俄諸倭列傳〉，第 101 頁。

14　岩生成一，〈在臺灣的日本人〉，許賢瑤譯，《荷蘭時代臺灣史論文集》，臺灣，佛光人文學院 2001 年，第 156 頁。

名，一度想以恢復進貢的方式重開中國與日本之間的貿易，在海上活動的倭寇少了，做生意的商船多了。在臺灣海峽與明朝船隻發生衝突的，多為路過臺灣海峽到東南亞貿易的商船。當然，這些船舶大多是武裝商船，在臺灣海峽遇到福建漁民，他們會將俘虜這些漁民做水手，並侵占他們的船舶。所以，明朝水師也將他們當作倭寇打擊。「萬曆二十九年，倭舟泊於澳滸，南澳總兵黃岡擊之，斬數十名顆。」因倭船南下，閩浙沿海戒嚴，一時形勢非常緊張。[15] 萬曆三十二年五月壬申，「兵部覆：福建總兵朱文達等擒斬倭賊功次，沉奪倭船二十五隻，擒斬一百三十二名顆，奪回男婦一百七十五名口，器仗一千二百九十三件」。[16] 萬曆三十九年，浙江的水師也立下平倭之功，「寇復劫溫州，浙江巡撫高舉發兵剿捕，盡獲之」。[17] 其時東南沿海的防禦仍然十分嚴謹。民國《重修浙江通志稿 · 軍事》的作者總結道：「時疆吏懲嘉靖之禍，海防頗飭。賊來輒失利，無所獲。自後日本豐臣秀吉企圖入寇，有朝鮮之役，流倭及汪直餘黨皆北去，沿海無寇警」。

　　倭寇入侵的威脅減少了，但閩粵沿海又出現冒名倭寇的海盜，這對閩粵二省都是大問題。

第二節　沈有容與萬曆三十年的澎湖、東番之戰

　　萬曆年間臺灣海峽的倭寇及海寇的活動，是福建官府必須面對的問題。鑒於嘉靖、隆慶年間倭寇大舉入寇沿海的事實，福建官府的對策是加強福建水師的建設，清剿海寇及倭寇，力圖控制臺灣海峽的形勢。

一、在臺灣海峽活動的海寇及水師將領沈有容

　　萬曆初年張居正當政時，是浙閩粵水師最強大的時候。然而，隨著明朝財政的緊張，閩粵水師得不到足夠的軍餉供應，實力有所衰減。因此，到了萬曆中後期，臺灣海峽漸有海寇活動。例如《福建通志》記載：萬曆二十五年，「海賊無齒老寇漳浦縣，古雷澳把總張萬紀殲之」。萬曆

15　吳穎纂修，順治《潮州府志》卷七，第 1574 頁。

16　張惟賢等修，《明神宗實錄》卷三九六，第 7453 頁。

17　余紹宋纂，民國《重修浙江通志稿》，第 94 冊，〈軍事〉，第 42 頁。

三十二年，「海賊周四老作亂詔安，知縣黎天祚擒其二魁斬之，賊遁去」。[18] 以上是福建的情況，廣東的南澳島屢有倭寇出現。「萬曆二十七年六月初七日，倭寇七十餘人，突至後宅」；「萬曆二十九年五月初十日，倭酋一船百餘人突至。」[19] 這類倭船，應是過往臺灣海峽的日本船隻。由於語言不通，而且日本船隻常在閩粵沿海擄掠漁船，所以，雙方經常打起來。另外，閩粵沿海一帶重新出現了海寇：「漳故濱海，海上無賴之徒，瞋目乘間，伏而思挺。即在承平，雄心未歇。往往謀危成而旋就誅滅。」[20] 對明朝官府來說，最為頭痛的還是海寇與倭寇的結合。廣東方面記載：「萬曆戊戌（萬曆二十六年，1598 年）四月，閩中劇盜勾引倭夷，大艘十餘，入犯柘林、碣石，舳艫相望。」[21]

然而，這一時期在海上活動的「倭寇」之中，假倭要比真倭多。張燮說：「乃內地不逞之徒，逸鏃怒濤，與倭連結，勾之入犯。倭既內保，彼輒自為帝制於海門，妝束類倭，在處殺掠。蓋乘倭之來，則明借倭之實，而身充為爪牙；乘倭之不來，則陰借倭之名，而身冒為鱗介。譬如蚤虱疥癬，非甚為害，令人終歲不寧，此閩廣間之較也。」[22] 實際上，萬曆中期的所謂倭寇，大都來自廣東、福建的沿海區域。何喬遠說：

> 比者內地不逞之氓勾引倭夷，竊奪艅艎，寇於海上，急則蛟徒，緩則鯨吞。二三將帥各分汛地，如臠已割而餅已畫，逐出其方隅則已悓悓幸無事。至於歲宴隆冬，朔風為政，遊汛告休，則聽其與玄溟海共息，即其越人於貨，亦不敢聞大吏。而今縱橫海上者，七舟也，無人乎閩、廣、溫、台之間，其在閩海上則以東番為窟穴。[23]

如上所記，這股海寇確實勾引倭寇，對海上通道形成巨大的威脅。由於其中有倭寇參加，所以，人們稱之為「倭寇」。在當時的官員看來，所

18　陳壽祺等，道光《福建通志》卷二六七，〈外紀〉，第 36、38 頁。
19　齊翀，乾隆《南澳志》卷九，〈人物志・許克忠傳、黃文傳〉，第 3 頁。
20　張燮，《霏雲居續集》卷四十，〈海國澄氛記〉，《張燮集》第二冊，中華書局 2015 年，第 695 頁。
21　郭棐纂修，萬曆《廣東通志》，卷四一，〈潮州府・兵防〉，第 109 頁。
22　張燮，《群玉樓集》卷三二，〈送紀大將軍都督東粵序〉，《張燮集》第三冊，中華書局 2015 年，第 634 頁。
23　何喬遠，《鏡山全集》卷四三，〈贈沈將軍捕倭序〉，第 1156—1157 頁。

謂倭寇，實為閩粵沿海的海寇。萬曆二十九年到潮州辦事的王臨亨記載了這麼一件事：

> 開採使下令民間，曰：「有能造巨艦募夫役而從吾遊者，我與之共合浦之利。」一時豪民造船應募者百數。中使多之，汰其大半。其不得收者相與謀曰：「吾竭貲畢力以應募，而使者弗收，吾舶安所用之？」皆集亡命，泛海而去。不知所之。今春有倭舶百餘，橫掠閩廣，人頗咎使者云。[24]

可見，由於當時官府策略的錯誤，導致非法的海上武裝重新發展。陳仁錫說：

> 閩地負山阻海，歲入不足以供十之二三，而沿海之民，以海為生，出入波濤，慣於勾引，海寇竊發，即是本地之人。而倭特其借號。[25]

有人發現，萬曆後期的所謂倭寇，多來自嶺南地區。這也說明，這一時期的所謂倭寇多是嶺南海寇冒充。這些海盜倭寇還體現出不同的特點。以往的海寇，雖然生活在海上，他們多數行動還是襲擊陸上的村莊，從而劫奪糧食與財物，綁票勒贖。但萬曆三十年前後的這股海盜倭寇，沒有上岸搶劫的記錄，他們只是在海上行動，專搶過往船隻。這些海盜倭寇的行動極大地威脅了海商。當時的商人向何喬遠說：「吾向得全吾貨而往來海上者十九，而越於貨者十一，然而心有盜也。」[26]這一史料說明這股海盜倭寇對往來於臺灣海峽的商人形成威脅，大約有十分之一的船隻被其劫走。因此，平定海寇是海商們的心願。

福建水師在沈有容的率領下，於萬曆三十年冬臘月進攻臺澎倭寇，獲勝。這是臺灣歷史上的重要事件。

二、福建水師將領沈有容

沈有容[27]，安徽宣城人，字士弘，又字寧海。生於嘉靖丙辰三十五年

24　王臨亨，《粵劍編》卷二，〈志時事〉，第 69 頁。

25　陳仁錫，《無夢園初集》漫二，〈紀海船〉，第 81 頁。

26　何喬遠，《鏡山全集》卷四三，〈贈沈將軍捕倭序〉，第 1156—1157 頁。

27　徐曉望，〈明抗倭名將沈有容試傳〉，《福建史志》1996 年 3 期。

（1556 年），他的家族是一個官宦世家，有容祖父沈寵官至僉事，其父沈懋敬為蒲州同知，季父沈懋學為萬曆丁丑狀元。然而，沈有容走上了一條與家族傳統不同的道路。「年少負奇，習孫吳書，學擊劍騎射，膂力絕人。最號沉勇，有智略，甫弱冠，擢武進士第。」[28] 萬曆七年（1579 年），有容中武舉之後，薊遼總督見而奇之，任其為昌平千總，不久調至薊鎮東路，轄南兵後營。

其時明軍守長城與北邊游牧民族對峙，二者之間常有戰事。萬曆十二年，朵顏長昂率 3000 騎乘夜入犯長城劉家口；血氣方剛的沈有容率 29 名夥伴反擊，身中 2 箭，「流血及踵，弗為動。虜乃退後。又逐虜至可可母林，斬十數級而返」。[29] 這一仗，沈有容親自斬首就有 6 級，勇冠軍中。以後，他三次隨薊遼總督李成梁出塞，克名城，立戰功，斬首過當，應授萬戶之職。然而，沈有容說：「吾何愛萬戶也，願得金酬……。」、「遂裝千金入長安，日夜與窮交、惡少年醉高陽市上，時擁趙女，彈絃踮躍為樂；不數月，而囊中裝頓垂矣。」[30] 當時明朝的兵部以賄授官，有容少不更事，無金以贈兵部主官，竟以世襲千戶、職充都司僉事的資格，被差遣至窮山惡水處。數年後，有容上書言事受責，憤而辭職還家。

福建巡撫金學曾有平倭之志，久聞沈有容之名，於萬曆二十五年禮聘有容任福建海壇遊營把總。陳省說：「夫海壇，賊藪也，風帆萬里，飄忽去來，前時將吏，有任其出沒而誰何，或甚而出沒之莫知者。」沈有容到職後，「朝夕練舟師」，有一次，海寇數十人奪船潛入海壇對岸的松下村，大掠百姓。有容料其劫後必向大海遁逃，於半夜率船出海埋伏，一戰而盡擒之。不久，福建巡撫欲遣有容齎千金潛赴日本偵察，有容力辭。後迫不得已，勢在必行。陳第為其寫了一首〈寄送沈士弘將軍使日本〉一詩：

去歲輕裘下海陬，雄心今抵薩摩州。千層巨浪乘風破，萬里孤帆向日浮。

曲逆捐金成反間，班超提劍取封侯。匡時事業憐余病，期爾凌煙閣

28　陳仁錫，《無夢園初集》駐二，〈元戎沈公暨配姚夫人合葬墓誌〉，第 65 頁。
29　陳仁錫，《無夢園初集》駐二，〈元戎沈公暨配姚夫人合葬墓誌〉，第 65 頁。
30　熊明遇，〈定海新署落成序〉，沈有容，《閩海贈言》，臺灣文獻叢刊第 56 種，第 55 頁。

上頭。[31]

實際上，沈有容並未成行。後來，情況變化。官員們發現，有一些人以偵察日本為藉口到日本做生意。張燮說到一個事件：「巡海觀察某者，多鱗甲而席重名，嘗遣役詣倭偵探而不給照身。其人私置重寶，滿載以行海外，材官虞其詐也，阻不聽出。」[32] 這類事終於引起官府的注意，開始嚴查類似事件，於是，偵倭類計畫大都停止。後來朝廷追同行所賚金，有容一無所染，因得免。巡撫由此賞識有容的見識與智謀，授為福建浯嶼、銅山海營把總，調離海壇。[33] 不久又調任浯嶼寨把總，駐守廈門。

廈門為閩南門戶。海寇常在附近擾掠，而明水師紀律廢墮，形同虛設。有容蒞任後，撫民整軍。何喬遠說：「予友寧國沈有容，舊為浯嶼把總，海濱之民，皆知其生業出入，貿遷何業，所藏貨物當往何夷市，劇奸捕治之，其次可用為耳目。力使者，籍為兵，彼習知衝犁抵拒之法，見刀刃而不懼，望旗幟、聽金鼓，銃炮色不怖，而又為之利器械、堅船具。」[34] 其時，福建水師有強大的戰力。熊明遇說：「今閩中樓船三萬，師尚猶有戚之遺教云。」[35] 沈有容愛護部下，練兵有方。「矢于眾曰：『某僄力行間，奉國威鎮壓海上，其敢私士卒一錢者，敢臨敵愛七尺軀者，海若有靈，實陰殛之。』諸士卒憚將軍之整，服將軍之廉，以宿飽為投醪，以超距為對壘。每汛期至，將軍躬統餘皇，颺帆旆，凌波濤出沒；眾方旰眙錯愕，而將軍晏坐遙睇，意氣自如也。」[36] 閩南水師在沈有容的帶領下，軍威重振。「倭掠諸寨，有容擊敗之；逾月，與銅山把總張萬紀敗倭（於）彭山洋。」[37] 倭寇、海寇畏之如虎，聞風遠避。至有誤入其境者，聞為有容汛地，咋舌而退。有容在任，亦關心民瘼。廈門有商船三百，往來各地運糧，民食得以無缺。其時，萬曆皇帝派出的稅監高寀在福建主持稅收，「遣使者四出，固令其稅民貨物，毋得及米粟。而使者至嘉禾（廈門），詭曰：『中貴人云：米

31　陳第，〈兩粵遊草〉，線裝書局《明代基本史料叢刊・文集卷》，第七輯，〈萬曆朝前期〉，第 69 冊，第 2 頁。

32　張燮，《霏雲居續集》卷四六，〈福建南路參將浩然宗將軍行狀〉，第 781 頁。

33　陳省，〈海壇去思碑〉，沈有容輯，《閩海贈言》卷一，第 1—2 頁。

34　何喬遠，《鏡山全集》卷二六，〈扞圉志〉，第 712—713 頁。

35　熊明遇，《文直行書》卷十三，〈日本〉，第 36 頁。

36　黃鳳翔，〈送都閫浙江序〉，沈有容輯，《閩海贈言》卷三，第 50 頁。

37　張廷玉等，《明史》卷二七○，〈沈有容傳〉，第 6938 頁。

粟不稅，但稅鬻米粟者船。』於是度船廣狹，以準額賦」。加稅嚴重影響了廈門的糧食貿易，有容應民之請，將此事商之高寀，終於迫使其取消新稅。[38]

沈有容在廈門一直駐紮到萬曆二十九年。廈門的南普陀後山保存著一塊石碑。其文曰：「萬曆辛丑四月朔，三山陳第、宛陵沈有容同登茲山，騁望極天，徘徊竟日。」萬曆辛丑年即為萬曆二十九年（1601年）。這說明兵學家陳第訪問沈有容之時，沈有容尚在廈門。二人同登南普陀寺之後的五老峰，並留下了這一碑刻。

當時福建沿海常有倭寇騷擾。萬曆二十九年，日本為了打開對華貿易，將俘獲的閩人送回福建。他們的船隻直接開入泉州港。當地軍民大驚。程太守向沈有容諮詢，有容向其建議：於泉州外圍的石湖重建水寨，並將其率領的浯嶼水師調駐於此。消息傳開之後，石湖附近的百姓憂多於喜，因當時的官兵軍紀不好，百姓覺得：倭寇偶而來犯，百姓還可以躲避，若是官兵駐紮此地，有幾個兵油子欺侮百姓，民眾根本無處可躲。泉州的程太守乃向石湖百姓介紹：將調沈將軍來此。百姓素聞沈將軍之名，轉憂為喜。

據葉向高的〈改建浯嶼水寨碑〉，萬曆三十年六月廿二日，沈有容受命在泉州石湖建水寨。「乃度地宜，料徙役，庀材具，先為監司署，次海防署，次寨署，次徙建玄武祠，次閱武場，咸宏壯崯敞，矹然為海上鉅鎮。經費七百餘緡，取諸捕獲諸闌出財物及捐舊寨地，子民而收其值，未嘗費公帑一錢。」[39]沈有容在泉州石湖，很關心民間疾苦。當地的海堤被巨浪沖毀，大片田地被海沙吞沒。修復工程要花很多錢，尤其是缺乏石料。沈有容命令水師：凡出海的船隻都要帶一批石頭回來。他率士卒於訓練之餘，置石於坑前，積之三年。一日，他動員民眾、士兵共建大堤，數月而成，為石湖增添大片良田。

三、萬曆三十年的澎湖、東番之戰

萬曆二十九年（1601年），臺灣海峽出現一股海盜倭寇。「迤邐閩浙間；

38　何喬遠，〈嘉禾惠民碑〉，沈有容輯，《閩海贈言》卷一，第3頁。
39　葉向高，〈改建浯嶼水寨碑〉，沈有容輯，《閩海贈言》卷一，第4頁。

至東番，披其地為巢，四出剽掠，商漁民病之」。[40]陳第說：「乃邇者么麼小醜，僅七舟耳，從粵入閩，又從閩入浙，又從浙歸閩，住據東番，橫行三省，所過無忌。」[41]可見，這股海寇數量雖不多，影響卻很大。這股海寇為什麼能橫行臺灣海峽？陳第認為：「承平日久，人不談兵，將乏援桴之忘（志），士有老母之怯，相與玩愒歲月耳。」這股海寇在東番的活動對民眾的生活影響很大：「賊據東海三月有餘，漁民不得安生樂業，報水者（漁人納賂于賊名曰報水）苦于羈留，不報水者束手無策，則漁人病倭強而番弱，倭據外澳，東番諸夷不敢射雉捕鹿，則番夷亦病。」[42]在泉州石湖駐兵的沈有容受福建巡撫之托，決心殲滅這股倭寇。吳肅公說：

> 是歲有倭寇七艘劫東粵、閩湔（浙），踞東番。東番者，彭湖外洋島夷也。公（沈有容）謂東番拒彭湖，可晝夜程。折而入于倭，為內地憂。[43]

文中的東番即為臺灣南部的平埔族，其主要港口名為北港，今為臺南市，當時還是草莽初闢，到處有鹿群奔馳，只有少數漢人到其地貿易。自林道乾、林鳳被官府平定之後，東番安定二十多年。然而，至萬曆二十九年前後，又有一股「海盜倭寇」占據東番，他們殺人放火，臺灣番族深受其害。「東番之夷，裸如鳥獸，射生箐棘中，盜亦時時賊殺之，而夷人以為苦。」[44]這股海寇還在澎湖襲擊過往船隻，造成了很大的危害。

沈有容決心掃除這股倭寇。「虜僅以七艘橫行閩浙間，莫之禦。公（沈有容）整兵崇武以待。虜覘知，逸出彭湖，走東番。公自丁嶼門邀擊之。俘斬焚溺几（幾）盡。奪我民之被脅者三百七十餘，悉從便宜遣歸。」[45]「窮冬晦節沉日月，將軍殺氣連宵發。賊蹙無處歸東韓，風強不得奔南粵。」[46]這條史料說明：當時占據臺灣的「倭寇」實際上是來自廣東的海寇。其時臺灣尚未開發，海道險遠，「距中州十有餘辰，水道深惡，漢軍所不到」。

40　黃鳳翔，〈靖海碑〉，沈有容《閩海贈言》，第 11 頁。
41　陳第，〈舟師客問〉，沈有容《閩海贈言》，第 28 頁。
42　陳第，〈舟師客問〉，沈有容《閩海贈言》，第 29—30 頁。
43　吳肅公，《街南續集》卷五，〈沈大將軍傳〉，康熙程士琦等刻本，第 20 頁。
44　何喬遠，《鏡山全集》卷四三，〈贈沈將軍捕倭序〉，第 1157 頁。
45　陳仁錫，《無夢園初集》駐二，〈元戎沈公暨配姚夫人合葬墓誌〉，第 66 頁。
46　何喬遠，《鏡山全集》卷七，〈沈士弘將軍捕倭詩〉，第 234 頁。

人皆視為畏途。有容遣人赴臺灣偵察，盡知其虛實。萬曆三十年冬臘月，有容突率戰艦 21 艘進攻臺澎倭寇；船隊於中途遇到風暴：「白浪接天，檣圮楫頹，將軍被短褶、坐樓船，以手將鬚，神色愈厲，衣衿如注；按劍颺言曰：『大丈夫生成名，迺不葬江魚腹中，烏用巾幗而鬚眉以處牖下；敢言旋師者斬！』」[47] 與沈有容同行的陳第面不改色。《連江縣志》記載：

> 一齋（陳第的號）少豪宕自喜，生平無憂色。嘗與沈參戎有容浮黑水擊倭。風濤掀天，檣摧柁折，舟膠沃礁，須臾欲碎，人皆失色。一齋撫髀歌曰：「水亦陸乎？舟亦屋乎？與其歸於牖之下，山之窟乎？何擇於江之中，魚之腹乎？！」歌數闋，大笑不止。須臾風息。[48]

沈有容與陳第的豪爽，令人仰慕。他們這次行動與福建巡撫的命令有關。[49] 沈有容做了充分準備後：「下令其帳下目長曰：『吾近往耳，聊以懼竊竊覦我分地者。』舟既發，則曰直抵東番，諸目長悚然從之。」[50] 吳肅公記載：

> 會撫院密檄令勦倭于東番。公率戰艦廿有四，將出師。時冬月寒劇，士卒有難色。公仗劍曰：沮軍者斬！至彭湖而颶作，雪浪拍天，諸艦漂散。公掉泊嶼門，三日集者纔十四耳。公神色自若曰：此足以破賊矣。遂入東番。[51]

大風停息之後，艦隊已經飄散。有容收攏艦隊。尚餘 14 艘歸隊，另七艘不知去向。有容乃編隊繼續前進，過澎湖之後，在臺南海面與倭寇相遇。倭寇料所不及明軍敢於在風暴之時出航‧疑為漁船，猶豫間，有容艦隊已逼近；有容武藝精熟，每海戰，輒身先士卒：「兩舟相隔丈許，提刀飛身過之，立斬數人，一舟披靡，而後眾將士從之。」[52] 明軍「斬馘火攻」，很快全殲六艘海寇船上的數百名海寇與倭寇，救回被擄百姓三百七十餘人。沈有容墓誌銘記載：「公奮身躍入賊舟，揮刀斬數人，兵鼓勇乘之，氣百倍。

47　黃克纘，〈盪平海寇序〉，沈有容輯，《閩海贈言》卷三，第 43 頁。

48　邱景雍纂修，民國《連江縣志》卷三十四，〈雜錄〉，連江縣方志委 1989 年點校民國二十二年刊本，第 434 頁。

49　吳肅公，《街南續集》卷五，〈沈大將軍傳〉，第 20 頁。

50　何喬遠，《鏡山全集》卷四三，〈贈沈將軍捕倭序〉，第 1157 頁。

51　吳肅公，《街南續集》卷五，〈沈大將軍傳〉，第 20 頁。

52　屠隆，〈平東番記〉，沈有容輯，《閩海贈言》卷二，第 22—23 頁。

火攻焚溺無算。倭眾殲焉。東番懾服。感謝。具壺漿犒師。」[53]「以故東番之役，戴星破巢，所俘斬馘倭無筭。」[54] 消滅所謂的倭寇之後，沈有容率眾登陸東番，頗受當地番眾的歡迎。有容這次行動是明政府在臺灣顯示主權的重要行動，它遠在荷蘭人盤踞臺灣之前。

由於沈有容的這次行動是海戰，明軍重視的斬首很難獲得。有些倭寇看到自己難免一死，竟有抱石頭投海自殺的，所以，明軍斬首不多。「是役也，漂蕩倉卒，僅得十五級，以漸擄七十餘人報。踰年，題敘僅予紀錄。」[55] 後來的《明史・沈有容傳》還是承認他的戰績的：「（萬曆）二十九年（1601年），倭掠諸寨，有容擊敗之。踰月，與銅山把總張萬紀敗倭彭山洋。倭據東番。有容守石湖，謀盡殲之。（萬曆三十年）以二十一舟出海，遇風，存十四舟。過彭湖，與倭遇，格殺數人，縱火沈其六舟，斬首十五級，奪還男婦三百七十餘人。倭遂去東番，海上息肩者十年。捷聞，文武將吏悉敘功，有容賚白金而已。」[56] 可見，在沈有容進軍東番之後，倭寇長期避開東番、澎湖，臺灣海峽南部治安轉好。令人遺憾的是，明朝對立有大功的沈有容僅僅給予賞金，並未在職務上提升沈有容。不過，閩中士大夫對沈有容極為讚賞：「寧海沈公……至閩，赭倭東番。」[57]

萬曆年間的福建水師經俞大猷、戚繼光等人的整頓，本來有很強的實力。迨至萬曆三十年前後，再經沈有容整頓，福建水師的戰力略有恢復。沈有容獲得臺灣之戰勝利後，福建省「始立合綜會哨之法，每於沿海要害地，分置陸兵，或截或迎或躡，惟不使登岸焚掠為功。而勾虜之路遂絕。」[58]

那麼，萬曆三十年常在臺灣、澎湖活動的倭寇是一些人什麼人？他們應是以潮州海寇為主，其中有一些日本打手而已。如上一章所說，廣東海寇中，有一些人剃髮打扮成倭寇，他們總數不多。沈有容進擊澎湖、東番之戰，規模不小，但最後所得倭寇首級只有 15 級，其原因在此。陳第指出，

53　吳肅公，《街南續集》卷五，〈沈大將軍傳〉，第 20 頁。
54　黃鳳翔，《田亭草》卷六，〈送都閫沈將軍之浙江序〉，商務印書館 2018 年，第133 頁。
55　吳肅公，《街南續集》卷五，〈沈大將軍傳〉，第 20 頁。
56　《明史》卷二七〇，〈沈有容傳〉，第 6938 頁。
57　董應舉，《崇相集》壽文，〈寧海沈公七十初度序〉，第 38 頁。
58　陳仁錫，《無夢園初集》駐二，〈元戎沈公暨配姚夫人合葬墓誌〉，第 66 頁。

這股倭寇被打敗之後，有些人抱石頭自沉：「賊見勢敗，不肯與我以首，恐為鄉人所物色也者，故繫石於腰，以自沉溺。是以鏖戰惟倭，兵之所斬亦惟倭。」[59] 總之，這股所謂的倭寇，真倭也僅 15 人而已，多數為嶺南土寇。

明軍平定這股「倭寇」之後，臺灣海峽又平定了十來年。

第三節　萬曆四十四年前後的臺灣危機

自從德川家康掌握日本大權以來，對海外的政策幾經變化。德川家康掌權之初，是實行收縮政策，放棄侵吞朝鮮的想法，並希望能與中國的港口直接通商。然而，德川幕府並不能抑制日本西南大名向海外擴展。萬曆三十七年（1609 年），薩摩藩發兵琉球，俘虜琉球國王，經過多年後才將琉球王放回琉球本土。此後，日本薩摩藩戰船繼續南下，對臺灣形成極大的威脅。從萬曆四十四年到萬曆四十五年，閩浙諸省與南下的薩摩藩艦隊進行了交涉和戰鬥。

一、反擊日本對臺灣的圖謀

日本關白豐臣秀吉對海外一直有野心。萬曆二十年，日本侵略朝鮮。萬曆二十一年十一月，豐臣秀吉命使者原田孫七郎至呂宋，路過臺灣時，原田竟至書高山國，勸其入貢日本。萬曆三十二年（1604 年），日本的山田長政「赴暹羅，途次臺灣……復攻雞籠番，脅取其地。」[60] 這些活動都沒有結果，但對福建、浙江、廣東諸省的海防都構成了威脅。

萬曆三十七年（1609 年），日本侵略琉球得手：「是歲倭并琉球，虜其王，聲取雞籠、淡水，侵閩廣。」[61] 該年，日本九州的有馬晴信奉德川家康之命，帶人到臺灣考察當地的物產人文。可見，侵略臺灣已經成為日本人南下的進一步計畫。這對臺灣及福建廣東形成了威脅。萬曆三十九年，日本使者有馬晴信再次侵略臺灣島，並再次遭到臺灣少數民族的抵制。其後，日本船艦出沒於臺灣、澎湖一帶，浙江方面十分警惕：「後夷使突入，

59　陳第，〈舟師客問〉，沈有容，《閩海贈言》，第 31 頁。
60　連橫，《臺灣通史》，北京，商務印書館 1983 年修訂本，第 8 頁。
61　茅瑞徵，《萬曆三大征考》，巴蜀書社中國野史集成本，第 646 頁。

有雞籠淡水之警，公議大將駐定海，控全浙。」[62] 萬曆四十一年「粵帥王鳴鶴疏謂：倭借對馬島互市，為入朝鮮之梯。以為中國能救朝鮮，不能救琉球也。今乘其弱，據雞籠、淡水，借其貢道，為入中國之梯。」[63] 這就對中國形成威脅。福建巡撫黃承玄說：

> 度大琉球國——是國乃天朝素所親厚寵禮，欲以斷日本右一臂者；而近年已折入於倭，疆理其畝，使吏治之矣。稍南，則雞籠、淡水（臺灣北部），俗呼小琉球焉；去我臺、礵、東湧（皆為海中島嶼）等地，不過數更水程。又南為東番諸山（臺灣南部），益與我彭湖相望。此其人皆盛聚落而無君長，習鏢弩而少舟楫；倘今倭奴遂得裝艦率徒，以下琉球之餘勁撫而有之，偵我有備則講市爭利，乘我隙暇則闌入攻剽，閩及浙廣之交，終一歲中得暫偃其柝燧乎。[64]

他的看法得到朝廷大臣陳玉輝的呼應。萬曆四十四年八月：

> 御史陳玉輝以閩人策閩事，曰：倭有吞併雞籠之心，必有協（脅）取淡水之日，有挾要互市之謀，必有侵據彭湖之漸。夫南麂者，在閩為頭顱，在浙為尾（閭）。閩舊撫臣黃承玄、金學曾皆籌之。宜置水兵杜其艘路，而尤致謹于彭湖，決勝千里云。[65]

萬曆四十四年六月乙卯，琉球國也向明朝告警：

> 琉球國中王山（中山王）尚寧遣通事蔡廛來言：「邇聞倭寇各島造戰船五百餘隻，欲協取雞籠山。恐其流突中國，為害閩海，故特移咨奏報。」[66]

當時福建、江浙的士大夫也都察覺到日本在吞併琉球後，有進一步吞併臺灣的野心。浙江名士徐時進在給浙江巡撫的信中說：「（倭）比歲而攜，繫吾服屬之琉球，又刮剺我雞籠、淡水不休，其托為內嚮迫需此耳。

---

62 劉鴻訓，《四素山房集》卷十八，〈明資善大夫工部尚書贈太子太保用齋劉公墓表〉，崇禎刻本，第 2－3 頁。

63 方孔炤，《全邊略記》卷九，〈海略〉，崇禎刻本，第 60－61 頁。

64 黃承玄，〈題琉球咨報倭情疏〉，《明經世文編選錄》，《臺灣文獻史料叢刊》第 3 輯，第 53 冊，第 226—227 頁。

65 方孔炤，《全邊略記》卷九，〈海略〉，崇禎刻本，第 62 頁。

66 張惟賢等修，《明神宗實錄》卷五四六，萬曆四十四年六月乙卯。

雞籠，閩之要，即吾要也。」[67]徐光啟說：「雞籠、淡水，彼圖之久矣。累年伐木，不以造舟，何所用之。……已而漸圖東番以迫彭湖，我門庭之外遍海皆倭矣。此時而求市于我，則將許之乎否也？抑此之時，扼我吭，拊我背。」[68]閩籍士大夫董應舉指出：「倭垂涎雞籠久矣。數年前曾掠漁船往攻，一月不能下，則髡漁人為質于雞籠，請盟；雞籠人出，即挾以歸。今（萬曆四十四年）又再舉者，不特倭利雞籠，亦通倭人之志也。雞籠去閩僅三日，倭得雞籠，則閩患不可測；不為明州，必為平壤！故今日倭犯我則變急而禍小，倭取以雞籠則變遲而禍大。此灼然也。」[69]葉向高也認為雞籠是必爭之地：「彼一創，則數年不來矣。惟其據雞籠、淡水，求與我市，我應之則不可，不應之，彼且借兵端。而其地去我順風僅一日程耳。彼無所不犯，我無所不備。諸凡濱海去處，皆不得寧居。而奸民且挾以為重，益與之合。此則門庭之寇，腹心之疾，其為閩禍無已時也。」[70]日本圖謀臺灣的行動日益加緊，黃承玄指出：「往者（德川）家康……有窺我南鄙之心；而長岐（長崎）之酋曰等安——即桃員者，以他事得罪家康，懼家康之滅之也，乃請力取東番以自贖。」[71]這樣，日本侵占臺灣的野心便付諸行動。萬曆四十四年（1616年），日本派出13艘戰艦組成的船隊攻略臺灣。日本謀取臺灣的消息很快由琉球傳入福建，引起福建官府的震動。福建與臺灣唇齒相依，福建巡撫黃承玄分析：「今雞籠（即臺灣北部）實逼我東鄙，距汛地僅數更水程。倭若得此，而益旁收東番諸山，以固其巢穴，然後蹈瑕伺間，惟所欲為。指臺（山）、礵以犯福寧，則閩之上游危；越東湧（即東引島）以趨五虎，則閩之門戶危；薄彭湖以瞷泉漳，則閩之右臂危。即吾幸有備，無可乘也。彼且挾互市以要我，或介吾瀕海奸民以耳目我，彼為主而我為客，彼反逸而我反勞。彼進可以攻，退可以守，而我無處非受敵之地、無日非防汛之時。此豈惟八閩患之，兩浙之間恐未得安枕而臥也。」[72]可見，黃承玄認識到，臺灣對大陸的安全有至關重要的作用，

67　徐時進，《嘯墨亭集》卷一，〈高中丞奏最序〉，明刻本，第3頁。
68　徐光啟，〈海防迂說〉，陳子龍等，《明經世文編》卷四九一，第5442頁。
69　董應舉，《崇相集》議二，〈籌倭管見〉，第25頁。
70　葉向高，《蒼霞續草》卷二二，〈答韓辟㕵〉，第16頁。
71　黃承玄，〈題報倭船疏〉，《臺灣文獻史料叢刊》第3輯，第53冊，《明經世文編選錄》，第259頁。
72　黃承玄，〈題琉球咨報倭情疏〉，《明經世文編》卷四七九，《黃中丞奏疏》，第

絕不能坐視日本侵略臺灣。明朝中樞也發現了這個問題。錢謙益在為皇帝起草的詔書中說：「制曰，朕視天下為一家，而閩海東南之戶庭也。……中國久不中倭，今雞籠、淡水之間，漸見告矣。嚮導之不絕，汛候之不至，議者多言之。」[73] 可見，當時明朝的士大夫非常看重臺灣。實際上，明朝已經將臺灣納入防守範圍之內，黃承玄說：

> 及查倭之入閩，必借徑取水於南麂而後分艘南發。西北風則徑指雞籠諸島。東北風則慮右突福寧。故南麂實上游之要衝。前撫臣金學曾曾請改設副總兵於此，如南澳故事，誠見及此也，若過南麂，直下獵外洋以趨雞籠，則我臺、礵、東湧之哨，或遠不及偵。即偵及之，而一哨船兵，勢難望番遠躡，又不敢輕撤烽火、喻埕諸哨，舍門戶而預逆之藩籬也。[74]

為了遏制日本南下，晚明浙江省提出要防止福建商人到浙江海面並到日本去。這就是「禁越販」。張燮說：「比年閩粵小丑間發，詭托島夷，直宇內不逞之徒。營口化為巢穴，在在煩人。」浙江寧波沿海是歷史上倭寇發生的地方，從閩粵來的船隻，經常從浙東沿海島嶼向日本航行，明朝官員害怕出紕漏：「明州為越最重地，其民捕海為活，每詭而走險，東望倭夷，一葦可航也。」[75] 因此，明朝在寧波沿海厲行海禁，堵截外來船隻，來防止這些船隻轉向日本貿易。福建官員指出：

> 夫越販起於富人射利，其意元非勾賊。唯是輸其寶貨，露其情形，此其漸不可長者耳。禁越販自是防倭急務，未可謂越販之門一杜，而倭便不復來也。海上行劫無處無，倭奴犯漁舟、居賈舶，旋復散去。不逞之徒搏手無生活，日覬波心，與夷雜處。彼狡焉有窺中國之心，何日忘之？胡松《海圖說》曰：倭之入寇，隨風所之。東北風猛，則由薩摩或五島至大小琉球，而仍視風之變遷，北多則犯廣

　　　5268 頁。

73　錢謙益，《牧齋初學集》卷九八，〈福建布政使司分守漳南道右參政朱綵授中大夫〉，崇禎瞿式耜刻本，第 31 頁。

74　黃承玄，〈題琉球咨報倭情疏〉，《明經世文編》卷四七九。

75　張燮，《霏雲居續集》卷三一，〈贈楊（聲遠）明州擢巡海備兵觀察仍駐明州序〉，《張燮集》第二冊，第 560—570 頁。

東，東多則犯福建。[76]

可見，當時連漳州官員都擔心「越販」的商人將倭寇引來，對福建官員來說，日本薩摩藩圖謀臺灣意圖，讓他們時刻警惕。

二、萬曆四十五年中日雙方的交涉及福州東沙島之戰

萬曆四十四年，日本薩摩藩在準備多年之後，終於發動了南下臺灣海峽之戰。先是，薩摩藩為提高自己的地位，有意向海外發展。在攻掠琉球之後，又圖謀控制臺灣。由於日本的船舶不適宜遠航，薩摩藩在長崎港等地購買中國去當地貿易的商船，據商人傳回的消息，薩摩藩之人出價在船值的一倍以上。這樣，經過多年準備，薩摩藩有了一支力量可觀的遠洋艦隊。這支艦隊由肥前州大名村山等安之子——秋安率領，約有 13 艘戰船，每艘船載倭一二百人，戰馬四匹，鳥銃、倭刀等兵器若干。他們的目的是拿下臺灣。這一目的很早就被閩浙官府瞭解，所以閩浙士大夫有一番討論，如上所述，其結論是堅決不可放棄臺灣。

秋安的艦隊南下後，一進入中國水域，便遭到浙江水師的圍攻，加上遇到大風，秋安船隊飄散。以後，這些倭船各自活動，一部分騷擾閩浙沿海，一部分到了臺灣，還有一些遠去越南貿易。有幾艘船舶攻擊福建的衛所。「丙辰（萬曆四十四年），倭犯大金，屠殺甚夥」。[77] 其中兩隻船在明石道友的率領下，進泊福州沿海的東湧島，打聽統帥秋安的消息。

福建方面發現這一情況後，「巡撫黃承玄懸賞招人偵探，時有閩縣人董伯起者應募，奉文往東湧外洋，遇倭酋明石道友，（明石道友）令通事語起曰：我係長沙磯國王差往雞籠復仇耳。共船十四隻，遇風飄散，獨我二船停泊東湧，候風順眾船至。船至即發，不入大明境界也。」[78] 然而，明石道友卻扣留了董伯起。「福建巡撫黃承玄遣義民董伯起同李進、葉貴、傅盛出海探倭，為倭所留。」[79] 不過，董伯起被俘後，在明石道友處得到優待。明石道友因與村山秋安被颱風沖散，不敢直接回日本，怕無法向村山

76　袁業泗修、劉庭蕙纂，萬曆《漳州府志》卷十五，〈兵防志〉，第 8—9 頁。
77　張燮，《霏雲居續集》卷四十，〈海國澄氣記〉，第 695 頁。
78　曹學佺，《曹能始先生石倉全集》，《湘西紀行》卷下，〈倭患始末〉，第 44—45 頁。
79　高汝栻輯，《皇明續紀三朝法傳全錄》，卷八，〈顯皇帝〉，崇禎刻本，第 16 頁。

等安交代，他便在日本外海的五島守冬。第二年春，以送董伯起回國之名，進入福州外海。董伯起登陸後，亟向官府報告，此後，他因功被提升為「海口裨將。」[80]因明石道友以禮而來，明朝派出福建海道副使韓仲雍接待明石道友。當韓仲雍問起日本人為何侵略臺灣並屢屢騷擾大陸沿海時，明石道友回答：「自平酋（豐臣秀吉）物故，國甚厭兵。惟常年發遣十數船，挾帶資本通販諸國；經過雞籠，頻有遭風破船之患。不相救援，反掠我財。乘便欲報舊怨，非有隔遠吞占之志也。……問渠外海商販，何故內地刦掠？稱國王嚴禁，不許犯天朝一草一粒。緣各商趁風飄入浙閩，不得已沿途汲取山泉；官兵既刦賊相待，因而格鬥，未免殺傷。且各商去國遠，不必謹守國灆；有信附舟唐人恐嚇起釁者，有被刦海唐人教誘取利者，國王實不知聞；聞則必根查之而種誅之。」[81]按，明石道友這次發言，只說薩摩藩派出軍隊到臺灣是想報仇，掩飾了其人圖謀臺灣的陰謀。然而，韓仲雍也乘機向明石道友表示了絕不允許日本占據臺灣之意：「因問其何故侵擾雞籠、淡水，何故謀據北港？何故擅掠內地與挾去伯起、復送還伯起？及侵奪琉球等事……汝若戀住東番，則我寸板不許下海，寸絲難以過番，兵交之利鈍未分，市販之利喪可睹矣。」據明方的記載：「明石道友等各指天拱手連稱不敢。」[82]這次交涉中，福建官府向日本方面表達了不允許他們侵占臺灣的立場，這是十分重要的。韓仲雍可謂不辱使命。其後，明石道友帶著福建官府給予的禮物，從閩江口返航。在這次明石道友訪問福州過程中，接待他的是福建水師將領沈有容。

沈有容早在萬曆二十九年前後受聘為福建水師把總，先後多次立功。萬曆三十年，沈有容殲滅盤踞臺灣的倭寇（海寇），萬曆三十二年，沈有容赴澎湖群島，勸退進占澎湖的荷蘭船隊。後來，沈有容被調到浙江任職，並在浙江退休。然而，到了萬曆四十四年，閩中復有倭寇之警。閩縣名宦董應舉向福建巡撫黃承玄推薦名將沈有容，請其出任福建水標參將，駐紮於連江黃岐半島的定海城。這是為了加強福州的海防。20世紀90年代我曾到定海考察，當時定海的小埕水寨保留很好，城內的「參將府」尚存。參將府

80　高汝栻輯，《皇明續紀三朝法傳全錄》，卷八，〈顯皇帝〉，崇禎刻本，第16頁。

81　張燮，《東西洋考》卷十二，〈逸事考〉，第250—251頁。

82　張惟賢等修，《明神宗實錄》卷五六○，第10557—10559頁。

前面有一片廣場，當時應為集合士兵的場所。廣場邊上有一塊沈有容樹立的巨碑，惜被百姓當作搭蓋房子的立柱，一半沒入土牆中。沈有容在此駐紮多年。萬曆四十五年四五月間，明石道友率艦隊送返董伯起，便是由沈有容負責接待。沈有容待客彬彬有禮。日本武士以帶刀為榮，到了福建，明石道友怕引起誤解，自動解除佩刀。有容見之，反贈其刀，且令佩帶。這一方面是表示：福建官員並不害怕他們，另一方面，也是為了安撫明石道友——使其覺得在福建受到尊重。因故，明石道友十分感激沈有容。

在村山等安方面，見其子秋安久出不歸，又派出桃烟門率船隊前去尋找秋安。桃烟門是個冒失的傢伙，他於萬曆四十五年進入中國沿海之後，到處與明軍發生衝突：「破浙一兵船，殺兵十八名，擄捕盜余千及兵目十名。至閩，又擄漁船鄭居等二十餘人。」[83] 桃烟門得到兩隻中國船之後，將所帶日本兵分為三隊，每船各有數十人，三艘船共有 200 餘人。五月，桃烟門的船隻在閩東境內受到福寧州水師的圍攻，倉惶逃竄中，又遇到颱風，艦隊飄散，桃烟門的大船在閩江口外的東沙島觸礁。於是，「倭奴將器械衣糧俱搬上山，搭寮安頓；復艤修小艫，樹旗召船」。[84] 這就被福建水師發現了。福建巡撫黃承玄得到這一消息，迅速調集各路水師傅前往東沙圍攻倭寇，水師首領由宿將沈有容擔任。陸續抵達的福建水師各部在沈有容的指揮下，將倭寇合圍於東沙島。但是，怎樣消滅這股倭寇，水師將領中有爭議。年輕氣盛的何承亮主張上島進攻。被沈有容勸止。後來，董應舉評說：「若當時上山與戰，倭藏礁石間以實擊虛，三千兵不彀其殺，反予之搶船之便矣。」[85] 沈有容下令明軍加強圍困：「止用佛狼機及神飛大礮等器，合勢仰攻，燔其寮舍，盡其積聚。兵即不許近岸，輕與格鬥，倭亦不敢下艫乘間邀逃。到十五日，然猶揮刃裝銃，意在拚死突圍。」長期拖下去也不是辦法。「沈參將復計困獸在穽，爪牙毒猛；專用力拘，未免兩傷。縱能近令自斃漂沈，難撈功級。隨用通倭語把總王居華及倭來通事林高子美、雙齊門等齎執該參令牌登山曉諭以：『汝輩命在須臾；若未有犯唐罪過，分剖明白，或尚可覬一線之生路！』各倭意動，正猶豫間，至十六日早，

83　董應舉，《崇相集》議二，〈中丞黃公倭功始末〉，第 79 頁。

84　黃承玄，《盟鷗堂集‧擒倭報捷疏》，《明經世文編選輯》，臺灣文獻叢刊第 53 冊，第 265 頁。

85　董應舉，《崇相集》書三，〈與黃玉田方伯〉，第 62 頁。

遙見遠洋有大鳥船一隻、小漁船二隻，認識號帶，是伊同鯮倭賊前來接濟者。沈參將即麾率官兵奮力衝攻，戈船飆集、火器雷震，當將三船立刻犁沈；駭濤深溜中，止撈斬二級。……軍威益張，倭計益窮。」[86] 在這一背景下，沈有容進一步誘降倭寇。「乃遣王居華上沙與語。居華慣通番語，與伯起同送歸者也；言明石道友已受撫。桃烟門心動，曰：『有道友書來，即從。』沈即遣居華取道友書；書到，乃降。沈公令倭先束刀銃，乃許上舟；沈公分倭與各船為功，自解桃烟門等二十八名並二級歸報軍門。」[87] 結果，除投海者，餘倭桃烟門等 69 人（一說生俘 67 人斬首 2 人）皆被俘。消息傳來，閩人大喜，董應舉說：「某生六十一矣，未見有此不傷一卒、不折半矢、不糜斗糧、不曠時日，去如振葉、歸若繫豚，捷速而完，功難而易，就使俞（大猷）、戚（繼光）再生，亦當首肯矣。」[88] 至今白犬島上仍有董應舉所書的紀功刻石：「萬曆彊梧大荒落，地臘後挾日，宣州沈君有容獲生倭六十九名於東沙之山，不傷一卒。閩人董應舉題此。」

　　沈有容返榕之後，將桃烟門等 67 人作為倭寇上報朝廷。但此前不久，浙江方面發生了一次官兵誤殺日本商船人員的事件，所以，朝廷對地方官殺良冒功非常惱火。正值此時，沈有容又來報功，朝廷官員認為這是又一次冒功行為，將桃烟門諸人當作過境商人，並沒有將他們作為倭寇處理。沈有容等人非但沒有得到獎賞，反有冒功之錯。其實，桃烟門前來臺灣海峽，一方面是日本侵略戰略的一部分，另一方面確實有在閩浙沿海擄掠漁民的罪行。朝廷的高官高高在上，對這些情況都不瞭解，乃至冤枉了沈有容等人。然而，正當事情向有利於桃烟門等人發展時，桃烟門等人卻自亂陣腳，他們在福州獄中發起暴動，失敗後全部被斬首。不過，倭寇受挫之後，於次年進行了大報復。萬曆四十六年，黃承玄發現，本年倭寇四處襲擊，十二月泊烽火門，攻大金所，「焚城內三百舍，殺五十餘人，由雞籠東而去」。[89] 但是，南下的幾艘日本船隻究竟不能成大事。萬曆四十四年以來日本對臺灣的入侵，最終不了了之。[90]

86　黃承玄，《盟鷗堂集・擒倭報捷疏》，《明經世文編選輯》，引自《臺灣文獻史料叢刊》第 53 冊，第 264—265 頁。

87　董應舉，《崇相集》議二，〈中丞黃公倭功始末〉，第 79 頁。

88　董應舉，《崇相集》書三，〈與韓璧哉〉，第 60 頁。

89　方孔炤，《全邊略記》卷九，〈海略〉，崇禎刻本，第 64 頁。

90　徐曉望，《早期臺灣海峽史研究》，福州，海風出版社 2006 年。

總之，當日本薩摩藩將其對南方用兵發展到臺灣的時候，刺激了閩浙士大夫的臺灣意識。他們深深感到與福建近在咫尺的臺灣諸港對保衛閩浙的安全具有重要意義，絕不能讓它落在日本人手中。除了日本侵略的危險外，閩中官僚還感到臺灣一地有可能被人利用。熊明遇說：「然距閩中郡甚近，不似倭奴、流求絕遠。何哉載籍之不經見也。利之所在，民忘其死。以彼地近中國而當海外諸島之徑，他日必有奸人自樹，如尉佗之在南越者。吾甚憂之也。」[91] 本書在以後還將講到，其後福建官府漸有在臺灣設立郡縣的計畫。

第四節 萬曆末年海寇袁進、李忠的活動

晚明嘉靖、萬曆年間，海寇林道乾、林鳳便在臺灣沿海港口活動，不過，二林在臺灣的活動是間歇性的，他們最終還是退出了臺灣。萬曆中後期，海寇深入臺灣的事多有發生，乃至有些海寇以臺灣為據點，襲擊臺灣海峽過往船隻。迄至萬曆末年，又有袁進、李忠這些海寇進入臺灣。明末臺灣海寇顏思齊和鄭芝龍實際上是袁進的繼承者。由此看來，作為鄭芝龍前輩的袁進是臺灣早期史上的重要人物，應當加以詳細研究。

一、關於萬曆末年臺灣海寇的研究

袁進是明末著名的海寇，以往由於相關材料極為分散，學術界對他的研究是逐次展開的。最早由松浦章的《中國の海賊》[92] 及鄭廣南的《中國海盜史》[93] 提及袁進和李忠，但內容不多；展開針對性研究的應是張增信的《明季東南中國的海上活動》一書，該書的第二章：「天啟、崇禎的海寇活動」一節，提到了「袁進李忠及其夥黨」。雖說相關內容僅 1200 多字，但張增信先生發現了沈演的《止止齋集》涉及袁進、李忠的重要史料，具有重要的研究價值。[94] 其後，臺灣學者陳宗仁於 2003 年發表〈北港與「Pacan」地

91　熊明遇，《文直行書》卷十三，〈東番〉，第 27 頁。
92　〔日〕松浦章，《中國の海賊》，東京，東方書店 1995 年。
93　鄭廣南，《中國海盜史》，上海，華東理工大學出版社 1998 年。
94　張增信，《明季東南中國的海上活動》上編，臺北，中國學術著作獎助委員會，1988 年，第 120—123 頁。

名考釋：兼論 16 世紀、17 世紀之際臺灣西南海域貿易情勢的變遷〉[95]，文中也提到了袁進和李忠。不過，張增信和陳宗仁對袁進、李忠的研究集中於袁進海寇活動的後期。

關於袁進與臺灣的北港，我撰寫論文多篇。我在 2003 年《臺灣研究》第三期發表的〈晚明在臺灣活動的閩粵海盜〉一文[96]，提到了袁進和李忠，明確指出他們是以臺灣為其巢穴。2004 年我為臺灣的《人間福報》寫過一篇 3000 字的短文：〈晚明開拓臺灣的第一人——袁進和李忠〉，文中提出：袁進是開發臺灣的第一人；其後又有相關論文兩篇：〈晚明臺灣北港的事變與福建官府〉[97] 及〈論福建省統轄臺灣之始〉[98]，其中專節研究袁進和李忠，認為袁進降明之後，福建省的統轄權已經伸及臺灣。[99]2006 年，我的《早期臺灣海峽史研究》[100] 一書發表，該書對袁進和李忠進行了較為詳細的探討。此外，〈鄭芝龍之前開拓臺灣的海寇袁進與李忠——兼論鄭成功與荷蘭人關於臺灣主權之爭〉，再次申論明末福建省已經管轄臺灣本島的北港。[101] 其後，我總結有關袁進的研究，撰成〈晚明海寇袁進、李忠及福建省統轄臺灣之始〉[102] 一文，增補了多條相關史實。由袁進而產生的明清之際臺灣法律地位問題，我有專文討論。[103] 多年來，我一直關心袁進的相關史料及研究的進展，回顧以往的相關研究，有對有錯，應當重新加以討

95　陳宗仁，〈北港與「Pacan」地名考釋：兼論 16 世紀、17 世紀之際臺灣西南海域貿易情勢的變遷〉。《漢學研究》第二十一卷第二期，總第 43 號，臺北，2003 年。

96　徐曉望，〈晚明在臺灣活動的閩粵海盜〉，北京，《臺灣研究》2003 年第 3 期。收入《早期臺灣史考證》，福州，海風出版社 2014 年。

97　徐曉望，〈晚明臺灣北港的事變與福建官府〉，臺北，《臺灣源流》2005 年冬季刊。

98　徐曉望，〈福建省統轄臺灣之始〉，本篇為作者參加 2005 年學術會議的文章，後發表於福建省炎黃文化研究會等編，《臺灣建省與抗日戰爭研究——紀念抗日勝利 60 周年暨臺灣建省 120 周年學術研討會論文集》，廈門，鷺江出版社 2008 年。收入《早期臺灣史考證》，福州，海風出版社 2014 年。

99　徐曉望，〈論福建省統轄臺灣之始〉，福建省炎黃文化研究會等編，《臺灣建省與抗日戰爭研究——紀念抗日勝利 60 周年暨臺灣建省 120 周年學術研討會論文集》，廈門，鷺江出版社 2008 年。

100　徐曉望，《早期臺灣海峽史研究》福州，海風出版社 2006 年。

101　徐曉望，〈鄭芝龍之前開拓臺灣的海寇袁進與李忠——兼論鄭成功與荷蘭人關於臺灣主權之爭〉，福建漳州，《閩臺文化交流》2006 年 1 月。

102　徐曉望，〈晚明海寇袁進、李忠及福建省統轄臺灣之始〉，氏著，《早期臺灣史考證》，福州，海風出版社 2014 年，第 200—229 頁。此書交稿時間為 2011 年前後。

103　徐曉望，〈論鄭成功復臺之際臺灣的法律地位〉，《福建論壇》2012 年第 10 期；《人大複印資料·明清史》2013 年第 2 期。

論。

二、袁進在臺灣海峽的海寇活動

　　萬曆後期臺灣海峽海寇發生的原因。自萬曆三十年沈有容平定彭湖、東番之間的「倭寇」，臺灣海峽平靜數年。萬曆末年，臺灣的海寇活動又多了起來。其原因在於：北方金國南下之勢已經形成，儘管明軍在遼東布置防守，仍然屢吃敗戰，導致經費吃緊，各地財政壓力很大。閩粵二省都有裁減水師之舉，剩下的水師也因缺乏經費而戰鬥力削減。例如福建省戚繼光時代原建五座水寨，迄至萬曆四十四年黃承玄任福建巡撫時，「沿海五寨，業已論去其三，即今烽火、浯嶼二寨見缺（寨總）」。[104] 又如廣東：「援遼死亡相繼，十室九空，滿池綠林，如袁八老者，實繁有徒。計廣州兵營不過四千，以守禦且不足。」[105] 在這種形勢下，海上治安急遽下降，海寇活動漸漸興起。

　　按照當時官場的傳統，所有的海寇活動，都被上報為倭寇的行動，所以，萬曆末年，官方文獻中常有倭寇在臺灣海峽活動的紀錄。這些「倭寇（海寇）」新的特點是：往往以臺灣為其巢穴，襲擊過往臺灣海峽的船舶。這讓明朝十分頭痛，明朝福建官府多次設法剿平臺灣的海寇。

　　萬曆末年最為出名的海寇是袁進。「袁進，同安人。李忠，龍溪人。糾黨流劫閩粵間。」[106]《明史・雞籠傳》記載臺灣的海寇：「崇禎八年，給事中何楷陳靖海之策，言：自袁進、李忠、楊祿、楊策、鄭芝龍、李魁奇、鍾斌、劉香相繼為亂，海上歲無寧息。今欲靖寇氛，非墟其窟不可。其窟維何？臺灣是也。臺灣在彭湖島外，距漳、泉止兩日夜程，地廣而腴。初，貧民時至其地，規魚鹽之利，後見兵威不及，往往聚而為盜。」[107] 這段引文明確指出海寇袁進、鄭芝龍等人以臺灣為其巢穴，而且以袁進為第一人；其次，日本人川口長孺的《臺灣鄭氏紀事》也記述了臺灣的海寇：「顏振泉……與群盜分十寨保焉。群盜陳衷紀、楊六、楊七、劉香、袁進、李

104　黃承玄，《盟鷗堂集》卷二八，〈調補寨總咨〉，明刊本，第 26 頁。
105　任果修、檀萃纂，乾隆《番禺縣志》卷十五，〈崔奇觀傳〉，乾隆刊本，第 7 頁。
106　周碩勳，乾隆《潮州府志》卷三八，〈征撫〉，第 41 頁。
107　張廷玉等，《明史》卷三二三，〈雞籠傳〉，北京，中華書局 1974 年標點本，第8378 頁。

忠等相共嘯聚」。[108] 在這段文字裡，袁進、李忠被視為劉香等海寇的同夥，但排名在其後。實際上，袁進、李忠在臺灣的活動遠早於劉香等人。因為，何楷崇禎八年的「靖海策」歷數臺灣海寇，是將袁進和李忠排在前兩位的。而後才有楊鄭等海寇「相繼為亂」。清代史學家吳偉業的《綏寇紀略補遺·漳泉海寇》明確地說：「漳、泉海寇，起自袁進。……進之後有李忠……忠之後有楊祿、楊策，祿、策之後有鄭芝龍。」[109]

此外，《明史·熊文燦傳》也將袁進、李忠排於鄭芝龍之前。熊文燦於「崇禎元年起福建左布政使。三月就拜右僉都御史，巡撫其地。海上故多劇盜，袁進、李忠既降，楊六、楊七及鄭芝龍繼起。總兵官俞咨皋招六、七降，芝龍猖獗如故。」[110] 可見，袁進才是明末盤踞臺灣海寇群中的第一代人物。確定這一點，有利於我們的進一步研究。

如上一章所說，沈有容曾於萬曆三十年率領水師進剿盤踞澎湖與臺灣的海寇，「海上息肩者十年」。[111] 一直到萬曆三十九年之後，臺灣海峽漸有新的海寇活動。那麼，萬曆三十九年之後在臺灣活動的海寇是誰？如前所引：「漳、泉海寇，起自袁進」。可見，袁進應是在這一時期以臺灣的北港為巢穴，活動多年後才向明朝投誠。

袁進和李忠原來是漳泉平民，據廣東官方的史料，袁進「先年曾貿易其關（吳川縣）。」[112] 吳川是廣東糧食產區，可見，袁進早年是一個做糧食貿易的商人。他應是觸犯朝廷的刑法，而後下海為盜。不過，當時他們的力量較弱，袁進和李忠應是在臺灣海峽游擊作戰，張燮說：「我師撤防，則鼓行雲擾；大兵追捕，又乘風遁去，寇山迴沫，無所容其窮追也。」[113] 陳仁錫說：「南麂一島，為閩浙交界之區，今兩相推諉，使寇盜得停泊糾夥以為南突北犯之穴，合會集舟師嚴其守禦而賊巢破矣。」[114] 可見，袁進

108　川口長孺，《臺灣鄭氏紀事》卷上，臺灣文獻叢刊第 5 種，第 3 頁。
109　吳偉業，《綏寇紀略補遺》，〈漳泉海寇〉，臺灣文獻叢刊第 237 種（第 153 冊），第 129 頁。
110　張廷玉等，《明史》卷二百六十，〈熊文燦傳〉，第 6733 頁。
111　張廷玉等，《明史》卷二百七十，〈沈有容傳〉，第 6939 頁。
112　許弘綱，《群玉山房疏草》卷下，〈總督·題報海寇歸撫疏〉，第 115 頁。
113　張燮，《群玉樓集》卷三二，〈送紀大將軍都督東粵序〉，《張燮集》第三冊，中華書局 2015 年，第 634 頁。
114　陳仁錫，《無夢園初集》漫二，〈紀海寇〉，第 65 頁。

一度以浙閩交界處的南麂島為巢穴，襲擊閩浙沿海的船隻。莊履豐說：「今夫吾閩，自昔稱海邦，而島寇之衝也。島寇乘風汛則趣閩南，蹂廣而不利則趣閩北，蹂浙而不利不歸島則趣閩。故門庭之防，海上急焉。」[115] 可見，廣東也在他們的襲擊範圍內。這股海寇南來北往，對閩浙粵三省威脅極大。「閩廣之患……近虞烏沙、五嶽，而肆螫于南麂、霜、臺、金、星，虎跳、崖門，俱寇衝也。」[116] 其中南麂島位於閩浙邊界，虎跳及崖門則是廣州灣的口岸。袁進襲擊北起浙江南部的南麂諸島，南至廣東澳門附近的虎跳門和崖山等港口，對臺灣海峽的交通破壞很大。

　　南麂等地只是袁進的臨時跮地。海寇真正的巢穴是在臺灣的北港。如陳仁錫所說：「閩廣之患，遠虞雞籠、淡水，而營窟於東番北港。」[117] 周之夔研究其中的原因：「賴萬曆之季，復嚴通倭之禁，勾引絕，故倭雖能併琉球，而不敢入吾地，而吾奸民大盜聚徒眾有名號者，遠借倭為唃喝，近習東番為逋藪。合力致死，橫行海上，急之則鳥散，緩之則蝟集。」[118] 由東番北港出擊，海寇的活動給福建省沿海造成巨大的問題：「頃歲以來，奸宄復滋……鯨鯢蛇豕，以肆其殘虐，脯肉炙肝，莫之敢問。海上之道幾絕，閩人大困。」[119] 可是，因明朝水師清剿不力，袁李的海寇隊伍不斷成長。「袁進一亡命小醜耳，然烏合千餘，連船二三十艘，當在閩時，實欲屯據東番，為不拔之計。」[120] 這些海寇的活動特點是忽集忽散：「頃歲以來，奸宄復滋，高牙危檣，出沒其中。」[121] 不過，袁進的活動以海上襲擊為主：「萬曆末年，浙巨盜袁八等弄兵海上，不過拒傷水兵，未敢登陸也。」[122] 此處的「登陸」應當是指襲擊閩浙粵三省的沿海區域，文中的「袁八」，又稱「袁八老」，是袁進的外號。如其所云，袁進主要是在閩粵浙三省的

115　莊履豐，《莊梅谷先生文集》卷五，〈賀郡伯鄒公擢副閩憲視海道序〉，第 51 頁。
116　陳仁錫，《無夢園初集》漫二，〈紀閩海舶稅〉，第 89 頁。
117　陳仁錫，《無夢園初集》漫二，〈紀閩海舶稅〉，第 89 頁。
118　周之夔，《棄草集》卷一，〈閩海勦略序〉，第 386 頁。
119　葉向高，《蒼霞餘草》卷十五，〈中丞王公（士昌）靖寇碑〉，揚州，江蘇廣陵古籍刻印社 1997 年，第 22 頁。
120　許弘綱，《群玉山房疏草》卷下，〈總督・題報海寇歸撫疏〉，康熙四十一年許氏百城樓刻本，第 115 頁。
121　葉向高，《蒼霞餘草》卷十五，〈中丞王公（士昌）靖寇碑〉，揚州，江蘇廣陵古籍刻印社 1997 年，第 22 頁。
122　陳仁錫，《無夢園初集》漫二，〈紀三省海寇〉，第 65 頁。

海上活動，較少襲擊陸地。

三、袁進離開臺灣在廣東沿海的活動

袁進在臺灣海峽屢受福建水師的打擊，漸漸將活動重心轉向廣東沿海。張燮評海寇袁進：「若輩之寇漳也少，而寇粵也多。往都督粵中者，嘗移書閩鎮，合兵追剿。」[123] 這說明有一段時間袁進主要活動在廣東沿海。袁進進入福建較少，與其受福建水師打擊有關。「袁進一亡命小醜耳，然烏合千餘，連船二三十艘，當在閩時，實欲屯據東番，為不拔之計。比為閩兵驅逐，乃突飄至粵。」[124] 可見，袁進在臺灣未能站穩腳跟，在福建水師的打擊下，袁進最終向廣東出擊。《潮陽縣志》記載：「四十六年夏，海寇袁八老自閩突至潮。」[125] 那麼，袁進為何離開東番北港轉而襲擊廣東南澳呢？在其他史料中我們可以看到：萬曆四十六年，福建漳州右翼軍首領趙若思進據東番北港。「若思既謀攻郡縣，翻念安頓處所，莫如東番。遂收楊沈為唇齒。廈門把總林志武、澎湖把總方興皆附焉，蓋七日而築城『赤磡』矣。」[126] 趙若思，即趙秉鑑 [127]，他和廈門把總林志武、澎湖把總方興都有福建官軍的身分，他們一起在東番的「赤磡」築城，應是福建官軍直搗臺灣海寇巢穴的一次行動，從而迫使也在東番活動的袁進離開臺灣，進入廣東水域。

袁進向廣東出擊。《潮州府志》記載：萬曆四十六年夏，「海寇袁進寇揭陽。時承平日久，民不知兵，聽其飽颺而去」。[128] 可見，這是一次非常突然的打擊。《揭陽縣志》記載：「萬曆四十六年戊午五月，閩寇袁八老突至北關，劫掠閩船及居民。」[129] 廣東潮州相鄰的福建詔安縣也是袁進

123　張燮，《群玉樓集》卷三二，〈送紀大將軍都督東粵序〉，《張燮集》第三冊，第634頁。

124　許弘綱，《群玉山房疏草》卷下，〈總督・題報海寇歸撫疏〉，第115頁。

125　臧憲祖纂修，康熙《潮陽縣志》卷三，〈紀事〉，第15頁。

126　張燮，《霏雲居續集》卷四十，〈海國澄氛記〉，《張燮集》第二冊，中華書局2015年，第696頁。

127　徐曉望，〈晚明臺灣北港的事變與福建官府〉，臺北，《臺灣源流》2005年冬季刊；陳小沖，〈張燮《霏雲云居續集》涉臺史料鉤沉〉，《臺灣研究集刊》2006年第1期。

128　吳穎纂修，順治《潮州府志》卷七，第1574頁。

129　劉業勤，乾隆《揭陽縣志》卷七，〈兵燹〉，乾隆四十四年修，民國二十六年重刊本，第3頁。

襲擊的目標。《漳州府志》記載：萬曆四十六年，「海賊袁八老劫詔安沿海村落」。[130]《詔安縣志》記載：「四十六年，海賊袁八老沿劫詔安海濱地方。」[131]「四十六年，海賊袁八老大舡數十隻，沿刼詔安海濱地方，後招撫之。」[132] 以上受海寇襲擊的潮州揭陽與漳州詔安是鄰近的兩縣，兩縣先後受到襲擊，說明他們是同一股海寇。

　　袁進進襲揭陽，引起廣東官府的震動。兼管海道的廣東按察副使梅之煥部署官軍圍剿：「海寇袁八老掠潮州，殺守吏。潮非之煥所部，自請往剿，嚴兵扼海道，絕饋運，斷樵汲，散免死牌數千首。服者接踵。」[133] 其後，袁進應是離開潮州沿海，向廣東西部流竄。廣東官方記載，袁進「飄至粵，蓋視粵東潮部適遭海患，淹浸荒涼，易以乘瑕竊犯。既而趂風西下，占據芷㘵等處。其地故饒，商舶米糧食貨物充盈，可以窟穴。而袁賊先年曾貿易其關，垂涎日久。欲盤踞為曾一本、林道乾等故事。其謀蓋叵測也矣。倘粵可巢，肯遂帖然而就閩撫耶？」[134] 文中的芷㘵港在廣東西部高州府的吳川縣。明代的芷㘵港是廣東西部重要港口。「海航必由之區，本郡必據之險也。東連肇慶，西抵雷陽，上下凡五百里而遙。」[135] 後人回憶：「又聞芷㘵港初屬荒郊。萬曆間，閩廣商船大集，創鋪戶百千間，歲至數百艘，販穀米，通洋貨。吳川小邑耳，年收稅餉以萬千計，遂為六邑最。」[136] 其時，袁進的船隊有船數十艘，人員上千，聲勢不小，要養活這麼多人是不容易的。袁進早年應做過商人，所並且到過芷㘵港，因此，他會帶著隊伍到芷蓉港駐紮。芷㘵港所在的《吳川縣志》云：「絕遠高涼，俗輕剽椎埋，民不知有官吏，各以意自為法。上下羇糅。」[137] 可見，當地的社會民情很

130　蔡世遠等，康熙《漳州府志》卷三三，〈災祥〉，福建圖書館藏抄本，原稿為康熙五十三年刊本，第 30 頁。

131　秦炯，康熙《詔安縣志》卷七，〈武備〉，第 33 頁。

132　顧炎武，《天下郡國利病書》第二十六冊，福建，四部叢刊三編顧氏手稿本，第135 頁。

133　陳鼎，《東林列傳》卷二十，〈梅之煥傳〉，文淵閣四庫全書本，第 14 頁。

134　許弘綱，《群玉山房疏草》卷下，〈總督‧題報海寇歸撫疏〉，第 115 頁。

135　李求隨纂修，康熙《吳川縣志》卷三，〈營寨〉，康熙二十六年刊本，南京圖書館藏稀見方志叢刊第 157 冊，國家圖書館出版社影印本，第 122 頁。

136　陳舜系，《亂離聞見錄》卷上，李龍潛、楊寶霖、陳忠烈、徐林等校，《明清廣東稀見筆記七種》，廣東人民出版社 2010 年，第 5 頁。

137　周應鰲，〈吳川縣志序〉，李求隨纂修，康熙《吳川縣志》卷首，南京圖書館藏稀見方志叢刊第 156 冊，第 431 頁。

適宜海寇的活動。歷史上海寇入侵高州吳川的事常有發生。明末崇禎二年和七年，海寇李魁奇和劉香相繼入侵吳川縣。[138] 不過，《高州府志》和《吳川縣志》沒有袁進入寇當地的記載。

進入廣東的袁進已經是有名的大海寇，他在吳川的活動引起廣東官府注意後，肯定無法久駐當地。在廣東官軍的圍剿下，袁進只能離開芷茅港。其後袁進應是在海上打游擊，一度進入福建沿海。萬曆四十七年，袁進再次由福建進入廣東潮州的港口。「本年二月二十五日，據廣東總兵官麻鎮揭報，有閩賊袁進，號袁八老等，擁眾千餘，駕船數十艘，突自福建銅山越入惠潮海界，乘風西下碣石地方。又據惠潮兵巡道呈報，三月十五日，有賊船入潮，赶劫商船，又登岸擄去團民吳振廷等。又據報四月初九日，賊船至柘林地方，入河渡門，燒兵船風蓬三隻等。」[139] 可見，短短三個月間，袁進在潮州襲擊了多個港口。其後，袁進進入閩粵邊境的南澳島。乾隆《潮州府志》記載：

> 袁進，同安人。李忠，龍溪人。糾黨流刦閩粵間，以南澳為巢穴。萬曆四十七年己未議勦。[140]

以上記載讓人奇怪的是：南澳島是官府駐紮重兵的軍事基地，袁進和李忠怎麼進入南澳島？他們與該島官軍的關係怎麼處理？

南澳島位於潮陽縣海外，萬曆四年，明朝正式在南澳駐軍。顧炎武的《天下郡國利病書》記載：

> 南澳遊兵：……萬曆四年巡撫劉堯誨建議改玄鍾遊為南澳遊，題授欽依把總，視都指揮，以重其權，聽漳潮副總兵統轄，調度澳之東南屬遊哨守。澳之西北屬廣東柘林寨哨守，專治水兵。[141]

以上記載表明：南澳駐軍分為閩軍和粵軍兩支，分別承擔重任。萬曆四年明軍進入南澳之後，官府還派出官員對南澳島上的田地收稅，所以，

138　李求隨纂修，康熙《吳川縣志》卷四，〈災異志〉，南京圖書館藏稀見方志叢刊第157 冊，國家圖書館出版社影印本，第 263 頁。
139　許弘綱，《群玉山房疏草》卷下，〈總督・題報海寇歸撫疏〉，第 112 頁。
140　周碩勳，乾隆《潮州府志》卷三八，〈征撫〉，第 41 頁。
141　顧炎武，《天下郡國利病書》第二十六冊，福建，第 130 頁。

萬曆年間，南澳島和內地各鄉鎮一樣，成為官府直接管理的地區，島上有重兵，官府的統治基礎穩固。在這種情況下，海寇袁進怎麼能在南澳駐紮？深入研究下去，會發現萬曆後期的南澳駐軍已經大有問題。據《天下郡國利病書》對南澳駐軍的記載，萬曆中葉以後，因經費困難的原因，南澳水師遭到裁減。

> 原額福哨船冬鳥船四十隻，官兵一千八百三十五員名，自萬曆二十四年至天啟二年，陸續裁減外，尚存冬鳥船三十四隻，官兵八百七十四員名。過汛貼駕征操軍四百二十名。[142]

南澳水師大幅度削減後，只剩一千多人，對海寇的抵抗能力就下降了。這種情況在明末的廣東很普遍，張燮說，當時廣東的官軍經常收買海寇，不要進入自己的防區：

> 國家軍興以來，置大帥及諸偏裨，星列棋布，而不能使氛寢廓清。蓋談事風生，而遇敵則一籌莫展。或臨戎電發，而制勝則全域皆灰。聞粵東一帶，材官多效邊將款虜之金錢，為吾圍微密之營壘，此詎可使聞於來祀載。[143]

在這種背景下，可想而知，一旦袁進、李忠進入南澳等水師防守之地，官軍很難發力。南澳的官員很可能是想辦法討好袁進，讓他早日離開南澳島。事實上，為了迫使袁進離開，明朝調來了許多軍隊。《南澳志》記載：

> 袁進，同安人。李忠，龍溪人。糾黨數十艘，流刦閩粵間。萬曆四十七年己未，犯南澳。副總兵何斌臣調南澳遊兵船合艍，澎山防倭二哨兵船合艍雲蓋寺，柘林寨兵船合艍廣澳，三面犄角，出奇設伏，又於淡水處置毒，賊不得水，大困，遁白沙湖，後受撫。[144]

比較乾隆《潮州府志》和乾隆《南澳志》的記載，內容大致相同。就《南澳志》的內容來看，萬曆四十七年，袁進和李忠率領一支擁有數十艘船的

142　顧炎武，《天下郡國利病書》第二十六冊，福建，商務印書館四部叢刊三編顧氏手稿本，第 130 頁。

143　張燮，《群玉樓集》卷三二，〈送紀大將軍都督東粵序〉，《張燮集》第三冊，第633 頁。

144　齊翀，乾隆《南澳志》卷八，〈盜賊〉，乾隆四十八年刊本，第 36 頁。

海寇隊伍侵襲南澳島，但在這裡遭到三支明軍的合擊。這三支明軍分別是
南澳遊兵、澎山防倭哨兵、柘林寨兵。南澳遊兵是明朝常駐南澳島的駐軍，
「澎山防倭哨兵」應是由泉州和漳州派出每年巡遊澎湖列島的福建水師，
而廣東柘林寨是廣東水師在潮州的主要駐地。這三支水師對袁進和李忠的
水師形成夾擊，讓袁進感到十分窘迫，只好移駐白沙湖一帶。後來移軍福
建東山島，向官府投降。

四、袁進、李忠投降明朝官府

　　由於袁進主要活動在閩粵邊境，閩粵兩省官府有聯合出兵之說。「巡
撫王咨稱袁賊流突閩粵抗敵官兵，移會兩省，互相策應捕剿以靖海氛。」[145]
袁進等人的活動，使福建巡撫王士昌感到必須請一位有能力的水師將領來
統轄福建水師。於是，他請回退休已久的沈有容，請他再次出任福建南路
參將。沈有容到任後察看形勢：「海寇袁八老作亂，聚眾焚劫，公倡言不
必煩兵，密緻其族之有心計者，招使降。八老聞命，果釋杖而與二百人俱
自縛諸麾下，請死。公釋之，寇遂平。」[146] 按，其時負責福建南路軍事的
還有副將軍紀元憲。沈有容再次出山，已經有一把年紀，許多事是沈有容
出主意，由紀元憲實行。張燮送紀元憲序云：「公廉進族屬之在宇下者，
慰遣之，令其招降，諭以恩信，往復百端。而又時厲軍威，若將滅此而
後朝食者。進驚喜交集，率屬抵轅門，乞供一旅，自效中外，解嚴公之伐
也。」[147] 可見，沈有容是和紀元憲一齊招安袁進的。

　　萬曆四十七年，廣東官府報告：「海賊袁進等因東兵齊集，四次攻邀，
六月初六日將船泊回福建銅山沙洲聽閩院差官招撫。」[148] 可見，袁進最多
在南澳待了一個多月，便在廣東軍隊的壓力下，退走福建。據福建方面的
記載，袁進率船隊投降明朝，是在福建東山島的港口，東山島有港口名為
「香澳」，「近古雷，可泊南風船五十餘。萬曆己未賊袁進孝、李忠率

145　許弘綱，《群玉山房疏草》卷下，〈總督・題報海寇歸撫疏〉，第 113 頁。

146　陳仁錫，《無夢園初集》馹二，〈元戎沈公暨配姚夫人合葬墓誌〉，第 67—68 頁。

147　張燮，《群玉樓集》卷三二，〈送紀大將軍都督東粵序〉，《張燮集》第三冊，第
　　　634 頁。

148　許弘綱，《群玉山房疏草》卷下，〈總督・題報海寇歸撫疏〉，第 114 頁。

六十舟於此就撫」。[149] 他們的投降與閩粵官軍對其壓力有關。廣東副使梅之煥的傳記記載：「海寇袁進掠潮州，之煥扼海道，招散其黨，卒降進。」[150] 可見，除了福建水師外，廣東水師的功勞頗大。所以，有一些廣東的軍官認為袁進被招降主要是廣東官軍的功勞。關於袁進和李忠降明的前後，曹學佺的記載最為詳細：「萬曆四十七年（1619 年）秋，海寇袁進、李忠赴轅門投降。初，進等飄颻海上已久，囊有餘貲，既迫於廣兵之追捕，又苦於閩寨之緝防，計無復之。乃令家屬袁少昆等詣南路副將紀元憲、水標參將沈有容軍前乞降。王中丞宣諭散黨歸農，方待以不死。袁寇即解散餘黨四十餘船，被擄六百餘人，帶領頭目陳經等一十七名，願同報效立功」。[151] 如其記載，袁進是向福建水師將領紀元憲、沈有容投降的，後得福建巡撫王士昌首肯。

以上記載的一些細節令人注意。袁進、李忠移駐福建東山島是在六月六日，這是盛夏，而其最終赴「轅門」乞降，是在當年的秋天。所謂「轅門」，通常是指大將軍營之門，此處應指紀元憲和沈有容所率福建南路水師的寨門。可見，袁進、李忠進駐東山島之後，並非立刻投降，而是派人與福建官軍講條件，最先接待他們的應是福建水師軍官紀元憲和沈有容，由紀沈二人上報福建巡撫王士昌，最後得到王士昌的同意，方才正式投降。

據《江南通志》記載，紀元憲為貴池人，萬曆甲辰年（三十二年、1604 年）的武進士，在福建多年，萬曆末年已經升任南路副將，這一職務正是負責福建南部的軍事。紀元憲後於天啟年間調任廣西，曾任廣西總兵官右軍都督僉事。[152] 可見，紀元憲是一個出色的水師將領。

關於沈有容，他是一個老資格的福建水師將軍。早在萬曆中期，就被福建巡撫金學曾請來擔任福建水師將領。萬曆三十年，他曾率領福建水師進剿在澎湖列島與臺灣活動的海寇。其後，他因年紀問題已經退休，卻因福建沿海海寇活躍，再次出山。如前所述，沈有容主張扣押袁進的家屬，迫使其投降。另一面，紀元憲和沈有容都是當時的名將。袁進、李忠等人

149　杜臻，《粵閩巡視紀略》卷四，第 21 頁。

150　張廷玉等，《明史》卷二四八，〈梅之煥傳〉，第 6419 頁。

151　曹學佺，《曹能始先生石倉全集》，《湘西紀行》卷下，〈海防〉，第 45—46 頁。

152　趙弘恩等，乾隆《江南通志》卷一五二，〈武功・池州府〉，第 11 頁。

是因為景仰紀元憲和沈有容才決定投降明軍的。萬曆四十七年，「閣臣特正召兵科問曰：昔年剿袁八老之總兵官何人也？兵科以元憲對。閣臣曰：袁八跳樑數載，屢剿不除，紀元憲一戰而擒，此功可無錄邪！時政府論功秉正不阿，為舉朝所服，故吏兵亦無異議」。[153] 可見，福建南路副總兵紀元憲在打擊袁進海寇的過程中立下大功。

　　關於招撫袁進，在《明實錄》中也可找到記載。萬曆四十八年（泰昌元年、1620 年）二月，「福建巡撫王士昌奏海寇袁進聽撫，令之立功海上自贖」。[154] 這條史料讓人驚訝的是，史載袁進是在萬曆四十七年夏天移駐東山島，最終談成條件親自到明軍駐地投降則是萬曆四十七年秋。然而，福建巡撫王士昌關於招撫海寇袁進的奏疏，卻是次年二月才上達。王士昌為何要讓事情拖這麼久？在當時，袁進投降一事引起多方面的質疑。兩廣總督許弘綱在其奏疏中說：「即下檄詰責云：招撫之說，有何實據可憑？即賊果歸順，稱往東番屯種，則事在閩中，我粵決難張主。各須打箅料理，不可墮賊計中。」[155]《明實錄》記載：次年（萬曆四十八年，泰昌元年，1620 年），「福建巡撫王士昌奏海寇袁進聽撫，令之立功海上自贖并敘文武將吏帶管海道岳和聲等、參將紀元憲等，撫剿勤勞，下兵部知之。御史王槐秀參福建巡撫王士昌貪肆不檢。言，『入境之初，多用夫馬，已無恤民之念。強賊袁八老之委用，人稱『軍門外府』；船戶黃聚寰之販海，共說暮夜入金。志衰宦成，心弛防檢，亟宜罷斥』。奉旨：留用」。[156] 可見，當時袁進向福建巡撫王士昌投降，還引起了御史王槐秀的懷疑——認為他收了袁進的賄賂，甚至是將袁進當作「軍門外府」，意為王士昌將袁進當作自己在外面的寶庫了。這樣看來，王士昌在接受袁進的投降之後，還故意拖了一段時間，應是迫使袁進做一些事，直到滿足王士昌的希望後，王士昌才給朝廷上疏，保奏袁進。王士昌的拖延，引發了旁人的懷疑，所以才會有御史的奏疏，主張追究王士昌。然而，在皇帝看來，王士昌畢竟是有功勞的，明朝不能因小事而處罰大臣，所以，王士昌逃脫了一次懲罰。

153　劉權之修、張士範纂，乾隆《池州府志》卷四八，〈紀元憲傳〉，乾隆四十三年刻本，第 5 頁。
154　《明光宗實錄》卷四，臺北，中研院歷史語言研究所影印本，第 97 頁。
155　許弘綱，《群玉山房疏草》卷下，〈總督‧題報海寇歸撫疏〉，第 113 頁。
156　《明光宗實錄》卷四，第 97 頁。

　　仔細分析袁進降明的有關史料，會發現袁進所帶隊伍的數量和最後降明的數量不一。袁進於萬曆四十七年六月六日進駐東山島之時，有六十艘船，而曹學佺記載袁進投降明朝的隊伍卻只有四十餘隻船。這一數字差距表明，袁進部下有一些人不願追隨大部迫降，對這些人，史料也有記載。

　　例如，在萬曆四十七年，與袁八老一起行動的還有一個名為李新的海寇。《明神宗實錄》萬曆四十七年五月：「福建漳州奸民李新僭號『弘武老』，及海寇『袁八老』等率其黨千餘人流劫焚燬，勢甚猖獗。巡撫王士昌檄副將紀元憲、沈有容等率官兵討平之。」[157] 按，《明實錄》記載的事件，通常要比事件實際發生的時間晚幾個月，所以，這裡只能說明李新的叛軍是在萬曆四十七年上半年被擊敗的。他究竟什麼時候造反、最終在什麼時候被消滅，這條資料都無法說明。

　　關於李新，在張燮的《靄雲集續集》中可以找到記載：「粵寇洪武老者，初名李新，漳之東郊人也。丁巳（萬曆四十五年）歲除，潛蹤還里，陳將軍文燭尾而擒之，所獲衣帽甚鮮麗。問其何往？曰吾將詣趙右翼，即訊者驚顧浩慨焉。」[158] 琢磨這段話，可知李新原來就是一個江洋大盜，早期在廣東活動，後來潛返其家，被官軍捕獲。不過，他是趙秉鑑招攬的人物，應能避開牢獄之災。張燮送福建副將軍紀元憲外調時說：「頃者海上巨寇，實繁有徒，而李新、袁進為劇。新以歲除還漳，玄鍾裨帥尾而擒之，不煩尺矢，皆公指授為多。比進舳艫橫江，稱為李新報仇。」[159] 可見，李新與袁進的關係極深，李新被捕，袁進為之復仇。袁進關係最深的兄弟，當然就是李忠了，所以，李新應當就是李忠。他離開袁進投入趙秉鑑部下，應當是趙秉鑑確實與袁進有聯繫的證據。關於趙秉鑑其人，且留下一節研究。萬曆四十五年之時，趙秉鑑任福建右翼軍首領，其時福建巡撫是黃承玄。而李新因趙秉鑑的欣賞，成為趙秉鑑的助手之一。他被捕之後，袁進怒而起兵，看來此後他是被放出來了，成為趙秉鑑的助手。

157　張惟賢等修，《明神宗實錄》卷五八二，萬曆四十七年五月戊戌，臺北，史語所影印本，第 11073 頁。

158　張燮，《靄雲居續集》卷四十，〈海國澄氛記〉，第 696 頁。

159　張燮，《群玉樓集》卷三二，〈送紀大將軍都督東粵序〉，《張燮集》第三冊，中華書局 2015 年，第 634 頁。

　　萬曆四十六年，王士昌取代黃承玄任福建巡撫之後，於萬曆四十六年五月將趙秉鑑下獄，後來將其處死。這一事件肯定震撼了李新。史載李新於萬曆四十六年造反，他應是在趙秉鑑被殺後率領其舊部起事：「漳州府奸民李新僭號洪武，結海寇袁八老率其黨千餘人，流劫、焚燬，勢甚猖獗。」[160] 王士昌隨即派出紀元憲和沈有容平定李新的隊伍，在萬曆四十七年五月之前給予重創，這就是《明神宗實錄》所載李新造反事件。不過，李新應當未死，而是重新歸入袁進的海盜隊伍。迫於形勢，袁進於萬曆四十七年六月投降福建巡撫王士昌，而李新因趙秉鑑被殺的關係，對王士昌疑懼頗深。福建詩人徐㷭在其詩中提到王士昌對投降的海寇果於誅殺：「海寇袁進橫行有年，開府王公諭以威德，投戈歸順。有異志者，盡戮之。」[161] 因此，有些人因畏懼王士昌而逃走是可理解的。李新後來沒有追隨袁進降明，而是繼續造反，南下廣東。《陸豐縣志》記載：「四十八年春正月，海寇袁八老餘黨林新老入甲子澳，把總金允武出戰死之。」[162] 此文中的林新應是「李新」之誤。可見，離開袁進逃走後的李新入侵了陸豐縣，一度擊敗官軍。一直到萬曆四十八年四月，官軍「斬賊首總管李新老、大功老，生擒賊首詹八老、長老等四十一名。餘黨盡殲於烏豬外洋。」[163] 總之，先後作為袁進、趙秉鑑助手的李新，反復叛降多次，最後還是被官軍殺死了。不過，關於李忠的命運也有另一種說法。

五、袁進降明之後的事蹟

　　萬曆末年袁進和李忠的海寇隊伍有相當規模。按曹學佺的記載，袁進的隊伍有「餘黨四十餘船，被擄六百餘人。」[164] 葉向高在為福建巡撫王士昌所寫的〈中丞王公靖寇碑〉一文中云：

> 劇寇袁進、李忠輩，遊釜驚魂，食椹變響，遣其親屬，輸誠效順。
> 公又授策于副總兵紀元憲、參將沈有容等，震以必殺之威，開以可

160　乾隆帝等，《御定資治通鑑綱目三編》卷三一，文淵閣四庫全書，第 13 頁。
161　徐㷭，《鼇峰集》卷二一，〈海寇袁進橫行有年……開府詩以志喜恭和四章〉，明刊本，第 29 頁。
162　王之正修、沈展才纂，乾隆《陸豐縣志》卷三，乾隆十年刊本，第 31 頁。
163　齊翀，乾隆《南澳志》卷八，〈盜賊〉，乾隆四十八年刊本，第 36—37 頁。
164　曹學佺，《曹能始先生石倉全集》，《湘西紀行》卷下，〈海防〉，第 45—46 頁。

生之路。遂蒲伏聽命，泥首轅門。餘黨數千，悉行解散。[165]

　　這兩條史料表明，袁進投降的海寇隊伍實有四十條船，共數千人！這是一支可觀的海上力量。明朝將這些人收編後組成水師北上。《石倉全集・湘西紀行・海防》說：袁進、李忠降明之後，萬曆四十八年（1620 年），福建巡撫王士昌：「乃為具題請旨。袁進、李忠皆以色總軍前聽用。後隨參將沈有容往山東登萊援遼」。由此可知，袁進與李忠都成為明朝的水師將領，早期的職務是「色總」，後來了都跟隨沈有容到山東任職，成為明朝的將領。此外，川口長孺引《綏寇未刻編》的史料說：「袁進、李忠效功於遼東」。[166] 然而，實際上有關遼東的戰報中，只見袁進之名，從未見到李忠。有的材料說，袁進和李忠投降後，明朝將兩人分開，袁進隨軍北上，而李忠被留在南路水師，後死。這樣看來，李忠仍然可能是李新，他被招降後仍然決意造反，結果被剿除。

　　袁進肯定是跟隨沈有容到北方的。《東林列傳》記載袁八老到登州之後謁見原來的廣東參政梅之煥：「後之煥督學山東，八老率舟師援遼，謁之煥于登州。語之曰：海上之役不得望見顏色，今何以在此？八老泥首謝曰：畏公天威，是以走閩。今日敢不為公死乎！其為劇寇畏服如此。」[167]《明史・沈有容傳》記載沈有容在山東任職的情況：「泰昌元年，遼事棘，始設山東副總兵，駐登州，以命有容。」關於此事，王在晉的《三朝遼事實錄》記載：

　　　兵科薛鳳翔參登萊副總兵熊大經，一味恇怯，人地實不相宜。巡撫王在晉疏請調漳南副將沈有容駐登州防守，有容在福建所收降寇袁八老等數百人，出沒廣洋，如履平地。齎銀三千兩，檄有容挈帶隨任。越歲抵登，一可兼十，奴不敢興渡海之謀矣。[168]

　　可見，袁進這支數百人的隊伍北調之後，駐守山東半島的「登萊」，對阻止努爾哈赤的滿州軍隊渡海，起了十分重要的作用。王在晉認為他們

165　葉向高，《蒼霞餘草》卷十五，〈中丞王公（士昌）靖寇碑〉，揚州，江蘇廣陵古籍刻印社 1997 年，第 22 頁。

166　川口長孺，《臺灣割據志》，臺灣文獻叢刊本第 1 冊，第 6 頁。

167　陳鼎，《東林列傳》卷二十，〈梅之煥傳〉，文淵閣四庫全書本，第 14 頁。

168　王在晉，《三朝遼事實錄》卷二，崇禎刻本，第 30—31 頁。

在海上的實力一可當十。按，明末與努爾哈赤作戰，最有戰功的其實是山東巡撫袁可立。他令登萊水師多次襲擊遼寧的沿海，讓努爾哈赤防不勝防。而登萊水師的基本隊伍就是沈有容和袁進率領的福建水師，他們的基本隊伍是跟隨袁進投降的數百名海盜。

袁進在北方的隊伍後來還得到福建兵的補充。《明實錄》記載：天啟二年正月，「先是，以遼左之變，徵兵各省，福建募兵三千，啟行尚無定期」。[169] 後因毛文龍在皮島獲勝，明朝派福建水師大力支援毛文龍。天啟二年三月乙丑，「兵部疏言，毛文龍自鎮江獻俘，屢次撓虜，惟是應援之，具苦於無兵。今福建調取水兵三千，其人故習驚濤駭浪之中，與文龍伎倆相合，即以來將侯銳、郭士緒、楊聯璋統率渡海。」[170] 次月，遼東經略王在晉說：「閩兵三千皆習於驚濤駭浪之中，當速遣渡海接濟毛文龍。」[171] 這些材料都說明這支三千人的福建水師已經到達渤海海域。其時，袁進應為福建水師的將領。在《明熹宗實錄》中，尚有關於袁進的零星記載：天啟二年五月，「今擬嚴正中等兵在旅順雙島之間，與張盤牙制袁進等兵住兩汛中島之間，與覺華犄角」。[172]「兵部覆登萊巡撫李嵩調上便宜三欸：一議實授缺。言登鎮備兵海上，以資汛守。其左右營將責任綦重，今梁汝霖、袁進，或絲都司僉書，或絲守備，俱係箚委，非所重權也。今將二弁俱授實缺，填入俸單，俟俸薦相應循資陞轉。」[173] 這些史料說明，袁進當時是一個守備級的軍官。

由於當時北方缺少水師，沈有容及袁進的到來，很受重視。「天啟初，王公在晉開府山東，乃薦陞防海總兵。時遼事急，巡撫趙公彥俾公（沈有容）以舟師駐皇城島；部調公天津。趙公疏謂失計。遼陽陷，王公請令登兵達旅順攻金，蓋以掣其尾，與毛文龍呼應以擊寬甸。輔臣孫承宗請檄公據黃鹿諸島為三隸，疲敵之法，一時干城腹心之寄，為諸公所推重如此。」[174] 可見，當時竟然有三四個高級衙門要求沈有容和袁進支援。沈有容所部經

169　傅冠等修，《明熹宗實錄》卷十八，天啟二年正月戊戌，第4頁。
170　傅冠等修，《明熹宗實錄》卷二十，天啟二年五月乙丑，第22頁。
171　傅冠等修，《明熹宗實錄》卷二三，天啟二年六月甲午，第22頁。
172　傅冠等修，《明熹宗實錄》卷三三，第2366頁。
173　傅冠等修，《明熹宗實錄》卷七九，第3850頁。
174　吳肅公，《街南續集》卷五，〈沈大將軍傳〉，康熙程士琦等刻本，第21頁。

歷了數次大戰。「公（沈有容）鎮登萊，時時擊楫旅順，與逼奴諸島牽制其尾，嗣奴所儲四衛積，悉焚之，乃棄堡遁。數復挑戰，公自度卒少，且未練習，勉之曰：若無負國，有進死，無退生。吾與若共之。皆殊死戰，斬首三十六級，虜以此大創，不敢南牧。」[175] 可見，沈有容部對支援毛文龍從海上襲擊滿軍是有貢獻的。當然，其作用也有限。《明史・沈有容傳》「天啟改元，遼、沈相繼覆。熊廷弼建三方布置之議，以陶朗先巡撫登、萊，而擢有容都督僉事，充總兵官，登、萊遂為重鎮。八月，毛文龍有鎮江之捷。詔有容統水師萬，偕天津水師直抵鎮江策應。有容歎曰：『率一旅之師，當方張之敵，吾知其不克濟也。』無何，鎮江果失，水師遂不進。明年，廣寧覆，遼民走避諸島，日望登師救援。朗先下令，敢渡一人者斬。有容爭之，立命數十艘往，獲濟者數萬人。時金、復、蓋三衛俱空無人，有欲據守金州者。有容言金州孤懸海外，登州、皮島俱遠隔大洋，聲援不及，不可守。迨文龍取金州，未幾復失。四年，有容以年老乞骸骨，歸，卒。贈都督同知，賜祭葬。」[176] 可見，沈有容自泰昌元年到山東任副總兵之後，長期在北方駐守。一直到天啟四年才退休。其時，袁進作為他的部下，應跟隨其在山東作戰，而且立下戰功。可見，明朝招降袁進是非常成功的。迄至崇禎三年，尚有人說：「昔年撫賊袁進以防登行，而安靜無變」。[177]

　　天啟四年，沈有容退休，袁進仍在北方作戰。崇禎年間的史料記載：「先是七月十四日督師龍武，遊擊袁進出哨救回被掠生員徐勝雲。」[178] 可見，其時袁進已經陞至「遊擊」。遊擊之上的武職官員有：「參將」、「副總兵」、「總兵」，總兵已經相當於後世的軍長，俞大猷轉戰南北，最高職務也就是總兵。總兵之上的職務有「都督」、「大都督」等，一般都由文人擔任。但因袁進生於戰爭年代，升職的機會較多。據《泉州府志・王夢熊傳》記載，福建中軍守備王夢熊對袁進十分欣賞：「力薦進有大將材，後果由裨校進大都督。」[179] 可見，他最終成為明軍的高級將領。不過，因《崇禎長編》

175　陳仁錫，《無夢園初集》駐二，〈元戎沈公暨配姚夫人合葬墓誌〉，第 68 頁。
176　《明史》卷二百七十，〈沈有容傳〉，第 6939 頁。
177　《崇禎長編》卷四一，臺北，中研院歷史語言研究所影印本，第 2454 頁。
178　《崇禎長編》卷一二，第 652—653 頁。
179　黃任等，乾隆《泉州府志》卷五六，〈明武績〉，清乾隆二十八年刊本、民國重刊本，第 33 頁。

一書僅記載了崇禎五年以前的朝廷軍政，所以，對袁進以後的歷史還不是很清楚，至今找不到詳細的記載。

袁進是一名與臺灣的關係很深的海寇。「當在閩時，實欲屯據東番，為不拔之計。」[180]「賊果歸順，稱往東番屯種，則事在閩中。」[181] 這兩條史料都說袁進投降後還想在東番駐紮屯墾。這是其歷史上曾在臺灣駐紮的反映。崇禎八年，漳州人給事中何楷歷數臺灣的海寇，將袁進和李忠列在首位，這都說明袁進是明末臺灣「海盜事業」的開創者。此外，「賊果歸順，稱往東番屯種，則事在閩中」。[182] 這句話讓人琢磨，它表明當時廣東官府將東番看成福建省的領地。這也說明，晚明萬曆年間，福建省的管轄權已經伸及臺灣。

總之，明末袁進是一個曾擁有六十多艘船、數千海盜的大海寇。萬曆末年他以臺灣為巢穴，襲擊海上商船。隨著自身力量的增加，袁進率船隊到東南沿海為寇，北自浙江，南至廣東西部，東南沿海的許多區域都遭受他的襲擊。袁進最終接受官府的招安和改編，並且率部北上山東半島與後金軍隊作戰，本人官至大都督。袁進是臺灣早期史上一個有影響的海寇，明末顏思齊、鄭芝龍在臺灣的海盜活動，實際上是繼承了袁進等海寇的傳統。萬曆末年，福建官軍在與臺灣海盜的戰鬥中進據臺灣北港的赤礉，從而加強了福建官府對臺灣的治權。

小結

對晚明海盜史的研究，大家相對熟悉的有兩段：其一為嘉靖隆慶年間的倭寇；其二為明末的顏思齊和鄭芝龍。其間萬曆年間的海寇，大家對早期的林道乾、林鳳尚較熟悉，對萬曆晚明的袁進就不太瞭解了。尤其是萬曆後期的臺灣史一向是被大家忽略的一個領域，我開始研究袁進和李忠的活動之後，逐步深入萬曆年間的海寇歷史研究，方覺萬曆年間的海洋史有許多問題尚待解決。這個課題的研究也是很困難的，當時的士大夫對海洋史關注不夠，留下的可研究資料也不多。要將零星史料構成一幅大圖，

180　許弘綱，《群玉山房疏草》卷下，〈總督‧題報海寇歸撫疏〉，第 115 頁。
181　許弘綱，《群玉山房疏草》卷下，〈總督‧題報海寇歸撫疏〉，第 113 頁。
182　許弘綱，《群玉山房疏草》卷下，〈總督‧題報海寇歸撫疏〉，第 113 頁。

只能一步一步地做。我的相關研究成果在《臺灣研究》等刊物發表，並於2006年寫成了《早期臺灣海峽史研究》一書，此後的論文又集成了《早期臺灣史考證》一書，這兩本書奠定了我的早期臺灣史的研究，相關史料多數出現於二書。近年來對萬曆年間的歷史研究漸有新的體會，相關研究成果構成本書的主要內容。

萬曆年間中國與日本的關係經歷了倭寇襲擊、武裝對峙、戰爭、貿易等多種形式。萬曆早期，由嘉靖、隆慶年間延續而來的倭寇襲擊仍然時有發生，然而，因明朝水師的重振，海上優勢轉到明朝官府一方，因此，多數倭寇襲擊未能形成大害。隨著林鳳及林道乾兩股海寇被平定，明朝東南海疆的形勢轉向穩定。萬曆二十年，豐臣秀吉派日軍大舉入侵朝鮮，明朝派軍隊入朝反擊，雙方的戰爭時打時停，延續了六七年。當時廣東水師在朝鮮立功，而福建水師作為預備力量，也得到擴大，明朝一度想遠征日本本土，最後因種種因素未能成行。在朝鮮戰爭期間，豐臣秀吉派出使者進入臺灣，企圖引誘臺灣土著入貢，未能成功。德川幕府取代豐臣秀吉之後，對外策略改變。朝鮮戰爭停止，德川幕府派出朱印船到東南亞貿易，這些船隻經常出沒臺灣海峽，有時會襲擊閩浙沿海的船隻。因雙方未建立正式關係，閩浙水師經常與日本九州南下船舶作戰，雙方不時爆發小衝突。萬曆三十七年，日本西南的薩摩藩派出的軍隊進入琉球國，俘虜琉球國國王，引起明朝的震動。此後，日本的西南大名開始窺視臺灣，萬曆四十四年，日本肥前藩有襲取臺灣之舉，但在臺灣海峽遭遇颶風，船隊被吹散。因有一些船隻在閩浙沿海侵犯漁民，引起閩浙沿海全面戒備。

從日本侵略朝鮮的戰爭開始，東南諸省士大夫便十分警惕日本西南大名南下的行動。他們一致認為：不能讓日本西南大名得到臺灣！因此，福建官府派出軍隊巡邏澎湖群島周邊，清剿在海上襲擊的海寇。萬曆三十年前後，有一支冒名倭寇的閩粵海寇以臺灣為巢穴襲擊閩粵浙三省的商船，於是，福建水師參將沈有容率軍進入澎湖及臺南大員一帶，消滅了這股擁有七艘船隻的「倭寇」，這都反映了明朝地方官吏對臺灣島的關切。從萬曆初年清剿林鳳、林道乾開始，福建水師便經常到臺灣巡邏。

萬曆末年，以袁進為核心的海寇重起，在臺灣海峽襲擊過往船隻。這股海寇的特點在於：其一，他們以臺灣為巢穴，不時出擊，對閩粵浙三省

沿海港口造成極大的威脅；其二，他們開啟明末臺灣海盜的先聲。從袁進到顏思齊、鄭芝龍的多股海寇是有連續性的，一股海寇更比一股海寇強，迫使官府招安他們。其三，自袁進接受招安開始，招安成為東南海寇結局的最佳模式。袁進自身成為明軍的軍官，北上山東沿海與後金軍隊作戰。後來，鄭芝龍的降明，也使福建官府有一支可與荷蘭軍隊抗衡的力量。總之，東南海寇與官府海上力量合作，改變了東南的海上形勢。以後我們還將說到：正是這種模式在一定程度上維護了中國商人集團的海上利益。

總的來說，萬曆後期，臺灣問題日趨重要，一方面，日本的西南大名在擊敗琉球後有南下吞併臺灣的企圖；另一方面，臺灣重新成為海寇活動的巢穴，對臺灣海峽航道的威脅極大。這都使明朝東南官吏感到：必須小心經營臺灣，不可讓其落入反政府勢力之手。福建官府一度平定臺灣的海盜，將臺灣控制在自己手中。然而，這種管理多數時間是鬆散的，往往不能達成目標。這才是臺灣被荷蘭人趁虛而入的原因。

第八章　明末福建官府對澎湖臺灣的管理

　　晚明臺灣海峽的地位越來越重要，來自南洋及日本的各類海上勢力都要路過臺灣，而且閩粵海寇在臺灣海峽的活動日益頻繁，在這一背景下，福建官府加強了對臺灣海峽的管理。

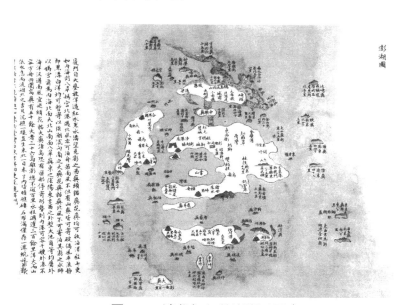

圖 8-1　清代初年的澎湖地圖 [1]

1　此圖錄自清乾隆三十九年至六十年（1774—1835 年）的《中華沿海形勢全圖》的局部，見北京大學圖書館編，《皇輿遐覽——北京大學圖書館藏清代彩繪地圖》，北京，中國人民大學出版社 2008 年，第 250 頁。

第一節　福建官府對澎湖群島的管理

　　晚明澎湖史歷來得到大家的關心，成績斐然。不過，因晚明的史籍遭清朝禁燬，許多問題尚未釐清，今將澎湖史料薈集於此，加以分析，或能有助於澎湖史的研究。

一、明朝官府對澎湖重要性的認識

　　鄭和航海結束後，明朝邊境的海防日益嚴厲，漳泉潮沿海邊民去澎湖的人一定少了，所以，澎湖島上的房屋逐步廢棄。然而，明朝放棄澎湖島，實際上並不能扼制倭寇與海寇的活動，而是讓它成為一個海上活動的自由港，來自各方面的海商與海寇，都有在澎湖活動的歷史。明代中葉費宏的《太保費文憲公摘稿》說：

> 琉球、日本諸海國，去閩僅數千里，而彭湖、黿鼊、高華諸嶼，隱然可數于煙波浩淼之間。奇貨珍材以售于華人，獲輒數倍。[2]

　　推敲費宏這段話，似乎表明：明代中葉即有人從事日本、琉球與中國之間的海上貿易，而澎湖、黿鼊、高華諸島往往成為他們中途歇腳與轉駁之處。黃承玄說：

> 閩海中絕島以數十計，而彭湖最大。設防諸島以十餘計，而彭湖最險遠。其地內直漳泉，外鄰東番，環山而列者三十六島，其中可容千艘。其口不得方舟。我據之可以制倭，倭據之亦得以制我。此兵法所謂必爭之地也。[3]

　　又如顧炎武的《天下郡國利病書》記載：「彭湖一島，在漳泉遠洋之外；鄰界東番，順風乘潮，自料羅開船，二晝夜始至。山形平衍，東南約十五里，南北約二十里，周圍小嶼頗多。先年原有民居，隸以六巡司。國初徙其民而虛其地。自是長為盜賊假息淵藪。倭奴往來，停泊取水必經之要害」。陳祖綬說：「福建海上有三山，彭湖其一也。山界海洋之外，突兀迂迴，居然天險，實與南澳海壇並峙為三島。夷所必窺也。往林鳳、何遷，跳梁

2　費宏，《太保費文憲公摘稿》卷九，〈送福建按察司副使陸公君美序〉，《續修四庫全書》第 1331 冊，第 435 頁。

3　黃承玄，〈條議海防事宜疏〉，《明經世文編》卷四七九，第 5271 頁。

海上，潛伏于此。比倭夷入寇，亦往往藉為本澳焉。險要可知矣。」[4] 以上史料反映了澎湖的重要性。

儘管有海禁，但在嘉靖年間，漸有閩粵漁民到澎湖群島去打魚，有些漁民偷渡澎湖群島。金門島後埔的許贊夫「家貧，治生無術，渡澎湖海溺死」。[5] 而海盜與倭寇出常沒於澎湖島。曹永和據卜大同的《備倭圖記》所收王忬奏疏指出，嘉靖三十三年，已經有海寇陳老以澎湖為巢穴：「臣因見廣賊許老等逼近漳境；漳賊陳老等結巢彭湖。」[6] 天然癡叟的《石點頭》說當時福州侯官縣有一個惡霸勾結海寇：「又糾連閩浙兩廣亡命及海洋大盜，出沒彭湖，殺人劫財，不知壞了多少人性命。卻又販賣違禁貨物，泛海通番。凡犯法事體，無一不為。」[7]《虔臺倭纂》說倭寇：「犯福建則自彭湖島分綜，或之泉州等處，或之梅花所、長樂縣等處。」[8] 可見，晚明海寇及倭寇的活動，往往來到澎湖。

實際上，嘉靖隆慶年間，福建就有人主張到澎湖駐軍。然而，其時福建沿海的島嶼都在海寇的威脅之中，因此，浯洲（金門）的士紳主張不如先守好浯洲，再考慮澎湖。「故就賊竊據論，則澎湖便於浯洲，而就賊凱圖論，則浯洲切於澎湖；就我要害論，則浯洲急於澎湖。」洪受的《滄海紀遺》認為，還是先守浯洲為上。[9] 其後，隨著形勢的變化，明朝不得不再次考慮在澎湖駐軍。萬曆元年，來自廣東的海寇占據了澎湖群島，福建巡撫劉堯誨說：「本官於萬曆元年正月內奉……本年八月內，該臣到任，接管行事。看得海賊突犯閩省盤踞彭湖外洋，前後攻破鑑江、塘頭等堡，及把總劉國賓官兵員役損折數多，見今各賊俱未殄滅。」[10] 此時占領澎湖群島的是海寇林鳳。由於海寇經常出沒於澎湖，漁民無法在當地紮根，隆慶六

4　陳祖綬，《皇明職方兩京十三省地圖表》卷下，崇禎九年刊本，第 40 頁。

5　洪受，《滄海紀遺》，《滄海紀遺譯釋本》〈人才之紀第三〉，黃鏘補錄，郭哲銘譯釋，金門縣文化局 2008 年，第 152 頁。

6　王忬，〈奏復沿海逃亡軍士餘剩糧疏〉，出自卜大同的《備倭圖記》，轉引自曹永和，《臺灣早期歷史研究》，第 140 頁。

7　天然癡叟，《石點頭》卷十三，〈侯官縣烈女殲仇〉，南昌，百花洲文藝出版社 2011 年，第 371 頁。

8　謝杰，《虔臺倭纂》卷上，〈倭原一〉，明萬曆刊本，第 4 頁。

9　洪受，《滄海紀遺》詞翰之章第九，〈建中軍鎮料羅以勵寨遊議〉，第 232—233 頁。

10　劉堯誨，《督撫疏議》卷一，〈酌議兵食疏〉，萬曆刊本，第 4 頁。

年之時，俞大猷稱澎湖為「海上無人之境」。[11]

從廣東的角度而言，倭寇活動時期，日本船舶駛向南海的船隻漸漸多了起來。位於閩粵交界處的南澳島作為南海門戶，成為日本商船及倭寇南下南洋必經的樞紐港，因此，從嘉靖到萬曆初年，南澳常有日本船舶訪問。萬曆四年，官府決定在南澳島上駐兵，日本船隻在臺灣海峽的活動中心便從南澳轉移到澎湖群島。萬曆十年七月，潮州知府郭子章得到情報：「倭奴四十艘潛住彭湖，震於其鄰。」[12]陳仁錫說：「閩海一帶，延袤數千里。歲清明前，南風盛發，倭寇從粵而北，縱台溫；霜降後北風盛發，又從浙而南，馳閩廣。其南而北也，必繇彭湖、烏坵；北而南也，必經臺山、礵山。」[13]可見，當時的福建官府已經認識到彭湖的戰略地位及其重要性。其時，海寇經常往來於澎湖。徐中行說：「往歲林道乾寇彭湖，海上騷然。」[14]「南越之寇，往歲突入彭湖，據三十六島於琉球尾閭之區，逐而遠之，是虎逸而歸之柙也。」[15]

其時澎湖由福建省管轄，所以，抗倭的壓力轉向福建省。福建水師開始將澎湖納入防禦範圍。《圖書編》一書轉載了明代官員對澎湖的認識：

> 至于外島，可略而言。在漳曰南澳，在泉曰彭湖，在興曰湄州，在福曰海壇。夫南澳有重鎮矣，海壇有遊兵矣，湄州在目睫之間，亦無所伏姦矣。脫有侵軼，而竊據者其彭湖乎？夫彭湖遠在海外，去泉州二千餘里。其山迂迴，有三十六嶼羅列如排衙然。內澳可容千艘，又周遭平山為障，止一隘口，進不得方舟。令賊得先據，所謂一人守險千人不能過者也。矧山水多礁，風信不常，吾之戰艦難久泊矣。而曰可以攻者，否也。往民居恃險為不軌，乃徙而虛其地，今不可以民實之，明矣。若分兵以守，則兵分者於法為弱，遠輸者於法為貧，且絕島孤懸，混芒萬影，脫輸不足，而援後時，是委軍以予敵也。而曰可以守者，否也。亦嘗測其水勢，沈舟則不盡其深，

11　俞大猷，《正氣堂全集・近稿與議稿》，〈鎮閩議稿〉，第 493 頁。
12　郭子章，〈潮州府告城隍驅獨鬼文並跋〉，周修東輯校，《郭子章涉潮詩文輯錄》文章四，〈祭文〉，暨南大學出版社 2016 年，第 51 頁。
13　陳仁錫，《無夢園初集》漫二，〈紀三省海寇〉，第 72 頁。
14　徐中行，《天目先生集》卷十一，〈送梁大夫參議貴州序〉，第 12 頁。
15　徐中行，《天目先生集》卷十一，〈送鄧公參南越藩政序〉，第 11 頁。

　　輸石則難扞其急，而曰可以塞者，亦非也。夫地利我與賊共者也，塞不可，守不可，攻又不可，則將委之乎？惟謹修內治而已。法曰佚能勞之，飽能饑之。賊之所資者糧食，所給者硝礦也。惟峻接濟之防，而敷陳整旅以需。其至則賊既失其所恃，而海上軍事，又絕不相聞，雖舳艫軋艻，詎能為久頓謀哉。以我之逸，待賊之勞，以我之飽，待賊之饑，稍逼內地則或給接濟以掩擒，或假漁商而襲擊。此營平致敵之術也。法有不以兵勝，而以計困者，此之謂也。[16]

　　如其所云，萬曆初年，明朝官員已經感到澎湖很重要，但又無法派兵駐紮。不過，當時明朝已經將澎湖納入管理範圍。萬曆十年任職潮州的郭子章，曾提到于謙的後代于嵩泉提升福建總兵：「將軍起家淮漕，立奇功於西越，而前後居閩，為日最久，始分閩建州以防山，今建牙彭湖以防海，熟其山川險夷。」[17] 這段記載中的「建牙彭湖」是什麼意思？就《明神宗實錄》的記載來看，于嵩與福建頗有淵源，他於萬曆四年八月甲戌，從中都留守之任調「掌福建行都司印」。[18] 萬曆六年六月，于嵩調任廣西參將。萬曆九年三月乙亥，于嵩升任副總兵協守潮漳等處地方，專駐南澳。[19] 其時南澳歸福建與廣東兩省共管，在潮州任職的郭子章應是在任上結識了于嵩。萬曆十二年二月辛未，「敕于嵩陞署都督僉事充總兵官鎮守福建。」萬曆十二年三月庚辰，「陞潮漳副總兵于嵩為中軍都督府都督僉事」。萬曆十四年正月癸亥，「革福建總兵官于嵩任」。[20] 可見，于嵩在代理福建總兵官後，大約幹了 23 個月被免職。其間官方考慮讓其「建牙彭湖」。從文字的直接意思來說，就是讓于嵩在澎湖群島設立衙門，直接管理澎湖。看來這件事最終未成，于嵩不久也被免職。

　　萬曆二十年（1592 年），南路參將由漳州移駐廈門，轄銅山、浯嶼二寨與浯銅、澎湖二遊。不過，這時的彭湖遊兵還是以廈門為駐地，名為彭湖遊兵，但他們在澎湖群島的時間太少，未必能發揮作用，這就有了在澎

16　章潢，《圖書編》卷四十，〈福建圖敘〉，文淵閣四庫全書本，第 38 頁。

17　郭子章，〈贈于肖泉總戎八閩序〉，周修東輯校，《郭子章涉潮詩文輯錄》文章一，〈序跋〉，暨南大學出版社 2016 年，第 23 頁。

18　張惟賢等修，《明神宗實錄》卷五三，萬曆四年八月甲戌。

19　張惟賢等修，《明神宗實錄》卷一百一十，萬曆九年三月乙亥。

20　張惟賢等修，《明神宗實錄》卷一百七十，萬曆十四年正月癸亥。

湖長駐軍隊的要求。

二、關於明末派駐澎湖的水軍

　　過去有關史料只說萬曆二十年（1592 年）始，明朝廷議在澎湖駐紮水軍，有的歷史書因此就將明軍駐於澎湖提早到萬曆二十年，如前所述，萬曆二十年確實有「彭湖遊」的設置，不過，明軍真的駐上澎湖島嶼，並不是在萬曆二十年。有關此事，可以看福建其他史料。《閩書》記載：「彭湖遊，名色把總一員。南路、泉南俱轄之。遊，晉江海外絕島也。語在晉江方域志。洪武間，居民內徙。嘉靖季，賊曾一本、林鳳據為巢穴。萬曆壬辰（萬曆二十年、1592 年），朝鮮告變，倭且南侵。議者謂不宜坐棄彭湖，因設兵往戍之。」[21]

　　據此，在萬曆二十年日本侵略朝鮮事件發生後，東南沿海加強了對日本入侵的戒備，明朝因此開始討論在澎湖設置「彭湖遊」的問題。但是，從開始討論設置彭湖遊兵到最終定案，經歷了許多波折。儘管早在萬曆二十年就有了駐兵之議，福建水師真正來到澎湖群島，卻是在萬曆二十六年。[22]

　　為什麼如此重要的計畫卻拖延五年才實行？這與福建的自然災害有關。就在福建官府提出在澎湖駐兵的次年，福建沿海發生大災。萬曆二十一年六月，福建巡撫許孚遠的〈乞勘災荒疏〉說：「又據泉州府申稱：本府所屬柒邑，晉（江）、南（安）、惠（安）、同（安）肆縣濱海，安（溪）、永（春）、德（化）三縣依山。去歲旱魃為災，所幸廣穀通販，米價不騰，物情乃定。今春以來，地土承久旱枯涸之後，雖甘霖屢降，水積不深，灌注不廣，間多不種之田，既而蝝蝗為害，根葉俱傷，正當吐實之時，又遇颶風大作，摧折掃蕩，殆無虛日。至陸月初旬，淫雨如注，溪水下奔，海潮上湧，濱海禾苗，盡被淹沒，負山稻穀，多屬糠秕，天禍屬邑，捌口嗷嗷。又聞廣惠澎五穀不登，邇來米價遂至騰貴，民情洶洶，相率哭泣。」[23]「看得閩省

21　何喬遠，《閩書》卷四十，第 989 頁。

22　徐曉望，〈論晚清對臺灣、澎湖的管理及設置郡縣的計畫〉，北京，《中國邊疆史地研究》2004 年，第 3 期，第 111 頁。

23　許孚遠，《敬和堂集》疏卷，〈乞勘災荒疏〉，第 30 頁。

襟山帶海，地勢傾仄，而少平衍，雨水之來，易盈易涸，頻年苦旱，五穀鮮收。今歲夏初，雨澤不均，早禾不得盡植，漳泉地方，失種者半。乃陸月初旬，淫雨連綿，日夜傾注，溪流暴漲，四望成浸，一時廬舍漂流，田禾淹沒，人民牛畜，間遭陷溺死亡。」[24]福建海口的同安縣災情尤為厲害。許孚遠〈乞勘災荒疏〉：「同安縣申稱，本縣田土，本來瘠薄，全賴雨澤滋生。今春不雨，其地居高亢者既不得施種，近水者稍得插苗，方在吐穗，突生螟蝗……兼之潮穀不到，米價日騰，貧民束手待斃。」[25]福建沿海一向依賴廣東的糧食，但因廣東也同樣遭災，廣東官府禁止糧食出口。許孚遠說：「而閩地米穀素少，半藉他省接濟，乃閩廣中又方閉糴，米價驟至騰湧，山海寇賊，漸覺發生。」[26]在大災發生的背景下，很顯然，福建官府主要精力用於救災，許多大事被放在一邊。其次，由於澎湖隸屬於泉州，而明末在澎湖打漁的多為漳州人，當時規定澎湖遊兵的糧餉歸泉漳二府供應：「春汛糧支給於泉，冬汛糧支給於漳。」[27]在泉州遭逢大災的情況下，其士兵糧餉很難得到保障，這時候派兵到澎湖，肯定是不適宜的。

與此同時，福建財政也十分困難。福建巡撫許孚遠說：「萬曆拾肆年起至拾玖年止，閩省共未完餉銀貳拾壹萬肆千玖百三拾柒兩零。」[28]「看得閩省軍餉先經會計，歲費貳拾捌萬玖千餘兩，毫不可缺。該司括湊原額僅止貳拾柒萬有奇，所入之數，已不足供所出，況每年逋欠，常有數萬。番舶近始開禁，寺田查理未清，原議各項，有名無實。臣又近經題請大整水陸兵防，歲約加費伍萬上下，既無別項，箕斂又難加派於民，故不得已而有權動司庫之議。據藩臣所稱，動用貳拾萬為止，且不足以充肆年之需。」[29]在財政困難的背景下，福建官府很難有大作為，澎湖駐兵因而拖延。

在閩南災荒的背景下，福建巡撫許孚遠提出在海外島嶼開荒戍邊的計畫。萬曆二十三年四月丁卯，福建巡撫許孚遠說：「至彭湖遙峙海中，為諸夷必經之地，若于此處築城置營，且耕且守，斷諸夷之往來，據海洋之

24 許孚遠，《敬和堂集》疏卷，〈乞勘災荒疏〉，第36頁。
25 許孚遠，《敬和堂集》疏卷，〈乞勘災荒疏〉，第30頁。
26 許孚遠，《敬和堂集》疏卷，〈乞勘災荒疏〉，第37頁。
27 陽思謙等，萬曆《泉州府志》卷十一，〈水寨軍兵〉，第10頁。
28 許孚遠，《敬和堂集》疏卷，〈迄免征積逋疏〉，第65頁。
29 許孚遠，《敬和堂集》疏卷，〈迄免征積逋疏〉，第68—69頁。

要害，尤為勝籌。但此地去內地稍遠，未易輕議。」[30] 可見，許孚遠的計畫是派兵直接在彭湖屯墾，以利於長期駐守。他的這一計畫曾設想推廣於閩浙海島多處地方，《明史・許孚遠傳》記載：「又募民墾海壇地八萬三千有奇，築城建營舍，聚兵以守，因請推行於南日、彭湖及浙中陳錢、金塘、玉環、南麂諸島，皆報可。」[31] 可見，當時明政府是同意許孚遠的計畫的。關於這一計畫的整體方案可見許孚遠的〈議處海壇疏〉一文：「及查彭湖屬晉江地面，遙峙海中，為東西二洋、暹羅、呂宋、琉球、日本必經之地。其山周遭五六百里，中多平原曠野，膏腴之田，度可十萬。若於此設將屯兵，築城置營，且耕且守，據海洋之要害，斷諸夷之往來，則尤為長駕遠馭之策。但彭湖去內地稍遠，見無民居，未易輕議，須待海壇經理已有成效，然後次第查議而行之。」[32] 然而，許孚遠這一計畫在澎湖並未馬上實行，《明史》云：「先是，萬曆中，許孚遠撫閩，奏築福州海壇山，因及澎湖諸嶼，且言浙東沿海陳錢、金塘、玉環、南麂諸山俱宜經理，遂設南麂副總兵，而澎湖不暇及。」[33]

萬曆二十五年，福建巡撫金學曾再次提出駐兵澎湖的計畫：「惟彭湖去泉州程僅一日，綿亙延衺，恐為倭據。議以南路游擊，汛期往守。」[34] 金學曾為了實現計畫，進一步落實了彭湖遊兵。《泉州府志》記載：「舊制水寨統以指揮一員，謂之把總。嘉靖四十二年，軍門譚綸題奉欽依，比照浙江定海等關把總，以都指揮體統行事，於是浯嶼寨為欽總，其浯銅遊兵把總。及萬曆二十五年，新設彭湖遊兵把總，俱軍門箚給名色者。」[35] 所以，後人將在澎湖駐兵看成是金學曾的功勞：「按彭湖為浙防洪堤潮惠總要之路，自金中丞籾議力爭守此。」[36]

曹學佺《石倉全集》記載：「萬曆戊戌（萬曆二十六年，1598 年），當事者始堅議守，蓋謂附海勾倭之徒多合艅於此避風、汲水，覘我虛實。

30　張惟賢等修，《明神宗實錄》卷二八四，萬曆二十三年四月丁卯，第 5265 頁。

31　《明史》卷二八三，〈許孚遠傳〉，第 7285 頁。

32　許孚遠，〈議處海壇疏〉，《明經世文編》卷四百，《敬和堂集》，第 4342 頁。

33　《明史》卷九一，〈兵志三〉，第 2247 頁。

34　張惟賢等修，《明神宗實錄》卷三一二，第 5842 頁。

35　陽思謙等，萬曆《泉州府志》卷十一，〈水寨官〉，第 9 頁。

36　徐昌治，《昭代芳摹》卷三四，崇禎九年徐氏知問齋刻本。

設色總、遊兵汛，時哨邏。賊到隨擊，似為勝算。」[37]

　　按，比較《泉州府志》與《石倉全集》的記載，二者有一些小差異。《泉州府志》說彭湖遊兵設置於萬曆二十五年，而《石倉全集》則說當事者到萬曆二十六年才下決心守澎湖，綜合二者的觀點，應是福建巡撫金學曾於萬曆二十五年提出設置彭湖遊兵，而萬曆二十六年才獲得朝廷正式批准，並於同年派出軍隊巡守澎湖。曹學佺說：「蓋本澳遠離內地，或自料羅開駕，取乾巽針而往，計時可至。若遇風波候變，洋中無島棲泊，是戧戲之難也。孤軍懸絕，聲息不聞，卒有緩急，旁無應援，是撐持之難也。惟戊戌春防，設左右二總合兵船四十隻，益以各寨遊遠哨兵船一十八隻，共計兵士三千餘名，又督以偏裨屯紮一汛，庶並力以守，可固吾銅圍耳。嗣是兼併一遊，船兵止二十隻，及浯嶼、浯銅、銅山貼駕遠哨六船，而彭湖港嶼五十餘處，邏守豈能遍乎？」[38]

　　從以上史料中獲知：萬曆二十六年，福建方面曾派出 3000 名士兵防守澎湖島，不過，由於經費困難及其他原因，以後派出的士兵減半，大約在 1500 名左右。關於彭湖遊兵的具體情況，萬曆《泉州府志》又說：

> 浯嶼寨管福哨冬鳥等船四十八隻，浯嶼遊管冬鳥等船二十二隻，彭湖遊管哨船二十隻。[39]

> 惟彭湖遊兵專過彭湖防守，凡汛，春以清明前十日出，三個月收；冬以霜降前十日出，二個月收。收汛畢日，軍兵放班，其看船兵撥信地小防。[40]

> 近來軍伍缺乏，寨卒悉係募兵，而衛所軍止貼駕船。浯嶼兵一千七十名，糧每月九錢，布政司發給。貼駕軍五百八十名，浯銅遊兵五百三十六名，糧俱布政司發給。貼駕軍三百名；彭湖遊兵八百五十名，春汛糧支給於泉，冬汛糧支給於漳。[41]

　　以上這些史料出自《泉州府志》，所以只記載泉州派駐澎湖的數量，

37　曹學佺，《曹能始先生石倉全集》，《湘西紀行》卷下，〈海防〉，第 28—30 頁。
38　曹學佺，《曹能始先生石倉全集》，《湘西紀行》卷下，〈海防〉，第 28—30 頁。
39　陽思謙等，萬曆《泉州府志》卷十一，〈兵船〉，第 10 頁。
40　陽思謙等，萬曆《泉州府志》卷十一，〈信地〉，第 11 頁。
41　陽思謙等，萬曆《泉州府志》卷十一，〈水寨軍兵〉，第 10 頁。

他們共計 850 名，分乘 20 艘船，於春秋二季分別在澎湖駐守 3 個月或 2 個月。漳州應有相當的派遣規模。漳州的《海澄縣志》記載：「澎湖嶼，在巨浸中，屬晉江界，其合兵往戍，則漳與泉共之者也。」[42] 可見，當時漳州府也有派兵與泉州水兵共同駐守澎湖，由二府共同負擔駐軍的糧食，這是合理的。不過，為了供應糧食方便，他們的糧食春天由泉州府負責，秋天由漳州府負責。

澎湖島的駐軍無疑加強了臺灣海峽的安全，《泉州府志》說：「彭湖絕島，舊為盜賊淵藪，今設有遊兵防守，則賊至無所巢穴。又泉郡藩籬之固也。」[43] 彭湖遊兵並得到廈門水師的有力支持，上述浯嶼兵、浯銅遊兵、彭湖遊兵共計 3966 名，是明軍水師主力。他們掌管的兵船：「浯嶼寨管福哨冬鳥等船四十八隻，浯嶼遊管冬鳥等船二十二隻，彭湖遊管哨船二十隻。」[44] 共計 90 隻。然而，當時在澎湖駐兵也有很多困難，萬曆後期的福建巡撫黃承玄說：「往年平酋作難，有謀犯雞籠、淡水之耗，當事者始建議戍之。鎮以二遊，列以四十艘，屯以千六百餘兵，而今裁其大半矣。一旅偏師，窮荒遠戍，居常則內外遼絕，聲息不得相通，遇敵則眾寡莫支，應援不得相及。以故守其地者，往往畏途視之。後汛而往，先汛而歸，至有以風潮不順為辭，而偷泊別澳者。則有守之名，無守之實矣。」[45] 可見，由於生活條件的艱苦，及通訊條件落後，許多官兵都不願在澎湖堅守，乃至將駐守時間打了折扣。「澎湖去漳泉四百餘里，而礁澳險隘，海波洶湧。我兵防汛，率一月、半月而始濟。」[46] 明軍每年按計劃只在澎湖駐守 5 個月，若打了折扣，明軍實際在澎湖時間並不多。因此，海寇與外國入侵者往往乘明軍撤防之時入占澎湖。萬曆四十四年前後任福建巡撫的黃承玄將澎湖直接劃給駐紮廈門的中左所管轄：

> 雞籠地屬東番。倭既狡焉思逞，則此彭湖一島。正其所垂涎者。萬一乘我之隙據而有之，彼進可分道內訌，退可結巢假息，全閩其得

42　張燮等，崇禎《海澄縣志》卷一，〈形勝〉，北京，書目文獻出版社《日本藏中國罕見方志叢刊》，1990 年影印本，第 22 頁。
43　陽思謙等，萬曆《泉州府志》卷十一，〈信地〉，第 11 頁。
44　陽思謙等，萬曆《泉州府志》卷十一，〈兵船〉，第 10 頁。
45　黃承玄，〈條議海防事宜疏〉，《明經世文編》卷四七九，第 5271 頁。
46　洪受，《滄海紀遺》詞翰之紀第九，〈建中軍鎮料羅以勵寨遊議〉，第 232 頁。

安枕乎？近有議設參將以鎮守者，有議添設一遊互相救援者，臣以為皆不必也。彭湖之險，患在寡援。而浯銅一遊，實與彭湖東西對峙。地分為二，則秦越相視。事聯為一，則脣齒相依。今合以彭湖並隸浯銅，改為浯彭遊。請設欽依把總一員，專一面而兼統焉。浯銅原設二十二船，彭湖原設十六船，鄰寨協守四船，今議再添造一十二船，增兵四百名，俱統之於欽總，而另設協總二人，一領二十舟，劄守彭湖；一領十二舟，往來巡哨，遇有警息，表裏應援。臂指之勢既聯，犄角之功可奏矣。夫浯銅係漳泉門戶，彭湖為列郡藩籬，今一設重鎮，而有虎豹在山之形，一得內援，而無蛇豕薦食之患，其便一也。頃者越販奸民，往往托引東番，輸貨日本。今增防設備，扼要詰奸，重門之柝既嚴，一葦之航可察，其便二也。茲島故稱沃野，向者委而棄之，不無遺利之惜。今若令該總率舟師屯種其間，且耕且守，將數年以後，脣原有積倉之富，而三單無餱糧之虞，其便三也。至於瀕海之民以漁為業，其採捕於彭湖北港之間者，歲無慮數十百艘。倭若奪而駕之，則蹤影可混。我若好而撫之，則喙息可聞，此不可任其自為出沒者。宜並令該總會同有司，聯以什伍，結以恩義，約以號幟，無警聽其合艍佃漁，有警令其舉號飛報，則豈惟耳目有寄抑且聲勢愈張，茲險之設，永為海上干城矣。[47]

三、明末失於管理的澎湖群島

儘管明朝在澎湖有駐軍，但因生活艱苦，官兵積極性不高。曹學佺《石倉全集》記載：「彭湖遊為諸澳中最險，設色總一員、哨官二員。大小兵船二十隻，官兵九十（百？）員名。」[48]

今按，署去郡治水洋將及千里，自烈嶼解纜，風潮若順，二晝夜可到。地之周圍，僅百餘里。四山不甚高大，澳內堪泊兵船六七十隻，且以避四面風。但澳口甚狹，潮退，船方得出。遇警，遽難追逐，惟泊天妃宮前外澳，兵船出入為便，或臺颶時發，始泊入內澳，顧山多礁礫，農不可耕，地甚窪濕，人不堪處，以是先年往往議棄。

47　黃承玄，〈條議海防事宜書〉，《明經世文編選錄》，臺灣文獻叢刊第 53 冊，第 206 頁。

48　曹學佺，《曹能始先生石倉全集》，《湘西紀行》卷下，〈海防〉，第 28—30 頁。

蓋本澳遠離內地，或自料羅開駕，取乾巽針而往，計時可至。若遇風波倏變，洋中無島棲泊，是戢戲之難也。孤軍懸絕，聲息不聞，卒有緩急，旁無應援，是撐持之難也。惟戊戌春防，設左右二總合兵船四十隻，益以各寨游遠哨兵船一十八隻，共計兵士三千餘名，又督以偏裨屯紮一汛，庶並力以守，可固吾銅圍耳。嗣是兼併一遊，船兵止二十隻，及浯嶼、浯銅、銅山貼駕遠哨六船，而彭湖港嶼五十餘處，邏守豈能遍乎？說者不過以一哨合屯西嶼、顧北、上口防賊，西行以一哨合屯蒔上澳，兼顧龍門港防賊，東至其餘東碇、八罩、姑婆、沙仔、馬芝、香爐諸嶼，大城、小城、員簹、鎮海、瓦筒、鎖管、竹篙諸港，僅僅輪遣遠哨輕舟探邏而止，於策已疏，況兵船非遇臺颶，不宜深入內澳，恐受敵人圍困。故猝或遇賊，決殊死戰，勝勿窮追，此守彭之大略也。[49]

圖 8-2　佚名，《福建海防圖》局部，澎湖群島，紙本彩繪，
　　　　41×580cm，中國科學院圖書館藏。

因此，儘管明朝設置了彭湖遊兵，但在澎湖的時間不多。有時還有倭寇在這裡活動。[50]周之夔說：「彭湖者，淡水所出也。凡海上出入者至此必

49　曹學佺，《曹能始先生石倉全集》，《湘西紀行》卷下，〈海防〉，第28—30頁。
50　按，這一時期的倭寇多為廣東潮州人，如林鳳、曾一本等人，他們多在其隊伍中雇用一些日本打手，所以被稱為倭寇，其實，他們的主要成員與頭目多為廣東潮州人。

取水。紅夷據其水利，則他夷皆當與之結好。」[51] 萬曆三十年，沈有容率福建水師在春節期間突然襲擊澎湖，殲滅當地的倭寇，而後又登上臺灣島，參加過這次活動的陳第寫下了著名的〈東番記〉一文。其後又有荷蘭人兩次入侵澎湖事件，都說明在澎湖的明軍未能起到保護澎湖的作用。

　　海寇、倭寇與荷蘭殖民者的多次入侵，使福建官府對澎湖群島的重要性有了深刻的認識。天啟年間，沈鈇〈上南撫臺監巡海公祖請建彭湖城堡置將屯兵永為重鎮書〉說：

　　　若彭湖一島，雖僻居海外，寔泉漳門戶也。莫道紅夷灣泊，即日本、東西洋、呂宋諸夷所必經焉。地最險要，山尤平坦，南有港門，直通西洋，紅夷築城據之。北有港門，名鎮海港，官兵渡彭居之。中間一澳，從南港門而入，名曰暗澳，可泊舟數百隻，四圍山地，人云可開作園，栽種黍稷瓜果等物。牧養牛羊牲畜。未可遽墾為田，以山多頑土，無泉可灌故耳。[52]

　　《福建通志》記載：「沈鈇，號介庵，詔安人。萬曆甲戌進士。令順德，與羅青螺諸先輩明道講學。所著有大學古本、浮湘、鍾離、蘭省、石鼓諸集，彭湖紅夷諸議。」[53] 沈鈇長期在閩南生活，對漳潮一帶的形勢十分瞭解。沈鈇的計畫與以往不同在於，他認為只有在澎湖設置重鎮、長期駐兵，才能確保對澎湖的控制，這與萬曆年間逢春秋二汛才派兵去澎湖駐守是不同的。《明史》記載：「天啟中，築城於澎湖，設遊擊一，把總二，統兵三千，築礮臺以守。」[54]《續文獻通考》的記載較詳細：「熹宗天啟時築城於澎湖。先是萬曆中許孚遠撫閩奏築福州海壇山，因及澎湖諸嶼。且言浙東沿海陳錢、金塘、玉環、南麂諸山俱宜經理。遂設南麂副總兵而澎湖不暇及。其地遙峙海中，逶迤如修蛇，多岐港零嶼，其中空闊，可藏巨艘，初為紅毛所據。至是因巡撫南居益言，乃奪之。設游擊一，把總二，統兵三千，築

51　周之夔，《棄草集‧文集》卷四，〈上司理章公祖乞止上司勸借及海務書〉，第756頁。

52　沈鈇，〈上南撫臺監巡海公祖請建彭湖城堡置將屯兵永為重鎮書〉，顧炎武，《天下郡國利病書》第26冊，福建，第29頁。

53　郝玉麟等，雍正《福建通志》卷五十一，〈文苑傳〉，第50頁。

54　《明史》卷九一，〈兵志三〉，第2247頁。

炮臺以守。」[55] 可見，在荷蘭人侵略臺澎以後，明軍始在澎湖築城駐守。連橫的《臺灣通史》說：

> 總兵俞咨皋逐之，乃復澎湖，築城暗澳，高丈有七，厚丈有八，東西南各闢一門，北設礮臺，內蓋衙宇，建營房，鑿井駐兵，以控制媽宮。媽宮之左為風櫃山，高七八尺。荷人鑿其中，壘土若雉堞，毀之。分軍以戍，與案山、西垵相犄角，東為嵵上澳、豬母落水。當南之衝，舊有舟師戍之，亦築銃城，以防橫突。西為西嶼，北為北山墩，又北為太武，稍卑為赤嵌，循港而進為鎮海港，壘城其中，以扼海道。其防守也如此。[56]

天啟五年周嬰說：「乙丑（天啟五年）予在鷺門，戍主有自彭湖來者，餉鰒魚百枚。夫此介蟲也，而命之為魚，殆不可曉。」[57] 可見，荷蘭人退出之後，明朝確實派兵駐紮澎湖群島。其時，沈鈇還向福建巡撫南居益建議：開墾澎湖，發展農業：

> 彭湖山地，雖云頑土，不堪墾田乎？而遍度膏腴之區，或可佈種禾穀者，即黍、稷、蔴、荳、柑、樜（蔗）菓木均可充兵民口食之需。須廣招同安、海澄濱海黎庶乏田園可耕者，多四五百人，少亦二三百人，俾挈犁鋤種子以往就居，撥地聽其墾種，每人量給二三十畝，仍帶妻子，方成家業，併畜牛羊，捕釣魚利，少資糊口。仍禁遊擊總哨各官，不許科索粒食，各戍兵下班之日，有能用力種植者，亦聽之。明示十年以內，決不抽稅，俟十年以後，田園果熟，酌量每畝抽銀二三分，以為犒賞官兵之用。務使兵民相安，永遠樂業。此議召民開墾園地之策第四也。[58]

這一策略不知實行了幾分？大凡明朝的官府，總是遇到問題時，熱一陣。時過境遷，沒有人再過問此事。天啟年間，荷蘭殖民者趁彭湖遊兵退出之際占領了澎湖群島，福建官府費盡力氣才使荷蘭人退出澎湖群島，移

---

55 嵇璜、曹仁虎等編，《續文獻通考》卷一三二，〈兵考・舟師水戰〉，第 24 頁。

56 連橫，《臺灣通史》卷十三，〈軍備志〉，第 269 頁。

57 周嬰，《巵林》卷三，福建人民出版社 2006 年，第 72 頁。

58 沈鈇，〈上南撫臺經營彭湖六策書〉，秦炯，康熙《詔安縣志》卷十二，〈藝文志〉，第 13 頁。

駐臺灣的北港。奪回彭湖之後，明朝重新在彭湖布置兵力。崇禎六年（癸酉，1633 年），明末名士蔡獻臣有〈論彭湖戍兵不可撤〉一文，再次強調不可放棄澎湖：

> 彭湖者，我東南海之盡境也。舊傳為晉江尾都，後乃徙而墟之。今為漳泉海民耕漁之區，而與東番臺灣為鄰。其內則浯洲，則烈嶼，則嘉禾，皆同安都圖地。彭湖戍兵未詳創自何年，然陳懷雲撫臺時，即有撤兵之議，愚私心以為不可。曰多兵不足禦夷，而撤兵適足資賊，既而南撫臺時，紅夷外訌，築銃城於彭之風櫃，而耕漁之業荒矣。內地且岌岌焉。南撫臺與俞總戎費盡心力，誘而處之臺灣，尋疏請設一遊戎以增漳泉兵至千二三百人，更番戍守。今未十年而兵僅存其半矣。毋亦為餉少乎？然主帥既不能數履，而禆帥亦多偷安內地，則僅以二三兵哨往，其有無三分之一，誠不可問。故議者欲撤而去之曰：與其守外，何若守內，與其置之茫茫不可稽之域，何若布之目前，而時偵探及之之為愈。不知夷與賊豈懼偵探，而我兵亦豈肯茫茫海洋中時出偵探者哉？且夷賊相依者也，賊聚必借夷以為聲，夷入則我民之為賊者，必附之。今紅夷敗衄之餘，聞有二三船停泊于彭，而耕漁之民，已驚擾而竄矣。倘一旦盡撤，令夷賊得盤據其中，而不時入而騷我內地，豈惟向之城風櫃而已。吾懼濱海之不得寧居也。夫浯洲之去彭湖也，七更船；其去臺灣也，十更船。今深計者尚以處夷於臺灣為隱憂，奈何欲棄彭而揖之入也。故裁遊戎，題欽總，設二名色總四哨官，而二郡各以兵四百人隸之，使更番哨守便。[59]

> 適有兵中人至，乃故嘗戍彭者，詢之，則云：向未題設遊戎之前，彭湖兩汛兵不居陸而居舟，其發收之期亦如海上之例。間有異舟過，則操舟而逐之，其餘擾泊者有譏。比來設官戍守，而兵士乃安居島中，即有異舟之過且泊者，亦不及知。即知，亦付之不問耳。此則有兵與無兵同，所謂法立而弊生者也。故不必撤兵而當勵將，又戍彭之要着也。[60]

從這些文字看，由於長官畏懼辛苦，不肯親臨澎湖島，部下偷懶，實

59　蔡獻臣，《清白堂稿》卷三，〈論彭湖戍兵不可撤〉，第 13—14 頁。
60　蔡獻臣，《清白堂稿》卷三，〈論彭湖戍兵不可撤〉，第 14 頁。

際到達澎湖的水兵也許只有三分之一，而且，他們一向是半年駐紮，半年撤回。儘管這樣，明朝的澎湖守軍一直堅持到最後。寫於崇禎十七年的《玉堂薈記》記載：「福州海中，有彭湖島，相去三千里，晴日髣髴可見，有參將領兵駐其中。自福州順風而往，不半日至也。又有東島者，視彭湖為近。」[61] 上文中的「東島」，應當就是臺灣島了。

第二節　趙秉鑑和臺灣南部赤嵌城的初建

　　萬曆年間，臺灣逐漸成為海盜活動的中心。為了抑制海盜活動，萬曆四十四年前後，福建水師將領趙秉鑑組織人馬到臺灣南部的赤嵌築城，這是臺灣歷史上的重要事件。然而，為時不久，趙秉鑑被人控告謀反，匆匆被殺。實際上，這是一件福建文官壓制武將的冤案。趙秉鑑對開拓臺灣是有功績的。

一、明萬曆後期對臺灣加強管理的背景

　　第一，在臺灣海峽活動的海寇問題。晚明嘉靖與隆慶年間，倭寇活動於閩浙沿海，不過，據日本及中國學者的考證，嘉靖與隆慶年間的倭寇多為中國人，他們雇用一些日本人作打手衝鋒陷陣，因而被誤稱為倭寇，其實，他們的主要成分是活動於閩粵浙三省的海寇。[62] 對這個問題，史學界是有爭議的。不過，如果說萬曆年間在臺灣海峽活動的「倭寇」多為閩粵海寇，則爭議會少得很多。萬曆年間仕至尚書的黃克瓚說：「議者徒見閩廣海上倭報時聞，不知此皆漳潮之民海上刼掠，懼舟師追捕，故每船買倭奴十數人，倚以為重。使人心寒膽喪，不敢與敵。不知倭既無多，飄飄海上，惟掠取商貨往賣，此直商賈中寇盜耳。」[63] 這些所謂倭寇中的著名人物有：曾一本、林道乾、林鳳等人。福建巡撫塗澤民曾說到曾一本北上動向：「賊北來圖遁之地有三，一彭湖，一小琉球（即臺灣），一倭國。彭湖死地，

61　楊士聰，《玉堂薈記》卷上，第 60 頁。

62　主張這一觀點的日本學者有石原道博、田中健夫等人，中國學者有林仁川、戴裔煊等人。在本書第三十四章〈晚明橫行閩粵沿海的嶺南巨寇〉，我已經介紹了眾人的觀點。

63　黃克瓚，《數馬集》卷一，〈查餘引以濟大工疏〉（萬曆三十年），江蘇古籍刻印社 1997 年影印明刊本，第 74—75 頁。

水米難繼，此策之下者也，為官兵數月之憂；小琉球可濟水米，夷人不從，彼惟自去自來，此策之中者也，為兩省數年之憂。若入倭國勾引，則既通水米，又得附從，為國家無窮之憂矣，此杞人之過計也。」[64] 按，曾一本的海寇船隊有大船也有小船，可以赴日本的只是一些大船，若曾一本遠赴日本，他必然拋棄構成船隊中多數的中小船隻，因此，曾一本不大可能直航日本，這也是塗澤民自稱為「杞人之憂」的原因。事實上，曾一本船隊一直活動於臺灣海峽與南海範疇。不過，從塗澤民的話中可知，當時的澎湖與臺灣都在曾一本的活動範圍內，而且，臺灣的地位日顯重要，因為，曾一本等占據臺灣之後，必然給閩粵沿海帶來「數年之憂」。除了曾一本之外，林鳳在臺澎活動如前所述。

迄至萬曆後期，福建水師因經費問題大為削減，臺灣的海寇活動重又猖獗起來。如袁進、李忠、楊祿、楊策、鄭芝龍、李魁奇、鍾斌、劉香諸人，「相繼為亂，海上歲無寧息」。而且他們大都以臺灣為巢穴 [65]，對臺灣海峽的航行安全構成了威脅。

第二，晚明漳泉潮移民進入臺灣，也使朝廷感到有必要加強對臺灣的管理。張燮的《東西洋考》論及臺灣的土著：「厥初朋聚濱海，嘉靖末，遭倭焚掠，稍稍避居山後。忽中國漁者從魍港飄至，遂往以為常。」[66] 其中的所謂遭倭焚掠，其實是受到閩粵海寇的侵擾，而這些閩粵海寇，即為林道乾、林鳳諸人。可見，自從閩粵海寇襲擊臺灣後，臺灣日漸被人們瞭解，而漳州、泉州、潮州民眾到臺灣成為常見的現象。如晉江《安海金墩黃氏族譜》記載：「微熺，生萬曆三十年（1602 年），葬臺灣。」他若在青年時代進入臺灣，應為天啟年間。晉江《永寧霽霞高氏族譜》記載的高公題，「生萬曆丁亥（萬曆十五年，1587 年），卒壬辰（萬曆二十年，1592 年），葬臺灣演武場」。[67] 據施琅所說：「臺灣原屬化外，土番雜處，未入版圖。然其時中國之民潛往生聚，已不下萬人。」[68] 這種情況迫使明朝廷考慮對臺灣的管理。

64　塗澤民，〈與俞李二總兵書──捕剿機宜〉，《明經世文編》卷三五三，第 3803 頁。
65　《明史》卷三二三，〈雞籠傳〉，第 8377 頁。
66　張燮，《東西洋考》卷五，〈東番考〉，第 106 頁。
67　莊為璣、王連茂編，《閩臺關係族譜資料選編》，第 383 頁、第 384 頁。
68　趙爾巽，《清史稿》卷二六〇，〈施琅傳〉，第 9866 頁。

　　第三，西班牙及日本對臺灣的窺視，使明朝感到必須加強對臺灣的統治。西班牙人很早就注意到臺灣，其時，西班牙人稱臺灣為「艾爾摩莎（Hermosa）」。1586 年 4 月 20 日，在一封馬尼拉理事會寫給西班牙國王的信中，這些馬尼拉的統治者提出了征服呂宋周邊島嶼的計畫，其人所列島嶼中，也包括被他們稱之為艾爾摩莎的臺灣。[69]1596 年 7 月 8 日，菲律賓總督路易士 · 佩列斯 · 達斯馬里亞斯向西班牙國王彙報，他接到一封來自日本的信，該信提出：如果征服艾爾摩莎島，對西班牙遠東的事業發展有利。同時說到：「另外一點很重要的是，要使日本無法搶先攻占這座島嶼，對我們造成危害，避免他們慢慢地將土地蠶食鯨吞，進而漸漸逼近我們所在的這些島嶼，若有一天該島真的被日方所據有，恐怕呂宋諸島所要面臨的就不只是些零星的小麻煩與不安，尤其是在卡加揚這個最接近艾爾摩莎的地區。萬一真有這麼一天，卡加揚地區將需要比現在更完備的防禦工事，堡壘及守衛以保障其安全。」[70]1597 年 5 月，路易士 · 佩列斯 · 達斯馬里亞斯在另一份計畫艾爾摩莎的證詞中提出：要搶先一步占領艾爾摩莎，堵住日本南下步伐。否則，日本人在臺灣會切斷中國商人南下馬尼拉的商路；菲律賓諸島會遭到日本浪人的搶劫；日本人會將戰爭帶給這一帶海域。西班牙總督認為，由西班牙人占領臺灣，中國人會很高興地與他們貿易。[71]1597 年 6 月 19 日，來自日本的消息告訴菲律賓總督：「有一波占領福爾摩沙的攻擊已經接近這些島嶼。」占領臺灣後，日本還想進一步攻擊馬尼拉。[72]日本侵略臺灣的情況如前所述。除了日本、西班牙之外，荷蘭等歐洲殖民者都有在臺灣殖民的計畫，福建官府對此是有所察覺的。福建方面為了加強沿海防禦，不得不加強對臺灣、澎湖的管理。

　　自從林道乾與林鳳侵擾臺灣之後，晚明的閩人十分關注臺灣，張燮的《東西洋考》記載：「其地去漳最近，故倭每委涎。閩中偵探之使，亦歲一再往。」[73]可見，為了防倭，福建地方政府每年都要派兩批人去臺灣島上

69　李毓中編注，《臺灣與西班牙關係史料彙編》第一冊，第 265 頁。

70　李毓中編注，《臺灣與西班牙關係史料彙編》第一冊，第 288 頁。

71　李毓中編注，《臺灣與西班牙關係史料彙編》第一冊，第 294—295 頁。

72　李毓中編注，《臺灣與西班牙關係史料彙編》第一冊，第 305 頁。

73　張燮，《東西洋考》卷五，〈東番考〉，第 106 頁。

觀察。黃承玄任福建巡撫時提到：有洪依等人駕駛漁船到東番去「樵采」。[74]
福建布政使沈演在給伯兄祖洲的文字中提到：「所著招撫東番議，雖格不
行，徒曰無動為大耳。要以臥榻側，屬有狡夷，若奸人窺伺其間，如紅夷
於彭湖，閩豈能一日安枕！則安可謂非八閩萬年門戶計。」[75]可見，當時有
人計畫招撫東番，這是官府加深對臺灣管理的嘗試。

我在 2004 年 8 月 14—16 日參加廈門大學廈門大學臺灣研究中心、廈
門大學臺灣研究院舉辦的「海峽兩岸臺灣史學術研討會」上提交論文：〈曹
學佺《石倉全集》與晚明臺灣、澎湖的開發〉，在本文中我揭示了一條來
自曹學佺《石倉全集》的史料：「（萬曆）四十六年，巡撫王士昌提孽寇
趙秉鑑斃諸獄。秉鑑即若思也。往犯常刑，倖免，復謀海總。初焉招賊充
兵，後竟連兵作賊，外結東番逆酋為援，內糾漳泉叛民為黨，建議襲取東
番，實啟兵端。以圖叵測。至是誅滅，漳人德之，見於縉紳公揭。」[76]在文
章中我提出，這條史料表明「當時有海寇趙秉鑑向明軍建議襲取東番」，
消滅臺灣的海寇。「迄至朝廷招安臺灣海寇袁進等人以後，福建巡撫的下
一步計畫應當就是在臺灣駐兵屯墾。不知為何這一計畫最後未實行，可能
是因為明末福建經費緊張的緣故。」本年度我在《中國邊疆史地研究》雜
誌上還發表了〈論晚明對臺灣、澎湖的管理及設置郡縣的計畫〉，文中提
出：「趙秉鑑是一個不簡單的人物，他曾經犯過法，後來又成為福建方面
的海軍軍官，然而，他有點兵匪不分，既招海寇為兵，又縱兵為匪，他的
歷史有點類似後來的鄭芝龍，不過，趙秉鑑以悲劇收場而已。」以上觀點
主要是依據曹學佺文集中相關史料。曹學佺與張燮關係很好，他寫有關趙
秉鑑的東西，當然是受到張燮的影響。這是我最初研究趙秉鑑問題時的觀
點。在 2004 年 8 月廈門臺灣史會議史的會上，當年大學的同學陳小沖教授
告訴我：在張燮的《霏雲集續集》中，有關於趙秉鑑事情的記載。結束後，
我專程到北京的國家圖書館查閱了陳小沖所說的張燮《霏雲集續集》中有
關趙秉鑑的史料。此文即為張燮所寫的〈海國澄氛記〉一文，其中有趙秉
鑑在臺南赤嵌築城的史料：「若思（即趙秉鑑）既謀攻郡縣，翻念安頓處

---

74 黃承玄，《盟鷗堂集》卷二十九，〈申禁越販牌〉，第 29 頁。
75 沈演，《止止齋集》卷四三，〈壽一兄七十序〉，明刊本，第 5—6 頁。
76 曹學佺，《曹能始先生石倉全集》，《湘西紀行》卷下，〈海防〉，第 45 頁。

所，莫如東番。遂收楊沈為唇齒。廈門把總林志武、澎湖把總方輿皆附焉，蓋七日而築城赤礁矣」。[77]

「赤礁」，亦即「赤嵌」，是臺灣臺南市一個有名的景點，當地有荷蘭築成的赤嵌樓，周邊有關帝廟、天妃廟等景點，毫無疑問，此地為舊臺南市的核心，事實上，臺南市是圍繞著赤嵌樓向周邊發展的。據〈海國澄氛記〉的記載，實際上在荷蘭人築赤嵌樓之前十多年，作為福建右翼軍首領的趙秉鑑曾經和廈門把總、彭湖把總一起在赤礁築造了一座小城！這可證明早在荷蘭人抵達臺灣之前，福建官軍已經開拓臺南了！其後，我於2005年寫了〈晚明臺灣北港的事變與福建官府〉[78]及〈論福建省統轄臺灣之始〉[79]二文，分別發表於臺灣和福建的刊物及論文集。陳小沖於2006年在《臺灣研究集刊》2006年第1期發表了〈張燮《霏雲云居續集》涉臺史料鉤沉〉，對趙秉鑑在臺南赤礁建寨一事進行了考證。我們共同的觀點是：趙秉鑑在臺南赤嵌築城，是明代福建省管轄權伸入臺灣南部的重要例證。我在這一時期的著作還有：2006年的《早期臺灣海峽史研究》[80]，〈晚明海盜袁進、李忠及福建省統轄臺灣之始〉[81]，在這些論文與著作中，我對袁進及趙秉鑑都進行了詳細研究。不過，由於張燮將趙秉鑑定位為謀逆者，影響了我對趙秉鑑的定位。如今，有了新的史料發現，使我對趙秉鑑有了新的認識。

二、萬曆三十四年趙秉鑑冤案辨識

萬曆四十六年，為福建官府立下重要功勞的趙秉鑑被繼任福建王士昌所殺。張燮、曹學佺等福建縉紳異口同聲指趙秉鑑有背叛明朝之意，所以在海外建立赤嵌巢穴。為了坐實趙秉鑑的罪名，張燮等人還說趙秉鑑早萬

77　張燮，《霏雲居續集》卷四十，〈海國澄氛記〉，《張燮集》第二冊，第696頁。

78　徐曉望，〈晚明臺灣北港的事變與福建官府〉，臺北，《臺灣源流》2005年冬季刊。

79　徐曉望，〈福建省統轄臺灣之始〉，本篇為作者參加2005年學術會議的文章，後發表於福建省炎黃文化研究會等編，《臺灣建省與抗日戰爭研究——紀念抗日勝利60周年暨臺灣建省120周年學術研討會論文集》，廈門，鷺江出版社2008年。收入《早期臺灣史考證》，福州，海風出版社2014年。

80　徐曉望，《早期臺灣海峽史研究》，福州，海風出版社2016年。

81　徐曉望，〈晚明海盜袁進、李忠及福建省統轄臺灣之始〉，氏著《早期臺灣史考證》，福州，海風出版社2014年，第200—229頁。

曆三十四年就有謀反行為。他率一班人襲擊漳浦縣城，幸被縣令破獲，趙秉鑑被捕，過了很久才被放出來。由於趙秉鑑歷史上有謀反行為，所以，他這個人不可靠，一直想造反，萬曆四十四年的福建巡撫黃承玄是被趙秉鑑欺騙才用了他任右翼軍首領，而趙秉鑑在臺灣赤崁築城，也是為了謀反！可見，萬曆三十四年襲擊漳浦縣城一案，對趙秉鑑被定罪，起了重要作用。

　　如果趙秉鑑確實有造反的圖謀，那麼趙秉鑑在赤嵌築城一事就有問題了：它是合法建築還是謀逆物證？如果是謀逆的產物，趙秉鑑築城就不是合法行為了，這對築城的意義有很大影響。那麼，趙秉鑑是否圖謀造反？對這一問題我思考很久，原來，就張燮所列出的證據而言，我不得不承認趙秉鑑是有造反行為，尤其是萬曆三十四年的歷史事件，倘若趙秉鑑當年確實參加了襲取漳浦城的謀反，那麼，趙秉鑑在臺灣築城也是可疑的。萬曆四十六年福建巡撫王士昌殺死趙秉鑑是及時除害，如果不是，事情則要做另一種解釋了，因為，張燮等人請殺趙秉鑑的理由，實在太勉強了。還是先來分析萬曆三十四年的事件吧。最近我在《明實錄》中讀到的相關史料後，感到事情並非那麼簡單，我認為所謂趙秉鑑於萬曆三十四年造反一事，是被漳州官府誣陷了，而張燮可能是這一陰謀的參與者與策劃者。

　　歷史證明萬曆三十四年襲取漳浦事件與趙秉鑑無關。按照張燮的說法，早在萬曆三十四年，趙秉鑑就有襲取漳浦縣的造反事件。趙秉鑑是福建漳浦人，他的造反事件，見載於康熙《漳州府志》和康熙《漳浦縣志》。《漳州府志》的記載極為簡略：萬曆三十四年，「漳浦庠生趙秉鑑謀襲縣，知縣黃應舉捕擒之」。[82] 由此可知，《漳州府志》對趙秉鑑的定位是一個有謀反前科的人，而其證據是萬曆三十四年，趙秉鑑曾經參與襲擊漳浦事件。康熙《漳浦縣志》對趙秉鑑謀反一事記載如下：「（萬曆）三十四年，生員趙秉鑑謀襲邑城不果。賊約二十三日臨城，先四日連雨，市可行舟，賊黨懼以告，鄉紳薛士彥潛白知縣黃應舉，捕獲巨魁數人治之，餘黨悉平。」[83] 以上記載都不夠詳細，但涉及了當時的縣令黃應舉等人。

　　漳州人張燮在其《霏雲集續集》有一篇名為〈海國澄氛記〉的文章很詳細地描述了萬曆三十四年趙秉鑑參與襲擊漳浦城事件的前後。其文云：

82　蔡世遠等，康熙《漳州府志》卷三三，〈災祥〉，福建圖書館藏抄本，第 30 頁。
83　施錫衛等，光緒《漳浦縣志》卷十一，〈兵防志〉，民國十七年石印本，第 10 頁。

漳故濱海，海上無賴之徒，瞑目乘間伏而思挺。即在承平，雄心未
歇。往往謀佹成而旋就誅滅。然尚傾軒之繼路，大率起於市井，鳴
吠幾幸一聘，以博帝制於汪洋巨浸之中。故駢首不悔耳。未有系籍
學官之功令而潛營妖氛，又竄籍材官之蹶張而竟煽逆焰者。有之，
自若思始。若思，浦人也。初名秉鑑，軀殼頗不類田舍翁。家故殷
富，跅弛自喜。補郡諸生，占畢雅非所長，則棄而學劍。每對人詭
稱宋裔。輕悍少年多從之游，趙輒善待之，間與締刑雞之盟而昵焉。
里中健有力者，每捐貲濟其乏困，俾緩急足供驅使。[84]

如上所述，趙若思是漳浦人，他自稱是宋朝皇室的後裔，將重建趙氏
王朝當作自己的理想。在福建漳浦縣的古蹟中，有一處為「趙家堡」。關
於該堡流傳著許多傳說。趙氏祖先為宋朝皇室，宋末涯山之敗後，趙氏子
孫逃到漳州境內，隱姓埋名，傳下了這一系趙氏家族的子孫。萬曆年間，
趙氏家族出了一名進士，他晚年在家搭蓋趙家堡，在城堡上題名——「完
璧歸趙」。看來，趙若思就是出生於趙家堡的趙氏，張燮認為他有強烈的
復興趙氏的理想，因而參與謀反。

久之，黨類日繁，遂與施玉浪、顧爾標等謀叛漳浦，私相署置，事
舉有日矣，為鄉薦紳所覺發，遂就擒。其後恤部錢公以子衿作賊，
事可矜疑，曲與解網。賊既得釋，了不引嫌，其與諸同事往復締好
無虛日，又陰與招納亡命益甚。有識相顧歎曰：「此夫猛獸還山時
也」！[85]

如其所記，萬曆三十四年是趙秉鑑組織一班人馬企圖襲占漳浦縣，後
被縣令黃應甲破獲。這件事被寫入《漳州府志》和《漳浦縣志》，似乎是
鐵案如山了！然而，我在《明神宗實錄》中找到完全不同的記載：

（九月）壬申，福建漳浦縣叛徒劉志邁、程可兆等謀為亂。事覺，
捕獲可兆與其黨蔡崇哲、黃胂斗等十餘人。志邁遁去。志邁本罷閑
守備，可兆為邑庠生，二人相結，陰蓄亡命千餘人，共圖不軌。以
五月十八日夜聚眾祭旗於教場，燈忽自滅。可兆惡之，斬榻屏以

84　張燮，《霏雲居續集》卷四十，〈海國澄氛記〉，《張燮集》第二冊，第 695 頁。
85　張燮，《霏雲居續集》卷四十，〈海國澄氛記〉，《張燮集》第二冊，第 695 頁。

厭。約次日舉事。至期，風雨大作，自暮達旦不止。乃更期二十五日。徒黨四百人，各衣白衣，藏利器，志邁以二百人伏城外，可兆以二百人伏城內，分據四隅，夜半放火，擊鍾為號。因而外攻內應，斬關以入。部署既定，會邑民李調梅知之，以先一日密告於知縣黃應舉。應舉素有智署，聞變急率屬領軍士，閉城大搜，自辰至晡，連獲可兆與其黨蔡崇哲十餘人。夜昏定又於城西隅曠室中獲姦細林懋襄等三人，明日城外尚不知覺，夜放火箭三，城中無應者。志邁等知事敗，遂遁去。撫臣徐學聚以其事聞。[86]

　　這條史料載於萬曆三十四年的《明神宗實錄》，當時人記當時事，可以說是最扎實的史料。為官方破案的是漳浦縣令黃應舉。黃應舉最終仕至主事，官不大，所以，他留下來的史料不多。《福建通志》有黃應舉的傳記：「黃應舉，字弘選，南海人。萬曆間以進士知漳浦。庭無留訟，民頌神君。邑有扞蒱者，挾佳冶逍遙市門，悉禁革之。嚴緝盜賊，夜戶不扃。公餘崇獎士類，有加禮。」[87]除了「嚴緝盜賊」四字，沒有更詳細的記載。按照《漳浦縣志》的記載，黃應甲是萬曆三十四年破案的主角。在官方報到朝廷中樞的史料中，也有黃應甲的名字，可見，他是萬曆三十四年破案的重要人物。問題在於：就《明神宗實錄》對案件的記載，這件事的主謀很清楚：是一名待職在家的前守備劉志邁，他的合作者是在城內造反的庠生程可兆，參與造反的有黃姓、蔡姓等人。他故事內容，如準備造反時遇到大雨、被黃應舉破案等情節都是一樣的，造反時間也是一樣的。可是，按照《明神宗實錄》對案件的記載，罪犯另有其人，完全和趙秉鑑無關！

　　然而，張燮卻在萬曆四十六年所發的揭貼中，說萬曆三十四年發生的襲城事件主謀就是趙秉鑑！這與《明神宗實錄》的記載完全不同。

　　從這一事件的前後因果來看，張燮等人應是為了定趙秉鑑死罪，給其安上曾在萬曆三十四年造反的罪名，因而可以從重處罰趙秉鑑！實際上，從載入萬曆實錄的原始資料來看，趙秉鑑與萬曆三十四年漳浦造反事件是沒有關係的。所以，將趙秉鑑列入萬曆三十四年造反者的名單中，是一項陰謀！

86　張惟賢等修，《明神宗實錄》卷四二五，萬曆三十四年九月壬申。
87　郝玉麟等，雍正《福建通志》卷三十，〈名宦〉，第53頁。

漳州官府與士紳聯合起來誣陷趙秉鑑，是因為右翼軍首領趙秉鑑所作所為，已經突破了他們的底線。

三、萬曆四十四年的趙秉鑑和右翼軍

從張燮等人揭示的史料來看，趙秉鑑是在黃承玄任福建巡撫時擔任右翼軍水師頭領的，而黃承玄起用趙秉鑑，與那個時代特殊的情況有關。黃承玄於萬曆四十三年出任福建巡撫後，發現因為經費的關係，福建水師已經遭到裁減，五寨水師被裁到只剩兩寨，而且兩寨的寨總都找不到適合的人才，這時候的福建水師幾乎不能作戰。如前所述，萬曆四十四年，日本水師南下，企圖吞併臺灣。這支主要來自九州島薩摩藩的日本水師，在臺灣海峽遇到風暴而被吹散，有些船隻在福建北部沿海襲擊福建駐軍的大金所，引起多方注意。於是，黃承玄大力整頓水師，準備對倭寇戰役。為此，他一方面聘請老將沈有容重新出山，並從嶺南調回紀元憲任總兵；另一方面，他廣招人才。他的〈廣收異材〉一文說：「為廣收異材以為急用事，照得七閩重鎮，素號多材。」[88] 可見，他是將重點放在招收福建本地人才。趙秉鑑應是在這一背景下蒙受重用，他組織一支名為「右翼軍」的水師。應當說，在日本水師南下臺灣的背景下，福建推出趙秉鑑的右翼軍水師，多少會有些用。

按，右翼軍之名在明代史冊上不可考。南宋初年，漳州、汀州一帶有土匪擾亂，當地官員調來一支以「土兵」為主的軍隊，福州知州薛弼謂：「昔守章貢，有武夫周虎臣、陳敏者，丁壯各數百，皆能戰，視官軍可一當十」。於是，薛弼奏「虎臣為副將，敏為巡檢，選丁壯千人，號奇兵，日給糗糧，責以滅賊。自是歲費錢三萬六千餘緡、米九千石。」[89] 陳敏所任巡檢即為汀漳巡檢，他以其家丁為核心，招募上千精幹的土兵，加以嚴格訓練，號稱「左翼軍」。四年以後，陳敏平定了土匪活動，從此在汀漳二州長期駐守。[90] 陳敏所部，雖然拿官府的經費，但他的部下並不是宋朝的正規軍，他們在

88　黃承玄，《盟鷗堂集》卷三十，〈廣收異材〉，第 21 頁。

89　脫脫等，《宋史》卷三百八十，〈薛弼傳〉，北京，中華書局 1977 年標點本，第 11722 頁。

90　葉適，《葉適集・水心集》卷二二，〈故知廣州敷文閣待制薛（弼）公墓誌銘〉，北京，中華書局點校本，第 427 頁。

宋代叫作「土兵」，更類似清代的團練，當時名稱為左翼軍。趙秉鑑被任命為右翼軍，與歷史上的左翼軍相對應，也就是說，趙秉鑑部只是一支臨時的「民兵」組織，不是明軍的正規軍。

張燮說趙秉鑑的為人：「素饒才辨，大言欺人，歷歷可聽。主事者初在系縻，後以為其才足任，不覺信之深矣。」其中主事者，看來是指當時的福建巡撫黃承玄和按察副使韓仲雍。黃承玄有在臺灣設立郡縣之志，所以會用趙秉鑑這一熟悉臺灣的人。趙秉鑑成為官府管轄的水師將領之後，「既總右翼軍，嘗以招兵之役，揚旌里門，氣豪甚。嗣復以巡汛至海外，威稜如大府」。但趙秉鑑為了擴大軍隊，招降納叛，橫行於海上：「若思既圖逆，遣所親信約倭為助，許以互市相報。自張帝胤，詭造妖讖，用蠱眾心。又遣所親以募兵為名，四出招納。於是閩廣間及外洋大盜、小寇、鼠竊者，赴為連藪，梟張者奉為主盟，無不鱗合歸趙矣。」[91] 可見，趙秉鑑組成的隊伍中，有不少不法分子，甚至有一些是海寇。趙秉鑑收羅這些人，給人留下話柄。此外，張燮等人揭發趙秉鑑與日本人勾結，不過，並沒有舉出實例。

萬曆四十四年的倭寇入侵危機，隨著日本艦隊遭遇颱風解散而減弱。此後雖有殘倭在福建沿海活動，已經無法形成威脅。萬曆四十五年五月，福建水師參將沈有容等人在白犬島殲獲倭寇 69 名，是那一時期有名的事件。這一事件，也標志著由萬曆四十四年開始的倭寇入侵危機結束了。不過，倭寇活動之外，臺灣海峽還有海盜袁進在活動。袁進以臺灣為巢穴，北上浙江，南下廣東，更多的時間在臺灣海峽，對臺灣海峽交通造成極大的威脅。黃承玄當然會用這支右翼軍對付袁進等海寇。

四、趙秉鑑在臺灣赤嵌築城

赤嵌城是臺南市有名的古蹟，相傳它是由荷蘭人所建。實際上，在荷蘭人建城之前，此地就有一座築就小城的山寨。

按照《清一統志》的介紹：「赤嵌城，在臺灣縣南。向為番地。明嘉靖四十二年，流寇林道乾據為巢穴，始名北港。」[92] 如其所說，赤嵌實為北

91　張燮，《霏雲居續集》卷四十，〈海國澄氛記〉，《張燮集》第二冊，第 696 頁。
92　和珅等，乾隆《清一統志》卷三三五，〈臺灣府〉，第 15 頁。

港之名的起源地，它最早是林道乾的盤踞之地。那麼，林道乾在當地之時，有沒有築城呢？其實沒有結論。因為，《清一統志》撰修之際，人們見到的赤嵌城早就被荷蘭人的建築所取代。《清一統志》所採集的史料只怕不能證明林道乾在此地築城。

實際上，歷史上有趙秉鑑在赤嵌築城的記載，它來自於張燮的《霏雲集續集》一書。張燮說：

> 東番者，在澎湖島外，去漳僅衣帶水。奸民林謹吾逋歸彼中，為酋主互市，與倭奴往還。長泰人沈國棟，亦子衿也，集眾海外行劫，聲勢漸盛。便欲謀據東番，竊比夜郎王。自以形陋，不足威遠夷，推楊鐘國為渠帥，而自立為軍師。若思既謀攻郡縣，翻念安頓處所，莫如東番。遂收楊沈為唇齒。廈門把總林志武、澎湖把總方輿皆附焉，蓋七日而築城「赤磡」矣。[93]

這條史料表明：當時在東番（即臺灣北港）有沈國棟、楊鐘國等海寇在活動，而趙秉鑑將他們收納於自己門下。沈楊的頭目應為林謹吾，曹學佺說趙秉鑑與東番的「逆酋」勾結，所謂逆酋，應當就是林謹吾，他是長期盤踞臺灣東番的頭目。趙秉鑑不知通過什麼辦法，將林謹吾、沈國棟等人納為部下，然後與廈門把總林志武、澎湖把總方輿共同在赤嵌築城，七日而成。

趙秉鑑為什麼要在赤嵌築城？按照張燮的說法，這是趙秉鑑想謀反的一個計畫，在海外為自己準備了一個巢穴。現在我們知道趙秉鑑實際上沒有謀反，那麼，對趙秉鑑築城的行動就要重新認識了。

我認為關於趙秉鑑在臺南赤嵌築城一事，應當和海寇袁進的活動連在一起看。許弘綱說：「袁進一亡命小醜耳，然烏合千餘，連船二三十艘，當在閩時，實欲屯據東番，為不拔之計。」[94]可見，大海寇袁進曾經設想在東番「屯據」，當時的臺灣是海寇出沒的地方，袁進早年應當就在臺灣活動，《明史・雞籠傳》記載：「崇禎八年，給事中何楷陳靖海之策，言：

---

93 張燮，《霏雲居續集》卷四十，〈海國澄氛記〉，《張燮集》第二冊，第696頁。
94 許弘綱，《群玉山房疏草》卷下，〈總督・題報海寇歸撫疏〉，康熙四十一年許氏百城樓刻本，第115頁。

自袁進、李忠、楊祿、楊策、鄭芝龍、李魁奇、鍾斌、劉香相繼為亂，海上歲無寧息。今欲靖寇氛，非墟其窟不可。其窟維何？臺灣是也。」[95] 可見，在漳州籍官員何楷看來，袁進就是在臺灣活動的海寇。其時，袁進的船隊應是在臺灣海峽四處活動，靠搶劫為生，東番應是他的一個巢穴，也許是大本營。對付這樣一個海寇最好的辦法是什麼？當然是襲擊他的老巢，駐紮福建水師！曹學佺說趙秉鑑：「建議襲取東番，實啟兵端。」[96] 可見，是趙秉鑑主動向前任福建巡撫黃承玄建議襲取東番的。然而，張燮卻將趙秉鑑的行動說成是趙秉鑑自謀後路：「若思既謀攻郡縣，翻念安頓處所，莫如東番。遂收楊沈為唇齒。廈門把總林志武、彭湖把總方輿皆附焉，蓋七日而築城『赤礖』矣。」[97] 如果我們從正面看這個問題，趙秉鑑在東番赤嵌築城應是得到黃承玄許可的，所以才會有廈門把總林志武及彭湖把總方輿參加。他們占領赤嵌之後，袁進海寇退無所踞，只好向閩粵沿海發展。「四十六年，海賊袁八老大船數十隻，沿劫詔安海濱地方，後招撫之。」[98]《揭陽縣志》記載：「萬曆四十六年戊午五月，閩寇袁八老突至北關，劫掠閩船及居民。」[99] 其後，袁進將活動重點轉到廣東沿海，次年在閩粵交界的詔安縣向福建水師投降。總之，趙秉鑑的右翼軍和廈門、澎湖水師占據東番赤嵌築城之後，袁進進退無據，只好向閩粵官軍投降。

如上所述，萬曆四十六年（1618 年），福建右翼軍和廈門、彭湖水師在臺南的赤嵌築城，是臺灣歷史上的一件大事。通過這一行動，福建水師一度控制了臺灣南部，迫使以臺灣為老巢的海寇們離開臺南，從而因失去根據地而投降。該城的建築，是萬曆二年福建水師進入臺南新港河之後，福建官府在臺灣最重要的行動。過去，我們曾將這一行動當作一個有官府任命的水師將領為了謀反自行策劃的行動，隨著趙秉鑑事件的平反，現在可以認定：福建右翼軍在臺南的赤嵌築城，是得到官府支援的行動。這一事件也意味著福建官府的直接管轄權利擴展到臺灣島的一些據點。可惜的

95　張廷玉等，《明史》卷三二三，〈雞籠傳〉，北京，中華書局 1974 年標點本，第 8378 頁。

96　曹學佺，《曹能始先生石倉全集》，《湘西紀行》卷下，〈海防〉，第 45 頁。

97　張燮，《霏雲居續集》卷四十，〈海國澄氣記〉，《張燮集》第二冊，第 696 頁。

98　秦炯，康熙《詔安縣志》卷七，〈武備〉，第 33 頁。

99　劉業勤，乾隆《揭陽縣志》卷七，〈兵燹〉，第 3 頁。

是，右翼軍首領趙秉鑑因觸犯了漳州士紳的權力，最終被冤殺，他開拓臺灣的業績也被故意忘卻，並在歷史的河流中消失得無影無蹤。

五、漳州士紳為什麼要殺趙秉鑑？

趙秉鑑組織水師右翼軍，是福建巡撫黃承玄時期的事。其後，黃承玄於萬曆四十五年後期調離福建，王士昌於萬曆四十六年初期繼任福建巡撫。可想而知，在黃承玄與王士昌交接之時，趙秉鑑的軍費產生了問題。黃承玄在任時，右翼軍是他下令組織起來的，他當然要給其提供軍費，黃承玄調離後，還會有人給趙秉鑑提供軍費嗎？這會成為一個問題，至少，趙秉鑑必須自己想辦法解決財務問題。

趙秉鑑組成水師後，利用手中權力稱霸一方，將漳州海面當作自己的勢力範圍，魚肉百姓。一時往來漳州海面的船隻，若不能得到趙秉鑑的許可，便會遭到他的攻擊：「若思既督舟師，偵探海門，兵艘而外，他艦稱是，皆其賊黨。橫波追隨，賈舶偶值，苛索金錢，拒命無不瓦碎。其通倭者厚賂之，輒聽出。間有不飽所欲者，始以上聞，然舟中貨大半入手，開報者十之二耳。商人鬻米歸，遣賊舸劫之，賊勝，則掠米以供盜糧；或商人賈勇殺賊，賊幾負，則官軍嗣至，指商曰：『若殺官軍也！』商人叩頭乞命，必捐舟中米自贖乃休，鬻米者幾相戒不敢還閩。」[100] 在這種背景下，趙秉鑑有劫奪商船抽取「報水」的行跡，雖然後來鄭芝龍也做過這類事，但在萬曆年間，老百姓只相信官府有抽稅權，漳泉紳士對趙秉鑑肯定不滿。不滿產生後，趙秉鑑所做一切，都只能加重這種不滿。[101] 趙若思如此胡作非為，引起地方士紳的恐慌，漳州府司理「泰和蕭公，當食廢箸者素矣，適直崔公將按部會城，屬蕭公綜核電與所部郡邑事，駐會城久之。時大中丞臨海王公甫建高牙，一意與所部更始，蕭公從容談諸賊奴事，中丞公含之」。[102] 此處的中丞是指新任福建巡撫王士昌。可見，由於漳州地方官到省城福州運動，將趙若思的不法行為上報，引起了官府的注意，萬曆四十六年新任福建巡撫王士昌，決心對趙若思下手。其時，趙若思周邊的

100　張燮，《霏雲居續集》卷四十，〈海國澄氛記〉，《張燮集》第二冊，第696頁。
101　徐曉望，〈論晚明對臺灣、澎湖的管理及設置郡縣的計畫〉，《中國邊疆史地研究》2004年3期。
102　張燮，《霏雲居續集》卷四十，〈海國澄氛記〉，《張燮集》第二冊，第697頁。

一些人也引起官府的注意。

　　趙若思的團夥中，沈國棟是長泰人，也是進過官學的生員。然而，他私下卻帶了一批人在海外打劫商船，「聲勢漸盛」。沈國棟出名後，他的真實身分漸漸暴露：

　　會沈國棟事先露，出詣兩臺，訴稱先時被擄，並進屯田之策。中丞佯令國棟與若思、志武往諭林謹吾來歸，以覘其舉止。而若思等擁舟鷺門，尚有所待。國棟過郡，為學使者挐去，則指揮甘燿實蹤跡之。蓋是時，銅山寨獲賊許三老、劉思行，羈郡獄中，甘廉知思行與諸賊奴有私約，每閱獄，密誘思行，令輸情款，因盡得趙右翼所貽思行書及國棟始末，且剋期謀攻福興泉漳四郡，都有成策。甘密封馳報當道，而陰自料理防賊。蕭公聞之曰：「事急矣！」因入白中丞，亟下尺檄捕反。中丞髮上指曰：「吾滅此而後朝食也！」初議遣帳下行，蕭公曰：「帳下遠出，反生搖動，不若命漳中諸將，賊出不意，必易成擒。」中丞曰：「是矣！」蕭又慮諸賊奴偵探甚密，使知憲府檄下，亦生疑猜，因請中丞無徑移檄，檄移漳司理，而以漳司理郵筒入漳。中丞如蕭公言，密草四檄。一檄紀南路捕林志武，一檄陳玄鍾捕趙若思及方興，一檄漳浦，一檄海澄，俾兩縣互為應援。俱自蕭密械馳發，人無知者。紀將軍既得檄，趨揚帆之鷺門，詞云將點檢兵士，陳亦在郡，駕小棹尾之去。時趙在舟科頭擁妓，陳遣人佯詣趙云：「適舟過此，欲謁紀而衣甲未至，就公借用。」因過趙，邀之偕行。時趙尚無意謁紀，然不得不與陳諧，遂並蠻往。志武亦謁紀庭，紀因佯數志武軍中他不法狀，叱健兒收之，而延陳及趙入坐。陳因佯語趙有人訴君逗留生事者，中丞命僕呼君，趙起謂紀曰：「既抱罪，不宜以戎容見。」因辭出，過陳舟中，語咄咄不平。頃之辭歸，束裝取所篋藏金剛圈著臂，遲徊顧盼，尚未即行。陳急白紀出點兵，若思始不得已就道。俄有數小艇約駕數十人，怒臂追至。陳執趙手曰：「君第入郡，事必得白，若衡命，反生事端，君不見紀元戎大軍畢集乎？」趙亦佯笑，揮其黨令歸。陳於舟中置酒，好語慰解之。至澄，澄人遣兵護送，遂夜泛至城。其甫就擒也，鷺門一帶，舉手加額，如出湯火。比抵郡，觀者如堵，殆欲火燃其臍也。中丞檄既發，急遣蕭公還漳，相機調度，既至，而罪人已先

得矣。若思初逮，神氣傲然，比系獄，始有悼喪意。然郡中諸公，身在事外，未有三尺相加遺者。蕭公返斾，嚴笞於庭，蓋紛然之議始定也。學使者岳公在漳，既杖國棟，下之獄，嗣復曳若思，杖之幾殆。先是，諸人既犯不赦，乃公私縱橫，如點鼠白晝搖尾攫食，漳人遂以有異志為尋常事，無復忌諱。及至是，始知天網之恢恢，中外人心，因而大快云。方輿以謁中丞入會城，中丞慮盜魁未獲，不欲機倪先露，待之如初。迨漳中信至，黃昏令收之，系會城獄，餘黨顧爾標、黃夢祥、康經野亦次第就擒。[103]

以上史料中張燮詳細撰寫了官府擒捕趙若思（秉鑑）的過程，按其所說，趙若思曾經設想襲擊福建沿海四府謀反，被新任福建巡撫王士昌解決。這是萬曆四十六年（1618年）的事。其時，前任巡撫黃承玄已經去職，而福建按察副使韓仲雍亦因趙若思謀反受到牽連。「福建巡撫王士昌奏劾副使韓仲雍舉動乖張，穢蹟彰著，且用趙若愚（即趙若思，前名趙秉鑑）等造熛煽亂，乞改調降處以警官邪。下部議。」[104] 但從官府審訊趙若思的過程來看，謂其謀反的證據僅來自已經被捕下獄的犯人，如下所載：

國棟過郡，為學使者拏去，則指揮甘燿實蹤跡之。蓋是時，銅山寨獲賊許三老、劉思行，羈郡獄中，甘廉知思行與諸賊奴有私約，每閱獄，密誘思行，令輸情款，因盡得趙右翼所貽思行書及國棟始末，且剋期謀攻福興泉漳四郡，都有成策。甘密封馳報當道，而陰自料理防賊。

可見，所謂趙秉鑑謀反的證據，來自指揮甘燿對獄中犯人劉思行的審訊。甘燿竟然從這個已經入獄許久的犯人的手中得到了趙秉鑑寫給劉思行的信！一般地說，如果犯人身上藏有謀反的信，入獄時早就被搜出了，這個案件以前與趙秉鑑無關，被關了許久後，審訊官卻從其手中得到趙諾思給犯人的信！造假的可能性極大。看來，這只是甘燿等人為扳倒趙秉鑑的偽造信件！但是，趙秉鑑有口難辨！

如果說趙秉鑑有罪，應是他保持一支軍隊不肯解散，通過敲詐勒索海商得到財富。由於漳泉一帶都依賴海路糧食供應，趙若思的胡作非為，很

103　張燮，《霏雲居續集》卷四十，〈海國澄氛記〉，《張燮集》第二冊，第697—698頁。
104　張惟賢等修，《明神宗實錄》卷五七四，萬曆四十六年九月己丑，第3頁。

可能截斷漳泉二府的生命線，所以漳州士紳要除掉他。這樣看來，張燮等漳州士紳為了扳倒趙秉鑑，故意將萬曆三十二年漳浦縣上發生的叛亂事件栽贓到趙秉鑑身上，導致其有口難辨。或者說，這完全是背後運作，只是要讓新任巡撫王士昌相信趙秉鑑是一個可怕的人，便會以霹靂手段將其立即除掉。所以，趙秉鑑死得不明不白。

在中國歷史上，一向有文官抑制武官之說。明末的福建官場，仍然有文官懷疑武官的惡習。趙秉鑑所作所為，其實有開拓臺灣的功績，但其在海上稱霸亂抽稅的行為，也引起了文官的警惕。張燮夥同曹學佺等退休官僚中的大伽，將水師將領趙秉鑑殺死，根本不管他是否真實有罪。這種行為，在當時被認為是正常的。人們認為這一行動有效維護了閩南的治安。不過，武將遭到過分地壓制，也使福建水師衰落。乃至在即將到來的荷蘭人入侵之前，福建水師難以取得相應的戰績。從開拓臺灣這一點看，其實趙秉鑑是一位值得讚賞的將領。

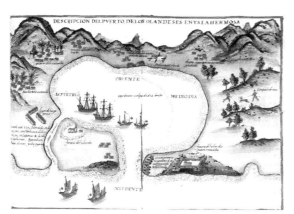

圖 8-3　　1626 年的「臺江內海」圖，由西班牙畫家根據一個澳門華人口述繪製。[105]

此圖中赤嵌的位置有一座小城，相傳它是由荷蘭人所建。接觸荷蘭檔案較多的羅得里格斯說：1624 年荷蘭人占領臺灣南部，「他們在那裡用爪哇運來的泥磚建起了兩個據點：第一個在半島的安平古堡（Anping），即今天的安平；第二個 1650 年建在離第一個不遠的西康（Chikan 應為赤嵌），歷史上是海員們躲避風暴的海灘」。[106] 可見，荷蘭人遲到 1650 年才在赤嵌建城，今人見到的赤嵌樓，便是由荷蘭人築造的舊城改造的。因而，此前 1626 年赤嵌一帶就有的小城寨肯定不是荷蘭人所建的，因

105　陳宗仁，〈1626 年的大員港灣：一位澳門華人 Salvador Diaz 的觀察〉，戴文峰主編，《南瀛歷史、社會與文化》，臺南縣政府，2010 年，第 28—29 頁。

106　羅得里格斯，〈臺灣的中國人、荷蘭人和西班牙人（1624—1684）〉，澳門，《文化雜誌》，2007 年秋季刊，第 187 頁。

為當時荷蘭人實力有限，應是集中力量建設安平堡，即熱蘭遮城，無暇顧及赤嵌等地。其實，它也有可能是趙秉鑑修築的。

明代萬曆四十四年組織起來的福建右翼軍首領趙秉鑑，在鎮守海疆及平定海寇袁進方面，都有一定的戰績。他與廈門水師一道在臺灣南部的赤礖築城，一度被看作想在海外割據的叛亂行為。後來，趙秉鑑遭到福建士大夫的誣陷而死。其實，趙秉鑑的罪名是虛構的。這樣看來，他在臺灣築城的行動也是合法的，這件事反映了晚明福建官府對臺灣的管理。

第三節　福建官府與臺灣少數民族關係

迄至明代前期，臺灣的少數民族一直過著不與外人往來的悠閒生活，然而，晚明倭寇與海寇的入侵，打亂了他們的生活模式。在這一背景下，他們與來自大陸的福建官軍相互配合，共同對付倭寇與海寇，福建官府開始了對臺灣事務的直接管理。

一、晚明臺灣番族遇到的問題

隨著陳第〈東番記〉以及荷蘭史料的發現，明代臺灣少數民族的生活方式漸漸成為臺灣史研究的一個熱點。除了早期方豪[107]、張崇根[108]等人的研究之外，近年陳宗仁[109]、翁佳音[110]的成績都是非常顯著的。以下較為簡單地描述明代臺灣少數民族的歷史。

明代早期稱臺灣為小琉球國。當地少數民族過著悠閒的生活。《明史‧雞籠傳》記載：「雞籠山在彭湖嶼東北，故名北港，又名東番。去泉州甚邇，地多深山大澤，聚落星散，無君長。有十五社，社多者千人，少或五六百人，無徭賦，以子女多者為雄。聽其號令，雖居海中，酷畏海，不善操舟，老死不與鄰國往來。」[111] 刊出於明洪武二十九年的《皇明祖訓》對小琉球

107　方豪，《臺灣早期史綱》，臺灣學生書局 1994 年。

108　張崇根，〈臺灣歷史與高山族文化〉，西寧，青海人民出版社 1992 年。

109　陳宗仁，《雞籠山與淡水洋——東亞與臺灣早期史研究》，臺北，聯經出版公司 2005 年。

110　翁佳音，《荷蘭時代——臺灣史的連續性問題》，臺灣，稻鄉出版社 2008 年。

111　張廷玉等，《明史》卷三二三，〈雞籠傳〉，北京，中華書局 1974 年標點本，第 8377—8379 頁。

的評價是：「小琉球國，不通往來，不曾朝貢。」[112] 又如託名周致中的《異域志》說：「小琉球國，與大琉球國同。其人薙俗，少入中國。」所謂小琉球國，就是臺灣了。讓明朝人最為奇怪的是：「永樂時鄭和徧歷東西洋，靡不獻琛恐後，獨東番遠避不至。」[113] 以位於沖繩群島的琉球國以及位於菲律賓的多個小國來說，他們見到中國的使者，無不興奮莫名，甚至連國王都來到明朝，也受到明朝熱情的接待。琉球國以土特產進貢，卻得到明朝給予的瓷器、鐵鍋等實用物資，琉球人非常高興，連年進貢，乃至明朝不得不限制琉球的進貢次數，規定二年一貢。甚至日本國也按奈不住對大陸的渴望，派出使者到寧波進貢。只有名為「小琉球」的臺灣，當地民眾不太願意出門。這是什麼原因呢？這是因為，明代的臺灣島以物產富饒聞名，當地民眾不願離開本土。據陳第的〈東番記〉記載：明代臺灣可以出產小米等旱地作物，西部平原上有成千上萬的鹿群。臺灣土著連鹿肉都不屑一顧，捕獲一隻鹿，他們只吃消化到一半的鹿腸，其他都棄之於地。來到當地的漢人將鹿肉、鹿茸當作寶貝，看在土著人的眼裡，他們會覺得外部世界都很窮。再說，當時的臺灣土著以鹿腸為食，見到漢人吃雞，就像漢人看到臺灣土著吃鹿腸中半消化的青草糊，無不嘔吐連連。對食物的苛求，也使臺灣土著無法離開臺灣本土。確實，離了臺灣本土，去哪裡找鹿腸為食呢？因此，他們離不開臺灣本土是有理由的。儘管自唐宋以來一直有漢人涉足臺灣，出售大陸的商品，對臺灣少數民族來說，他們只需要少量的鐵器、陶器，漢人的銅錢被他們當作掛在身上的裝飾。因其無求於外，臺灣番族大都不願與海外來往，原因在此。

　　迨至晚明，臺灣的形勢發生變化。首先，倭寇侵襲臺灣事件屢屢發生。熊明遇說到臺灣的番人：「始皆居瀕海，嘉靖末遭倭奴攻剽，避迴居深山。倭精用鳥銃，番第恃鏢，故弗格。」[114] 這裡說到了倭寇與臺灣土著的衝突。當時進入臺灣的有真倭也有假倭，先說真倭吧。日本關白豐臣秀吉對海外一直有野心，萬曆二十一年（1593 年）十一月，豐臣秀吉命使者原田孫七郎至呂宋，路過臺灣時，原田竟至書高山國，勸其入貢日本。萬曆三十二年（1604 年），日本的山田長政「赴暹羅，途次臺灣……復攻雞籠番，酋

112　李東陽等，弘治《明會典》卷九六，〈禮部〉，文淵閣四庫全書本，第 10 頁。
113　張廷玉等，《明史》卷三二三，〈雞籠傳〉，第 8377—8379 頁。
114　熊明遇，《文直行書》卷十三，〈東番〉，熊人霖清順治五年刊本，第 27 頁。

取其地。」[115] 這些活動都沒有結果，但對臺灣少數民族構成了威脅。劉鴻
訓說：「後夷使突入，有雞籠淡水之警。」[116] 萬曆三十七年（1609 年），
日本侵略琉球得手：「是歲倭并琉球，虜其王，聲取雞籠、淡水，侵閩廣。」[117]
該年，日本九州的有馬晴信奉德川家康之命，帶人到臺灣考察當地的物產
人文。可見，侵略臺灣已經成為日本人南下的進一步計畫。萬曆三十九年，
日本使者有馬晴信再次侵略臺灣島。其後，日本船艦出沒於臺灣、澎湖一
帶，萬曆四十一年「據雞籠、淡水，借其貢道，為入中國之梯。」[118] 閩籍
士大夫董應舉指出：「倭垂涎雞籠久矣。數年前曾掠漁船往攻，一月不能
下，則髡漁人為質于雞籠，請盟；雞籠人出，即挾以歸。今（萬曆四十四年）
又再舉者，不特倭利雞籠，亦通倭人之志也。」[119] 可見，明代晚期，日本
九州薩摩藩對臺灣形成很大的威脅。不斷騷擾臺灣的倭寇影響了臺灣土著
的生活。

　　除了倭寇之外，來自東南沿海的海盜也多次襲擊臺灣。《明史•雞籠傳》
云：「嘉靖末，倭寇擾閩，大將戚繼光敗之。倭遁居於此，其黨林道乾從
之。」[120] 其中林道乾是有名的海寇，他的隊伍雇傭一批倭寇作打手，因而
經常被稱為「倭寇」。實際上，他的隊伍中真倭的數量不多。萬曆年間仕
至尚書的黃克瓚說：「議者徒見閩廣海上倭報時聞，不知此皆漳潮之民海
上刦掠，懼舟師追捕，故每船買倭奴十數人，倚以為重。使人心寒膽喪，
不敢與敵。」[121] 其時，林道乾也是玩弄這一把戲，他的隊伍中，倭寇數量
有限，主要是來自東南沿海的海寇。林道乾後在萬曆元年、萬曆三年三度
進入臺灣。尤其是萬曆三年之時，林道乾占據臺灣南部的赤嵌，一直到萬
曆六年才離開臺灣。

　　除了嘉靖末年及萬曆初年林道乾進入臺灣之外，以林鳳為首的海寇於

115　連橫，《臺灣通史》，北京，商務印書館 1983 年修訂本，第 8 頁。

116　劉鴻訓，《《四素山房集》卷十九。崇禎刻本。

117　茅瑞徵，《萬曆三大征考》，巴蜀書社中國野史集成本，第 646 頁。

118　方孔炤，《全邊略記》卷九，〈海略〉，崇禎刻本，第 60 － 61 頁。

119　董應舉，《崇相集》議二，〈籌倭管見〉，崇禎刻本，四庫禁燬書叢刊集部，第
　　102 冊，第 25 頁。

120　張廷玉等，《明史》卷三二三，〈雞籠傳〉，第 8377—8378 頁。

121　黃克瓚，《數馬集》卷一，〈查餘引以濟大工疏〉（萬曆三十年），江蘇古籍刻印
　　社 1997 年影印明刊本，第 74—75 頁。

萬曆元年、萬曆二年、萬曆三年三度進入臺灣。林道乾失敗後，臺灣平靜了一段時間，迄至萬曆三十年，又有一股海寇進入臺灣，被福建水師參將沈有容平定。萬曆四十四年前後，以袁進、李忠為首的海盜曾以臺灣為其巢穴，天啟元年之後，顏思齊、鄭芝龍相繼進入臺灣。[122] 頻繁的海寇活動，對臺灣少數民族形成了威脅。

二、晚明海寇對臺灣少數民族的壓迫和威脅

嘉靖萬曆年間，先後進入臺灣的有林道乾、林鳳等海寇，他們對臺灣少數民族的生活威脅極大。臺灣南部的西拉雅人一度被迫退入內地。

林道乾海寇起於嶺南，他縱橫海上數十年，閩粵官軍對他毫無辦法。林道乾以殘暴出名。乾隆《潮州府志》記載：「林道乾……性嗜殺，所過無不殘滅。舟泊處，海水盡赤，積屍如山。潮汐為之不至。」[123] 他來到臺灣，自然給當地人民帶來災難。蔣毓英《臺灣府志》記載：「嘉靖四十二年（1563年），流寇林道乾橫行海洋，專殺土番，取膏血造船，擾害濱海。都督俞大猷征之，道乾遁去占城，今有其遺種。」[124] 此文似說林道乾橫行臺灣海濱，殺臺灣土著民眾取血造船。按，當時造木船都是用木頭，要將木頭拼在一起，除了將木頭刨光，還要在木頭縫隙中填石灰、豬血之類的黏合劑。臺灣有鹿，沒有豬，要取鹿血本來不難。但是，殘暴的林道乾居然直接用人血攪拌石灰，來做船板之間的黏合劑，簡直是一個吃人魔鬼。關於此事，高拱乾的《臺灣府志》卷一封域志也有類似的記載。他如《潮州府志》也記載了林道乾的殘忍：「嘉靖四十五年……道乾不樂居北港，遂恣殺土番，取膏血造船，從安平鎮二鯤身遁往占城。」[125] 又如黃叔璥記載林道乾欺侮臺灣少數民族：「崩山番，皆留半髮。傳說明時林道乾在彭湖，往來海濱。見土番則削去半髮，以為碇繩。番畏之。每先自削，以草縛其餘。」[126] 在這些海寇的欺凌下，原本居住於沿海的臺灣少數民族，不得不退居到內地。

122　徐曉望，《早期臺灣海峽史研究》福州，海風出版社 2006 年。

123　周碩勳，乾隆《潮州府志》卷三八，〈征撫〉，清光緒十九年珠蘭書屋刊本，第 37—38 頁。

124　蔣毓英，康熙《臺灣府志》卷一，〈沿革〉，原刊於康熙二十四年，廈門大學出版社 1985 年版，第 1 頁。

125　周碩勳，乾隆《潮州府志》卷三八，〈征撫〉，第 37—38 頁。

126　黃叔璥，《臺海使槎錄》卷六，〈北路諸羅番七〉，文淵閣四庫全書本，第 20 頁。

陳第評說東番：「始皆聚居瀕海，嘉靖末，遭倭焚掠，廼避居山。倭鳥銃長技，東番獨恃鏢，故弗格。居山後，始通中國。」[127] 由此可知，林道乾襲擊臺灣，給臺灣的少數民族帶來災難。

除了林道乾之外，還有多股海寇進入臺灣。萬曆二年，官府從漁民的口中得到消息：「六月初十日，有廣東賊船六七十號到魍港地方內，將賊船十餘隻哨守港門，其餘俱駕入四十里地名新港，劫取米糧。連與番人格鬥三日，彼此殺傷數多。番人因無鳥銃火器，不能勝賊。」[128] 這段文字使我們知道，當時臺南的「番眾」並非完全以獵鹿為生，他們也生產糧食，所以林鳳會到此地搶糧。臺灣土著以武力對抗海寇，但是，他們的武器比不上海盜，所以，屢戰屢敗。遭受很大的打擊。陳第評說東番：「始皆聚居瀕海，嘉靖末，遭倭焚掠，廼避居山。倭鳥銃長技，東番獨恃鏢，故弗格。居山後，始通中國。」[129] 按，萬曆三十年春節，陳第跟隨沈有容的福建水師來到臺灣大員港海面，以突然襲擊的方式消滅了七艘船組成的一股倭寇。當時臺灣土著非常歡迎福建官軍，陳第因而得以詳細調查臺灣土著的生活，寫出了以上一段介紹臺南土著歷史的故事。他的這段話得到許多人的轉載。例如，明末熊明遇說到臺灣的番人：「始皆居瀕海，嘉靖末遭倭奴攻剽，避廻居深山。倭精用鳥銃，番第恃鏢，故弗格。」[130] 這段敘述也被張燮的《東西洋考》採納。該書記載當地的番人：「厥初朋聚濱海，嘉靖末遭倭焚掠，稍稍避居山後。」[131] 清朝取代明朝之後，編纂《明史》，列入《雞籠傳》，用以描述明代臺灣的早期歷史。「雞籠」是《明史》對臺灣全島的稱呼。《明史・雞籠傳》對雞籠早期歷史的論述中，引用了陳第這段話，讓人疑惑：《明史・雞籠傳》究竟是在說什麼地方？現在我們知道，這段話原出於陳第的〈東番記〉，而陳第又是親臨臺灣大員港之後才說了這段話，那麼，《明史・雞籠傳》這段話的主人就很清楚了：他是在說大員港一帶的當地土著。明代的大員港即為今日臺南市的安平港，該港位於臺南港口的外側，歷史上安平港內側有一個名為「臺江內海」的港灣，港內有一條名為新港的河

127　陳第，〈東番記〉，沈有容《閩海贈言》，臺灣文獻叢刊第56種，第154冊，第26頁。
128　劉堯誨，《督撫疏議》卷二，〈報剿海賊林鳳疏〉，萬曆刊本，第1頁。
129　陳第，〈東番記〉，沈有容《閩海贈言》，第26頁。
130　熊明遇，《文直行書》卷十三，〈東番〉，熊人霖順治五年刊本，第27頁。
131　張燮，《東西洋考》卷五，〈東番考〉，謝方點校，中華書局2000年，第106頁。

流注入臺江內海，「新港河」今名「鹽水河」，是臺灣不多的幾條可以駛船的河流。新港河進入臺江內海的河口，被稱為「魍港」，今名「塭港」，又名「蚊港」，已經成為陸地了。這是一個在明代晚期十分有名的港口。例如談遷的《國榷》云：萬曆二年十月「辛酉，福建海寇林鳳自彭湖走魍港，總兵胡守仁追擊之，傳諭番人夾攻，鳳遁」。[132] 又如《明神宗實錄》記載：「福建海賊林鳳自彭湖逃往東番魍港，總兵胡宗仁、參將呼良朋追擊之。傳諭番人夾攻，賊船燒燬，鳳等逃散。巡撫劉堯誨請賞賚有差。部覆從之。」[133] 為什麼明軍會「傳諭番人夾攻」呢？這是因為，番人原來居住於魍港和大員港之類的沿海區域，受到林道乾等倭寇打擊後，他們退居鹽水河魍港的上游，所謂「山後」，相對於魍港而言，他們居住之地，就被稱為「新港」了。林道乾、林鳳等海寇進入臺江內海，對他們形成極大的威脅。萬曆二年六月初十日，林鳳部海寇船「六七十號到魍港地方……連與番人格鬥三日，彼此殺傷數多。番人因無鳥銃火器，不能勝賊。」[134] 可見，魍港和新港是相通的。從這個角度去看《明史‧雞籠傳》有關番人的記載，就可知道：它是在寫臺南港口少數民族的歷史。據當代民族志研究，長期居住於臺南市一帶的「番人」，就是後來的西拉雅人，他們原來活動於臺南市的沿海的魍港和大員港，後來遭到林道乾、林鳳等海寇的襲擊，不得不退往「山後」的新港，他們很希望擺脫海寇與倭寇的威脅。

關於萬曆三年進入臺灣的林道乾，宋枏澄的《九籥集》記載：「相小琉球三年，將謀奪其國。國人不從，乃復航海。戊寅（萬曆六年）春率舟師四百，突至碣石。碣石者，惠之邊衛也。」[135] 反復琢磨這一段史料，會發現許多問題：其一，所謂小琉球國是什麼回事？其二，林道乾可能擔任小琉球國的宰相嗎？其三，為何林道乾最終離開了臺灣？首先，小琉球國是明朝對臺灣的俗稱。琉球或是流求、瑠求，一向是中國東部海上島嶼的代稱，究竟指哪個島群，其實沒有定稱。明代頂著「琉球」之名進貢的是沖繩群島的中山國。由於臺灣島上的少數民族不肯到明朝進貢，明朝官員為了貶低不肯進貢的臺灣少數民族，便將臺灣島稱之為「小琉球」，另稱

---

132 談遷，《國榷》卷五三，萬曆二年十月辛酉，浙江古籍社 2012 年，第 10292 頁。

133 張惟賢等修，《明神宗實錄》卷三十，萬曆二年十月辛酉。史語所影印本。

134 劉堯誨，《督撫疏議》卷二，〈報剿海賊林鳳疏〉，第 1 頁。

135 宋枏澄，《九籥集》卷七，〈叔父參知季鷹（堯武）公行略〉，萬曆刻本，第 4—5 頁。

沖繩群島為大琉球。然而，明代被稱為「小琉球」的臺灣島上，根本沒有脫離生產的行政組織，所以也不會有「小琉球相」這樣的官員。在這一段時間裡，林道乾自稱小琉球之相，一方面是對外招搖撞騙，另一方面是想在控制原住民的基礎上，在臺灣長期定居。以林道乾殘暴的性格，他在臺灣的活動，是對臺灣少數民族極大的壓力。應是臺灣少數民族極力反抗，加上臺灣濕熱的氣候，導致瘟疫流行，迫使林道乾最終放棄了臺灣。[136] 在反對林道乾海寇這一點上，臺灣少數民族與福建民眾和官府，利益是共同的。

三、福建官府與臺灣少數民族關係的發展

明代晚期，海寇、倭寇為患東南沿海，福建官軍是平定倭寇及海寇的一支主力部隊。嘉靖四十五年，戚繼光曾令福建水師出擊，在驅逐侵擾福建詔安縣的林道乾海寇之後，又追蹤林道乾船隊來到臺灣沿海，將林道乾部海寇封鎖在「臺江內海」。林道乾不得不在臺南二鯤身造船，一直駛向占城沿海，如《潮州府志》所云：「道乾不樂居北港，遂恣殺土番，取膏血造船，從安平鎮二鯤身遁往占城。復回潮州，擄掠如故。」[137] 可見，這一次將林道乾從臺灣驅逐，主要是福建水師的功勞。

萬曆二年，「連賊林鳳鳴擁其黨萬人東走福建，總兵胡守仁追逐之。」[138] 謝杰評論：「守仁曾出戚總兵繼光麾下，其用兵多得戚氏家法，號稱一時名將。」[139] 為了躲避福建水師的追蹤，林鳳率一股數千人的海寇進入臺南的鹽水河，「內將賊船十餘隻哨守港門，其餘俱駕入四十里地名新港，劫取米糧。連與番人格鬥三日。」[140] 福建巡撫劉堯誨抓住機會：「密行興泉道即謀諸劉以道等往諭番人，謀為內應。該道遵行。間因招到漁民劉以道等六人，各給與安家銀三兩，另收買布貨，附劉以道運去彼中，給賞番人。告以我兵即日前來剿賊，要得汝等為內應。又令哨官蔡復春選領

136　徐曉望，〈早期臺灣秘史：論晚明海寇林道乾在臺灣的活動〉，臺北《人文及社會科學集刊》第 33 卷第一期。

137　周碩勳，乾隆《潮州府志》卷三八，〈征撫〉，第 37—38 頁。

138　張惟賢等修，《明神宗實錄》卷二六，萬曆二年六月戊申。

139　謝杰，《虔臺倭纂》卷下，〈倭績二〉，明萬曆刊本，有萬曆二十三年謝傑序。鄭振鐸，《玄覽堂叢書續集》第十七冊，國立中央圖書館民國三十六年刊線裝本玄覽堂叢書本，第 42 頁。

140　劉堯誨，《督撫疏議》卷二，〈報剿海賊林鳳疏〉，第 1 頁。

精悍水兵一百五十名，駕民船五隻與俱去。至七月初十日密到新港登岸，
投見番人，一一諭知。各番無不喜。雖堅不欲受布貨，期在共滅此賊。因
與之約師期，既定矣。」[141] 後來，福建水師的前鋒與臺灣少數民族聯合，
伏擊了一支林鳳的海寇隊伍，在鹽水河上消滅了三艘敵船。[142] 福建官府與
臺灣少數民族的關係就此建立。

　　劉堯誨抓住機會與臺灣少數民族建立關係，是明代臺灣史上的重要事
件。中國歷朝代一向認為：「普天之下，莫非王土，率土之濱，莫非王臣。」
自命為天下的統治者。但在許多時候，這種自詡是空洞的。要將空洞的口
號變為現實，需要建立實質性的關係。劉堯誨與臺灣少數民族建立的關係，
就是這種性質。通過福建官軍的行動，福建官府將臺灣部分少數民族當作
保護的對象，也就將福建官府的管轄權伸及臺灣了。這是臺灣歷史上的重
要變化。在林道乾、林鳳先後退出臺灣之後，福建官府並未放棄與臺灣少
數民族的關係。《東西洋考》論東番：「其地去漳最近，故倭每委涎，閩
中偵探之使，亦歲一再往。」[143] 可見，當時派人到東番觀察情況，已經成
為福建省的固定任務，每年都要派出兩次使者到臺灣，偵察當地的情況。
他們依賴的對象，肯定就是臺灣的少數民族了。由於這一關係是長期性的，
福建官軍才能不斷得到臺灣少數民族的歡迎。

　　萬曆三十年來自廣東沿海的倭寇。萬曆三年林鳳離開臺灣，萬曆六年，
在臺灣定居三年的林道乾離開臺灣，其後，臺灣水面安靜了二十多年。然
而，迄至萬曆三十年，有一股來自嶺南沿海的倭寇進入臺灣。陳第說：「乃
邇者么麼小醜，僅七舟耳，從粵入閩，又從閩入浙，又從浙歸閩，住據東
番，橫行三省，所過無忌。」[144] 何喬遠說：「比者內地不逞之氓勾引倭夷，
竊奪餘艎，寇於海上……其在閩海上則以東番為窟穴。」[145] 臺灣番族深受
其害。「東番之夷，裸如鳥獸，射生箐棘中，盜亦時時賊殺之，而夷人以

141　劉堯誨，《督撫疏議》卷二，〈報剿海賊林鳳疏〉，第 1—2 頁。

142　徐曉望，〈論明萬曆二年福建水師的臺灣新港之戰〉，《福建論壇》2019 年第 11 期，
　　　第 109—115 頁。

143　張燮，《東西洋考》卷五，〈東番考〉，第 106 頁。

144　陳第，〈舟師客問〉，沈有容《閩海贈言》，第 28 頁。

145　何喬遠，《鏡山全集》卷四三，〈贈沈將軍捕倭序〉，陳節、張家壯點校本，福建
　　　人民出版社 2015 年，第 1156—1157 頁。

為苦。」[146] 他們對在臺灣生活的土著和漁民也產生了影響：「賊據東海三月有餘，漁民不得安生樂業，報水者（漁人納賂于賊名曰報水）苦于羈留，不報水者束手無策，則漁人病。倭強而番弱，倭據外澳，東番諸夷不敢射雉捕鹿，則番夷亦病。」[147] 這些海盜倭寇的行動還威脅了經過臺灣海峽的海商。當時的商人向何喬遠說：「吾向得全吾貨而往來海上者十九，而越於貨者十一，然而心有盜也。」[148] 這一史料說明大約有十分之一的船隻被海盜劫走。因此，平定海寇是海商、漁民以及臺灣少數民族的共同心願。萬曆三十年冬臘月，有容突率戰艦 21 艘突襲臺澎海面的倭寇。消滅所謂的倭寇之後，沈有容率眾登陸東番，頗受當地番眾的歡迎：「東番夷酋扶老攜幼，競以壺漿生鹿來犒王師，咸以手加額，德我軍之掃蕩安輯之也」。[149]「夷目大彌勒輩率數十人叩謁」。[150] 可見，當時福建官府與臺灣少數民族的關係是牢固的、長久的。

　　萬曆三十年陳第隨沈有容抵達臺灣的大員港，在這裡受到了臺灣少數民族的歡迎。值得注意的是：大員港位於臺南的海邊，其地相當於今日的安平港。在整個「臺江內海」諸港裡，大員港屬於靠外的海港。沈有容與陳第在這裡見到的臺灣少數民族，應當是西拉雅人。他們能夠定居於此，應當和明軍打擊海寇勝利有關。如前所述。他們最早定居於「臺灣內海」的鹽水河畔，後來因林道乾等海寇的入侵，不得已退到鹽水河的上游：新港。在林道乾及林鳳等海寇被明軍驅逐之後，他們又回到了沿海的「大員港」，因而能夠接待沈有容率領的明軍。理解他們的曲折歷史，便會知道，他們為什麼會感謝明軍，因為，在那個時代，使用槍枝的海寇的武裝已經勝過僅靠弓箭的原住民，沒有明軍的支持，他們是無法奪回原來居住地的。因此，沈有容大敗盤踞東番的倭寇，「東番之人快於夷」[151]，他們為明軍擊敗倭寇而高興。

　　陳第在這次「臺灣行」結束後，寫下了著名的〈東番記〉。此文注重

146　何喬遠，《鏡山全集》卷四三，〈贈沈將軍捕倭序〉，第 1157 頁。
147　陳第，〈舟師客問〉，沈有容《閩海贈言》，第 29—30 頁。
148　何喬遠，《鏡山全集》卷四三，〈贈沈將軍捕倭序〉，第 1156—1157 頁。
149　屠隆，〈平東番記〉，沈有容輯，《閩海贈言》卷二，第 22 頁。
150　陳第，〈東番記〉，沈有容，《閩海贈言》卷二，第 27 頁。
151　何喬遠，《鏡山全集》卷四三，〈贈沈將軍捕倭序〉，第 1156—1157 頁。

臺灣少數民族的地理方位、環境特點和生活方式，被視為臺灣歷史上極為重要的一篇文章，受到民族學家的廣泛重視。讓民族學家感到意外的是：陳第將臺灣少數民族稱為：「葛天氏之民」，一直用平等、欣賞的語言客觀地描述臺灣少數民族的社會組織和生活。與其相比，17 世紀歐洲的殖民主義者大都以高高在上的口氣描述各地的土著。陳第展現如此風度，應與儒家學說有關。儒者一向宣導「四海之內皆兄弟也」的平等觀念，在他們的眼裡，世界上沒有絕對的野蠻，只是開發先後不同而已。對於南方各地的少數民族，儒者一向強調教化為主，這方面成功的例子，有漢代文翁在蜀地發展教化，又有唐宋的福建「縵胡之纓，化為青衿」。所以，一時的文化落後是不要緊的，只要儒學教育開始發展，遲早會出現文化大開發的現象，因為，一時的落後並非永恆的。由於儒者有如此超越的民族觀念，才使他們擁有平等對待少數民族的立場和觀念，在那個時代，這是很難得的。不過，我們如果理解儒家的學說，看到漢唐以來歷朝對南方民族的教化，就會知道：陳第持這一觀點並非個案，它是儒者悲天憫人性格的展現。也是一個民族成熟的表現——那些後發國家和民族，要經歷很長一段時間的歷史錘煉，才能晉升到國人的境界。

換一個角度來看臺灣少數民族的歷史，可以知道：時至明代晚期，海寇不斷襲擊臺灣，給臺灣少數民族帶來巨大的威脅。臺灣少數民族因武器落後，已經無法抵禦海寇的入侵，他們不得不退出條件較好的沿海港灣，退往河流上游生活。明朝官府及時派軍隊進入臺灣驅逐海寇，使臺灣少數民族重新回到沿海區域定居。這對臺灣少數民族是有利的。

臺灣部分學者研究漢族與當地少數民族的關係，喜歡套用美國主體民族與印第安人關係模式：亦即外來民族採取限制、屠殺、壓迫等手段欺侮當地少數民族，導致土著民族日趨衰落；外來民族反客為主，趁機取而代之，因而成為主體民族。然而，我們研究明代福建官府與臺灣少數民族交往的歷史，會發現臺灣少數民族的命運與美國印地安人是不同的。我們沒有必要為晚明海寇慘酷的行為諱言，也要看到福建官府與海寇價值取向的不同。明朝官府繼承漢唐宋等朝代的傳統，對南方少數民族主要採取感化為主的方式，他們聯合臺灣少數民族，共同對抗騷擾臺灣的倭寇和海寇，在對海寇打擊的過程中，雙方關係日益加強，從而奠定了統治臺灣的基礎。

第四節　福建官府在臺灣屯田及建立郡縣的計畫

　　萬曆年間，臺灣的重要性漸漸為官府所認識。臺灣最終被劃歸福建省管轄，則與閩粵兩省的軍事有很大關係。由於福建水師較為成熟，而廣東的海岸線遼遠，閩粵兩省對水路的管轄進行了分工。福建水師的管轄線從福建省南部的漳州延伸到廣東的潮州外海的南澳島，這樣，從福建省北部沙埕到廣東南澳以東的海面都屬於福建省管轄。很顯然，位於這條線以東的臺灣島也屬於福建省管轄。因此，晚明在臺灣發生的許多事件都由福建省處理。

　　在萬曆四十四年（1616 年）前後，福建方面已經有在臺灣駐兵屯墾甚至是建立郡縣的想法，然而，這一計畫一直要到鄭成功收復臺灣之後才得以實現。

一、黃承玄的屯墾計畫

　　黃承玄任福建巡撫是在萬曆四十三年到萬曆四十四年，在此期間，福建省內憂外患，黃承玄覺得有必要加強海島的開發，以便加強民間的防禦力量。黃承玄在其奏疏中說到：

> 夫浯銅係漳泉門戶，彭湖為列郡藩籬，今一設重鎮，而有虎豹在山之形，一得內援，而無蛇豕薦食之患，其便一也。頃者，越販奸民，往往托引東番，輸貨日本，今增防設備，扼要詰奸，重門之柝既嚴，一葦之航可察，其便二也。茲島故稱沃野，向者委而棄之，不無遺利之惜。今若令該總率舟師屯種其間，且耕且守，將數年以後，脣原有積倉之富，而三單無餱糧之虞，其便三也。[152]

　　黃承玄的這段話從浯州、銅山一直說到澎湖、東番，讓人不知其所說的「茲島」是何地？不過，從其原文意思來看，全文是在說要派浯州島（即金門）與銅山島的駐軍兼管澎湖，因此，浯州與銅山都可排除在「茲島」之外，必須考慮的是澎湖與東番二地。澎湖群島歷來被稱為貧瘠之地，如沈鈇所說：「若彭湖一島……四圍山地，人云可開作園，栽種黍稷瓜菓等

152　黃承玄，〈條議海防事宜疏〉，《明經世文編》卷四七九，第 5271—5272 頁。

物。牧養牛羊牲畜。未可遽墾為田，以山多頑土，無泉可灌故耳。」[153]可見，澎湖無論如何不能稱之為沃野，那麼，黃承玄計畫屯墾的地方只能是名為東番的臺灣了。通過以上史料的分析可知：當時的臺灣北港已經成為中國與日本貿易的中樞港口之一，從海澄出發的商船抵達臺灣，主要是想與來到當地的日本商船貿易。天啟年間出版的姚旅《露書》記載：「北港……其人散居無君長，惟甲長之類為頭目。中國十人以下至其地，則彼殺之。五十人以上，則彼閉戶而避。我捕魚、逐鹿者入其境，必分贈甲長土宜。閩撫院以其地為東洋（此處應指菲律賓）、日本門戶，常欲遣數百人屯田其間，以備守禦。」[154]按照姚旅透露福建巡撫的計畫，當時福建巡撫想出兵數百人，在北港屯田。從姚旅對北港民俗的描寫來看，在當地生活的肯定是臺灣土著，可見，當時福建巡撫計畫屯田之處，應當就是臺灣北港。

　　萬曆末年，福建官場經常討論在北港屯田。趙秉鑑案中，被官府率先捕捉的沈國棟曾向官府大談北港屯田一事。沈國棟是一名長泰縣的庠生，因在海上貿易被劫，不得已之下當了海寇。據說他曾在海上搶劫其他民船。沈國棟與趙秉鑑有關係，趙秉鑑通過他發展與北港海盜的關係。然而，此事引起官府的警覺。「會沈國棟事先露，出詣兩臺，訴稱先時被擄，並進屯田之策。」[155]萬曆末年任福建僉事的熊明遇也說：「水之北港最名，群盜所依阻也。番居山極深昧，濱海頗有甌脫可耕。群盜佯言開墾，歲助餉金若干，實欲扼商賈之咮與海中諸民市。跡見有端。」[156]可見，當時在東番屯田，成為福建沿海官民的共識，大家都覺得：只有在東番屯田，才能解決福建沿海的糧荒問題吧。不過，人們又怕那些投降的海盜以屯田之名做壞事：「如東番本甌脫，奸闌盜賊，歸之若流水。是豈真欲辟土任貢哉！」[157]

　　在東番屯田也有治安問題。因為，在黃承玄任巡撫的萬曆四十三年至四十五年，其時臺灣的北港有沈國棟及海寇袁進、李忠等人在活動，縱然

153　沈鈇，〈上南撫臺監巡海公祖請建彭湖城堡置將屯兵永為重鎮書〉，顧炎武，《天下郡國利病書》第 26 冊，福建，第 29 頁。

154　姚旅，《露書》卷九，〈風篇中〉，第 211 頁。

155　張燮，《霏雲居續集》卷四十，〈海國澄氛記〉，《張燮集》第二冊，第 697—698 頁。

156　熊明遇，《文直行書》卷十三，〈東番〉，第 24 頁。

157　熊明遇，《文直行書》卷十三，〈島民〉，第 19 頁。

這樣，黃承玄仍然想在臺灣屯田，說明當時的福建巡撫黃承玄有信心解決臺灣問題。其信心來源應與趙秉鑑等人有關。事實上，趙秉鑑曾向官府建議襲取北港，曹學佺的《石倉全集》一書記載：

> （萬曆）四十六年（1618 年），巡撫王士昌提孽寇趙秉鑑斃諸獄。秉鑑即若思也。往犯常刑，倖免，復謀海總。初焉招賊充兵，後竟連兵作賊，外結東番逆酋為援，內糾漳泉叛民為黨，建議襲取東番，實啟兵端。以圖叵測。至是誅滅，漳人德之，見於縉紳公揭。[158]

按，趙秉鑑襲取東番的計畫，應是向黃承玄提出的。經過黃承玄的同意，他才能與廈門把總林志武、澎湖把總方輿一道在東番的赤勘築城。完成這個計畫後，下一步應是在臺灣屯田。可惜的是：趙秉鑑的有些做法引起漳州士紳的不滿，結果被誣告後被殺。倘若福建巡撫黃承玄不是被調走，或者繼任福建巡撫繼續支持趙秉鑑，趙秉鑑是可以落實在臺灣北港屯田計畫的。可惜的是，黃承玄調走之後形勢突變，趙秉鑑被繼任福建巡撫王士昌鎮壓。王士昌本人對在臺灣屯田不感興趣。萬曆四十七年，王士昌招安袁進之後，袁進一度也說要回到臺灣：「稱往東番屯種。」[159]「當在閩時，實欲屯據東番，為不拔之計。」[160] 王士昌應是害怕放虎歸山，所以不讓袁進回到臺灣屯田，而是將其調往北方作戰。福建官府在臺灣屯田的計畫就此受挫。若然當時的福建官府實行這一計畫，切實占領臺灣，以後也就不會有荷蘭人入侵臺灣一事了。

二、福建官府對臺灣的管理與設置郡縣的計畫 [161]

晚明的閩人十分關注臺灣，張燮的《東西洋考》記載：「其地去漳最近，故倭每委涎，閩中偵探之使，亦歲一再往。」[162] 可見，為了防倭，福建地方政府每年都要派二批人去臺灣島上觀察。如上所述，在萬曆後期，福建方面已經有在臺灣駐兵屯墾的想法，與之相伴的還有設立郡縣的計畫。

---

158 曹學佺，《曹能始先生石倉全集》，《湘西紀行》卷下，〈海防〉，第 45 頁。
159 許弘綱，《群玉山房疏草》卷下，〈總督 · 題報海寇歸撫疏〉，第 113 頁。
160 許弘綱，《群玉山房疏草》卷下，〈總督 · 題報海寇歸撫疏〉，第 115 頁。
161 徐曉望，〈論晚明對臺灣、澎湖的管理及設置郡縣的計畫〉，北京，《中國邊疆史地研究》，2004 年第 3 期。收入《早期臺灣史考證》，福州，海風出版社 2014 年。
162 張燮，《東西洋考》卷五，〈東番考〉，謝方點校本，第 106 頁。

明人周嬰在其同名為〈東番記〉的一文中提到臺灣北港：「泉漳間民漁其海者什七，薪其嶺者什三。言語漸同，嗜欲漸一，唯以雕偽之物，欺誘其情，異海翁之狎鷗，等狙公之賦芋，疆場喜事之徒，爰有郡縣彼土之議矣。」[163] 這是說，當時閩人在臺灣經商，頗有欺騙行為，引起了雙方的矛盾，因此，最好的方式是在當地設立郡縣，以加強管理。周嬰的〈東番記〉一文出於他的《遠遊篇》一書，關於《遠遊篇》的出版年代，或謂其出於萬曆年間，但在此書中可以找到天啟年間的材料，張崇根認為周嬰的〈東番記〉一文應寫於天啟、崇禎間。[164] 我在《遠遊篇》看到一些詩文可以證明周嬰於天啟五年出遊廈門。所以，我在〈論晚明對臺灣、澎湖的管理及設置郡縣的計畫〉[165] 一文中認可張崇根的推斷。不過，現在想來，雖說周嬰的《遠遊篇》出版於天啟、崇禎年間，但其人的〈東番記〉也有可能寫在萬曆末年。這是因為，對在臺灣設置郡縣計畫最感興趣的是黃承玄。以後王士昌繼任想法就有所不同了。近閱熊明遇的一段文字可以證明萬曆末年福建巡撫即有在臺灣設置郡縣的計畫。萬曆末年，熊明遇任福建僉事，他說：「如東番本甌脫，奸闌盜賊，歸之若流水。是豈真欲辟土任貢哉！」[166] 他在〈東番〉一文中又說：「山之雞籠、淡水最名。議者欲置戍其間，與海中諸夷市，章有上公車者。」[167] 所謂上公車者，我們熟悉的典故有康有為「公車上書」。這是說，某年北京的進士考試中，有人向中樞機構提出：要在臺灣設置郡縣。事實上，明朝確實有在臺灣設置官府的打算。崇禎年間明朝兵部職方司主事陳組綬說：「近時民多走北港、彭湖、淡水、雞浪（籠）四嶼。四嶼之大，足以敵四府，收之以為外屏，又足以翼四府。置縣則崇明也，衛則金山、昌國也。原我臥榻之內，防海預防防于此。福興泉漳枕席安矣。」[168] 可見，其時福建官府考慮：或是在臺灣設縣管理，就像崇明島，或可設置衛所，像金山衛、昌國衛一樣。陳組綬還認為，設置衛所或是縣，能夠大

163　周嬰，《遠遊篇》，〈東番記〉，福建師範大學藏手抄本。第 37 頁。

164　張崇根，〈臺灣歷史與高山族文化〉，《周嬰東番記考證》，西寧，青海人民出版社 1992 年，第 158 頁。

165　徐曉望，〈論晚明對臺灣、澎湖的管理及設置郡縣的計畫〉，北京，《中國邊疆史地研究》，2004 年第 3 期。

166　熊明遇，《文直行書》卷十三，〈島民〉，第 19 頁。

167　熊明遇，《文直行書》卷十三，〈東番〉，第 24 頁。

168　陳組綬，《皇明職方兩京十三省地圖表》卷上，玄覽堂叢書三集，第十一冊，影印道光刻本，第 88 頁。

大鞏固福建沿海的安全。這種考慮是對的。他又說：「淡水一帶，自白狗山對過迤南至彭湖相望，有四府之寬，直可如崇明設府縣，皆閩人浮此互市，今為佛郎所據，守此則四府可欺。東南夷之忠此地，不早圖之，為福府梗。」[169] 陳組綬的身分是明朝兵部職方司的官員，可見，當時福建官府已經將在臺灣設府縣的計畫上報給中央，而明朝廷也同意這一計畫，其意圖是最終在臺灣設立郡縣。按，明末崇禎初年的福建巡撫是熊文燦，他以招降鄭芝龍而出名。而鄭芝龍在臺灣長期駐紮，他對臺灣的興趣是眾所周知的，所以，崇禎初年福建官府計畫在臺灣設置郡縣，既是以往政策的延續，也與得到鄭芝龍的支援有一定關係。值得注意的是：崇禎年間，荷蘭人占據臺灣已經有一段時間，但明朝官府仍然有在臺灣設置郡縣的計畫，說明明朝並未因荷蘭人占據臺灣而放棄在臺灣設置郡縣的計畫。

然而，在天啟、崇禎年間，朝廷的財政非常緊張，福建地方財政的收入，大都被搜刮到戶部，以支付對抗金國及平定流寇的戰費。因此，福建官府方面無所做為，設置郡縣制的計畫被束之高閣。

三、林錦吾與福建官府對臺灣邊地的管理

萬曆末年，海洋鉅賈林錦吾成了北港華人的酋長，福建官府想通過他解決一些北港的問題，這樣，福建官府的管理權也伸展到臺灣北港了。

萬曆末林謹吾在北港的活動。萬曆四十六年，新任福建巡撫王士昌對往來於海峽兩岸的沈國棟產生疑點，他不動聲色地指派沈國棟做事：「會沈國棟事先露，出詣兩臺，訴稱先時被擄，並進屯田之策。中丞佯令國棟與若思、志武往諭林謹吾來歸，以覘其舉止。」[170] 其文中提到的林謹吾是生活在臺灣的一個人，這個人身上有太多的秘密。要理解這個人，不妨再回顧張燮的史料：

> 東番者，在澎湖島外，去漳僅衣帶水。奸民林謹吾遁歸彼中，為酋主互市，與倭奴往還。長泰人沈國棟，亦子衿也，集眾海外行劫，聲勢漸盛。便欲謀據東番，竊比夜郎王。[171]

169　陳組綬，《皇明職方兩京十三省地圖表》卷下，崇禎九年刊本，第41頁。

170　張燮，《霏雲居續集》卷四十，〈海國澄氛記〉，《張燮集》第二冊，第697—698頁。

171　張燮，《霏雲居續集》卷四十，〈海國澄氛記〉，《張燮集》第二冊，第696頁。

　　這段文字提到在東番活動的多個福建人。其中林謹吾「為酋主互市，與倭奴往還」，可見，他是一個以商業為主的首領，在北港華人中地位最高。沈國棟其人最早應是被海盜劫掠的商人，後來加入北港海寇的隊伍，並成為其中的首領，自任軍師。他和林謹吾是什麼關係？是他的直屬部下嗎？好像不是。沈國棟是一個海盜，但又和林謹吾等商人在北港並存。沈國棟還曾向王士昌獻策要在臺灣屯田，王士昌讓他去說動北港的林謹吾回歸福建。趙秉鑑和林志武、方輿在北港的赤嵌築城，似乎林謹吾並不反對。以他北港「酋長」的身分，若是堅決反對趙秉鑑，趙秉鑑似乎無法在赤嵌築城。其實，林謹吾很早就與福建官府聯絡。臺灣的張增信、陳宗仁在沈演的《止止齋集》中發現多條有關林錦吾（即林謹吾）盤踞臺灣北港的史料。沈演為湖北烏程人，萬曆四十七年（1619—年）至萬曆四十八年（泰昌元年，1620 年）任福建右布政使。他在〈論閩事〉、〈與海澄〉、〈答海道論海務〉、〈答海澄〉等多篇信件中論及北港：

> 袁俊（袁進？）歸降，又復東行，盜勢解散，今歲尤蹢躅，尋自離披，似可小憩。而挾倭貲販北港者，實繁有徒。此輩不可勦、不可撫，急且合倭以逞六十年前故事。[172]

> 稅事得門下料理自安，林錦吾可因而用之，使陰就吾約束，不可勦，亦不可招。[173]

> 若北港之局，牢固不拔，奸民接濟者多負賴，起釁者又多……不意連日得報，有林心橫劫殺洋船事，今又有徐振裡壓冬事，亦既蠢蠢動矣。此輩恐皆林錦吾下小頭領耳。日本發銀買貨，于法無礙，若就呂宋與洋船交易，即巨奸領銀牟利，自可相安無事。惟停泊北港，引誘接濟奸民，釀今日劫殺之禍，起將來窺伺之端，不得不嚴禁耳。如林、如徐，畢竟于內地，獲利不貲，身家念重，就中駕馭而牢籠之，使其市場在呂宋，不在北港，接濟自絕，瑕隙自杜。[174]

> 海上賊勢雖劇，倏聚倏散，勢難持久，猶易撲滅。而大患乃在林錦吾北港之互市，引倭入近地，奸民日往如鶩，安能無生得失。明明

172　沈演，《止止齋集》卷五六，〈答海澄〉，第 32—34 頁。
173　沈演，《止止齋集》卷五五，〈與海澄〉，第 8 頁。
174　沈演，《止止齋集》卷五五，〈答海道論海務〉，第 18—19 頁。

汪五峰故事，倭之市雖不可絕，而接濟之奸安得不嚴禁……其患或在數年之後，不意目前遂爾猖獗……倭銀若至北港，雖日殺數人，接濟終不能杜，何者，利重也。……倭之欲市，誠不可絕，然渠何必北港，使斷此一路，倭市在洋船而不在接濟，無論餉食日增而海上永無患矣。……如所謂林心橫諸人皆林錦吾下小頭領，其作此無賴，錦吾亦未必知，就中何法禁弭，移檄北港詰問，似可行。[175]

這些史料表明，當時的北港十分熱鬧，有來自中國和日本的船隻抵達。對於日本商船出沒北港，福建官府十分憂慮，害怕日本遊人混跡其中，並以北港為根據地，騷擾閩粵兩省治安。在他們看來，在北港鬧事的林心橫、徐振裡諸人，應該就是林錦吾的部下。身任福建布政使的沈演只能「移檄北港詰問」。不過，此事也說明在袁進降明之後，福建官員直接管轄北港了！

萬曆末年及天啟元年北港的海寇活動。

然而，在福建官府尚未正式行動時，北港的局勢愈演愈烈。周之夔說：「吾奸民大盜，聚徒眾有名號者，遠借倭為恫嚇，近習東番為逋藪，合力致死，橫行海上。急之則鳥散，緩之則蝟集。民生息之路不通，交走死無弔。雖屬有袁李效順之事，不足風也。」[176]「天啟元年，有慣走倭國巨賊總管大老、大銃老、嗚喈老、黃育一等，因領島酋貨本數千金，為其党我鵬老所奪，不敢復歸，竟據東番北港擄掠商船，招亡納叛，爭為雄長。撫院商周祚遣將領密訪出唐賊、黃十二、黃應東，與接濟奸徒郭臺湖、洪疊飛等擒獲收禁，令副總、坐營等官親督哨前往雞母澳，追至彭山外洋，擒獲賊首黃色彩、假倭鹿筋、吳發等二十四名。餘黨南遁。八月，諸將追至粵東錢澳海洋，生擒賊眾八十餘名，陣斬點賊蜈蚣老首級一顆。」[177] 由此可見，袁進、李忠之後，臺灣的海寇並未斷絕。袁進、李忠投降之後，他們的一部分徒眾不肯降明，仍在沿海騷擾。《揭陽縣志》記載：「四十七年己未，五月，海寇入境。」「泰昌元年庚申十二月，海寇逼城。」[178]

175　沈演，《止止齋集》卷五五，〈論閩事〉，第 20 頁。
176　周之夔，《棄草集・文集》卷一，〈閩海勦略序〉，第 386—387 頁。
177　曹學佺，《曹能始先生石倉全集》，《湘西紀行》卷下，〈海防〉，第 46 頁。
178　劉業勤，乾隆《揭陽縣志》卷七，〈兵燹〉，第 3 頁。

上文所說的「我鵬老」應是海寇林我鵬，《潮州府志》記載：「林我鵬，同安人。聚眾與袁進、李忠合。及袁李就撫，我鵬逸去。萬曆四十八年庚申三月突犯廣澳，官兵連敗之，獲其繒艚船、神飛銃。我鵬喪魄，匿廣澳之烏豬峙，冀延殘喘，四月染疫而死。餘黨死者過半。總管新老、大功老、詹八老、大長老等四十人，為把總廖宏緒盡殲於烏豬外洋。」[179]《南澳志》的記載略有差異：

> 林我鵬，同安人。聚眾與袁進李忠合，袁李就撫，我鵬逸去。萬曆四十八年庚申三月，突犯廣澳。副總兵何斌臣督官兵連敗之，獲其繒艚船二，神虎銃一。生擒其黨二十。我鵬喪魄遁廣澳之烏豬嶼。四月死於疫。把總繆宏緒王邦駕等追剿，斬賊首總管李新老、大功老，生擒賊首詹八老、長老等四十一名。餘黨盡殲於烏豬外洋。[180]

除了林我鵬之外，同時期還有其他海寇襲擊廣東沿海。泰昌元年二月有「褚綵老海寇襲潮海」。[181] 按，泰昌元年即為萬曆四十八年。「海寇褚綵老於萬曆四十八年庚申二月連艅，分南北二隊犯揭陽，焚刦無算。縣令馮元颺禦之。四月復至，七月又至，九月犯澄海。署縣事程鄉縣主簿冉良翰禦之，賊退，明年復犯揭陽，元颺禦之，大創而遁。」[182]《明神宗實錄》又載：萬曆四十八年四月：「巡按廣東王命璿奏：粵海逋寇許彬老、鍾大番、余三老等係袁進餘黨，出沒海島，嘯聚剽掠，跳梁于白沙、虎門、廣海、蓮頭之間，民受其荼毒。業經督臣申飭兵將偵捕于海之東西。其擒賊有功及碣石失利官員，應敘賚罰治有差。」[183]《明熹宗實錄》天啟二年三月丙午條記載：「先是，兩廣總督陳邦瞻疏稱：閩廣之間，海寇林辛老等嘯聚萬計，屯據東番之地，占候風汛，揚帆入犯，沿海數千里無不受害。」[184] 由此可見，袁進雖然離開臺灣北港，但其餘部在廣東活動，鬧得廣東雞犬不寧。在林辛老等人的領導下，北港海寇的隊伍達萬人以上。他們最終被福建水師平定。葉向高說：「其怙終稔惡、連迣流突者，復為參將張嘉策

179　周碩勳，乾隆《潮州府志》卷三八，〈征撫〉，第 41 頁。

180　齊翀，乾隆《南澳志》卷八，〈盜賊〉，第 36—37 頁。

181　吳穎纂修，順治《潮州府志》卷七，第 1574 頁。

182　周碩勳，乾隆《潮州府志》卷三八，〈征撫〉，第 41 頁。

183　張惟賢等修，《明神宗實錄》卷五九三，第 11385 頁。

184　傅冠等修，《明熹宗實錄》卷二十，天啟二年三月丙午，第 7 頁。

所殲。生擒百餘名。咸膏斧鑕。未嘗有斗糧半鏃之費。而大憨就平，潢池罷警，亦年來未有之伐也。」[185]《棄草集》說：「雖屬有袁李效順之事，不足風也。勢非草薙禽獮，窮根株痛斷不止。今中丞商公甫入閩即苦心經畫，屬法懸賞，指授方略，明見千里，將士用命。越境盪除，浹旬而彭山、錢灣兩捷，生獲名賊黃包彩、陳奇百餘人，他斬溺無筭。威靈震懾魁雷公老，以計擒黃育一，力屈遠遁，束身請降于粵，賊黨潰散。商漁獲甦。某文吏雖未嘗踐樓船，預斬獲，然竊從爰書中得諸諸賊罪狀，從羽檄中得群帥功績，而後知公之神機英武卓乎其不可及也。」[186]

　　總之，由於環境的原因，袁進降明之後，臺灣海峽陸續又有其他海寇崛起。廣東方面記載：「先年海賊，遠不具述，近如袁八老之後，即有桂竹老，又有李魁奇、劉香老等寇為患不絕。」[187]正如《潮陽縣志》的記載：「四十六年夏，海寇袁八老自閩突至潮。此明季海寇之始也。」[188]總之，袁進的海寇活動掀起了明朝末年海寇活動的一個高潮，直到鄭芝龍出現。

　　以上史料表明，福建省的統治者在招撫袁進之後，與北港的林錦吾打交道，福建官府已經開始管理臺灣北港的事務。但這一管理是不穩定的，在臺灣設置郡縣的計畫尚未實行。

四、萬曆以來福建省未及在臺灣設置郡縣的原因 [189]

　　萬曆末年福建省官府對在臺灣設置郡縣籌劃已久，最終卻未能實行。其原因何在？李廷機說到當時福建巡撫的困難：「榷稅使出歲括金於民間而額不可盈，當事者不得已分兵餉五萬餘鏹以佐之。一制成額，其後遂不復減，又不能枵軍士之腹，於是借別項徵應以餉兵，醫瘡而剜肉，折東以補西，而藩司竟告匱矣。徐公惟是檄諸游寨將領按籍稽伍，按伍稽士，見存者簡之。已缺者虛之。有不急者裁之。夫兵精則勢強，冗去則食減，如

185　葉向高，《蒼霞餘草》卷十五，〈中丞王公（士昌）靖寇碑〉，第 22 頁。

186　周之夔，《棄草集》卷一，〈閩海勳略序〉，第 387 頁。

187　吳六奇，〈奏陳言疏〉，葛洲甫纂修，光緒《豐順縣志》卷八，光緒十年補刊本，第 9 頁。

188　臧憲祖纂修，康熙《潮陽縣志》卷三，〈紀事〉，第 15 頁。

189　徐曉望，〈晚明福建財政與福建疆吏對臺灣問題的處理〉，《法國漢學》第十二輯，《邊臣與疆吏》，中華書局 2007 年。收入《早期臺灣史考證》，福州，海風出版社 2014 年。

是歲省餉金三四萬兩，而借支之害可免，此難者一也。往者島夷犯朝鮮，召四方兵討之。東南為之騷動，是以閩海上生事者有傳報倭欲寇雞籠、淡水之警，而當事張皇矣。議增置戰艦，水軍，復費藩帑金以數萬計。閩甌脫地耳。中使既歲輸之陸海，官復洩之尾閭，東南民力有幾堪再竭乎？徐公在事海上仍報聞，公第傳令謹風汛厲材官修備而已。不增兵與艦矣。」[190]

　　萬曆後期，努爾哈赤崛起於東北，頻頻發動南下掠奪的戰爭。為了抵禦八旗軍隊，明朝從各地調來的大軍雲集遼東。由於經費開支浩大，各地官員都在搜羅庫存白銀運到北方。福建布政司原有庫存銀被搜括一空，全部被輸送到國庫。缺少了這筆多年來積累的庫存基金，福建財政更顯緊張。除此之外，加派再一次出現。曹學佺說：「遼餉者，自萬曆四十六年有事於遼，部文該派每石七分一釐七毫，共該派銀四萬七千七百三十兩四錢一分，經布政司皆公懋良、糧道魏公時應，說撫院王公士昌，按院崔公爾進搜括鹽鈔銀抵解，各州縣一年免派矣。四十七年又該派銀如上年，經二公搜括料剩站剩銀一萬四千四百五十一兩三錢一分抵解，每石實只派五分耳。四十八年部文加派至一錢八分四釐三毫，共派一十二萬二千七百二十五兩三錢，幾與起運正糧等。二公又多方搜括銀二萬七千五百三十四兩三錢抵解，每石得減派四分。天啟元、二年，又該加派如上年，而前後布政閔公洪學、游公漢龍，詳撫院商公周祚，按院鄭公宗周，又多搜括銀五萬二百五十六兩一錢六分，抵解，每石減去七分五釐，只派銀一錢零八釐，視上年又多減矣。故閩省雖有遼餉而不甚為害，以此。然所慮者，搜括有限而遼禍未艾，瘠民困何以堪之。所願當道諸大夫預為之所，節縮他費以補派額，庶臨渴掘井之患。其可免乎？」[191]可見，當時福建巡撫為了緩和賦稅對民眾的壓力，想了很多方法，多方挪用，這才保證了上納朝廷的賦稅。然而，這都不是長久之計，經過幾年的搜羅，福建財政囊空如洗，不得不將加派銀兩施之於民，據《福建通志》的記載，明末福建「共計每年應派遼餉二十九萬四千九百兩三錢」，這是個相當沉重的負擔。[192]

190　李光縉，《景璧集》卷八，〈中丞徐公去思碑〉，江蘇廣陵古籍刻印社 1996 年影印崇禎十年刊本，第 1245—1246 頁。

191　曹學佺，《曹能始先生石倉全集》，《湘西紀行》卷下，〈賦役〉，第 21 頁。

192　陳壽祺，道光《福建通志》，卷四十九，〈田賦志〉，第 24 頁。

　　稅收的增加，必然引起相應的社會問題。明代的稅收人員胡作非為，無人管轄。「蓋公稅一，私稅十」[193]成為當時的慣例。有權有勢的家族可以多方避稅，而沒有權力的百姓，往往被征以十倍的稅收。「而今者財用日詘，賦役煩興，規避精巧，彼強宗巨姓蓄衍至於什百，視國初通天詭寄之名尤甚，縣官曾不得庸調其寸縑，則荷重役者，俱屬何人？近有蜑戶輸魚課米，里胥獰索至一丁一斗，每銀一兩。吞聲哽咽，曾不得泣訴。縣官是驅之使盜也。孰如清其戶口，使利歸公家，額外之派，藉可以少減乎？派多矣，耗亦隨之，天不能雨粟，麥不肯兩岐，而蓄田之家，無利有害，望門持一券，十不一售，此亦閩俗之大變也。」[194]可見，雖說當時稅收總額看似不多，其實際效用是使民眾不敢蓄田，以免承擔過多的稅收。這對以農立國的明朝，是致命的。由於對農業的投入下降，福建有限的田地收穫銳減，糧荒更為嚴重。

　　以泉州為例：「泉郡宅於海山間，閩越奧區也。山海之產視九州之得於山海者，貿繁而異。山而居者，歲食其山之入，猶出其餘以貿易於海；海之居者，亦食其海之入，舉得而有焉。蓋山海之利居田之半，其民亦侈然安其利以自足矣。民樂安其利，相觀而善，故吏於土者恆不勞而理，號曰佛國。數歲以來，有賦其山之利於官……有賦其海之利於官……始而開若賦，繼而倍若賦，今則殫其山海之出而賦之，而山海之人俱告困矣。」[195]而且，泉州人倍感投訴無門：「維泉介在海隅，去京師八千里而遙。其去藩城，亦無慮三百里。故下民之困，仰不得其平者，上不能直之於輦轂，次不能直之於臺省，皆求諸府而直焉。」[196]泉州號稱福建最富裕的府州，而且是福建水師的主要駐地，遠赴臺灣外海的水師，多從泉州下屬的港口出發，泉州的經濟情況很差，會使福建疆吏不敢輕易派出水師。這應當是萬曆、天啟之交福建水師屯墾臺灣計畫一直無法實行的原因。

　　從財政上看，由於遼餉過重，百姓不堪負擔，欠稅是常有的事。由於遼餉不可一日缺少，福建官員只好挪用福建水師的軍餉。水師常遭欠餉，

193　蔡獻臣，《清白堂稿》卷七，〈同安溪南蠲稅功德碑〉，第 45 頁。

194　曹學佺，《曹能始先生石倉全集》，《湘西紀行》卷下，〈賦役〉，第 22—23 頁。

195　黃河清，〈送太守李君之任泉郡序〉，錄自陳國仕輯錄，《豐州集稿》，南安縣志編纂委員會 1992 年自刊本，第 277 頁。

196　傅夏器，〈袁莪溪泉州府節推序〉，錄自陳國仕輯錄，《豐州集稿》，第 281 頁。

士氣受挫，許多人逃亡。福建方面不得不裁減水寨軍兵。這使自戚繼光以來威名遠播的福建水師受到沉重的打擊。此後，福建各地水寨軍兵數量大減，而戰船腐朽，得不到補充。曾異說：「寨游戰守者居內，而戰者居外，此祖制也。今寨游移內地矣。寨游昔日艘卒，所部不下千餘人，合五寨三游可萬兵，領以三副將，其號令一而卒伍強也。自萬曆之季，議省餉而兵不及半，或僅餘三之一，實又不能減也。昔之游戎參將三，今之題授添設者，又幾矣。減寨游之兵而添設內地之營，名為一軍，實不過百夫長者，又不知其幾矣。」[197] 福建水師的削減，使海盜無所畏懼，縱橫於海上。

萬曆末年的福建省財政困難，其原因與布政使沈演有關。曾在福建任職的周晉昌說：「至漳泉諸府，庫藏如洗。昔年西庫之十九萬，為沈演一疏搜括助工，因之瓶罍交罄，有餘恨焉。」[198] 如其所說，本來福建還有十九萬兩白銀的儲備，後來這批銀子被沈演獻給朝廷，用於「助工」，所謂「助工」，通常是指資助皇帝建設宮殿。福建省這筆後備資金上貢後，自身財政就空虛了。沒有財政的支持，對福建十分關鍵的水兵被裁減，這都是在臺灣設置郡縣計畫毀滅的原因。

明末清初的永曆十五年（1661 年），鄭成功出兵臺灣，他招降赤嵌城內的荷蘭人，並進圍熱蘭遮城。此時，鄭成功見收復臺灣的大局已定，便在臺灣設置了郡縣：「改赤崁地方為東都明京，設一府二縣。以府為承天府，天興縣、萬年縣，楊戎政（朝棟）為府尹，以莊文烈知天興縣事，祝敬知萬年縣事。行府尹查報田園冊籍，徵納口銀。改臺灣（指熱蘭遮城及其市區）為安平鎮。」[199] 這是明末福建人在臺灣設置郡縣理想的最終實現。

小結

晚明海上交通的發展，使明朝感覺到臺灣海峽的重要性，因此，明朝開始注意對澎湖群島的管理，策劃派遣水師到澎湖長駐巡邏。然而，由於種種原因，直到萬曆二十六年才實現了巡邏澎湖島計畫。在臺灣南部北港

197　曾異，《紡授堂文集》卷一，〈為三司公賀閩督撫都御史蕭公報政序〉，第 46 頁。
198　〈兵科抄出江西道御史周昌晉題稿〉，崇禎元年四月初七日行記，《明清史料戊編》第一本，第 5—7 頁。
199　楊英，《先王實錄》，福建人民出版社 1981 年，第 253 頁。

活動的海寇時常騷擾過往海船，萬曆四十六年，在福建巡撫黃承玄的主持下，由趙秉鑑率領的福建右翼軍和廈門水師抵達臺灣北港，在名為赤嵌的地方築造了一座小城，這本是福建水師的一個重要活動，然而，由於趙秉鑑等人被新任福建巡撫袁進殺死，這次行動的合法性受到質疑。我在本節中列出史料，證明趙秉鑑是被冤殺的，在此之前，他的行動應當得到原福建巡撫黃承玄的認可，所以是合法的。這些事情證明，在荷蘭人到達臺灣之前，福建官府的管轄權已經伸及臺灣，福建水師將領甚至在臺南的赤嵌築造了一座城堡！

讓人疑惑的是，為什麼這些人開發臺灣的歷史被人忘卻？其實，在趙秉鑑等人築城之前，還在萬曆二年，福建水師就因追剿林鳳等海盜，進入了臺灣南部的新港！[200] 這都是臺灣開發史的重要成果。然而，清代臺灣方志說到明代臺灣的開發者，都是從顏思齊和鄭芝開始。我想這與施琅有很大的關係。施琅是泉州人，李忠、趙秉鑑、袁進等人多為漳州人，或是同安人，而林道乾和林鳳更是潮州人。清代在臺灣的閩南人有兩個較大的集團，其一為泉州的晉江、惠安、南安三邑人，其二為漳州人和同安人。這兩個集團之間也有鬥爭。施琅和鄭芝龍都是晉江人，他的團體以泉州沿海三縣（晉江、南安、惠安）人為後盾，在向朝廷表功的時候，他突出泉州人在開發臺灣史上的作用是很自然的。因此，由他來敘述臺灣的歷史，一定會有選擇地忘卻一些事。《清史稿》記載施琅收復臺灣後論及臺灣的早期開發史：「明季設澎水標於金門，出汛至澎湖而止。臺灣原屬化外，土番雜處，未入版圖。然其時中國之民潛往生聚，已不下萬人。鄭芝龍為海寇，據為巢穴。及崇禎元年，芝龍就撫，借與紅毛為互市之所。紅毛聯結土番，招納內地民，漸作邊患。」[201] 實際上，鄭芝龍到臺灣不及袁進、李忠、趙秉鑑等人早。袁進、李忠、趙秉鑑等人的開臺事蹟被選擇性忘記了。此外，明末清初的戰爭中，來自泉州、漳州的鄭成功海商集團與潮州許龍等人的海商集團之間爆發激烈的鬥爭，施琅也不可能將開發臺灣之功劃歸嶺南的潮州人。由於鄭成功父子及施琅相繼重用泉州人，清代初年的臺灣城市中，以泉

200 徐曉望，〈論明萬曆二年福建水師的臺灣新港之戰〉，《福建論壇》2019 年第 11 期，第 109—115 頁。

201 趙爾巽等，《清史稿》卷二六〇，〈施琅傳〉，第 9866 頁。

州人為主，所以，早期臺灣史是由泉州人書寫的。其時，因泉州人對漳州人、同安人早期開發臺灣的歷史不熟悉，因而漏載了他們的事蹟。

　　總的來看，明末福建官府與臺灣北港的關係相當複雜。由於明末北港逐漸成長為一個較有名氣的港口，中國與日本之間的走私貿易重點逐步轉向北港，這使福建官府相當重視北港的治安。然而，北港內既有商人也有海寇，林錦吾為盤踞臺灣北港的鉅賈兼海上武裝頭目，他以北港為根據地，往來日本經商，他手中有武裝，張燮說他：「奸民林謹吾逋歸彼中，為酋主互市，與倭奴往還」。[202] 與此同時，北港周邊還有不少海寇，例如袁進和李忠，便常在北港駐足。袁進的隊伍擴大之後，主要到閩粵沿海活動，但留在臺灣北港的還有沈國棟等人。令人驚訝的是：這些海寇與海商同處一個港口，竟然相安無事，林謹吾還能成為他們的首領！更讓人驚訝的是：福建右翼軍首領趙秉鑑竟然使用與袁進熟悉的海寇李新為手下軍官，然而做通了沈國棟等人的工作，勸說林謹吾回福建。趙秉鑑在北港擺平了當地的漢人首領之後，得以在赤勘建立一座小城，以後還有屯墾北港的計畫。可惜的是，這一切都因黃承玄的調離而人去政亡。趙秉鑑竟然死於非命！

　　趙秉鑑失敗後，林謹吾仍在臺灣盤踞。其後袁進與李忠歸降，福建官府想通過林錦吾管理北港。但林錦吾最終未能控制好北港。從天啟元年之後，北港再次淪為海寇的根據地，顏思齊、林辛老等著名的海寇，都是這一時期揚名於臺灣海峽的。

202　張燮，《霏雲居續集》卷四十，〈海國澄氛記〉，《張燮集》第二冊，第 696 頁。

第九章　荷西殖民者進襲臺灣海峽

　　明末，福建官府因經費的原因，在臺灣設置郡縣的計畫進展緩慢。荷蘭、西班牙殖民者趁機竊據臺灣，臺灣的殖民時代就此到來。因歐洲殖民者來到臺灣主要目的是得到中國的商品，所以，他們對福建商人有打有拉，擅長經商的福建商人利用這一形勢深入臺灣內地，發展了兩岸之間的關係。不過，閩商與歐洲殖民者之間的關係從矛盾發展為激烈的鬥爭，最終以殖民者被驅逐而告終。

第一節　萬曆三十二年的澎湖危機

　　明末新來到東方的荷蘭人多次發動對東南海疆的入侵，最終占據臺灣南部，這改變了臺灣海峽的格局。關於萬曆天啟年間的澎湖危機，陳小沖曾有名為〈1622 － 1624 年澎湖危機述論〉的碩士論文[1]，對這個問題的研究相當深入。

一、萬曆三十二年進襲澎湖的荷蘭人

　　萬曆三十一年，馬尼拉剛剛發生了西班牙人屠殺華人的事件，福建巡撫還不知道怎麼應付這類事件，第二年就發生了荷蘭人來到澎湖群島的事

1　陳小沖，〈1622 － 1624 年澎湖危機述論〉，廈門大學歷史系 1985 年碩士論文油印本。

件，其時正處在福建水師逐漸衰落的時代，乃至福建巡撫無法以強硬的態度處理這些事件。

荷蘭人是繼葡萄牙人與西班牙人之後來到東南亞的第三個歐洲殖民主義者。他們來到東方之後，主要活動在爪哇島的萬丹和雅加達，馬來半島的北大年（又名大泥）也有他們的蹤影。他們漸漸知道中國是遠東物產最豐富的地方，一直嚮往與中國做生意。萬曆二十八年（1600年），荷蘭派出了一支由6艘商船組成的艦隊，遠航中國，次年到達澳門海岸。但由於葡萄牙人從中作梗，荷蘭人的貿易要求被廣州地方官拒絕。按照荷蘭的文獻記載，其時在大泥的貿易的一些閩商給荷蘭人出主意：不如到福建海域試一試。於是，荷蘭人有了到臺灣海峽冒險的想法。在大泥活動的那些閩商甚至回到福建為荷蘭人遊說官府：

> 三十年，有漳民朱良材者上言，國家方興榷稅，泉之彭湖倘效粵中鏡澳事例，聽外夷互市，可得餉十餘萬緡。藩司下漳郡議報。韓知府曜與副鎮施德政商榷，施欲刃良材首，叱之曰：香山澳夷已誤粵，和蘭番夷可復誤閩耶？其議遂寢。[2]

按，在施德政的背後，有閩南士大夫支持。如何喬遠說：

> 粵有香山之澳，以賓外夷，與為貿遷，豈不甚利？而今與我實逼此處，城而障之，凌我小民，生侮我長吏心。癸卯呂宋之禍，數萬白骨化為海外之行塵，中國不能伸其威，廟堂之上若不聞，夫非言利之人實階之禍哉！[3]

可見，在施德威和何喬遠等人看來，廣東省讓葡萄牙人竊據澳門是一大失誤。當時的澳門已經是威權倒轉，夷人竊據主權，本地人反而受其制約了。所以，福建省不可重蹈覆轍，絕不能再讓荷蘭人在福建省租借一塊土地。因士大夫和當地官僚的反對，其議不成。

然而，荷蘭人並未放棄這一想法。萬曆三十二年（1604年）七月，荷蘭人再次來到廣東珠江口，一度攻擊澳門失利。其後，荷蘭殖民者在一些

2　曹學佺，《曹能始先生石倉全集》，《湘西紀行》卷下，〈紅夷紀略〉，第48頁。
3　何喬遠，《鏡山全集》卷三八，〈閩海紀事序〉，第1021頁。

漳州商人的引導下，乘 2 艘大船航抵臺灣海峽的澎湖群島，試圖仿照澳門的葡萄牙人之例，租借澎湖貿易，從而引起了第一次澎湖危機。《東西洋考》記載：

> 澄人李錦者，久駐大泥，與和蘭相習。而猾商潘秀、郭震亦在大泥，與和蘭貿易往還。忽一日與酋麻韋郎談中華事，錦曰若欲肥而素無以易漳者。漳故有彭湖嶼，在海外可營而守也。酋曰倘守臣不允柰何？錦曰：宷璫在閩，負金錢癖。若第善事之，璫特疏以聞，無不得請者，守臣敢抗明詔哉！酋曰：善。乃為大泥國王移書閩當事，一移中貴人，一備兵觀察，一防海大夫。錦所起草也。俾潘秀、郭震賫之以歸。防海大夫陶拱聖聞之大駭，白當道，繫秀于獄。震續至，遂匿移文不投。初秀與夷約入閩有成議，遣舟相迎。然夷食指既動，不可耐，旋駕二巨艦及二中舟尾之而至。亡何已次第抵彭湖，時萬曆三十二年七月也。[4]

曹學佺說：

> 三十二年，漳澄番商潘秀、李錦、郭震等五名素販大泥，習與紅夷貿易，因為紅夷韋麻郎嚮導。

> 以七月初旬投海澄縣，又數日，紅夷千餘人駕三艘至舊浯嶼，會有備，不得入。窺彭湖已撤防，乘間趨泊。當事聞之會議處分之法。僉謂：彭湖為漳泉咽喉，正恐倭之逼處，故設防守以扼其吭，而制其命。若與互市，則中國之險，與彼共之。得以窺我虛實，寇入戶庭，漸不可長。莫如遣潘秀等諭以朝廷法度，華夷界限，罔敢逾越，盍急揚帆去。時參政沈一中，亦遣把總史世用偕秀等往彭島，至則紅酋韋麻郎高座氈帳，酋踞自若，拒秀等，不與見。惟對通事等囉嘈不休。似謂沒其賄賂也者。秀等還，嘆唶無一言。時施副鎮已晉總鎮，請巫治攜文奸商，絕不與通。遂下秀等及譯林玉於獄，夷舶觀望，猶無去志。[5]

可見，荷蘭因潘秀等人無法實現諾言，對他們不理不睬。可以說，潘

4　張燮，《東西洋考》卷六，〈外紀考〉，第 127—128 頁。

5　曹學佺，《曹能始先生石倉全集》，《湘西紀行》卷下，〈紅夷紀略〉，第 48 頁。

秀等人是害人害己了。

　　荷蘭人的出現給福建官場很大的衝擊。方以智記載：「洋舫。萬曆甲辰七月，紅毛艘渡閩求市。沈士弘將軍遣之去。其人長身紅髮，深目藍睛，高鼻赤足，帶劍走舟上若飛，登岸不能疾行。舟長二十餘丈，雙底，木厚二尺，外瀝青錮之。桅三接，其帆用布。」[6] 這顯然是個勁敵。讓福建官員更為驚訝的是荷蘭人想租借澎湖列島！張燮的《東西洋考》記載：

> 是時汛兵俱撤，如登無人之墟，夷遂伐木駕廠，自以鱗介得窺衣裳矣。李錦徐罕得一漁舟，附之入漳偵探，詭云為夷所虜逃還。當事者已廉知其蹤，并繫之。嗣議使錦秀諭令夷王還國，許以自贖并拘郭震與俱錦等。既與夷首謀，不欲自言其不售，第云我國尚在依違而已。材官詹獻忠捧檄往，乃多攜幣帛瓜酒，覬其厚償，海濱人又有潛裝華貨往市者，夷益觀望不肯去。屢遣官諭之，比見夷語，輒不颺。夷視之如發蒙振落也。而稅璫者，已遣親信周之範馳詣海上，與夷訂盟，以三萬金為中貴人壽，貴人從中持之盟已就。[7]

　　以上史實表明，萬曆三十二年之時，一些漳州商人將荷蘭艦隊引到澎湖群島，荷蘭人想像葡萄牙人租借澳門一樣，租借一塊土地與中國貿易。此時荷蘭人不肯退走，是因為想走後門。《東西洋考》云：

> 紅夷則遣人厚賂稅。大將軍朱文達者，與稅厚善，嘗以其子為稅乾子。稅謀之文達，曰市幸而成，為利不貲。第諸司意有左右，惟公圖之。文達刺刺向大吏言：紅夷勇鷙絕倫，戰器事事精利，合閩舟師，不足攖其鋒。不如許之。稅遣周之範往報夷，因索方物。夷酋麻韋郎贈餉甚侈，并遣通事夷目九人赴省，候風未行。[8]

　　《明史·和蘭傳》：「當事屢遣使諭之，見酋語輒不競，愈為所慢。而稅已遣心腹周之範詣酋，說以三萬金饋稅，即許貢市。酋喜與之盟，已就矣。」貪錢的鎮閩太監高稅收取荷蘭人的 3 萬兩白銀，為其上疏萬曆皇帝。但福建巡撫徐學聚堅決反對：

6　方以智，《物理小識》卷八，〈器用類〉，文淵閣四庫全書本，第 28 頁。

7　張燮，《東西洋考》卷六，〈外紀考〉，第 128 頁。

8　張燮，《東西洋考》卷八，〈稅璫考〉，第 156 頁。

看得我朝海禁甚嚴，而尤於日本為兢兢者，以日本驚悍，素為中國患也。紅番自稱經烏江、日本而來，向與倭合，關白曾勾以為援，此尚可以彭湖居之乎？夫彭湖內島，設兵防守，正以扼其吭而制其命耳。關白時，倭將欽門墩統舟二百欲襲雞籠，據彭湖，窺我閩粵。幸先事設防，謀遂沮。年來倭夷屢窺此島，不得志，意豈一日忘彭湖耶？若以此島與番市，倭必不甘心，番必結連倭夷，為併力盤踞之計。據地取水，伺潮結艅，是我自撤其藩籬矣。胡不以香山澳觀也。香山初議止佛郎一種，許其弔海而市，漸則不可收拾，為粵隱憂。番之漸可長乎？粵已誤矣，閩可再誤乎？番一敗衄于香山，繼又見逐于呂宋，姦民乘其無聊，導之行劫海上，就彭湖居之。彼為它處所不容，閩豈逋逃藪，故容之耶？揆理度勢，斷斷乎其不可者。廼議者曲為調停，欲請泊它島者，欲請置之東湧者，此又狃于目前之見，未取國與民、地方之利害熟籌之也。夫閩稅原以給餉，中貴出，盡歸之天府。海澄彈丸，而能設關以稅者，以商航必發軔於斯，可按而稽也。若番船泊彭湖，距東番小琉球不遠，二千里之海濱，二千里之輕艘，無一人一處，不可自齎貨以往，何河能勾攝之。漁船小艇，亡命之徒，刀鐵硝黃，違禁之物，何所不售。洋船可不遣，海防可不設，而海澄無事關矣。[9]

徐學聚的觀點得到萬曆皇帝的支持：「兵部覆福建巡撫徐學聚等奏。紅番闖入內洋，宜設法驅回，以清海徼。勾引奸民潘秀、張嶷等均應究處。上曰：紅毛番無因忽來，狡偽叵測，着嚴行拒回。……潘秀等依律究處。」[10]

其時福建省官場在討論是否武力驅逐荷蘭人，各種意見不同：

兩院會疏奏聞，旨票驅逐。留中不時發。因循至九月，彭湖當汛防，或謂舟師夷舶不宜並處，剿之若何？總鎮曰：紅夷挾貲求市，未嘗逆我顏行，顧勾市有人，陰許有人，即闖我封疆，夷復何辜。不如靜以待之。久當自去。沈參政然之，誦於兩臺。下記浯嶼把總沈有容往諭利害，否則用剿。有容曰：此有封疆之寇，奈何動干戈，失遠人歡。假令剿而勝，徒殺無益，不足明中國。剿而不勝則輕疲師旅，反以貽國家羞。且欲驅其去而禁其譯，非計之得。乃力請釋林

<hr>

9　徐學聚，〈初報紅毛番疏〉，《明經世文編》卷四三三，第 4726 頁。
10　張惟賢等修，《明神宗實錄》卷之四百三，萬曆三十二年十一月丁亥。

玉，同坐小艇而語韋麻郎，以互市事關題請，非弄餘所得專也。麻郎裂眥咋指，恨為稅使所紿。且感沈將軍不殺，因與林玉灑酒為誓，率部屬脫帽泥首謝去。

《東西洋考》也對沈有容與韋麻郎會見一事有所描述：

會南路總兵施德政遣材官沈有容將兵往諭。沈多才略，論說鋒起。從容謂夷曰：中國斷不容遠人實偪處此，有誑汝逗留者，即是愚爾。四海大矣，何處不可生活？嗣又聞璫使在此，更曰堂堂中國豈乏金錢巨萬萬？爾為鼠輩所誑，錢既不返，市又不成，悔之何及！麻郎見沈豪情爽氣，嘆曰：從來不聞此言。旁眾露刃相語曰：中國兵船到此，想似要與我等相殺，就與相殺何如？沈厲聲曰：中國甚慣殺賊，第爾等既說為商，故爾優容。爾何言戰鬭，想是元懷作反之意爾，未覩天朝兵威耶？夷語塞，又心悔，恐為之範所賣。乃呼之範，索所餉金錢歸。只以哆囉嗹、玻瓈器及夷刀、夷酒遺璫，將乞市夷文代奏。而都御史、右御史各上疏請剿。於是德政嚴守要害，厲兵拭甲，候旨調遣兵民。從海外入者，一錢不得著身，挾錢者治如法。蓋接濟之路遂窮。又聲言預作火攻之策。夷度茲事必無濟理，又且坐困，乃以十月二十五日挂帆還。[11]

《明史 • 和蘭傳》記載，此後荷蘭人向高寀討回賄賂 3 萬兩：「有容無所懾，盛氣與辨。酋乃悔悟，令之範還所贈金。止以哆囉嗹、玻璃器及番刀、番酒饋寀。乞代奏通市。寀不敢應。」

如上所述，為了迫使荷蘭人退出澎湖，福建方面出動 50 艘船組成的水師前往澎湖，在沈有容的勸說下，荷蘭人最後退出了澎湖群島。沈演評價沈有容：「紅毛番以強索市，舼舸如城，銃如圍，彈如鶚卵。扁舟挾鞮譯往，孤坐其身於鈹槊魋結之林，而語不讋，交歡開譬，尊國壯威，千百人頫首聽約束，至號泣繪像去。」[12] 當然，這是誇張的說法。真實的情況是：荷蘭這艘船隻主要目的是試探中國的情況，兼在福建沿海做生意。關於荷蘭人繪製沈有容圖像一事，在荷方資料中也有體現。[13] 這是荷蘭人瞭解中國

---

11 張燮，《東西洋考》卷六，〈外紀考〉，第 128—129 頁。

12 沈演，〈贈晉登萊督府序〉，沈有容輯，《閩海贈言》卷三，第 57 頁。

13 關於此事的交涉又見：甘為霖，〈荷蘭人侵佔下的臺灣〉，廈門大學鄭成功歷史調

實力的一種做法。荷蘭艦隊來到時，還有不少從東南亞回歸日本的船隻停泊在澎湖，荷蘭與日本船舶相互炫耀武力，讓明軍十分頭痛。不過，日本船舶主要是過境取水，為了趕在秋冬以前回到日本，他們很快離開澎湖北上，荷蘭船舶陷於孤立，與中國水師交戰是不可能的。所以，荷蘭人在採購許多中國商品後，返回爪哇。第一次澎湖危機就過去了。沈有容撤兵之時，在澎湖馬公島天妃宮之前立了一塊碑，其文曰：「沈有容諭退紅毛番韋麻郎等。」[14] 其後，福建巡撫徐學聚上疏懲罰幾位將荷蘭人引來的商人：「直指遂擬潘秀、郭震、李錦等大辟，並戍謝虛吾，獨周之範以逃漏網。」[15]「錦、秀、震、獻忠等論死及戍有差。嗣奉旨使殷商至大泥，移檄和蘭，毋更為細人所誤云。」[16]

二、尚未解除的危機警報

第一次澎湖危機之後，閩粵士大夫感到荷蘭殖民者總有一天還會再次入侵。

> 向者夷從西方來，賈胡別種也。髮盡赤，巨艦迎波，結中貴人，以互市請如東粵香山故事。當事持不可。參將施德政躬抵彭湖，宣威耀武，與夷相持者久之。夷乃去。其後數歲更入海上，申前請益力。當事嚴緝居民不得與售一錢，乃更棹指東粵。以往若輩僅以聲勢恫喝，然舟大不便動轉，即有變，火攻可爐耳。防之，無使登岸，彼將自消其食指。威之，無使見瑕，彼將自戢其殺機，後此出沒，尚未有常也。故防敵宜周也。[17]

按，明朝的海洋政策十分僵化，荷蘭這些歐洲國家最初不過是想到中國做生意，直接採購中國商品。但明朝對他們的真實目的不瞭解，加上葡萄牙人企圖壟斷對中國的貿易權，所以，葡萄牙人經常宣揚荷蘭人是海盜。

査研究組編《鄭成功收復臺灣史料選編》，福建人民出版社 1982 年，第 91 頁。

14　中村孝志，〈關於沈有容諭退紅毛番碑〉，村上直次郎、岩生成一、中村孝志、永積洋子等著，《荷蘭時代臺灣史論文集》，許賢瑤譯，臺灣，佛光人文學院 2001 年，第 187 頁。

15　曹學佺，《曹能始先生石倉全集》，《湘西紀行》卷下，〈紅夷紀略〉，第 48—49 頁。

16　張燮，《東西洋考》卷六，〈外紀考〉，第 129 頁。

17　袁業泗修、劉庭蕙纂，萬曆《漳州府志》卷十五，〈兵防志〉，第 9 頁。

事實上，荷蘭人也曾多次搶劫葡萄牙人的船隻。當時若是開放一個港口，允許荷蘭人進入貿易，應當不會發生以後的事情。

　　荷蘭人在廣東、福建屢屢碰壁後，認為一定要憑武力才能打開對中國貿易。荷方的檔案材料記載：「據我們所知，對中國人來說，通過友好的請求我們不但不能獲得貿易許可，而且他們將不予以理會，我們根本無法向中國大官提出請求。對此，我們下令，為節省時間，一旦中國人不做出任何反應，我們不能獲許與中國貿易，則訴諸武力，直到消息傳到中國皇帝那裡，然後他將會派人到中國沿海查詢我們是什麼人以及我們有何要求。」[18] 荷蘭人的具體做法是：「要阻止中國人對馬尼拉、澳門、交趾以及整個東印度（巴城除外）的貿易往來。而且需在整個中國沿海地區盡力製造麻煩，給中國人以種種限制，從而找到適當的解決辦法，這點毫無疑問。」[19] 這也就是說，荷蘭人在澳門及澎湖碰壁後，便定下了武力封鎖中國海口、搶劫中國商船的策略，企圖以海盜行徑迫使明朝接受他們前來貿易的要求。

　　按，明末的南海存在著三個歐洲人的殖民港，即澳門、馬尼拉和巴達維亞。三個港口中，馬尼拉因有源源不斷的美洲白銀，對華人的吸引力最大。因為位置的關係，巴達維亞居於不利的地位。如商周祚所說：「紅毛夷者，乃西南和蘭國遠夷，從來不通中國。惟閩商每歲給引販大泥國及咬𠺕吧，該夷就地轉販。」[20] 但是，因赴遙遠的巴達維亞十分困難，有些福建商人就不願去巴達維亞了。福建官員發現：「即給領該澳文引者，或貪路近利多，陰販呂宋」。[21] 這樣，位於爪哇島的巴達維亞經常拿不到中國商品。面對這種情況，荷蘭人對策是：或是打開中國的貿易，或是在貼近中國的地方找一個新據點，否則，荷蘭人無法在東亞與西班牙人和葡萄牙人競爭。於是，荷蘭人開始考慮北上中國沿海，打開對華貿易。張燮的《東西洋考・外紀考》記載：「（荷蘭人）萬曆四十五年（1617年）在呂宋港口迎擊華商，大肆劫掠，舶主苦之。」這就是荷蘭人的新策略。此後不久，荷蘭人大舉

18　程紹剛譯註，《荷蘭人在福爾摩沙》，第 10—11 頁。
19　程紹剛譯註，《荷蘭人在福爾摩沙》，第 20 頁。
20　傅冠等修，《明熹宗實錄》卷二八，天啟三年四月壬戌，第 4 頁。商周祚，浙江會稽人，進士。泰昌元年十二月任福建巡撫，天啟三年二月調離。
21　傅冠等修，《明熹宗實錄》卷三三，天啟三年夏四月，第 3 頁。

入侵澎湖群島。

第二節　天啟二年開始的第二次澎湖危機

第一次澎湖危機之後，荷蘭人多次設法到中國貿易，都沒有結果。於是，荷蘭人的政策轉向使用武力解決問題，第二次澎湖危機是這一背景下出現的。

一、荷蘭人決策入侵澎湖的目的

隨著時間推移，荷蘭人越來越認識到臺灣海峽的重要性。1622 年，巴達維亞的荷蘭評事會做出了一項決定：「應派船前往中國沿海，調查我們是否可奪取敵人與中國的貿易（對此我們盼望已久）。為此，我們暫時組成一支 12 艘船的艦隊，配備 1000 名荷蘭人和 150 名奴僕。」[22] 他們的第一目標是攻占澳門，奪取澳門葡萄牙人在澳門對中國的貿易權力。「若攻占澳門的計畫不可行或不能成功，則按我們的建議在澳門或漳州附近尋找地方築堡駐守。依我們之見，澎湖或 Lequeo Pequenouq 將適於這一目的。我們獲悉，澎湖有一個特別優良的港灣，而且該群島距離漳州不遠，我們認為極宜於駐紮，但缺點是這些島嶼多沙、土地貧瘠，既無樹木，也無石頭。」[23] 在澎湖建好基地後，荷蘭人便可控制臺灣海峽從而建立對中國貿易的霸權：「為使巴達維亞成為公司的貿易集散地，減輕甚至解除公司所耗費用的負擔，我們命令他們，在中國沿海期間不准任何中國帆船駛往巴城以外的地方，只許他們持通行證前來我處。我們認為，達到這一目的不會遇到任何困難，並通過這一方式使巴城成為貿易網絡樞紐，從而增加巴城的收入，補充巨額費用，通過攔截船隻抑制對我們的各種不利，得到大批貨物運回荷蘭。……我們還將所有在中國沿海、馬尼拉和其他地方捉獲的中國人用來補充上述地區的人口。」[24] 其三，為了打擊他們在遠東的競爭對手，荷蘭人力圖利用臺灣海峽的優勢地位來切斷西班牙人與葡萄牙人對中國的貿易線路。荷蘭檔案記載：「依我們之見，欲獲得對中國的貿易，需

22　程紹剛譯註，《荷蘭人在福爾摩沙》，第 7 頁。

23　程紹剛譯註，《荷蘭人在福爾摩沙》，第 8 頁。

24　程紹剛譯註，《荷蘭人在福爾摩沙》，第 11 頁。

不斷在澎湖和中國沿海保住地盤，配備人員和船隻，供應資金⋯⋯要阻止
中國人對馬尼拉、澳門、交趾以及整個東印度（巴城除外）的貿易往來。」[25]
如前所述，荷蘭人早在萬曆四十五年便在馬尼拉沿海搶劫中國商船，這使
中國人遭受重大損失，但荷蘭人覺得還不夠。第二次澎湖危機時，荷蘭人
還想進一步切斷中國與馬尼拉之間貿易。荷蘭檔案記載荷蘭人探求福建商
人的反應：「據中國人講述，他們不會因貨物上的損失而放棄在馬尼拉的
航行。」經過籌劃後，荷蘭人認為「如果我們想完全阻止他們前往馬尼拉，
則需將所捉獲的中國人關押起來，甚至處以死刑，因為這樣做將使他們懼
於人貨皆失而不再期望通過貿易補償貨物損失。」[26]總的來說，在自由競爭
中處於不利地位的荷蘭殖民者，試圖通過對月港輸出貿易的控制，來達到
他們壟斷中國對外貿易的目的。這是他們入侵臺灣海峽的原因。

二、荷蘭人再次入侵澎湖

　　荷蘭人第二次侵入澎湖是在天啟二年夏六月，即西曆 1622 年 7 月 10
日。當時澎湖是有明朝駐軍的，但力量太弱。曹學佺說：

> 天啟二年六月初十日，海上報警。有紅夷一十三隻由廣東來泊彭湖。
> 該汛地官兵逃入內港，中丞商公周祚移文海道高登龍巡視泉南，以
> 戒師戎。時總兵徐一鳴已晉南京五軍督府將代，猶兼程馳赴中左地
> 方，至月之二十五六日，夷船驟至銅山青嶼汛地，與舟師相持者三
> 日始去。至二十九日撫院遣官過彭，諭夷歸國。諸夷桀驁不從。伺
> 總鎮回省候代，隨於九月二十二日迫犯陸鼇、銅山，勢甚猖獗。路
> 將寨遊告急。[27]

　　當時明朝在澎湖的守軍每年只到澎湖二次，即春天三個月，既四、五、
六月，秋天兩個月。因為這一時段恰為倭寇南下的時間，過了春秋二汛，
澎湖守軍就撤回大陸休息。荷蘭人於西元 1622 年 7 月 11 日抵達澎湖，以
明朝的曆法，該日應在天啟二年六月。此時的澎湖應有廈門水師駐紮。然
而，荷蘭人來了一支大艦隊，明朝的偵探消息是十一艘，其中應有一些是

25　程紹剛譯註，《荷蘭人在福爾摩沙》，第 20 頁。

26　程紹剛譯註，《荷蘭人在福爾摩沙》，第 21 頁。

27　曹學佺，《曹能始先生石倉全集》，《湘西紀行》卷下，〈紅夷紀略〉，第 50—51 頁。

補給船。據荷蘭方面的記載，這支艦隊有八艘荷蘭戰艦，由遠征艦隊司令雷約茲（Cornelis Reyersen）率領，總兵力達 2000 人，首先進占馬宮港。駐紮這裡的泉漳水師迅速西撤，向上級報告這一信息。八月七日，荷蘭人派出三艘船，「前往華南向中國官員請求通商」。[28]

來自多方面的消息讓福建官府大驚，福建巡撫商周祚召集官員商議，決定由副總兵張嘉策出面與荷蘭方面談判。但張嘉策缺乏沈有容的勇氣，後來批評他的人說，張嘉策並沒有親自到澎湖去見荷蘭人，由他派出的使者無法讓荷蘭人退出。雙方未能談成，主要是各自主張相距甚遠。荷蘭方面是想像葡萄牙人租借澳門一樣，租借澎湖經商。對這一點，明朝決不答應。「我不能如香山澳，而望彼如韋麻郎。」[29] 不答應荷蘭的條件，荷蘭人也不肯像第一次澎湖危機的韋麻郎一樣撤軍。雙方無法談攏是必然的。談判具體過程也顯示這一點。按照一個荷蘭人在澎湖的記載：「（1622 年 9 月）二十九日，他們果然來了。他們有四艘中國帆船，隨同使節到來，就通商問題同我們的司令和評議會達成協議，但均未能實施；因為，凡是他們所答應的，他們都不照辦，而以這些方法來使我們離開佩斯卡多爾列島，這是與我們總督給我們的命令背道而馳的。」[30]《明熹宗實錄》記載：「福建道御史周汝璣疏稱……至漳南為閩海重鎮，勢無異于黔遼。而程再伊以本道而媚座師，併以媚及其親族，偏信副總兵張嘉策，勾引紅夷，擅收金寶。欺稟撫，許其開市。及夷船到而釁端起，又幾何不遺害于地方耶。」[31] 由此可見，當時張嘉策是想用哄騙的手段讓荷蘭人離開，口頭上答應荷蘭人不少東西，然而，在荷蘭兵退出澎湖這一點上，荷蘭人堅決不肯讓步，張嘉策派出的人無法達到目的，他們太低估荷蘭人了。

1622 年 10 月 18 日，荷蘭艦隊司令雷約茲（或作雷也山、雷也生）集中 11 艘大船和 3 艘單桅船襲擊漳州沿海及廈門灣。企圖用武力打開對華貿易管道。《明熹宗實錄》記載：

28　〔荷〕佚名，《巴達維亞城日記》，郭輝譯中文版，臺灣省文獻委員會 1970 年印行，第 13 頁。

29　池顯方，《晃巖集》卷二一，〈呼總戎〉，第 418 頁。

30　〔荷〕威・伊・邦特庫，《東印度航海記》，姚楠譯，北京，中華書局 1982 年，第 79 頁。

31　《明熹宗實錄》天啟三年十二月二十八日。

福建巡撫商周祚言：紅夷自（天啟二年）六月入我彭湖，專人求市，辭尚恭順。及見所請不允，突駕五舟，犯我六教。六教逼近漳浦，勢甚炎炎。該道程再伊、副總兵張嘉策多方捍禦。把總劉英用計沈其一艇，俘斬十餘名，賊遂不敢復窺銅山。放舟外洋，拋泊舊浯嶼。此地離中左所僅一潮之水。中左所為同安、海澄門戶，洋商聚集于海澄，夷人久垂涎，又因奸民勾引，蓄謀并力，遂犯中左，盤踞內港，無日不搏戰。又登岸攻古浪嶼，燒洋商黃金房屋船隻，已，遂入泊圭嶼，直窺海澄。我兵內外夾攻，夷驚擾而逃，已復入夏門，入曾家澳，皆即時堵截，頗被官兵殺傷。進無所掠，退無所冀，於是遣人請罪，仍復求市。[32]

關於鼓浪嶼之戰，杜臻說：「鼓浪嶼縱橫七里，在廈門之西，圭嶼之東，南望大擔，北鄰猴嶼，上多民居。明初與大嶝、小嶝俱徙，成化間復舊，約二千餘家，率皆洋商也。天啟壬戌（1622 年），紅夷駕巨艦攻圍。把總宋九龍率居民力拒殊死戰，斬酋長一人，餘眾遁去。撫軍行視戰處，勒詩紀之，因築銃城，置戍兵一營，尋以餉絀罷。」[33]

這是中方的材料，荷蘭方面的材料則記載荷蘭人侵擾漳州時，焚燒中國帆船六七十艘，並搶劫、焚毀了許多村莊。[34] 這在廈門引起了百姓極大的不安。於是，朝廷派徐一鳴等人來管理廈門水師。在廈門鼓浪嶼定居的池顯方給徐一鳴出主意：

紅夷內閱，赤子心惶，孤島難支。圮城未葺，鷗鴉已逼，燕雀猶恬。乞速出令：著城內外，家出一人，不出人者出灰一碩。殷實者一戶日供五人之食，不出食者出五人之價，仍令兵軍同力幫之。印捕諸官，同各殷戶督之。將原石砌累，不數日而城可完，是今日急務也。又夷所恃者，高艦巨炮耳。我用快艇數十乘夜火之，突其不意，彼炮宜高不能下，彼艦多油尤易火，可擒也。又聞夷載有倭，當遣諜者，偵其動靜，能說之去。如前年之說痲韋郎止二艦，且夷馴惟在貿易無他志，故說之則去。今夷日掠商舟，狼貪未厭，又有奸商為

32　傅冠等修，《明熹宗實錄》卷三十，天啟三年正月己卯，第 1535—1536 頁。

33　杜臻，《粵閩巡視紀略》卷四，第 42 頁。

34　〔荷〕威·伊·邦特庫，《東印度航海記》，姚楠譯，第 79 頁。

囮，似非一說之力也。[35]

　　按，池顯方的主張是很到位的。他指出：首先，徐一鳴要趕快加固廈門的城防，所需兵食材料，由廈門城內富室承擔。其二，要用火船攻擊荷蘭船艦。其三，派人遊說荷蘭人退出，不過，他也知道第三點是很難達成的。

圖 9-1　廈門鴻山之上，立有「徐一鳴攻剿紅夷石刻」

　　在徐一鳴的指揮下，廈門軍民實行反擊。《東印度航海記》承認：約有四十來名荷蘭人失蹤。在廈門的鴻山之上，立有「徐一鳴攻剿紅夷石刻」，其內容是：「天啟二年十月二十六等日，欽差鎮守福建地方等處都督徐一鳴、督遊擊將軍趙頗、坐營陳天策率三營浙兵把總朱樑、王宗兆、李知綱等到此攻剿紅夷。」這一碑刻應為這次戰鬥後參戰軍官所立的。

　　曹學佺記載：

> 十月，徐總戎出汛鎮東。復於二十四日從鎮東渡海至中左所。二十五日夷船五隻移泊廈門港，總鎮分布諸將於以防夷人登岸，於海以觀夷人動靜。復親與趙游擊登墩台以觀諸將進止。有朱繼榮等三人，領杉木火船，不候風潮，輕易進戰。離夷人里許，竟自放火，以致自焚，其船官兵下艇逃走，損威示怯，總鎮立將朱繼榮等三人梟首示眾。紅夷百餘人，遂駕五小艇登岸，銃彈齊發，官兵傷潰。總鎮下墩，躬親督戰，官兵始奮勇攻擊，夷遁回船。[36]

　　可見，廈門之戰，明軍打得很不順手。廈門紳士池顯方後來揭露真相：「去冬，紅夷深入，鷺門、鼓浪之地皆戰場。水則百艟不敵五艦，陸則千兵不敵數十夷。徐總戎三鼓之不前，三梟之亦不前，弊在將卒胡越，手器水火，未操刀而使割得乎？又弊在暮夜取將，白晝攫卒，文愛錢而責武惜

35　池顯方，《晃巖集》卷二一，〈徐總戎〉，第 419 頁。
36　曹學佺，《曹能始先生石倉全集》，《湘西紀行》卷下，〈紅夷紀略〉，第 50—51 頁。

死，得乎？」[37]明朝水師腐敗如此，真的很難打了。明軍比較有效的戰術是以火船攻擊荷蘭軍艦，雖然幾次攻擊因距離太遠而失敗。但明軍只要有這一戰術，荷蘭軍隊在福建沿岸就無法安枕。天啟二年（1622 年）十一月，廈門軍民再次襲擊侵占廈門灣的荷蘭船艦，焚燒荷蘭戰艦 1 隻。[38]

　　荷蘭人攻擊失利後，再次提出和談。據《巴達維亞城日記》記載：荷蘭艦隊司令雷約茲親自到廈門港，希望與福建官府談判。他於 1 月 10 日離開廈門登陸，並於 2 月 6 日抵達福州。2 月 11 日雷約茲晉見福建省最高長官，雙方展開談判。福建官府對荷蘭人還是採取哄騙戰術。據雷約茲的記載，他提出福建商人未經荷蘭人同意，不得到呂宋、日本、暹羅等地貿易，以及福建開放通商，福建官府都同意了。福建官府對他們的要求只有一個，離開澎湖群島，可以移駐臺灣的淡水等港口。不過，雷約茲有否答應離開澎湖群島是個疑問。因為，他從巴達維亞荷蘭殖民政府得到的指令就是不得放棄澎湖，因而不可能私下答應離開澎湖群島，但是，福建方面以為雷約茲是答應了。所以，福建巡撫商周祚在離職前給朝廷的報告是說荷蘭人此後離開了澎湖群島。待繼任福建巡撫的南居益瞭解到澎湖還有荷蘭人居住，以為他們是重返澎湖群島。於是，《明史·和蘭傳》出現了荷蘭人違約返回澎湖群島的記載，實際上荷蘭人根本沒走。我認為，關於撤離澎湖群島這一點，福建官府與荷蘭人根本沒有達成協議，商周祚謊報荷蘭人離開澎湖，只是為了自己脫身而已。倘若當時福建官府與雷約茲就荷蘭人撤離澎湖達成協議，福建官府就沒有必要派人到巴達維亞談判了。雷約茲與福建官府另一個爭執是：雷約茲要求換俘，他們願意將俘虜的明朝老百姓交換被明軍俘虜的荷蘭人，那怕是用 18：1 的比例交換。可是福建官府不肯答應。雷約茲對這一點感到十分詫異。

　　按，換俘一事，讓我們看到明朝制度設計的問題。商周祚堅決不答應換俘，是因為明朝軍功是以斬首多少級來計算的。明朝將領與敵作戰，不管戰爭規模有多大，最終都是要以斬首級數論功。明朝軍官一旦獲罪，也可以用軍功來折算。所以，明軍俘虜的每一個荷蘭人，都被軍官看作可以計功的潛在首級，無論如何不肯放棄。至於老百姓的生命，卻與他們無關。

37　池顯方，《晃巖集》卷二一，〈蔡敬夫又九〉，第 412 頁。
38　陳祖綬，《皇明職方兩京十三省地圖表》卷下，崇禎九年刊本，第 41 頁。

因此，他們絕對不肯以荷蘭俘虜來換老百姓的生命。商周祚為福建省的最高長官，他需要軍官們為他打仗，所以，他也無法違反明朝軍隊的潛規則。當然，如果雙方完全達成和平，朝廷派出核算首級的官員已經算清了軍官的功勞，荷蘭俘虜也有可能得到釋放。不過，即使是福建巡撫，他也無法控制這以後的變化過程，所以，商周祚無法答應釋俘。然而，這件事大大破壞了荷蘭人對福建官府的觀感，他們以為明朝的官員根本不關心老百姓的死活，因而毫不顧忌地虐待俘虜。但對中國百姓來說，普通百姓與戰爭有何關係？憑什麼他們投降了，被俘了，還要受虐待？因此，在中國老百姓眼裡，荷蘭殖民者又是一些不講理的野蠻人。總之，這場談判因雙方溝通不足，文化上的深溝使他們彼此看成野蠻人。

就談判結果而言，福建官府應是看到雷約茲的權力有限，所以答應派出使船到巴達維亞和荷蘭人進一步談判。其後，雷約茲於 2 月 13 日離開福州，由陸路來到漳州的江東橋港口，並這裡下船，返回廈門附近的荷蘭艦隊。[39]

福建方面派出的使者於 3 月 13 日起航。然而，兩隻使船出行不久便在南海遇到了頂頭風。於是，其中一隻先行返航，另外一隻在當地等到下半年東北季風再次刮起之時，繼續旅程。他們於天啟三年 12 月 21 日抵達巴達維亞港。但在這漫長的 10 個月裡，福建的情況發生巨大的變化。

按照敵對勢力之間通常的習慣，倘若談判開始，雙方是要停戰的。然而，當雷約茲司令赴福州談判之時，他的艦隊繼續襲擊廈門港的船隻。據《東印度航海記》的記載，荷蘭艦隊在此期間，至少發動了十來次小規模的襲擊，使廈門港一帶的民眾蒙受重大損失。《荷據下的福爾摩沙》一書記載：「2 月 28 日他們俘虜了一隻剛由漳州河出來的戎克（這是荷蘭人對中國帆船的稱呼），內有 14 個漢人。他們說，荷將雷爾生（應當就是雷約茲，各書翻譯不同）已和漳州官員訂了和約，但我們還是沒有放走這些漢人。」[40]

即使在雷約茲回到荷蘭艦隊並看到福建官府於 3 月 13 日派往巴達維亞

39　〔荷〕佚名，《巴達維亞城日記》，郭輝譯中文版，第 14—16 頁。
40　〔荷〕佚名，《荷據下的福爾摩莎》，甘為霖（Rev. William Campbell）英譯、李雄揮漢譯，臺北，前衛出版社 2003 年，第 44 頁。

的使船從廈門出發之後，荷蘭艦隊仍在襲擊福建商船。《荷據下的福爾摩沙》一書又載：「3 月 30 日，他們又俘虜了兩隻戎克，1 隻漁船和 27 個人。5 月又捉到一艘很有價值的船，正要駛往馬尼拉，船上共有 250 個漢人。他們帶著這一大群人到澎湖，澎湖已有好幾百個俘虜在那裡。」[41] 荷蘭人總共俘獲了 1400 多名中國平民，帶到澎湖做苦工。中方史料也有記載。荷蘭人在澎湖島築城，「掠漁舟六百餘艘，俾華人運土石助築」。[42] 沉重的勞役及很少的食物使被俘華人大量死亡，僅僅數月，華人被虐死者達 1400 多人，僥倖沒死的人後來也被送到巴達維亞，賣作奴隸。最後真正活下來的只有 33 人。[43] 年底，荷蘭人在澎湖的城堡已經建成。

商周祚派出使者到巴達維亞找荷蘭總督談判，他的方案是：荷蘭人從澎湖退往巴達維亞，由福建商人前去通商。或者，荷蘭人可以到臺灣的大員暫住，自有福建商人前去通商。但荷蘭人不肯接受，他們提出：大員的貿易可以先展開，若行得通，荷蘭人再考慮退出澎湖。談判最終沒有結果。

澎湖被占後，對福建沿海威脅極大。「南京湖廣道御史游鳳翔奏：『臣閩人也。閩自紅夷入犯，就彭湖築城，脅我互市，及中左所登岸，被我擒斬數十人，乃以講和愚我，以回帆拆城緩我，今將一年所矣。非惟船不回，城不拆，且來者日多。擒我洋船六百餘人，日給米，督令搬石砌築禮拜寺于城中。進足以攻，退足以守。儼然一敵國矣。昔宋理宗時，蒙古以玉帶賂呂文德求置権場于襄陽城外，文德許之。為請于朝，開権場。外通互市，內築堡壁。由是敵有所守，以遏南北之援。時出兵哨掠襄樊城外。至度宗時，蒙古阿木駐馬虎頭山，曰若築壘于此，以斷宋餉道，襄陽可圖也。遂城其地。未幾，而襄陽失，東南半壁之天下遂不可支。此往事之明鑑也。今彭湖盈盈一水，去興化一日水程，去漳泉二郡只四五十里。于此互市而且因山為城，據海為池，可不為之寒心哉。且閩以魚船為利，往浙往粵，市溫潮米穀，又知幾千萬石？今夷據中流，魚船不通，米價騰貴，可虞一也；漳泉二府負海居民，專以給引通夷為生，往回道經彭湖，今格于紅夷，內

41　〔荷〕佚名，《荷據下的福爾摩沙》，第 44 頁。

42　《明史》卷三二六，〈和蘭傳〉，第 8437 頁。

43　蓋爾，《東印度航海記·導言》，引自姚楠譯，〔荷〕威伊邦特庫著，《東印度航海記》，中華書局 1982 年，第 18—19 頁。

不敢出，外不敢歸。無籍雄有力之徒，不能坐而待斃，勢必以通屬夷者轉通紅夷，恐從此而內地皆盜，可虞二也。』」[44] 可見，占據澎湖的荷蘭艦隊切斷了漳泉二府的海上交通，破壞性極大。「自紅夷發難，據泊凶地，總鎮徐一鳴親枹鼓堵之於中左所，幸保居民城池無恙，而海上商旅鯨吞殆盡。至總鎮謝弘儀招慣海漁人入察夷情狠貪利而誘之，遂焚紅夷夾板。厥後民窮變起，而海寇無寧日。」[45] 面對這一狀況，明朝一定要設法解決。天啟三年二月，商周祚奉命調走，南居益接任福建巡撫。南居益，陝西渭南人，進士。他接任福建巡撫之後，直接將副總兵張嘉策免職，並請俞大猷之子俞咨皋出任福建總兵，主持對荷蘭事務。

天啟三年（1623 年）10 月，明朝與荷蘭的談判尚未有結果，在臺灣的荷蘭人又一次發動對廈門的騷擾。雷爾生（雷約茲）率艦隊進入廈門灣，以封鎖廈門灣威脅廈門長官，要求通商。在廈門士紳主持下，由一位廈門的隱士出面，主持與荷蘭人談判。中方要求荷蘭人釋放俘虜、離開澎湖，但都被荷蘭方面拒絕了。廈門官員和士紳一面誘惑荷蘭人上岸談判，一面派火船襲擊泊在廈門港的荷蘭船隻。結果荷蘭人的船一艘被焚、一艘逃走，許多人被俘。不過，廈門人送給荷蘭人的毒酒被識破，荷蘭艦隊決心封鎖廈門灣。然而，因為荷蘭艦隊實力有限，沒有取得什麼戰果。這樣，中荷雙方重新進入戰爭狀態。以上是荷蘭著作《荷據下的福爾摩莎》一書的記載。[46]

關於天啟三年十一月廈門之戰中的起關鍵作用的隱士，有點類似《廈門志》記載的陳則賡：

> 陳則賡，號錫畻，官兜社人。郡諸生。長史則采弟。聰敏多智。⋯⋯天啟二年壬戌，（荷蘭）復至，總兵徐一鳴率師來廈，則賡贊畫軍門。謂夷性反覆，宜剿撫並用。乃詭詞議撫，剋日出家貲，募敢死士，椎牛酒置毒，入夷舟遍觴之，且曰：「今日互市成，中外胥福，盍姑盡醉。」夷喜飲，則賡急下小艇，趨舟師挾所製油箋，直撲其艦，乘風放火，夷眾殲焉。臺省交章論薦，敘功第一。予官不受，

44　傅冠等修，《明熹宗實錄》卷三七，天啟三年八月丁亥，第 1927—1928 頁。

45　陳祖綬，《皇明職方兩京十三省地圖表》卷下，崇禎九年刊本，第 41 頁。

46　〔荷〕佚名，《荷據下的福而摩莎》，第 44—49 頁。

並不赴舉闈，豪放山水間以老。[47]

二者相較，《廈門志》是將天啟三年的事記成天啟二年了。其實不一樣。先是，荷蘭人於天啟二年襲擊廈門，福建巡撫商周祚派人與荷蘭人談判。談判未成，天啟三年荷蘭人再次派人入侵廈門，因而《廈門志》稱其為「復來」。此後新任福建巡撫南居益接過商周祚的爛攤子，以打促和，並以許諾荷蘭人駐紮臺灣港的代價，換得荷蘭人離開澎湖。這一代價太大了。

三、福建官府「引虎驅狼」的策略

俞咨皋是俞大猷幼子。他出生不久，俞大猷就去世了，所以，俞咨皋並未得到俞大猷的親傳。他於天啟三年出任福建總兵之時，已經是年近六十的人了。他深知福建水師不堪一戰，因此，他力主利用海上勢力來對付荷蘭殖民者。當時有一個與荷蘭人關係頗深的福建商人，名叫李旦，常年住在日本。俞咨皋主張：利用李旦與荷蘭人的關係，讓他出面調解福建官府與荷蘭人的關係。南居益贊同俞咨皋的計畫：「臣問計將安出？咨皋言：泉州人李旦，久在倭用事，旦所親許心素今在繫，誠質心素子，使心素往諭旦立功贖罪，旦為我用，夷勢孤，可圖也。臣初不敢信，因進巡海道參政孫國楨，再四商榷，不宜執書生之見，掣閫外之肘，遂聽其所為。」[48] 其時，李旦在日本平戶，怎麼將李旦弄來呢？俞咨皋的方法是通過與李旦友好的廈門商人許心素出手，聯絡李旦。由李旦出面，迫使荷蘭人離開澎湖。不過，福建官府方面雖然使用李旦，但對他評價不高，沈鈇在給南居益的信中說：

> 遊棍李旦，乃通裔許心素之流也。夙通日本，近結紅夷，茲以討私債而來，且祭祖為名目，突入廈門，豈有好意，不過乘官禁販，密買絲綢，裝載發賣諸裔，並為番裔打聽消息者。宜留之為質，俾貽書諸番，勿擾我邊海可也，徑聽其逸去，何也。[49]

可見，在福建士大夫看來，李旦更像一個買空賣空的奸商。不過，他

47　周凱、凌翰等，道光《廈門志》卷十三，〈陳則賡傳〉，鷺江出版社1996年，第426頁。此事又見於《廈門志》卷十六，〈舊事志〉，第528頁。

48　《明季荷蘭人侵據彭湖殘檔》，臺灣文獻叢刊第154種，第26—27頁。

49　沈鈇，〈上南撫臺書〉，吳夢沂等，民國《詔安縣志》卷一六，〈藝文志〉，第8頁。

長期往來於日本和臺灣，在日本平戶定居之時，與長駐平戶的荷蘭使館建立了關係。在荷蘭人駐平戶商館的日記中，經常出現李旦的名字。據荷蘭人的記載，李旦擁有眾多的商船，他的手下經常到臺灣及東南亞貿易。為其辦事的一個商人名叫「一官」。人們猜測，這個所謂一官，便是鄭芝龍了。天啟年間的李旦已經聚集起大量的財富，與常在臺灣的商人海盜都有一定的關係。福建官府讓他出面與荷蘭人人談判，這對他來說，是一個做生意的好機會。在荷蘭人占領澎湖期間，人們不知道他談得如何，只見李旦出沒於廈門港及澎湖之間，偷偷販賣禁止的商品，所以對他很有意見。

　　鄭芝龍與李旦和顏思齊的關係引人注目。一般認為，鄭芝龍是跟隨顏思齊於天啟元年到臺灣「做生意」的。這是江日昇《臺灣外志》的觀點。然而，其他史料也證明：鄭芝龍長期在李旦手下做事。李旦和顏思齊兩大佬都重用鄭芝龍，這是後來鄭芝龍崛起的原因吧？關於鄭芝龍，且留到以後論述。

　　其時，顏思齊是李旦的合作者。陳仁錫說：

> 紅夷躭躭於浯嶼，而僅倚賴於通夷之李旦、顏通事輩，說以築城東番，互市往來，內地得免烽火之警。於是有許心素、楊祿、楊策，與夷聲援，騷騷海上矣。[50]

　　此處的顏通事，看來就是顏思齊了。他和李旦一樣，長期在日本經商，與荷蘭人打過交道。所以，他應會些荷蘭語，可以直接與荷蘭人對話。在調停明朝與荷蘭的衝突中，由於明朝方面點名要李旦出面，而李旦也經常出面與福建官府談判，因而造就了李旦的大名。實際上，顏思齊與荷蘭人的關係也很深，據荷蘭方面的史料，在荷蘭人對撤往臺灣何地舉棋不定時，有一位華人甲必丹從日本帶來 14 萬里爾的銀子前來購物，他給荷蘭人的「忠告」是：「荷蘭人不如據守大員港（Thaiwam）為宜。雞籠（Kelang）及淡水（Tansoei）並非優良之碇泊地，加上附近之番人兇惡，無法交往。」[51] 他的建議在荷蘭人中起了效果，最終荷蘭人決策去大員港而不是北上淡水。由於荷蘭軍隊退走，福建官府與荷蘭雙方最終達成了協定。可見，顏思齊

50　陳仁錫，《無夢園初集》漫二，〈紀三省海寇〉，第 70 頁。
51　岩生成一，〈在台灣的日本人〉，引自許賢瑤譯，《荷蘭時代臺灣史論文集》，第 84 頁。

將荷蘭人引向臺灣大員港，從而完成了福建官府給他們的任務。

那麼，這些華人為什麼對荷蘭人這麼好？這是因為，福建商人一直在海外尋找貿易機會，他們在呂宋受到西班牙人的大屠殺，但為了貿易，又不得不到呂宋做生意，僅僅這一點，就會使他們對西班牙的敵人感興趣。荷蘭原為西班牙人的隸屬國，為爭取獨立，荷蘭人堅持了長達數十年的鬥爭。獨立之後，荷蘭人對西班牙人不依不饒，將反西班牙人的戰鬥從歐洲擴大到美洲與亞洲，尤其是在東亞，雙方進行了極為激烈的爭奪，荷蘭人公開搶劫西班牙的每一艘船隻，甚至搶劫去西班牙港口貿易的中國商船，每當有所繳獲，荷蘭人毫不客氣地將這些貨物運到荷蘭的阿姆斯特丹出售。事實上，荷蘭人承認：荷蘭人早期運到阿姆斯特丹的貨物，大多是從東方搶來的，而不是買來的。可見，閩粵海寇與荷蘭人有共同的「愛好」，他們走在一起並非偶然。然而，顏思齊等人肯定低估了荷蘭人。

天啟四年，荷蘭人答應福建方面的條件，逐步移住臺灣的大員港（北港），但人員並沒有退盡。但因貿易季節已過，「倭船果稍引去，寇盜皆鳥獸散，夷子立寡援，及大兵甫臨，棄城遁矣」。[52] 可見，荷蘭人退往臺灣，也和繼任福建巡撫南居益的壓力有關。南居益入閩以後，知道非用武力無以解決澎湖問題。《兩朝從信錄》記載：「惟據彭島築城，三載以來，進退有恃。兼以彭湖風濤洶湧難戰，官兵憚涉；雖有中左之創，夷無退志。於是南撫臺力主渡彭搗巢之舉，移會漳泉，募兵買船，選委守備王夢熊諸將士，開駕于天啟四年正月初二，繇吉貝突入鎮海港。且擊且築，壘一石城為營，屢出奮攻，各有斬獲。夷退守風櫃一城。是月，南院發二次策應舟師，委加銜都司顧思忠等統領至彭湖、鎮海會齊。」[53] 其後，南居益多次增兵，六月，俞咨皋率福建水師的增援部隊又登上澎湖島，對荷蘭施加更大的壓力。此時中方的部隊已達到船艦 200 餘艘，戰士 10000 多名，而荷蘭方面只有 991 名官兵，其中尚有 118 人為少年。然而，由於福建水師並無擊敗荷蘭水師的絕對把握，所以，雙方雖有小接觸，但在很長的一段時間內，雙方並未進行決戰。南居益剿撫二策並用，一方面準備軍事解決，另一方面讓水師提督俞咨皋想法使荷蘭人和平退出澎湖。在福建官府的壓

52　傅冠等修，《明熹宗實錄》卷五八，天啟五年四月戊寅，第 2662 頁。
53　廈門大學鄭成功歷史調查研究組編，《鄭成功收復臺灣史料選編》，第 13 頁。

力下，夏曆天啟四年七月初二，調停人李旦出現於澎湖島，他周旋於兩軍之間，最終由荷蘭統帥與俞咨皋直接談判，據說俞咨皋同意荷蘭人與中國通商，並轉移到臺灣的大員港，澎湖交還明朝守軍。周之夔詩詠：「扼彼中左，王師鋪敦。廈門鷺門，駴瞿鯨奔。伐之彭湖，墮其墉垣。拓復我疆，震虩東番。雞籠淡水，蕭蕭外藩。」[54]

按，南居益與俞咨皋用大員港換回澎湖，這一策略並不高明。崇禎年間明朝兵部的陳祖綬說：

> 彭湖，天啟壬戌年紅夷到中左所，後遂據彭湖。總兵俞咨皋用間移紅夷于北港，乃得復彭湖。今設遊擊防守。然北港為彭湖唇齒。彭湖為漳泉門戶，失北港是唇亡而齒寒。使咨皋一面交市、一面屯練壯強，收伏鄭之龍出不意而圖之，紅夷何有哉。今此夷不去，終為漳泉之憂。惜乎咨皋但知倚匪人許心素為互市利耳，所以為鄭之龍所逐。[55]

清代顧祖禹評價似受陳祖綬的影響：「總兵俞咨皋者，用間移紅夷於北港，乃得復彭湖……然議者謂彭湖為漳、泉之門戶，而北港即彭湖之唇齒，失北港則唇亡而齒寒；不特彭湖可慮，漳、泉亦可憂也。北港蓋在彭湖之東南，亦謂之臺灣。」[56]荷蘭人進入澎湖與臺灣，更引起了明朝官府對臺灣的重視。「續聞呂宋、滿剌加等處商船報稱，紅夷盤踞北港、大灣，離福州海面三百里，築城建臺，造載大銃大船四十號，候風犯嶨，漸及中土，在在告急。」[57]周之夔雖然一直支持南居益，但他也說：「中左遂成爭地，區區澹水，復與夷共之。奸民挺（鋌）而走險，窮而思返，其薙獼不盡者，仍窟穴波濤，如蛟蜃變幻。」[58]可見，荷蘭人占據臺灣之後，對明朝的威脅更大了。因此，福建史籍對俞咨皋和李旦的評價不高。「天啟初，掠漁舟六百餘艘役華人運土石築城。尋犯廈門，泊舟風櫃仔，出沒浯嶼、白坑、東椗、莆頭、古雷、洪嶼、沙洲、甲洲閒。海寇李旦等復為之助，海警戒

54　周之夔，《棄草集・詩集》卷一，〈南中丞平海頌四章〉，第 11—12 頁。
55　陳祖綬，《皇明職方兩京十三省地圖表》卷下，崇禎九年刊本，第 41 頁。
56　顧祖禹，《讀史方輿紀要》卷九九，〈福建五〉，中華書局 2005 年，第 4518 頁。
57　委黎多，〈報效始末疏〉，轉引自湯開建，《委黎多〈報效始末疏〉箋正》，第 3 頁。
58　周之夔，《棄草集・文集》卷一，〈何匪莪先生閒書序〉，第 375 頁。

嚴。」[59] 這是將李旦當作反面人物了。

　　儘管如此，荷蘭人仍然無法迫使明朝對荷蘭開放港口貿易。

　　在臺灣荷蘭人與日本人的衝突。大約在嘉靖隆慶年間，閩粵移民已經進入臺灣開發。明代後期，臺灣南部的北港已經成為重要的貿易點。不過，其時臺灣的貿易主要掌握在閩南人手中。諸如李旦、顏思齊都是往來於日本、福建及臺灣的大商人。臺灣的北港是他們經常落腳的地方。日本人看到臺灣北港的崛起，也想來分一杯羹。據岩生成一考證，1622 年有 3 艘日本船到臺灣貿易。荷蘭人占據臺灣北港之後，於 1625 年宣布向日本商船收稅。日本人認為，他們在荷蘭人之前數年就到臺灣北港貿易，從來沒有納稅。而荷蘭人認為：「因為這土地不屬於日本人而屬於中國皇帝，皇帝允許我們到福島以交換澎湖。我們已遷出澎湖，所以公司就是本島主人，有權對所有土著收稅，包括外來的日本人。雖然日本人很早就來此地，但還是必須向主人繳稅。」[60] 在調查雙方衝突原因時，荷蘭人發現：1627 年，日本人曾經騙取臺灣北港之新港土著 16 名到日本去「獻土」，「意料不到的是，（幕府）將軍不接見這些日本人，並要求他們離開，又禁止帶任何福島人來，並命令帶走所帶來的東西。」[61] 按，這一時期的日本幕府已經轉向「閉關鎖國」政策，不再向外擴張。幕府準備大舉驅逐歐洲天主教勢力，因荷蘭人信奉的是新教，與天主教有所不同。所以，當時的日本官府對荷蘭人較為客氣。不過，1628 年在臺灣的北港，發生了日本人濱田彌兵衛劫持荷蘭長官的事件。該年，當日本商船來到臺灣北港之後，荷蘭人強迫他們納稅，並扣留船長濱田彌兵衛及船員。濱田彌兵衛於 6 月 29 日綁架荷蘭長官納茨，迫使荷蘭人與其談判。最終雙方交換人質，濱田彌兵衛率人返回日本。此後荷蘭與日本進行了外交交涉。荷蘭人為了維持在日本的貿易，不得不讓納茨到日本服刑，恢復荷蘭與日本的貿易。日本方面，在崇禎七年前後實行「閉關鎖國」政策，禁止日本人出國。於是，日本對臺灣的威脅解除。

59　沈雲，《臺灣鄭氏始末》卷五，臺灣文獻叢刊第 15 種，第 58 頁。

60　〔荷〕佚名，《荷據下的福爾摩莎》，第 52 頁。

61　〔荷〕佚名，《荷據下的福爾摩莎》，第 60 頁。

第三節　荷蘭人占據臺灣之初的北港

荷蘭人占據臺灣的安平港之後，鄭芝龍等海寇尚以赤嵌一帶為其巢穴。荷蘭人的辦法是鼓動海寇襲擊福建沿海，逐漸離開了赤嵌。

一、荷蘭人進入臺灣之初的大員港

1623 年，荷蘭人進入大員灣，此處又稱北港，1624 年，荷蘭人用爪哇運來的泥磚在北港的外圍建立一座城堡，即熱蘭遮城。此時北港的赤嵌寨應當還在鄭芝龍的占領之下。後來，鄭芝龍的海寇隊伍大發展，北港周邊缺乏糧食，無力養活他們。於是鄭芝龍帶著龐大的海寇到閩粵沿海發展，赤嵌寨被他們放棄。一直到 1650 年，荷蘭人才在赤嵌建立新的城寨。這裡成為荷蘭人的第二個據點。荷蘭人入臺的早期，他們的主要據點是七鯤身半島上的熱蘭遮城。

荷蘭人盤踞大員港之後，西班牙殖民者派人調查了大員港，並畫了一幅地圖，這幅地圖與說明，對研究當時的臺灣極有價值。此圖名為「福摩薩島上荷蘭人之港口描述」，繪於 1626 年，該圖以荷蘭盤踞的「臺江內海」為主，可以看到後來被稱為熱蘭遮城的荷蘭城堡已經在七鯤鯓上出現，在圖的左側，也就是在臺江內海的北面，有三座長木屋，繪畫的作者將其稱為「日本村」，並注明：「有中國人五千一百名（原文作五萬一千人）和日本人一百六十名。」[62] 但從中國人與日本人的數量之比來看，不如稱之為中國村。此地中國名為「北線尾」，林謙光的《臺灣府紀略》（或作《臺灣紀略》）記載：「先是北線尾，日本番來此，搭寮經商，盜出沒於其間，為沿海之患。後紅毛乃荷蘭種，由加嚼吧來，假其地於日本，遂奄為己有，築安平、赤嵌二城，倚夾板船，為援戰。而各社土酋聽其約束，設市於安平鎮城外，與商賈貿易。」

上述材料表明：北線尾有一個較大的居民點，其地有 5100 多中國人，160 多日本人，北港最早是由中國漁民開發的，而後成為中國商品轉運地之一，許多商人由這裡出發到日本貿易。日本人知道此地可以買到中國商

62　轉引自：岩生成一，〈在臺灣的日本人〉，許賢瑤譯，《荷蘭時代臺灣史論文集》，臺灣，第 84 頁。

品之後，也開始進出臺灣的港口。據岩生成一考證，1622 年，始有 3 艘日本船到臺灣貿易，而後，長崎的末次平藏曾於 1623 年、1625 年、1626 年、1628 年四度派船到臺灣北港貿易，所以，在北港有一些日本人是不奇怪的。但中國商人到此地貿易肯定比日本人早，至少 1617 年就有華人甲必丹的船從日本開到此地。以後每年有二三艘船舶到此。[63] 中國人在北港占主要地位不是偶然的。另一個可能性是：這些日本人屬於海寇隊伍。北線尾可能是鄭芝龍等海寇的一個據點。當時這些海寇會雇用一些日本刀手打先鋒，這 160 名日本人應是這類打手。此外，海寇在赤嵌也有一個小寨，這在西班牙人的地圖上還可看到。

　　由此可知，在荷蘭占據臺灣大員港之初，臺江內海的情況十分複雜，北港為中國人與日本人的傳統貿易之地，萬曆末年林謹吾所管轄的北港，應當就是此地。赤嵌由趙秉鑑建立了小城，而後成為海寇之窩，在荷蘭人初入大員港時，赤嵌應為顏思齊等海寇駐地。在這一背景下，可知為什麼顏思齊敢於邀請荷蘭人入駐大員港，因為，海寇在此地占有絕對優勢。然而，他們低估了荷蘭人，荷蘭人進入大員港之後，將城堡建在臺江內海出海口的一鯤鯓之上，控制了臺江內海的航線。隨後，荷蘭人鼓勵海寇襲擊福建、廣東沿海，將基地轉到大陸沿海，海寇們最終被迫讓出在臺灣的基地。

　　荷據時期明朝在臺灣的權利。荷蘭人於天啟二年（1622 年）入侵澎湖，而後又在福建官府默許之下侵占臺灣的大員，並在當地設置稅關。必須注意的是，荷蘭人竊據大員的早期，其管轄範圍僅在大員周邊區域，其範圍不會超過 20 平方公里，對整個臺灣島，荷蘭人並沒有管理權。其時日本商人也常到大員貿易，荷蘭人向他們收稅，遭到日本人的抗拒，日本人責問：往年在大員與中國商人貿易，從來沒有人向其收稅。而荷蘭人答以：「臺灣（大員？）土地不屬於日本人，而是屬於中國皇帝，中國皇帝將土地賜予東印度公司，作為我們從澎湖撤退的條件。」[64] 荷蘭這一回答表明他們瞭解臺灣屬於中國皇帝。不過，他們所謂中國皇帝賜地於荷蘭人，則不是事實。其實，福建官府不過是默許他們在大員定居而已。當時荷蘭人在大員的地位，如同葡萄牙人在澳門的地位，他們只是借用中國的一塊地經商，

63　岩生成一，〈在臺灣的日本人〉，許賢瑤譯，《荷蘭時代臺灣史論文集》，第 162 頁。
64　陳孔立主編，《臺灣歷史綱要》，第 42 頁。

而不是獲得了主權。實際上，在很長一段時間內，荷蘭人在北港只是和鄭芝龍等海寇並存的。

　　崇禎初年，鄭芝龍與熊文燦尚有在臺灣屯墾的計畫，並付之實行，黃宗羲的《賜姓始末》記載：「臺灣者，海中荒島也。崇禎間，熊文燦撫閩，值大旱，民饑，上下無策；文燦向芝龍謀之。芝龍曰：『公第聽候所為』。文燦曰：『諾』。乃招饑民數萬人，人給銀三兩，三人給牛一頭，用海舶載至臺灣，令其芟舍開墾荒土為田。厥田惟上上，秋成所種，倍于中土。其人以衣食之餘，納租鄭氏。」如方豪先生所指出：熊文燦任福建巡撫為崇禎元年至崇禎三四年間。其時，荷蘭人已經竊據臺灣的大員港，但荷蘭人以商業為主，所以歡迎大陸移來的難民。「荷蘭人二千踞城中，流民數萬屯城外，相安無事。」[65]

二、荷據臺灣初期的閩臺貿易

　　隨著臺灣市鎮的開發，人口增長，怎樣養活這批人成為大問題。事實上，臺灣的日用商品大都來自福建沿海一帶。如食鹽、酒、菸草、茶葉、鐵鍋、紙張、瓦片、木材、鐵器、漁具、紡織品、靴類乃至化妝品，而且，其數量相當大。臺灣也有許多商品向福建出口，其主要商品有：鹿肉、鹹魚、烏魚子、藤、砂糖等，晚期還有大米。[66] 不過，荷蘭人在臺灣的主要目的還是謀取絲綢、瓷器、砂糖等產於大陸的大宗商品。這些商品在國際市場上利潤很高，荷蘭人的貿易對象是日本、波斯與歐洲。100 斤生絲在臺灣收購的價格是荷蘭幣 200 里爾，在日本可售 424 里爾，利潤達 100％[67] ！荷蘭人對中國絲綢的追求也是十分瘋狂的。他們占領臺灣以後，為了得到中國商品，採取給福建商人預付訂金的方式來採購。「我們的人冒險預付給一名中國商賈約 40,000 里耳，但我們信得過他，因為該人在此之前已為我們購到 250 擔絲（當時也是預付給他）。如果我們沒有這樣做，恐怕不

65　方豪，〈崇禎初鄭芝龍移民入臺事〉，《臺灣鄭成功研究論文選》，福建人民出版社 1982 年，第 315 頁。

66　〔日〕中村孝志，〈荷蘭時代臺灣史的回顧與展望〉，許賢瑤譯，《荷蘭時代臺灣史論集》，第 240—248 頁。

67　〔日〕村上直次郎譯注，中村孝志校注，《バタヴィア城日誌》，東京，平凡社，1974 年。此處參照陳孔立主編，《臺灣歷史綱要》，第 54—56 頁。

會獲得這麼多的絲貨，因為普通商人運到大員的貨物仍無明顯增長。」[68] 荷蘭人到臺灣時，主要是向中國大商人訂貨，從中居間貿易的有李旦、許心素、鄭芝龍等人。早期與荷蘭人貿易的廈門商人是許心素，1621 年，在巴達維亞的荷蘭人在其報告中提到：「在前面的報告中已經述及，我們在等待 den Haen 從大員運來生絲 200 擔，但因風暴而遲遲未到，致使許心素的帆船被迫在漳州灣滯留 3 個月，此時我們已將資金預付給他。公司在大員的人為此甚感不安，決定派 Erasmus 和 den Haen 兩船前往漳州打探許諾的 200 擔生絲出於何故仍未運至大員」。荷蘭船到達廈門外海停於烈嶼：「許心素派一條帆船運來 200 擔生絲交給我們的人，他們又預付他可購 70 擔的資金，價格為每擔 137 兩。他不久即交貨 65 擔。我們還與另一商人訂貨，並預付銀兩給他，又獲得 10 擔。我們那時共購得 275 擔，計畫南風季初送往日本，如能多購入，也將一同運去。」[69]1627 年，荷蘭船由臺灣輸往巴達維亞再轉運荷蘭的生絲，共值 56 萬盾，即 16 萬兩白銀；在糖和瓷器方面，荷蘭人的採購量也很大。1637 年，荷蘭人將 110 萬磅以上的中國白粉砂糖運回本國。這些糖有些是臺灣本地生產的，有的是荷蘭人收購的福建商入運往臺灣的糖。[70] 從 1602 年至 1657 年，荷船由巴達維亞運往歐洲的瓷器超過 300 萬件，平均每年為 54545 件。我們知道，瓷器在歐洲市場上可賣較高價錢，但在中國卻是最平常的日用品，一件瓷器能賣 1 塊銀元就不錯了。所以，荷蘭人每年在歐洲出售 54545 件瓷器，為中國商品開拓的市場約為 5 萬銀元[71]。

　　《巴達維亞城日記》記載，1628 年荷蘭人給鄭芝龍的訂貨單約值 22 萬多兩白銀[72]。而到了 1640 年臺灣轉口貿易的頂峰，15 艘荷蘭船從臺灣輸出的貨物達 5,645,870 盾[73]，約合 1,613,106 兩白銀。不過，在多數年分，荷

68　程紹剛譯註，《荷蘭人在福爾摩沙》，第 51 頁。

69　程紹剛譯註，《荷蘭人在福爾摩沙》，第 59—60 頁。

70　曹永和，〈從荷蘭文獻談鄭成功研究〉，鄭成功研究學術討論會學術組編，《臺灣鄭成功研究論文選》，福州，福建人民出版社 1982 年，第 368 頁。

71　參見全漢昇，〈略論新航路發現後的中國海外貿易〉，張彬村、劉石吉主編，《中國海洋發展史論文集》第五輯，臺北，中研院中山人文社會科學研究所 1993 年版，第 11—12 頁。

72　轉引自楊彥杰，《荷據時代臺灣史》，江西人民社 1992 年，第 141 頁。

73　楊彥杰，《荷據時代臺灣史》，第 126 頁。

蘭人的貿易量都達不到這一峰值，例如，1614 年荷蘭人轉口貿易量便下降到 56 萬盾，僅值 16 萬兩白銀，二者平均，年均輸出量僅為 88.65 萬兩白銀。荷蘭人的採購，引起福建港口至臺灣港口的商品流。其後，月港對臺灣貿易多是走私。崇禎年間池顯方對張肯堂說：「即以敝閩論，販夷者屢奉明禁矣。今臺灣之舟往來如織，兩洋之舟出入如風，既不能禁，不如開之。」「海濱人散處而家於舟，販臺灣者以為漁於海也。」[74] 荷蘭方面也有史料記載：「公司一向用中國帆船把現款從大員和福摩薩運到漳州港口的廈門，交給駐在那邊的代理人，有時交給可靠的私商，讓他們購買適合於日本、東印度或我國市場需要的商品。這些交易是通過福州巡撫的默許而進行的。」「許多中國商人也運商品來此出售，不過這給我們帶來的利潤不大。因此，每當我們開往日本或巴達維亞的船期即將來臨、而我們的存貨不多時，我們就不得不派幾隻帆船到廈門去，在當局的默許下，買進大量的中國商品。那邊的商品價格比大員便宜得多，絲的價格每擔有時相差八至十兩白銀。如果時間允許，這些船就把貨從廈門運到大員，時間不夠的話，就直接運到目的地去。」[75]

　　荷蘭人主要經營的還是中國與日本之間的貿易，而這一貿易，即使荷蘭人不做，中國商人也完全能做到。所以，荷蘭人對中國商品的貢獻，應看其對歐洲貿易、以及對波斯等地的貿易。至於荷蘭人對開拓中國商品的貢獻，在 17 世紀的多數時間，比葡萄牙人多不了多少，滿打滿算，能達到年均 50 萬兩白銀就不錯了。

三、荷據時期臺灣市鎮的性質

　　荷蘭人到北港之後，並沒有在漢人居住的赤嵌附近定居，而是選擇七鯤身沙洲為築城之地，這就有了熱蘭遮城堡。該城堡扼守北港內港的出海口，控制了熱蘭遮城堡，便可控制臺江內海。其後鄭芝龍率臺灣的海盜到大陸沿海劫掠，北港完全被荷蘭人控制。如上所述，在北港實際上有兩個外來移民組成的定居點，其一為原由漢人為主的赤嵌城附近，另一個為荷

74　池顯方，《晃巖集》卷二二，〈張載寧〉，第 456 頁。
75　甘為霖，〈荷蘭人侵佔下的臺灣〉，〈納茨提交給巴達維亞的報告〉，《鄭成功收復臺灣史料選編》，第 105 頁。

蘭人為主的熱蘭遮城堡。實際上，荷蘭人之所以在熱蘭遮附近建設城堡，是因為此地附近原來有一個原住民及漢人居住的村鎮，即大員。萬曆三十年陳第隨沈有容抵達臺灣大員，就是此地。當時由新港人控制。荷蘭人在此修建商館，又在港口的東岸修熱蘭遮城堡，商館在其大炮射程的控制範圍之內。臺灣漢人傳說，荷蘭人用牛皮圈地的方法逼走了原住民。由於荷蘭人是當時臺灣的主要消費者，熱蘭遮城堡建立之後，吸引了大量福建商人前來貿易。有些人在此蓋屋貿易，這使熱蘭遮城堡之外出現了以華人為主的市區。林謙光的《臺灣府紀略》評說當時的荷蘭人，「設市於安平鎮城外，與商賈貿易」。[76] 當時福建人稱這塊地方為「大員」。廣義的大員除了熱蘭遮城堡之外的華人市區外，還可以包括熱蘭遮城。在「臺港內海」東岸的赤嵌之地，農業發展起來。德國籍雇傭兵司馬爾卡頓說：「在西部平原有一片平坦田園，使本島因而被稱為美麗島，這是片非常肥沃的土地，並有宜人的水和空氣。那裡居住了超過一千個以上的漢人，就是說，每個人都在自己的土地上，辛勤耕種，大部種植稻米和甘蔗。」[77] 1660 年抵達臺灣的德國籍雇傭兵郝伯特說：「臺灣附近的平地上，除原住民外，也有幾千個漢人居住……他們相當勤勞，長於耕種。」[78] 漢人在臺灣發展農業得到歡迎，因而發展很快。「據悉，僅僅幾十年，即到 1660 年，五萬多名福建人移居到了臺灣荷蘭人城堡的附近地區。因此，估計在熱蘭遮城堡附近可能集中了十萬左右的中國居民和土著人。荷蘭人將外來的中國人和當地的土著人作為勞動力，為其種植甘蔗和大米，而且還引進了其他如芒果、白菜、番茄等農作物。」[79] 當時的安平鎮已經相當熱鬧。荷蘭人統治末期，此地已經有兩萬以上的人口。

76 林謙光，康熙《臺灣府紀略》，康熙二十九年刊本，〈沿革〉，四庫全書存目叢書，史部 214 冊，第 270 頁。

77 鄭維中，《製作福爾摩莎——追尋西洋古畫中的臺灣身影》，臺北，大雁文化事業公司 2006 年，第 129 頁。

78 鄭維中，《製作福爾摩莎——追尋西洋古畫中的臺灣身影》，臺北，大雁文化事業公司 2006 年，第 139—140 頁。

79 羅得里格斯，〈臺灣的中國人、荷蘭人和西班牙人（1624—1684）〉，澳門，《文化雜誌》，2007 年秋季刊，第 190 頁。

圖 9-2　　1662 年以前熱蘭遮城之外的華人市鎮 [80]

　　赤嵌城是漢人深入臺灣的主要陸上據點，具有較大的發展潛力。在此地囤聚的漢人越來越多，荷蘭人也注意到這一點。他們最終決定在這裡築城據守，這就是荷蘭人稱之為普羅岷西亞城堡的地方。於是前來貿易的漢人更多了。明末清初的戰亂，迫使漢人難民湧入了荷蘭殖民統治下的臺灣。「短短三、四年間，普羅岷西亞的民屋從零落的三十幾間，增加到一百七十五間。由於蜂擁而至的漢人難民隨處建造房屋安身，顯得相當凌亂。荷蘭人對此大為不滿，便下令重新規劃整建。布落克荷伊圖中經過整建後的普羅岷西亞市鎮，有一條通往內陸的主要街道，三條與主街交叉的短街。主街的寬度約為 25 至 30 公尺。這條主街在荷蘭人離開臺灣數百年後，仍然是這座城市主要的大動脈，這條大街就是今臺南市的民權路。」[81]

　　臺灣中部的八掌溪口也有一個名叫魍港的地方，它應是漢人重建的。最早的魍港位於臺江內海的鹽水河畔，在陳第的〈東番記〉一文中，就提到了魍港。它也是漢人在臺灣的一個貿易據點。隨著荷蘭人進入臺江內海，鹽水河附近被荷蘭人控制。而後不喜歡荷蘭人管太多的漢人北移到八掌溪

80　高賢治等，《縱覽台江——大員四百年地輿圖》，臺南市台江公園管理處 2012 年，第 32 頁。

81　江樹生等，〈十七世紀荷蘭人繪製的臺灣老地圖〉，《漢聲雜誌》第 105 期，臺北，漢聲雜誌社，1997 年版，第 116 頁。

附近繼續貿易，這樣，鹽水河畔的魍港便北移八掌溪口。荷蘭檔案也表明，當時有許多中國人在經營貿易，這類貿易還是傳統貿易的性質，中國人以大陸出產的各種商品換取土著的鹿皮與鹿肉。1623 年臺灣老地圖有對魍港的繪製，荷蘭人解說道：「荷蘭占據臺灣以前，中國商人在臺灣與原住民、日本人的貿易已有相當規模。荷蘭占據大員，企圖強制壟斷臺灣所有貿易時，中國商人不願受到限制與剝削，便在遠離大員的地方，繼續進行貿易，他們選擇的地點便是魍港。」[82]1636 年，魍港附近的麻豆社已經有 3000 戶人家。[83]

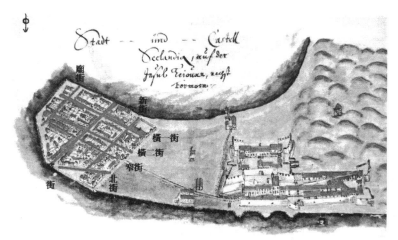

圖 9-3　荷蘭人占據臺灣時期的熱蘭遮城與臺灣街

資料來源：高賢治等，《縱覽台江──大員四百年地輿圖》，
臺南市台江公園管理處 2012 年，第 5 頁。

　　荷蘭統治臺灣初期，其所占地僅在大員港附近。周邊的許多地區都是一片莽荒。這一時期，福建沿海的居民因各種理由移民臺灣，而荷蘭方面，由於開發臺灣的需要，也歡迎漢人的到來。由於明末的戰亂與饑荒，尤其是清軍進入閩粵後，長期的戰爭使閩粵沿海不堪居住，有許多人渡海而來，開發臺灣。中村孝志據《熱蘭遮城日記》統計，在荷據時期，漳州、泉州人到臺灣者甚多[84]：

82　江樹生等，〈十七世紀荷蘭人繪製的臺灣老地圖〉，第 128 頁。
83　江樹生等，〈十七世紀荷蘭人繪製的臺灣老地圖〉，第 131 頁。
84　〔日〕中村孝志，〈荷蘭時代在臺灣歷史上的意義〉，氏著，《荷蘭時代的臺灣史研究‧上卷‧概說‧產業》，第 39 頁。

表 9—1 荷據時期臺灣與漳泉的人員往來表

大員至廈門（及其周圍海港）			廈門（及其周圍海港）至大員	
年次	船數	船客	船數	船客
1654	139	5125 人	134	6778 人（女子 105 人）
1655	148	4660 人	194	7069 人（女子 624 人）
1656	179	5495 人	163	4996 人（女子 717 人）
1657—1658	111	4708 人	131	5823 人（女子 223 人）
計	577	19988 人	622	24606 人（1669 人）

　　漢人的不斷湧入，給荷蘭人帶來極大的利益。1636 年以後，在臺灣的中國農夫向荷蘭人繳納糖，白糖有 12,040 斤，赤糖有 110,461 斤。[85]1658 年，臺灣糖產量已達 17,000 擔之多，大多運往當時的暢銷市場日本、波斯，剩餘部分則運往巴達維亞。中村孝志說：「當時臺灣，特別是現在嘉義、臺中附近，與暹羅、柬埔寨、菲律賓同為鹿之產地。鹿肉曬乾鹽漬後，與乾魚等運往中國，鹿皮則運日本製作精巧之革具袋物，在貿易上獲得相當利潤。1638 年，鹿皮達 15 萬張之多」，「普通每年 7 萬～ 8 萬張」。荷蘭人對來臺灣沿海捕魚的福建漁船徵收稅額，從稅額中推算，1657 ～ 1658 年度，有 40 萬尾烏魚和 300 擔的烏魚子輸往大陸。荷蘭人還在臺灣嘗試開金礦，但未獲成功。[86]

　　從臺灣的生產性質而言，臺灣在荷據時代主要產業是稻米、製糖、捕鹿、捕魚，其經營者主要是福建人，或許還有潮州人。這說明：明清之際的臺灣經濟是閩潮經濟的延伸，荷蘭人只是促進這種經濟的發展，並沒有改變這種經濟的性質。

　　對荷蘭人來說，更大的利潤在於福建商人給他們運來絲綢、白糖、瓷器等商品，荷蘭人將之運往波斯、暹羅與阿姆斯特丹，從而獲得高利潤。自 1650 年以後，臺灣是僅次於日本、波斯每年平均可獲取 25—30 萬 florijnt 利潤的地區。[87] 從商業的角度來看，荷蘭人在臺灣大大發展了當地的商業，過去臺灣只有對日本的轉口貿易，但在荷據時期，臺灣成為東亞貿

85　〔日〕中村孝志，〈荷蘭時代之農業及其獎勵〉，《荷蘭時代的臺灣史研究・上卷・概說・產業》，第 45—60 頁。

86　〔日〕中村孝志，《荷蘭時代的臺灣史研究・上卷・概說・產業》，第 11—12 頁。

87　〔日〕中村孝志，《荷蘭時代的臺灣史研究・上卷・概說・產業》，第 39 頁。

易圈的一個重要據點。荷蘭商人在臺灣購進大陸的商品，然後將其運往日本長崎、巴達維亞、暹羅、波斯、阿姆斯特丹。這使臺灣的大員港扮演了以往月港的角色——成為亞洲運銷中國商品的中轉站。

　　以上是對 17 世紀臺灣市鎮發展的初步描述，研究這些歷史使我對臺灣市鎮的屬性產生疑問，17 世紀臺灣的市鎮屬於歐洲貿易體系還是屬於中國大陸貿易圈？以上史料表明，其一，儘管荷蘭人在臺灣處於統治者的地位，但他們的人數並不多，作為主要生產者的華人，其數量遠多於荷蘭人，是華人而不是荷蘭人構成了大員與赤嵌人口的多數。所以，當時的臺灣市鎮還是以華人為主。其二，當時的臺灣市鎮與大陸市場的聯繫密切，完全靠大陸的商品生存，西班牙人因得不到中國商品而蕭條，荷蘭人則因中國商品的湧入而大發財。所以，臺灣市鎮實際上是中國商品的一個國際貿易站而已。其三，由於 17 世紀臺灣市鎮的主要商品都來自福建，所以，當時的臺灣僅是福建區域經濟的一個組成部分。換句話說，由於當時的臺灣與福建海港的密切聯繫，海峽兩岸組成了統一的市場。其時的臺灣市鎮完全依附於福建的區域市場。

第四節　進占臺灣北部的西班牙人

　　西班牙殖民者於 1626 年占領臺灣北部的淡水、雞籠二港，一直堅持到 1642 年才退走。對這一時期西班牙人在臺灣，傳統研究不多。但最近出現了較大的突破。近年臺灣學術界翻譯了大量的西班牙文獻資料，其中，鮑曉鷗著、那瓜（NaKao Eki）譯，《西班牙人的臺灣體驗 1626－1642》開風氣之先，李毓中編注的《臺灣與西班牙關係史料彙編 I》資料豐富[88]，而陳宗仁對明代臺灣港口與商業的研究已經有專著問世[89]，臺灣學者目前關心的主要是臺灣少數民族的歷史，在雞籠、淡水港口史方面，尚有不少工作要做。

88　鮑曉鷗著、那瓜（NaKao Eki）譯，《西班牙人的臺灣體驗 1626－1642》，臺北南天書局有限公司 2008 年。李毓中編注，《臺灣與西班牙關係史料彙編 I》，臺北，臺灣文獻館 2008 年。

89　陳宗仁，《雞籠山與淡水洋——東亞與臺灣早期史研究》，臺北，聯經出版公司 2005 年。

　　中村孝志指出：「當菲律賓政府占領臺灣之初，西班牙人預計中國船可能多數航來雞籠貿易，同時也希望自 1635 年以來一直斷絕的日、菲貿易，能以此港為媒介，再度活躍起來。然而，事實上卻不然，在最接近中國的淡水雖已開港，而中國船來者仍無幾。自 1628 年西班牙人在暹羅湄南河發生燒毀日本船隻事件後，日本對菲島之感情極度惡化，且日本為防止天主教之潛入，自 1633 年（明崇禎六年、日本寬永十年）即嚴厲限制海外航行，越 2 年進而完全禁止，至此不但貿易無望，進入國傳教都被擋。故西班牙人占領臺灣的目的已失去其大半。雞籠氣候不便，西班牙人不耐其生活，1633 年就有多數自由民，紛紛賦歸馬尼拉。可見西班牙人據臺灣的熱情日變冷淡。」[90]

　　以上文字表明西班牙人之中一直存在疑問：為什麼西班牙占據臺灣北部時期，福建的船隻很少來到這裡？當時的福建人如何看待西班牙人的出現？去淡水、雞籠貿易的福建人主要來自何處？解決這些問題如果沒有漢文資料作為佐證，都是不全面的。事實上，早在明代末年，臺北的西班牙人對福建商船極少一直感到失望，為什麼會出現這種情況，他們也不明白。本來，由於漢文資料的缺乏，這些問題的解決幾乎是無望的。但在明代末年，有一些中國學者還是記下了發生於臺灣的事件，並有相應對策。只是由於這些學者大都是反清人物，他們的作品在清代初年被毀禁，所以，清代很少有人看到他們的原始記載，導致許多問題陷入迷霧之中。我有幸在明末泉州名臣何喬遠的《鏡山全集》中看到一些相關史料，應能初步回答這些問題。[91]

一、何喬遠《鏡山全集》及閩人視野中的臺灣西班牙人

　　何喬遠是泉州晉江人，生於嘉靖三十六年（1557 年），故於崇禎四年（1631 年）。他於萬曆十四年（1586 年）考中進士，隨即擔任刑部主事，其人心直口快，三次遭貶。晚年仕至南京工部右侍郎。主要著作有作為福建省志的《閩書》一百五十四卷，記載明代歷史為主的《名山藏》一百零

90　中村孝志，〈十七世紀西班牙人在臺灣的布教〉，《荷據時代臺灣史研究下卷，社會・文化》，第 163 頁。

91　徐曉望，〈明末西班牙人占據臺灣雞籠、淡水時期與大陸的貿易〉，《臺灣研究集刊》2010 年第 2 期。徐曉望，《早期臺灣史考證》，福州，海風出版社 2014 年。

九卷，以及個人著作全集《鏡山全集》。何喬遠居家期間，是少數清廉自守的官員。當時晉江一帶的大官僚地主與民眾的矛盾很深，激發了民眾的反抗運動。明末鄭芝龍海盜隊伍能夠大發展，與民眾紛紛投靠有關。鄭芝龍設想招安，便寫信給何喬遠，控訴豪紳為惡，請他代為轉達官府招安之意。何喬遠聯繫雙方，竟然完成了招安鄭芝龍的任務。因此，何喬遠在泉州威望很高。何喬遠在死前的二三年裡，撰寫了〈請開海禁疏〉、〈海上小議〉（崇禎二年）、〈開洋海議〉（崇禎三年在南都作）等三篇著名的篇章。他公開為福建商人說話，力主開海禁通商，在廈門設置口岸，這些觀點在其時代都被視為超前的思想，在朝廷上下產生一定影響。

何喬遠的〈請開海禁疏〉一文提到了臺灣的西班牙人：

> 自我海禁既嚴，泉州彭湖之外，有地名臺灣者，故與我中國不屬，而夷人亦區脫之。於是紅毛番入據其地，我奸民為接濟。而佛郎機見我禁海，亦時時私至雞籠、淡水之地，我民奸闌出物，官府曾不得其一錢之用，而利盡歸於奸民矣。[92]

以上文字中的佛郎機此處是指西班牙人。「佛郎機」原為阿拉伯人對西方基督徒的統稱。後因葡萄牙人最早到了東方，佛郎機便成了葡萄牙人的專用語。以上為通曉葡萄牙語與西班牙語的金國平的看法。明代後期，葡萄牙國與西班牙國合併，西班牙人正是在此時來到遠方，因而佛郎機之稱也擴及西班牙人。此處何喬遠所說的「佛郎機」顯然是指西班牙人。此外，這段話表明何喬遠很清楚是荷蘭人先侵占臺灣後，西班牙人再到了臺灣北部的淡水、雞籠等地。不過，他說西班牙人是：「時時私至雞籠、淡水之地」，可見，當時他還不知道西班牙人是打算在臺灣北部築城。〈請開海禁疏〉的寫作年代未注明，可能是在天啟末年或是崇禎元年。其後，何喬遠作於崇禎二年的〈海上小議〉寫道：

> 凡洋稅於海澄縣給引發船，此故事也。自海寇為梗，人多不往呂宋興販，顧興販在也。緣呂宋酋長因我貨不往彼，來就雞籠、淡水，築城貿易，而紅夷亦住臺灣，與我私互市。顧皆奸民、奸闌接濟，是我不得收稅者，不得收海澄縣之稅耳。而雞籠、淡水、臺灣諸處

92　何喬遠，《鏡山全集》卷二三，〈請開海禁疏〉，第 675 頁。

稅，獨不可嚴奸闌之禁，必令給引乃發乎？[93]

這條文字表明，明朝官員於崇禎二年已經知道西班牙人在臺灣北部的雞籠、淡水二地築城。而且，當地有福建商民前去走私貿易，所以，何喬遠主張開海禁收稅，將福建商民去臺灣的淡水、雞籠、大員的貿易都納入政府管轄的軌道中。

其實，雞籠和淡水二港很早就是閩人的貿易港口。明代萬曆年間福建巡撫許孚遠的《敬和堂集》說：「同安、海澄、龍溪、漳浦、詔安等處奸徒，每年於肆伍月間告給文引，駕使鳥船，稱往福寧卸載、北港捕魚，及販雞籠、淡水者，往往私裝鉛硝等貨，潛去倭國，徂秋及冬，或來春方回。」[94]「又有小番，名雞籠、淡水，地鄰北港捕魚之處……北港船引，一例原無限數。」[95]

可見，早在萬曆年間，海澄縣就給去雞籠、淡水貿易的商人頒發船引，張燮的《東西洋考》記載：「東西洋每引稅銀三兩，雞籠、淡水稅銀一兩，其後加增東西洋稅銀六兩，雞籠、淡水二兩。」[96]這些記載表明，當時雞籠、淡水可供貿易的東西不多，所以，徵稅數量也比其他地方少。

西班牙人占據臺灣北部之後，在明朝兵部供職的陳組綬說：「湛水（即淡水）一帶自白狗山對過，迤南至彭湖相望，有四府之寬，直可如崇明設府縣。皆閩人浮此互市，今為佛郎所據守。」[97]文中的白狗山，即閩江口外的白犬山，它距離臺灣北部的淡水港較近，水程約 100 多公里。這段文字證明此地原為閩人的貿易場所之一，而後被西班牙所占。因西班牙白銀較多，閩人繼續到島上貿易。

93　何喬遠，《鏡山全集》卷二四，〈海上小議〉（崇禎二年），第 686 頁。
94　許孚遠，《敬和堂集》卷四，〈疏通海禁疏〉，第 27 頁。
95　許孚遠，《敬和堂集》卷七，〈海禁條約行分守漳南道〉，第 11 頁。
96　張燮，《東西洋考》卷七，〈餉稅考〉，第 132 頁。
97　陳組綬，《皇明職方兩京十三省地圖表》卷下，第 42 頁。

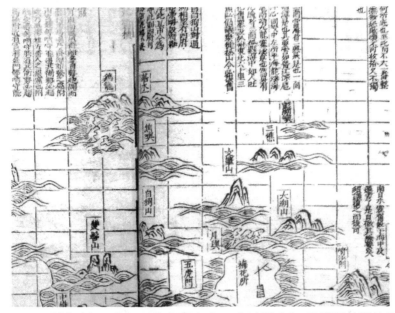

圖 9-4 陳組綬，《皇明職方兩京十三省地圖表》所載福建沿海圖。

圖 9-5 17 世紀的基隆港手繪圖[98]

左邊是「17 世紀的基隆港手繪圖」，出於歐洲人之手。該圖的右上角有一艘華人的船隻，而在圖的中部，還有一艘西班牙人的三桅船。

還有一幅名為〈臺灣島西班牙人港口圖〉的地圖，是 1626 年西班牙人占據臺灣雞籠港時所繪。在這幅圖上，我們看到了四艘大船停在基隆港內，其中二艘是西班牙船隻，另二艘是中國帆船，當時稱為戎克船。尤其令人注意的是：在雞籠港的岸上，有二個村落，北部村落有 23 座房子，南部村落有 15 座房子。房子呈紅色，或以為這是少數民族的房子。[99]

98　本圖轉錄於徐雪姬、吳密察，《先民的足跡——古地圖話台灣滄桑史》，第 81 頁。

99　李毓中等，〈十七世紀的臺灣‧基隆港〉，《臺灣史料研究》第 4 號，吳三連臺灣

何喬遠說：

> 臺灣者，其地在彭湖島外，於夷人無所屬，而我亦以為海外區脫，不問也。今則紅夷入據其處，其地廣衍高腴，可比中國一大縣。我中國窮民俱就其處結茅刈菅，苫蓋家室，而奸民將中國貨物接濟之，於是，洋稅之利不歸官府而悉私之於奸民矣。呂宋見我不開洋稅，亦來海外雞籠、淡水之地，私與我貿易。奸民又接濟之如紅夷，而洋稅之利，又不歸官府而悉私之於奸民矣。夫以中國稅額大利悉閉絕以與奸民，此尤之大者也。[100]

可見，當西班牙人來到臺灣之初，儘管明朝政府正在實行海禁，但是，仍有福建商民前去貿易。因而何喬遠才大叫大嚷：政府應當收稅。西班牙人建港之初，總是以高價吸引中國商品，何喬遠說：

> 呂宋夷人樸質，一柑中口售一銀錢，他物類此，不可枚數。侵尋晚末，我人奸詭，夷亦自開慧識，無此狼藉。[101]

> 而呂宋夷百物、百工悉藉於我，其來雞籠、淡水，我等百工如做鞋、箍桶之類，凡可以備物用者，皆至其處。又可無往返之勞。此又小民糊口一生路。[102]

可見，當時的福建人自作聰明，以為西班牙人都是傻子，銀多而亂花錢，因而一窩蜂擁到西班牙人的港口貿易。西班牙人占據雞籠、淡水之初，也是這種情況。董應舉家在閩江口，他說到隔江相望的嘉登里之民進行走私貿易：「前通倭，今又通紅夷矣。恃水洋七更船之便，貪小物三倍利之多，莫不碗甌觳襪、青襖皮兜，叉手坐食，恥問耕釣。其黠者，裝作船主；客銀落手，浪用花撐。不德大姓，又陰主之，斷送人性命以益自己，罪莫大焉。」[103] 可見，當時福州港附近有許多商民到臺灣貿易，他們的貿易對象主要是「紅夷」，即荷蘭人，當然，其中也會有一些人到雞籠和淡水貿易。因為，福建到雞籠及淡水二地，恰是七更水程。

　　　史料基金會會刊，1994 年 10 月版，封二。

100　何喬遠，《鏡山全集》卷二四，〈開洋海議〉（崇禎三年在南都作），第 688 頁。

101　何喬遠，《鏡山全集》卷二四，〈開洋海議〉（崇禎三年在南都作），第 687 頁。

102　何喬遠，《鏡山全集》卷二四，〈開洋海議〉（崇禎三年在南都作），第 688 頁。

103　董應舉，《崇相集》議二，〈諭嘉登文〉，第 81 頁。

　　荷蘭人記載了一艘從福州到雞籠貿易的船隻：「他們自己聲稱，他們是於去年，在沒有通行證的情況下航離福州前往雞籠，從雞籠前往馬尼拉，又從馬尼拉乘季風再往雞籠，在那裡裝載訂購的貨物，即那些用西班牙字母標示的貨物。」[104] 可見，這艘船確實是用來走私的，而且福州港是其出發點。但是，西班牙人在臺灣北部的貿易遇到了多種問題。崇禎九年陽曆3月，荷蘭人截獲了一隻西班牙人的船隻，「顯然那是西班牙人的戎克船，要從雞籠前往馬尼拉的⋯⋯從那些截取來的信件看起來，從雞籠跟中國的貿易並不順利。」[105] 何喬遠在〈開洋海議〉一文中說：

> 今日開洋之議，愚見以為舊在呂宋者，大販則給引於呂宋，小販則令給引於雞籠、淡水。在紅夷者，則給引於臺灣。省得奸民接濟，使利歸於我，則使泉州一海防同知主之。其東洋諸夷及大販呂宋，則仍給引於漳州，使漳州一海防同知主之。興販大通，生活有路，賊盜鮮少，此中國之大利也。[106]

　　何喬遠將到呂宋的商人稱之為「大販」，將到雞籠、淡水的商人稱之為「小販」，二者的差異由此可見。此外，荷蘭人剛到臺灣之初，看來生意也不很好，所以，何喬遠將其與雞籠、淡水的西班牙人同樣視之。總的來說，其實當時福建人很想到臺灣與西班牙人貿易，而且，由於西班牙人以高價招攬福建商人，福建過去的小商小販也不少。這至少說明淡水、雞籠二港的發展前景不錯。那麼，後來西班牙人為何會感到福建商人來得太少？西班牙人和荷蘭在同一水準上競爭，為何荷蘭人在臺灣的商業成功了，而在臺灣的西班牙人卻未能發展起有規模的商業？這要做進一步研究。

二、西據時代淡水、雞籠二港難以發展的原因

　　就雞籠與淡水的地理形勢而言，它比較靠近福州，福州商人若是到當地貿易十分方便。不過，在明代末年，雞籠和淡水主要是由閩南商人經營的。何喬遠說：

104　江樹生譯註，《熱蘭遮城日誌》第 1 冊，第 85 頁。
105　江樹生譯註，《熱蘭遮城日誌》第 1 冊，第 224 頁。
106　何喬遠，《鏡山全集》卷二四，〈開洋海議〉（崇禎三年在南都作），第 689 頁。

雞籠淡水之地，一日夜可至臺灣，臺灣之地，兩日兩夜，可至漳泉內港。[107]

何喬遠這段話值得注意的是：去雞籠、淡水貿易的福建商民主要來自閩南。所以，何喬遠記載雞籠、淡水到福建的路是：一日夜可到臺灣，再用兩天兩夜可到福建的漳泉。此處的臺灣是被荷蘭人占據的北港，其地在今日臺灣的臺南市。明末的北港是臺灣最大的港口，漳泉人是先到北港，再到雞籠、淡水。

為什麼是閩南人去雞籠、淡水較多？這是因為，當時福建的海上貿易由漳州的海澄縣管轄，任何人想到雞籠、淡水二港，都得到海澄去申請船引，海澄是閩南人的港口，福州人去海澄不方便，所以，申請到雞籠、淡水的閩人，應多為閩南人。久而久之，閩南人大致控制了這兩個港口。西班牙人在當地與福建人進行貿易，自然以閩南人為多。

但就閩南人的眼裡臺灣島而言，雞籠和淡水都不是最好的港口。因為，二港距閩南較遠，閩南人去雞籠、淡水二港，通常是先到臺灣島的大員港（明末名為臺灣，或稱北港），然後再到以上二港。當時北港發展較快，此地已經有發達的貿易，閩南人到臺灣貿易，主要在北港就能買到一切東西，其實不必去雞籠和淡水。天啟年間，福建水師提督俞咨皋與荷蘭人談判，本想讓荷蘭人到淡水和雞籠二港。據荷蘭方面的史料，在荷蘭人對撤往臺灣何地舉棋不定時，有一位華人甲必丹從日本帶來 14 萬里爾的銀子前來購物，他給荷蘭人的「忠告」是：

荷蘭人不如據守大員港（Thaiwam）為宜。雞籠（Kelang）及淡水（Tansoei）並非優良之碇泊地，加上附近之番人兇惡，無法交往。[108]

他的建議在荷蘭人中起了效果，最終荷蘭人決策去大員港而不是北上淡水。可見，在當時的閩南商人眼裡，雞籠和淡水都不是好港口。

雞籠、淡水都位於臺灣北部，這裡是全島降水最豐富的區域，每年降水量在 3000 毫米以上。在通常年分，臺北有半年時間都在下雨。雨水過多

107　何喬遠，《鏡山全集》卷二四，〈開洋海議〉（崇禎三年在南都作），第 688 頁。
108　引自許賢瑤譯，《荷蘭時代臺灣史論文集》，第 84 頁。

的區域有利於植物和微生物生長，但不利於人類。因而明清時期的福建人將臺北稱之為瘴鬁之地，移民在當地的死亡很高。清初郁永河要到當地去煉硫磺，許多人來勸阻：「咸謂余曰：『君不聞雞籠、淡水水土之惡乎？人至即病，病輒死。凡隸役聞雞籠、淡水之遣，皆欷歔悲嘆，如使絕域；水師例春秋更戍，以得生還為幸。彼健兒役隸且然，君奚堪此』？」[109] 這些史料表明，閩南人不喜歡這兩個港口是有原因的。不良氣候長期成為臺北發展難以克服的阻礙。

此外，在西班牙人抵達臺灣之前，荷蘭人已經抵達臺灣南部，他們在漢人開發北港的基礎上，進一步鼓勵貿易，從而將北港建設成為一個有規模的集鎮。泉州士大夫傅元初談到臺灣的海外殖民者有這樣一段話：

> 海濱之民，惟利是視，走死地如鶩，往往至島外區脫之地曰臺灣者，與紅毛番為市。紅毛業據之以為窟穴。自臺灣兩日夜可至漳泉內港。而呂宋、佛郎機之夷見我禁海，亦時時私至雞籠、淡水之地，與奸民闌出者市貨。其地一日可至臺灣。[110]

從「走死地如鶩」這句話來看，閩南人去臺灣荷蘭人殖民地貿易的較多。這是因為，從閩南到臺南是較為方便的。荷蘭人為了打擊西班牙人的貿易，還想盡方法封鎖西班牙人的港口。如何喬遠所說：「而紅夷強牽我船至其國中，於是，呂宋不得貿易，互相仇怨。」[111] 後來，荷蘭人在和廈門鄭芝龍談判時還提出：「不允許戎克船前往馬尼拉、雞籠、淡水、北大年灣、暹邏、柬普寨等地」的條件。[112] 事實上，荷蘭人在臺灣往往攔截從雞籠港到馬尼拉的商船。例如，崇禎六年就有一艘中國水手駕駛的商船被攔截，西班牙人的貨物被沒收。[113]

可見，荷蘭人的阻擾，是西班牙殖民地難以發展的重要原因。更為致命的問題是：明清之際臺灣海峽的海盜活動極為頻繁。

臺灣海峽的海盜活動歷來猖獗，尤其在嘉靖年間的倭寇活動，其破壞

109　郁永河，《裨海紀遊》卷上，第 16 頁。
110　孫承澤，《春明夢餘錄》卷四二，〈閩省海賊〉，第 40 頁。
111　何喬遠，《鏡山全集》卷二四，〈開洋海議〉（崇禎三年在南都作），第 688 頁。
112　江樹生譯註，《熱蘭遮城日誌》第 1 冊，第 16 頁。
113　江樹生譯註，《熱蘭遮城日誌》第 1 冊，第 85 頁。

性之大達到歷史上極點。其後，明朝將戚繼光調入福建，將俞大猷調入廣東，加上胡宗憲在浙江的成功，倭寇在臺灣海峽的勢力終於被鎮壓下去。萬曆年間，由福建水師、浙江水師、廣東水師組成的明朝海軍十分強盛，這是明朝在援朝抗倭戰爭中獲勝的原因。不過，迄至萬曆末年，北方的後金開始與明朝作戰，明朝屢戰屢敗，開支浩繁，不得不再壓縮各地的開支，集中財力應付努樂哈赤的大軍。在這一背景下，南方水師也進行了裁員，這就使福建水師走上沒落之路，無力控制臺灣海峽。於是，臺海海盜再起。萬曆末年，袁進和李忠在臺灣的北港占山為王，直到萬曆四十七年才投降明朝；其後顏思齊、鄭芝龍在臺灣海峽活動，荷蘭殖民者於 1622 年發動了對臺灣海峽的入侵，他們占據澎湖列島，與明軍對抗。此後臺灣海峽的海盜活動進入高潮，荷蘭人也占據了臺灣的北港為據點，襲擊往來臺灣海峽的商船。在荷蘭人的資助下，鄭芝龍海盜隊伍發展很快，多次擊敗明朝水師，進而擊敗明朝與荷蘭的聯軍。天啟七年（1627 年）五月，鄭芝龍攻占中左所，崇禎元年（1628 年）接受明朝招安。然而，由於明朝未能滿足他們的條件，鄭芝龍的部下大部叛變入海，於是，明朝再一次陷入對海盜的苦戰。不過，這一次明朝有了對海盜情況十分熟悉的鄭芝龍。在福建省的全力支持下，鄭芝龍逐步擊敗楊六、楊七兄弟，李魁奇、鍾斌、劉香等海盜頭目，約在崇禎八年（1635 年）大致平定了臺灣海峽的海盜。總之，從荷蘭人進占澎湖列島開始，迄至劉香海盜隊伍滅亡，臺灣海峽的海盜活動長達 12 年之久！

　　臺灣海峽的海盜活動不僅直接襲擊了海峽的商船，而且讓明朝實行海禁政策，這都使福建對外貿易衰退。由於福建地方官歷行海禁，給人民帶來極大的困難，「泉、漳二郡商民販東西二洋，代農賈之利，比比然也。自紅夷肆掠，洋舡不通，海禁日嚴，民生憔悴」。[114] 福建商人出海貿易的數量大大減少，當然會影響到臺灣西班牙人的生意。在這一背景下，西班牙人覺得投資臺灣北部是一個不合算的生意，從而大幅度減少對臺灣的投資。而在臺灣的西班牙移民也都撤回馬尼拉。菲律賓總督府將資金撤出之後，福建商人很快得知臺灣的西班牙人缺乏銀錢，無力採購商品，對雞籠、

114　沈鈇，〈上南撫臺暨巡海公祖請建彭湖城堡置將屯兵永為重鎮書〉，顧炎武，《天下郡國利病書》第 26 冊，福建，第 31 頁。

淡水避而遠之。這樣惡性循環，雞籠、淡水更得不到西班牙人的關注。隨著西班牙人駐臺灣的士兵降到一二百人，西班牙人不得不收縮據點。他們拆毀了淡水的聖·多明哥城，集中兵力防守雞籠的聖·薩爾瓦多城。最終在荷蘭人的攻擊下，殘存的西班牙人於崇禎十五年（1642 年）向荷蘭人投降，結束了殖民臺灣的歷史。

然而，就在西班牙人大舉撤退不久，臺灣海峽的形勢發生變化。劉香的海盜隊伍失敗後，臺灣海峽終於可以正常航行。荷蘭文獻記載，崇禎七年（1634 年）以後，有許多福建商船到大員貿易，而大員因而逐漸繁榮起來。可以想像，此前西班牙人若是沒有大舉撤出臺灣，此時他們在臺灣也會有一定的發展。不過，對西班牙人來說，此時東亞的局勢已經有很大的變化。西班牙人在東亞的貿易對象除了中國之外就是日本，當時東亞最賺錢的貿易是用中國商品去換日本的白銀、黃金。西班牙人借助天主教在日本的傳播，一度在日本形成很大的勢力，甚至威脅到日本地方政權的穩定。在這一背景下，日本的德川幕府最終決定禁絕天主教的傳播，因而禁止西班牙人到日本貿易。這一政策提出於崇禎六年，徹底實行於崇禎八年。日本對西班牙人的拒絕，使西班牙人無法直接經營中國與日本之間的貿易。西班牙人在臺灣找一個貿易據點，其如意算盤無非是占據優越的地理條件，直接經營中國與日本之間的貿易，現在由於日本人對天主教的深惡痛絕，這種貿易已經無法在臺灣進行。而福建商人也覺得直接發船到日本貿易更為有利，沒有必要通過臺北這一仲介。此時已經有較多的福建商船直接到馬尼拉貿易，西班牙人只做中國貿易也能保持一定的利潤，在這一背景下，西班牙人覺得重振雞籠、淡水的據點意義不大，因而削弱了防守，最終導致他們在臺北的據點被荷蘭人攻克。

綜上所述，西班牙人占據臺灣的雞籠、淡水期間，福建商人前去貿易的船隻較少。其原因在於：其一，當時猖獗的海盜活動使福建商人視臺海為畏途；其二，福建官府的海禁也成為福建商人出海的阻礙；其三，在臺灣活動較多的閩南商人更願意去離閩南較近的大員港，這使荷蘭人在臺灣較為得利；其四，荷蘭人與西班牙的衝突使其在海上攔截西班牙船隻，西班牙人的海軍不如荷蘭，在海上十分被動；其五，由於日本禁止西班牙人入境，西班牙人覺得在臺北維持一個據點很困難，從而撤出投資。這使福

建人更不願意進入雞籠和淡水貿易。

小結

　　明朝自嘉靖大倭寇活動發生後，對海外國家的警惕性加深。於是，明朝拒絕了日本的進貢，也不讓葡萄牙之外的歐洲國家到中國進貢。其時，歐洲積極經營遠東的國家有四個：葡萄牙、西班牙、荷蘭、英國。迄至17世紀，葡萄牙人除了在麻六甲的基地外，還在廣東占據了澳門港，獨占對華貿易，滿足於現狀；英國在遠東的勢力還很小，無力挑戰遠東舊有秩序。他如荷蘭人在爪哇島建立了巴達維亞殖民地，西班牙在呂宋建立了馬尼拉殖民地。由於馬尼拉距離中國較近，而巴達維亞距離中國較遠，荷蘭人妒忌西班牙人的生意，便想到中國尋找一個類似澳門可與中國商人貿易的港口。可是，明朝對澳門的看法早就改變了，許多士大夫都指出：澳門的設置使中國的主權受到挑戰，而且是一個不可預測的危險。因此，明代士大夫的共識是不可再出現一個澳門！由此可見，荷蘭人想在中國邊疆再找一個澳門的想法會遇到怎麼樣的阻力。然而，陰差陽錯之下，荷蘭反而占據了臺灣島。出現這一結果的根本原因在於：明萬曆後期發生了財政困難，明政府不得已裁減南方的水師，閩粵兩省各自剩下數千人的水師，甚至無力對抗海寇，要與荷蘭艦隊作戰是個問題。所以，荷蘭人的入侵造成極大的破壞。加上日本商船開始出沒於澎湖、臺灣島，明朝生怕徹底丟失澎湖及臺灣島，便採取引虎驅狼的策略，讓荷蘭人退出澎湖而占據臺灣的北港，以便驅逐當地的海寇，阻擋南下的日本船舶。不過，荷蘭人占據臺灣之後，為了壟斷中國商品出口，又襲擊到呂宋貿易的月港商船，給中國對外貿易造成極大的破壞。從此，美洲白銀要進入中國不是那麼容易了。由於害怕荷蘭人的搶劫，連到廣東貿易的福建商船也少了，這使福建沿海大進大出的經濟結構很難運轉下去。可見，為救澎湖而讓荷蘭人占領臺灣，是福建官府重大決策錯誤。後人譏之為「以牛易羊」。

　　晚明福建官府又一個錯誤是未能找到一個與歐洲諸國和平貿易的方法。荷蘭人到東方，原來不過是想貿易而已。明朝官員也看出這一點：「其意只圖貿易，別無他念。」[115] 因此，對荷蘭人最好的辦法就是讓他們進入

115　何喬遠，《鏡山全集》卷二四，〈開洋海議〉，第689頁。

港口貿易，這些人有錢賺，就不會鬧事了。廣東出租澳門之誤在於讓其占據澳門的管理權，結果客人反客為主。實際上，廣東省的廣州市有一段時間允許海外商船進入，也沒有發生什麼意外。所以，福建官府對荷蘭政策，除了不讓他們占據澎湖之外，還應當開個口子，讓他們進入廈門貿易，收取稅收。這是清代實行的政策，也曾是明代鄰省廣州的政策。明朝官員只要多想一想，這個政策本該早出現一百多年。不過，明代的官僚體制上下不通，即使沿海官吏有好主意，要得到朝廷批准也很困難。所以，當時的士大夫不願多出主意，免得自討無趣。明代官僚制度的僵化真是讓人沒有辦法。

荷蘭占據臺灣南部的北港，引起西班牙人的妒忌，他們也派出軍隊占領臺灣北部的雞籠港和淡水港。究其原因，不論荷蘭人出兵北港還是西班牙人占據臺灣北部兩港，最早都不是為了開疆拓土，而是為了與中國通商，爭取得到更多的中國商品。而西班牙及荷蘭殖民地的成功與否，也和他們得到多少中國商品有關。早期因臺灣海峽海盜的影響，臺灣南北諸港都沒有生意可做。後來，中國水師消滅劉香後，臺灣海峽水路暢通，從廈門去北港貿易的閩南商人多了，然而，臺灣北部的雞籠和淡水仍然得不到太多的中國商品，西班牙人賠本太多，不得不減少在臺灣的駐軍。軍隊數量減少後，更無力對付荷蘭人，最終兩大據點都被荷蘭人奪走。荷蘭人經營北港雖然較為成功，但是，早期的臺灣仍然是中國商品的轉運站，有中國商品運來，荷蘭人就能得利，沒有，荷蘭人就要受窮。這種情況一直到明朝滅亡都沒有很大的改觀。

明代末年，來自海上的侵略多了起來。澎湖、臺灣的得失，影響東南數千里海疆的安全。明朝官員認識到澎湖的重要性，對臺灣的經營卻不夠用心，儘管有在臺灣設置縣的想法，卻一直無法實行。久拖之下，被荷蘭人、西班牙人侵略成功。對於澎湖群島，屯田政策講了許久，卻貫徹不力，推究其因，應當是明初海禁政策的錯誤影響。假使沒有明朝初年的海禁政策，澎湖人口不會減少，開發臺灣會提前到明代初年，至遲在明代中葉就會在臺灣屯田，建立郡縣。可見，政策的制定會有極大的影響。

主要參考文獻

一、古籍文獻

明・張溶等修，《明世宗實錄》，臺北，中研院歷史語言研究所 1962 年校印本。

明・張溶等修，《明穆宗實錄》，臺北，中研院歷史語言研究所 1962 年校印本。

明・張惟賢等修，《明神宗實錄》，臺北，中研院歷史語言研究所 1962 年校印本。

明・傅冠等修，《明熹宗實錄》，臺北，中研院歷史語言研究所 1962 年校印本。

佚名，《明實錄・崇禎長編》，臺北，中研院歷史語言研究所 1962 年校印本。

李國祥、楊昶主編，薛國忠、韋洪編，《明實錄類纂・福建臺灣》，武漢出版社 1993 年。

明・顧炎武，《天下郡國利病書》，商務印書館四部叢刊三編顧氏手稿本。

明・顧炎武，《肇域志》抄本，續修四庫全書史部，第 595 冊。

明・陳子龍等選輯，《明經世文編》，北京，中華書局 1987 年。

清・嵇璜、曹仁虎等編，《續文獻通考》，文淵閣四庫全書本。

明・谷應泰等，《明史紀事本末》，北京，中華書局 1977 年。

明・王在晉，《三朝遼事實錄》，崇禎刻本。

明・陳建，《皇明從信錄》，《四庫禁燬書叢刊》史部第一冊，明刻本。

明・朱國楨，《皇明大事記》，明崇禎《皇明史概》本。

明・朱國楨，《皇明大政記》，崇禎皇明史概本。

明・過庭訓，《明分省人物考》，周駿富輯，《明代傳記叢刊》第 137 冊。明文書局影印本。

明・黃訓，《名臣經濟錄》，文淵閣四庫全書本。

明・唐順之，《武編・前集》，文淵閣四庫全書本。

明・瞿九思，《萬曆武功錄》明萬曆刊本。

清・孫承澤，《春明夢餘錄》，文淵閣四庫全書本。

明・佘自強，《治譜》，崇禎十二年刻本。

清・錢謙益，《國初群雄事略》，北京，中華書局 1982 年。

明・高汝栻輯，《皇明續紀三朝法傳全錄》，崇禎刻本。

清・溫睿臨，《南疆繹史》，臺灣文獻叢刊本第 132 種，第 89 冊。

清・李瑤，《南疆繹史摭遺》，臺灣文獻叢刊本第 132 種，第 90 冊。

清・劉兆麐，《總制浙閩文檄》，清康熙刊本。

清・和珅等，《清一統志》，文淵閣四庫全書本。

清・顧祖禹，《讀史方輿紀要》，北京，中華書局 2005 年；又：傳世藏書本，海口市，海南國際新聞出版中心 1995 年。

清・張廷玉等，《明史》，北京，中華書局 1974 年標點本。

民國・趙爾巽等，《清史稿》，北京，中華書局 1977 年標點本。

清・畢沅，《續資治通鑑》，上海古籍社 1987 年。

清・徐乾學等，《資治通鑑後編》，文淵閣四庫全書本。

清・乾隆帝主編，《欽定大清會典則例》，文淵閣四庫全書本。

清・乾隆帝，《御製詩五集》，文淵閣四庫全書本。

清・陳夢雷等，《古今圖書集成》，北京中華書局、巴蜀書社影印本。

清・杜臻，《粵閩巡視紀略》，文淵閣四庫全書本。

清・佚名，《清初海疆圖說》，臺灣文獻叢刊第 155 種。

明・王守仁，《王文成全書》，文淵閣四庫全書本。

明・林俊，《見素集》，文淵閣四庫全書本。

明・葛昕，《集玉山房稿》，文淵閣四庫全書本。

明・烏斯道，《春草齋集》，文淵閣四庫全書本。

明・顧璘，《息園存稿》，文淵閣四庫全書本。

明・彭韶，《彭惠安集》，文淵閣四庫全書本。

明・吳寬，《家藏集》，文淵閣四庫全書本。

明・丘雲霄，《山中集》，文淵閣四庫全書本。

明・崔銑，《洹詞》，文淵閣四庫全書本。

明・羅玘，《圭峰集》，文淵閣四庫全書本。

明・沈鯉，《亦玉堂稿》，文淵閣四庫全書本。

明・徐溥，《徐文靖公謙齋文錄》，臺灣，明史論著叢刊本。

明・方良永，《方簡肅文集》，文淵閣四庫全書本。

明・何喬新，《椒邱文集》，文淵閣四庫全書本。

明・邱浚，《大學衍義補》，文淵閣四庫全書本。

明・王恕，《王端毅奏議》，文淵閣四庫全書本。

明・李東陽，《懷麓堂集》，文淵閣四庫全書本。

明・虞堪，《希澹園詩集》，文淵閣四庫全書本。

明・周瑛，《翠渠摘稿》，文淵閣四庫全書本。

明・龔用卿，《雲崗選稿》，萬曆三十五年刊本，四庫全書存目叢書，集
　　部，第 88 冊。

明・鄭善夫，《少谷集》，文淵閣四庫全書本。

明・姜宸英，《湛園集》，文淵閣四庫全書本。

明・胡直，《衡廬精舍藏稿》，文淵閣四庫全書本。

明・顧清，《東江家藏集》，文淵閣四庫全書本。

明・李時勉，《古廉文集》，文淵閣四庫全書。

明・林文俊，《方齋存稿》，文淵閣四庫全書本。

明・李默，《群玉樓稿》，臺灣，明史論著叢刊本。

明・陳有年，《陳恭介公文集》，萬曆陳啟孫刻本。

明・羅欽順，《整庵存稿》，文淵閣四庫全書本。

明・譚綸，《譚襄敏奏議》，文淵閣四庫全書本。

明・劉堯誨，《督撫疏議》，萬曆刊本。

明・汪道昆，《太函集》，續修四庫全書影印萬曆刊本。

明・張時徹，《芝園集》，明嘉靖二十三年鄒守愚刻本，濟南，齊魯書社
　　1987 年四庫存目叢書集部，第 81 冊。

明・趙用賢，《松石齋集》，明刊本。

明・謝肇淛，《小草齋文集》，明天啟間刻本，四庫全書存目叢書集部第

170 冊。

明 · 郭正域，《合併黃離草》，萬曆四十年史記韋刻本。

明 · 王世懋，《王奉常集》，明萬曆刻本。

明 · 宋㮣澄，《九籥集》，萬曆刻本。

明 · 翁萬達，《翁萬達集》上海古籍出版社重刊本 1992 年。

明 · 黎民表，《瑤石山人稿》，文淵閣四庫全書本。

明 · 項喬，《項喬集》，溫州文獻叢書本，上海社會科學院出版社 2006 年。

明 · 胡應麟，《少室山房集》，文淵閣四庫全書本。

明 · 孫繼皋，《宗伯集》，文淵閣四庫全書本。

明 · 趙文華，《趙氏家藏集》，四庫未收書輯刊本。

明 · 蘇伯衡，《蘇平仲文集》，文淵閣四庫全書本。

明 · 黃鳳翔，《田亭草》，何炳仲點校，商務印書館 2018 年點校本。

明 · 駱日升，《駱台晉先生文集》，鄭煥章點校，商務印書館 2017 年。

明 · 莊履豐，《莊梅谷先生文集》，陳建中、陳秋紅點校本，商務印書館
    2018 年。

明 · 李廷機，《李文節集》，明人文集叢刊本，臺灣，文海出版社 1970 年。

明 · 戴鱀，《戴中丞遺集》，明嘉靖三十九年戴士充刻本。四庫全書存目
    叢書，集部第 74 冊。齊魯書社 1995 年。

明 · 朱㴠，《天馬山房遺稿》，文淵閣四庫全書本。

明 · 朱紈，《甓餘雜集》，明朱質刻本，《四庫全書存目叢書 · 集部》，
    第 78 冊。齊魯書社 1995 年。

明 · 洪受，《滄海紀遺》，《滄海紀遺譯釋本》，黃鏘補錄，郭哲銘譯釋，
    金門縣文化局 2008 年。

明 · 倪岳，《青谿漫稿》，文淵閣四庫全書本。

明 · 劉良弼，《刻中丞肖巖劉公遺稿》，明刊本。

明 · 林章，《林初文詩文全集》，天啟四年刻本。

明 · 許孚遠，《敬和堂集》，日本東京尊經閣文庫藏明刊本。

明 · 韓霖，《守圉全書》，崇禎八年刊本。

明 · 蔡清，《虛齋集》，文淵閣四庫全書本。

明 · 蔡清，《四書蒙引》，文淵閣四庫全書本。

明 · 林希元，《同安林次崖先生文集》，乾隆十八年詒燕堂刻本，四庫全
    書存目叢書 · 集部，第 75 冊。

明 · 鄭岳，《山齋文集》，文淵閣四庫全書本。

明 · 黃仲昭，《未軒集》，文淵閣四庫全書本。

明 · 王慎中，《遵巖集》，文淵閣四庫全書本。

明 · 黃承玄，《盟鷗堂集》，明刊本。

明 · 沈演，《止止齋集》，崇禎六年刊本。

明 · 張居正，《張太岳先生文集》，萬曆四十年唐國達刻本。

明 · 林大春，《林井丹先生集》，民國重刊本。

明 · 徐中行，《天目集》，明刻本。

明 · 溫純，《溫恭毅集》，文淵閣四庫全書本。

明 · 吳肅公，《街南續集》，康熙程士琦等刻本。

明 · 許弘綱，《群玉山房疏草》，康熙四十一年許氏百城樓刻本。

明 · 徐中行，《天目先生集》，明萬曆十二年張佳胤刻本。四庫全書存目
叢書 · 集部第 121 冊。

明 · 張燮，《霏雲居續集》，明萬曆刻本。

明 · 葉向高，《蒼霞草全集》，揚州古籍出版社 1994 年景印明刊本。

明 · 林偕春，《雲山居士集》，漳浦方志辦 1986 年據光緒十五年多藝齋
刻本謄印。

明 · 蔡獻臣，《清白堂稿》，福建省圖書館 1980 年據崇禎本抄。

明 · 《劉堯誨先生全集》，乾隆抄本。四庫全書存目叢書，第 128 冊。

明 · 曹學佺，《曹能始先生石倉全集》，明天啟間刊本。

明 · 周之夔，《棄草集》，江蘇廣陵古籍刻印社，1997 年景印本。

明 · 董應舉，《崇相集》，崇禎刻本，四庫禁燬書叢刊集部，第 102 冊。

明 · 董應舉，《崇相集》，民國十七年重刊本，不分卷。

明 · 曾異，《紡授堂文集》，明崇禎刻本。

明 · 黃克纘，《數馬集》，江蘇廣陵古籍刻印社 1997 年。

明 · 蔣德璟，《蔣氏敬日草》，明隆武續刊本。

明 · 駱日升，《駱台晉先生文集》，民國 34 年力行印刷所鉛印本。

明 · 嚴九岳，《笥存集》，光緒十四年活字排印本。

明 · 熊開元，《魚山剩稿》，上海古籍出版社 1986 年。

明 · 洪旭，《惠安王忠孝公全集》，福建師範大學藏手抄本。

明 · 張燮，《霏雲居集》，《張燮集》第一冊，陳正統等編，中華書局
2015 年。

明・張燮，《霏雲居續集》，《張燮集》第二冊，陳正統等編，中華書局2015年。

明・張燮，《群玉樓集》，《張燮集》第三冊，陳正統等編，中華書局2015年。

明・何喬遠，《何氏萬曆集》，明萬曆刊本，故宮博物院編，故宮珍本叢書第538冊。海南出版社2000年。

明・何喬遠，《鏡山全集》，日本內閣文庫藏明刊本。

明・何喬遠，《鏡山全集》，陳節、張家壯點校本，福建人民出版社2015年。

明・李時勉，《古廉文集》，文淵閣四庫全書本。

明・孫承澤編，《硯山齋雜記》，文淵閣四庫全書本。

明・葉春及，《羅浮石洞葉絅齋先生全集》，康熙十三年太初堂藏版。

明・李光縉，《景璧集》，江蘇廣陵古籍刻印社1996年影印崇禎十年刊本。

明・周嬰，《遠遊篇》，福建師範大學圖書館藏手抄本。

明・徐時進，《啜墨亭集》，明刻本。

明・徐𤑹，《鼇峰集》，明刊本。

明・魯士驥，《山木居士外集》，續修四庫全書影印乾隆四十七年刻本。

明・王世貞，《弇州續稿》，文淵閣四庫全書本。

明・宋枏澄，《九籥集》，萬曆四十年刻本。

明・項篤壽，《小司馬奏草》，明刻本。

明・熊明遇，《文直行書詩文》，熊人霖順治五年刊本。

明・熊人霖，《操縵草》，明崇禎刻本。

明・陳仁錫，《無夢園初集》，明崇禎六年張一鳴刊本。

明・池顯方，《晃巖集》，廈門大學出版社2009年。

明・戚繼光，《戚少保奏議》，中華書局，2001年。

明・俞大猷，《正氣堂全集》，廖淵泉、張吉昌點校，福州，福建人民出版社2007年。

明・汪道昆，《太函集》，萬曆間刻本，四庫全書存目叢書，集部第117冊。

明・《李贄文集》，北京燕山出版社1998年。

明・鄭文康，《平橋稿》，文淵閣四庫全書本。

明・袁中道，《珂雪齋集》，萬曆四十六刻本。

明・焦竑，《焦氏澹園集》，萬曆三十四刻本。

明　‧　洪朝選，《洪芳洲先生讀禮稿》，清光緒重刊本。

明　‧　洪朝選，《芳洲先生文集》，香港，華星出版社 2002 年。

明　‧　郭應聘，《郭襄靖公遺集》，萬曆三十四年郭良翰刻本。

明　‧　王崇炳，《金華徵獻略》，清雍正金律刻本。

明　‧　張瀚，《臺省疏稿》，萬曆二年吳道明刻本，續修四庫全書第 478 冊。

明　‧　耿定向，《耿天臺先生文集》，萬曆二十六年刻本。

明　‧　顧炎武，《顧亭林詩文集》，中華書局 1983 年。

明　‧　李魯，《重編燼餘集》，民國潮安集文印社重刊本。

明　‧　錢謙益，《牧齋初學集》，崇禎瞿式耜刻本。

明　‧　林芝蕃，《林涵齋文集》，不分卷，民國重刊本。

明　‧　熊開元，《魚山剩稿》，上海古籍出版社 1986 年。

明　‧　黃道周，《黃漳浦文選》，臺灣文獻叢刊第 137 種。

明　‧　盧若騰，《留庵文選》，臺灣文獻叢刊第 245 種。

明　‧　曹學佺，《石倉歷代詩選》，文淵閣四庫全書本。

明　‧　黃宗羲主編，《明文海》，文淵閣四庫全書本。

明　‧　程敏政編，《明文衡》，文淵閣四庫全書本。

清　‧　馮奉初輯，《潮州耆舊集》，吳二持點校本，暨南大學出版社 2016 年。

清　‧　朱彝尊編，《明詩綜》，文淵閣四庫全書本。

清　‧　乾隆帝，《御選明詩》，文淵閣四庫全書本。

明　‧　袁表、馬熒編，《閩中十子詩》，福建人民社 2005 年。

明　‧　徐紘編，《明名臣琬琰續錄》，文淵閣四庫全書本。

清　‧　季麒光，《東寧政事集》，香港人民出版社 2004 年。

清　‧　季麒光，《蓉洲文稿選輯》，香港人民出版社 2004 年。

清　‧　李世熊，《寒枝初集》，清同治十三年刊本。

明　‧　陳軾，《道山堂後集》，康熙甲戌刊本。

明　‧　洪若皋，《南沙文集》，康熙三十三年。

明　‧　張家玉，《張家玉集》，廣東高等教育出版社 1992 年。

清　‧　劉坊，《天潮閣集》，民國五年刊本。

清　‧　藍鼎元，《鹿洲全集》，廈門大學出版社 1995 年。

清　‧　張遠，《無悶堂集》，清康熙二十四年刊本。

清　‧　林雨化，《林希五古初集》，清道光十年刻本。

清　‧　郭起元，《介石堂集古文》，乾隆刻本。

清 · 湯彝，《盾墨》，道光刻本。

清 · 李光地，《榕村全集》，乾隆元年刊本。

清 · 李光地，《榕村語錄》，《榕村續語錄》，中華書局 1995 年標點本。

清 · 蔡世遠，《二希堂文集》，清乾隆四十八年刊本。

清 · 鄭方坤，《閩詩錄》，文淵閣四庫全書本。

清 · 鄭杰輯、陳衍補訂，《閩詩錄》，民國刊本。

清 · 乾隆等，《御選明臣奏議》，文淵閣四庫全書本。

鄭麗生，《鄭麗生文史叢稿》，福州，海風出版社。

明 · 歸有光，《三吳水利錄》，文淵閣四庫全書本。

明 · 嚴從簡，《殊域周咨錄》，余思黎點校本，北京，中華書局 1993 年。

明 · 萬表，《海寇後編》，原出金聲玉振集，四庫全書存目叢書，子部第
　　31 冊，齊魯書社 1995 年。

明 · 黃衷，《海語》，文淵閣四庫全書本。

明 · 鄭若曾、胡宗憲，《籌海圖編》，北京，中華書局 2007 年點校本。

明 · 鄭若曾，《鄭開陽雜著》，文淵閣四庫全書本。

明 · 龐尚鵬，《軍政事宜》，萬曆五年刻本。

明 · 鄭若曾，《江南經略》，文淵閣四庫全書本。

明 · 鄧鐘重輯，《籌海重編》，四庫全書存目叢書，史部 227 冊。

明 · 項篤壽，《今獻備遺》，文淵閣四庫全書本。

明 · 徐紘，《明名臣琬琰續錄》，文淵閣四庫全書本。

明 · 李日華纂輯，《輿圖摘要》，崇禎六有堂刊本。

明 · 顧充纂輯，《新鍥纂輯皇明一統紀要》，萬曆元年廣居堂葉近山刊本。

明 · 陳侃，《使琉球錄》，《中國邊疆研究資料文庫 · 海疆文獻初編》，
　　《沿海形勢及海防》，第三輯，智慧財產權出版社 2011 年。

明 · 蕭崇業，《使琉球錄》，臺灣文獻叢刊第 287 種，1970 年。

明 · 郭汝霖，《重編使琉球錄》，日本沖繩縣宜野灣市，榕樹書林 2000 年。

明 · 謝杰，《琉球錄撮要補遺》，臺灣文獻叢刊第 287 種。

明 · 夏子陽，《使琉球錄》，臺灣文獻叢刊本第 55 種。

明 · 佚名，《嘉靖倭亂備抄》，不分卷，文淵閣四庫全書存目叢書史部，
　　第 49 冊。

明 · 王士騏，《皇明馭倭錄》，中國文獻珍本叢書，禦倭史料彙編（二），
　　全國圖書館文獻縮微複製中心 2004 年。

明 • 郭光復，《倭情考略》，首都圖書館藏舊抄本，四庫全書存目書叢，子部，第 31 冊。

明 • 王士性，《廣志繹》，北京，中華書局 1981 年標點本。

明 • 陸容，《菽園雜記》，文淵閣四庫全書本。

明 • 王臨亨，《粵劍編》，中華書局 1987 年。

明 • 葉盛，《水東日記》，文淵閣四庫全書本。

明 • 楊雲聰，《玉堂薈記》，借月山房彙抄第十四集。

明 • 葉權，《賢博編》，中華書局元明史料筆記叢刊 1987 年。

明 • 吳朴，《渡海方程》，陳佳榮、朱鑒秋編著，《渡海方程輯注》，上海，中西書局 2013 年。

明 • 謝杰，《虔臺倭纂》卷上，明萬曆刊本，有萬曆二十三年謝杰序。鄭振鐸，《玄覽堂叢書續集》第十七冊，國立中央圖書館民國三十六年刊線裝本玄覽堂叢書本。

明 • 謝杰，《虔臺倭纂》卷下，鄭振鐸，《玄覽堂叢書續集》第十八冊，國立中央圖書館民國三十六年刊線裝本玄覽堂叢書本。

明 • 鄭舜功，《日本一鑑 • 窮河話海》，鄭樑生編，《明代倭寇史料》第七冊，標點民國二十八年刊本，臺北，文史哲出版社 2005 年。

明 • 徐學聚輯，《嘉靖東南平倭通錄》，1943 年盋山精舍影印本。

明 • 王在晉，《海防纂要》，四庫禁燬書叢刊史部 17 冊。

明 • 陳第，〈東番記〉，沈有容，《閩海贈言》，臺灣文獻叢刊第 56 種，第 154 冊。

明 • 陳第，〈東番記〉，沈有容，《閩海贈言》，萬曆三十一年陳第撰，崇禎刊本，成文社中國方志叢書臺灣地區第 40 種。

明 • 周嬰，《遠遊篇》，福建師範大學圖書館藏手抄本。

明 • 方以智，《物理小識》，康熙三年丁氏刻本。

明 • 方以智，《物理小識》，文淵閣四庫全書本。

明 • 朱國楨，《湧幢小品》，北京，中華書局 1959 年。

明 • 陳舜系，《亂離見聞錄》，李龍潛、楊寶霖、陳忠烈、徐林等校，《明清廣東稀見筆記七種》，廣東人民出版社 2010 年。

明 • 張瀚，《松窗夢語》，中華書局 1985 年。

明 • 謝肇淛，《五雜組》，上海古籍社點校本 2011 年。

明 • 沈德符，《萬曆野獲編》，中華書局 1959 年。

明・李詡，《戒庵老人漫筆》，北京，中華書局 1982 年。

明・徐光啟，《農政全書》，嶽麓書社 2002 年。

明・歸有光，《三吳水利錄》，文淵閣四庫全書本。

明・胡應麟，《少室山房筆叢》，上海書店出版社 2001 年。

明・王在晉，《越鐫》，萬曆三十九年刻本，四庫禁燬書叢刊，第 104 冊。

明・黃汴，《天下水陸路程》，山西人民出版社 1992 年。

明・延陵處士編校，《新鍥江湖秘傳商賈買賣指南評釋》，潭邑余文台梓
　　行本。

清・佚名，《商賈便覽》，乾隆五十七年刻本。

明・張應俞，《騙經》，北京，大眾文藝出版社 2002 年。

明・馮夢龍，《醒世恆言》，長沙，嶽麓書社 1989 年。

明・余象斗，《東遊記》，嶽麓書社 1994 年刊《四遊記》本。

明・黃景昉，《國史唯疑》，熊德基點校本，上海古籍出版社 2002 年。

明・張燮，《東西洋考》，謝方點校，中華書局 2000 年。

明・慎懋賞，《四夷廣記》，臺灣，廣文書局史料三編本。

明・戚繼光，《紀效新書》，北京，中華書局 2001 年。

明・黃俁卿，《倭患考原》，清抄本，《四庫全書存目叢書》第 52 冊。

明・宋應星，《天工開物》，潘吉星校注本，巴蜀書社 1989 年。

明・唐甄，《潛書》，中華書局 1984 年刊本。

明・曹履泰，《靖海紀略》，臺灣文獻叢刊第 33 種。

明・計六奇，《明季北略》，北京，中華書局 1984 年。

明・計六奇，《明季南略》，臺灣文獻叢刊第 88 種。

明・陳懋仁，《泉南雜志》，叢書集成初編第 3161 冊。

明・陳全之，《蓬窗日錄》，上海書店古籍出版社 2009 年。

明・王世懋，《閩部疏》，叢書集成初編第 3161 冊。

明・姚士麟，《見只編》，叢書集成初編本。

明・卜大同輯，《備倭記》，清道光十一年《學海類編》本，四庫全書存
　　目叢書上，子部，第 31 冊。

明・張萱，《西園聞見錄》，燕京社民國二十九年重刊本，又見，《續修
　　四庫全書》，上海古籍社 2000 年。

明・屠本峻，《閩中海錯疏》，《萬有文庫》本。

明・姚旅，《露書》，廈門大學圖書館藏抄本。

明・姚旅，《露書》，《四庫全書存目叢書》子部，第 111 冊。

明・姚旅，《露書》，福建人民出版社 2008 年。

明・徐𤊹，《荔枝譜》，叢書集成初編本。

明・徐𤊹，《筆精》，福建人民出版社 1997 年。

明・徐𤊹，《榕陰新檢》，福州，海風出版社 2001 年。

明・徐𤊹，《徐興公尺牘》，福建省圖書館藏抄本。

明・馮夢龍，《醒世恆言》，長沙，嶽麓書社 1989 年。

明・侯繼高，《全浙兵制》，天津圖書館手抄本，《四庫全書存目叢書》子部第 31 冊。

明・郎瑛，《七修類稿》，世紀出版集團、上海書店 2001 年。

明・茅瑞徵，《皇明象胥錄》，商務印書館四部叢刊影印芝園藏板。

明・何喬遠，《名山藏》，福建人民出版社 2010 年。

明・何喬遠，《名山藏》，明崇禎十三年刊本。

明・王圻，《三才圖繪》，明萬曆三十七年刊本。

明・李日華纂輯，《輿圖摘要》，明崇禎間六有堂刊本。美國國會圖書館藏。引自《域外漢籍文庫》第四輯，史部。西南師範大學出版社、人民出版社同刊。

明・北京大學圖書館編，《皇輿遐覽》，中國人民大學出版社 2008 年。

明・毛晉、廣要，《陸氏詩疏廣要》，文淵閣四庫全書本。

明・盧若騰，《島居隨錄》，廈門大學圖書館藏手抄本。

明・沈有容，《閩海贈言》臺灣文獻叢刊第 56 種。

明・姚士麟，《見只編》，叢書集成初編本。

洪思等撰，《黃道周年譜》，侯真平校點，福建人民出版社 1999 年。

明・佚名，《思文大紀》，臺灣文獻叢刊本，第 111 種。

明・顏俊彥，《盟水齋存牘》，北京，中國政法大學出版社 2002 年。

明・陸宋，《覽勝紀談》，明刻本。

明・何良俊，《四友齋叢說》，上海古籍出版社 2012 年。

明・朱彝尊，《曝書亭集》，文淵閣四庫全書本。

清・屈大均，《廣東新語》，中華書局 1985 年。

清・周亮工，《閩小記》，福建人民出版社 1985 年。

清・鈕琇，《觚賸續編》，中華歷代筆記全集本電子版。

清・陳琮，《烟草譜》，嘉慶二十年刻本。

清・許奉恩，《里乘》，光緒五年常熟刻本。

清・梁章鉅，《歸田瑣記》，北京，中華書局 1981 年。

清・郭柏蒼，《閩產錄異》，嶽麓書社 1986 年。

民國・佚名，《興化文獻》，馬來西亞雪蘭峨興安會館 1947 年刊本。

清・王勝時，《漫遊紀略》，江蘇廣陵古籍刻印社筆記小說大觀本，第 17 冊。

中國社會科學院歷史研究所清史研究室編，《清史資料》第一冊，北京，中華書局 1980 年。

清・余颺，《莆變紀事》，《清史資料》第一冊，北京，中華書局 1980 年。

清・陳鴻、陳邦賢，《熙朝莆靖小紀》，《清史資料》第一輯，北京，中華書局 1980 年。

清・李清馥，《閩中理學淵源考》，文淵閣四庫全書本。

清・葉德輝，《書林清話》，嶽麓書社 1999 年。

明・陳道修、黃仲昭纂，弘治《八閩通誌》，福建人民出版社 1990 年。

明・王應山纂、王毓德編次，《閩大記》，北京，中國社會科學出版社 2005 年。

明・王應山纂、王毓德編次，《閩大記》，福建社會科學院圖書館藏手抄本。

明・何喬遠纂修，《閩書》，福建人民出版社 1995 年點校本。

清・郝玉麟等，雍正《福建通志》，文淵閣四庫全書本。

清・沈廷芳等，乾隆《福建通志》，乾隆三十三年刊本。

清・陳壽祺等，道光《福建通志》，臺灣華文書局 1968 年影印本同治十年刊本。

民國・李厚基修、沈瑜慶、陳衍纂，民國《福建通志》，1938 年福州刊本。

清・佚名，《福建省例》，臺灣文獻叢刊本。

福建省測繪局，《福建省地圖冊》，福建省地圖出版社 1983 年。

明・林烴等，《福建運司志》，臺灣中正書局 1987 年。

明・葉溥等，正德《福州府志》，明刊本膠捲。

明・葉溥等，正德《福州府志》，福州，海風出版社 2001 年。

明・喻政修、林烴總纂，萬曆《福州府志》，北京，書目文獻出版社《日本藏中國罕見方志叢刊》，1990 年影印本。

明・喻政修、林烴總纂，萬曆《福州府志》，福州，海風出版社 2001 年。

清・徐景熙等，乾隆《福州府志》，福州，海風出版社 2001 年。

明・王應山，《閩都記》，清道光十一年原刊，北京，方志出版社 2002 年。

清・朱景星、鄭祖庚，《閩縣鄉土志》，清光緒三十二年排印本。

清・胡之禎、鄭祖庚，《侯官縣鄉土志》，清光緒三十二年排印本。

明・白花洲漁，《螺洲志》，清福州董執宜抄校本。

明・夏允彞，崇禎《長樂縣志》，崇禎十四年刊本。

清・楊希閔等，同治《長樂縣志》，清同治八年刊本。

民國・李駒等，民國《長樂縣志》，福建人民出版社 1994 年標點本。

民國・李永選，《長樂六里志》，福建省長樂縣地方志編纂委員會校刊，福建地圖出版社 1989 年。

民國・邱景雍等，民國《連江縣志》，連江縣方志委 1988 年標點本。

清・釋如一，《福清縣志續略》，北京，書目文獻出版社《日本藏中國罕見方志叢刊》，1990 年影印本。

清・林傳甲修、郭文祥纂，康熙《福清縣志》，康熙十一年刊本。

清・林以寀，順治《海口特志》，福州，海潮攝影藝術出版社 1994 年。

清・林昂等，乾隆《福清縣志》，福清縣方志委 1987 年。

明・隱元、清馥等，《黃檗山寺志》，福建省地圖出版社 1989 年。

明・唐學仁等，萬曆《永福縣志》，北京圖書館藏清抄本。

清・俞荔等，乾隆《永福縣志》，清乾隆十三年刊本。

民國・王紹沂等，民國《永泰縣志》，永泰方志委 1987 年標點本。

民國・楊宗彩等，民國《閩清縣志》，民國十年排印本。

明・陳良諫等，萬曆《羅源縣志》，北京，方志出版社 2007 年。

清・林春溥等，道光《羅源縣志》，羅源縣政協文史委 1983 年點校本。

明・劉日暘等，萬曆《古田縣志》，明萬曆刊本膠捲。

明・劉日暘等，萬曆《古田縣志》北京，方志出版社 2007 年點校明萬曆刊本。

清・辛竟可等，乾隆《古田縣志》，古田縣方志委 1987 年標點本。

明・楊德周，崇禎《玉田識略》，福建省圖書館藏抄本。

民國・余鍾英等，民國《古田縣志》，民國三十一年排印本。

清・沈鍾，乾隆《屏南縣志》，屏南縣方志委 1989 年油印本。

民國・黃履思等，民國《平潭縣志》，平潭縣方志委 1990 年標點本。

明・謝純等，嘉靖《建寧府志》，上海古籍書店 1963 年影印天一閣藏本。

明・丁繼嗣等，萬曆《建寧府志》，明萬曆三十四年刊本膠捲。

清・張琦等，康熙《建寧府志》，南平地區方志委 1994 年標點本。

清・鄧其文，康熙《甌寧縣志》，康熙三十四年刊本。

民國・詹宣猷、劉達潛修，蔡振堅、何履祥纂，民國《建甌縣志》，民國十八年刊本。

明・朱凌等纂修，嘉靖《建陽縣志》，上海古籍書店 1963 年影印天一閣藏本。

明・魏時應等，萬曆《建陽縣志》，書目文獻出版社 1990 年日本藏中國罕見方志叢刊影印本。

清・柳正芳等，康熙《建陽縣志》，清康熙四十二年刊本。

清・李再灝等，道光《建陽縣志》，1986 年 7 月建陽縣志辦重刊本。

民國・羅應辰等，民國《建陽縣志》，民國十八年刊本。

清・潘拱辰等，康熙《松溪縣志》，松溪縣編纂委 1986 年點校本。

明・車鳴時，萬曆《政和縣志》，明萬曆二十七年刻本膠捲。

民國・李熙等，民國《政和縣志》，民國八年刊本。

明・馮夢龍，崇禎《壽寧待志》，福建人民出版社 1983 年。

清・柳上芝等，康熙《壽寧縣志》，壽寧縣方志辦 1988 年標點本。

明・黎民範等，萬曆《浦城縣志》，明萬曆三十七年刊本膠捲。

清・翁昭泰等，光緒《浦城縣志》，清光緒二十三年刊本。

清・管申駿纂修，康熙《崇安縣志》，康熙九年刻本。

清・張彬等，雍正《崇安縣志》，清雍正十一年刊本。

清・章朝栻等，嘉慶《崇安縣志》，清嘉慶十三年刊本。

清・董天工，乾隆《武夷山志》，方志出版社 1997 年。

明・邢址等，嘉靖《邵武府志》，上海古籍書店 1963 年影印天一閣藏本。

明・韓國藩等，萬曆《邵武府志》，明萬曆四十七刊本膠捲。

清・張景祈等，光緒《邵武府志》，清光緒二十三年刊本。

清・李正芳等，咸豐《邵武縣志》，邵武市地方志編纂委員會 1986 年自印本。

明・何孟倫等，嘉靖《建寧縣志》，天一閣藏明代方志選刊續編本，第 38 冊。

清・朱霞等，乾隆《建寧縣志》，清乾隆二十四年刊本。

民國・錢江、范毓桂等，民國《建寧縣志》，民國八年刊本。

清・許燦等纂修，乾隆《泰寧縣志》，泰寧縣志編纂委 1986 年點校本。

清・高澍然等，道光《光澤縣志》，清同治九年補刊本。

清・邱豫鼎編，光緒《光澤鄉土志》，光緒三十二年（1906 年）排印本。

明・鄭慶雲等，嘉靖《延平府志》，上海古籍書店 1961 年影印天一閣藏本。

清・孔自洙等，順治《延平府志》，順治十七年刊本。

清・陶元藻等，乾隆《延平府志》，清乾隆十一年刊本。

清・楊桂森等，嘉慶《南平縣志》，清同治十一年重刊本。

民國・蔡建賢等，民國《南平縣志》，南平市志編纂委 1985 年點校本。

明・李敏纂修，弘治《將樂縣志》，天一閣館藏明代方志選刊續編，第 37 冊。

明・黃元美等，萬曆《將樂縣志》，明萬曆十三年刊本膠捲。

清・徐觀海等，乾隆《將樂縣志》，福建省圖書館藏抄本。

明・葉聯芳，嘉靖《沙縣志》，嘉靖二十四年刻本。

清・徐逢盛等，道光《沙縣志》，清道光十四年刊本。

清・徐逢盛等，道光《沙縣志》，同治刊本。

民國・羅克涵等，民國《沙縣志》民國十七年排印本。

明・蘇民望、蕭時中纂，萬曆《永安縣志》，書目文獻出版社《日本藏中國罕見方志叢刊》，1990 年影印本。

清・裴樹榮，雍正《永安縣志》，永安縣方志委 1989 年據道光重刊本標點本。

清・陳樹蘭等，道光《永安縣續志》，永安縣方志委 1989 年據道光重刊本標點本。

明・李文兗等，嘉靖《尤溪縣志》，上海古籍書店 1962 年影印天一閣藏本。

明・鄧一鼎等纂修，崇禎《尤溪縣志》，明崇禎九年刊本，書目文獻出版社《日本藏中國罕見方志叢刊》，1990 年影印本。

民國・洪清芳等，民國《尤溪縣志》，尤溪縣方志辦 1985 年標點本。

清・吳天芹等，乾隆《順昌縣志》，清乾隆三十年刊本。

明・劉維棟，萬曆《大田縣志》，明萬曆三十九刊本膠捲。

清・葉銘等，乾隆《大田縣志》，清乾隆二十四年刊本。

明・閔文振等，嘉靖《福寧州志》，嘉靖十七年刊本膠捲。

明・林子燮等，萬曆《福寧州志》，北京，書目文獻出版社 1990 年日本藏中國罕見方志叢刊影印本。

清・李拔，乾隆《福寧府志》，寧德地區方志編纂委員會，1991 年自印本。

明・陸以載等纂，萬曆《福安縣志》，北京，書目文獻出版社，《日本藏中國罕見方志叢刊》，1990 年影印本。

明・陳曉梧等，崇禎《福安縣志》，清康熙十六年刊本膠捲。

清・黃錦燦等，光緒《福安縣志》，福安縣方志委 1987 年標點本。

明・閔文振等，嘉靖《寧德縣志》，明嘉靖十七年刊本膠捲。

明・舒應元，萬曆《寧德縣志》，明萬曆十九年刊本膠捲。

清・盧建其等，乾隆《寧德縣志》，寧德縣方志辦 1983 年點校本。

清・崔嵸，《寧德支提寺圖志》，李懷先、季左明、顏素開點校本，福州，福建省地圖出版社 1988 年。

民國・徐有吾等，民國《霞浦縣志》，霞浦方志委 1986 年點校本。

明・謝肇淛，《長溪瑣語》，清抄本，四庫全書存目叢書，史部第 247 冊。

清・黃鼎翰，光緒《福鼎縣志》，清光緒三十二年刊本。

明・周瑛、黃仲昭，弘治《興化府志》，福建人民出版社 2007 年點校本。

明・呂一靜等，萬曆《興化府志》，明萬曆三年刊本膠捲。

明・馬夢吉等，萬曆《興化府志》，明萬曆間刊本膠捲。

清・廖必琦等，乾隆《莆田縣志》，乾隆二十三年刊本。

石有紀、張琴，民國《莆田縣志》，福建省圖書館藏抄本。

莆田縣志編纂委員會編，共和國《莆田縣志五十八種》，莆田縣志編纂委員會 1959 ～ 1965 年鉛印本。

明・林有年，嘉靖《仙遊縣志》，天一閣抄本。

清・胡啟植、葉和侃，乾隆《仙遊縣志》，乾隆三十五年原刊，民國重刊本。

明・陽思謙等，萬曆《泉州府志》，泉州市編纂委員會 1985 年影印彙刊本。

明・陽思謙等，萬曆《泉州府志》，臺灣學生書局影印本。

清・黃任等，乾隆《泉州府志》，清乾隆二十八年刊本、民國重刊本。

清・方鼎等，乾隆《晉江縣志》，清乾隆三十年刊本。

清・周學曾等，道光《晉江縣志》，福建人民出版社 1990 年標點本。

莊為璣，《晉江新志》，泉州市方志委 1986 年鉛印本。

明・林有年，嘉靖《安溪縣志》，上海古籍書店 1963 年影印天一閣藏本。

清・謝宸荃等，康熙《安溪縣志》，清康熙十二年刊本。

清・沈鍾等，乾隆《安溪縣志》，廈門大學出版社 1988 年。

明・許仁修、蔣孔煬纂，嘉靖《德化縣志》，明嘉靖十年刊本膠捲。

清・王必昌等纂修，乾隆《德化縣志》，德化縣志編纂委 1987 年點校本。

民國・王光張等，民國《德化縣志》，民國二十九排印本。

明・林希元，嘉靖《永春縣志》，北京圖書館藏抄本，明嘉靖五年刊本膠捲。

明・朱安期等，萬曆《永春縣志》，明刊本膠捲。

清・顏鑄等，乾隆《永春州志》，清乾隆五十一年刊本。

明・朱肜等，《崇武所城志》，福建人民出版社 1987 年。

明・張岳，嘉靖《惠安縣志》，上海古籍書店 1963 年影印天一閣藏本。

明・葉春及，《惠安政書》，福建人民出版社 1987 年。

清・吳裕仁，嘉慶《惠安縣志》，民國二十五年重刊本。

清・葉獻綸等，康熙《南安縣志》，康熙十一年刊本。

民國・蘇鏡潭等，民國《南安縣志》，泉州泉山書社排印本。

安海志修編小組，新編《安海志》，1983 年安海自刊本。

清・陶元藻等，乾隆《同安縣志》，民國八年重刊本。

清・劉光鼎等，嘉慶《同安縣志》，清嘉慶三年刊本。

民國・吳錫璜等，民國《同安縣志》，民國十八年排印本。

清・周凱、凌翰等，道光《廈門志》，鷺江出版社 1996 年標點本。

清・林焜熿，道光《金門志》，臺灣，臺灣書店 1956 年鉛印本。

明・羅青霄總輯，萬曆《漳州府志》，萬曆元年刊本。

明・袁業泗等修、劉庭蕙等纂，萬曆《漳州府志》，明萬曆四十一年閔夢得刊本。漳州市政協、廈門大學出版社 2012 年影印本。

明・袁業泗修、劉庭蕙纂，《漳州府志》，萬曆四十一年原刊，廈門大學出版社 2012 年影印本。按此書福建方志目錄常題為，袁業泗修，劉庭蕙纂。

清・蔡世遠等，康熙《漳州府志》，清康熙五十三年刊本。

清・李維鈺、官獻瑤等，乾隆《漳州府志》，清嘉慶補刊本。

清・沈定均、吳聯熏等，光緒《漳州府志》，清光緒三年刻本。

明・劉天授等，嘉靖《龍溪縣志》，上海古籍書店 1963 年影印天一閣藏本。

明・佚名，萬曆《龍溪縣志》，明萬曆元年摘抄本膠捲。

清・吳宜燮等，乾隆《龍溪縣志》，清光緒五年增刊本。

清・葉先登等，康熙《長泰縣志》，康熙二十六年刊本。

清・張懋建等，乾隆《長泰縣志》，民國二十一年排印本。

明・梁兆陽修，蔡國楨、張燮等纂，崇禎《海澄縣志》，崇禎五年刊本，北京，書目文獻出版社，《日本藏中國罕見方志叢刊》，1990 年影印本。

清・李基益等，康熙《海澄縣志》，清康熙三十二年刊本。

清・鄧來祚等，乾隆《海澄縣志》，乾隆二十七年刊本。

清・陳汝咸修、林登虎纂，康熙《漳浦縣志》，康熙三十九年原修，民國十七年翻刻。

清・陳汝咸修、林登虎纂，康熙《漳浦縣志》，民國二十五年排印本。

清・王相等，康熙《平和縣志》，清光緒十五年重刊本。

清・黃評桂等，道光《平和縣志》，平和縣方志委 1997 年影印稿本。

明・蔡克恭等，萬曆《南靖縣志》，明刊本萬曆二十七年刊本膠捲。

民國・鄭豐稔等，民國《南靖縣志》，南靖縣方志委 1994 年整理本。

清・薛凝度等，嘉慶《雲霄廳志》，民國二十四年排印本。

清・秦炯纂修，康熙《詔安縣志》，康熙三十年刊本。

民國・陳蔭祖修、吳名世纂，民國《詔安縣志》，民國三十一年排印本。

民國・李猷明等，民國《東山縣志》，原纂於民國三十一年，東山縣方志辦 1987 年。

明・湯相修、莫元纂，嘉靖《龍巖縣志》，明嘉靖三十七年刊本膠捲。

清・徐銑等纂修，乾隆《龍巖州志》，福建省地圖出版社 1987 年。

清・陳文衡等，道光《龍巖州志》，清光緒十六年補刊本。

明・曾汝檀，嘉靖《漳平縣志》，漳平圖書館 1985 年重刊本。

清・林得震等撰，道光《漳平縣志》，民國二十四年排印本。

明・蕭亮修、張豐玉纂，金基增修，永曆《寧洋縣志》，永曆二十九年增修本。

清・蕭亮等，康熙元年《寧洋縣志》，漳平方志辦 2001 年。

清・董鍾驥撰，同治《寧洋縣志》，清光緒三年增刊本。

宋・胡太初纂、趙與沐，開慶《臨汀志》，福建人民出版社 1990 年點校本。

明・吳文度等，弘治《汀州府志》，明弘治十年刊本膠捲。

明・邵有道纂修，嘉靖《汀州府志》，天一閣藏明代方志選刊續編，第 39—40 冊，上海書店影印本。

明・唐世涵等，崇禎《汀州府志》，明崇禎十年刊本膠捲。

清・曾曰瑛等，乾隆《汀州府志》，中國方志叢書影印清乾隆十七年刊本。

清・曾曰瑛等，乾隆《汀州府志》，北京，方志出版社 2004 年。

清・潘世嘉等，康熙《長汀縣志》，清康熙二十五年刊本膠捲。

清・許春暉纂，乾隆《長汀縣志》，清乾隆四十七年刊本。

清・楊瀾等，道光《長汀縣志》，咸豐四年刊本。

民國・丘復等，民國《長汀縣志》，民國三十年刊本。

清・趙成等，乾隆《上杭縣志》，乾隆十八年刻本。

清・顧人驥等，乾隆《上杭縣志》，乾隆二十三年刻本。

民國・丘復等，民國《上杭縣志》，民國二十八年上杭啟文書局刊本。

清・杜士晉等，康熙《連城縣志》，方志出版社 1997 年。

清・李龍官、徐尚忠，乾隆《連城縣志》，廈門大學出版社 2008 年。

民國・王集吾修、鄧光瀛纂，民國《連城縣志》，民國二十七年維新書局
　　排印本，《中國地方志集成》，福建府縣志輯 35。

清・趙良生，康熙《武平縣志》，武平縣方志委 1986 年點校本。

明・張士俊等，崇禎《寧化縣志》，明崇禎八年刊本膠捲。

清・李世熊，康熙《寧化縣志》，福建人民出版社 1989 年。

明・周憲章，萬曆《歸化縣志》，書目文獻出版社，《日本藏中國罕見方
　　志叢刊》，1990 年影印本。

民國・王維梁等，民國《明溪縣志》，廈門大學出版社 2008 年點校本。

明・陳桂芳等，嘉靖《清流縣志》，福建人民出版社 1992 年。

清・王霖等，康熙《清流縣志》，康熙四十一年刊本。

清・喬有豫，道光《清流縣志》，福建人民出版社 1992 年。

清・林善慶，民國《清流縣志》，福建地圖出版社 1988 年。

清・王見川等，乾隆《永定縣志》，乾隆二十二年刊本。

清・巫宜福等，道光《永定縣志》，道光十年刊本影抄本。

卓劍舟等，《太姥山全志》（外四種），福州，福建人民出版社 2008 年。

明・陳組綬，《皇明職方兩京十三省地圖表》，崇禎九年刊本，鄭振鐸編，
　　《玄覽堂叢書三集》第十一冊，國立中央圖書館 1948 年。

清・朱正元，《福建沿海圖說》，上海，光緒二十八年刊本。

曹婉如、鄭錫煌、黃盛璋、鈕仲勳、任金城、秦國經、胡邦波編，《中國
　　古代地圖集・明代》，北京，文物出版社 1995 年。

民國・連橫，《臺灣通史》，商務印書館 1946 年原刊，北京，商務印書
　　館 1983 年修訂本。

清‧林謙光，康熙《臺灣府紀略》，康熙二十九年刊本，〈沿革〉，四庫全書存目叢書，史部 214 冊。

清‧蔣毓英，康熙《臺灣府志》，廈門大學出版社 1985 年。

清‧李元春，《臺灣志略》，臺灣文獻叢刊第 18 種。

清‧朱仕玠，《小琉球漫誌》，臺灣文獻叢刊第 3 種。

清‧陳文達，康熙《鳳山縣志》，康熙五十九年始刊，臺灣文獻叢刊第 124 種。

清‧盧德嘉，《鳳山縣采訪冊》，光緒二十年修成本。臺灣文獻叢刊第 34 冊。

清‧陳淑均纂，咸豐《續修臺灣府志噶瑪蘭廳志》，咸豐二年刊本。

清‧陳培桂，同治《淡水廳志》，同治刊本。

清‧齊翀，乾隆《南澳志》，道光二十一年據乾隆四十八年本增刊。

清‧印光任、張汝霖，乾隆《澳門紀略》，澳門文化司署 1992 年點校本。

蘇州博物館等編，《明清蘇州工商業碑刻集》，江蘇人民出版社 1981 年。

二、近人著作、論文

馬克思《資本論》第一卷，《馬克思恩格斯全集》第 23 卷，中國人民出版社 1974 年。

〔英〕約翰‧克拉潘（Sir Joln Clapham），《簡明不列顛經濟史：從最早時期到 1750 年（*A concise Economic Histroy of Britain: Fron the Earliest Times to1750*）》，范定九、王祖廉譯，上海譯文出版社 1980 年。

〔美〕湯普遜（James Westfall Thompson），《中世紀經濟社會史》，原版 1928 年，耿淡如譯本，北京，商務印書館 1997 年。

〔日〕小葉田淳，《明代漳泉人的海外通商發展》，臺北，野山書房 1942 年。

張維華，《明代海外貿易簡論》，上海人民出版社 1956 年。

張維華，《明史歐洲四國傳注釋》，上海古籍出版社 1982 年。

鄭樑生，《明代中日關係史研究》，臺灣，文史哲出版社 1985 年。

劉芝田，《中菲關係史》，臺北，正中書局 1964 年。

陳台民，《中菲關係與菲律賓華僑》，香港，朝陽出版社 1985 年。

〔美〕保羅‧布特爾（by Paul Butel），《大西洋史》，劉明周譯，上海，東方出版社中心 2015 年。

朱杰勤，《東南亞華僑史》，中華書局 2008 年。

王賡武，《南海貿易：南中國海華人早期貿易史研究》，香港，中華書局
　　香港分局 1988 年。

林惠祥，《臺灣番族之原始文化》，北京，中研院社會科學研究所專刊第
　　3 號，1930 年。

陳懋仁，《明代倭寇考略》，1934 年。

莊為璣、鄭山玉主編，李天錫、林少川、白曉東副主編，《泉州譜牒華僑
　　史料與研究》，北京，中國華僑出版社 1998 年。

〔法〕布林努瓦（Luce Boulnois），《絲綢之路》，耿昇譯，山東畫報出
　　版社 2001 年。

薩士武、傅衣凌等，《福建對外貿易史研究》，福建省研究院社會科學研
　　究所 1948 年。

傅衣凌，《明清時代商人及商業資本》，中華書局 1956 年。

傅衣凌，《明清農村社會經濟》，三聯書店 1961 年。

傅衣凌，《明代江南市民經濟試探》，上海人民出版社 1963 年。

傅衣凌，《明清社會經濟史論集》，北京，中國人民出版社 1982 年。

傅衣凌、楊國楨合編，《明清福建社會與鄉村經濟》論文集，廈門大學出
　　版杜 1987 年。

石原道博，《倭寇》，吉川弘文館平成八年，該書原版於昭和三十九年。

田中健夫，《倭寇》，東京，教育社 1982 年。

嚴中平，《中國棉紡織史稿》，北京，科學出版社 1955 年。

陳詩啟，《明代官手工業研究》，湖北人民出版社 1958 年。

劉石吉，《明清時代江南市鎮研究》，北京，中國社會科學出版社 1987 年。

趙岡、陳鐘毅，《中國棉紡織史》，北京，中國農業出版社 1997 年。

徐新吾主編，《江南土布史》，上海社會科學院出版社 1992 年。

梁嘉彬，《琉球及東南諸海島與中國》，臺中市，東海大學 1965 年。

梁嘉彬，《廣東十三行考》，廣東人民出版社 1999 年。

臺灣文獻委員會編，《臺灣省通志》，1970 年自刊本。

鄭學稼，《日本史（三）》，臺北，黎明文化公司 1977 年。

鄭昌淦，《明清農村商品經濟》，中國人民大學出版社 1989 年。

陳碧笙，《世界華人華僑簡史》，廈門大學出版社 1991 年。

中國佛教學會福建省分會，《福建佛教志二稿》，共三冊，九十年代初期
　　油印本，其時福建佛學會會長為妙湛。

戚嘉林，《臺灣史》上冊，臺灣自立晚報社，1986 年。

梁方仲，《梁方仲經濟史論文集》，北京，中華書局 1989 年。

梁方仲，《梁方仲經濟史論文集補編》，中州古籍出版社 1984 年。

全漢昇，《中國經濟史論叢》，香港，新亞研究所 1972 年。

全漢昇，《明清經濟史研究》，臺北，聯經出版公司 1987 年。

全漢昇，《中國經濟史研究》，北京，中華書局 2011 年。

方豪，《六十至六十四自選待定稿》，臺北，作者自刊本 1974 年。

方豪，《臺灣早期史綱》，臺灣學生書局 1994 年。

曹永和，《臺灣早期歷史研究》，臺灣聯經公司 1981 年。

曹永和，《臺灣早期歷史研究續集》，臺灣聯經公司 2000 年。

曹永和，《中國海洋史論集》，臺北，聯經出版公司 2000 年。

王家範，《明清江南史研究三十年 1978—2008 年》，上海古籍出版社 2010
　　年。

〔日〕山脇悌二郎，《長崎の唐人貿易》，東京，吉川弘文館 1964 年。

〔日〕黑田明伸，《貨幣制度的世界史》，中譯本，中國人民大學出版社
　　2011 年。

陳在正，《臺灣海疆史》，臺灣，揚智文化事業公司，2003 年。

顧誠等，《永寧衛城文化研究》，福建人民出版社 2001 年。

中國海洋發展史論文集編輯委員會編，《中國海洋發展史論文集》第一輯，
　　臺北，中研院三民所 1984 年。

中國海洋發展史論文集編輯委員會編，《中國海洋發展史論文集》第二輯，
　　臺北，中研院中山人文社會科學研究所 1986 年。

張炎憲主編，《中國海洋發展史論文集》第三輯，臺北，中研院中山人文
　　社會科學研究所 1988 年。

吳劍雄主編，《中國海洋發展史論文集》第四輯，臺北，中研院中山人文
　　社會科學研究所 1988 年。

張彬村、劉石吉主編，《中國海洋發展史論文集》第五輯，臺北，中研院
　　中山人文社會科學研究所 1988 年。

張炎憲主編，《中國海洋發展史論文集》第六輯，臺北，中山人文社會科
　　學研究所 1997 年。

湯熙勇主編，《中國海洋發展史論文集》第七輯，臺北，中山人文社會科
　　學研究中心 1999 年。

朱德蘭主編，《中國海洋發展史論文集》第八輯，臺北，中研院人文社會科學研究中心 2002 年。

劉序楓主編，《中國海洋發展史論文集》第九輯，臺北，中研院人文社會科學研究中心 2005 年。

湯熙勇主編，《中國海洋發展史論文集》第十輯，臺北，中山人文社會科學研究中心 2008 年。

廈門大學歷史系編，《鄭成功研究論文選》，福建人民出版社 1982 年。

福建省歷史學會廈門分會編輯，《月港研究論文集》，1983 年自刊本。

李文治、魏金玉、經君健等編，《明清時代的農業資本主義萌芽問題》，中國社會科學出版社 1983 年。

鄭永常，《來自海洋的挑戰——明代海貿政策演變研究》，臺北縣，稻鄉出版社 2008 年刊本。

朱維幹，《福建史稿》下冊，福建教育出版社 1986 年。

陳遵統，《福建編年史》，福建省圖書館藏 1959 年手稿本。

彭信威，《中國貨幣史》，上海人民出版社 1988 年。

丘光明編著，《中國歷代度量衡考》，科學出版社 1992 年。

戴裔煊，《明代嘉隆年間的倭寇海盜與中國資本主義的萌芽》，北京，中國社會科學出版社 1982 年。

戴裔煊，《明史・佛郎機傳箋證》，中國社會科學出版社 1984 年。

新予，《浙江絲綢史》，浙江人民出版社 1985 年。

《安海港史》研究編輯組編，《安海港史研究》，福州，福建教育出版社 1989 年。

石守謙等，《福爾摩沙——十七世紀的臺灣・荷蘭與東亞》，臺北，故宮博物院 2003 年。

廈門大學歷史研究所主編，《福建經濟發展簡史》，廈門大學出版社 1989 年。

鄭學檬，《中國古代經濟重心南移和唐宋江南經濟研究》，嶽麓書社 2003 年。

鄭學檬、徐東升，《唐宋科學技術與經濟發展的關係研究》，廈門大學出版社 2013 年。

鄭學檬，《點濤齋史論集，以唐五代經濟史為中心》，廈門大學出版社 2016 年。

楊國禎，《閩在海中——追尋福建海洋發展史》，江西高校出版社，1998 年。

楊國禎，《東溟水土——東南中國海洋環境與經濟開發》，江西高校出版社，2003 年。

林仁川，《明末清初私人海上貿易》，上海華東師範大學出版社 1987 年。

林仁川，《福建對外貿易與海關史》，鷺江出版社 1991 年。

黃福才，《臺灣商業史》，江西人民出版社，1990 年。

李伯重，《理論、方法、發展、趨勢，中國經濟史研究新探》，浙江大學出版社 2013 年。

李伯重，《江南的早期工業化，1500—1850 年》，中國社會科學文獻出版社，2000 年。

李伯重，《火槍與帳簿——早期經濟全球化時代的中國與東亞世界》，生活、讀書、新知三聯書店 2017 年。

陳支平，《民間文書與臺灣社會經濟史》，長沙，嶽麓書社 2004 年。

孔遠志，《中國印尼文化交流》，北京大學出版社 1999 年。

莊國土，《華僑華人與中國的關係》，廣東高等教育出版社 2001 年。

黃仁宇，《十六世紀明代中國之財政與稅收》，阿風、許文繼、倪玉平、徐衛東譯，北京，生活、讀書、新知三聯書店 2001 年。

張崇根，《臺灣四百年前史》，北京，九州出版社 2005 年。

《饒宗頤潮汕地方史論集》，汕頭大學出版社 1996 年。

陳佳榮，《南溟集》香港，麒麟書業有限公司 2005 年。

張增信，《明季東南中國的海上活動》上編，臺北，中國學術著作獎助委員會，1988 年。

李國祁，《中國現代化的區域研究：閩浙臺地區 1860—1916》，臺北，中研院近代史研究所 1985 年刊本。

韓振華，《中外關係歷史研究》，香港大學亞洲研究中心編，《韓振華選集》。

李東華，《泉州與我國中古的海上交通》，臺灣學生書局 1986 年。

黃啟臣、鄭煒明，《澳門經濟四百年》，澳門基金會 1994 年。

邱炫煜，《明帝國與南海諸蕃國關係的演變》，臺北，蘭臺出版社 1995 年。

李金明，《明代海外貿易史》，中國社會科學出版社 1990 年。

李金明，《海外交通與文化交流》，雲南美術出版社 2006 年。

李金明、廖大珂，《中國古代海外貿易史》，廣西人民出版社 1995 年。

陳衍德，《現代中的傳統——菲律賓華人社會研究》，廈門大學出版社 1998 年。

陳孔立編，《臺灣歷史綱要》，北京，九州圖書出版社 1997 年。

張侃，《互補聯動》，福州，海風出版社，2004 年。

李隆生，《晚明海外貿易數量研究——兼論江南絲綢產業與白銀流入的影響》，臺北，秀威資訊科技股份有限公司 2005 年。

唐次妹，《清代臺灣城鎮研究》，北京，九州出版社 2008 年。

張海鵬、陶文釗，《臺灣簡史》，香港，鳳凰出版傳媒集團、鳳凰出版社 2010 年。

高賢治等，《縱覽台江——大員四百年地輿圖》，臺南市台江公園管理處 2012 年。

蘇基朗，《刺桐夢華錄——近世前期閩南的市場經濟》，浙江大學出版社 2012 年。

田培棟，《明史披揀集》，三秦出版社 2012 年。

萬明，《明代中外關係史論稿》，中國社會科學出版社 2011 年。

張金奎，《明代山東海防研究》，中國社會出版社 2014 年。

許賢瑤譯，《荷蘭時代臺灣史論文集》，臺灣，佛光人文學院 2001 年。

王川，《市舶太監與南海貿易——廣州口岸史研究》，北京，人民出版社 2010 年。

鄭一鈞，《論鄭和下西洋》，北京，海洋出版社 2005 年。

〔日〕上杉千年，《鄭和下西洋—— 1421 中國發現世界》，上海社會科學院出版社 2003 年。

時平、朱鑒秋，《上海與鄭和研究》，北京，海洋出版社 2016 年。

陳景盛，《福建歷代人口論考》，福建人民出版社 1991 年。

楊彥杰，《荷據時代臺灣史》，江西人民社 1992 年。

吳鳳斌，《東南亞華僑通史》，福建人民出版社 1994 年。

吳承明，《中國資本主義與國內市場》，中國社會科學出版社 1985 年。

許滌新、吳承明主編，《中國資本主義發展史》第一卷，《中國資本主義萌芽》，人民出版社 1995 年。

林滿紅，《四百年來的兩岸分合》，臺北，自立晚報文化出版部，1994 年。

林滿紅，《銀線—— 19 世紀的世界與中國》，詹慶華、林滿紅等譯，江蘇人民出版社 2011 年。

謝必震，《中國與琉球》，廈門大學出版社 1996 年。

黃挺、陳占山，《潮汕史》，廣東人民出版社 2001 年。

謝必震，《明清中琉航海貿易研究》，北京，海洋出版社 2004 年。

米慶餘，《琉球歷史研究》，天津人民出版社 1998 年。

鄭廣南，《中國海盜史》，上海，華東理工大學出版社 1998 年。

賴正維，《東海海域移民與漢文化的傳播——以琉球閩人三十六姓為中心》，社會科學文獻出版社 2016 年。

徐曉望、陳衍德，《澳門媽祖文化研究》，澳門基金會 1998 年。

中研院臺灣史研究所籌備處，《臺灣商業傳統論文集》，1999 年。

廖大珂，《福建海外交通史》，福建人民出版社 2002 年。

陳自強，《漳州古代海外交通與海洋文化》，福建人民出版社 2014 年。

林南中，《漳州外來貨幣概述》，福建人民出版社 2014 年。

〔日〕高良倉吉，《琉球の時代》，那霸 1989 年重印本。

〔日〕外山幹夫，《松浦氏と平戶貿易》，日本，東京，國書刊行會 1987 年。

〔日〕松浦章，《中國の海賊》，東京，東方書店 1995 年。

〔日〕松浦章，《明清時代東亞海域的文化交流》，鄭潔西等譯，江蘇人民出版社 2009 年。

〔日〕坂本太郎，《日本史》，北京，中國社會科學出版社 2008 年。

〔日〕上田信，《海與帝國：明清時代》，高瑩瑩譯本，廣西師範大學出版社 2014 年。

〔日〕上田信，《東歐亞海域史列傳》，寇淑婷譯本，廈門大學出版社 2018 年。

〔澳大利亞〕傑佛瑞・C・岡恩，《澳門史》，秦傳安譯，中央翻譯出版社 2009 年。

湯開建，《澳門開埠初期史研究》，北京，中華書局 1999 年。

湯開建，《委多黎〈報效始末疏〉箋正》，廣東人民出版社 2004 年。

湯開建，《明代澳門史論稿》，黑龍江教育出版社 2012 年。

晁中辰，《明代海禁與海外貿易》，北京，人民出版社 2005 年。

晁中辰，《明代海外貿易研究》，故宮出版社 2012 年。

向達注釋本，《兩種海道針經》，北京，中華書局 2000 年。

許雪姬、吳密察，《先民的足跡——古地圖話台灣滄桑史》，臺灣，南天書局有限公司。

夏黎明總論、王存立、胡文青編著，《台灣的古地圖——明清時期》，臺灣，遠足文化有限公司 2005 年。

中國第一歷史檔案館、澳門一國兩制研究中心，《澳門歷史地圖精選》，北京，華文出版社 2000 年。

陳宗仁，《雞籠山與淡水洋——東亞與臺灣早期史研究》，臺北，聯經出版公司 2005 年。

卓克華，《清代臺灣行郊研究》，福建人民出版社，2006 年。

鄭維中，《製作福爾摩沙——追尋西洋古畫中的臺灣身影》，臺北，大雁文化事業公司 2006 年。

〔葡萄牙〕曾德昭（Alvaro Semedo），《大中國志》，何高濟譯，李申校，上海古籍出版社 1998 年。

〔西班牙〕門多薩（J. G. de Mendoza），《中華大帝國史》，何高濟譯，北京，中華書局 1998 年。

〔西班牙〕胡安‧岡薩雷斯‧德‧門多薩（J. G. de Mendoza），《中華大帝國史》，孫家堃譯，北京，中華書局 2009 年。

〔瑞典〕龍思泰（Anders Ljungstedt），《早期澳門史》，吳義雄、郭德炎、沈正邦譯，章文欽校，北京，東方出版社 1997 年。

〔英〕C‧R‧博克塞，《澳門與日本的早期貿易》，C‧R‧Boxer, *The Great ship from Amacon: Annals of Macao and the Old japan Trade, 1550-1640*, Centro de Estudos Historicos Ultramarinos, Lisboa, 1959.

張天澤，《中葡早期通商史》，姚楠、錢江譯，中華書局香港分局 1988 年。

金國平、吳志良，《過十字門》，澳門成人教育協會 2004 年。

金國平、吳志良，《早期澳門史論》，廣州，廣東人民出版社 2007 年。

吳志良主編，《澳門史新論》，澳門基金會 2008 年。

吳志良、金國平、湯開建主編，《澳門史新編》，澳門基金會 2008 年。

金國平編譯，《西方澳門史料選萃（15 — 16 世紀）》，廣東人民出版社 2005 年。

翁佳音，《荷蘭時代臺灣史的連續性問題》，臺北，稻香出版社 2008 年。

鮑曉鷗著、那瓜（NaKao Eki）譯，《西班牙人的臺灣體驗 1626 — 1642》，臺北南天書局有限公司 2008 年。

李毓中編注，《臺灣與西班牙關係史料彙編 I》，李毓中譯、陳柏蓉協譯，臺灣南投市，臺灣文獻館 2008 年。

方真真，《華人與呂宋貿易（1657）史料分析與譯著》，第一冊，臺北，

清華大學出版社 2012 年。

珠海市委宣傳部、澳門基金會、中山大學近代中國研究中心主編，《珠海、澳門與近代中西文化交流》，北京，社會科學文獻出版社 2010 年。

薛化元等，《臺灣貿易史》，臺北，對外貿發展協會 2008 年。

郭萬平、張捷主編，《舟山普陀與東亞海域文化交流》，浙江大學出版社 2009 年。

栗建安主編，《考古學視野中的閩商》，北京，中華書局 2010 年。

廣東省社會科學院、廣東海洋史研究中心編，《海洋史研究》第二輯，北京，社會科學文獻出版社 2011 年。

陳小沖主編，《臺灣歷史上的移民與社會研究》，北京，九州出版社 2011 年。

段立生，《泰國通史》，上海社會科學院出版社 2014 年。

劉小珊、陳曦子、陳訪澤著，《明中後期中日葡外交使者陸若漢研究》，北京，商務印書館陶 2015 年。

黃滋生、何思兵，《菲律賓華僑史》，廣東高等教育出版社 2016 年。

亨利・卡門（Henry Camen），《黃金時代的西班牙》，呂浩峻譯，北京大學出版社 2016 年。

向大有，《越南封建時期華僑華人研究》，中國社會科學出版社 2016 年。

佚名，《中國古陶瓷論文集》，文物出版社，1982 年。

葉文程，《中國古外銷瓷研究論文集》，北京，紫禁城出版社 1988 年。

福建省博物館，《德化窯》，文物出版社 1990 年。

福建省博物館，《漳州窯》，福建人民出版社 1997 年。

福建省博物館、日本茶道資料館等，《特別展：交趾香合——福建出土的遺物和日本的傳世品》，日本寫真株式會社 1998 年。

廣東文物考古研究所、廣東省博物館、國家文物水下文化遺產保護中心編著，《孤帆遺珍——南灣 I 號出水精品文物圖錄》，北京，科學出版社 2014 年。

孟原召，《閩南地區宋至清代製瓷手工業遺存研究》，北京，文物出版社 2017 年。

〔日〕岩生成一，《朱印船貿易史の研究》，東京，吉川弘文堂 1958 年原版，1985 年修訂版。

李獻璋，〈嘉靖年間における浙海の私商及び舶主王直行蹟考（上）〉，日本，《史學》34 卷，第 1 號（1962 年）。

〔日〕木宮泰彥，《日中文化交流史》，胡錫年譯，商務印書館 1980 年。

徐曉望，〈16 — 17 世紀環臺灣海峽區域市場研究〉，廈門大學歷史系博士論文 2003 年。

〔日〕中村孝志，《荷蘭時代的臺灣史研究・上卷・概說・產業》，臺北，稻鄉出版社 1997 年。

〔法〕費爾南・布羅代爾（Fernald Braudel），《菲力浦二世時代的地中海和地中海世界》，唐家龍、曾培狄等譯，北京，商務印書館 1996 年。

〔法〕費爾南・布羅代爾（Fernald Braudel），《15 至 18 世紀的物質文明、經濟和資本主義》，顧良、施康強等譯，北京，生活、新知三聯書店 1993 年。

〔美〕柯文，《在中國發現歷史——中國中心觀在美國的興起》，北京，中華書局 1989 年。

〔美〕施堅雅，《中國封建社會晚期城市研究》，王旭等譯，吉林教育出版社 1991 年。

〔美〕王國斌，《轉變的中國——歷史變遷與歐洲經濟的局限》，李伯重、連玲玲譯，江蘇人民出版社 1998 年。

〔日〕速水融、宮本又郎編，《日本經濟史》，北京，三聯書店 1997 年。

〔日〕川北稔，《一粒砂糖裡的世界史》，趙可譯本，海口市，南海出版社 2018 年。

〔美〕施堅雅主編，《中華帝國晚期的城市》，中華書局出版社 2000 版。

〔日〕濱下武志，《近代中國的國際契機——朝貢貿易體系與近代亞洲經濟圈》，朱蔭貴、歐陽菲譯本，中國社會科學出版社 1999 年。

〔日〕濱下武志，《中國近代經濟史研究——清末海關財政與通商口岸市場圈》，高淑娟、孫彬譯，江蘇人民出版社 2006 年。

〔日〕濱下武志，〈海域亞洲與港口網絡的歷史變遷：十五——十九世紀〉，海洋史叢書編輯委員會，《港口城市貿易網絡》，朱德蘭、劉序楓序 iv，臺北，中研院人文社會科學研究中心，2012 年。

〔德〕貢德・弗蘭克（Frank, G.），《白銀資本——重視經濟全球化中的東方》，劉北成譯，北京，中央編譯出版社 2000 年。

〔美〕彭慕蘭（Kenmeth pomeranz），《大分流——歐洲、中國及現代世界經濟的發展》，（*The Great Divergence: Europe, Chima, amd the Making of the Moderm World Economy*），普林斯頓大學出版社 2000 年原版，史建雲譯本，南京，江蘇人民出版社 2010 年。

〔美〕彭慕蘭（Kenneth Ponmeranz）、史蒂夫・托皮克（Steven Topik），《貿易打造的世界——社會文化與世界經濟》，黃中憲譯本，陝西師範大學出版社 2008 年。

程紹剛譯註，《荷蘭人在福爾摩沙》，臺北，聯經出版事業公司 2000 年。

〔英〕崔瑞德、〔美〕牟復禮編，《劍橋中國明代史 1368 — 1644 年》下卷，北京，中國社會科學出版社 2006 年。

〔澳大利亞〕雪珥，《大國海盜》，山西人民出版社 2011 年。

徐泓，《二十世紀的明史研究》，臺灣大學出版社中心 2011 年。

〔日〕森正夫、野口鐵郎、濱島敦俊、岸本美緒、佐竹靖彥編，《明清時代史的基本問題》，周紹泉、欒成顯等譯，北京，商務印書館 2013 年。

〔日〕檀上寬，《明代海禁＝朝貢システムと華夷秩序》，京都大學學術出版會 2013 年。

〔英〕羅傑・克勞利，《征服者：葡萄牙帝國的崛起》，北京，社會科學文獻出版社 2016 年。

〔美〕尤金・賴斯、安東尼・格拉夫頓，《現代歐洲史・早期現代歐洲的建立 1460—1559》，北京，中信出版社 2016 年。

〔日〕淺田實，《東印度公司——巨額商業資本之興衰》，顧姍譯本，北京，社會科學出版社 2016 年。

〔美〕薩利・杜根、大衛・杜根，《劇變：英國工業革命》，孟新譯，中國科學技術出版社 2018 年。

董建中主編，《清史譯叢》第十一輯，《中國與十七世紀危機》，商務印書館 2013 年。

〔義大利〕喬吉奧・列略（Giorgio Riello），《棉的全球史》，劉嫄譯，上海人民出版社 1981 年。

〔德〕普塔克（Roderich Ptak），《普塔克澳門史與海洋史論集》，趙殿紅、蔡潔華等譯，廣東人民出版社 2018 年。

秦佩珩，〈明代的朝貢貿易〉，《經濟研究季報》第一卷，第二期（1941 年）。又見，《秦佩珩學術論文集》，中州古籍出版社 1999 年。

張德昌，〈明代廣州之海舶貿易〉，《清華學報》第七卷二期（1932 年）。

薛澄清，〈明末福建海關情況及其地點變遷考略〉，《禹貢半月刊》第五卷七期（1936 年）。

薩士武，〈明成化嘉靖間福建市舶司移置福州考〉，《禹貢半月刊》第七卷一、二、三合期（1937 年）。

田汝康，〈十七世紀至十八世紀中葉中國帆船在東南亞洲運輸和商業上的地位〉，《歷史研究》1956 年第 8 期。

田汝康，〈17 — 19 世紀中葉中國帆船在東南亞洲〉，上海人民出版社1957 年。

〔日〕岩生成一，〈在臺灣的日本人〉，許賢瑤譯，《荷蘭時代臺灣史論文集》，臺灣，佛光人文學院 2001 年。

〔日〕岩生成一，〈近世日支貿易に関する数量的考察〉，《史學雜誌》第 62 編第 11 號。

〔日〕岩生成一，〈豐臣秀吉の臺灣島招諭計畫〉，《臺北帝國大學文政學部史學科研究年報》第 7 輯，1942 年。

林仁川，〈明代私人海上貿易商人與倭寇〉，《中國史研究》1980 年第 4 期。

黃志中，〈福建地區商品經濟的發展和資本主義的萌芽〉，《福建師大學報》1981 年第 2 期。

季羨林，〈一張有關印度製糖法傳入中國的敦煌殘卷〉，北京，《歷史研究》1982 年第 1 期。

李洵，〈西元十六世紀的中國海盜〉，《明清史國際學術討論會論文集》，天津人民出版社 1982 年。

林仁川、陳傑中，〈試論明代漳泉海商資本發展緩慢的原因〉，《中國社會經濟史研究》1982 年第 1 期。

林仁川、陳傑中，〈清代臺灣與全國的貿易結構〉，廈門，《中國社會經濟史研究》1983 年第 1 期。

張蓮英，〈明代中暹的貿易關係及華僑對暹羅經濟發展的作用〉，《中國社會經濟史研究》1982 年第 2 期。

吳振強，〈廈門的沿海貿易網〉，李金明譯，《廈門方志通訊》1986 年第 2 期。

〔日〕松浦章，〈清代福建的海外貿易〉，廈門，《中國社會經濟史研究》1986 年第 1 冊。

〔日〕松浦章，〈明末清初的澳日貿易〉，陳燕虹譯、孔穎校，《澳門研究》2016 年第 3 期。

廈門海關、泉州海關、泉州海外交通史博物館聯合調查組，〈泉州海關史跡調查〉，《海交史研究》1988 年第 1 期。

錢江，〈1570 — 1760 年中國和呂宋貿易的發展及貿易額的估算〉，《中國社會經濟史研究》1986 年第 3 期。

錢江，〈17至18世紀中國與荷蘭的瓷器貿易〉，廈門大學，《南洋問題研究》1989年第1期。

錢江，〈十七世紀至十九世紀初越南沿海的中國帆船貿易〉，劉序楓主編，《中國海洋發展史論文集》第九輯，臺北，中央研究院2005年。

陳鏗，〈清代臺灣的開發與福建社會經濟的發展〉，《福建學刊》1989年第6期。

陳國棟，〈清代中葉廈門的海上貿易（1727－1833）〉，《中國海洋發展史論文集》第四輯，臺灣中研院1991年。

莊國土，〈略論早期中國與葡萄牙關系的特點1513－1613年〉，澳門《文化雜誌》1994年第18期。

莊國土，〈16—18世紀白銀流入中國的估算〉，《中國錢幣》1995年3期，第3－10頁。

楊雲萍，〈鄭成功的歷史地位〉，《南明研究與臺灣文化》，臺灣風物雜誌社1993年。

李毓中等，〈十七世紀的臺灣・基隆港〉，《臺灣史料研究》第4號，吳三連臺灣史料基金會會刊，1994年10月。

江樹生等，〈十七世紀荷蘭人繪製的臺灣老地圖〉，《漢聲》雜誌第105期，臺北，《漢聲》雜誌社，1997年。

徐曉望，〈福建人與澳門媽祖文化淵源〉，澳門，《文化雜誌》1997年冬季，總33期。

徐曉望，〈明代漳州商人與中琉貿易〉，泉州，《海交史研究》1998年2期。

翁佳音，〈近代初期北部臺灣的商業與原住民〉，原刊中研院臺灣史研究所籌備處，《臺灣商業傳統論文集》，1999年。

陳學文，〈明清時期臺灣蔗糖業的發展〉，載萬斌主編，《我們與時代同行——浙江省社會科學院論文精選1996－1999年》，杭州出版社，2005年。

唐文基，〈論明朝的寶鈔政策〉，《福建論壇》文史哲版2000年第1期。

金國平、吳志良，〈鄭芝龍與澳門——兼談鄭氏家族與澳門黑人〉，泉州，《海交史研究》，2002年第2期。

金國平、吳志良，〈1541年別琭佛哩時代定製瓷之圖飾、產地及定製途徑考〉，澳門基金會2011年。

陳宗仁，〈北港與「Pacan」地名考釋：兼論十六世紀、十七世紀之際臺灣西南海域貿易情勢的變遷〉。《漢學研究》第二十一卷第二期，總第

43 號，臺北，2003 年。

〔澳門〕塞亞布拉（Leonor Diaz Seabra），〈16—17 世紀澳門、中國和日本的歷史關係〉，澳門文化局《文化雜誌》2004 年春季刊。

廖大珂，〈葡萄牙人在浙江沿海的通商與衝突〉，廈門大學南洋研究院，《南洋問題研究》2003 年 2 期。

廖大珂，〈朱紈事件與東亞海上貿易體系的形成〉，濟南，《文史哲》2009 年 2 期。

黃國盛，〈清代前期臺灣與沿海各省的經貿往來〉，《福建師範大學學報》2004 年第 1 期。

萬明，〈明代白銀貨幣化：中國與世界連接的新視角〉，《河北學刊》2004 年第 3 期。又載：萬明，《明代中外關係史論稿》，中國社會科學出版社 2011 年。

萬明，〈白銀資本與 20 世紀末以來的白銀問題研究〉，萬明，《明代中外關係史論稿》，中國社會科學出版社 2011 年。

徐曉望，〈鄭芝龍家族與明代澳門的閩商〉，澳門，《澳門研究》2008 年第 8 期。

徐曉望，〈論明代福建商人的海洋開拓〉，《福建師範大學學報》2009 年第 1 期。

徐曉望，〈論荷據時期臺灣市鎮的性質〉，王碧秀主編，《五緣文化與兩岸關係》，同濟大學出版社 2010 年。收入《臺灣早期史考證》，福州，海風出版社 2014 年。

徐曉望，〈梁嘉彬「流求論」的成功與失誤〉，2010 年福建省五緣文化研究會參會論文。收入《臺灣早期史考證》，福州，海風出版社 2014 年。

徐曉望，〈「中國資本主義萌芽論」的合理內核與中國近代化問題〉，廣東，《學術研究》2003 年 1 期。

徐曉望、陳支平，〈論傅衣凌先生與中國資本主義萌芽的研究〉，《明史研究論叢》黃山書社 2004 年 7 月。

鄧文金，〈清前中期漳臺貿易關係述論〉，《漳州師範學院學報》2010 年第 1 期。

羅得里格斯，〈臺灣的中國人、荷蘭人和西班牙人（1624—1684）〉，澳門，《文化雜誌》，2007 年秋季刊。

〔法〕蘇爾夢，〈從梵鐘銘文看中國與東南亞的貿易往來〉，廣東省社會科學院、廣東海洋史研究中心編，《海洋史研究》第三輯，社會科學

文獻出版社 2012 年。

〔日〕中島樂章，〈日本「朱印船」時代的廣州、澳門貿易〉，郭陽譯，
　　鄭德華、李慶新編，《海洋史研究》第三輯，社會科學文獻出版社
　　2012 年。

劉振群，〈窯爐的改進和我國古陶瓷發展的關係〉，《中國古陶瓷論文集》，
　　文物出版社 1982 年。

楊欽章，〈十六世紀西班牙人在泉州的所見所聞〉，《福建論壇》1985 年
　　1 期。

黃鳳長，〈晉江華僑出國史略及其出國原因〉，華僑大學華僑研究所，《華
　　僑史研究論文集》第一集，華僑研究所 1986 年刊本。

曹永和，〈明末華人在爪哇萬丹的活動〉，《中國海洋發展史論文集》第
　　二輯，臺灣中研院，1986 年。

張增信，〈明季東南海寇巢外的風氣 1567 — 1644〉，《中國海洋發展史
　　論文集》第 3 輯。臺北，中研院，1988 年。

李金明，〈明代後期私人海外貿易的發展與華僑出國高潮的形成〉，《華
　　僑史研究論文集》第一集，華僑大學華僑研究所，1986 年。

李金明，〈16 世紀後期至 17 世紀初期中國與馬尼拉的海上貿易〉，廈門，
　　《南洋問題研究》1989 年第 1 期。

曾少聰，〈明清海洋移民菲律賓的變遷〉，《中國社會經濟史研究》1997
　　年第 2 期。

莊金德，〈清初嚴禁沿海人民偷渡來臺始末（上）〉，臺北，《臺灣文獻》
　　第 15 卷第 3 期 1964 年。

朱德蘭，〈清開海令後的中日長崎貿易商與國內沿岸貿易（1684 —
　　1722）〉，錄自張憲炎主編，《中國海洋發展史論文集》第三輯。

劉序楓，〈清代前期的福建商人與長崎貿易〉，《九州大學東洋史論文集》，
　　第 16 期，1988 年 1 月。

劉序楓，〈明末清初的中日貿易與日本華僑社會〉，臺北，《人文及社會
　　科學集刊》第十一卷第三期（1999 年 9 月）。

張彬村，〈十七世紀末荷蘭東印度公司為甚麼不再派船到中國來？〉，劉
　　序楓主編，《中國海洋發展史論文集》第九輯，臺北，中研院人文社
　　會科學研究中心 2005 年。

張彬村，〈美洲白銀與婦女貞節，1603 年馬尼拉大屠殺的前因與後果〉，
　　朱德蘭主編《中國海洋發展史論文集》第八輯，臺北，中研院人文社

科所，2002 年。

林玉茹，〈清代竹塹地區的商人團體——類型、成員及功能的討論〉，《臺灣史研究》1998 年第 5 卷第 1 期。

〔日〕金澤陽，〈埃及出土的漳州窯瓷器——兼論漳州窯瓷器在西亞的傳播〉，《福建文博》1999 年增刊，總第 35 期。

〔法〕莫尼克・寇里克，〈界定汕頭器的年代—— 1600 年 11 月 4 日，聖達戈號大帆船〉，王芳譯、樓建龍校，《福建文博》2001 年第 1 期。

范金民，〈明清時期江南與福建廣東的經濟聯繫〉，《福建師範大學學報》2004 年 1 期。

陳春聲，〈從倭亂到遷海——明末清初潮州地方動亂與鄉村社會變遷〉，《明清論叢》第 2 輯，北京，紫禁城出版社 2000 年。

陳春聲，〈明清之際潮州的海盜與私人海上貿易〉，《文史知識》1997 年第 9 期。

〔葡〕魯伊・羅里多（Rui D´Ávila Lourido），〈葡萄牙人與絲綢之路：明朝末年的澳門與馬尼拉〉，《文化雜誌》2002 年秋季刊。

〔澳〕布里安・莫洛尼（Brian Moloughney）、夏維中，〈白銀與明朝的滅亡再研究〉，澳大利亞大學編，《遠東歷史論集》坎培拉，澳大利亞大學 1989 年，第 51—78 頁。

倪來恩、夏維中，〈外國白銀與明帝國的崩潰〉，《中國社會經濟史研究》1990 年第 3 期。

廣東文物考古研究所、國家文物水下文化遺產保護中心、廣東省博物館，〈廣東汕頭市南澳 I 號明代沉船〉，《考古》2011 年第 7 期。

湯開建，〈明隆萬之際粵東巨盜林鳳事蹟詳考——以劉堯誨《督撫疏議》中林鳳史料為中心〉，《歷史研究》2012 年第 6 期。

岸本美緒，〈中國與十七世紀危機〉，董建中主編，《清史譯叢》第十一輯，商務印書館 2013 年。

〔德〕普塔克（Roderich Ptak），〈十五世紀香山地區的海外貿易〉，蔡捷華譯，珠海市委宣傳部、澳門基金會、中山大學近代中國研究中心主編，《珠海、澳門與近代中西文化交流》，北京，社會科學文獻出版社 2010 年，第 23—37 頁。

〔德〕普塔克，〈亞洲海峽歷史導言〉，《亞洲海峽的地理、功能和類型》，廣東省社會科學院、廣東海洋史研究中心主辦，李慶新主編，《海洋史研究》第二輯，北京，社會科學文獻出版社 2011 年。

S. 耶亞思納 · 斯蒂芬，〈近世印度南部海上貿易中的工亞、東南亞與葡萄牙人之角色〉，周鑫譯，廣東社會科學院海洋史研究中心主辦、李慶新編，《海洋史研究》第二輯，北京，社會科學文獻出版社 2011 年，第 89 — 108 頁。

陳宗仁，〈北港與「Pacan」地名考釋：兼論十六世紀、十七世紀之際臺灣西南海域貿易情勢的變遷〉。《漢學研究》第二十一卷第二期，總第 43 號，臺北，2003 年。

陳小沖，〈張燮《霏雲居續集》涉臺史料鉤沉〉，《臺灣研究集刊》2006 第 1 期。

羅得里格斯，〈臺灣的中國人、荷蘭人和西班牙人（1624—1684）〉，澳門，《文化雜誌》，2007 年秋季刊。

孫靖國，〈明代海防地圖——全海圖注〉，北京，《地圖》，2013 年第 2 期。

邱永志，〈國家救市與貨幣轉型——明中葉國家貨幣制度與民間市場上的白銀替代〉，《中國經濟史研究》2018 年第 6 期。

徐曉望，〈論中華文化與閩臺文化〉，南京《東南文化》1992 年 3—4 期。

徐曉望，〈論早期臺灣開發史的幾個問題〉，北京，《臺灣研究》2000 年第 2 期。

徐曉望，〈閩南民系的社會經濟特徵與臺灣開發〉，《福建論壇》（文史版）2000 年第 1 期。

徐曉望，〈16 — 17 世紀環臺灣海峽區域市場研究〉，廈門大學歷史系博士論文 2003 年。

徐曉望，〈晚明在臺灣活動的閩粵海盜〉，北京，《臺灣研究》2003 年第 3 期。收入《臺灣早期史考證》，福州，海風出版社 2014 年。

徐曉望，〈論 17 世紀荷蘭殖民者與福建商人——關於臺灣海峽控制權的爭奪〉，《福建論壇》人文社會科學版，2003 年第 3 期。收入《臺灣早期史考證》，福州，海風出版社 2014 年。

徐曉望，〈曹學佺《石倉全集》中有關臺灣史料敘說〉，廈門大學臺灣研究院，「2004 年 8 月臺灣史研究學術會議」。

徐曉望，〈晚明臺灣北港的事變與福建官府〉，臺北，臺灣各姓淵源研究學會編，《臺灣源流》，2005 年冬季刊，第 33 卷。

徐曉望，《早期臺灣海峽史研究》，福州，海風出版社 2006 年。

徐曉望，〈福建省統轄臺灣之始〉，本篇為作者參加 2005 年學術會議的文章，後發表於福建省炎黃文化研究會等編，《臺灣建省與抗日戰爭研

究——紀念抗日勝利60周年暨臺灣建省120周年學術研討會論文集》，廈門，鷺江出版社2008年。

徐曉望，〈晚明海盜袁進、李忠及福建省統轄臺灣之始〉，收入《臺灣早期史考證》，福州，海風出版社2014年。

徐曉望，〈明末西班牙人占據臺灣雞籠、淡水時期與大陸的貿易〉，廈門大學臺灣研究所，《臺灣研究集刊》，2010年第2期。

徐曉望，〈論荷據時期臺灣市鎮的性質〉，王碧秀主編，《五緣文化與兩岸關係》，同濟大學出版社2010年。

徐曉望，〈臺灣光復與釣魚島列嶼的法理回歸〉，《東南學術》2011年，第2期。

徐曉望，〈貿易導向與閩臺地緣關係發展〉，呂良弼主編，《海峽兩岸五緣論》，北京，方志出版社2003年。收入《臺灣早期史考證》，福州，海風出版社2014年。

徐曉望，〈論晚明對臺灣、澎湖的管理及設置郡縣的計畫〉，北京，《中國邊疆史地研究》，2004年第3期。收入《臺灣早期史考證》，福州，海風出版社2014年。

徐曉望，〈福建省統轄臺灣之始〉，本篇為作者參加2005年學術會議的文章，後發表於福建省炎黃文化研究會等編，《臺灣建省與抗日戰爭研究——紀念抗日勝利60周年暨臺灣建省120周年學術研討會論文集》，廈門，鷺江出版社2008年。收入《臺灣早期史考證》，福州，海風出版社2014年。

徐曉望，〈論明代北港的崛起〉，《臺灣研究》2006年2期。收入《臺灣早期史考證》，福州，海風出版社2014年。

徐曉望，〈晚明福建財政與福建疆吏對臺灣問題的處理〉，《法國漢學》第十二輯，《邊臣與疆吏》，中華書局2007年。收入《臺灣早期史考證》，福州，海風出版社2014年。

徐曉望，〈臺灣光復與釣魚島列嶼的法理回歸〉，《東南學術》2011年，第2期。收入《臺灣早期史考證》，福州，海風出版社2014年。

徐曉望，〈臺灣：琉球之名的失落〉，陳小沖主編，《臺灣歷史上的移民與社會研究》，北京，九州出版社2011年。收入《臺灣早期史考證》，福州，海風出版社2014年。

徐曉望，〈論明清之際臺灣海洋經濟的形成〉，福州，《學術評論》2012年第2期。

徐曉望，〈論鄭成功復臺之際臺灣的法律地位〉，《福建論壇》2012 年第 10 期。

徐曉望、徐思遠，〈論明清閩粵海洋文化與臺灣海洋經濟的形成〉，《福州大學學報》2013 年第 1 期。

徐曉望，《早期臺灣史考證》，福州，海風出版社 2014 年。

徐曉望：《商海泛舟──閩臺商緣》，社會科學文獻出版社 2015 年。36.8 萬字。

徐曉望，〈論明萬曆二年福建水師的臺灣新港之戰〉，《福建論壇》2019 年第 11 期，第 109 — 115 頁。

徐曉望，〈晚明海寇袁進在臺灣海峽的活動〉，2019 年 10 月臺灣史研究漢中會議。

徐曉望，〈明代入臺將領趙秉鑑冤案考〉，2021 年 9 月徐州臺灣史會議論文。

徐曉望，〈論明代福建官府與臺灣少數民族的關係〉，2021 年 10.29 — 11.1 漢民族研究湖南吉首會議論文。

徐曉望，〈早期臺灣秘史：論晚明海寇林道乾在臺灣的活動〉臺北，人文及社會科學集刊第 33 卷第一期（2021 年）；2018 年臺北海洋史國際會議文稿，中研院 11 月 15 日至 16 日。

三、資料彙編

吳晗輯，《朝鮮李朝實錄中的中國史料》，北京，中華書局 1980 年。

陳祖槼、朱自振編，《中國茶葉歷史資料選輯》，北京農業出版社 1981 年。

福建省測繪局、福建省民政廳，《福建省地圖冊》，福建省地圖出版社 1983 年。

林鴻怡等編，《福建航道志》，北京，人民交通出版社 1997 年。

莊為璣、王連茂，《閩臺關係族譜資料選編》，福建人民出版社 1984 年。

〔義〕利瑪竇、金尼閣著，《利瑪竇中國札記》，何高濟、王遵仲、李申譯，北京，中華書局 1983 年。

沖繩縣立圖書館史料編集室，《歷代寶案》，沖繩縣教育委員會 1992 年。

〔葡〕曾德昭（Alvaro Semedo），《大中國志》，何高濟譯，上海古籍出版社 1998 年。

余定邦、黃重言編，《中國古籍中有關新加坡馬來西亞資料彙編》，北京，中華書局 2002 年。

黃重言、余定邦編，《中國古籍中有關泰國資料彙編》，北京大學出版社 2016 年。

粘良圖選注，《晉江碑刻選》，廈門大學出版社 2002 年。

陳國仕輯錄，《豐州集稿》，南安縣志編纂委員會 1992 年自刊本。

王文徑編，《漳浦歷代碑刻》，漳浦縣博物館 1994 年。

〔荷〕包樂史（Lenoard.Blussé），《巴達維亞華人與中荷貿易》，莊國土、吳龍、張曉寧譯，廣西人民出版社 1997 年。

包樂史、吳鳳斌，《18 世紀末吧達維亞唐人社會》，廈門大學出版社 2002 年。

〔澳大利亞〕安東尼 • 瑞德（Anthony Reid），《東南亞的貿易時代：1450—1680 年》第一卷，《季風吹拂下的土地》（原版，耶魯大學出版社 1988 年），吳小安、孫來臣、李塔娜譯，北京，商務印書館 2013 年。

〔澳大利亞〕安東尼 • 瑞德（Anthony Reid），《東南亞的貿易時代：1450—1680 年》第二卷，《擴張與危機》（原版，耶魯大學出版社 1993 年），孫來臣、李塔娜、吳小安譯，北京，商務印書館 2013 年。

周鑫，《東南亞的貿易時代：1450—1680 年》評價，廣東省社會科學院、廣東海洋史研究中心編，《海洋史研究》第二輯，2011 年 8 月版。

鄭振滿、丁荷生編，《福建宗教碑銘彙編 • 興化府分冊》，福建人民出版社 1995 年。

鄭振滿、丁荷生編，《福建宗教碑銘彙編 • 泉州府分冊》，福建人民社 2003 年。

國立中研院歷史語言研究所，《明清史料甲編》等，上海，商務印書館 1951 年。

郭輝譯，《巴達維亞城日記》，中文版，臺灣省文獻委員會 1970 年印行。

中國人民大學清史研究所、檔案系中國政治制度史教研室合編，《康雍乾時期城鄉人民反抗鬥爭資料》，北京，中華書局 1979 年。

那霸市企劃部市史編集室，《那霸史》家譜資料二（上）資料篇，1980 年發行。

梁方仲，《中國歷代戶口、田地、田賦統計》，上海人民出版社 1980 年。

謝國楨，《明代社會經濟史料選編》，上、下，福建人民出版社 2008 年。

姚楠譯，〔荷〕威伊邦特庫著，《東印度航海記》，北京，中華書局 1982 年。

廈門大學鄭成功歷史調查研究組編，《鄭成功收復臺灣史料選編》，福建
　　人民出版社 1982 年。

福建師大鄭成功史料編輯組，《鄭成功史料選編》，福建教育出版社 1982
　　年。

廈門大學臺灣研究所、中國第一歷史檔案館編輯部，《康熙統一臺灣檔案
　　史料選輯》，福建人民出版社 1983 年。

竺可楨，〈中國近五千年來氣候變遷的初步研究〉（1973 年 2 月），《竺
　　可楨全集》第 4 卷，上海科技教育出版社 2004 年，第 444—473 頁。

《鄭成功滿文檔案史料選譯》，福建人民出版社 1987 年。

費爾南・門德斯・平托，《葡萄牙人在華見聞錄》，澳門文化司署、東
　　方葡萄牙學會、海南出版社、三環出版社，王鎖英譯本，1998 年。

〔葡〕雅依梅・科爾特桑（Cortesão, J.），《葡萄牙的發現》，鄧蘭珍譯，
　　北京，中國對外翻譯出版公司 1996 年。

〔西〕伯來拉、克路士等著，《南明行紀》，何高濟等譯，北京，中國工
　　人出版社 2000 年。

余定邦、黃重言等編，《中國古籍中有關新加坡、馬來西亞資料彙編》，
　　北京，中華書局 2002 年。

平托著、金國平譯，《遠遊記》，澳門基金會等 1999 年。

江樹生譯註，《熱蘭遮城日誌》，台南市文獻委員會 2000 年。

中國測繪研究院編纂，《中華古地圖珍品選集》，哈爾濱地圖出版社 1998
　　年。

〔美〕薩拉・羅斯（Sarah Rose），《茶葉大盜：改變世界的中國茶》，
　　孟馳譯，社會科學文獻出版社 2015 年。

〔瑞士〕艾利・利邦（Élie Ripon），《利邦上尉東印度航海歷險記——
　　一個傭兵的日記 1617—1627 年》，伊弗・紀侯編注，賴慧芸譯，包
　　樂史、鄭維中、蔡香玉等校注，臺北市，遠流，曹永和文教基金會
　　2012 年。

袞海燕、唐元平編，《廣東海上絲綢之路史料彙編・明代卷》，廣東經濟
　　出版社 2017 年。

國家圖書館出版品預行編目資料

明清福建臺灣史第三卷：晚明臺灣海峽史 / 徐曉望著. -- 初版. -- 臺北市：蘭臺
出版社, 2024.03
　　冊 ；　　公分. -- (臺灣史研究叢書；21)
ISBN 978-626-97527-4-4(全套：精裝)

1.CST: 歷史 2.CST: 臺灣史 3.CST: 明代 4.CST: 清代 5.CST: 福建省

673.12　　　　　　　　　　　　　　　　　　　　　112020852

臺灣史研究叢書21

明清福建臺灣史第三卷：晚明臺灣海峽史

作　　者：徐曉望
總　　編：張加君
主　　編：沈彥伶
編　　輯：沈彥伶　凌玉琳
美　　編：凌玉琳
校　　對：張建民　楊容容　古佳雯
封面設計：陳勁宏
出　　版：蘭臺出版社
地　　址：臺北市中正區重慶南路1段121號8樓之14
電　　話：(02)2331-1675或(02)2331-1691
傳　　真：(02)2382-6225
E－MAIL：books5w@gmail.com或books5w@yahoo.com.tw
網路書店：http://5w.com.tw/
　　　　　　https://www.pcstore.com.tw/yesbooks/
　　　　　　https://shopee.tw/books5w
　　　　　　博客來網路書店、博客思網路書店
　　　　　　三民書局、金石堂書店
經　　銷：聯合發行股份有限公司
電　　話：(02) 2917-8022　　傳真：(02) 2915-7212
劃撥戶名：蘭臺出版社　　帳號：18995335
香港代理：香港聯合零售有限公司
電　　話：(852) 2150-2100　　傳真：(852) 2356-0735
出版日期：2024年03月 初版
定　　價：全套新臺幣12000元整（精裝，套書不零售）
ISBN：978-626-97527-4-4